深化新三板改革制度汇编

全国中小企业股份转让系统有限责任公司　编

中国金融出版社

责任编辑：石　坚
责任校对：刘　明
责任印制：程　颖

图书在版编目（CIP）数据

深化新三板改革制度汇编 / 全国中小企业股份转让系统有限责任公司编 . —北京：中国金融出版社，2020. 6
（新三板系列丛书）
ISBN 978 – 7 – 5220 – 0623 – 9

Ⅰ. ①深…　Ⅱ. ①全…　Ⅲ. ①中小企业—企业融资—经济体制改革—汇编—中国
Ⅳ. ①F279. 243

中国版本图书馆 CIP 数据核字（2020）第 083098 号

深化新三板改革制度汇编
SHENHUA XINSANBAN GAIGE ZHIDU HUIBIAN
出版发行　中国金融出版社
社址　北京市丰台区益泽路 2 号
市场开发部　(010)66024766，63805472，63439533（传真）
网上书店　http：//www. chinafph. com
(010)66024766，63372837（传真）
读者服务部　(010)66070833，62568380
邮编　100071
经销　新华书店
印刷　保利达印务有限公司
尺寸　185 毫米 ×260 毫米
印张　36. 75
字数　760 千
版次　2020 年 6 月第 1 版
印次　2020 年 6 月第 1 次印刷
定价　158. 00 元
ISBN 978 – 7 – 5220 – 0623 – 9
如出现印装错误本社负责调换　联系电话(010)63263947

编者按

2019 年 10 月，中国证监会正式启动全面深化新三板改革，这是围绕打造“规范、透明、开放、有活力、有韧性的资本市场”目标，贯彻落实金融供给侧结构性改革的重要实践，也是全面深化资本市场改革的重要一环，有利于完善新三板市场基础制度、提升新三板市场治理能力，补齐多层次资本市场服务创新型民营中小企业的短板。

全面深化新三板改革的整体思路，一是坚持服务中小企业的初心和契合中小企业需求的特色制度安排，实现与交易所市场的协同发展；二是坚持市场化、法治化原则，通过各项制度安排提升市场定价功能和投融资对接效率；三是坚持立足存量、精准服务，主要针对现有挂牌公司统筹完善基础制度，提供更为契合企业发展需求的服务安排；四是坚持加强多层次资本市场有机联系，强化新三板在多层次资本市场中的承上启下作用，持续提高资本市场的活力与韧性。

全面深化新三板改革启动以来，中国证监会和全国股转公司深入开展调研论证，充分听取社会各界、市场各方意见建议，切实做好深化改革的制度建设工作。截至目前，证监会层面发布部门规章 2 件，规范性文件 8 件；全国股转公司层面发布业务规则 32 件，涵盖业务规则、细则、指引和指南 4 个层级，共同构成了全面深化新三板改革的制度体系。上述制度内容包括新三板市场股票公开发行、股票定向发行、股票挂牌、市场分层和公司监管、股票交易、投资者适当性管理、公募基金入市和转板上市等多个方面。为了便于广大读者深入了解和准确把握全面深化新三板改革的有关内容，我们将证监会和全国股转公司层面发布的有关本次深化改革的部门规章、规范性文件和业务规则编辑成册，以供读者查阅和使用。

全国中小企业股份转让系统有限责任公司

2020 年 6 月

目　录

一、法律

二、证监会部门规章和规范性文件

三、全国股转系统业务规则

一、法律

中华人民共和国证券法

（1998年12月29日第九届全国人民代表大会常务委员会第六次会议通过　根据2004年8月28日第十届全国人民代表大会常务委员会第十一次会议《关于修改〈中华人民共和国证券法〉的决定》第一次修正　2005年10月27日第十届全国人民代表大会常务委员会第十八次会议第一次修订　根据2013年6月29日第十二届全国人民代表大会常务委员会第三次会议《关于修改〈中华人民共和国文物保护法〉等十二部法律的决定》第二次修正　根据2014年8月31日第十二届全国人民代表大会常务委员会第十次会议《关于修改〈中华人民共和国保险法〉等五部法律的决定》第三次修正　2019年12月28日第十三届全国人民代表大会常务委员会第十五次会议第二次修订）

第一章　总则

第一条　为了规范证券发行和交易行为，保护投资者的合法权益，维护社会经济秩序和社会公共利益，促进社会主义市场经济的发展，制定本法。

第二条　在中华人民共和国境内，股票、公司债券、存托凭证和国务院依法认定的其他证券的发行和交易，适用本法；本法未规定的，适用《中华人民共和国公司法》和其他法律、行政法规的规定。

政府债券、证券投资基金份额的上市交易，适用本法；其他法律、行政法规另有规定的，适用其规定。

资产支持证券、资产管理产品发行、交易的管理办法，由国务院依照本法的原则规定。

在中华人民共和国境外的证券发行和交易活动，扰乱中华人民共和国境内市场秩序，损害境内投资者合法权益的，依照本法有关规定处理并追究法律责任。

第三条　证券的发行、交易活动，必须遵循公开、公平、公正的原则。

第四条　证券发行、交易活动的当事人具有平等的法律地位，应当遵守自愿、有偿、诚实信用的原则。

第五条　证券的发行、交易活动，必须遵守法律、行政法规；禁止欺诈、内幕交易和操纵证券市场的行为。

第六条　证券业和银行业、信托业、保险业实行分业经营、分业管理，证券公司与银行、信托、保险业务机构分别设立。国家另有规定的除外。

第七条　国务院证券监督管理机构依法对全国证券市场实行集中统一监督管理。

国务院证券监督管理机构根据需要可以设立派出机构，按照授权履行监督管理职责。

第八条 国家审计机关依法对证券交易场所、证券公司、证券登记结算机构、证券监督管理机构进行审计监督。

第二章 证券发行

第九条 公开发行证券，必须符合法律、行政法规规定的条件，并依法报经国务院证券监督管理机构或者国务院授权的部门注册。未经依法注册，任何单位和个人不得公开发行证券。证券发行注册制的具体范围、实施步骤，由国务院规定。

有下列情形之一的，为公开发行：

（一）向不特定对象发行证券；

（二）向特定对象发行证券累计超过二百人，但依法实施员工持股计划的员工人数不计算在内；

（三）法律、行政法规规定的其他发行行为。

非公开发行证券，不得采用广告、公开劝诱和变相公开方式。

第十条 发行人申请公开发行股票、可转换为股票的公司债券，依法采取承销方式的，或者公开发行法律、行政法规规定实行保荐制度的其他证券的，应当聘请证券公司担任保荐人。

保荐人应当遵守业务规则和行业规范，诚实守信，勤勉尽责，对发行人的申请文件和信息披露资料进行审慎核查，督导发行人规范运作。

保荐人的管理办法由国务院证券监督管理机构规定。

第十一条 设立股份有限公司公开发行股票，应当符合《中华人民共和国公司法》规定的条件和经国务院批准的国务院证券监督管理机构规定的其他条件，向国务院证券监督管理机构报送募股申请和下列文件：

（一）公司章程；

（二）发起人协议；

（三）发起人姓名或者名称，发起人认购的股份数、出资种类及验资证明；

（四）招股说明书；

（五）代收股款银行的名称及地址；

（六）承销机构名称及有关的协议。

依照本法规定聘请保荐人的，还应当报送保荐人出具的发行保荐书。

法律、行政法规规定设立公司必须报经批准的，还应当提交相应的批准文件。

第十二条 公司首次公开发行新股，应当符合下列条件：

（一）具备健全且运行良好的组织机构；

（二）具有持续经营能力；

（三）最近三年财务会计报告被出具无保留意见审计报告；

（四）发行人及其控股股东、实际控制人最近三年不存在贪污、贿赂、侵占财产、挪用财产或者破坏社会主义市场经济秩序的刑事犯罪；

（五）经国务院批准的国务院证券监督管理机构规定的其他条件。

上市公司发行新股，应当符合经国务院批准的国务院证券监督管理机构规定的条件，具体管理办法由国务院证券监督管理机构规定。

公开发行存托凭证的，应当符合首次公开发行新股的条件以及国务院证券监督管理机构规定的其他条件。

第十三条 公司公开发行新股，应当报送募股申请和下列文件：

（一）公司营业执照；

（二）公司章程；

（三）股东大会决议；

（四）招股说明书或者其他公开发行募集文件；

（五）财务会计报告；

（六）代收股款银行的名称及地址。

依照本法规定聘请保荐人的，还应当报送保荐人出具的发行保荐书。依照本法规定实行承销的，还应当报送承销机构名称及有关的协议。

第十四条 公司对公开发行股票所募集资金，必须按照招股说明书或者其他公开发行募集文件所列资金用途使用；改变资金用途，必须经股东大会作出决议。擅自改变用途，未作纠正的，或者未经股东大会认可的，不得公开发行新股。

第十五条 公开发行公司债券，应当符合下列条件：

（一）具备健全且运行良好的组织机构；

（二）最近三年平均可分配利润足以支付公司债券一年的利息；

（三）国务院规定的其他条件。

公开发行公司债券筹集的资金，必须按照公司债券募集办法所列资金用途使用；改变资金用途，必须经债券持有人会议作出决议。公开发行公司债券筹集的资金，不得用于弥补亏损和非生产性支出。

上市公司发行可转换为股票的公司债券，除应当符合第一款规定的条件外，还应当遵守本法第十二条第二款的规定。但是，按照公司债券募集办法，上市公司通过收购本公司股份的方式进行公司债券转换的除外。

第十六条 申请公开发行公司债券，应当向国务院授权的部门或者国务院证券监督管理机构报送下列文件：

（一）公司营业执照；

（二）公司章程；

（三）公司债券募集办法；

（四）国务院授权的部门或者国务院证券监督管理机构规定的其他文件。

依照本法规定聘请保荐人的，还应当报送保荐人出具的发行保荐书。

第十七条 有下列情形之一的，不得再次公开发行公司债券：

（一）对已公开发行的公司债券或者其他债务有违约或者延迟支付本息的事实，仍处于继续状态；

（二）违反本法规定，改变公开发行公司债券所募资金的用途。

第十八条 发行人依法申请公开发行证券所报送的申请文件的格式、报送方式，由依法负责注册的机构或者部门规定。

第十九条 发行人报送的证券发行申请文件，应当充分披露投资者作出价值判断和投资决策所必需的信息，内容应当真实、准确、完整。

为证券发行出具有关文件的证券服务机构和人员，必须严格履行法定职责，保证所出具文件的真实性、准确性和完整性。

第二十条 发行人申请首次公开发行股票的，在提交申请文件后，应当按照国务院证券监督管理机构的规定预先披露有关申请文件。

第二十一条 国务院证券监督管理机构或者国务院授权的部门依照法定条件负责证券发行申请的注册。证券公开发行注册的具体办法由国务院规定。

按照国务院的规定，证券交易所等可以审核公开发行证券申请，判断发行人是否符合发行条件、信息披露要求，督促发行人完善信息披露内容。

依照前两款规定参与证券发行申请注册的人员，不得与发行申请人有利害关系，不得直接或者间接接受发行申请人的馈赠，不得持有所注册的发行申请的证券，不得私下与发行申请人进行接触。

第二十二条 国务院证券监督管理机构或者国务院授权的部门应当自受理证券发行申请文件之日起三个月内，依照法定条件和法定程序作出予以注册或者不予注册的决定，发行人根据要求补充、修改发行申请文件的时间不计算在内。不予注册的，应当说明理由。

第二十三条 证券发行申请经注册后，发行人应当依照法律、行政法规的规定，在证券公开发行前公告公开发行募集文件，并将该文件置备于指定场所供公众查阅。

发行证券的信息依法公开前，任何知情人不得公开或者泄露该信息。

发行人不得在公告公开发行募集文件前发行证券。

第二十四条 国务院证券监督管理机构或者国务院授权的部门对已作出的证券发行注册的决定，发现不符合法定条件或者法定程序，尚未发行证券的，应当予以撤销，停止发行。已经发行尚未上市的，撤销发行注册决定，发行人应当按照发行价并加算银行同期存款利息返还证券持有人；发行人的控股股东、实际控制人以及保荐人，应当与发行人承担连带责任，但是能够证明自己没有过错的除外。

股票的发行人在招股说明书等证券发行文件中隐瞒重要事实或者编造重大虚假内容，已经发行并上市的，国务院证券监督管理机构可以责令发行人回购证券，或者责令负有责任的控股股东、实际控制人买回证券。

第二十五条 股票依法发行后，发行人经营与收益的变化，由发行人自行负责；由此变化引致的投资风险，由投资者自行负责。

第二十六条 发行人向不特定对象发行的证券，法律、行政法规规定应当由证券公司承销的，发行人应当同证券公司签订承销协议。证券承销业务采取代销或者包销方式。

证券代销是指证券公司代发行人发售证券，在承销期结束时，将未售出的证券全部退还给发行人的承销方式。

证券包销是指证券公司将发行人的证券按照协议全部购入或者在承销期结束时将售后剩余证券全部自行购入的承销方式。

第二十七条 公开发行证券的发行人有权依法自主选择承销的证券公司。

第二十八条 证券公司承销证券，应当同发行人签订代销或者包销协议，载明下列事项：

（一）当事人的名称、住所及法定代表人姓名；

（二）代销、包销证券的种类、数量、金额及发行价格；

（三）代销、包销的期限及起止日期；

（四）代销、包销的付款方式及日期；

（五）代销、包销的费用和结算办法；

（六）违约责任；

（七）国务院证券监督管理机构规定的其他事项。

第二十九条 证券公司承销证券，应当对公开发行募集文件的真实性、准确性、完整性进行核查。发现有虚假记载、误导性陈述或者重大遗漏的，不得进行销售活动；已经销售的，必须立即停止销售活动，并采取纠正措施。

证券公司承销证券，不得有下列行为：

（一）进行虚假的或者误导投资者的广告宣传或者其他宣传推介活动；

（二）以不正当竞争手段招揽承销业务；

（三）其他违反证券承销业务规定的行为。

证券公司有前款所列行为，给其他证券承销机构或者投资者造成损失的，应当依法承担赔偿责任。

第三十条 向不特定对象发行证券聘请承销团承销的，承销团应当由主承销和参与承销的证券公司组成。

第三十一条 证券的代销、包销期限最长不得超过九十日。

证券公司在代销、包销期内，对所代销、包销的证券应当保证先行出售给认购人，证券公司不得为本公司预留所代销的证券和预先购入并留存所包销的证券。

第三十二条 股票发行采取溢价发行的，其发行价格由发行人与承销的证券公司协商确定。

第三十三条 股票发行采用代销方式，代销期限届满，向投资者出售的股票数量未达到拟公开发行股票数量百分之七十的，为发行失败。发行人应当按照发行价并加算银行同期存款利息返还股票认购人。

第三十四条 公开发行股票，代销、包销期限届满，发行人应当在规定的期限内将股票发行情况报国务院证券监督管理机构备案。

第三章　证券交易

第一节　一般规定

第三十五条 证券交易当事人依法买卖的证券，必须是依法发行并交付的证券。

非依法发行的证券，不得买卖。

第三十六条 依法发行的证券，《中华人民共和国公司法》和其他法律对其转让期限有限制性规定的，在限定的期限内不得转让。

上市公司持有百分之五以上股份的股东、实际控制人、董事、监事、高级管理人员，以及其他持有发行人首次公开发行前发行的股份或者上市公司向特定对象发行的股份的股东，转让其持有的本公司股份的，不得违反法律、行政法规和国务院证券监督管理机构关于持有期限、卖出时间、卖出数量、卖出方式、信息披露等规定，并应当遵守证券交易所的业务规则。

第三十七条 公开发行的证券，应当在依法设立的证券交易所上市交易或者在国务院批准的其他全国性证券交易场所交易。

非公开发行的证券，可以在证券交易所、国务院批准的其他全国性证券交易场所、按照国务院规定设立的区域性股权市场转让。

第三十八条 证券在证券交易所上市交易，应当采用公开的集中交易方式或者国务院证券监督管理机构批准的其他方式。

第三十九条 证券交易当事人买卖的证券可以采用纸面形式或者国务院证券监督管理机构规定的其他形式。

第四十条 证券交易场所、证券公司和证券登记结算机构的从业人员，证券监督管理机构的工作人员以及法律、行政法规规定禁止参与股票交易的其他人员，在任期或者法定限期内，不得直接或者以化名、借他人名义持有、买卖股票或者其他具有股权性质的证券，也不得收受他人赠送的股票或者其他具有股权性质的证券。

任何人在成为前款所列人员时，其原已持有的股票或者其他具有股权性质的证券，必须依法转让。

实施股权激励计划或者员工持股计划的证券公司的从业人员，可以按照国务院证券监督管理机构的规定持有、卖出本公司股票或者其他具有股权性质的证券。

第四十一条 证券交易场所、证券公司、证券登记结算机构、证券服务机构及其工作人员应当依法为投资者的信息保密，不得非法买卖、提供或者公开投资者的信息。

证券交易场所、证券公司、证券登记结算机构、证券服务机构及其工作人员不得泄露所知悉的商业秘密。

第四十二条 为证券发行出具审计报告或者法律意见书等文件的证券服务机构和人员，在该证券承销期内和期满后六个月内，不得买卖该证券。

除前款规定外，为发行人及其控股股东、实际控制人，或者收购人、重大资产交易方出具审计报告或者法律意见书等文件的证券服务机构和人员，自接受委托之日起至上述文件公开后五日内，不得买卖该证券。实际开展上述有关工作之日早于接受委托之日的，自实际开展上述有关工作之日起至上述文件公开后五日内，不得买卖该证券。

第四十三条 证券交易的收费必须合理，并公开收费项目、收费标准和管理办法。

第四十四条 上市公司、股票在国务院批准的其他全国性证券交易场所交易的公司持有百分之五以上股份的股东、董事、监事、高级管理人员，将其持有的该公司的股票或者其他具有股权性质的证券在买入后六个月内卖出，或者在卖出后六个月内又买入，由此所得收益归该公司所有，公司董事会应当收回其所得收益。但是，证券公司因购入包销售后剩余股票而持有百分之五以上股份，以及有国务院证券监督管理机构规定的其他情形的除外。

前款所称董事、监事、高级管理人员、自然人股东持有的股票或者其他具有股权性质的证券，包括其配偶、父母、子女持有的及利用他人账户持有的股票或者其他具有股权性质的证券。

公司董事会不按照第一款规定执行的，股东有权要求董事会在三十日内执行。公司董事会未在上述期限内执行的，股东有权为了公司的利益以自己的名义直接向人民法院提起诉讼。

公司董事会不按照第一款的规定执行的，负有责任的董事依法承担连带责任。

第四十五条 通过计算机程序自动生成或者下达交易指令进行程序化交易的，应当符合国务院证券监督管理机构的规定，并向证券交易所报告，不得影响证券交易所系统安全或者正常交易秩序。

第二节 证券上市

第四十六条 申请证券上市交易，应当向证券交易所提出申请，由证券交易所依法审核同意，并由双方签订上市协议。

证券交易所根据国务院授权的部门的决定安排政府债券上市交易。

第四十七条 申请证券上市交易，应当符合证券交易所上市规则规定的上市条件。

证券交易所上市规则规定的上市条件，应当对发行人的经营年限、财务状况、最低公开发行比例和公司治理、诚信记录等提出要求。

第四十八条 上市交易的证券，有证券交易所规定的终止上市情形的，由证券交易所按照业务规则终止其上市交易。

证券交易所决定终止证券上市交易的，应当及时公告，并报国务院证券监督管理机构备案。

第四十九条 对证券交易所作出的不予上市交易、终止上市交易决定不服的，可以向证券交易所设立的复核机构申请复核。

第三节 禁止的交易行为

第五十条 禁止证券交易内幕信息的知情人和非法获取内幕信息的人利用内幕信息从事证券交易活动。

第五十一条 证券交易内幕信息的知情人包括：

（一）发行人及其董事、监事、高级管理人员；

（二）持有公司百分之五以上股份的股东及其董事、监事、高级管理人员，公司的实际控制人及其董事、监事、高级管理人员；

（三）发行人控股或者实际控制的公司及其董事、监事、高级管理人员；

（四）由于所任公司职务或者因与公司业务往来可以获取公司有关内幕信息的人员；

（五）上市公司收购人或者重大资产交易方及其控股股东、实际控制人、董事、监事和高级管理人员；

（六）因职务、工作可以获取内幕信息的证券交易场所、证券公司、证券登记结算机构、证券服务机构的有关人员；

（七）因职责、工作可以获取内幕信息的证券监督管理机构工作人员；

（八）因法定职责对证券的发行、交易或者对上市公司及其收购、重大资产交易进行管理可以获取内幕信息的有关主管部门、监管机构的工作人员；

（九）国务院证券监督管理机构规定的可以获取内幕信息的其他人员。

第五十二条 证券交易活动中，涉及发行人的经营、财务或者对该发行人证券的市场价格有重大影响的尚未公开的信息，为内幕信息。

本法第八十条第二款、第八十一条第二款所列重大事件属于内幕信息。

第五十三条 证券交易内幕信息的知情人和非法获取内幕信息的人，在内幕信息公开前，不得买卖该公司的证券，或者泄露该信息，或者建议他人买卖该证券。

持有或者通过协议、其他安排与他人共同持有公司百分之五以上股份的自然人、法人、非法人组织收购上市公司的股份，本法另有规定的，适用其规定。

内幕交易行为给投资者造成损失的，应当依法承担赔偿责任。

第五十四条 禁止证券交易场所、证券公司、证券登记结算机构、证券服务机构和其他金融机构的从业人员、有关监管部门或者行业协会的工作人员，利用因职务便利获取的内幕信息以外的其他未公开的信息，违反规定，从事与该信息相关的证券交易活动，或者明示、暗示他人从事相关交易活动。

利用未公开信息进行交易给投资者造成损失的，应当依法承担赔偿责任。

第五十五条 禁止任何人以下列手段操纵证券市场，影响或者意图影响证券交易价格或者证券交易量：

（一）单独或者通过合谋，集中资金优势、持股优势或者利用信息优势联合或者连续买卖；

（二）与他人串通，以事先约定的时间、价格和方式相互进行证券交易；

（三）在自己实际控制的账户之间进行证券交易；

（四）不以成交为目的，频繁或者大量申报并撤销申报；

（五）利用虚假或者不确定的重大信息，诱导投资者进行证券交易；

（六）对证券、发行人公开作出评价、预测或者投资建议，并进行反向证券交易；

（七）利用在其他相关市场的活动操纵证券市场；

（八）操纵证券市场的其他手段。

操纵证券市场行为给投资者造成损失的，应当依法承担赔偿责任。

第五十六条 禁止任何单位和个人编造、传播虚假信息或者误导性信息，扰乱证券市场。

禁止证券交易场所、证券公司、证券登记结算机构、证券服务机构及其从业人员，证券业协会、证券监督管理机构及其工作人员，在证券交易活动中作出虚假陈述或者信息误导。

各种传播媒介传播证券市场信息必须真实、客观，禁止误导。传播媒介及其从事证券市场信息报道的工作人员不得从事与其工作职责发生利益冲突的证券买卖。

编造、传播虚假信息或者误导性信息，扰乱证券市场，给投资者造成损失的，应当依法承担赔偿责任。

第五十七条 禁止证券公司及其从业人员从事下列损害客户利益的行为：

（一）违背客户的委托为其买卖证券；

（二）不在规定时间内向客户提供交易的确认文件；

（三）未经客户的委托，擅自为客户买卖证券，或者假借客户的名义买卖证券；

（四）为牟取佣金收入，诱使客户进行不必要的证券买卖；

（五）其他违背客户真实意思表示，损害客户利益的行为。

违反前款规定给客户造成损失的，应当依法承担赔偿责任。

第五十八条 任何单位和个人不得违反规定，出借自己的证券账户或者借用他人的证券账户从事证券交易。

第五十九条 依法拓宽资金入市渠道，禁止资金违规流入股市。

禁止投资者违规利用财政资金、银行信贷资金买卖证券。

第六十条 国有独资企业、国有独资公司、国有资本控股公司买卖上市交易的股票，必须遵守国家有关规定。

第六十一条 证券交易场所、证券公司、证券登记结算机构、证券服务机构及其从业人员对证券交易中发现的禁止的交易行为，应当及时向证券监督管理机构报告。

第四章 上市公司的收购

第六十二条 投资者可以采取要约收购、协议收购及其他合法方式收购上市公司。

第六十三条 通过证券交易所的证券交易，投资者持有或者通过协议、其他安排与他人共同持有一个上市公司已发行的有表决权股份达到百分之五时，应当在该事实发生之日起三日内，向国务院证券监督管理机构、证券交易所作出书面报告，通知该上市公司，并予公告，在上述期限内不得再行买卖该上市公司的股票，但国务院证券监督管理机构规定的情形除外。

投资者持有或者通过协议、其他安排与他人共同持有一个上市公司已发行的有表决权股份达到百分之五后，其所持该上市公司已发行的有表决权股份比例每增加或者减少百分之五，应当依照前款规定进行报告和公告，在该事实发生之日起至公告后三日内，不得再行买卖该上市公司的股票，但国务院证券监督管理机构规定的情形除外。

投资者持有或者通过协议、其他安排与他人共同持有一个上市公司已发行的有表决权股份达到百分之五后，其所持该上市公司已发行的有表决权股份比例每增加或者减少百分之一，应当在该事实发生的次日通知该上市公司，并予公告。

违反第一款、第二款规定买入上市公司有表决权的股份的，在买入后的三十六个月内，对该超过规定比例部分的股份不得行使表决权。

第六十四条 依照前条规定所作的公告，应当包括下列内容：

（一）持股人的名称、住所；

（二）持有的股票的名称、数额；

（三）持股达到法定比例或者持股增减变化达到法定比例的日期、增持股份的资金来源；

（四）在上市公司中拥有有表决权的股份变动的时间及方式。

第六十五条 通过证券交易所的证券交易，投资者持有或者通过协议、其他安排与他人共同持有一个上市公司已发行的有表决权股份达到百分之三十时，继续进行收购的，应当依法向该上市公司所有股东发出收购上市公司全部或者部分股份的要约。

收购上市公司部分股份的要约应当约定，被收购公司股东承诺出售的股份数额超过预定收购的股份数额的，收购人按比例进行收购。

第六十六条 依照前条规定发出收购要约，收购人必须公告上市公司收购报告书，并载明下列事项：

（一）收购人的名称、住所；

（二）收购人关于收购的决定；

（三）被收购的上市公司名称；

（四）收购目的；

（五）收购股份的详细名称和预定收购的股份数额；

（六）收购期限、收购价格；

（七）收购所需资金额及资金保证；

（八）公告上市公司收购报告书时持有被收购公司股份数占该公司已发行的股份总数的比例。

第六十七条 收购要约约定的收购期限不得少于三十日，并不得超过六十日。

第六十八条 在收购要约确定的承诺期限内，收购人不得撤销其收购要约。收购人需要变更收购要约的，应当及时公告，载明具体变更事项，且不得存在下列情形：

（一）降低收购价格；

（二）减少预定收购股份数额；

（三）缩短收购期限；

（四）国务院证券监督管理机构规定的其他情形。

第六十九条 收购要约提出的各项收购条件，适用于被收购公司的所有股东。

上市公司发行不同种类股份的，收购人可以针对不同种类股份提出不同的收购条件。

第七十条 采取要约收购方式的，收购人在收购期限内，不得卖出被收购公司的股票，也不得采取要约规定以外的形式和超出要约的条件买入被收购公司的股票。

第七十一条 采取协议收购方式的，收购人可以依照法律、行政法规的规定同被收购公司的股东以协议方式进行股份转让。

以协议方式收购上市公司时，达成协议后，收购人必须在三日内将该收购协议向国务院证券监督管理机构及证券交易所作出书面报告，并予公告。

在公告前不得履行收购协议。

第七十二条 采取协议收购方式的，协议双方可以临时委托证券登记结算机构保管协议转让的股票，并将资金存放于指定的银行。

第七十三条 采取协议收购方式的，收购人收购或者通过协议、其他安排与他人共同收购一个上市公司已发行的有表决权股份达到百分之三十时，继续进行收购的，应当依法向该上市公司所有股东发出收购上市公司全部或者部分股份的要约。但是，按照国务院证券监督管理机构的规定免除发出要约的除外。

收购人依照前款规定以要约方式收购上市公司股份，应当遵守本法第六十五条第二款、第六十六条至第七十条的规定。

第七十四条 收购期限届满，被收购公司股权分布不符合证券交易所规定的上市交易要求的，该上市公司的股票应当由证券交易所依法终止上市交易；其余仍持有被收购公司股票的股东，有权向收购人以收购要约的同等条件出售其股票，收购人应当收购。

收购行为完成后，被收购公司不再具备股份有限公司条件的，应当依法变更企业形式。

第七十五条 在上市公司收购中，收购人持有的被收购的上市公司的股票，在收购行为完成后的十八个月内不得转让。

第七十六条 收购行为完成后，收购人与被收购公司合并，并将该公司解散的，被解散公司的原有股票由收购人依法更换。

收购行为完成后，收购人应当在十五日内将收购情况报告国务院证券监督管理机构和证券交易所，并予公告。

第七十七条 国务院证券监督管理机构依照本法制定上市公司收购的具体办法。

上市公司分立或者被其他公司合并，应当向国务院证券监督管理机构报告，并予公告。

第五章 信息披露

第七十八条 发行人及法律、行政法规和国务院证券监督管理机构规定的其他信息披露义务人，应当及时依法履行信息披露义务。

信息披露义务人披露的信息，应当真实、准确、完整，简明清晰，通俗易懂，不得有虚假记载、误导性陈述或者重大遗漏。

证券同时在境内境外公开发行、交易的，其信息披露义务人在境外披露的信息，应当在境内同时披露。

第七十九条 上市公司、公司债券上市交易的公司、股票在国务院批准的其他全国性证券交易场所交易的公司，应当按照国务院证券监督管理机构和证券交易场所规定的内容和格式编制定期报告，并按照以下规定报送和公告：

（一）在每一会计年度结束之日起四个月内，报送并公告年度报告，其中的年度财务会计报告应当经符合本法规定的会计师事务所审计；

（二）在每一会计年度的上半年结束之日起二个月内，报送并公告中期报告。

第八十条 发生可能对上市公司、股票在国务院批准的其他全国性证券交易场所交易的公司的股票交易价格产生较大影响的重大事件，投资者尚未得知时，公司应当立即将有关该重大事件的情况向国务院证券监督管理机构和证券交易场所报送临时报告，并予公告，说明事件的起因、目前的状态和可能产生的法律后果。

前款所称重大事件包括：

（一）公司的经营方针和经营范围的重大变化；

（二）公司的重大投资行为，公司在一年内购买、出售重大资产超过公司资产总额百分之三十，或者公司营业用主要资产的抵押、质押、出售或者报废一次超过该资产的百分之三十；

（三）公司订立重要合同、提供重大担保或者从事关联交易，可能对公司的资产、负债、权益和经营成果产生重要影响；

（四）公司发生重大债务和未能清偿到期重大债务的违约情况；

（五）公司发生重大亏损或者重大损失；

（六）公司生产经营的外部条件发生的重大变化；

（七）公司的董事、三分之一以上监事或者经理发生变动，董事长或者经理无法履行职责；

（八）持有公司百分之五以上股份的股东或者实际控制人持有股份或者控制公司的情况发生较大变化，公司的实际控制人及其控制的其他企业从事与公司相同或者相似业务的情况发生较大变化；

（九）公司分配股利、增资的计划，公司股权结构的重要变化，公司减资、合并、分立、解散及申请破产的决定，或者依法进入破产程序、被责令关闭；

（十）涉及公司的重大诉讼、仲裁，股东大会、董事会决议被依法撤销或者宣告无效；

（十一）公司涉嫌犯罪被依法立案调查，公司的控股股东、实际控制人、董事、监事、高级管理人员涉嫌犯罪被依法采取强制措施；

（十二）国务院证券监督管理机构规定的其他事项。

公司的控股股东或者实际控制人对重大事件的发生、进展产生较大影响的，应当及时将其知悉的有关情况书面告知公司，并配合公司履行信息披露义务。

第八十一条　发生可能对上市交易公司债券的交易价格产生较大影响的重大事件，投资者尚未得知时，公司应当立即将有关该重大事件的情况向国务院证券监督管理机构和证券交易场所报送临时报告，并予公告，说明事件的起因、目前的状态和可能产生的法律后果。

前款所称重大事件包括：

（一）公司股权结构或者生产经营状况发生重大变化；

（二）公司债券信用评级发生变化；

（三）公司重大资产抵押、质押、出售、转让、报废；

（四）公司发生未能清偿到期债务的情况；

（五）公司新增借款或者对外提供担保超过上年末净资产的百分之二十；

（六）公司放弃债权或者财产超过上年末净资产的百分之十；

（七）公司发生超过上年末净资产百分之十的重大损失；

（八）公司分配股利，作出减资、合并、分立、解散及申请破产的决定，或者依法进入破产程序、被责令关闭；

（九）涉及公司的重大诉讼、仲裁；

（十）公司涉嫌犯罪被依法立案调查，公司的控股股东、实际控制人、董事、监事、高级管理人员涉嫌犯罪被依法采取强制措施；

（十一）国务院证券监督管理机构规定的其他事项。

第八十二条 发行人的董事、高级管理人员应当对证券发行文件和定期报告签署书面确认意见。

发行人的监事会应当对董事会编制的证券发行文件和定期报告进行审核并提出书面审核意见。监事应当签署书面确认意见。

发行人的董事、监事和高级管理人员应当保证发行人及时、公平地披露信息，所披露的信息真实、准确、完整。

董事、监事和高级管理人员无法保证证券发行文件和定期报告内容的真实性、准确性、完整性或者有异议的，应当在书面确认意见中发表意见并陈述理由，发行人应当披露。发行人不予披露的，董事、监事和高级管理人员可以直接申请披露。

第八十三条 信息披露义务人披露的信息应当同时向所有投资者披露，不得提前向任何单位和个人泄露。但是，法律、行政法规另有规定的除外。

任何单位和个人不得非法要求信息披露义务人提供依法需要披露但尚未披露的信息。任何单位和个人提前获知的前述信息，在依法披露前应当保密。

第八十四条 除依法需要披露的信息之外，信息披露义务人可以自愿披露与投资者作出价值判断和投资决策有关的信息，但不得与依法披露的信息相冲突，不得误导投资者。

发行人及其控股股东、实际控制人、董事、监事、高级管理人员等作出公开承诺的，应当披露。不履行承诺给投资者造成损失的，应当依法承担赔偿责任。

第八十五条 信息披露义务人未按照规定披露信息，或者公告的证券发行文件、定期报告、临时报告及其他信息披露资料存在虚假记载、误导性陈述或者重大遗漏，致使投资者在证券交易中遭受损失的，信息披露义务人应当承担赔偿责任；发行人的控股股东、实际控制人、董事、监事、高级管理人员和其他直接责任人员以及保荐人、承销的证券公司及其直接责任人员，应当与发行人承担连带赔偿责任，但是能够证明自己没有过错的除外。

第八十六条 依法披露的信息，应当在证券交易场所的网站和符合国务院证券监督管理机构规定条件的媒体发布，同时将其置备于公司住所、证券交易场所，供社会公众查阅。

第八十七条 国务院证券监督管理机构对信息披露义务人的信息披露行为进行监督管理。

证券交易场所应当对其组织交易的证券的信息披露义务人的信息披露行为进行监督，督促其依法及时、准确地披露信息。

第六章　投资者保护

第八十八条　证券公司向投资者销售证券、提供服务时，应当按照规定充分了解投资者的基本情况、财产状况、金融资产状况、投资知识和经验、专业能力等相关信息；如实说明证券、服务的重要内容，充分揭示投资风险；销售、提供与投资者上述状况相匹配的证券、服务。

投资者在购买证券或者接受服务时，应当按照证券公司明示的要求提供前款所列真实信息。拒绝提供或者未按照要求提供信息的，证券公司应当告知其后果，并按照规定拒绝向其销售证券、提供服务。

证券公司违反第一款规定导致投资者损失的，应当承担相应的赔偿责任。

第八十九条　根据财产状况、金融资产状况、投资知识和经验、专业能力等因素，投资者可以分为普通投资者和专业投资者。专业投资者的标准由国务院证券监督管理机构规定。

普通投资者与证券公司发生纠纷的，证券公司应当证明其行为符合法律、行政法规以及国务院证券监督管理机构的规定，不存在误导、欺诈等情形。证券公司不能证明的，应当承担相应的赔偿责任。

第九十条　上市公司董事会、独立董事、持有百分之一以上有表决权股份的股东或者依照法律、行政法规或者国务院证券监督管理机构的规定设立的投资者保护机构（以下简称投资者保护机构），可以作为征集人，自行或者委托证券公司、证券服务机构，公开请求上市公司股东委托其代为出席股东大会，并代为行使提案权、表决权等股东权利。

依照前款规定征集股东权利的，征集人应当披露征集文件，上市公司应当予以配合。

禁止以有偿或者变相有偿的方式公开征集股东权利。

公开征集股东权利违反法律、行政法规或者国务院证券监督管理机构有关规定，导致上市公司或者其股东遭受损失的，应当依法承担赔偿责任。

第九十一条　上市公司应当在章程中明确分配现金股利的具体安排和决策程序，依法保障股东的资产收益权。

上市公司当年税后利润，在弥补亏损及提取法定公积金后有盈余的，应当按照公司章程的规定分配现金股利。

第九十二条　公开发行公司债券的，应当设立债券持有人会议，并应当在募集说明书中说明债券持有人会议的召集程序、会议规则和其他重要事项。

公开发行公司债券的，发行人应当为债券持有人聘请债券受托管理人，并订立债券受托管理协议。受托管理人应当由本次发行的承销机构或者其他经国务院证券监督管理机构认可的机构担任，债券持有人会议可以决议变更债券受托管理人。债券受托管理人应当勤勉尽责，公正履行受托管理职责，不得损害债券持有人利益。

债券发行人未能按期兑付债券本息的，债券受托管理人可以接受全部或者部分债券持有人的委托，以自己名义代表债券持有人提起、参加民事诉讼或者清算程序。

第九十三条 发行人因欺诈发行、虚假陈述或者其他重大违法行为给投资者造成损失的，发行人的控股股东、实际控制人、相关的证券公司可以委托投资者保护机构，就赔偿事宜与受到损失的投资者达成协议，予以先行赔付。先行赔付后，可以依法向发行人以及其他连带责任人追偿。

第九十四条 投资者与发行人、证券公司等发生纠纷的，双方可以向投资者保护机构申请调解。普通投资者与证券公司发生证券业务纠纷，普通投资者提出调解请求的，证券公司不得拒绝。

投资者保护机构对损害投资者利益的行为，可以依法支持投资者向人民法院提起诉讼。

发行人的董事、监事、高级管理人员执行公司职务时违反法律、行政法规或者公司章程的规定给公司造成损失，发行人的控股股东、实际控制人等侵犯公司合法权益给公司造成损失，投资者保护机构持有该公司股份的，可以为公司的利益以自己的名义向人民法院提起诉讼，持股比例和持股期限不受《中华人民共和国公司法》规定的限制。

第九十五条 投资者提起虚假陈述等证券民事赔偿诉讼时，诉讼标的是同一种类，且当事人一方人数众多的，可以依法推选代表人进行诉讼。

对按照前款规定提起的诉讼，可能存在有相同诉讼请求的其他众多投资者的，人民法院可以发出公告，说明该诉讼请求的案件情况，通知投资者在一定期间向人民法院登记。人民法院作出的判决、裁定，对参加登记的投资者发生效力。

投资者保护机构受五十名以上投资者委托，可以作为代表人参加诉讼，并为经证券登记结算机构确认的权利人依照前款规定向人民法院登记，但投资者明确表示不愿意参加该诉讼的除外。

第七章　证券交易场所

第九十六条 证券交易所、国务院批准的其他全国性证券交易场所为证券集中交易提供场所和设施，组织和监督证券交易，实行自律管理，依法登记，取得法人资格。

证券交易所、国务院批准的其他全国性证券交易场所的设立、变更和解散由国务院决定。

国务院批准的其他全国性证券交易场所的组织机构、管理办法等，由国务院规定。

第九十七条 证券交易所、国务院批准的其他全国性证券交易场所可以根据证券品种、行业特点、公司规模等因素设立不同的市场层次。

第九十八条 按照国务院规定设立的区域性股权市场为非公开发行证券的发行、

转让提供场所和设施，具体管理办法由国务院规定。

第九十九条 证券交易所履行自律管理职能，应当遵守社会公共利益优先原则，维护市场的公平、有序、透明。

设立证券交易所必须制定章程。证券交易所章程的制定和修改，必须经国务院证券监督管理机构批准。

第一百条 证券交易所必须在其名称中标明证券交易所字样。其他任何单位或者个人不得使用证券交易所或者近似的名称。

第一百零一条 证券交易所可以自行支配的各项费用收入，应当首先用于保证其证券交易场所和设施的正常运行并逐步改善。

实行会员制的证券交易所的财产积累归会员所有，其权益由会员共同享有，在其存续期间，不得将其财产积累分配给会员。

第一百零二条 实行会员制的证券交易所设理事会、监事会。

证券交易所设总经理一人，由国务院证券监督管理机构任免。

第一百零三条 有《中华人民共和国公司法》第一百四十六条规定的情形或者下列情形之一的，不得担任证券交易所的负责人：

（一）因违法行为或者违纪行为被解除职务的证券交易场所、证券登记结算机构的负责人或者证券公司的董事、监事、高级管理人员，自被解除职务之日起未逾五年；

（二）因违法行为或者违纪行为被吊销执业证书或者被取消资格的律师、注册会计师或者其他证券服务机构的专业人员，自被吊销执业证书或者被取消资格之日起未逾五年。

第一百零四条 因违法行为或者违纪行为被开除的证券交易场所、证券公司、证券登记结算机构、证券服务机构的从业人员和被开除的国家机关工作人员，不得招聘为证券交易所的从业人员。

第一百零五条 进入实行会员制的证券交易所参与集中交易的，必须是证券交易所的会员。证券交易所不得允许非会员直接参与股票的集中交易。

第一百零六条 投资者应当与证券公司签订证券交易委托协议，并在证券公司实名开立账户，以书面、电话、自助终端、网络等方式，委托该证券公司代其买卖证券。

第一百零七条 证券公司为投资者开立账户，应当按照规定对投资者提供的身份信息进行核对。

证券公司不得将投资者的账户提供给他人使用。

投资者应当使用实名开立的账户进行交易。

第一百零八条 证券公司根据投资者的委托，按照证券交易规则提出交易申报，参与证券交易所场内的集中交易，并根据成交结果承担相应的清算交收责任。证券登记结算机构根据成交结果，按照清算交收规则，与证券公司进行证券和资金的清算交收，并为证券公司客户办理证券的登记过户手续。

第一百零九条 证券交易所应当为组织公平的集中交易提供保障，实时公布证券交易即时行情，并按交易日制作证券市场行情表，予以公布。

证券交易即时行情的权益由证券交易所依法享有。未经证券交易所许可，任何单位和个人不得发布证券交易即时行情。

第一百一十条 上市公司可以向证券交易所申请其上市交易股票的停牌或者复牌，但不得滥用停牌或者复牌损害投资者的合法权益。

证券交易所可以按照业务规则的规定，决定上市交易股票的停牌或者复牌。

第一百一十一条 因不可抗力、意外事件、重大技术故障、重大人为差错等突发性事件而影响证券交易正常进行时，为维护证券交易正常秩序和市场公平，证券交易所可以按照业务规则采取技术性停牌、临时停市等处置措施，并应当及时向国务院证券监督管理机构报告。

因前款规定的突发性事件导致证券交易结果出现重大异常，按交易结果进行交收将对证券交易正常秩序和市场公平造成重大影响的，证券交易所按照业务规则可以采取取消交易、通知证券登记结算机构暂缓交收等措施，并应当及时向国务院证券监督管理机构报告并公告。

证券交易所对其依照本条规定采取措施造成的损失，不承担民事赔偿责任，但存在重大过错的除外。

第一百一十二条 证券交易所对证券交易实行实时监控，并按照国务院证券监督管理机构的要求，对异常的交易情况提出报告。

证券交易所根据需要，可以按照业务规则对出现重大异常交易情况的证券账户的投资者限制交易，并及时报告国务院证券监督管理机构。

第一百一十三条 证券交易所应当加强对证券交易的风险监测，出现重大异常波动的，证券交易所可以按照业务规则采取限制交易、强制停牌等处置措施，并向国务院证券监督管理机构报告；严重影响证券市场稳定的，证券交易所可以按照业务规则采取临时停市等处置措施并公告。

证券交易所对其依照本条规定采取措施造成的损失，不承担民事赔偿责任，但存在重大过错的除外。

第一百一十四条 证券交易所应当从其收取的交易费用和会员费、席位费中提取一定比例的金额设立风险基金。风险基金由证券交易所理事会管理。

风险基金提取的具体比例和使用办法，由国务院证券监督管理机构会同国务院财政部门规定。

证券交易所应当将收存的风险基金存入开户银行专门账户，不得擅自使用。

第一百一十五条 证券交易所依照法律、行政法规和国务院证券监督管理机构的规定，制定上市规则、交易规则、会员管理规则和其他有关业务规则，并报国务院证券监督管理机构批准。

在证券交易所从事证券交易，应当遵守证券交易所依法制定的业务规则。违反业务规则的，由证券交易所给予纪律处分或者采取其他自律管理措施。

第一百一十六条 证券交易所的负责人和其他从业人员执行与证券交易有关的职务时，与其本人或者其亲属有利害关系的，应当回避。

第一百一十七条 按照依法制定的交易规则进行的交易，不得改变其交易结果，但本法第一百一十一条第二款规定的除外。对交易中违规交易者应负的民事责任不得免除；在违规交易中所获利益，依照有关规定处理。

第八章　证券公司

第一百一十八条 设立证券公司，应当具备下列条件，并经国务院证券监督管理机构批准：

（一）有符合法律、行政法规规定的公司章程；

（二）主要股东及公司的实际控制人具有良好的财务状况和诚信记录，最近三年无重大违法违规记录；

（三）有符合本法规定的公司注册资本；

（四）董事、监事、高级管理人员、从业人员符合本法规定的条件；

（五）有完善的风险管理与内部控制制度；

（六）有合格的经营场所、业务设施和信息技术系统；

（七）法律、行政法规和经国务院批准的国务院证券监督管理机构规定的其他条件。

未经国务院证券监督管理机构批准，任何单位和个人不得以证券公司名义开展证券业务活动。

第一百一十九条 国务院证券监督管理机构应当自受理证券公司设立申请之日起六个月内，依照法定条件和法定程序并根据审慎监管原则进行审查，作出批准或者不予批准的决定，并通知申请人；不予批准的，应当说明理由。

证券公司设立申请获得批准的，申请人应当在规定的期限内向公司登记机关申请设立登记，领取营业执照。

证券公司应当自领取营业执照之日起十五日内，向国务院证券监督管理机构申请经营证券业务许可证。未取得经营证券业务许可证，证券公司不得经营证券业务。

第一百二十条 经国务院证券监督管理机构核准，取得经营证券业务许可证，证券公司可以经营下列部分或者全部证券业务：

（一）证券经纪；

（二）证券投资咨询；

（三）与证券交易、证券投资活动有关的财务顾问；

（四）证券承销与保荐；

（五）证券融资融券；

（六）证券做市交易；

（七）证券自营；

（八）其他证券业务。

国务院证券监督管理机构应当自受理前款规定事项申请之日起三个月内，依照法定条件和程序进行审查，作出核准或者不予核准的决定，并通知申请人；不予核准的，应当说明理由。

证券公司经营证券资产管理业务的，应当符合《中华人民共和国证券投资基金法》等法律、行政法规的规定。

除证券公司外，任何单位和个人不得从事证券承销、证券保荐、证券经纪和证券融资融券业务。

证券公司从事证券融资融券业务，应当采取措施，严格防范和控制风险，不得违反规定向客户出借资金或者证券。

第一百二十一条 证券公司经营本法第一百二十条第一款第（一）项至第（三）项业务的，注册资本最低限额为人民币五千万元；经营第（四）项至第（八）项业务之一的，注册资本最低限额为人民币一亿元；经营第（四）项至第（八）项业务中两项以上的，注册资本最低限额为人民币五亿元。证券公司的注册资本应当是实缴资本。

国务院证券监督管理机构根据审慎监管原则和各项业务的风险程度，可以调整注册资本最低限额，但不得少于前款规定的限额。

第一百二十二条 证券公司变更证券业务范围，变更主要股东或者公司的实际控制人，合并、分立、停业、解散、破产，应当经国务院证券监督管理机构核准。

第一百二十三条 国务院证券监督管理机构应当对证券公司净资本和其他风险控制指标作出规定。

证券公司除依照规定为其客户提供融资融券外，不得为其股东或者股东的关联人提供融资或者担保。

第一百二十四条 证券公司的董事、监事、高级管理人员，应当正直诚实、品行良好，熟悉证券法律、行政法规，具有履行职责所需的经营管理能力。证券公司任免董事、监事、高级管理人员，应当报国务院证券监督管理机构备案。

有《中华人民共和国公司法》第一百四十六条规定的情形或者下列情形之一的，不得担任证券公司的董事、监事、高级管理人员：

（一）因违法行为或者违纪行为被解除职务的证券交易场所、证券登记结算机构的负责人或者证券公司的董事、监事、高级管理人员，自被解除职务之日起未逾五年；

（二）因违法行为或者违纪行为被吊销执业证书或者被取消资格的律师、注册会计师或者其他证券服务机构的专业人员，自被吊销执业证书或者被取消资格之日起未逾五年。

第一百二十五条 证券公司从事证券业务的人员应当品行良好，具备从事证券业务所需的专业能力。

因违法行为或者违纪行为被开除的证券交易场所、证券公司、证券登记结算机构、证券服务机构的从业人员和被开除的国家机关工作人员，不得招聘为证券公司的从业人员。

国家机关工作人员和法律、行政法规规定的禁止在公司中兼职的其他人员，不得在证券公司中兼任职务。

第一百二十六条 国家设立证券投资者保护基金。证券投资者保护基金由证券公司缴纳的资金及其他依法筹集的资金组成，其规模以及筹集、管理和使用的具体办法由国务院规定。

第一百二十七条 证券公司从每年的业务收入中提取交易风险准备金，用于弥补证券经营的损失，其提取的具体比例由国务院证券监督管理机构会同国务院财政部门规定。

第一百二十八条 证券公司应当建立健全内部控制制度，采取有效隔离措施，防范公司与客户之间、不同客户之间的利益冲突。

证券公司必须将其证券经纪业务、证券承销业务、证券自营业务、证券做市业务和证券资产管理业务分开办理，不得混合操作。

第一百二十九条 证券公司的自营业务必须以自己的名义进行，不得假借他人名义或者以个人名义进行。

证券公司的自营业务必须使用自有资金和依法筹集的资金。

证券公司不得将其自营账户借给他人使用。

第一百三十条 证券公司应当依法审慎经营，勤勉尽责，诚实守信。

证券公司的业务活动，应当与其治理结构、内部控制、合规管理、风险管理以及风险控制指标、从业人员构成等情况相适应，符合审慎监管和保护投资者合法权益的要求。

证券公司依法享有自主经营的权利，其合法经营不受干涉。

第一百三十一条 证券公司客户的交易结算资金应当存放在商业银行，以每个客户的名义单独立户管理。

证券公司不得将客户的交易结算资金和证券归入其自有财产。禁止任何单位或者个人以任何形式挪用客户的交易结算资金和证券。证券公司破产或者清算时，客户的交易结算资金和证券不属于其破产财产或者清算财产。非因客户本身的债务或者法律规定的其他情形，不得查封、冻结、扣划或者强制执行客户的交易结算资金和证券。

第一百三十二条 证券公司办理经纪业务，应当置备统一制定的证券买卖委托书，供委托人使用。采取其他委托方式的，必须作出委托记录。

客户的证券买卖委托，不论是否成交，其委托记录应当按照规定的期限，保存于证券公司。

第一百三十三条 证券公司接受证券买卖的委托，应当根据委托书载明的证券名称、买卖数量、出价方式、价格幅度等，按照交易规则代理买卖证券，如实进行交易记录；买卖成交后，应当按照规定制作买卖成交报告单交付客户。

证券交易中确认交易行为及其交易结果的对账单必须真实，保证账面证券余额与实际持有的证券相一致。

第一百三十四条 证券公司办理经纪业务，不得接受客户的全权委托而决定证券买卖、选择证券种类、决定买卖数量或者买卖价格。

证券公司不得允许他人以证券公司的名义直接参与证券的集中交易。

第一百三十五条 证券公司不得对客户证券买卖的收益或者赔偿证券买卖的损失作出承诺。

第一百三十六条 证券公司的从业人员在证券交易活动中，执行所属的证券公司的指令或者利用职务违反交易规则的，由所属的证券公司承担全部责任。

证券公司的从业人员不得私下接受客户委托买卖证券。

第一百三十七条 证券公司应当建立客户信息查询制度，确保客户能够查询其账户信息、委托记录、交易记录以及其他与接受服务或者购买产品有关的重要信息。

证券公司应当妥善保存客户开户资料、委托记录、交易记录和与内部管理、业务经营有关的各项信息，任何人不得隐匿、伪造、篡改或者毁损。上述信息的保存期限不得少于二十年。

第一百三十八条 证券公司应当按照规定向国务院证券监督管理机构报送业务、财务等经营管理信息和资料。国务院证券监督管理机构有权要求证券公司及其主要股东、实际控制人在指定的期限内提供有关信息、资料。

证券公司及其主要股东、实际控制人向国务院证券监督管理机构报送或者提供的信息、资料，必须真实、准确、完整。

第一百三十九条 国务院证券监督管理机构认为有必要时，可以委托会计师事务所、资产评估机构对证券公司的财务状况、内部控制状况、资产价值进行审计或者评估。具体办法由国务院证券监督管理机构会同有关主管部门制定。

第一百四十条 证券公司的治理结构、合规管理、风险控制指标不符合规定的，国务院证券监督管理机构应当责令其限期改正；逾期未改正，或者其行为严重危及该证券公司的稳健运行、损害客户合法权益的，国务院证券监督管理机构可以区别情形，对其采取下列措施：

（一）限制业务活动，责令暂停部分业务，停止核准新业务；

（二）限制分配红利，限制向董事、监事、高级管理人员支付报酬、提供福利；

（三）限制转让财产或者在财产上设定其他权利；

（四）责令更换董事、监事、高级管理人员或者限制其权利；

（五）撤销有关业务许可；

（六）认定负有责任的董事、监事、高级管理人员为不适当人选；

（七）责令负有责任的股东转让股权，限制负有责任的股东行使股东权利。

证券公司整改后，应当向国务院证券监督管理机构提交报告。国务院证券监督管理机构经验收，治理结构、合规管理、风险控制指标符合规定的，应当自验收完毕之日起三日内解除对其采取的前款规定的有关限制措施。

第一百四十一条 证券公司的股东有虚假出资、抽逃出资行为的，国务院证券监督管理机构应当责令其限期改正，并可责令其转让所持证券公司的股权。

在前款规定的股东按照要求改正违法行为、转让所持证券公司的股权前，国务院证券监督管理机构可以限制其股东权利。

第一百四十二条 证券公司的董事、监事、高级管理人员未能勤勉尽责，致使证券公司存在重大违法违规行为或者重大风险的，国务院证券监督管理机构可以责令证券公司予以更换。

第一百四十三条 证券公司违法经营或者出现重大风险，严重危害证券市场秩序、损害投资者利益的，国务院证券监督管理机构可以对该证券公司采取责令停业整顿、指定其他机构托管、接管或者撤销等监管措施。

第一百四十四条 在证券公司被责令停业整顿、被依法指定托管、接管或者清算期间，或者出现重大风险时，经国务院证券监督管理机构批准，可以对该证券公司直接负责的董事、监事、高级管理人员和其他直接责任人员采取以下措施：

（一）通知出境入境管理机关依法阻止其出境；

（二）申请司法机关禁止其转移、转让或者以其他方式处分财产，或者在财产上设定其他权利。

第九章　证券登记结算机构

第一百四十五条 证券登记结算机构为证券交易提供集中登记、存管与结算服务，不以营利为目的，依法登记，取得法人资格。

设立证券登记结算机构必须经国务院证券监督管理机构批准。

第一百四十六条 设立证券登记结算机构，应当具备下列条件：

（一）自有资金不少于人民币二亿元；

（二）具有证券登记、存管和结算服务所必须的场所和设施；

（三）国务院证券监督管理机构规定的其他条件。

证券登记结算机构的名称中应当标明证券登记结算字样。

第一百四十七条 证券登记结算机构履行下列职能：

（一）证券账户、结算账户的设立；

（二）证券的存管和过户；

（三）证券持有人名册登记；

（四）证券交易的清算和交收；

（五）受发行人的委托派发证券权益；

（六）办理与上述业务有关的查询、信息服务；

（七）国务院证券监督管理机构批准的其他业务。

第一百四十八条 在证券交易所和国务院批准的其他全国性证券交易场所交易的证券的登记结算，应当采取全国集中统一的运营方式。

前款规定以外的证券，其登记、结算可以委托证券登记结算机构或者其他依法从事证券登记、结算业务的机构办理。

第一百四十九条 证券登记结算机构应当依法制定章程和业务规则，并经国务院证券监督管理机构批准。证券登记结算业务参与人应当遵守证券登记结算机构制定的业务规则。

第一百五十条 在证券交易所或者国务院批准的其他全国性证券交易场所交易的证券，应当全部存管在证券登记结算机构。

证券登记结算机构不得挪用客户的证券。

第一百五十一条 证券登记结算机构应当向证券发行人提供证券持有人名册及有关资料。

证券登记结算机构应当根据证券登记结算的结果，确认证券持有人持有证券的事实，提供证券持有人登记资料。

证券登记结算机构应当保证证券持有人名册和登记过户记录真实、准确、完整，不得隐匿、伪造、篡改或者毁损。

第一百五十二条 证券登记结算机构应当采取下列措施保证业务的正常进行：

（一）具有必备的服务设备和完善的数据安全保护措施；

（二）建立完善的业务、财务和安全防范等管理制度；

（三）建立完善的风险管理系统。

第一百五十三条 证券登记结算机构应当妥善保存登记、存管和结算的原始凭证及有关文件和资料。其保存期限不得少于二十年。

第一百五十四条 证券登记结算机构应当设立证券结算风险基金，用于垫付或者弥补因违约交收、技术故障、操作失误、不可抗力造成的证券登记结算机构的损失。

证券结算风险基金从证券登记结算机构的业务收入和收益中提取，并可以由结算参与人按照证券交易业务量的一定比例缴纳。

证券结算风险基金的筹集、管理办法，由国务院证券监督管理机构会同国务院财政部门规定。

第一百五十五条 证券结算风险基金应当存入指定银行的专门账户，实行专项管理。

证券登记结算机构以证券结算风险基金赔偿后，应当向有关责任人追偿。

第一百五十六条 证券登记结算机构申请解散，应当经国务院证券监督管理机构批准。

第一百五十七条 投资者委托证券公司进行证券交易，应当通过证券公司申请在证券登记结算机构开立证券账户。证券登记结算机构应当按照规定为投资者开立证券账户。

投资者申请开立账户，应当持有证明中华人民共和国公民、法人、合伙企业身份的合法证件。国家另有规定的除外。

第一百五十八条 证券登记结算机构作为中央对手方提供证券结算服务的，是结算参与人共同的清算交收对手，进行净额结算，为证券交易提供集中履约保障。

证券登记结算机构为证券交易提供净额结算服务时，应当要求结算参与人按照货银对付的原则，足额交付证券和资金，并提供交收担保。

在交收完成之前，任何人不得动用用于交收的证券、资金和担保物。

结算参与人未按时履行交收义务的，证券登记结算机构有权按照业务规则处理前款所述财产。

第一百五十九条 证券登记结算机构按照业务规则收取的各类结算资金和证券，必须存放于专门的清算交收账户，只能按业务规则用于已成交的证券交易的清算交收，不得被强制执行。

第十章 证券服务机构

第一百六十条 会计师事务所、律师事务所以及从事证券投资咨询、资产评估、资信评级、财务顾问、信息技术系统服务的证券服务机构，应当勤勉尽责、恪尽职守，按照相关业务规则为证券的交易及相关活动提供服务。

从事证券投资咨询服务业务，应当经国务院证券监督管理机构核准；未经核准，不得为证券的交易及相关活动提供服务。从事其他证券服务业务，应当报国务院证券监督管理机构和国务院有关主管部门备案。

第一百六十一条 证券投资咨询机构及其从业人员从事证券服务业务不得有下列行为：

（一）代理委托人从事证券投资；

（二）与委托人约定分享证券投资收益或者分担证券投资损失；

（三）买卖本证券投资咨询机构提供服务的证券；

（四）法律、行政法规禁止的其他行为。

有前款所列行为之一，给投资者造成损失的，应当依法承担赔偿责任。

第一百六十二条 证券服务机构应当妥善保存客户委托文件、核查和验证资料、工作底稿以及与质量控制、内部管理、业务经营有关的信息和资料，任何人不得泄露、隐匿、伪造、篡改或者毁损。上述信息和资料的保存期限不得少于十年，自业务委托结束之日起算。

第一百六十三条　证券服务机构为证券的发行、上市、交易等证券业务活动制作、出具审计报告及其他鉴证报告、资产评估报告、财务顾问报告、资信评级报告或者法律意见书等文件，应当勤勉尽责，对所依据的文件资料内容的真实性、准确性、完整性进行核查和验证。其制作、出具的文件有虚假记载、误导性陈述或者重大遗漏，给他人造成损失的，应当与委托人承担连带赔偿责任，但是能够证明自己没有过错的除外。

第十一章　证券业协会

第一百六十四条　证券业协会是证券业的自律性组织，是社会团体法人。

证券公司应当加入证券业协会。

证券业协会的权力机构为全体会员组成的会员大会。

第一百六十五条　证券业协会章程由会员大会制定，并报国务院证券监督管理机构备案。

第一百六十六条　证券业协会履行下列职责：

（一）教育和组织会员及其从业人员遵守证券法律、行政法规，组织开展证券行业诚信建设，督促证券行业履行社会责任；

（二）依法维护会员的合法权益，向证券监督管理机构反映会员的建议和要求；

（三）督促会员开展投资者教育和保护活动，维护投资者合法权益；

（四）制定和实施证券行业自律规则，监督、检查会员及其从业人员行为，对违反法律、行政法规、自律规则或者协会章程的，按照规定给予纪律处分或者实施其他自律管理措施；

（五）制定证券行业业务规范，组织从业人员的业务培训；

（六）组织会员就证券行业的发展、运作及有关内容进行研究，收集整理、发布证券相关信息，提供会员服务，组织行业交流，引导行业创新发展；

（七）对会员之间、会员与客户之间发生的证券业务纠纷进行调解；

（八）证券业协会章程规定的其他职责。

第一百六十七条　证券业协会设理事会。理事会成员依章程的规定由选举产生。

第十二章　证券监督管理机构

第一百六十八条　国务院证券监督管理机构依法对证券市场实行监督管理，维护证券市场公开、公平、公正，防范系统性风险，维护投资者合法权益，促进证券市场健康发展。

第一百六十九条　国务院证券监督管理机构在对证券市场实施监督管理中履行下

列职责：

（一）依法制定有关证券市场监督管理的规章、规则，并依法进行审批、核准、注册，办理备案；

（二）依法对证券的发行、上市、交易、登记、存管、结算等行为，进行监督管理；

（三）依法对证券发行人、证券公司、证券服务机构、证券交易场所、证券登记结算机构的证券业务活动，进行监督管理；

（四）依法制定从事证券业务人员的行为准则，并监督实施；

（五）依法监督检查证券发行、上市、交易的信息披露；

（六）依法对证券业协会的自律管理活动进行指导和监督；

（七）依法监测并防范、处置证券市场风险；

（八）依法开展投资者教育；

（九）依法对证券违法行为进行查处；

（十）法律、行政法规规定的其他职责。

第一百七十条 国务院证券监督管理机构依法履行职责，有权采取下列措施：

（一）对证券发行人、证券公司、证券服务机构、证券交易场所、证券登记结算机构进行现场检查；

（二）进入涉嫌违法行为发生场所调查取证；

（三）询问当事人和与被调查事件有关的单位和个人，要求其对与被调查事件有关的事项作出说明；或者要求其按照指定的方式报送与被调查事件有关的文件和资料；

（四）查阅、复制与被调查事件有关的财产权登记、通讯记录等文件和资料；

（五）查阅、复制当事人和与被调查事件有关的单位和个人的证券交易记录、登记过户记录、财务会计资料及其他相关文件和资料；对可能被转移、隐匿或者毁损的文件和资料，可以予以封存、扣押；

（六）查询当事人和与被调查事件有关的单位和个人的资金账户、证券账户、银行账户以及其他具有支付、托管、结算等功能的账户信息，可以对有关文件和资料进行复制；对有证据证明已经或者可能转移或者隐匿违法资金、证券等涉案财产或者隐匿、伪造、毁损重要证据的，经国务院证券监督管理机构主要负责人或者其授权的其他负责人批准，可以冻结或者查封，期限为六个月；因特殊原因需要延长的，每次延长期限不得超过三个月，冻结、查封期限最长不得超过二年；

（七）在调查操纵证券市场、内幕交易等重大证券违法行为时，经国务院证券监督管理机构主要负责人或者其授权的其他负责人批准，可以限制被调查的当事人的证券买卖，但限制的期限不得超过三个月；案情复杂的，可以延长三个月；

（八）通知出境入境管理机关依法阻止涉嫌违法人员、涉嫌违法单位的主管人员和其他直接责任人员出境。

为防范证券市场风险，维护市场秩序，国务院证券监督管理机构可以采取责令改正、监管谈话、出具警示函等措施。

第一百七十一条 国务院证券监督管理机构对涉嫌证券违法的单位或者个人进行调查期间，被调查的当事人书面申请，承诺在国务院证券监督管理机构认可的期限内纠正涉嫌违法行为，赔偿有关投资者损失，消除损害或者不良影响的，国务院证券监督管理机构可以决定中止调查。被调查的当事人履行承诺的，国务院证券监督管理机构可以决定终止调查；被调查的当事人未履行承诺或者有国务院规定的其他情形的，应当恢复调查。具体办法由国务院规定。

国务院证券监督管理机构决定中止或者终止调查的，应当按照规定公开相关信息。

第一百七十二条 国务院证券监督管理机构依法履行职责，进行监督检查或者调查，其监督检查、调查的人员不得少于二人，并应当出示合法证件和监督检查、调查通知书或者其他执法文书。监督检查、调查的人员少于二人或者未出示合法证件和监督检查、调查通知书或者其他执法文书的，被检查、调查的单位和个人有权拒绝。

第一百七十三条 国务院证券监督管理机构依法履行职责，被检查、调查的单位和个人应当配合，如实提供有关文件和资料，不得拒绝、阻碍和隐瞒。

第一百七十四条 国务院证券监督管理机构制定的规章、规则和监督管理工作制度应当依法公开。

国务院证券监督管理机构依据调查结果，对证券违法行为作出的处罚决定，应当公开。

第一百七十五条 国务院证券监督管理机构应当与国务院其他金融监督管理机构建立监督管理信息共享机制。

国务院证券监督管理机构依法履行职责，进行监督检查或者调查时，有关部门应当予以配合。

第一百七十六条 对涉嫌证券违法、违规行为，任何单位和个人有权向国务院证券监督管理机构举报。

对涉嫌重大违法、违规行为的实名举报线索经查证属实的，国务院证券监督管理机构按照规定给予举报人奖励。

国务院证券监督管理机构应当对举报人的身份信息保密。

第一百七十七条 国务院证券监督管理机构可以和其他国家或者地区的证券监督管理机构建立监督管理合作机制，实施跨境监督管理。

境外证券监督管理机构不得在中华人民共和国境内直接进行调查取证等活动。未经国务院证券监督管理机构和国务院有关主管部门同意，任何单位和个人不得擅自向境外提供与证券业务活动有关的文件和资料。

第一百七十八条 国务院证券监督管理机构依法履行职责，发现证券违法行为涉嫌犯罪的，应当依法将案件移送司法机关处理；发现公职人员涉嫌职务违法或者职务犯罪的，应当依法移送监察机关处理。

第一百七十九条 国务院证券监督管理机构工作人员必须忠于职守、依法办事、公正廉洁，不得利用职务便利牟取不正当利益，不得泄露所知悉的有关单位和个人的商业秘密。

国务院证券监督管理机构工作人员在任职期间，或者离职后在《中华人民共和国公务员法》规定的期限内，不得到与原工作业务直接相关的企业或者其他营利性组织任职，不得从事与原工作业务直接相关的营利性活动。

第十三章 法律责任

第一百八十条 违反本法第九条的规定，擅自公开或者变相公开发行证券的，责令停止发行，退还所募资金并加算银行同期存款利息，处以非法所募资金金额百分之五以上百分之五十以下的罚款；对擅自公开或者变相公开发行证券设立的公司，由依法履行监督管理职责的机构或者部门会同县级以上地方人民政府予以取缔。对直接负责的主管人员和其他直接责任人员给予警告，并处以五十万元以上五百万元以下的罚款。

第一百八十一条 发行人在其公告的证券发行文件中隐瞒重要事实或者编造重大虚假内容，尚未发行证券的，处以二百万元以上二千万元以下的罚款；已经发行证券的，处以非法所募资金金额百分之十以上一倍以下的罚款。对直接负责的主管人员和其他直接责任人员，处以一百万元以上一千万元以下的罚款。

发行人的控股股东、实际控制人组织、指使从事前款违法行为的，没收违法所得，并处以违法所得百分之十以上一倍以下的罚款；没有违法所得或者违法所得不足二千万元的，处以二百万元以上二千万元以下的罚款。对直接负责的主管人员和其他直接责任人员，处以一百万元以上一千万元以下的罚款。

第一百八十二条 保荐人出具有虚假记载、误导性陈述或者重大遗漏的保荐书，或者不履行其他法定职责的，责令改正，给予警告，没收业务收入，并处以业务收入一倍以上十倍以下的罚款；没有业务收入或者业务收入不足一百万元的，处以一百万元以上一千万元以下的罚款；情节严重的，并处暂停或者撤销保荐业务许可。对直接负责的主管人员和其他直接责任人员给予警告，并处以五十万元以上五百万元以下的罚款。

第一百八十三条 证券公司承销或者销售擅自公开发行或者变相公开发行的证券的，责令停止承销或者销售，没收违法所得，并处以违法所得一倍以上十倍以下的罚款；没有违法所得或者违法所得不足一百万元的，处以一百万元以上一千万元以下的罚款；情节严重的，并处暂停或者撤销相关业务许可。给投资者造成损失的，应当与发行人承担连带赔偿责任。对直接负责的主管人员和其他直接责任人员给予警告，并处以五十万元以上五百万元以下的罚款。

第一百八十四条 证券公司承销证券违反本法第二十九条规定的，责令改正，给予警告，没收违法所得，可以并处五十万元以上五百万元以下的罚款；情节严重的，暂停或者撤销相关业务许可。对直接负责的主管人员和其他直接责任人员给予警告，可以并处二十万元以上二百万元以下的罚款；情节严重的，并处以五十万元以上五百万元以下的罚款。

第一百八十五条 发行人违反本法第十四条、第十五条的规定擅自改变公开发行证券所募集资金的用途的，责令改正，处以五十万元以上五百万元以下的罚款；对直接负责的主管人员和其他直接责任人员给予警告，并处以十万元以上一百万元以下的罚款。

发行人的控股股东、实际控制人从事或者组织、指使从事前款违法行为的，给予警告，并处以五十万元以上五百万元以下的罚款；对直接负责的主管人员和其他直接责任人员，处以十万元以上一百万元以下的罚款。

第一百八十六条 违反本法第三十六条的规定，在限制转让期内转让证券，或者转让股票不符合法律、行政法规和国务院证券监督管理机构规定的，责令改正，给予警告，没收违法所得，并处以买卖证券等值以下的罚款。

第一百八十七条 法律、行政法规规定禁止参与股票交易的人员，违反本法第四十条的规定，直接或者以化名、借他人名义持有、买卖股票或者其他具有股权性质的证券的，责令依法处理非法持有的股票、其他具有股权性质的证券，没收违法所得，并处以买卖证券等值以下的罚款；属于国家工作人员的，还应当依法给予处分。

第一百八十八条 证券服务机构及其从业人员，违反本法第四十二条的规定买卖证券的，责令依法处理非法持有的证券，没收违法所得，并处以买卖证券等值以下的罚款。

第一百八十九条 上市公司、股票在国务院批准的其他全国性证券交易场所交易的公司的董事、监事、高级管理人员、持有该公司百分之五以上股份的股东，违反本法第四十四条的规定，买卖该公司股票或者其他具有股权性质的证券的，给予警告，并处以十万元以上一百万元以下的罚款。

第一百九十条 违反本法第四十五条的规定，采取程序化交易影响证券交易所系统安全或者正常交易秩序的，责令改正，并处以五十万元以上五百万元以下的罚款。对直接负责的主管人员和其他直接责任人员给予警告，并处以十万元以上一百万元以下的罚款。

第一百九十一条 证券交易内幕信息的知情人或者非法获取内幕信息的人违反本法第五十三条的规定从事内幕交易的，责令依法处理非法持有的证券，没收违法所得，并处以违法所得一倍以上十倍以下的罚款；没有违法所得或者违法所得不足五十万元的，处以五十万元以上五百万元以下的罚款。单位从事内幕交易的，还应当对直接负责的主管人员和其他直接责任人员给予警告，并处以二十万元以上二百万元以下的罚款。国务院证券监督管理机构工作人员从事内幕交易的，从重处罚。

违反本法第五十四条的规定，利用未公开信息进行交易的，依照前款的规定处罚。

第一百九十二条 违反本法第五十五条的规定，操纵证券市场的，责令依法处理其非法持有的证券，没收违法所得，并处以违法所得一倍以上十倍以下的罚款；没有违法所得或者违法所得不足一百万元的，处以一百万元以上一千万元以下的罚款。单位操纵证券市场的，还应当对直接负责的主管人员和其他直接责任人员给予警告，并处以五十万元以上五百万元以下的罚款。

第一百九十三条 违反本法第五十六条第一款、第三款的规定，编造、传播虚假信息或者误导性信息，扰乱证券市场的，没收违法所得，并处以违法所得一倍以上十倍以下的罚款；没有违法所得或者违法所得不足二十万元的，处以二十万元以上二百万元以下的罚款。

违反本法第五十六条第二款的规定，在证券交易活动中作出虚假陈述或者信息误导的，责令改正，处以二十万元以上二百万元以下的罚款；属于国家工作人员的，还应当依法给予处分。

传播媒介及其从事证券市场信息报道的工作人员违反本法第五十六条第三款的规定，从事与其工作职责发生利益冲突的证券买卖的，没收违法所得，并处以买卖证券等值以下的罚款。

第一百九十四条 证券公司及其从业人员违反本法第五十七条的规定，有损害客户利益的行为的，给予警告，没收违法所得，并处以违法所得一倍以上十倍以下的罚款；没有违法所得或者违法所得不足十万元的，处以十万元以上一百万元以下的罚款；情节严重的，暂停或者撤销相关业务许可。

第一百九十五条 违反本法第五十八条的规定，出借自己的证券账户或者借用他人的证券账户从事证券交易的，责令改正，给予警告，可以处五十万元以下的罚款。

第一百九十六条 收购人未按照本法规定履行上市公司收购的公告、发出收购要约义务的，责令改正，给予警告，并处以五十万元以上五百万元以下的罚款。对直接负责的主管人员和其他直接责任人员给予警告，并处以二十万元以上二百万元以下的罚款。

收购人及其控股股东、实际控制人利用上市公司收购，给被收购公司及其股东造成损失的，应当依法承担赔偿责任。

第一百九十七条 信息披露义务人未按照本法规定报送有关报告或者履行信息披露义务的，责令改正，给予警告，并处以五十万元以上五百万元以下的罚款；对直接负责的主管人员和其他直接责任人员给予警告，并处以二十万元以上二百万元以下的罚款。发行人的控股股东、实际控制人组织、指使从事上述违法行为，或者隐瞒相关事项导致发生上述情形的，处以五十万元以上五百万元以下的罚款；对直接负责的主管人员和其他直接责任人员，处以二十万元以上二百万元以下的罚款。

信息披露义务人报送的报告或者披露的信息有虚假记载、误导性陈述或者重大遗漏的，责令改正，给予警告，并处以一百万元以上一千万元以下的罚款；对直接负责的主管人员和其他直接责任人员给予警告，并处以五十万元以上五百万元以下的罚款。发行人的控股股东、实际控制人组织、指使从事上述违法行为，或者隐瞒相关事项导致发生上述情形的，处以一百万元以上一千万元以下的罚款；对直接负责的主管人员和其他直接责任人员，处以五十万元以上五百万元以下的罚款。

第一百九十八条 证券公司违反本法第八十八条的规定未履行或者未按照规定履行投资者适当性管理义务的，责令改正，给予警告，并处以十万元以上一百万元以下的罚款。对直接负责的主管人员和其他直接责任人员给予警告，并处以二十万元以下的罚款。

第一百九十九条 违反本法第九十条的规定征集股东权利的，责令改正，给予警告，可以处五十万元以下的罚款。

第二百条 非法开设证券交易场所的，由县级以上人民政府予以取缔，没收违法所得，并处以违法所得一倍以上十倍以下的罚款；没有违法所得或者违法所得不足一百万元的，处以一百万元以上一千万元以下的罚款。对直接负责的主管人员和其他直接责任人员给予警告，并处以二十万元以上二百万元以下的罚款。

证券交易所违反本法第一百零五条的规定，允许非会员直接参与股票的集中交易的，责令改正，可以并处五十万元以下的罚款。

第二百零一条 证券公司违反本法第一百零七条第一款的规定，未对投资者开立账户提供的身份信息进行核对的，责令改正，给予警告，并处以五万元以上五十万元以下的罚款。对直接负责的主管人员和其他直接责任人员给予警告，并处以十万元以下的罚款。

证券公司违反本法第一百零七条第二款的规定，将投资者的账户提供给他人使用的，责令改正，给予警告，并处以十万元以上一百万元以下的罚款。对直接负责的主管人员和其他直接责任人员给予警告，并处以二十万元以下的罚款。

第二百零二条 违反本法第一百一十八条、第一百二十条第一款、第四款的规定，擅自设立证券公司、非法经营证券业务或者未经批准以证券公司名义开展证券业务活动的，责令改正，没收违法所得，并处以违法所得一倍以上十倍以下的罚款；没有违法所得或者违法所得不足一百万元的，处以一百万元以上一千万元以下的罚款。对直接负责的主管人员和其他直接责任人员给予警告，并处以二十万元以上二百万元以下的罚款。对擅自设立的证券公司，由国务院证券监督管理机构予以取缔。

证券公司违反本法第一百二十条第五款规定提供证券融资融券服务的，没收违法所得，并处以融资融券等值以下的罚款；情节严重的，禁止其在一定期限内从事证券融资融券业务。对直接负责的主管人员和其他直接责任人员给予警告，并处以二十万元以上二百万元以下的罚款。

第二百零三条 提交虚假证明文件或者采取其他欺诈手段骗取证券公司设立许可、业务许可或者重大事项变更核准的，撤销相关许可，并处以一百万元以上一千万元以下的罚款。对直接负责的主管人员和其他直接责任人员给予警告，并处以二十万元以上二百万元以下的罚款。

第二百零四条 证券公司违反本法第一百二十二条的规定，未经核准变更证券业务范围，变更主要股东或者公司的实际控制人，合并、分立、停业、解散、破产的，责令改正，给予警告，没收违法所得，并处以违法所得一倍以上十倍以下的罚款；没有违法所得或者违法所得不足五十万元的，处以五十万元以上五百万元以下的罚款；情节严重的，并处撤销相关业务许可。对直接负责的主管人员和其他直接责任人员给予警告，并处以二十万元以上二百万元以下的罚款。

第二百零五条 证券公司违反本法第一百二十三条第二款的规定，为其股东或者股东的关联人提供融资或者担保的，责令改正，给予警告，并处以五十万元以上五百万元以下的罚款。对直接负责的主管人员和其他直接责任人员给予警告，并处以十万元以上一百万元以下的罚款。股东有过错的，在按照要求改正前，国务院证券监督管理机构可以限制其股东权利；拒不改正的，可以责令其转让所持证券公司股权。

第二百零六条 证券公司违反本法第一百二十八条的规定，未采取有效隔离措施防范利益冲突，或者未分开办理相关业务、混合操作的，责令改正，给予警告，没收违法所得，并处以违法所得一倍以上十倍以下的罚款；没有违法所得或者违法所得不足五十万元的，处以五十万元以上五百万元以下的罚款；情节严重的，并处撤销相关业务许可。对直接负责的主管人员和其他直接责任人员给予警告，并处以二十万元以上二百万元以下的罚款。

第二百零七条 证券公司违反本法第一百二十九条的规定从事证券自营业务的，责令改正，给予警告，没收违法所得，并处以违法所得一倍以上十倍以下的罚款；没有违法所得或者违法所得不足五十万元的，处以五十万元以上五百万元以下的罚款；情节严重的，并处撤销相关业务许可或者责令关闭。对直接负责的主管人员和其他直接责任人员给予警告，并处以二十万元以上二百万元以下的罚款。

第二百零八条 违反本法第一百三十一条的规定，将客户的资金和证券归入自有财产，或者挪用客户的资金和证券的，责令改正，给予警告，没收违法所得，并处以违法所得一倍以上十倍以下的罚款；没有违法所得或者违法所得不足一百万元的，处以一百万元以上一千万元以下的罚款；情节严重的，并处撤销相关业务许可或者责令关闭。对直接负责的主管人员和其他直接责任人员给予警告，并处以五十万元以上五百万元以下的罚款。

第二百零九条 证券公司违反本法第一百三十四条第一款的规定接受客户的全权委托买卖证券的，或者违反本法第一百三十五条的规定对客户的收益或者赔偿客户的损失作出承诺的，责令改正，给予警告，没收违法所得，并处以违法所得一倍以上十倍以下的罚款；没有违法所得或者违法所得不足五十万元的，处以五十万元以上五百万元以下的罚款；情节严重的，并处撤销相关业务许可。对直接负责的主管人员和其他直接责任人员给予警告，并处以二十万元以上二百万元以下的罚款。

证券公司违反本法第一百三十四条第二款的规定，允许他人以证券公司的名义直接参与证券的集中交易的，责令改正，可以并处五十万元以下的罚款。

第二百一十条 证券公司的从业人员违反本法第一百三十六条的规定，私下接受客户委托买卖证券的，责令改正，给予警告，没收违法所得，并处以违法所得一倍以上十倍以下的罚款；没有违法所得的，处以五十万元以下的罚款。

第二百一十一条 证券公司及其主要股东、实际控制人违反本法第一百三十八条的规定，未报送、提供信息和资料，或者报送、提供的信息和资料有虚假记载、误导性陈述或者重大遗漏的，责令改正，给予警告，并处以一百万元以下的罚款；情节严重的，并处撤销相关业务许可。对直接负责的主管人员和其他直接责任人员，给予警告，并处以五十万元以下的罚款。

第二百一十二条 违反本法第一百四十五条的规定，擅自设立证券登记结算机构的，由国务院证券监督管理机构予以取缔，没收违法所得，并处以违法所得一倍以上十倍以下的罚款；没有违法所得或者违法所得不足五十万元的，处以五十万元以上五百万元以下的罚款。对直接负责的主管人员和其他直接责任人员给予警告，并处以二十万元以上二百万元以下的罚款。

第二百一十三条 证券投资咨询机构违反本法第一百六十条第二款的规定擅自从事证券服务业务，或者从事证券服务业务有本法第一百六十一条规定行为的，责令改正，没收违法所得，并处以违法所得一倍以上十倍以下的罚款；没有违法所得或者违法所得不足五十万元的，处以五十万元以上五百万元以下的罚款。对直接负责的主管人员和其他直接责任人员，给予警告，并处以二十万元以上二百万元以下的罚款。

会计师事务所、律师事务所以及从事资产评估、资信评级、财务顾问、信息技术系统服务的机构违反本法第一百六十条第二款的规定，从事证券服务业务未报备案的，责令改正，可以处二十万元以下的罚款。

证券服务机构违反本法第一百六十三条的规定，未勤勉尽责，所制作、出具的文件有虚假记载、误导性陈述或者重大遗漏的，责令改正，没收业务收入，并处以业务收入一倍以上十倍以下的罚款，没有业务收入或者业务收入不足五十万元的，处以五十万元以上五百万元以下的罚款；情节严重的，并处暂停或者禁止从事证券服务业务。对直接负责的主管人员和其他直接责任人员给予警告，并处以二十万元以上二百万元以下的罚款。

第二百一十四条 发行人、证券登记结算机构、证券公司、证券服务机构未按照规定保存有关文件和资料的，责令改正，给予警告，并处以十万元以上一百万元以下的罚款；泄露、隐匿、伪造、篡改或者毁损有关文件和资料的，给予警告，并处以二十万元以上二百万元以下的罚款；情节严重的，处以五十万元以上五百万元以下的罚款，并处暂停、撤销相关业务许可或者禁止从事相关业务。对直接负责的主管人员和其他直接责任人员给予警告，并处以十万元以上一百万元以下的罚款。

第二百一十五条 国务院证券监督管理机构依法将有关市场主体遵守本法的情况纳入证券市场诚信档案。

第二百一十六条 国务院证券监督管理机构或者国务院授权的部门有下列情形之一的，对直接负责的主管人员和其他直接责任人员，依法给予处分：

（一）对不符合本法规定的发行证券、设立证券公司等申请予以核准、注册、批准的；

（二）违反本法规定采取现场检查、调查取证、查询、冻结或者查封等措施的；

（三）违反本法规定对有关机构和人员采取监督管理措施的；

（四）违反本法规定对有关机构和人员实施行政处罚的；

（五）其他不依法履行职责的行为。

第二百一十七条 国务院证券监督管理机构或者国务院授权的部门的工作人员，不履行本法规定的职责，滥用职权、玩忽职守，利用职务便利牟取不正当利益，或者泄露所知悉的有关单位和个人的商业秘密的，依法追究法律责任。

第二百一十八条 拒绝、阻碍证券监督管理机构及其工作人员依法行使监督检查、调查职权，由证券监督管理机构责令改正，处以十万元以上一百万元以下的罚款，并由公安机关依法给予治安管理处罚。

第二百一十九条 违反本法规定，构成犯罪的，依法追究刑事责任。

第二百二十条 违反本法规定，应当承担民事赔偿责任和缴纳罚款、罚金、违法所得，违法行为人的财产不足以支付的，优先用于承担民事赔偿责任。

第二百二十一条 违反法律、行政法规或者国务院证券监督管理机构的有关规定，情节严重的，国务院证券监督管理机构可以对有关责任人员采取证券市场禁入的措施。

前款所称证券市场禁入，是指在一定期限内直至终身不得从事证券业务、证券服务业务，不得担任证券发行人的董事、监事、高级管理人员，或者一定期限内不得在证券交易所、国务院批准的其他全国性证券交易场所交易证券的制度。

第二百二十二条 依照本法收缴的罚款和没收的违法所得，全部上缴国库。

第二百二十三条 当事人对证券监督管理机构或者国务院授权的部门的处罚决定不服的，可以依法申请行政复议，或者依法直接向人民法院提起诉讼。

第十四章 附则

第二百二十四条 境内企业直接或者间接到境外发行证券或者将其证券在境外上市交易，应当符合国务院的有关规定。

第二百二十五条 境内公司股票以外币认购和交易的，具体办法由国务院另行规定。

第二百二十六条 本法自 2020 年 3 月 1 日起施行。

中华人民共和国公司法

（1993年12月29日第八届全国人民代表大会常务委员会第五次会议通过　根据1999年12月25日第九届全国人民代表大会常务委员会第十三次会议《关于修改〈中华人民共和国公司法〉的决定》第一次修正　根据2004年8月28日第十届全国人民代表大会常务委员会第十一次会议《关于修改〈中华人民共和国公司法〉的决定》第二次修正　2005年10月27日第十届全国人民代表大会常务委员会第十八次会议修订　根据2013年12月28日第十二届全国人民代表大会常务委员会第六次会议《关于修改〈中华人民共和国海洋环境保护法〉等七部法律的决定》第三次修正　根据2018年10月26日第十三届全国人民代表大会常务委员会第六次会议《关于修改〈中华人民共和国公司法〉的决定》第四次修正）

第一章　总则

第一条　为了规范公司的组织和行为，保护公司、股东和债权人的合法权益，维护社会经济秩序，促进社会主义市场经济的发展，制定本法。

第二条　本法所称公司是指依照本法在中国境内设立的有限责任公司和股份有限公司。

第三条　公司是企业法人，有独立的法人财产，享有法人财产权。公司以其全部财产对公司的债务承担责任。

有限责任公司的股东以其认缴的出资额为限对公司承担责任；股份有限公司的股东以其认购的股份为限对公司承担责任。

第四条　公司股东依法享有资产收益、参与重大决策和选择管理者等权利。

第五条　公司从事经营活动，必须遵守法律、行政法规，遵守社会公德、商业道德，诚实守信，接受政府和社会公众的监督，承担社会责任。

公司的合法权益受法律保护，不受侵犯。

第六条　设立公司，应当依法向公司登记机关申请设立登记。符合本法规定的设立条件的，由公司登记机关分别登记为有限责任公司或者股份有限公司；不符合本法规定的设立条件的，不得登记为有限责任公司或者股份有限公司。

法律、行政法规规定设立公司必须报经批准的，应当在公司登记前依法办理批准手续。

公众可以向公司登记机关申请查询公司登记事项，公司登记机关应当提供查询服务。

第七条 依法设立的公司，由公司登记机关发给公司营业执照。公司营业执照签发日期为公司成立日期。

公司营业执照应当载明公司的名称、住所、注册资本、经营范围、法定代表人姓名等事项。

公司营业执照记载的事项发生变更的，公司应当依法办理变更登记，由公司登记机关换发营业执照。

第八条 依照本法设立的有限责任公司，必须在公司名称中标明有限责任公司或者有限公司字样。

依照本法设立的股份有限公司，必须在公司名称中标明股份有限公司或者股份公司字样。

第九条 有限责任公司变更为股份有限公司，应当符合本法规定的股份有限公司的条件。股份有限公司变更为有限责任公司，应当符合本法规定的有限责任公司的条件。

有限责任公司变更为股份有限公司的，或者股份有限公司变更为有限责任公司的，公司变更前的债权、债务由变更后的公司承继。

第十条 公司以其主要办事机构所在地为住所。

第十一条 设立公司必须依法制定公司章程。公司章程对公司、股东、董事、监事、高级管理人员具有约束力。

第十二条 公司的经营范围由公司章程规定，并依法登记。公司可以修改公司章程，改变经营范围，但是应当办理变更登记。

公司的经营范围中属于法律、行政法规规定须经批准的项目，应当依法经过批准。

第十三条 公司法定代表人依照公司章程的规定，由董事长、执行董事或者经理担任，并依法登记。公司法定代表人变更，应当办理变更登记。

第十四条 公司可以设立分公司。设立分公司，应当向公司登记机关申请登记，领取营业执照。分公司不具有法人资格，其民事责任由公司承担。

公司可以设立子公司，子公司具有法人资格，依法独立承担民事责任。

第十五条 公司可以向其他企业投资；但是，除法律另有规定外，不得成为对所投资企业的债务承担连带责任的出资人。

第十六条 公司向其他企业投资或者为他人提供担保，依照公司章程的规定，由董事会或者股东会、股东大会决议；公司章程对投资或者担保的总额及单项投资或者担保的数额有限额规定的，不得超过规定的限额。

公司为公司股东或者实际控制人提供担保的，必须经股东会或者股东大会决议。

前款规定的股东或者受前款规定的实际控制人支配的股东，不得参加前款规定事项的表决。该项表决由出席会议的其他股东所持表决权的过半数通过。

第十七条 公司必须保护职工的合法权益，依法与职工签订劳动合同，参加社会保险，加强劳动保护，实现安全生产。

公司应当采用多种形式，加强公司职工的职业教育和岗位培训，提高职工素质。

第十八条 公司职工依照《中华人民共和国工会法》组织工会，开展工会活动，维护职工合法权益。公司应当为本公司工会提供必要的活动条件。公司工会代表职工就职工的劳动报酬、工作时间、福利、保险和劳动安全卫生等事项依法与公司签订集体合同。

公司依照宪法和有关法律的规定，通过职工代表大会或者其他形式，实行民主管理。

公司研究决定改制以及经营方面的重大问题、制定重要的规章制度时，应当听取公司工会的意见，并通过职工代表大会或者其他形式听取职工的意见和建议。

第十九条 在公司中，根据中国共产党章程的规定，设立中国共产党的组织，开展党的活动。公司应当为党组织的活动提供必要条件。

第二十条 公司股东应当遵守法律、行政法规和公司章程，依法行使股东权利，不得滥用股东权利损害公司或者其他股东的利益；不得滥用公司法人独立地位和股东有限责任损害公司债权人的利益。

公司股东滥用股东权利给公司或者其他股东造成损失的，应当依法承担赔偿责任。

公司股东滥用公司法人独立地位和股东有限责任，逃避债务，严重损害公司债权人利益的，应当对公司债务承担连带责任。

第二十一条 公司的控股股东、实际控制人、董事、监事、高级管理人员不得利用其关联关系损害公司利益。

违反前款规定，给公司造成损失的，应当承担赔偿责任。

第二十二条 公司股东会或者股东大会、董事会的决议内容违反法律、行政法规的无效。

股东会或者股东大会、董事会的会议召集程序、表决方式违反法律、行政法规或者公司章程，或者决议内容违反公司章程的，股东可以自决议作出之日起六十日内，请求人民法院撤销。

股东依照前款规定提起诉讼的，人民法院可以应公司的请求，要求股东提供相应担保。

公司根据股东会或者股东大会、董事会决议已办理变更登记的，人民法院宣告该决议无效或者撤销该决议后，公司应当向公司登记机关申请撤销变更登记。

第二章 有限责任公司的设立和组织机构

第一节 设立

第二十三条 设立有限责任公司，应当具备下列条件：

（一）股东符合法定人数；

（二）有符合公司章程规定的全体股东认缴的出资额；

（三）股东共同制定公司章程；

（四）有公司名称，建立符合有限责任公司要求的组织机构；

（五）有公司住所。

第二十四条 有限责任公司由五十个以下股东出资设立。

第二十五条 有限责任公司章程应当载明下列事项：

（一）公司名称和住所；

（二）公司经营范围；

（三）公司注册资本；

（四）股东的姓名或者名称；

（五）股东的出资方式、出资额和出资时间；

（六）公司的机构及其产生办法、职权、议事规则；

（七）公司法定代表人；

（八）股东会会议认为需要规定的其他事项。

股东应当在公司章程上签名、盖章。

第二十六条 有限责任公司的注册资本为在公司登记机关登记的全体股东认缴的出资额。

法律、行政法规以及国务院决定对有限责任公司注册资本实缴、注册资本最低限额另有规定的，从其规定。

第二十七条 股东可以用货币出资，也可以用实物、知识产权、土地使用权等可以用货币估价并可以依法转让的非货币财产作价出资；但是，法律、行政法规规定不得作为出资的财产除外。

对作为出资的非货币财产应当评估作价，核实财产，不得高估或者低估作价。法律、行政法规对评估作价有规定的，从其规定。

第二十八条 股东应当按期足额缴纳公司章程中规定的各自所认缴的出资额。股东以货币出资的，应当将货币出资足额存入有限责任公司在银行开设的账户；以非货币财产出资的，应当依法办理其财产权的转移手续。

股东不按照前款规定缴纳出资的，除应当向公司足额缴纳外，还应当向已按期足额缴纳出资的股东承担违约责任。

第二十九条 股东认足公司章程规定的出资后，由全体股东指定的代表或者共同委托的代理人向公司登记机关报送公司登记申请书、公司章程等文件，申请设立登记。

第三十条 有限责任公司成立后，发现作为设立公司出资的非货币财产的实际价额显著低于公司章程所定价额的，应当由交付该出资的股东补足其差额；公司设立时的其他股东承担连带责任。

第三十一条　有限责任公司成立后，应当向股东签发出资证明书。

出资证明书应当载明下列事项：

（一）公司名称；

（二）公司成立日期；

（三）公司注册资本；

（四）股东的姓名或者名称、缴纳的出资额和出资日期；

（五）出资证明书的编号和核发日期。

出资证明书由公司盖章。

第三十二条　有限责任公司应当置备股东名册，记载下列事项：

（一）股东的姓名或者名称及住所；

（二）股东的出资额；

（三）出资证明书编号。

记载于股东名册的股东，可以依股东名册主张行使股东权利。

公司应当将股东的姓名或者名称向公司登记机关登记；登记事项发生变更的，应当办理变更登记。未经登记或者变更登记的，不得对抗第三人。

第三十三条　股东有权查阅、复制公司章程、股东会会议记录、董事会会议决议、监事会会议决议和财务会计报告。

股东可以要求查阅公司会计账簿。股东要求查阅公司会计账簿的，应当向公司提出书面请求，说明目的。公司有合理根据认为股东查阅会计账簿有不正当目的，可能损害公司合法利益的，可以拒绝提供查阅，并应当自股东提出书面请求之日起十五日内书面答复股东并说明理由。公司拒绝提供查阅的，股东可以请求人民法院要求公司提供查阅。

第三十四条　股东按照实缴的出资比例分取红利；公司新增资本时，股东有权优先按照实缴的出资比例认缴出资。但是，全体股东约定不按照出资比例分取红利或者不按照出资比例优先认缴出资的除外。

第三十五条　公司成立后，股东不得抽逃出资。

第二节　组织机构

第三十六条　有限责任公司股东会由全体股东组成。股东会是公司的权力机构，依照本法行使职权。

第三十七条　股东会行使下列职权：

（一）决定公司的经营方针和投资计划；

（二）选举和更换非由职工代表担任的董事、监事，决定有关董事、监事的报酬事项；

（三）审议批准董事会的报告；

（四）审议批准监事会或者监事的报告；

（五）审议批准公司的年度财务预算方案、决算方案；

（六）审议批准公司的利润分配方案和弥补亏损方案；

（七）对公司增加或者减少注册资本作出决议；

（八）对发行公司债券作出决议；

（九）对公司合并、分立、解散、清算或者变更公司形式作出决议；

（十）修改公司章程；

（十一）公司章程规定的其他职权。

对前款所列事项股东以书面形式一致表示同意的，可以不召开股东会会议，直接作出决定，并由全体股东在决定文件上签名、盖章。

第三十八条 首次股东会会议由出资最多的股东召集和主持，依照本法规定行使职权。

第三十九条 股东会会议分为定期会议和临时会议。

定期会议应当依照公司章程的规定按时召开。代表十分之一以上表决权的股东，三分之一以上的董事，监事会或者不设监事会的公司的监事提议召开临时会议的，应当召开临时会议。

第四十条 有限责任公司设立董事会的，股东会会议由董事会召集，董事长主持；董事长不能履行职务或者不履行职务的，由副董事长主持；副董事长不能履行职务或者不履行职务的，由半数以上董事共同推举一名董事主持。

有限责任公司不设董事会的，股东会会议由执行董事召集和主持。

董事会或者执行董事不能履行或者不履行召集股东会会议职责的，由监事会或者不设监事会的公司的监事召集和主持；监事会或者监事不召集和主持的，代表十分之一以上表决权的股东可以自行召集和主持。

第四十一条 召开股东会会议，应当于会议召开十五日前通知全体股东；但是，公司章程另有规定或者全体股东另有约定的除外。

股东会应当对所议事项的决定作成会议记录，出席会议的股东应当在会议记录上签名。

第四十二条 股东会会议由股东按照出资比例行使表决权；但是，公司章程另有规定的除外。

第四十三条 股东会的议事方式和表决程序，除本法有规定的外，由公司章程规定。

股东会会议作出修改公司章程、增加或者减少注册资本的决议，以及公司合并、分立、解散或者变更公司形式的决议，必须经代表三分之二以上表决权的股东通过。

第四十四条 有限责任公司设董事会，其成员为三人至十三人；但是，本法第五十条另有规定的除外。

两个以上的国有企业或者两个以上的其他国有投资主体投资设立的有限责任公司，其董事会成员中应当有公司职工代表；其他有限责任公司董事会成员中可以有公司职工代表。董事会中的职工代表由公司职工通过职工代表大会、职工大会或者其他形式民主选举产生。

董事会设董事长一人，可以设副董事长。董事长、副董事长的产生办法由公司章程规定。

第四十五条 董事任期由公司章程规定，但每届任期不得超过三年。董事任期届满，连选可以连任。

董事任期届满未及时改选，或者董事在任期内辞职导致董事会成员低于法定人数的，在改选出的董事就任前，原董事仍应当依照法律、行政法规和公司章程的规定，履行董事职务。

第四十六条 董事会对股东会负责，行使下列职权：

（一）召集股东会会议，并向股东会报告工作；

（二）执行股东会的决议；

（三）决定公司的经营计划和投资方案；

（四）制订公司的年度财务预算方案、决算方案；

（五）制订公司的利润分配方案和弥补亏损方案；

（六）制订公司增加或者减少注册资本以及发行公司债券的方案；

（七）制订公司合并、分立、解散或者变更公司形式的方案；

（八）决定公司内部管理机构的设置；

（九）决定聘任或者解聘公司经理及其报酬事项，并根据经理的提名决定聘任或者解聘公司副经理、财务负责人及其报酬事项；

（十）制定公司的基本管理制度；

（十一）公司章程规定的其他职权。

第四十七条 董事会会议由董事长召集和主持；董事长不能履行职务或者不履行职务的，由副董事长召集和主持；副董事长不能履行职务或者不履行职务的，由半数以上董事共同推举一名董事召集和主持。

第四十八条 董事会的议事方式和表决程序，除本法有规定的外，由公司章程规定。

董事会应当对所议事项的决定作成会议记录，出席会议的董事应当在会议记录上签名。

董事会决议的表决，实行一人一票。

第四十九条 有限责任公司可以设经理，由董事会决定聘任或者解聘。经理对董事会负责，行使下列职权：

（一）主持公司的生产经营管理工作，组织实施董事会决议；

（二）组织实施公司年度经营计划和投资方案；

（三）拟订公司内部管理机构设置方案；

（四）拟订公司的基本管理制度；

（五）制定公司的具体规章；

（六）提请聘任或者解聘公司副经理、财务负责人；

（七）决定聘任或者解聘除应由董事会决定聘任或者解聘以外的负责管理人员；

（八）董事会授予的其他职权。

公司章程对经理职权另有规定的，从其规定。

经理列席董事会会议。

第五十条 股东人数较少或者规模较小的有限责任公司，可以设一名执行董事，不设董事会。执行董事可以兼任公司经理。

执行董事的职权由公司章程规定。

第五十一条 有限责任公司设监事会，其成员不得少于三人。股东人数较少或者规模较小的有限责任公司，可以设一至二名监事，不设监事会。

监事会应当包括股东代表和适当比例的公司职工代表，其中职工代表的比例不得低于三分之一，具体比例由公司章程规定。监事会中的职工代表由公司职工通过职工代表大会、职工大会或者其他形式民主选举产生。

监事会设主席一人，由全体监事过半数选举产生。监事会主席召集和主持监事会会议；监事会主席不能履行职务或者不履行职务的，由半数以上监事共同推举一名监事召集和主持监事会会议。

董事、高级管理人员不得兼任监事。

第五十二条 监事的任期每届为三年。监事任期届满，连选可以连任。

监事任期届满未及时改选，或者监事在任期内辞职导致监事会成员低于法定人数的，在改选出的监事就任前，原监事仍应当依照法律、行政法规和公司章程的规定，履行监事职务。

第五十三条 监事会、不设监事会的公司的监事行使下列职权：

（一）检查公司财务；

（二）对董事、高级管理人员执行公司职务的行为进行监督，对违反法律、行政法规、公司章程或者股东会决议的董事、高级管理人员提出罢免的建议；

（三）当董事、高级管理人员的行为损害公司的利益时，要求董事、高级管理人员予以纠正；

（四）提议召开临时股东会会议，在董事会不履行本法规定的召集和主持股东会会议职责时召集和主持股东会会议；

（五）向股东会会议提出提案；

（六）依照本法第一百五十一条的规定，对董事、高级管理人员提起诉讼；

（七）公司章程规定的其他职权。

第五十四条 监事可以列席董事会会议，并对董事会决议事项提出质询或者建议。

监事会、不设监事会的公司的监事发现公司经营情况异常，可以进行调查；必要时，可以聘请会计师事务所等协助其工作，费用由公司承担。

第五十五条 监事会每年度至少召开一次会议，监事可以提议召开临时监事会会议。

监事会的议事方式和表决程序，除本法有规定的外，由公司章程规定。

监事会决议应当经半数以上监事通过。

监事会应当对所议事项的决定作成会议记录，出席会议的监事应当在会议记录上签名。

第五十六条 监事会、不设监事会的公司的监事行使职权所必需的费用，由公司承担。

第三节 一人有限责任公司的特别规定

第五十七条 一人有限责任公司的设立和组织机构，适用本节规定；本节没有规定的，适用本章第一节、第二节的规定。

本法所称一人有限责任公司，是指只有一个自然人股东或者一个法人股东的有限责任公司。

第五十八条 一个自然人只能投资设立一个一人有限责任公司。该一人有限责任公司不能投资设立新的一人有限责任公司。

第五十九条 一人有限责任公司应当在公司登记中注明自然人独资或者法人独资，并在公司营业执照中载明。

第六十条 一人有限责任公司章程由股东制定。

第六十一条 一人有限责任公司不设股东会。股东作出本法第三十七条第一款所列决定时，应当采用书面形式，并由股东签名后置备于公司。

第六十二条 一人有限责任公司应当在每一会计年度终了时编制财务会计报告，并经会计师事务所审计。

第六十三条 一人有限责任公司的股东不能证明公司财产独立于股东自己的财产的，应当对公司债务承担连带责任。

第四节 国有独资公司的特别规定

第六十四条 国有独资公司的设立和组织机构，适用本节规定；本节没有规定的，适用本章第一节、第二节的规定。

本法所称国有独资公司，是指国家单独出资、由国务院或者地方人民政府授权本级人民政府国有资产监督管理机构履行出资人职责的有限责任公司。

第六十五条 国有独资公司章程由国有资产监督管理机构制定，或者由董事会制订报国有资产监督管理机构批准。

第六十六条 国有独资公司不设股东会，由国有资产监督管理机构行使股东会职权。国有资产监督管理机构可以授权公司董事会行使股东会的部分职权，决定公司的重大事项，但公司的合并、分立、解散、增加或者减少注册资本和发行公司债券，必须由国有资产监督管理机构决定；其中，重要的国有独资公司合并、分立、解散、申请破产的，应当由国有资产监督管理机构审核后，报本级人民政府批准。

前款所称重要的国有独资公司，按照国务院的规定确定。

第六十七条 国有独资公司设董事会，依照本法第四十六条、第六十六条的规定行使职权。董事每届任期不得超过三年。董事会成员中应当有公司职工代表。

董事会成员由国有资产监督管理机构委派；但是，董事会成员中的职工代表由公司职工代表大会选举产生。

董事会设董事长一人，可以设副董事长。董事长、副董事长由国有资产监督管理机构从董事会成员中指定。

第六十八条 国有独资公司设经理，由董事会聘任或者解聘。经理依照本法第四十九条规定行使职权。

经国有资产监督管理机构同意，董事会成员可以兼任经理。

第六十九条 国有独资公司的董事长、副董事长、董事、高级管理人员，未经国有资产监督管理机构同意，不得在其他有限责任公司、股份有限公司或者其他经济组织兼职。

第七十条 国有独资公司监事会成员不得少于五人，其中职工代表的比例不得低于三分之一，具体比例由公司章程规定。

监事会成员由国有资产监督管理机构委派；但是，监事会成员中的职工代表由公司职工代表大会选举产生。监事会主席由国有资产监督管理机构从监事会成员中指定。

监事会行使本法第五十三条第（一）项至第（三）项规定的职权和国务院规定的其他职权。

第三章　有限责任公司的股权转让

第七十一条 有限责任公司的股东之间可以相互转让其全部或者部分股权。

股东向股东以外的人转让股权，应当经其他股东过半数同意。股东应就其股权转让事项书面通知其他股东征求同意，其他股东自接到书面通知之日起满三十日未答复的，视为同意转让。其他股东半数以上不同意转让的，不同意的股东应当购买该转让的股权；不购买的，视为同意转让。

经股东同意转让的股权，在同等条件下，其他股东有优先购买权。两个以上股东主张行使优先购买权的，协商确定各自的购买比例；协商不成的，按照转让时各自的出资比例行使优先购买权。

公司章程对股权转让另有规定的，从其规定。

第七十二条 人民法院依照法律规定的强制执行程序转让股东的股权时，应当通知公司及全体股东，其他股东在同等条件下有优先购买权。其他股东自人民法院通知之日起满二十日不行使优先购买权的，视为放弃优先购买权。

第七十三条 依照本法第七十一条、第七十二条转让股权后，公司应当注销原股东的出资证明书，向新股东签发出资证明书，并相应修改公司章程和股东名册中有关股东及其出资额的记载。对公司章程的该项修改不需再由股东会表决。

第七十四条 有下列情形之一的，对股东会该项决议投反对票的股东可以请求公司按照合理的价格收购其股权：

（一）公司连续五年不向股东分配利润，而公司该五年连续盈利，并且符合本法规定的分配利润条件的；

（二）公司合并、分立、转让主要财产的；

（三）公司章程规定的营业期限届满或者章程规定的其他解散事由出现，股东会会议通过决议修改章程使公司存续的。

自股东会会议决议通过之日起六十日内，股东与公司不能达成股权收购协议的，股东可以自股东会会议决议通过之日起九十日内向人民法院提起诉讼。

第七十五条 自然人股东死亡后，其合法继承人可以继承股东资格；但是，公司章程另有规定的除外。

第四章　股份有限公司的设立和组织机构

第一节　设立

第七十六条 设立股份有限公司，应当具备下列条件：

（一）发起人符合法定人数；

（二）有符合公司章程规定的全体发起人认购的股本总额或者募集的实收股本总额；

（三）股份发行、筹办事项符合法律规定；

（四）发起人制订公司章程，采用募集方式设立的经创立大会通过；

（五）有公司名称，建立符合股份有限公司要求的组织机构；

（六）有公司住所。

第七十七条 股份有限公司的设立，可以采取发起设立或者募集设立的方式。

发起设立，是指由发起人认购公司应发行的全部股份而设立公司。

募集设立，是指由发起人认购公司应发行股份的一部分，其余股份向社会公开募集或者向特定对象募集而设立公司。

第七十八条 设立股份有限公司，应当有二人以上二百人以下为发起人，其中须有半数以上的发起人在中国境内有住所。

第七十九条 股份有限公司发起人承担公司筹办事务。

发起人应当签订发起人协议，明确各自在公司设立过程中的权利和义务。

第八十条 股份有限公司采取发起设立方式设立的，注册资本为在公司登记机关登记的全体发起人认购的股本总额。在发起人认购的股份缴足前，不得向他人募集股份。

股份有限公司采取募集方式设立的，注册资本为在公司登记机关登记的实收股本总额。

法律、行政法规以及国务院决定对股份有限公司注册资本实缴、注册资本最低限额另有规定的，从其规定。

第八十一条 股份有限公司章程应当载明下列事项：

（一）公司名称和住所；

（二）公司经营范围；

（三）公司设立方式；

（四）公司股份总数、每股金额和注册资本；

（五）发起人的姓名或者名称、认购的股份数、出资方式和出资时间；

（六）董事会的组成、职权和议事规则；

（七）公司法定代表人；

（八）监事会的组成、职权和议事规则；

（九）公司利润分配办法；

（十）公司的解散事由与清算办法；

（十一）公司的通知和公告办法；

（十二）股东大会会议认为需要规定的其他事项。

第八十二条 发起人的出资方式，适用本法第二十七条的规定。

第八十三条 以发起设立方式设立股份有限公司的，发起人应当书面认足公司章程规定其认购的股份，并按照公司章程规定缴纳出资。以非货币财产出资的，应当依法办理其财产权的转移手续。

发起人不依照前款规定缴纳出资的，应当按照发起人协议承担违约责任。

发起人认足公司章程规定的出资后，应当选举董事会和监事会，由董事会向公司登记机关报送公司章程以及法律、行政法规规定的其他文件，申请设立登记。

第八十四条 以募集设立方式设立股份有限公司的，发起人认购的股份不得少于公司股份总数的百分之三十五；但是，法律、行政法规另有规定的，从其规定。

第八十五条 发起人向社会公开募集股份，必须公告招股说明书，并制作认股书。认股书应当载明本法第八十六条所列事项，由认股人填写认购股数、金额、住所，并签名、盖章。认股人按照所认购股数缴纳股款。

第八十六条 招股说明书应当附有发起人制订的公司章程，并载明下列事项：

（一）发起人认购的股份数；

（二）每股的票面金额和发行价格；

（三）无记名股票的发行总数；

（四）募集资金的用途；

（五）认股人的权利、义务；

（六）本次募股的起止期限及逾期未募足时认股人可以撤回所认股份的说明。

第八十七条 发起人向社会公开募集股份，应当由依法设立的证券公司承销，签订承销协议。

第八十八条 发起人向社会公开募集股份，应当同银行签订代收股款协议。

代收股款的银行应当按照协议代收和保存股款，向缴纳股款的认股人出具收款单据，并负有向有关部门出具收款证明的义务。

第八十九条 发行股份的股款缴足后，必须经依法设立的验资机构验资并出具证明。发起人应当自股款缴足之日起三十日内主持召开公司创立大会。创立大会由发起人、认股人组成。

发行的股份超过招股说明书规定的截止期限尚未募足的，或者发行股份的股款缴足后，发起人在三十日内未召开创立大会的，认股人可以按照所缴股款并加算银行同期存款利息，要求发起人返还。

第九十条 发起人应当在创立大会召开十五日前将会议日期通知各认股人或者予以公告。创立大会应有代表股份总数过半数的发起人、认股人出席，方可举行。

创立大会行使下列职权：

（一）审议发起人关于公司筹办情况的报告；

（二）通过公司章程；

（三）选举董事会成员；

（四）选举监事会成员；

（五）对公司的设立费用进行审核；

（六）对发起人用于抵作股款的财产的作价进行审核；

（七）发生不可抗力或者经营条件发生重大变化直接影响公司设立的，可以作出不设立公司的决议。

创立大会对前款所列事项作出决议，必须经出席会议的认股人所持表决权过半数通过。

第九十一条 发起人、认股人缴纳股款或者交付抵作股款的出资后，除未按期募足股份、发起人未按期召开创立大会或者创立大会决议不设立公司的情形外，不得抽回其股本。

第九十二条 董事会应于创立大会结束后三十日内，向公司登记机关报送下列文件，申请设立登记：

（一）公司登记申请书；

（二）创立大会的会议记录；

（三）公司章程；

（四）验资证明；

（五）法定代表人、董事、监事的任职文件及其身份证明；

（六）发起人的法人资格证明或者自然人身份证明；

（七）公司住所证明。

以募集方式设立股份有限公司公开发行股票的，还应当向公司登记机关报送国务院证券监督管理机构的核准文件。

第九十三条 股份有限公司成立后，发起人未按照公司章程的规定缴足出资的，应当补缴；其他发起人承担连带责任。

股份有限公司成立后，发现作为设立公司出资的非货币财产的实际价额显著低于公司章程所定价额的，应当由交付该出资的发起人补足其差额；其他发起人承担连带责任。

第九十四条 股份有限公司的发起人应当承担下列责任：

（一）公司不能成立时，对设立行为所产生的债务和费用负连带责任；

（二）公司不能成立时，对认股人已缴纳的股款，负返还股款并加算银行同期存款利息的连带责任；

（三）在公司设立过程中，由于发起人的过失致使公司利益受到损害的，应当对公司承担赔偿责任。

第九十五条 有限责任公司变更为股份有限公司时，折合的实收股本总额不得高于公司净资产额。有限责任公司变更为股份有限公司，为增加资本公开发行股份时，应当依法办理。

第九十六条 股份有限公司应当将公司章程、股东名册、公司债券存根、股东大会会议记录、董事会会议记录、监事会会议记录、财务会计报告置备于本公司。

第九十七条 股东有权查阅公司章程、股东名册、公司债券存根、股东大会会议记录、董事会会议决议、监事会会议决议、财务会计报告，对公司的经营提出建议或者质询。

第二节 股东大会

第九十八条 股份有限公司股东大会由全体股东组成。股东大会是公司的权力机构，依照本法行使职权。

第九十九条 本法第三十七条第一款关于有限责任公司股东会职权的规定，适用于股份有限公司股东大会。

第一百条 股东大会应当每年召开一次年会。有下列情形之一的，应当在两个月内召开临时股东大会：

（一）董事人数不足本法规定人数或者公司章程所定人数的三分之二时；

（二）公司未弥补的亏损达实收股本总额三分之一时；

（三）单独或者合计持有公司百分之十以上股份的股东请求时；

（四）董事会认为必要时；

（五）监事会提议召开时；

（六）公司章程规定的其他情形。

第一百零一条 股东大会会议由董事会召集，董事长主持；董事长不能履行职务或者不履行职务的，由副董事长主持；副董事长不能履行职务或者不履行职务的，由半数以上董事共同推举一名董事主持。

董事会不能履行或者不履行召集股东大会会议职责的，监事会应当及时召集和主持；监事会不召集和主持的，连续九十日以上单独或者合计持有公司百分之十以上股份的股东可以自行召集和主持。

第一百零二条 召开股东大会会议，应当将会议召开的时间、地点和审议的事项于会议召开二十日前通知各股东；临时股东大会应当于会议召开十五日前通知各股东；发行无记名股票的，应当于会议召开三十日前公告会议召开的时间、地点和审议事项。

单独或者合计持有公司百分之三以上股份的股东，可以在股东大会召开十日前提出临时提案并书面提交董事会；董事会应当在收到提案后二日内通知其他股东，并将该临时提案提交股东大会审议。临时提案的内容应当属于股东大会职权范围，并有明确议题和具体决议事项。

股东大会不得对前两款通知中未列明的事项作出决议。

无记名股票持有人出席股东大会会议的，应当于会议召开五日前至股东大会闭会时将股票交存于公司。

第一百零三条 股东出席股东大会会议，所持每一股份有一表决权。但是，公司持有的本公司股份没有表决权。

股东大会作出决议，必须经出席会议的股东所持表决权过半数通过。但是，股东大会作出修改公司章程、增加或者减少注册资本的决议，以及公司合并、分立、解散或者变更公司形式的决议，必须经出席会议的股东所持表决权的三分之二以上通过。

第一百零四条 本法和公司章程规定公司转让、受让重大资产或者对外提供担保等事项必须经股东大会作出决议的，董事会应当及时召集股东大会会议，由股东大会就上述事项进行表决。

第一百零五条 股东大会选举董事、监事，可以依照公司章程的规定或者股东大会的决议，实行累积投票制。

本法所称累积投票制，是指股东大会选举董事或者监事时，每一股份拥有与应选董事或者监事人数相同的表决权，股东拥有的表决权可以集中使用。

第一百零六条 股东可以委托代理人出席股东大会会议，代理人应当向公司提交股东授权委托书，并在授权范围内行使表决权。

第一百零七条 股东大会应当对所议事项的决定作成会议记录，主持人、出席会议的董事应当在会议记录上签名。会议记录应当与出席股东的签名册及代理出席的委托书一并保存。

第三节 董事会、经理

第一百零八条 股份有限公司设董事会，其成员为五人至十九人。

董事会成员中可以有公司职工代表。董事会中的职工代表由公司职工通过职工代表大会、职工大会或者其他形式民主选举产生。

本法第四十五条关于有限责任公司董事任期的规定，适用于股份有限公司董事。

本法第四十六条关于有限责任公司董事会职权的规定，适用于股份有限公司董事会。

第一百零九条 董事会设董事长一人，可以设副董事长。董事长和副董事长由董事会以全体董事的过半数选举产生。

董事长召集和主持董事会会议，检查董事会决议的实施情况。副董事长协助董事长工作，董事长不能履行职务或者不履行职务的，由副董事长履行职务；副董事长不能履行职务或者不履行职务的，由半数以上董事共同推举一名董事履行职务。

第一百一十条 董事会每年度至少召开两次会议，每次会议应当于会议召开十日前通知全体董事和监事。

代表十分之一以上表决权的股东、三分之一以上董事或者监事会，可以提议召开董事会临时会议。董事长应当自接到提议后十日内，召集和主持董事会会议。

董事会召开临时会议，可以另定召集董事会的通知方式和通知时限。

第一百一十一条 董事会会议应有过半数的董事出席方可举行。董事会作出决议，必须经全体董事的过半数通过。

董事会决议的表决，实行一人一票。

第一百一十二条 董事会会议，应由董事本人出席；董事因故不能出席，可以书面委托其他董事代为出席，委托书中应载明授权范围。

董事会应当对会议所议事项的决定作成会议记录，出席会议的董事应当在会议记录上签名。

董事应当对董事会的决议承担责任。董事会的决议违反法律、行政法规或者公司章程、股东大会决议，致使公司遭受严重损失的，参与决议的董事对公司负赔偿责任。但经证明在表决时曾表明异议并记载于会议记录的，该董事可以免除责任。

第一百一十三条 股份有限公司设经理，由董事会决定聘任或者解聘。

本法第四十九条关于有限责任公司经理职权的规定，适用于股份有限公司经理。

第一百一十四条 公司董事会可以决定由董事会成员兼任经理。

第一百一十五条 公司不得直接或者通过子公司向董事、监事、高级管理人员提供借款。

第一百一十六条 公司应当定期向股东披露董事、监事、高级管理人员从公司获得报酬的情况。

第四节 监事会

第一百一十七条 股份有限公司设监事会，其成员不得少于三人。

监事会应当包括股东代表和适当比例的公司职工代表，其中职工代表的比例不得低于三分之一，具体比例由公司章程规定。监事会中的职工代表由公司职工通过职工代表大会、职工大会或者其他形式民主选举产生。

监事会设主席一人，可以设副主席。监事会主席和副主席由全体监事过半数选举产生。监事会主席召集和主持监事会会议；监事会主席不能履行职务或者不履行职务的，由监事会副主席召集和主持监事会会议；监事会副主席不能履行职务或者不履行职务的，由半数以上监事共同推举一名监事召集和主持监事会会议。

董事、高级管理人员不得兼任监事。

本法第五十二条关于有限责任公司监事任期的规定，适用于股份有限公司监事。

第一百一十八条 本法第五十三条、第五十四条关于有限责任公司监事会职权的规定，适用于股份有限公司监事会。

监事会行使职权所必需的费用，由公司承担。

第一百一十九条 监事会每六个月至少召开一次会议。监事可以提议召开临时监事会会议。

监事会的议事方式和表决程序，除本法有规定的外，由公司章程规定。

监事会决议应当经半数以上监事通过。

监事会应当对所议事项的决定作成会议记录，出席会议的监事应当在会议记录上签名。

第五节 上市公司组织机构的特别规定

第一百二十条 本法所称上市公司，是指其股票在证券交易所上市交易的股份有限公司。

第一百二十一条 上市公司在一年内购买、出售重大资产或者担保金额超过公司资产总额百分之三十的，应当由股东大会作出决议，并经出席会议的股东所持表决权的三分之二以上通过。

第一百二十二条 上市公司设独立董事，具体办法由国务院规定。

第一百二十三条 上市公司设董事会秘书，负责公司股东大会和董事会会议的筹备、文件保管以及公司股东资料的管理，办理信息披露事务等事宜。

第一百二十四条 上市公司董事与董事会会议决议事项所涉及的企业有关联关系的，不得对该项决议行使表决权，也不得代理其他董事行使表决权。该董事会会议由过半数的无关联关系董事出席即可举行，董事会会议所作决议须经无关联关系董事过半数通过。出席董事会的无关联关系董事人数不足三人的，应将该事项提交上市公司股东大会审议。

第五章 股份有限公司的股份发行和转让

第一节 股份发行

第一百二十五条 股份有限公司的资本划分为股份，每一股的金额相等。

公司的股份采取股票的形式。股票是公司签发的证明股东所持股份的凭证。

第一百二十六条 股份的发行，实行公平、公正的原则，同种类的每一股份应当具有同等权利。

同次发行的同种类股票，每股的发行条件和价格应当相同；任何单位或者个人所认购的股份，每股应当支付相同价额。

第一百二十七条 股票发行价格可以按票面金额，也可以超过票面金额，但不得低于票面金额。

第一百二十八条 股票采用纸面形式或者国务院证券监督管理机构规定的其他形式。

股票应当载明下列主要事项：

（一）公司名称；

（二）公司成立日期；

（三）股票种类、票面金额及代表的股份数；

（四）股票的编号。

股票由法定代表人签名，公司盖章。

发起人的股票，应当标明发起人股票字样。

第一百二十九条 公司发行的股票，可以为记名股票，也可以为无记名股票。

公司向发起人、法人发行的股票，应当为记名股票，并应当记载该发起人、法人的名称或者姓名，不得另立户名或者以代表人姓名记名。

第一百三十条 公司发行记名股票的，应当置备股东名册，记载下列事项：

（一）股东的姓名或者名称及住所；

（二）各股东所持股份数；

（三）各股东所持股票的编号；

（四）各股东取得股份的日期。

发行无记名股票的，公司应当记载其股票数量、编号及发行日期。

第一百三十一条 国务院可以对公司发行本法规定以外的其他种类的股份，另行作出规定。

第一百三十二条 股份有限公司成立后，即向股东正式交付股票。公司成立前不得向股东交付股票。

第一百三十三条 公司发行新股，股东大会应当对下列事项作出决议：

（一）新股种类及数额；

（二）新股发行价格；

（三）新股发行的起止日期；

（四）向原有股东发行新股的种类及数额。

第一百三十四条 公司经国务院证券监督管理机构核准公开发行新股时，必须公告新股招股说明书和财务会计报告，并制作认股书。

本法第八十七条、第八十八条的规定适用于公司公开发行新股。

第一百三十五条 公司发行新股，可以根据公司经营情况和财务状况，确定其作价方案。

第一百三十六条 公司发行新股募足股款后，必须向公司登记机关办理变更登记，并公告。

第二节 股份转让

第一百三十七条 股东持有的股份可以依法转让。

第一百三十八条 股东转让其股份，应当在依法设立的证券交易场所进行或者按照国务院规定的其他方式进行。

第一百三十九条 记名股票，由股东以背书方式或者法律、行政法规规定的其他方式转让；转让后由公司将受让人的姓名或者名称及住所记载于股东名册。

股东大会召开前二十日内或者公司决定分配股利的基准日前五日内，不得进行前款规定的股东名册的变更登记。但是，法律对上市公司股东名册变更登记另有规定的，从其规定。

第一百四十条 无记名股票的转让，由股东将该股票交付给受让人后即发生转让的效力。

第一百四十一条 发起人持有的本公司股份，自公司成立之日起一年内不得转让。公司公开发行股份前已发行的股份，自公司股票在证券交易所上市交易之日起一年内不得转让。

公司董事、监事、高级管理人员应当向公司申报所持有的本公司的股份及其变动情况，在任职期间每年转让的股份不得超过其所持有本公司股份总数的百分之二十五；所持本公司股份自公司股票上市交易之日起一年内不得转让。上述人员离职后半年内，不得转让其所持有的本公司股份。公司章程可以对公司董事、监事、高级管理人员转让其所持有的本公司股份作出其他限制性规定。

第一百四十二条　公司不得收购本公司股份。但是，有下列情形之一的除外：

（一）减少公司注册资本；

（二）与持有本公司股份的其他公司合并；

（三）将股份用于员工持股计划或者股权激励；

（四）股东因对股东大会作出的公司合并、分立决议持异议，要求公司收购其股份；

（五）将股份用于转换上市公司发行的可转换为股票的公司债券；

（六）上市公司为维护公司价值及股东权益所必需。

公司因前款第（一）项、第（二）项规定的情形收购本公司股份的，应当经股东大会决议；公司因前款第（三）项、第（五）项、第（六）项规定的情形收购本公司股份的，可以依照公司章程的规定或者股东大会的授权，经三分之二以上董事出席的董事会会议决议。

公司依照本条第一款规定收购本公司股份后，属于第（一）项情形的，应当自收购之日起十日内注销；属于第（二）项、第（四）项情形的，应当在六个月内转让或者注销；属于第（三）项、第（五）项、第（六）项情形的，公司合计持有的本公司股份数不得超过本公司已发行股份总额的百分之十，并应当在三年内转让或者注销。

上市公司收购本公司股份的，应当依照《中华人民共和国证券法》的规定履行信息披露义务。上市公司因本条第一款第（三）项、第（五）项、第（六）项规定的情形收购本公司股份的，应当通过公开的集中交易方式进行。

公司不得接受本公司的股票作为质押权的标的。

第一百四十三条　记名股票被盗、遗失或者灭失，股东可以依照《中华人民共和国民事诉讼法》规定的公示催告程序，请求人民法院宣告该股票失效。人民法院宣告该股票失效后，股东可以向公司申请补发股票。

第一百四十四条　上市公司的股票，依照有关法律、行政法规及证券交易所交易规则上市交易。

第一百四十五条　上市公司必须依照法律、行政法规的规定，公开其财务状况、经营情况及重大诉讼，在每会计年度内半年公布一次财务会计报告。

第六章　公司董事、监事、高级管理人员的资格和义务

第一百四十六条　有下列情形之一的，不得担任公司的董事、监事、高级管理人员：

（一）无民事行为能力或者限制民事行为能力；

（二）因贪污、贿赂、侵占财产、挪用财产或者破坏社会主义市场经济秩序，被判处刑罚，执行期满未逾五年，或者因犯罪被剥夺政治权利，执行期满未逾五年；

（三）担任破产清算的公司、企业的董事或者厂长、经理，对该公司、企业的破产负有个人责任的，自该公司、企业破产清算完结之日起未逾三年；

（四）担任因违法被吊销营业执照、责令关闭的公司、企业的法定代表人，并负有个人责任的，自该公司、企业被吊销营业执照之日起未逾三年；

（五）个人所负数额较大的债务到期未清偿。

公司违反前款规定选举、委派董事、监事或者聘任高级管理人员的，该选举、委派或者聘任无效。

董事、监事、高级管理人员在任职期间出现本条第一款所列情形的，公司应当解除其职务。

第一百四十七条　董事、监事、高级管理人员应当遵守法律、行政法规和公司章程，对公司负有忠实义务和勤勉义务。

董事、监事、高级管理人员不得利用职权收受贿赂或者其他非法收入，不得侵占公司的财产。

第一百四十八条　董事、高级管理人员不得有下列行为：

（一）挪用公司资金；

（二）将公司资金以其个人名义或者以其他个人名义开立账户存储；

（三）违反公司章程的规定，未经股东会、股东大会或者董事会同意，将公司资金借贷给他人或者以公司财产为他人提供担保；

（四）违反公司章程的规定或者未经股东会、股东大会同意，与本公司订立合同或者进行交易；

（五）未经股东会或者股东大会同意，利用职务便利为自己或者他人谋取属于公司的商业机会，自营或者为他人经营与所任职公司同类的业务；

（六）接受他人与公司交易的佣金归为己有；

（七）擅自披露公司秘密；

（八）违反对公司忠实义务的其他行为。

董事、高级管理人员违反前款规定所得的收入应当归公司所有。

第一百四十九条　董事、监事、高级管理人员执行公司职务时违反法律、行政法规或者公司章程的规定，给公司造成损失的，应当承担赔偿责任。

第一百五十条　股东会或者股东大会要求董事、监事、高级管理人员列席会议的，董事、监事、高级管理人员应当列席并接受股东的质询。

董事、高级管理人员应当如实向监事会或者不设监事会的有限责任公司的监事提供有关情况和资料，不得妨碍监事会或者监事行使职权。

第一百五十一条　董事、高级管理人员有本法第一百四十九条规定的情形的，有限责任公司的股东、股份有限公司连续一百八十日以上单独或者合计持有公司百分之一以上股份的股东，可以书面请求监事会或者不设监事会的有限责任公司的监事向人民法院提起诉讼；监事有本法第一百四十九条规定的情形的，前述股东可以书面请求董事会或者不设董事会的有限责任公司的执行董事向人民法院提起诉讼。

监事会、不设监事会的有限责任公司的监事，或者董事会、执行董事收到前款规定的股东书面请求后拒绝提起诉讼，或者自收到请求之日起三十日内未提起诉讼，或者情况紧急、不立即提起诉讼将会使公司利益受到难以弥补的损害的，前款规定的股东有权为了公司的利益以自己的名义直接向人民法院提起诉讼。

他人侵犯公司合法权益，给公司造成损失的，本条第一款规定的股东可以依照前两款的规定向人民法院提起诉讼。

第一百五十二条　董事、高级管理人员违反法律、行政法规或者公司章程的规定，损害股东利益的，股东可以向人民法院提起诉讼。

第七章　公司债券

第一百五十三条　本法所称公司债券，是指公司依照法定程序发行、约定在一定期限还本付息的有价证券。

公司发行公司债券应当符合《中华人民共和国证券法》规定的发行条件。

第一百五十四条　发行公司债券的申请经国务院授权的部门核准后，应当公告公司债券募集办法。

公司债券募集办法中应当载明下列主要事项：

（一）公司名称；

（二）债券募集资金的用途；

（三）债券总额和债券的票面金额；

（四）债券利率的确定方式；

（五）还本付息的期限和方式；

（六）债券担保情况；

（七）债券的发行价格、发行的起止日期；

（八）公司净资产额；

（九）已发行的尚未到期的公司债券总额；

（十）公司债券的承销机构。

第一百五十五条　公司以实物券方式发行公司债券的，必须在债券上载明公司名称、债券票面金额、利率、偿还期限等事项，并由法定代表人签名，公司盖章。

第一百五十六条　公司债券，可以为记名债券，也可以为无记名债券。

第一百五十七条　公司发行公司债券应当置备公司债券存根簿。

发行记名公司债券的，应当在公司债券存根簿上载明下列事项：

（一）债券持有人的姓名或者名称及住所；

（二）债券持有人取得债券的日期及债券的编号；

（三）债券总额，债券的票面金额、利率、还本付息的期限和方式；

（四）债券的发行日期。

发行无记名公司债券的，应当在公司债券存根簿上载明债券总额、利率、偿还期限和方式、发行日期及债券的编号。

第一百五十八条 记名公司债券的登记结算机构应当建立债券登记、存管、付息、兑付等相关制度。

第一百五十九条 公司债券可以转让，转让价格由转让人与受让人约定。

公司债券在证券交易所上市交易的，按照证券交易所的交易规则转让。

第一百六十条 记名公司债券，由债券持有人以背书方式或者法律、行政法规规定的其他方式转让；转让后由公司将受让人的姓名或者名称及住所记载于公司债券存根簿。

无记名公司债券的转让，由债券持有人将该债券交付给受让人后即发生转让的效力。

第一百六十一条 上市公司经股东大会决议可以发行可转换为股票的公司债券，并在公司债券募集办法中规定具体的转换办法。上市公司发行可转换为股票的公司债券，应当报国务院证券监督管理机构核准。

发行可转换为股票的公司债券，应当在债券上标明可转换公司债券字样，并在公司债券存根簿上载明可转换公司债券的数额。

第一百六十二条 发行可转换为股票的公司债券的，公司应当按照其转换办法向债券持有人换发股票，但债券持有人对转换股票或者不转换股票有选择权。

第八章　公司财务、会计

第一百六十三条 公司应当依照法律、行政法规和国务院财政部门的规定建立本公司的财务、会计制度。

第一百六十四条 公司应当在每一会计年度终了时编制财务会计报告，并依法经会计师事务所审计。

财务会计报告应当依照法律、行政法规和国务院财政部门的规定制作。

第一百六十五条 有限责任公司应当依照公司章程规定的期限将财务会计报告送交各股东。

股份有限公司的财务会计报告应当在召开股东大会年会的二十日前置备于本公司，供股东查阅；公开发行股票的股份有限公司必须公告其财务会计报告。

第一百六十六条 公司分配当年税后利润时，应当提取利润的百分之十列入公司法定公积金。公司法定公积金累计额为公司注册资本的百分之五十以上的，可以不再提取。

公司的法定公积金不足以弥补以前年度亏损的，在依照前款规定提取法定公积金之前，应当先用当年利润弥补亏损。

公司从税后利润中提取法定公积金后，经股东会或者股东大会决议，还可以从税后利润中提取任意公积金。

公司弥补亏损和提取公积金后所余税后利润，有限责任公司依照本法第三十四条的规定分配；股份有限公司按照股东持有的股份比例分配，但股份有限公司章程规定不按持股比例分配的除外。

股东会、股东大会或者董事会违反前款规定，在公司弥补亏损和提取法定公积金之前向股东分配利润的，股东必须将违反规定分配的利润退还公司。

公司持有的本公司股份不得分配利润。

第一百六十七条 股份有限公司以超过股票票面金额的发行价格发行股份所得的溢价款以及国务院财政部门规定列入资本公积金的其他收入，应当列为公司资本公积金。

第一百六十八条 公司的公积金用于弥补公司的亏损、扩大公司生产经营或者转为增加公司资本。但是，资本公积金不得用于弥补公司的亏损。

法定公积金转为资本时，所留存的该项公积金不得少于转增前公司注册资本的百分之二十五。

第一百六十九条 公司聘用、解聘承办公司审计业务的会计师事务所，依照公司章程的规定，由股东会、股东大会或者董事会决定。

公司股东会、股东大会或者董事会就解聘会计师事务所进行表决时，应当允许会计师事务所陈述意见。

第一百七十条 公司应当向聘用的会计师事务所提供真实、完整的会计凭证、会计账簿、财务会计报告及其他会计资料，不得拒绝、隐匿、谎报。

第一百七十一条 公司除法定的会计账簿外，不得另立会计账簿。

对公司资产，不得以任何个人名义开立账户存储。

第九章 公司合并、分立、增资、减资

第一百七十二条 公司合并可以采取吸收合并或者新设合并。

一个公司吸收其他公司为吸收合并，被吸收的公司解散。两个以上公司合并设立一个新的公司为新设合并，合并各方解散。

第一百七十三条 公司合并，应当由合并各方签订合并协议，并编制资产负债表及财产清单。公司应当自作出合并决议之日起十日内通知债权人，并于三十日内在报纸上公告。债权人自接到通知书之日起三十日内，未接到通知书的自公告之日起四十

五日内，可以要求公司清偿债务或者提供相应的担保。

第一百七十四条 公司合并时，合并各方的债权、债务，应当由合并后存续的公司或者新设的公司承继。

第一百七十五条 公司分立，其财产作相应的分割。

公司分立，应当编制资产负债表及财产清单。公司应当自作出分立决议之日起十日内通知债权人，并于三十日内在报纸上公告。

第一百七十六条 公司分立前的债务由分立后的公司承担连带责任。但是，公司在分立前与债权人就债务清偿达成的书面协议另有约定的除外。

第一百七十七条 公司需要减少注册资本时，必须编制资产负债表及财产清单。

公司应当自作出减少注册资本决议之日起十日内通知债权人，并于三十日内在报纸上公告。债权人自接到通知书之日起三十日内，未接到通知书的自公告之日起四十五日内，有权要求公司清偿债务或者提供相应的担保。

第一百七十八条 有限责任公司增加注册资本时，股东认缴新增资本的出资，依照本法设立有限责任公司缴纳出资的有关规定执行。

股份有限公司为增加注册资本发行新股时，股东认购新股，依照本法设立股份有限公司缴纳股款的有关规定执行。

第一百七十九条 公司合并或者分立，登记事项发生变更的，应当依法向公司登记机关办理变更登记；公司解散的，应当依法办理公司注销登记；设立新公司的，应当依法办理公司设立登记。

公司增加或者减少注册资本，应当依法向公司登记机关办理变更登记。

第十章 公司解散和清算

第一百八十条 公司因下列原因解散：

（一）公司章程规定的营业期限届满或者公司章程规定的其他解散事由出现；

（二）股东会或者股东大会决议解散；

（三）因公司合并或者分立需要解散；

（四）依法被吊销营业执照、责令关闭或者被撤销；

（五）人民法院依照本法第一百八十二条的规定予以解散。

第一百八十一条 公司有本法第一百八十条第（一）项情形的，可以通过修改公司章程而存续。

依照前款规定修改公司章程，有限责任公司须经持有三分之二以上表决权的股东通过，股份有限公司须经出席股东大会会议的股东所持表决权的三分之二以上通过。

第一百八十二条 公司经营管理发生严重困难，继续存续会使股东利益受到重大损失，通过其他途径不能解决的，持有公司全部股东表决权百分之十以上的股东，可以请求人民法院解散公司。

第一百八十三条 公司因本法第一百八十条第（一）项、第（二）项、第（四）项、第（五）项规定而解散的，应当在解散事由出现之日起十五日内成立清算组，开始清算。有限责任公司的清算组由股东组成，股份有限公司的清算组由董事或者股东大会确定的人员组成。逾期不成立清算组进行清算的，债权人可以申请人民法院指定有关人员组成清算组进行清算。人民法院应当受理该申请，并及时组织清算组进行清算。

第一百八十四条 清算组在清算期间行使下列职权：

（一）清理公司财产，分别编制资产负债表和财产清单；

（二）通知、公告债权人；

（三）处理与清算有关的公司未了结的业务；

（四）清缴所欠税款以及清算过程中产生的税款；

（五）清理债权、债务；

（六）处理公司清偿债务后的剩余财产；

（七）代表公司参与民事诉讼活动。

第一百八十五条 清算组应当自成立之日起十日内通知债权人，并于六十日内在报纸上公告。债权人应当自接到通知书之日起三十日内，未接到通知书的自公告之日起四十五日内，向清算组申报其债权。

债权人申报债权，应当说明债权的有关事项，并提供证明材料。清算组应当对债权进行登记。

在申报债权期间，清算组不得对债权人进行清偿。

第一百八十六条 清算组在清理公司财产、编制资产负债表和财产清单后，应当制定清算方案，并报股东会、股东大会或者人民法院确认。

公司财产在分别支付清算费用、职工的工资、社会保险费用和法定补偿金，缴纳所欠税款，清偿公司债务后的剩余财产，有限责任公司按照股东的出资比例分配，股份有限公司按照股东持有的股份比例分配。

清算期间，公司存续，但不得开展与清算无关的经营活动。公司财产在未依照前款规定清偿前，不得分配给股东。

第一百八十七条 清算组在清理公司财产、编制资产负债表和财产清单后，发现公司财产不足清偿债务的，应当依法向人民法院申请宣告破产。

公司经人民法院裁定宣告破产后，清算组应当将清算事务移交给人民法院。

第一百八十八条 公司清算结束后，清算组应当制作清算报告，报股东会、股东大会或者人民法院确认，并报送公司登记机关，申请注销公司登记，公告公司终止。

第一百八十九条 清算组成员应当忠于职守，依法履行清算义务。

清算组成员不得利用职权收受贿赂或者其他非法收入，不得侵占公司财产。

清算组成员因故意或者重大过失给公司或者债权人造成损失的，应当承担赔偿责任。

第一百九十条 公司被依法宣告破产的，依照有关企业破产的法律实施破产清算。

第十一章 外国公司的分支机构

第一百九十一条 本法所称外国公司是指依照外国法律在中国境外设立的公司。

第一百九十二条 外国公司在中国境内设立分支机构，必须向中国主管机关提出申请，并提交其公司章程、所属国的公司登记证书等有关文件，经批准后，向公司登记机关依法办理登记，领取营业执照。

外国公司分支机构的审批办法由国务院另行规定。

第一百九十三条 外国公司在中国境内设立分支机构，必须在中国境内指定负责该分支机构的代表人或者代理人，并向该分支机构拨付与其所从事的经营活动相适应的资金。

对外国公司分支机构的经营资金需要规定最低限额的，由国务院另行规定。

第一百九十四条 外国公司的分支机构应当在其名称中标明该外国公司的国籍及责任形式。

外国公司的分支机构应当在本机构中置备该外国公司章程。

第一百九十五条 外国公司在中国境内设立的分支机构不具有中国法人资格。

外国公司对其分支机构在中国境内进行经营活动承担民事责任。

第一百九十六条 经批准设立的外国公司分支机构，在中国境内从事业务活动，必须遵守中国的法律，不得损害中国的社会公共利益，其合法权益受中国法律保护。

第一百九十七条 外国公司撤销其在中国境内的分支机构时，必须依法清偿债务，依照本法有关公司清算程序的规定进行清算。未清偿债务之前，不得将其分支机构的财产移至中国境外。

第十二章 法律责任

第一百九十八条 违反本法规定，虚报注册资本、提交虚假材料或者采取其他欺诈手段隐瞒重要事实取得公司登记的，由公司登记机关责令改正，对虚报注册资本的公司，处以虚报注册资本金额百分之五以上百分之十五以下的罚款；对提交虚假材料或者采取其他欺诈手段隐瞒重要事实的公司，处以五万元以上五十万元以下的罚款；情节严重的，撤销公司登记或者吊销营业执照。

第一百九十九条 公司的发起人、股东虚假出资，未交付或者未按期交付作为出资的货币或者非货币财产的，由公司登记机关责令改正，处以虚假出资金额百分之五以上百分之十五以下的罚款。

第二百条 公司的发起人、股东在公司成立后，抽逃其出资的，由公司登记机关责令改正，处以所抽逃出资金额百分之五以上百分之十五以下的罚款。

第二百零一条 公司违反本法规定，在法定的会计账簿以外另立会计账簿的，由县级以上人民政府财政部门责令改正，处以五万元以上五十万元以下的罚款。

第二百零二条 公司在依法向有关主管部门提供的财务会计报告等材料上作虚假记载或者隐瞒重要事实的，由有关主管部门对直接负责的主管人员和其他直接责任人员处以三万元以上三十万元以下的罚款。

第二百零三条 公司不依照本法规定提取法定公积金的，由县级以上人民政府财政部门责令如数补足应当提取的金额，可以对公司处以二十万元以下的罚款。

第二百零四条 公司在合并、分立、减少注册资本或者进行清算时，不依照本法规定通知或者公告债权人的，由公司登记机关责令改正，对公司处以一万元以上十万元以下的罚款。

公司在进行清算时，隐匿财产，对资产负债表或者财产清单作虚假记载或者在未清偿债务前分配公司财产的，由公司登记机关责令改正，对公司处以隐匿财产或者未清偿债务前分配公司财产金额百分之五以上百分之十以下的罚款；对直接负责的主管人员和其他直接责任人员处以一万元以上十万元以下的罚款。

第二百零五条 公司在清算期间开展与清算无关的经营活动的，由公司登记机关予以警告，没收违法所得。

第二百零六条 清算组不依照本法规定向公司登记机关报送清算报告，或者报送清算报告隐瞒重要事实或者有重大遗漏的，由公司登记机关责令改正。

清算组成员利用职权徇私舞弊、谋取非法收入或者侵占公司财产的，由公司登记机关责令退还公司财产，没收违法所得，并可以处以违法所得一倍以上五倍以下的罚款。

第二百零七条 承担资产评估、验资或者验证的机构提供虚假材料的，由公司登记机关没收违法所得，处以违法所得一倍以上五倍以下的罚款，并可以由有关主管部门依法责令该机构停业、吊销直接责任人员的资格证书，吊销营业执照。

承担资产评估、验资或者验证的机构因过失提供有重大遗漏的报告的，由公司登记机关责令改正，情节较重的，处以所得收入一倍以上五倍以下的罚款，并可以由有关主管部门依法责令该机构停业、吊销直接责任人员的资格证书，吊销营业执照。

承担资产评估、验资或者验证的机构因其出具的评估结果、验资或者验证证明不实，给公司债权人造成损失的，除能够证明自己没有过错的外，在其评估或者证明不实的金额范围内承担赔偿责任。

第二百零八条 公司登记机关对不符合本法规定条件的登记申请予以登记，或者对符合本法规定条件的登记申请不予登记的，对直接负责的主管人员和其他直接责任人员，依法给予行政处分。

第二百零九条 公司登记机关的上级部门强令公司登记机关对不符合本法规定条件的登记申请予以登记，或者对符合本法规定条件的登记申请不予登记的，或者对违法登记进行包庇的，对直接负责的主管人员和其他直接责任人员依法给予行政处分。

第二百一十条 未依法登记为有限责任公司或者股份有限公司，而冒用有限责任公司或者股份有限公司名义的，或者未依法登记为有限责任公司或者股份有限公司的分公司，而冒用有限责任公司或者股份有限公司的分公司名义的，由公司登记机关责令改正或者予以取缔，可以并处十万元以下的罚款。

第二百一十一条 公司成立后无正当理由超过六个月未开业的，或者开业后自行停业连续六个月以上的，可以由公司登记机关吊销营业执照。

公司登记事项发生变更时，未依照本法规定办理有关变更登记的，由公司登记机关责令限期登记；逾期不登记的，处以一万元以上十万元以下的罚款。

第二百一十二条 外国公司违反本法规定，擅自在中国境内设立分支机构的，由公司登记机关责令改正或者关闭，可以并处五万元以上二十万元以下的罚款。

第二百一十三条 利用公司名义从事危害国家安全、社会公共利益的严重违法行为的，吊销营业执照。

第二百一十四条 公司违反本法规定，应当承担民事赔偿责任和缴纳罚款、罚金的，其财产不足以支付时，先承担民事赔偿责任。

第二百一十五条 违反本法规定，构成犯罪的，依法追究刑事责任。

第十三章 附则

第二百一十六条 本法下列用语的含义：

（一）高级管理人员，是指公司的经理、副经理、财务负责人，上市公司董事会秘书和公司章程规定的其他人员。

（二）控股股东，是指其出资额占有限责任公司资本总额百分之五十以上或者其持有的股份占股份有限公司股本总额百分之五十以上的股东；出资额或者持有股份的比例虽然不足百分之五十，但依其出资额或者持有的股份所享有的表决权已足以对股东会、股东大会的决议产生重大影响的股东。

（三）实际控制人，是指虽不是公司的股东，但通过投资关系、协议或者其他安排，能够实际支配公司行为的人。

（四）关联关系，是指公司控股股东、实际控制人、董事、监事、高级管理人员与其直接或者间接控制的企业之间的关系，以及可能导致公司利益转移的其他关系。但是，国家控股的企业之间不仅因为同受国家控股而具有关联关系。

第二百一十七条 外商投资的有限责任公司和股份有限公司适用本法；有关外商投资的法律另有规定的，适用其规定。

第二百一十八条 本法自 2006 年 1 月 1 日起施行。

二、证监会部门规章和规范性文件

非上市公众公司监督管理办法

中国证券监督管理委员会令第 161 号

（2012 年 9 月 28 日中国证券监督管理委员会第 17 次主席办公会议审议通过，根据 2013 年 12 月 26 日、2019 年 12 月 20 日中国证券监督管理委员会《关于修改〈非上市公众公司监督管理办法〉的决定》修正）

第一章　总则

第一条　为了规范非上市公众公司股票转让和发行行为，保护投资者合法权益，维护社会公共利益，根据《证券法》、《公司法》及相关法律法规的规定，制定本办法。

第二条　本办法所称非上市公众公司（以下简称公众公司）是指有下列情形之一且其股票未在证券交易所上市交易的股份有限公司：

（一）股票向特定对象发行或者转让导致股东累计超过 200 人；

（二）股票公开转让。

第三条　公众公司应当按照法律、行政法规、本办法和公司章程的规定，做到股权明晰，合法规范经营，公司治理机制健全，履行信息披露义务。

第四条　公众公司公开转让股票应当在全国中小企业股份转让系统（以下简称全国股转系统）进行，公开转让的公众公司股票应当在中国证券登记结算公司集中登记存管。

第五条　公众公司可以依法进行股权融资、债权融资、资产重组等。

公众公司发行优先股、可转换公司债券等证券品种，应当遵守法律、行政法规和中国证券监督管理委员会（以下简称中国证监会）的相关规定。

第六条　为公司出具专项文件的证券公司、律师事务所、会计师事务所及其他证券服务机构，应当勤勉尽责、诚实守信，认真履行审慎核查义务，按照依法制定的业务规则、行业执业规范和职业道德准则发表专业意见，保证所出具文件的真实性、准确性和完整性，并接受中国证监会的监管。

第二章　公司治理

第七条　公众公司应当依法制定公司章程。

中国证监会依法对公众公司章程必备条款作出具体规定，规范公司章程的制定和修改。

第八条 公众公司应当建立兼顾公司特点和公司治理机制基本要求的股东大会、董事会、监事会制度，明晰职责和议事规则。

第九条 公众公司的治理结构应当确保所有股东，特别是中小股东充分行使法律、行政法规和公司章程规定的合法权利。

股东对法律、行政法规和公司章程规定的公司重大事项，享有知情权和参与权。

公众公司应当建立健全投资者关系管理，保护投资者的合法权益。

第十条 公众公司股东大会、董事会、监事会的召集、提案审议、通知时间、召开程序、授权委托、表决和决议等应当符合法律、行政法规和公司章程的规定；会议记录应当完整并安全保存。

股东大会的提案审议应当符合规定程序，保障股东的知情权、参与权、质询权和表决权；董事会应当在职权范围和股东大会授权范围内对审议事项作出决议，不得代替股东大会对超出董事会职权范围和授权范围的事项进行决议。

第十一条 公众公司董事会应当对公司的治理机制是否给所有的股东提供合适的保护和平等权利等情况进行充分讨论、评估。

第十二条 公众公司应当强化内部管理，按照相关规定建立会计核算体系、财务管理和风险控制等制度，确保公司财务报告真实可靠及行为合法合规。

第十三条 公众公司进行关联交易应当遵循平等、自愿、等价、有偿的原则，保证交易公平、公允，维护公司的合法权益，根据法律、行政法规、中国证监会的规定和公司章程，履行相应的审议程序。

关联交易不得损害公众公司利益。

第十四条 公众公司应当采取有效措施防止股东及其关联方以各种形式占用或者转移公司的资金、资产及其他资源。

公众公司股东、实际控制人、董事、监事及高级管理人员不得实施侵占公司资产、利益输送等损害公众公司利益的行为。

未经董事会或股东大会批准或授权，公众公司不得对外提供担保。

第十五条 公众公司实施并购重组行为，应当按照法律、行政法规、中国证监会的规定和公司章程，履行相应的决策程序并聘请证券公司和相关证券服务机构出具专业意见。

任何单位和个人不得利用并购重组损害公众公司及其股东的合法权益。

第十六条 进行公众公司收购，收购人或者其实际控制人应当具有健全的公司治理机制和良好的诚信记录。收购人不得以任何形式从被收购公司获得财务资助，不得利用收购活动损害被收购公司及其股东的合法权益。

在公众公司收购中，收购人持有的被收购公司的股份，在收购完成后 12 个月内不得转让。

第十七条 公众公司实施重大资产重组，重组的相关资产应当权属清晰、定价公允，重组后的公众公司治理机制健全，不得损害公众公司和股东的合法权益。

第十八条 公众公司应当按照法律的规定，同时结合公司的实际情况在章程中约定建立表决权回避制度。

第十九条 公众公司应当在章程中约定纠纷解决机制。股东有权按照法律、行政法规和公司章程的规定，通过仲裁、民事诉讼或者其他法律手段保护其合法权益。

第二十条 股票公开转让的科技创新公司存在特别表决权股份的，应当在公司章程中规定以下事项：

（一）特别表决权股份的持有人资格；

（二）特别表决权股份拥有的表决权数量与普通股份拥有的表决权数量的比例安排；

（三）持有人所持特别表决权股份能够参与表决的股东大会事项范围；

（四）特别表决权股份锁定安排及转让限制；

（五）特别表决权股份与普通股份的转换情形；

（六）其他事项。

全国股转系统应对存在特别表决权股份的公司表决权差异的设置、存续、调整、信息披露和投资者保护等事项制定具体规定。

第三章 信息披露

第二十一条 公司及其他信息披露义务人应当按照法律、行政法规和中国证监会的规定履行信息披露义务，所披露的信息应当真实、准确、完整，不得有虚假记载、误导性陈述或者重大遗漏。公司及其他信息披露义务人应当及时、公平地向所有投资者披露信息。

公司的董事、监事、高级管理人员应当忠实、勤勉地履行职责，保证公司披露信息的真实、准确、完整。

第二十二条 信息披露文件主要包括公开转让说明书、定向转让说明书、定向发行说明书、发行情况报告书、公开发行说明书、定期报告和临时报告等。具体的内容与格式、编制规则及披露要求，由中国证监会另行制定。

第二十三条 股票公开转让与定向发行的公众公司应当报送年度报告、中期报告，并予公告。年度报告中的财务会计报告应当经符合《证券法》规定的会计师事务所审计。

股票向特定对象转让导致股东累计超过 200 人的公众公司，应当报送年度报告，并予公告。年度报告中的财务会计报告应当经会计师事务所审计。

第二十四条 公众公司董事、高级管理人员应当对定期报告签署书面确认意见；对报告内容有异议的，应当单独陈述理由，并与定期报告同时披露。公众公司不得以董事、高级管理人员对定期报告内容有异议为由不按时披露定期报告。

公众公司监事会应当对董事会编制的定期报告进行审核并提出书面审核意见，说明董事会对定期报告的编制和审核程序是否符合法律、行政法规、中国证监会的规定和公司章程，报告的内容是否能够真实、准确、完整地反映公司实际情况。

第二十五条 证券公司、律师事务所、会计师事务所及其他证券服务机构出具的文件和其他有关的重要文件应当作为备查文件，予以披露。

第二十六条 发生可能对股票价格产生较大影响的重大事件，投资者尚未得知时，公众公司应当立即将有关该重大事件的情况向中国证监会和全国股转系统报送临时报告，并予以公告，说明事件的起因、目前的状态和可能产生的后果。

第二十七条 中国证监会对公众公司实行差异化信息披露管理，具体规定由中国证监会另行制定。

第二十八条 公众公司实施并购重组的，相关信息披露义务人应当依法严格履行公告义务。

参与并购重组的相关单位和人员，应当及时、准确地向公众公司通报有关信息，配合公众公司真实、准确、完整地进行披露，在并购重组的信息依法披露前负有保密义务，禁止利用该信息进行内幕交易。

第二十九条 公众公司应当制定信息披露事务管理制度并指定具有相关专业知识的人员负责信息披露事务。

第三十条 除监事会公告外，公众公司披露的信息应当以董事会公告的形式发布。董事、监事、高级管理人员非经董事会书面授权，不得对外发布未披露的信息。

第三十一条 公司及其他信息披露义务人依法披露的信息，应当在符合《证券法》规定的信息披露平台公布。公司及其他信息披露义务人可在公司网站或者其他公众媒体上刊登依本办法必须披露的信息，但披露的内容应当完全一致，且不得早于在上述信息披露平台披露的时间。

股票向特定对象转让导致股东累计超过 200 人的公众公司可以在公司章程中约定其他信息披露方式；在《证券法》规定的信息披露平台披露相关信息的，应当符合本条第一款的要求。

第三十二条 公司及其他信息披露义务人应当将信息披露公告文稿和相关备查文件置备于公司住所供社会公众查阅。

第三十三条 公司应当配合为其提供服务的证券公司及律师事务所、会计师事务所等证券服务机构的工作，按要求提供所需资料，不得要求证券公司、证券服务机构出具与客观事实不符的文件或者阻碍其工作。

第四章 股票转让

第三十四条 股票向特定对象转让导致股东累计超过 200 人的股份有限公司，应当自上述行为发生之日起 3 个月内，按照中国证监会有关规定制作申请文件，申请文件应当包括但不限于：定向转让说明书、律师事务所出具的法律意见书、会计师事务所出具的审计报告。股份有限公司持申请文件向中国证监会申请核准。在提交申请文件前，股份有限公司应当将相关情况通知所有股东。

在3个月内股东人数降至200人以内的，可以不提出申请。

股票向特定对象转让应当以非公开方式协议转让。申请股票挂牌公开转让的，按照本办法第三十五条、第三十六条的规定办理。

第三十五条 公司申请其股票挂牌公开转让的，董事会应当依法就股票挂牌公开转让的具体方案作出决议，并提请股东大会批准，股东大会决议必须经出席会议的股东所持表决权的2/3以上通过。

董事会和股东大会决议中还应当包括以下内容：

（一）按照中国证监会的相关规定修改公司章程；

（二）按照法律、行政法规和公司章程的规定建立健全公司治理机制；

（三）履行信息披露义务，按照相关规定披露公开转让说明书、年度报告、中期报告及其他信息披露内容。

公司申请其股票挂牌公开转让时，可以按照本办法第五章规定申请发行股票。

第三十六条 股东人数超过200人的公司申请其股票挂牌公开转让，应当按照中国证监会有关规定制作公开转让的申请文件，申请文件应当包括但不限于：公开转让说明书、律师事务所出具的法律意见书、符合《证券法》规定的会计师事务所出具的审计报告、证券公司出具的推荐文件、全国股转系统的自律监管意见。公司持申请文件向中国证监会申请核准。

公开转让说明书应当在公开转让前披露。

第三十七条 股东人数未超过200人的公司申请其股票挂牌公开转让，中国证监会豁免核准，由全国股转系统进行审查。

第三十八条 中国证监会受理申请文件后，依法对公司治理和信息披露进行审核，在20个工作日内作出核准、中止审核、终止审核、不予核准的决定。

第三十九条 公司及其董事、监事、高级管理人员，应当对公开转让说明书、定向转让说明书签署书面确认意见，保证所披露的信息真实、准确、完整。

第四十条 申请股票挂牌公开转让的公司应当聘请证券公司推荐其股票挂牌公开转让。证券公司应当对所推荐的股票公开转让的公众公司进行持续督导，督促公司诚实守信、及时履行信息披露义务、完善公司治理、提高规范运作水平。

股票公开转让的公众公司应当配合证券公司持续督导工作，接受证券公司的指导和督促。

第四十一条 本办法施行前股东人数超过200人的股份有限公司，符合条件的，可以申请在全国股转系统挂牌公开转让股票、首次公开发行并在证券交易所上市。

第五章　定向发行

第四十二条　本办法所称定向发行包括股份有限公司向特定对象发行股票导致股东累计超过200人，以及公众公司向特定对象发行股票两种情形。

前款所称特定对象的范围包括下列机构或者自然人：

（一）公司股东；

（二）公司的董事、监事、高级管理人员、核心员工；

（三）符合投资者适当性管理规定的自然人投资者、法人投资者及其他经济组织。

股票未公开转让的公司确定发行对象时，符合本条第二款第（三）项规定的投资者合计不得超过35名。

核心员工的认定，应当由公司董事会提名，并向全体员工公示和征求意见，由监事会发表明确意见后，经股东大会审议批准。投资者适当性管理规定由中国证监会另行制定。

第四十三条　公司应当对发行对象的身份进行确认，有充分理由确信发行对象符合本办法和公司的相关规定。

公司应当与发行对象签订包含风险揭示条款的认购协议，发行过程中不得采取公开路演、询价等方式。

第四十四条　公司董事会应当依法就本次股票发行的具体方案作出决议，并提请股东大会批准，股东大会决议必须经出席会议的股东所持表决权的2/3以上通过。

股东大会就股票发行作出的决议，至少应当包括下列事项：

（一）本次发行股票的种类和数量（数量上限）；

（二）发行对象或范围、现有股东优先认购安排；

（三）定价方式或发行价格（区间）；

（四）限售情况；

（五）募集资金用途；

（六）决议的有效期；

（七）对董事会办理本次发行具体事宜的授权；

（八）发行前滚存利润的分配方案；

（九）其他必须明确的事项。

申请向特定对象发行股票导致股东累计超过200人的股份有限公司，董事会和股东大会决议中还应当包括以下内容：

（一）按照中国证监会的相关规定修改公司章程；

（二）按照法律、行政法规和公司章程的规定建立健全公司治理机制；

（三）履行信息披露义务，按照相关规定披露定向发行说明书、发行情况报告书、年度报告、中期报告及其他信息披露内容。

第四十五条 董事会、股东大会决议确定具体发行对象的，董事、股东参与认购或者与认购对象存在关联关系的，应当回避表决。

出席董事会的无关联关系董事人数不足三人的，应将该事项提交公司股东大会审议。

第四十六条 公司应当按照中国证监会有关规定制作定向发行的申请文件，申请文件应当包括但不限于：定向发行说明书、律师事务所出具的法律意见书、符合《证券法》规定的会计师事务所出具的审计报告、证券公司出具的推荐文件。

第四十七条 股票公开转让的公众公司向公司前十名股东、实际控制人、董事、监事、高级管理人员及核心员工定向发行股票，连续 12 个月内发行的股份未超过公司总股本 10% 且融资总额不超过 2000 万元的，无需提供证券公司出具的推荐文件以及律师事务所出具的法律意见书。

按照前款规定发行股票的，董事会决议中应当明确发行对象、发行价格和发行数量，且公司不得存在以下情形：

（一）认购人以非现金资产认购的；

（二）发行股票导致公司控制权发生变动的；

（三）本次发行中存在特殊投资条款安排的；

（四）公司或其控股股东、实际控制人、董事、监事、高级管理人员最近 12 个月内被中国证监会给予行政处罚或采取监管措施、被全国股转系统采取纪律处分的。

第四十八条 向特定对象发行股票后股东累计超过 200 人的公司，应当持申请文件向中国证监会申请核准。股票公开转让的公众公司提交的申请文件还应当包括全国股转系统的自律监管意见。

股票公开转让的公众公司向特定对象发行股票后股东累计不超过 200 人的，中国证监会豁免核准，由全国股转系统自律管理。

第四十九条 中国证监会受理申请文件后，依法对公司治理和信息披露以及发行对象情况进行审核，在 20 个工作日内作出核准、中止审核、终止审核、不予核准的决定。

第五十条 公司申请定向发行股票，可申请一次核准，分期发行。自中国证监会予以核准之日起，公司应当在 3 个月内首期发行，剩余数量应当在 12 个月内发行完毕。超过核准文件限定的有效期未发行的，须重新经中国证监会核准后方可发行。首期发行数量应当不少于总发行数量的 50%，剩余各期发行的数量由公司自行确定，每期发行后 5 个工作日内将发行情况报中国证监会备案。

第五十一条 股票发行结束后，公众公司应当按照中国证监会的有关要求编制并披露发行情况报告书。申请分期发行的公众公司应在每期发行后按照中国证监会的有关要求进行披露，并在全部发行结束或者超过核准文件有效期后按照中国证监会的有关要求编制并披露发行情况报告书。

豁免向中国证监会申请核准定向发行的公众公司，应当在发行结束后按照中国证监会的有关要求编制并披露发行情况报告书。

第五十二条 公司及其董事、监事、高级管理人员，应当对定向发行说明书、发行情况报告书签署书面确认意见，保证所披露的信息真实、准确、完整。

第五十三条 公众公司定向发行股份购买资产的，按照本章有关规定办理。

第六章 向不特定合格投资者公开发行

第五十四条 股票公开转让的公众公司可以向全国股转系统不特定合格投资者公开发行股票（以下简称公开发行）。

前款所称的不特定合格投资者应当符合投资者适当性管理规定。

第五十五条 公司申请公开发行，应当符合以下条件：

（一）具备健全且运行良好的组织机构；

（二）具有持续盈利能力，财务状况良好，最近3年财务会计文件无虚假记载；

（三）依法规范经营，最近3年内，公司及其控股股东、实际控制人不存在贪污、贿赂、侵占财产、挪用财产或者破坏社会主义市场经济秩序的刑事犯罪，不存在欺诈发行、重大信息披露违法或者其他涉及国家安全、公共安全、生态安全、生产安全、公众健康安全等领域的重大违法行为，最近12个月内未受到中国证监会行政处罚。

第五十六条 公司董事会应当依法就本次股票发行的具体方案、本次募集资金使用的可行性及其他必须明确的事项作出决议，并提请股东大会批准。公司股东大会就本次股票发行作出的决议，至少应当包括下列事项：

（一）本次公开发行股票的种类和数量；

（二）发行对象的范围；

（三）定价方式、发行价格（区间）或发行底价；

（四）募集资金用途；

（五）决议的有效期；

（六）对董事会办理本次发行具体事宜的授权；

（七）发行前滚存利润的分配方案；

（八）其他必须明确的事项。

第五十七条 股东大会就公开发行股票事项作出决议，必须经出席会议的股东所持表决权的2/3以上通过。公司股东人数超过200人的，应当对出席会议的持股比例在10%以下的股东表决情况单独计票并予以披露。

公司就公开发行股票事项召开股东大会，应当提供网络投票的方式，公司还可以通过其他方式为股东参加股东大会提供便利。

第五十八条 公司应当按照中国证监会有关规定制作公开发行的申请文件，申请文件应当包括但不限于：公开发行说明书、律师事务所出具的法律意见书、符合《证券法》规定的会计师事务所出具的审计报告、保荐人出具的股票发行保荐书、全国股转系统的自律监管意见。公司持申请文件向中国证监会申请核准。

第五十九条 中国证监会受理申请文件后，依法对公开发行条件、信息披露等进行审核，在20个工作日内作出核准、中止审核、终止审核、不予核准的决定。

第六十条 公开发行股票，应当聘请具有保荐资格的机构担任保荐人，其保荐业务适用《证券发行上市保荐业务管理办法》（以下简称《保荐办法》）相关规定，本办法另有规定的除外。

第六十一条 尚未盈利或者已在股票发行申请文件中充分分析并揭示相关风险的公司申请公开发行股票，在公开发行股票当年即亏损的，其保荐人不适用《保荐办法》第六十七条相关责任。

第六十二条 保荐人应当按照中国证监会和全国股转系统的规定制作、报送和披露发行保荐书、回复意见等相关文件，遵守中国证监会和全国股转系统的规定，配合中国证监会和全国股转系统工作，自提交保荐文件之日起，保荐机构及其保荐代表人应承担相应的责任。

全国股转系统应当根据《保荐办法》和本办法制定全国股转系统股票发行保荐业务规则，并报中国证监会批准。

第六十三条 保荐人持续督导期间为公开发行完成后当年剩余时间及其后2个完整会计年度。

第六十四条 公司公开发行股票，应当聘请具有证券承销业务资格的证券公司承销，按照《证券法》有关规定签订承销协议，确定采取代销或包销方式。

申请公开发行股票公司的高级管理人员、核心员工可以参与战略配售。

公司在全国股转系统公开发行股票、证券公司承销在全国股转系统公开发行的股票以及投资者认购在全国股转系统公开发行的股票，适用本办法。

第六十五条 公司、承销机构及相关人员不得存在以下行为：

（一）泄露询价或定价信息；

（二）以任何方式操纵发行定价；

（三）夸大宣传，或以虚假广告等不正当手段诱导、误导投资者；

（四）向投资者提供除公开发行意向书等公开信息以外的公司信息；

（五）以提供透支、回扣或者中国证监会认定的其他不正当手段诱使他人申购股票；

（六）以代持、信托持股等方式谋取不正当利益或向其他相关利益主体输送利益；

（七）直接或通过其利益相关方向参与申购的投资者提供财务资助或者补偿；

（八）以自有资金或者变相通过自有资金参与网下配售；

（九）与投资者互相串通，协商报价和配售；

（十）收取投资者回扣或其他相关利益；

（十一）中国证监会规定的其他情形。

第六十六条 公司公开发行股票，可以与主承销商自主协商直接定价，也可以通过合格投资者网上竞价，或者网下询价等方式确定股票发行价格和发行对象。公司和主承销商应当在公开发行说明书和发行公告中披露本次发行股票采用的定价方式。

发行价格可以参考公司股票的市场价格（如有）、同行业可比公司的市盈率或市净率等。如果发行价格明显偏离股票市场价格，公司应当对定价依据及定价方式、定价的合理性作出充分说明并披露，主承销商应当对本次发行价格的合理性、相关定价依据和定价方法的合理性，是否损害现有股东利益等发表意见。

第六十七条 公司通过网下询价方式确定股票发行价格和发行对象的，询价对象应当是经中国证券业协会注册的网下投资者。

公司和主承销商可以根据全国股转系统和中国证券业协会相关自律规则的规定，设置网下投资者的具体条件，并在发行公告中预先披露。

第六十八条 全国股转系统应当根据本办法制定全国股转系统股票发行承销业务规则，并报中国证监会批准。

第六十九条 股票公开发行的申请经中国证监会核准后，公司与主承销商应当及时向全国股转系统报送发行与承销方案，并向中国证监会备案。

第七章 监督管理

第七十条 中国证监会会同国务院有关部门、地方人民政府，依照法律法规和国务院有关规定，各司其职，分工协作，对公众公司进行持续监管，防范风险，维护证券市场秩序。

第七十一条 中国证监会依法履行对公司股票转让、股票发行、信息披露的监管职责，有权对公司、证券公司、证券服务机构等采取《证券法》规定的有关措施。

第七十二条 全国股转系统应当发挥自律管理作用，对股票公开转让的公众公司及相关信息披露义务人披露信息进行监督，督促其依法及时、准确地披露信息。发现股票公开转让的公众公司及相关信息披露义务人有违反法律、行政法规和中国证监会相关规定的行为，应当向中国证监会报告，并采取自律管理措施。

全国股转系统对股票发行承销过程实施自律管理。发现异常情形或者涉嫌违法违规的，中国证监会可以要求全国股转系统对相关事项进行调查处理，或者直接责令公司、证券公司暂停或中止发行。

全国股转系统可以依据相关规则对股票公开转让的公众公司进行检查。

第七十三条 中国证券业协会应当发挥自律管理作用，对从事公司股票转让和股票发行业务的证券公司进行监督，督促其勤勉尽责地履行尽职调查和督导职责。发现证券公司有违反法律、行政法规和中国证监会相关规定的行为，应当向中国证监会报告，并采取自律管理措施。

中国证券业协会应当建立对承销商询价、定价、配售行为和询价投资者报价行为的自律管理制度，并加强相关行为的监督检查，发现违规情形的，应当及时采取自律管理措施。

第七十四条 中国证监会可以要求公司及其他信息披露义务人或者其董事、监事、高级管理人员对有关信息披露问题作出解释、说明或者提供相关资料，并要求公司提供证券公司或者证券服务机构的专业意见。

中国证监会对证券公司和证券服务机构出具文件的真实性、准确性、完整性有疑义的，可以要求相关机构作出解释、补充，并调阅其工作底稿。

第七十五条 证券公司在从事股票转让、股票发行等业务活动中，应当按照中国证监会的有关规定勤勉尽责地进行尽职调查，规范履行内核程序，认真编制相关文件，并持续督导所推荐公司及时履行信息披露义务、完善公司治理。

证券公司承销公众公司股票，应当依据本办法以及中国证监会、中国证券登记结算公司和中国证券业协会有关风险控制和内部控制等相关规定，制定严格的风险管理制度和内部控制制度，加强定价和配售过程管理，落实承销责任。为股票发行出具相关文件的证券服务机构和人员，应当按照行业公认的业务标准和道德规范，严格履行法定职责，对其所出具文件的真实性、准确性和完整性承担责任。

第七十六条 证券服务机构为公司的股票转让、股票发行等活动出具审计报告、资产评估报告或者法律意见书等文件的，应当严格履行法定职责，遵循勤勉尽责和诚实信用原则，对公司的主体资格、股本情况、规范运作、财务状况、公司治理、信息披露等内容的真实性、准确性、完整性进行充分的核查和验证，并保证其出具的文件不存在虚假记载、误导性陈述或者重大遗漏。

第七十七条 中国证监会依法对公司及其他信息披露义务人、证券公司、证券服务机构进行监督检查或者调查，被检查或者调查对象有义务提供相关文件资料。对于发现问题的单位和个人，中国证监会可以采取责令改正、监管谈话、责令公开说明、出具警示函等监管措施，并记入诚信档案；涉嫌违法、犯罪的，应当立案调查或者移送司法机关。

第八章　法律责任

第七十八条 公司在其公告的股票挂牌公开转让、股票发行文件中隐瞒重要事实或者编造重要虚假内容的，除依照《证券法》有关规定进行处罚外，中国证监会可以采取终止审核并自确认之日起在36个月内不受理公司的股票转让和股票发行申请的监管措施。

公司擅自改动已提交的股票转让、股票发行申请文件的，或发生重大事项未及时报告或者未及时披露的，中国证监会可视情节轻重，采取责令改正、监管谈话、出具警示函、终止审核并自确认之日起在12个月内不受理公司的股票转让和股票发行申请的监管措施。

第七十九条 公司向不符合本办法规定条件的投资者发行股票的，中国证监会可以责令改正，并可以自确认之日起在36个月内不受理其申请。

第八十条 公司未依照本办法第三十四条、第三十六条、第四十八条、第五十八条规定，擅自转让或者发行股票的，依照《证券法》有关规定进行处罚。

第八十一条 公众公司违反本办法第十三条、第十四条规定的，中国证监会可以责令改正，对相关责任主体给予警告，单处或者并处3万元以下的罚款。

第八十二条 公司及其他信息披露义务人未按照规定披露信息，或者所披露的信息有虚假记载、误导性陈述或者重大遗漏的，依照《证券法》有关规定进行处罚。

第八十三条 信息披露义务人及其董事、监事、高级管理人员，公司控股股东、实际控制人，为信息披露义务人出具专项文件的证券公司、证券服务机构及其工作人员，违反《证券法》、行政法规和中国证监会相关规定的，中国证监会可以采取责令改正、监管谈话、出具警示函、认定为不适当人选等监管措施，并记入诚信档案；情节严重的，中国证监会可以对有关责任人员采取证券市场禁入的措施。

第八十四条 公众公司内幕信息知情人或非法获取内幕信息的人，在对公众公司股票价格有重大影响的信息公开前，泄露该信息、买卖或者建议他人买卖该股票的，依照《证券法》有关规定进行处罚。

第八十五条 股票公开转让的公众公司及其股东、实际控制人未按本办法规定配合证券公司、证券服务机构尽职调查、持续督导等工作的，中国证监会可以采取责令改正、监管谈话、出具警示函等监管措施，并记入诚信档案。

第八十六条 证券公司及其工作人员未按本办法规定履行持续督导责任，情节严重的，中国证监会可以采取责令改正、监管谈话、出具警示函等监管措施。

第八十七条 证券公司、证券服务机构出具的文件有虚假记载、误导性陈述或者重大遗漏的，除依照《证券法》及相关法律法规的规定处罚外，中国证监会可视情节轻重，自确认之日起采取3个月至12个月内不接受该机构出具的相关专项文件，36个月内不接受相关签字人员出具的专项文件的监管措施。

第八十八条 证券公司、证券服务机构擅自改动已提交的股票转让、股票发行申请文件的，或发生重大事项未及时报告或者未及时披露的，中国证监会可视情节轻重，采取责令改正、监管谈话、出具警示函、12个月内不接受相关单位及其负责人员出具的与公众公司股票转让、股票发行有关的文件等监管措施。

第八十九条 证券公司及其直接负责的主管人员和其他责任人员在承销证券过程中，违反本办法第六十五条规定的，中国证监会可以视情节轻重采取责令改正、监管谈话、出具警示函、责令公开说明、认定为不适当人选等监管措施，或者采取市场禁入措施，并记入诚信档案；情节严重的，还可以采取3个月至12个月暂不受理其证券承销业务有关文件的监管措施；依法应予行政处罚的，依照《证券法》有关规定予以处罚。

第九章　附则

第九十条　公众公司申请在证券交易所上市的，应当遵守中国证监会和证券交易所的相关规定。

第九十一条　注册在境内的境外上市公司在境内定向发行股份、将境内股份在全国股转系统挂牌公开转让，按照本办法相关规定执行。

第九十二条　本办法施行前股东人数超过 200 人的股份有限公司，不在全国股转系统挂牌公开转让股票或证券交易所上市的，应当按相关要求规范后申请纳入非上市公众公司监管。

第九十三条　公司发行优先股、可转换公司债券的，应当符合中国证监会和全国股转系统的有关规定，普通股、优先股、可转换公司债券持有人数合并计算，并按照本办法第五章有关规定办理。

第九十四条　本办法所称股份有限公司是指首次申请股票转让或定向发行的股份有限公司；所称公司包括非上市公众公司和首次申请股票转让或定向发行的股份有限公司。

第九十五条　本办法自 2013 年 1 月 1 日起施行。

非上市公众公司信息披露管理办法

中国证券监督管理委员会令第 162 号

《非上市公众公司信息披露管理办法》已经 2019 年 12 月 18 日中国证券监督管理委员会 2019 年第 5 次委务会议审议通过，现予公布，自公布之日起施行。

附件：非上市公众公司信息披露管理办法

中国证券监督管理委员会主席：易会满
2019 年 12 月 20 日

非上市公众公司信息披露管理办法

第一章　总则

第一条　为了规范非上市公众公司有关信息披露行为，保护投资者合法权益，维护市场秩序和社会公众利益，根据《公司法》《证券法》《国务院关于全国中小企业股份转让系统有关问题的决定》《非上市公众公司监督管理办法》（证监会令第 161 号）等有关法律法规的规定，制定本办法。

第二条　本办法适用于股票在全国中小企业股份转让系统（以下简称全国股转系统）挂牌公开转让的非上市公众公司（以下简称挂牌公司）定期报告和临时报告信息披露有关行为。

第三条　挂牌公司披露的信息，应当真实、准确、完整，简明清晰，通俗易懂，不得有虚假记载、误导性陈述或重大遗漏。

在境外市场发行股票及其他证券品种并上市的挂牌公司在境外市场披露的信息，应当同时在全国股转系统披露。

第四条　根据挂牌公司发展阶段、公众化程度以及风险状况等因素，充分考虑投资者需求，以全国股转系统精选层、创新层、基础层分层为基础，实施挂牌公司差异化的信息披露制度。

第五条　挂牌公司的董事、监事、高级管理人员应当忠实、勤勉地履行职责，保证公司及时、公平地披露信息，所披露的信息真实、准确、完整。

第六条　在内幕信息依法披露前，任何知情人不得公开或者泄露该信息，不得利用该信息进行交易。

第七条　挂牌公司依法披露的信息，应当在符合《证券法》规定的信息披露平台发布。挂牌公司在公司网站或者其他公众媒体发布信息的时间不得先于上述信息披露平台。

挂牌公司应当将披露的信息同时置备于公司住所、全国股转系统，供社会公众查阅。

信息披露文件应当采用中文文本。同时采用外文文本的，挂牌公司应当保证两种文本的内容一致。两种文本发生歧义时，以中文文本为准。

第八条　中国证券监督管理委员会（以下简称中国证监会）根据《证券法》等法律法规以及本办法的规定，对挂牌公司信息披露有关各方的行为进行监督管理，并且可以结合市场分层对挂牌公司信息披露实施分类监管。

全国中小企业股份转让系统有限责任公司（以下简称全国股转公司）对挂牌公司信息披露有关行为实施自律管理，强化监管问询，督促挂牌公司及时、准确地披露信息。

第九条 除依法或者按照本办法及有关自律规则需要披露的信息外，挂牌公司可以自愿披露与投资者作出价值判断和投资决策有关的信息，但不得与依法或者按照本办法及有关自律规则披露的信息相冲突，不得误导投资者。

挂牌公司应当保持信息披露的持续性和一致性，避免选择性披露，不得利用自愿披露信息不当影响公司股票及其他证券品种交易价格。自愿披露具有一定预测性质信息的，应当明确预测的依据，并提示可能出现的不确定性和风险。

第十条 由于国家秘密、商业秘密等特殊原因导致本办法规定的某些信息确实不便披露的，挂牌公司可以不予披露，但应当在相关定期报告、临时报告中说明未按照规定进行披露的原因。中国证监会、全国股转公司认为需要披露的，挂牌公司应当披露。

第二章 定期报告

第十一条 挂牌公司定期报告包括年度报告、中期报告和季度报告。精选层挂牌公司应当披露年度报告、中期报告和季度报告。创新层、基础层挂牌公司应当披露年度报告和中期报告。

凡是对投资者作出投资决策有重大影响的信息，均应当在定期报告中披露。

第十二条 年度报告应当在每个会计年度结束之日起四个月内，中期报告应当在每个会计年度的上半年结束之日起两个月内，季度报告应当在每个会计年度第三个月、第九个月结束之日起一个月内编制完成并披露。

第一季度季度报告的披露时间不得早于上一年度年度报告的披露时间。

第十三条 年度报告中的财务会计报告应当经符合《证券法》规定的会计师事务所审计。

精选层挂牌公司审计业务签字注册会计师应当定期轮换，具体由全国股转公司规定。

第十四条 挂牌公司年度报告应当记载以下内容：

（一）公司基本情况；

（二）主要会计数据和财务指标；

（三）管理层讨论与分析；

（四）公司股票、债券发行及变动情况，报告期末股票、债券总额、股东总数，公司前十大股东持股情况；

（五）控股股东及实际控制人情况；

（六）董事、监事、高级管理人员、核心员工任职及持股情况；

（七）报告期内发生的重大事件及对公司的影响；

（八）公司募集资金使用情况（如有）；

（九）利润分配情况；

（十）公司治理及内部控制情况；

（十一）财务会计报告和审计报告全文；

（十二）中国证监会规定的其他事项。

第十五条 挂牌公司中期报告应当记载以下内容：

（一）公司基本情况；

（二）主要会计数据和财务指标；

（三）公司股票、债券发行及变动情况，报告期末股东总数，公司前十大股东持股情况；

（四）控股股东及实际控制人发生变化的情况；

（五）报告期内重大诉讼、仲裁等重大事件及对公司的影响；

（六）公司募集资金使用情况（如有）；

（七）财务会计报告；

（八）中国证监会规定的其他事项。

第十六条 挂牌公司季度报告应当记载以下内容：

（一）公司基本情况；

（二）主要会计数据和财务指标；

（三）中国证监会规定的其他事项。

第十七条 除本办法第十四条规定的事项外，精选层挂牌公司还应当在年度报告中结合所属行业特点充分披露行业经营信息以及可能对公司核心竞争力、经营活动和未来发展产生重大不利影响的风险因素。

精选层挂牌公司尚未盈利的，应当在年度报告中充分披露尚未盈利的原因，以及对公司生产经营的影响。

第十八条 挂牌公司存在特别表决权股份的，应当在年度报告中披露特别表决权股份的持有和变化情况，以及相关投资者合法权益保护措施的实施情况。

第十九条 挂牌公司股东大会实行累积投票制和网络投票安排的，应当在年度报告中披露累积投票制和网络投票安排的实施情况。

第二十条 挂牌公司董事、高级管理人员应当对定期报告签署书面确认意见。

监事会应当对董事会编制的定期报告进行审核并提出书面审核意见，说明董事会的编制和审核程序是否符合法律、行政法规和中国证监会、全国股转公司的规定，报告的内容是否真实、准确、完整地反映挂牌公司的实际情况。监事应当签署书面确认意见。

挂牌公司董事、监事和高级管理人员无法保证定期报告内容的真实性、准确性、完整性或者有异议的，应当在书面确认意见中发表意见并陈述理由，挂牌公司应当披露。挂牌公司不予披露的，董事、监事和高级管理人员可以直接申请披露。

第二十一条 定期报告披露前出现业绩泄露，或者出现业绩传闻且公司股票及其他证券品种交易出现异常波动的，挂牌公司应当及时披露本报告期相关财务数据。

第二十二条 精选层挂牌公司预计不能在会计年度结束之日起两个月内披露年度报告的，应当在该会计年度结束之日起两个月内披露本报告期主要财务数据。

精选层挂牌公司预计经营业绩发生亏损、扭亏为盈或者发生大幅变动的，应当及时进行业绩预告。

第二十三条 定期报告中的财务会计报告被出具非标准审计意见的，挂牌公司董事会应当针对该审计意见涉及事项作出专项说明。

第二十四条 挂牌公司未在规定期限内披露定期报告的，全国股转公司根据自律规则予以处理，情节严重的，应当提请中国证监会立案稽查。

精选层挂牌公司未在规定期限内披露年度报告和中期报告的，中国证监会应当立案稽查。

第三章 临时报告

第二十五条 发生可能对挂牌公司股票及其他证券品种交易价格产生较大影响，或者对投资者作出投资决策有较大影响的重大事件，投资者尚未得知时，挂牌公司应当立即将有关该重大事件的情况向中国证监会和全国股转公司报送临时报告，并予公告，说明事件的起因、目前的状态和可能产生的影响。

前款所称重大事件包括：

（一）公司的经营方针和经营范围的重大变化；

（二）公司的重大投资行为，公司在一年内购买、出售重大资产超过公司资产总额百分之三十，或者公司营业用主要资产的抵押、质押、出售或者报废一次超过该资产的百分之三十；

（三）公司订立重要合同，提供重大担保或者从事关联交易，可能对公司的资产、负债、权益和经营成果产生重要影响；

（四）公司发生重大债务和未能清偿到期重大债务的违约情况；

（五）公司发生重大亏损或者重大损失；

（六）公司生产经营的外部条件发生的重大变化；

（七）公司的董事、三分之一以上监事或者经理发生变动，董事长或者经理无法履行职责；

（八）持有公司百分之五以上股份的股东或者实际控制人，其持有股份或者控制公司的情况发生较大变化，公司的实际控制人及其控制的其他企业从事与公司相同或者相似业务的情况发生较大变化；

（九）公司分配股利、增资的计划，公司股权结构的重要变化，公司减资、合并、分立、解散及申请破产的决定，或者依法进入破产程序、被责令关闭；

（十）涉及公司的重大诉讼、仲裁，股东大会、董事会决议被依法撤销或者宣告无效；

（十一）公司涉嫌违法违规被有权机关调查，或者受到刑事处罚、重大行政处罚；公司控股股东、实际控制人、董事、监事、高级管理人员涉嫌违法违纪被有权机关调查、采取留置措施或强制措施，或者受到刑事处罚、重大行政处罚；

（十二）获得大额政府补贴等可能对公司资产、负债、权益或者经营成果产生重大影响的额外收益；

（十三）公司董事会就拟在其他证券交易场所上市、股权激励方案、股份回购方案作出决议；

（十四）公司主要资产被查封、扣押、冻结；

（十五）公司丧失重要生产资质、许可、特许经营权，或者主要业务陷入停顿；

（十六）法院裁决禁止控股股东转让其所持股份；任一股东所持公司百分之五以上股份被质押、冻结、司法拍卖、托管、设定信托或者被依法限制表决权；

（十七）变更会计政策、会计估计（法律、行政法规或者国家统一会计制度要求的除外）；

（十八）因前期已披露的信息存在差错、未按规定披露或者虚假记载，被有关机关责令改正或者经董事会决定进行更正；

（十九）中国证监会规定的其他事项。

挂牌公司的控股股东或者实际控制人对重大事件的发生、进展产生较大影响的，应当及时将其知悉的有关情况书面告知挂牌公司，并配合挂牌公司履行信息披露义务。

第二十六条 挂牌公司应当在最先发生的以下任一时点，及时履行重大事件的信息披露义务：

（一）董事会或者监事会就该重大事件形成决议时；

（二）有关各方就该重大事件签署意向书或者协议时；

（三）董事、监事或者高级管理人员知悉或者应当知悉该重大事件发生时。

挂牌公司筹划的重大事项存在较大不确定性，立即披露可能会损害公司利益或者误导投资者，且有关内幕信息知情人已书面承诺保密的，公司可以暂不披露，但最迟应当在该重大事项形成最终决议、签署最终协议、交易确定能够达成时对外披露。

相关信息确实难以保密、已经泄露或者出现市场传闻，导致公司股票及其他证券品种交易价格发生大幅波动的，公司应当立即披露相关筹划和进展情况。

第二十七条 挂牌公司披露重大事件后，已披露的重大事件出现可能对投资者决策或者挂牌公司股票及其他证券品种交易价格产生较大影响的进展或者变化的，应当及时披露进展或者变化情况、可能产生的影响。

第二十八条 挂牌公司控股子公司发生本办法第二十五条规定的重大事件，可能对投资者决策或者公司股票及其他证券品种交易价格产生较大影响的，挂牌公司应当履行信息披露义务。

挂牌公司参股公司发生可能对投资者决策或者挂牌公司股票及其他证券品种交易价格产生较大影响的事件，挂牌公司应当履行信息披露义务。

第二十九条 挂牌公司股票及其他证券品种交易被中国证监会或者全国股转公司认定为异常波动的，挂牌公司应当及时了解造成交易异常波动的影响因素，并于次一交易日开盘前披露。

第三十条 媒体传播的消息可能或者已经对投资者决策或者挂牌公司股票及其他证券品种交易价格产生较大影响的，挂牌公司应当及时了解情况，发布相应澄清公告。

第四章　信息披露事务管理

第三十一条 挂牌公司应当制定信息披露事务管理制度，经董事会审议通过并披露。信息披露事务管理制度应当包括：

（一）明确挂牌公司应当披露的信息，确定披露标准；

（二）未公开信息的传递、审核、披露流程；

（三）信息披露事务负责人在信息披露中的职责；

（四）董事和董事会、监事和监事会、高级管理人员等的报告、审议和披露的职责；

（五）董事、监事、高级管理人员履行职责的记录和保管制度；

（六）未公开信息的保密措施，内幕信息知情人的范围和保密责任；

（七）财务管理和会计核算的内部控制及监督机制；

（八）对外发布信息的申请、审核、发布流程；与投资者、证券服务机构、媒体等的信息沟通与制度；

（九）信息披露相关文件、资料的档案管理；

（十）涉及子公司的信息披露事务管理和报告制度；

（十一）未按规定披露信息的责任追究机制，对违反规定人员的处理措施。

信息披露事务负责人是指挂牌公司董事会秘书或者挂牌公司指定负责信息披露事务的人员。

精选层、创新层挂牌公司应当设立董事会秘书。基础层挂牌公司可以设立董事会秘书，不设立董事会秘书的，应当指定一名高级管理人员兼任信息披露事务负责人。董事会秘书为公司高级管理人员，其选任、履职应当符合中国证监会、全国股转公司的有关规定。

精选层挂牌公司应当设立信息披露事务管理部门，协助董事会秘书管理信息披露事务。

第三十二条 挂牌公司董事长、经理、信息披露事务负责人，应当对公司临时报告信息披露的真实性、准确性、完整性承担主要责任。

挂牌公司董事长、经理、财务负责人应对公司财务报告的真实性、准确性、完整性承担主要责任。

第三十三条 挂牌公司董事、监事、高级管理人员应当关注信息披露文件的编制情况，保证定期报告、临时报告在规定期限内披露，配合挂牌公司履行信息披露义务。

第三十四条 挂牌公司应当制定定期报告的编制、审议、公告程序。经理、财务负责人、信息披露事务负责人及相关人员应当及时编制定期报告草案，提请董事会审议；信息披露事务负责人负责送达董事审阅；董事长负责召集和主持董事会会议审议定期报告；监事会负责审核董事会编制的定期报告；信息披露事务负责人负责组织定期报告的公告工作。

第三十五条 挂牌公司应当制定重大事件的报告、传递、审核、披露程序。董事、监事、高级管理人员知悉重大事件发生时，应当按照公司规定立即履行报告义务；董事长在接到报告后，应当立即向董事会报告，并敦促信息披露事务负责人组织临时报告的披露工作。

第三十六条 挂牌公司通过业绩说明会、分析师会议、路演、接受投资者调研等形式就公司的经营情况、财务情况及其他事件与任何机构和个人进行沟通的，不得提供内幕信息。

第三十七条 董事应当了解并持续关注公司生产经营情况、财务状况和公司已经发生或者可能发生的重大事件及其影响，主动调查、获取决策所需的资料。

第三十八条 监事应当对公司董事、高级管理人员履行信息披露职责的行为进行监督；关注公司信息披露情况，发现信息披露存在违法违规问题的，应当进行调查并提出处理建议。

第三十九条 高级管理人员应当及时向董事会报告有关公司经营或者财务方面出现的重大事件、已披露的事件的进展或者变化情况及其他相关信息。

第四十条 信息披露事务负责人负责组织和协调挂牌公司信息披露事务，汇集挂牌公司应当披露的信息并报告董事会，持续关注媒体对公司的报道并主动求证报道的真实情况，办理公司信息对外公布等相关事宜。

信息披露事务负责人有权参加股东大会、董事会会议、监事会会议和高级管理人员相关会议，有权了解公司的财务和经营情况，查阅涉及信息披露事宜的所有文件。挂牌公司应当为信息披露事务负责人履行职责提供便利条件，财务负责人应当配合信息披露事务负责人在财务信息披露方面的相关工作。

第四十一条 挂牌公司的股东、实际控制人不得滥用其股东权利、支配地位指使挂牌公司不按规定履行信息披露义务或者披露有虚假记载、误导性陈述或者重大遗漏的信息，不得要求挂牌公司向其提供内幕信息。

挂牌公司的股东、实际控制人发生以下事件时，应当及时告知公司，并配合挂牌公司履行信息披露义务。

（一）持有公司百分之五以上股份的股东或者实际控制人，其持有股份或者控制公司的情况发生较大变化，公司的实际控制人及其控制的其他企业从事与公司相同或者相似业务的情况发生较大变化；

（二）法院裁决禁止控股股东转让其所持股份，任一股东所持公司百分之五以上股份被质押、冻结、司法拍卖、托管、设定信托或者被依法限制表决权；

（三）拟对挂牌公司进行重大资产或者业务重组；

（四）中国证监会规定的其他情形。

通过接受委托或者信托等方式持有挂牌公司百分之五以上股份的股东或者实际控制人，应当及时将委托人情况告知挂牌公司，配合挂牌公司履行信息披露义务。

应当披露的信息依法披露前，相关信息已在媒体上传播或者公司股票及其他证券品种出现交易异常情况的，股东或者实际控制人应当及时、准确地向挂牌公司作出书面报告，并配合挂牌公司及时、准确地披露。

第四十二条 挂牌公司董事、监事、高级管理人员、持股百分之五以上的股东及其一致行动人、实际控制人应当及时向挂牌公司董事会报送挂牌公司关联方名单、关联关系及变化情况的说明。挂牌公司应当履行关联交易的审议程序，并严格执行关联交易回避表决制度。交易各方不得通过隐瞒关联关系或者采取其他手段，规避挂牌公司信息披露义务和关联交易审议程序。

第四十三条 为挂牌公司提供持续督导服务的主办券商应持续关注挂牌公司业务经营、公司治理、财务等方面的重大变化，指导、督促挂牌公司规范履行信息披露义务。挂牌公司应当配合主办券商持续督导工作，提供必要材料，为主办券商开展持续督导工作提供便利条件。

持续督导期间内，发现挂牌公司拟披露的信息或已披露信息存在错误、遗漏或者误导的，或者发现存在应当披露而未披露事项的，主办券商应当要求挂牌公司进行更正或补充。挂牌公司拒不更正、补充的，主办券商应当及时发布风险揭示公告并报告全国股转公司，情节严重的，应同时报告挂牌公司注册地中国证监会派出机构。

主办券商持续督导业务有关具体规定由全国股转公司制定。

第四十四条 为挂牌公司履行信息披露义务出具专项文件的证券服务机构，应当勤勉尽责、诚实守信，认真履行审慎核查义务，按照依法制定的业务规定、行业执业规范、监管规则和道德准则发表意见，保证所出具文件的真实性、准确性和完整性。

挂牌公司应当配合为其提供服务的证券服务机构的工作，按要求提供与其执业相关的材料，不得要求证券服务机构出具与客观事实不符的文件或阻碍其工作。

证券服务机构在为信息披露出具专项文件时，发现挂牌公司提供的材料有虚假记载、误导性陈述、重大遗漏的，应当要求其补充、纠正。挂牌公司拒不补充、纠正的，证券服务机构应报告全国股转公司，情节严重的，应同时报告挂牌公司注册地中国证监会派出机构。

第四十五条 挂牌公司解聘会计师事务所的，应当在董事会决议后及时通知会计师事务所，公司股东大会就解聘会计师事务所进行表决时，应当允许会计师事务所陈述意见。股东大会作出解聘、更换会计师事务所决议的，挂牌公司应当在披露时说明更换的具体原因和会计师事务所的陈述意见。

第四十六条 任何机构和个人不得非法获取、提供、传播挂牌公司的内幕信息，不得利用所获取的内幕信息买卖或者建议他人买卖公司股票或其他证券品种，不得在投资价值分析报告、研究报告等文件中使用内幕信息。

第四十七条 媒体应当客观、真实地报道涉及挂牌公司的情况，发挥舆论监督作用。

任何机构和个人不得提供、传播虚假或者误导投资者的挂牌公司信息。

违反前两款规定，给投资者造成损失的，依法承担赔偿责任。

第五章 监督管理

第四十八条 中国证监会依法对挂牌公司、主办券商和证券服务机构进行检查，挂牌公司、主办券商和证券服务机构应当予以配合。

中国证监会可以要求挂牌公司及其股东、实际控制人，或者其董事、监事、高级管理人员对有关信息披露问题作出解释、说明或者提供相关资料，或要求挂牌公司提供主办券商或者证券服务机构的专业意见。

中国证监会可以要求主办券商、证券服务机构对挂牌公司有关信息披露问题进行核查，并出具专项意见。中国证监会对主办券商和证券服务机构出具文件的真实性、准确性、完整性有疑义的，可以要求相关机构作出解释、补充，并调阅其工作底稿。

第四十九条 挂牌公司及其董事、监事、高级管理人员，挂牌公司的股东、实际控制人及其董事、监事、高级管理人员违反本办法的，中国证监会可以采取以下措施：

（一）责令改正；

（二）监管谈话；

（三）责令公开说明；

（四）出具警示函；

（五）认定为不适当人选；

（六）依法可以采取的其他监管措施。

第五十条 主办券商及其人员履行持续督导等义务，未勤勉尽责情节严重的，中国证监会可以采取责令改正、监管谈话、出具警示函及依法可以采取的其他监管措施。

第五十一条 为挂牌公司履行信息披露义务出具专项文件的证券服务机构及其人员，违反《证券法》、行政法规和中国证监会的规定，中国证监会可以采取责令改正、监管谈话、出具警示函及依法可以采取的其他监管措施。

第五十二条 全国股转公司可以依据自律规则及挂牌协议的规定对挂牌公司、主办券商、证券服务机构进行核查、检查，要求挂牌公司及其董事、监事、高级管理人员、股东、实际控制人，主办券商、证券服务机构对有关信息披露问题作出说明，发现问题应当按照有关规定处理，涉嫌违法的及时移送中国证监会。

第五十三条 挂牌公司、主办券商、证券服务机构及其人员违反信息披露有关自律规则的，全国股转公司可以对相关责任主体采取以下自律监管措施：

（一）约见谈话；

（二）要求提交书面承诺；

（三）出具警示函；

（四）责令改正；

（五）全国股转公司规定的其他监管措施。

情节严重的，全国股转公司可以对相关责任主体给予通报批评、公开谴责等纪律处分措施。

第六章 法律责任

第五十四条 挂牌公司未按规定履行信息披露义务，或者所披露的信息有虚假记载、误导性陈述或者重大遗漏的，中国证监会依照《证券法》有关规定处罚。

挂牌公司的控股股东、实际控制人指使从事前款行为的，或知晓前款行为而未及时制止、纠正的，中国证监会可以依照前款规定处罚。

第五十五条 挂牌公司及其董事、监事、高级管理人员、股东及其一致行动人、实际控制人，主办券商、证券服务机构未按照本办法规定履行报告义务，或者报送的报告有虚假记载、误导性陈述或者重大遗漏的，中国证监会依照《证券法》有关规定处罚。

第五十六条 挂牌公司通过隐瞒关联关系或者采取其他手段，规避信息披露、报告义务的，中国证监会依照《证券法》有关规定处罚。

第五十七条 为挂牌公司履行信息披露义务出具专项文件的证券服务机构及其人员，违反《证券法》、行政法规和中国证监会的规定，应当给予行政处罚的，中国证监会依照《证券法》有关规定处罚。

第五十八条 任何机构和个人泄露挂牌公司内幕信息，或者利用内幕信息买卖股票及其他证券品种，中国证监会依照《证券法》有关规定处罚。

第五十九条 任何机构和个人编制、传播虚假信息扰乱证券市场；媒体传播挂牌公司信息不真实、不客观的，中国证监会依照《证券法》有关规定处罚。

在股票及其他证券品种交易活动中作出虚假陈述或者信息误导的，中国证监会依照《证券法》有关规定处罚。

第六十条 挂牌公司未按本办法规定制定挂牌公司信息披露事务管理制度的，中国证监会可以采取责令改正的监管措施。拒不改正的，可以给予警告或者三万元以下罚款。

第六十一条 挂牌公司股东、实际控制人未依法配合挂牌公司履行信息披露义务的，或者非法要求挂牌公司提供内幕信息的，中国证监会可以采取责令改正的监管措施。拒不改正的，可以给予警告或者三万元以下罚款。

第六十二条 相关责任主体违反本办法，存在主动消除或者减轻危害后果等情形的，依法从轻或者减轻处罚。

违法行为轻微并及时纠正，没有造成危害后果的，不予处罚。

第六十三条 相关责任主体违反本办法的规定，情节严重的，中国证监会可以采取证券市场禁入的措施。

第六十四条 违反本办法，涉嫌犯罪的，依法移送司法机关，追究刑事责任。

第七章 附则

第六十五条 本办法下列用语具有如下含义：

（一）主办券商，是指依据《全国中小企业股份转让系统有限责任公司管理暂行办法》规定在全国股转系统从事相关业务的证券公司。

（二）证券服务机构，是指为挂牌公司履行信息披露义务出具专项文件的会计师事务所、资产评估机构、律师事务所、财务顾问机构、资信评级机构等。

（三）及时，是指自起算日起或者触及披露时点的两个交易日内。

（四）挂牌公司的关联交易，是指挂牌公司或者其控股子公司与挂牌公司关联方之间发生的转移资源或者义务的事项。

关联方包括关联法人和关联自然人。具有以下情形之一的法人或其他组织，为挂牌公司的关联法人：

1. 直接或者间接地控制挂牌公司的法人或其他组织；

2. 由前项所述法人直接或者间接控制的除挂牌公司及其控股子公司以外的法人或其他组织；

3. 关联自然人直接或者间接控制的，或者担任董事、高级管理人员的，除挂牌公司及其控股子公司以外的法人或其他组织；

4. 直接或间接持有挂牌公司百分之五以上股份的法人或其他组织；

5. 在过去十二个月内或者根据相关协议安排在未来十二个月内，存在上述情形之一的；

6. 中国证监会、全国股转公司或者挂牌公司根据实质重于形式的原则认定的其他与挂牌公司有特殊关系，可能或者已经造成挂牌公司对其利益倾斜的法人或其他组织。

具有以下情形之一的自然人，为挂牌公司的关联自然人：

1. 直接或间接持有挂牌公司百分之五以上股份的自然人；

2. 挂牌公司董事、监事及高级管理人员；

3. 直接或者间接地控制挂牌公司的法人的董事、监事及高级管理人员；

4. 上述第 1、2 项所述人士的关系密切的家庭成员，包括配偶、父母、年满十八周岁的子女及其配偶、兄弟姐妹及其配偶，配偶的父母、兄弟姐妹，子女配偶的父母；

5. 在过去十二个月内或者根据相关协议安排在未来十二个月内，存在上述情形之一的；

6. 中国证监会、全国股转公司或者挂牌公司根据实质重于形式的原则认定的其他与挂牌公司有特殊关系，可能或者已经造成挂牌公司对其利益倾斜的自然人。

第六十六条 股票不在全国股转系统公开转让的非上市公众公司有关信息披露行为按照《非上市公众公司监督管理办法》的相关规定执行。

第六十七条 中国证监会对特殊行业公司信息披露有特别规定的，适用其规定。

第六十八条 本办法自公布之日起施行。

中国证监会关于全国中小企业股份转让系统挂牌公司转板上市的指导意见

中国证券监督管理委员会公告〔2020〕29号

现公布《中国证监会关于全国中小企业股份转让系统挂牌公司转板上市的指导意见》，自公布之日起施行。

附件：中国证监会关于全国中小企业股份转让系统挂牌公司转板上市的指导意见

中国证监会

2020年6月3日

中国证监会关于全国中小企业股份转让系统挂牌公司转板上市的指导意见

为认真贯彻落实党中央、国务院决策部署，加强多层次资本市场的有机联系，更好发挥各市场的功能，拓宽上市渠道，激发市场活力，为不同发展阶段的企业提供差异化、便利化服务，根据《中华人民共和国公司法》《中华人民共和国证券法》《国务院关于全国中小企业股份转让系统有关问题的决定》（国发〔2013〕49号）等有关法律法规，就全国中小企业股份转让系统（以下简称新三板）挂牌公司向证券交易所转板上市提出如下意见。

一、基本原则

（一）市场导向。顺应市场需求，尊重企业意愿，允许符合条件的挂牌公司自主作出转板决定，自主选择转入的交易所及板块。提高转板上市透明度，审核过程、标准全部公开。

（二）统筹兼顾。上海证券交易所（以下简称上交所）、深圳证券交易所（以下简称深交所）、全国中小企业股份转让系统有限责任公司（以下简称全国股转公司）、中国证券登记结算有限责任公司（以下简称中国结算）加强沟通协调，做好制度规则的衔接，促进各板块协调发展，保障企业合法权利。

（三）试点先行。坚持稳起步，初期在上交所、深交所各选择一个板块试点。试点一段时间后，评估完善转板上市机制。

（四）防控风险。强化底线思维，切实防范转板上市过程中可能出现的各种风险，做好应对极端情况和突发事件的准备，确保平稳实施。

二、主要制度安排

（一）转入板块范围。试点期间，符合条件的新三板挂牌公司可以申请转板至上交所科创板或深交所创业板上市。

（二）转板上市条件。申请转板上市的企业应当为新三板精选层挂牌公司，且在精选层连续挂牌一年以上。挂牌公司转板上市的，应当符合转入板块的上市条件。转板上市条件应当与首次公开发行并上市的条件保持基本一致，交易所可以根据监管需要提出差异化要求。

（三）转板上市程序。转板上市属于股票交易场所的变更，不涉及股票公开发行，依法无需经中国证监会核准或注册，由上交所、深交所依据上市规则进行审核并作出决定。

转板上市程序主要包括：企业履行内部决策程序后提出转板上市申请，交易所审核并作出是否同意上市的决定，企业在新三板终止挂牌并在上交所或深交所上市交易。

（四）转板上市保荐。提出转板上市申请的新三板挂牌公司，按照交易所有关规定聘请证券公司担任上市保荐人。鉴于新三板精选层挂牌公司在公开发行时已经保荐机构核查，并在进入精选层后有持续督导，对挂牌公司转板上市的保荐要求和程序可以适当调整完善。

（五）股份限售安排。新三板挂牌公司转板上市的，股份限售应当遵守法律法规及交易所业务规则的规定。在计算挂牌公司转板上市后的股份限售期时，原则上可以扣除在精选层已经限售的时间。上交所、深交所对转板上市公司的控股股东、实际控制人、董监高等所持股份的限售期作出规定。

三、监管安排

（一）严格转板上市审核。上交所、深交所建立高效透明的转板上市审核机制，依法依规开展审核。交易所在转板上市审核中，发现转板上市申请文件信息披露存在重大问题且未做出合理解释的，可以依据业务规则对拟转板上市公司采取现场检查等自律管理措施。转板上市的审核程序、申报受理情况、问询过程及审核结果及时向社会公开。

（二）明确转板上市衔接。全国股转公司应当强化精选层挂牌公司的日常监管，督促申请转板上市的挂牌公司做好信息披露，加强异常交易监管，防范内幕交易、操纵市场等违法违规行为。上交所、深交所建立转板上市审核沟通机制，确保审核尺度基本一致。上交所、深交所、全国股转公司建立转板上市监管衔接机制，就涉及的重要监管事项进行沟通协调，及时妥善解决转板过程中出现的各种新情况新问题。

（三）压实中介机构责任。保荐机构及会计师事务所、律师事务所等证券服务机构应当按照中国证监会及上交所、深交所相关规定，诚实守信，勤勉尽责，对申请文件和信息披露资料进行充分核查验证并发表明确意见。交易所在转板上市审核中，发现保荐机构、证券服务机构等未按照规定履职尽责的，可以依据业务规则对保荐机构、证券服务机构等采取现场检查等自律管理措施。

（四）加强交易所审核工作监督。上交所、深交所在作出转板上市审核决定后，应当及时报中国证监会备案。中国证监会对上交所、深交所审核工作进行监督，定期或不定期对交易所审核工作进行现场检查或非现场检查。

（五）强化责任追究。申请转板上市的挂牌公司及相关中介机构应当严格遵守法律法规和中国证监会相关规定。对于转板上市中的违法违规行为，中国证监会将依法依规严肃查处，上交所、深交所、全国股转公司等应当及时采取相应的自律管理措施。

上交所、深交所、全国股转公司、中国结算等依据有关法律法规及本指导意见，制定或修订有关业务规则，明确上述有关安排。

公开募集证券投资基金投资全国中小企业股份转让系统挂牌股票指引

中国证券监督管理委员会公告〔2020〕23 号

现公布《公开募集证券投资基金投资全国中小企业股份转让系统挂牌股票指引》，自公布之日起施行。

附件：公开募集证券投资基金投资全国中小企业股份转让系统挂牌股票指引

中国证监会

2020 年 4 月 17 日

公开募集证券投资基金投资全国中小企业股份转让系统挂牌股票指引

第一条 为规范公开募集证券投资基金（以下简称基金）投资全国中小企业股份转让系统（以下简称新三板）挂牌股票的行为，防范投资风险，保护基金份额持有人的合法权益，根据《证券投资基金法》《公开募集证券投资基金运作管理办法》等法律法规，制定本指引。

第二条 本指引所称挂牌股票，是指按照《非上市公众公司监督管理办法》在新三板挂牌公开转让的股票。

第三条 申请募集投资挂牌股票的基金，拟任基金管理人应当具备相应投研能力，配备充足的投研人员。

第四条 基金投资挂牌股票，基金类别应当为股票基金、混合基金及中国证监会认定的其他基金。

第五条 基金财产仅限于投资精选层股票。所投资精选层挂牌公司被调出精选层的，自调出之日起，基金管理人不得新增投资该股票，并应当逐步将该股票调出投资组合。基金所投资精选层挂牌公司因转板上市被调出精选层的除外。

第六条 基金管理人应当按照《公开募集开放式证券投资基金流动性风险管理规定》等法规规定，在管理人内部控制、产品设计、投资交易限制、申购与赎回管理、流动性风险管理工具、信息披露、估值计价等方面加强投资组合的流动性风险管理，选择流动性良好的精选层股票进行投资，根据产品投资策略、运作方式等合理确定具体投资比例，并在基金合同等法律文件中作出明确约定。

第七条 基金管理人和基金托管人应当采用公允估值方法对挂牌股票进行估值，并妥善留存相关估值数据和依据。

基金管理人可基于保护基金份额持有人利益的原则，履行法定程序后启用侧袋机制。

第八条 基金应当在年度报告、中期报告和季度报告中披露其持有的挂牌股票总额、挂牌股票市值占基金资产净值比例、报告期内持有的挂牌股票明细。

第九条 基金管理人应当在基金合同、招募说明书、基金产品资料概要显著位置，明确揭示基金可投资挂牌股票及其特有风险。

基金管理人应当编制风险揭示书，并要求投资者以纸质或电子形式确认其了解产品特征。风险揭示书应当包括但不限于基金投资策略、投资比例限制、基金风险特征等内容。

第十条 基金管理人和销售机构应当认真落实投资者适当性管理制度，做好基金产品风险评价、投资者风险承受能力识别、投资者教育等工作。

第十一条 基金管理人投资挂牌股票，应当履行诚实信用、谨慎勤勉的义务，建立健全相关内部控制制度。基金管理人及相关从业人员严禁从事内幕交易、市场操纵、利益输送及其他不正当的交易活动。

第十二条 基金管理人应当针对挂牌股票建立健全投资管理业务控制机制和风险管理制度，明确股票筛选标准，在充分研究的基础上建立和维护备选库，做好制度、技术系统等准备工作。作出挂牌股票投资决策应当有充分的投资依据，具备详细的研究报告和风险分析支持。

第十三条 基金管理人和基金托管人应当根据法律法规和业务规则，明确交易执行、资金划拨、资金清算、会计核算等业务中的职责，建立资产安全保障机制。

基金托管人应当加强对基金投资挂牌股票的监督、核查和风险控制，发现基金管理人相关投资违反法律法规、基金合同约定的，应当及时向中国证监会报告，切实保护基金份额持有人的合法权益。

第十四条 本指引实施前已获得中国证监会核准或准予注册的基金，基金合同未明确约定可以投资精选层股票的，依据法律法规和基金合同约定履行适当程序后，可投资精选层股票。

第十五条 本指引自公布之日起施行。

非上市公众公司信息披露内容与格式准则第3号——定向发行说明书和发行情况报告书

中国证券监督管理委员会公告〔2020〕3号

现公布《非上市公众公司信息披露内容与格式准则第3号——定向发行说明书和发行情况报告书》，自公布之日起施行。

附件：非上市公众公司信息披露内容与格式准则第3号——定向发行说明书和发行情况报告书

中国证监会

2020年1月13日

非上市公众公司信息披露内容与格式准则第3号——定向发行说明书和发行情况报告书

第一章　总则

第一条　为了规范非上市公众公司向特定对象发行股票（以下简称定向发行）的信息披露行为，根据《证券法》《非上市公众公司监督管理办法》（证监会令第161号）（以下简称《公众公司办法》）的规定，制定本准则。

第二条　非上市公众公司（以下简称申请人）进行定向发行，应按照本准则编制定向发行说明书，作为定向发行的必备法律文件，并按本准则的规定进行披露。

第三条　申请人定向发行结束后，应按照本准则的要求编制并披露发行情况报告书。

第四条　在不影响信息披露的完整并保证阅读方便的前提下，对于曾在定期报告、临时公告或者其他信息披露文件中披露过的信息，如事实未发生变化，申请人可以采用索引的方法进行披露。

第五条　本准则的规定是对信息披露的最低要求。不论本准则是否有明确规定，凡对投资者作出价值判断和投资决策有重大影响的信息，申请人均应当予以披露。

本准则某些具体要求对本次定向发行确实不适用的，申请人可以根据实际情况调整，但应在提交申请文件时作出专项说明。

第六条　申请人应在符合《证券法》规定的信息披露平台披露定向发行说明书及其备查文件、发行情况报告书和中国证监会要求披露的其他文件，供投资者查阅。

第二章　定向发行说明书

第七条　定向发行说明书扉页应载有如下声明：

“本公司及控股股东、实际控制人、全体董事、监事、高级管理人员承诺定向发行说明书不存在虚假记载、误导性陈述或重大遗漏，并对其真实性、准确性、完整性承担个别和连带的法律责任。

本公司负责人和主管会计工作的负责人、会计机构负责人保证定向发行说明书中财务会计资料真实、完整。

中国证监会对本公司股票定向发行所作的任何决定或意见，均不表明其对本公司股票的价值或投资者的收益作出实质性判断或者保证。任何与之相反的声明均属虚假不实陈述。

根据《证券法》的规定，本公司经营与收益的变化，由本公司自行负责，由此变化引致的投资风险，由投资者自行负责。”

第八条 申请人应披露以下内容：

（一）本次定向发行的目的；

（二）发行对象及公司现有股东优先认购安排。如董事会未确定具体发行对象的，应披露股票发行对象的范围和确定方法；董事会已确定发行对象的，应披露发行对象的资金来源；

（三）发行价格和定价原则。如董事会未确定具体发行价格的，应披露价格区间；

（四）股票发行数量或数量上限；

（五）发行对象关于持有本次定向发行股票的限售安排及自愿锁定的承诺。如无限售安排，应说明；

（六）报告期内募集资金的使用情况；

（七）本次募集资金用途及募集资金的必要性、合理性。本次募集资金用于补充流动资金的，应当按照用途进行列举披露或测算相应需求量；用于偿还银行贷款的，应当列明拟偿还贷款的明细情况及贷款的使用情况；用于项目建设的，应当说明资金需求和资金投入安排；用于购买资产的，应按照本准则第十条、第十一条、第十二条的规定披露相关内容；用于其他用途的，应当明确披露募集资金用途、资金需求的测算过程及募集资金的投入安排；

（八）本次发行募集资金专项账户的设立情况以及保证募集资金合理使用的措施；

（九）本次发行前滚存未分配利润的处置方案；

（十）本次定向发行需要履行的国资、外资等相关主管部门审批、核准或备案等程序的情况；

除上述内容外，申请人还应披露本准则第十三条规定的附生效条件的股票认购合同的内容摘要。

第九条 有以资产认购本次定向发行股份的，申请人还应按照本准则第十条、第十一条、第十二条的规定披露相关内容，同时披露本准则第十三条规定的附生效条件的资产转让合同的内容摘要。

第十条 以资产认购本次定向发行股份，其资产为非股权资产的，申请人应披露相关资产的下列基本情况：

（一）资产名称、类别以及所有者和经营管理者的基本情况；

（二）资产权属是否清晰、是否存在权利受限、权属争议或者妨碍权属转移的其他情况；

相关资产涉及许可他人使用，或者申请人作为被许可方使用他人资产的，应当简要披露许可合同的主要内容；资产交易涉及债权债务转移的，应当披露相关债权债务的基本情况、债权人同意转移的证明及与此相关的解决方案；所从事业务需要取得许可资格或资质的，还应当披露当前许可资格或资质的状况；涉及需有关主管部门批准的，应说明是否已获得有效批准；

（三）资产独立运营和核算的，披露最近 1 年及 1 期（如有）经符合《证券法》规定的会计师事务所审计的财务信息摘要及审计意见；被出具非标准审计意见的，应当披露涉及事项及其影响；

（四）资产的交易价格及定价依据。披露相关资产经审计的账面值；交易价格以资产评估结果作为依据的，应披露资产评估方法和资产评估结果。

第十一条 以资产认购本次定向发行股份，其资产为股权的，申请人应披露相关股权的下列基本情况：

（一）股权所投资的公司的名称、企业性质、注册地、主要办公地点、法定代表人、注册资本；股权及控制关系，包括公司的主要股东及其持股比例、最近 2 年控股股东或实际控制人的变化情况、股东出资协议及公司章程中可能对本次交易产生影响的主要内容、原高管人员的安排；

（二）股权权属是否清晰、是否存在权利受限、权属争议或者妨碍权属转移的其他情况；

股权资产为有限责任公司股权的，股权转让是否已取得其他股东同意，或有证据表明其他股东已放弃优先购买权；股权对应公司所从事业务需要取得许可资格或资质的，还应当披露当前许可资格或资质的状况；涉及需有关主管部门批准的，应说明是否已获得批准；

（三）股权所投资的公司主要资产的权属状况及对外担保和主要负债情况；

（四）股权所投资的公司最近 1 年及 1 期（如有）的业务发展情况和经符合《证券法》规定的会计师事务所审计的财务信息摘要及审计意见，被出具非标准审计意见的应当披露涉及事项及其影响；

（五）股权的评估方法及资产评估价值（如有）、交易价格及定价依据。

第十二条 本次定向发行资产交易价格以经审计的账面值为依据的，申请人董事会应当对定价合理性予以说明。

资产交易根据资产评估结果定价的，在评估机构出具资产评估报告后，公司董事会应当对评估机构的独立性、评估假设前提和评估结论的合理性、评估方法的适用性、主要参数的合理性、未来收益预测的谨慎性等问题发表意见，并说明定价的合理性，资产定价是否存在损害公司和股东合法权益的情形。

第十三条 附生效条件的股票认购合同的内容摘要应包括：

（一）合同主体、签订时间；

（二）认购方式、支付方式；

（三）合同的生效条件和生效时间；

（四）合同附带的任何保留条款、前置条件；

（五）相关股票限售安排；

（六）特殊投资条款（如有）；

（七）违约责任条款及纠纷解决机制。

附生效条件的资产转让合同的内容摘要除前款内容外，至少还应包括：

（一）目标资产及其价格或定价依据；

（二）资产交付或过户时间安排；

（三）资产自评估截止日至资产交付日所产生收益的归属；

（四）与资产相关的人员安排；

（五）与目标资产相关的业绩补偿安排（如有）。

第十四条 申请人应当披露报告期内的主要财务数据和指标，并对其进行逐年比较。主要包括总资产、总负债、归属于母公司所有者的净资产、应收账款、预付账款、存货、应付账款、营业收入、归属于母公司所有者的净利润、经营活动产生的现金流量净额、资产负债率、归属于母公司所有者的每股净资产、流动比率、速动比率、应收账款周转率、存货周转率、毛利率、净资产收益率、每股收益等。除特别指出外，上述财务指标应以合并财务报表的数据为基础进行计算，相关指标的计算应执行中国证监会的有关规定。

第十五条 申请人在定向发行前存在特别表决权股份的，应当充分披露并特别提示特别表决权股份的具体安排。

第十六条 本次定向发行对申请人的影响。申请人应披露以下内容：

（一）本次定向发行对申请人经营管理的影响；

（二）本次定向发行后申请人财务状况、盈利能力及现金流量的变动情况；

（三）申请人与控股股东及其关联人之间的业务关系、管理关系、关联交易及同业竞争等变化情况；

（四）发行对象以资产认购申请人股票的行为是否导致增加本公司的债务或者或有负债；

（五）本次定向发行前后申请人控制权变动情况；

（六）本次定向发行对其他股东权益的影响；

（七）本次定向发行相关特有风险的说明。申请人应有针对性、差异化地披露属于本公司或者本行业的特有风险以及经营过程中的不确定性因素。

第十七条 申请人应披露下列机构的名称、法定代表人、住所、联系电话、传真，同时应披露有关经办人员的姓名：

（一）主办券商；

（二）律师事务所；

（三）会计师事务所；

（四）资产评估机构（如有）；

（五）股票登记机构；

（六）其他与定向发行有关的机构。

第十八条 申请人全体董事、监事、高级管理人员应在定向发行说明书正文的尾页声明：

"本公司全体董事、监事、高级管理人员承诺本定向发行说明书不存在虚假记载、误导性陈述或重大遗漏，并对其真实性、准确性、完整性承担个别和连带的法律责任。"

声明应由全体董事、监事、高级管理人员签名，并由申请人加盖公章。

第十九条 申请人控股股东、实际控制人应在定向发行说明书正文的尾页声明：

"本公司或本人承诺本定向发行说明书不存在虚假记载、误导性陈述或重大遗漏，并对其真实性、准确性和完整性承担个别和连带的法律责任。"

声明应由控股股东、实际控制人签名，加盖公章。

第二十条 主办券商应对申请人定向发行说明书的真实性、准确性、完整性进行核查，并在定向发行说明书正文后声明：

"本公司已对定向发行说明书进行了核查，确认不存在虚假记载、误导性陈述或重大遗漏，并对其真实性、准确性和完整性承担相应的法律责任。"

声明应由法定代表人、项目负责人签名，并由主办券商加盖公章。

第二十一条 为申请人定向发行提供服务的证券服务机构应在定向发行说明书正文后声明：

"本机构及经办人员（经办律师、签字注册会计师、签字注册资产评估师）已阅读定向发行说明书，确认定向发行说明书与本机构出具的专业报告（法律意见书、审计报告、资产评估报告等）无矛盾之处。本机构及经办人员对申请人在定向发行说明书中引用的专业报告的内容无异议，确认定向发行说明书不致因上述内容而出现虚假记载、误导性陈述或重大遗漏，并对其真实性、准确性和完整性承担相应的法律责任。"

声明应由经办人员及所在机构负责人签名，并由机构加盖公章。

第二十二条 定向发行说明书结尾应列明备查文件，备查文件应包括：

（一）定向发行推荐工作报告；

（二）法律意见书；

（三）中国证监会核准本次定向发行的文件（如有）；

（四）其他与本次定向发行有关的重要文件。

如有下列文件，也应作为备查文件披露：

（一）资信评级报告；

（二）担保合同和担保函；

（三）申请人董事会关于非标准无保留意见审计报告涉及事项处理情况的说明；

（四）会计师事务所及注册会计师关于非标准无保留意见审计报告的专项说明；

（五）通过本次定向发行拟进入资产的资产评估报告及有关审核文件。

第三章　发行情况报告书

第二十三条　申请人应在发行情况报告书中至少披露以下内容：

（一）本次定向发行股票的数量、发行价格、认购方式、认购人、认购股票数量、认购资金来源、现有股东优先认购情况、实际募集资金总额；

（二）本次发行实际募集金额未达到预计募集金额时，实际募集资金的投入安排；

（三）新增股份限售安排；

（四）特殊投资条款内容（如有）；

（五）募集资金三方监管协议的签订情况；

（六）募集资金用于置换前期自有资金投入的，应当说明前期自有资金投入的具体使用情况等相关信息；

（七）本次发行涉及的国资、外资等相关主管机关核准、登记、备案程序等。

第二十四条　本次定向发行前后相关情况对比。申请人应披露以下内容：

（一）本次定向发行前后前十名股东持股数量、持股比例及股票限售等比较情况；

（二）本次定向发行前后股本结构、股东人数、资产结构、业务结构、公司控制权、董事、监事和高级管理人员持股的变动情况；

（三）本次定向发行前后主要财务指标变化情况，包括但不限于申请人最近两年主要财务指标、按定向发行完成后总股本计算的每股收益、归属于母公司所有者的每股净资产、资产负债率等指标。

第二十五条　申请人定向发行股票导致公司控制权变动的，应当披露控制权变动的基本情况、是否已按照《非上市公众公司收购管理办法》的规定履行信息披露义务。

第二十六条　认购人以非现金资产认购定向发行股票的，申请人应当披露非现金资产的过户或交付情况，并说明资产相关实际情况与定向发行说明书中披露的信息是否存在差异。

第二十七条　由于情况发生变化，导致董事会决议中关于本次定向发行的有关事项需要修正或者补充说明的，申请人应在发行情况报告书中作出专门说明，并披露调整的内容及履行的审议程序。

第二十八条　申请人全体董事、监事、高级管理人员应在发行情况报告书的扉页声明：

“本公司全体董事、监事、高级管理人员承诺本发行情况报告书不存在虚假记载、误导性陈述或重大遗漏，并对其真实性、准确性、完整性承担个别和连带的法律责任。”

声明应由全体董事、监事、高级管理人员签名，并由申请人加盖公章。

第二十九条 申请人控股股东、实际控制人应在发行情况报告书正文后声明：

“本公司或本人承诺本发行情况报告书不存在虚假记载、误导性陈述或重大遗漏，并对其真实性、准确性和完整性承担个别和连带的法律责任。”

声明应由控股股东、实际控制人签名，加盖公章。

第四章　中介机构意见

第三十条 申请人进行定向发行聘请的主办券商应当按照本准则及有关规定出具定向发行推荐工作报告，对以下事项进行说明和分析，并逐项发表明确意见：

（一）申请人的公司治理规范性，是否存在违反《公众公司办法》第二章规定的情形；

（二）申请人本次定向发行是否需要履行核准程序；

（三）申请人本次定向发行是否规范履行了信息披露义务；申请人对其或相关责任主体在报告期内曾因信息披露违规或违法被中国证监会采取监管措施或给予行政处罚、被全国中小企业股份转让系统依法采取自律管理措施或纪律处分的整改情况；

（四）申请人现有股东优先认购安排的合法合规性；

（五）本次定向发行对象或范围是否符合投资者适当性要求；核心员工参与认购的，申请人是否已经履行相关认定程序；参与认购的私募投资基金管理人或私募投资基金完成登记或备案情况；

（六）本次定向发行对象认购资金来源的合法合规性；

（七）本次定向发行决策程序是否合法合规，是否已按规定履行了国资、外资等相关主管部门的审批、核准或备案等程序；

（八）本次发行定价的合法合规性、合理性；本次定向发行是否涉及股份支付；

（九）本次定向发行相关认购协议等法律文件的合法合规性；

（十）本次定向发行新增股份限售安排的合法合规性；

（十一）申请人建立健全募集资金内部控制及管理制度的情况；申请人本次募集资金的必要性及合理性，本次募集资金用途的合规性；报告期内募集资金的管理及使用情况，如存在违规情形，应对违规事实、违规处理结果、相关责任主体的整改情况等进行核实并说明；

（十二）本次定向发行购买资产的合法合规性；

（十三）本次定向发行对申请人的影响；

（十四）主办券商认为应当发表的其他意见。

第三十一条 申请人进行定向发行聘请的律师应当按照本准则及有关规定出具法律意见书，并对照中国证监会的各项规定，在充分核查验证的基础上，对以下事项进行说明和分析，并逐项发表明确意见：

（一）申请人本次定向发行是否需要履行核准程序；

（二）申请人现有股东优先认购安排的合法合规性；

（三）本次定向发行对象或范围是否符合投资者适当性要求；核心员工参与认购的，申请人是否已经履行相关认定程序；参与认购的私募投资基金管理人或私募投资基金完成登记或备案的情况；

（四）本次定向发行对象认购资金来源的合法合规性；

（五）本次定向发行决策程序是否合法合规，是否已按规定履行了国资、外资等相关主管部门的审批、核准或备案等程序；

（六）本次定向发行相关认购协议等法律文件的合法合规性；

（七）本次定向发行新增股份限售安排的合法合规性；

（八）律师认为应当发表的其他意见。

第五章　附则

第三十二条　申请人定向发行符合《公众公司办法》第四十七条第一款规定的，无需提供主办券商出具的推荐文件以及律师事务所出具的法律意见书。

第三十三条　本准则由中国证监会负责解释。

第三十四条　本准则自公布之日起施行。

非上市公众公司信息披露内容与格式准则第4号——定向发行申请文件

中国证券监督管理委员会公告〔2020〕4号

现公布《非上市公众公司信息披露内容与格式准则第4号——定向发行申请文件（2020年修订）》，自公布之日起施行。

附件：非上市公众公司信息披露内容与格式准则第4号——定向发行申请文件

中国证监会
2020年1月13日

非上市公众公司信息披露内容与格式准则第 4 号——定向发行申请文件

第一条 为了规范非上市公众公司向特定对象发行股票（以下简称定向发行）申请文件的内容和格式，根据《证券法》《非上市公众公司监督管理办法》（证监会令第 161 号）的规定，制定本准则。

第二条 非上市公众公司（以下简称申请人）进行定向发行，应按本准则要求制作和报送申请文件。

需要报送电子文件的，电子文件应和预留原件一致。申请人律师应对报送的电子文件与原件的一致性出具鉴证意见。报送的电子文件和原件具有同等的法律效力。

第三条 本准则规定的申请文件目录（见附件）是定向发行申请文件的最低要求。根据审核需要，中国证券监督管理委员会（以下简称中国证监会）可以要求申请人和相关证券服务机构补充文件。如果申请人认为某些文件对其不适用，应作出书面说明。

第四条 定向发行说明书引用的财务报告在其最近一期截止日后 6 个月内有效，特殊情况下可以申请延长，但延长期至多不超过一个月。

第五条 申请文件一经受理，未经同意，不得增加、撤回或者更换。

第六条 对于申请文件的原始纸质文件，申请人不能提供有关文件原件的，应由申请人律师提供鉴证意见，或由出文单位盖章，以保证与原件一致。如原出文单位不再存续，由承继其职权的单位或作出撤销决定的单位出文证明文件的真实性。

第七条 申请文件所有需要签名处，应载明签名字样的印刷体，并由签名人亲笔签名，不得以名章、签名章等代替。

申请文件中需要由申请人律师鉴证的文件，申请人律师应在该文件首页注明“以下第 ×× 页至第 ×× 页与原件一致”，并签名和签署鉴证日期，律师事务所应在该文件首页加盖公章，并在第 ×× 页至第 ×× 页侧面以公章加盖骑缝章。

第八条 申请人应根据中国证监会对申请文件的反馈意见，提供补充材料。相关证券服务机构应对反馈意见相关问题进行核查或补充出具专业意见。

第九条 申请文件的扉页应标明申请人信息披露事务负责人及相关证券服务机构项目负责人的姓名、电话、传真及其他方便的联系方式。

第十条 未按本准则的要求制作和报送申请文件的，中国证监会按照有关规定不予受理。

第十一条 本准则由中国证监会负责解释。

第十二条 本准则自公布之日起施行。

附件：定向发行申请文件目录

附件

定向发行申请文件目录

第一章　定向发行说明书及授权文件

1－1　申请人关于定向发行的申请报告

1－2　定向发行说明书

1－3　申请人关于定向发行的董事会决议

1－4　申请人关于定向发行的股东大会决议

第二章　定向发行推荐文件

2－1　主办券商定向发行推荐工作报告

第三章　自律管理文件

3－1　全国中小企业股份转让系统的自律监管意见（如有）

第四章　证券服务机构关于定向发行的文件

4－1　最近2年的财务报告和审计报告及最近1期（如有）的财务报告

4－2　法律意见书

4－3　关于申请电子文件与预留文件一致的鉴证意见

4－4　本次定向发行收购资产相关的最近1年及1期（如有）的财务报告及其审计报告、资产评估报告（如有）

第五章　其他文件

5－1　国资、外资等相关主管部门的审批、核准或备案文件（如有）

非上市公众公司信息披露内容与格式准则第9号——创新层挂牌公司年度报告

中国证券监督管理委员会公告〔2020〕5号

现公布《非上市公众公司信息披露内容与格式准则第9号——创新层挂牌公司年度报告》，自公布之日起施行。

附件：非上市公众公司信息披露内容与格式准则第9号——创新层挂牌公司年度报告

中国证监会
2020年1月13日

非上市公众公司信息披露内容与格式准则第9号——创新层挂牌公司年度报告

第一章 总则

第一条 为规范创新层挂牌公司年度报告的编制及信息披露行为，保护投资者合法权益，根据《公司法》《证券法》等法律、法规及中国证券监督管理委员会（以下简称中国证监会）的有关规定，制定本准则。

第二条 股票在全国中小企业股份转让系统公开转让的创新层挂牌公司（以下简称公司）应当按照本准则的要求编制和披露年度报告。

第三条 本准则的规定是对公司年度报告信息披露的最低要求；凡是对投资者作出投资决策有重大影响的信息，不论本准则是否有明确规定，公司均应当披露。

鼓励公司结合自身特点，以简明易懂的方式披露对投资者特别是中小投资者决策有用的信息，但披露的信息应当保持持续性和一致性，不得选择性披露。

第四条 公司年度报告的正文应当遵循本准则第二章的要求进行编制和披露。

本准则某些具体要求对公司确实不适用的，公司可以根据实际情况在不影响披露内容完整性的前提下作出适当修改，并说明修改原因。

第五条 同时在境外证券市场上市的公司，如果境外证券市场对年度报告的编制和披露要求与本准则不同，应当遵循报告内容从多不从少、报告要求从严不从宽的原则，并应当同时公布年度报告。

年度报告应当采用中文文本。同时采用外文文本的，公司应当保证两种文本的内容一致。两种文本发生歧义时，以中文文本为准。

第六条 公司年度报告中的财务会计报告应经符合《证券法》规定的会计师事务所审计，审计报告须由该所至少两名注册会计师签字。

第七条 公司在编制年度报告时应遵循以下一般要求：

（一）年度报告中引用的数字应当采用阿拉伯数字，有关货币金额除特别说明外，通常指人民币金额，并以元、万元或亿元为单位。

（二）年度报告正文前可刊载宣传本公司的照片、图表或致投资者信，但不得刊登任何祝贺性、推荐性的词句、题字或照片，不得含有夸大、欺诈、误导或内容不准确、不客观的词句。

（三）年度报告中若涉及行业分类，应遵循中国证监会、全国中小企业股份转让系统有限责任公司（以下简称全国股转公司）行业分类的有关规定。

（四）年度报告披露内容应侧重说明本准则要求披露事项与上一年度披露内容上的重大变化之处，如无变化，亦应说明。

（五）在不影响信息披露完整性和不致引起阅读不便的前提下，公司可以采取相互引证的方法，对年度报告相关部分进行适当的技术处理，以避免不必要的重复和保持文字简洁。

第八条 中国证监会、全国股转公司对特殊行业公司信息披露另有规定的，公司应当遵循其规定。

行业主管部门对公司另有规定的，公司在编制和披露年度报告时应当遵循其规定。

第九条 由于国家秘密、商业秘密等特殊原因导致本准则规定的某些信息确实不便披露的，公司可以不予披露，但应当在相关章节详细说明未按本准则要求进行披露的原因。中国证监会、全国股转公司认为需要披露的，公司应当披露。

第十条 公司的年度报告披露时间应不晚于母公司及合并报表范围内的控股子公司的年度报告披露时间。

第十一条 公司控股股东、实际控制人、董事、监事、高级管理人员应当保证年度报告内容的真实、准确、完整，不存在虚假记载、误导性陈述或重大遗漏，并承担个别和连带的法律责任。

如公司控股股东、实际控制人、董事、监事、高级管理人员对年度报告内容存在异议或无法保证其真实、准确、完整的，应当在书面确认意见中发表意见并陈述理由，公司应当披露。

第二章　年度报告正文

第一节　重要提示、目录和释义

第十二条 公司控股股东、实际控制人、董事、监事、高级管理人员对年度报告内容无异议并能够保证其真实性、准确性、完整性的，公司应在年度报告文本扉页刊登如下重要提示：公司控股股东、实际控制人、董事、监事、高级管理人员保证本报告所载资料不存在任何虚假记载、误导性陈述或者重大遗漏，并对其内容的真实性、准确性和完整性承担个别及连带责任。

公司负责人、主管会计工作负责人及会计机构负责人（会计主管人员）应当声明并保证年度报告中财务会计报告的真实、准确、完整。

如有控股股东、实际控制人、董事、监事、高级管理人员对年度报告内容存在异议或无法保证其真实、准确、完整的，应当声明××无法保证本报告内容的真实、准确、完整，并说明理由，请投资者特别关注。同时，单独列示未出席董事会审议年度报告的董事姓名及原因。

如执行审计的会计师事务所对公司出具了非标准审计报告，重要提示中应当声明××会计师事务所为本公司出具了非无保留意见（保留意见、否定意见、无法表示意见），或带有解释性说明的无保留意见（带有强调事项段、持续经营重大不确定性段落、其他信息段落中包含其他信息未更正重大错报说明的无保留意见）的审计报告，本公司董事会、监事会对相关事项已有详细说明，请投资者注意阅读。

如年度报告涉及未来计划等前瞻性陈述，同时附有相应的警示性陈述，则应当具有合理的预测基础或依据，并声明该计划不构成公司对投资者的实质承诺，投资者及相关人士均应当对此保持足够的风险认识，并且应当理解计划、预测与承诺之间的差异。

第十三条 公司应当单独刊登重大风险提示。公司对风险因素的描述应当围绕自身经营状况展开，遵循关联性原则和重要性原则，客观披露公司重大特有风险。公司应当重点说明与上一年度所提示重大风险的变化之处。

公司如存在被调出创新层的风险，应当进行特别提示。

第十四条 公司应当对可能造成投资者理解障碍以及具有特定含义的术语作出通俗易懂的解释，年度报告的释义应当在目录次页排印。

年度报告目录应当标明各章、节的标题及其对应的页码。

第二节 公司概况

第十五条 公司应当披露如下内容：

（一）公司的中文名称及证券简称、证券代码，外文名称及缩写（如有）。

（二）公司的法定代表人。

（三）公司董事会秘书的姓名、联系地址、电话、传真、电子信箱。

（四）公司注册地址，公司办公地址及其邮政编码，公司网址、电子信箱。

（五）公司登载年度报告的指定信息披露平台的网址，公司年度报告备置地。

（六）公司股票公开转让场所、挂牌时间、目前分层情况、交易方式。

（七）公司行业分类、主要产品与服务项目。

（八）公司普通股总股本、优先股总股本、控股股东、实际控制人。

（九）公司年度内的注册变更情况，包括统一社会信用代码、注册资本变更情况。

（十）其他有关信息：公司聘请的年度内履行持续督导职责的主办券商的名称、办公地址；公司聘请的会计师事务所名称、办公地址及签字会计师姓名。

第三节 会计数据、经营情况和管理层分析

第十六条 公司应采用数据列表方式，提供截至本年度末公司近两年的主要会计数据和财务指标，包括但不限于：

（一）营业收入、毛利率、归属于挂牌公司股东的净利润、归属于挂牌公司股东的

扣除非经常性损益后的净利润、净资产收益率、每股收益。

（二）资产总计、负债总计、归属于挂牌公司股东的净资产、归属于挂牌公司股东的每股净资产、资产负债率、流动比率、利息保障倍数。

（三）经营活动产生的现金流量净额、应收账款周转率、存货周转率。

（四）总资产增长率、营业收入增长率、净利润增长率。

公司在披露“归属于挂牌公司股东的扣除非经常性损益后的净利润”时，应当同时说明报告期内非经常性损益的项目及金额。

同时发行境外上市外资股的公司，若按不同会计准则计算的净利润和归属于挂牌公司股东的净资产存在重大差异的，应当列表披露差异情况并说明主要原因。

第十七条 公司主要会计数据和财务指标的计算和披露应当遵循如下要求：

（一）因会计政策变更及会计差错更正等追溯调整或重述以前年度会计数据的，应当同时披露调整前后的数据。

（二）编制合并财务报表的公司应当以合并财务报表数据填列或计算以上数据和指标。

（三）财务数据按照时间顺序自左至右排列，左起为本年度的数据，向右依次列示前一期的数据。

（四）对非经常性损益、净资产收益率和每股收益的确定和计算，中国证监会另有规定的，应当遵照执行。

第十八条 公司披露内容应具有充分的可靠性。分析中如引用第三方资料及数据，应注明来源及发布者，并判断第三方资料、数据是否拥有足够的权威性；公司自行整理编制的资料及数据，应说明并注明编制依据。披露内容应突出重要性，避免过多披露不重要的信息而掩盖重要信息。

第十九条 公司应当简要介绍报告期内公司从事的主要业务，包括但不限于公司的产品与服务、经营模式、客户类型、销售渠道、收入模式等，并说明报告期内的变化情况。

第二十条 公司应回顾分析报告期内的主要经营情况，尤其应着重分析导致公司财务状况、经营成果、现金流量发生重大变化的事项或原因。分析内容包括但不限于：

（一）报告期内业务、产品或服务有关经营计划的实现情况；业务、产品或服务的重大变化及对公司经营情况的影响。公司在以前年度披露的经营计划或目标延续到本年度的，公司应对计划或目标的实施进度进行分析，实施进度与计划不符的，应说明原因。

（二）报告期内行业发展、周期波动等情况；应说明行业发展因素、行业法律法规等的变动及对公司经营情况的影响。

（三）对财务报表中主要财务数据进行讨论、分析，可以采用逐年比较、数据列表或其他方式。对与上一年度相比变动达到或超过 30% 的重要财务数据或指标，公司应充分解释导致变动的原因，以便于投资者充分了解其财务状况、经营成果、现金流量及未来变化情况。讨论与分析应当从业务层面充分解释导致财务数据变动的根本原因及其反映的可能趋势，而不能只是重复财务会计报告的内容。内容包括但不限于：

1. 公司资产、负债构成（应收款项、存货、投资性房地产、长期股权投资、固定资产、在建工程、短期借款、长期借款等占总资产的比重）同比发生重大变动的，应当说明产生变化的主要影响因素。

2. 公司应当结合行业特征和自身实际情况，分别按产品、地区说明报告期内公司营业收入及营业成本情况。若公司的收入构成、利润构成和利润来源发生重大变动的，应当详细说明具体变动情况及原因。

公司应当披露报告期内主要客户与主要供应商的情况，包括公司向前五名客户的销售额及占当期销售总额的百分比，向前五名供应商的采购额及占当期采购总额的百分比，并说明前五名客户和供应商与公司是否存在关联关系。受同一控制人控制的客户或供应商，应合并计算其销售额或采购额，受同一国有资产管理机构控制的除外。

3. 结合公司现金流量表相关数据，说明公司经营活动、投资活动和筹资活动产生的现金流量的构成情况，若相关数据同比发生重大变动，公司应当分析主要影响因素。若本年度公司经营活动产生的现金流量与本年度净利润存在重大差异的，公司应当详细解释原因。

（四）主要控股子公司、参股公司经营情况及业绩分析。其中对于参股公司应当重点披露其与公司从事业务的关联性，并说明持有目的。

本年度取得和处置子公司导致合并范围变化的，应说明取得和处置的方式及对公司整体生产经营和业绩的影响。

公司存在其控制的结构化主体时，应介绍公司对其的控制方式和控制权内容，并说明从中可以获取的利益及承担的风险。公司控制的结构化主体为《企业会计准则第41号——在其他主体中权益的披露》中所规定的“结构化主体”。

（五）公司应当说明本年度所进行研发项目的目的、所处阶段及进展情况和拟达到的目标，并预计对公司未来发展的影响，同时结合行业技术发展趋势，分析相关科研项目与行业技术水平的比较。公司应当披露研发人员的数量、占比及学历情况；说明本年度研发投入总额及占营业收入的比重，如数据较上年发生重大变化，还应当解释变化的原因；应当披露研发投入资本化的比重及变化情况，并对其合理性进行分析。与其他单位合作研发的，还应披露合作协议的主要内容，权利义务划分约定及采取的保密措施等。

（六）公司本年度财务会计报告被会计师事务所出具非标准审计意见的，董事会应当就所涉及事项作出说明。说明中应当明确说明非标准审计意见涉及事项是否违反企业会计准则及其相关信息披露规范性规定。

公司应当披露关键审计事项的具体内容，并分析对公司的影响。

（七）公司作出会计政策、会计估计变更或重大会计差错更正的，应当披露变更、更正的原因及影响；涉及追溯调整或重述的，应当披露对以往各年度经营成果和财务状况的影响金额。

同时适用境内外会计准则的公司应当对产生差异的情况进行详细说明。

（八）公司应披露承担社会责任的工作情况，包括公司在保护债权人、职工、消费者、供应商、社区等利益相关者合法权益方面所承担的社会责任；鼓励公司结合自身生产经营情况、战略发展规划、人才与资源优势等开展各项精准扶贫工作，并积极披露报告期内履行扶贫社会责任的具体情况，包括精准扶贫规划、年度精准扶贫概要、精准扶贫成效和后续计划等。

如本条规定披露的部分内容与财务报表附注相同的，公司可以建立相关查询索引，避免重复。

第二十一条　公司应当对持续经营能力进行评价，分析并说明可能对公司持续经营能力有重大影响的事项。

第二十二条　公司可对下一年度经营计划或目标进行说明。说明可以结合行业发展趋势、公司发展战略及其他可能影响经营计划或目标实现的不确定性因素展开。说明包括但不限于：

（一）行业发展趋势。公司可介绍与公司业务关联的宏观经济层面或行业环境层面的发展趋势、公司的行业地位或区域市场地位的变动趋势，并说明上述发展趋势对公司未来经营业绩和盈利能力的影响。

（二）公司发展战略。公司应披露公司发展战略或规划，以及拟开展的新业务、拟开发的新产品、拟投资的新项目等。若公司存在多种业务的，还应当说明各项业务的发展战略或规划。

（三）经营计划或目标。披露经营计划或目标的，公司应同时简要披露公司经营计划涉及的投资资金的来源、成本及使用情况。

（四）不确定性因素。公司应遵循关联性原则和重要性原则披露对未来发展战略或经营计划有重大影响的不确定性因素并进行说明与分析。

第二十三条　公司应当说明重大风险因素对公司的影响、已经采取或拟采取的措施及风险管理效果。在分析影响程度时公司应当尽可能定量分析。

第四节　重大事件

第二十四条　公司应当分类披露报告期内发生的所有诉讼、仲裁事项涉及的累计金额。

对于以临时报告形式披露，但尚未在报告期内结案的重大诉讼、仲裁事项，公司应当披露案件进展情况、涉及金额、是否形成预计负债，以及对公司未来的影响；对在报告期内结案的重大诉讼、仲裁事项，公司应当披露案件执行情况，以及对公司的影响。

如报告期内无应当披露的重大诉讼、仲裁事项，应当明确说明“本年度公司无重大诉讼、仲裁事项”。

第二十五条 公司应当披露报告期内履行的及尚未履行完毕的对外担保合同，包括担保金额、担保期限、担保对象、担保类型、担保的决策程序，以及对公司的影响等；对于未到期担保合同，如有明显迹象表明有可能承担连带清偿责任，应明确说明。

公司应当披露公司及其控股子公司为股东、实际控制人及其关联方提供担保的金额，公司直接或间接为资产负债率超过70%（不含本数）的被担保对象提供的债务担保金额，公司担保总额超过净资产50%（不含本数）部分的金额，以及对公司的影响。

公司应当说明本年度公司及其控股子公司是否存在未经内部审议程序而实施的担保事项，如有应说明具体情况，包括但不限于担保对象、提供担保的发生额和报告期末的担保余额，以及对公司的影响。

第二十六条 公司应当披露报告期内对外提供借款情形，包括与债务人的关联关系，债权的期初余额、本期发生额、期末余额、抵质押情况以及对公司的影响。

第二十七条 报告期内发生股东及其关联方以各种形式占用或者转移公司的资金、资产及其他资源的，公司应当说明发生原因、整改情况及对公司的影响，其中发生控股股东、实际控制人及其控制的企业占用资金情形的，应当充分披露相关的决策程序，以及占用资金的期初金额、发生额、期末余额、日最大占用额、占用资金原因、预计归还方式及时间。

如果不存在上述情形，公司应当予以明确说明。

第二十八条 公司应当披露报告期内发生的重大关联交易事项，包括交易金额，与关联方的交易结算及资金回笼情况，并说明关联交易的必要性和持续性及对公司生产经营的影响。

公司按类别对报告期内发生的日常关联交易进行总额预计的，应当披露报告期内的日常性关联交易的预计及执行情况。

第二十九条 公司应当披露报告期内经股东大会审议通过的收购及出售资产、对外投资，以及报告期内发生的企业合并事项的简要情况及进展，分析上述事项对公司业务连续性、管理层稳定性及其他方面的影响。

第三十条 公司应当披露股权激励计划、员工持股计划或其他员工激励措施在本报告期的具体实施情况。

第三十一条 公司应披露报告期内的股份回购情况，包括已履行的审议程序和回购股份方案的主要内容，并说明回购进展情况（包括已回购股份数量、比例、价格、已支付的总金额等）或回购结果情况（包括实际回购股份的数量、比例、价格、使用资金总额等，并与回购股份方案相应内容进行对照），以及已回购股份的处理或后续安排等。

第三十二条 公司及其董事、监事、高级管理人员或股东、实际控制人及其他承诺相关方如存在本年度或持续到本年度已披露的承诺，公司应当披露承诺的具体情况，详细列示承诺方、承诺类型、承诺事项、承诺时间、承诺期限、承诺的履行情况等。如承诺超期未履行完毕的，应当详细说明未完成履行的原因及下一步的工作计划。

在股票发行、收购或重大资产重组中，如果公司、认购对象、收购方或重大资产重组交易对手方等存在业绩承诺等事项，需说明承诺相关方在报告期内履行完毕及截至报告期末尚未履行完毕的承诺事项。

如果没有已披露承诺事项，公司亦应予以说明。

第三十三条 公司应披露本年度末资产中被查封、扣押、冻结或者被抵押、质押的资产类别、发生原因、账面价值和累计值及其占总资产的比例，并说明对公司的影响。

第三十四条 报告期内存在以下情形的，公司应当说明相关情况：公司涉嫌违法违规被中国证监会或其他有权机关调查，被移送司法机关或追究刑事责任，被中国证监会采取行政监管措施或行政处罚，或受到其他对公司生产经营有重大影响的行政处罚；公司董事、监事、高级管理人员、控股股东或实际控制人涉嫌违法违规被中国证监会或其他有权机关调查、采取留置措施或强制措施或者追究重大刑事责任，被中国证监会处以证券市场禁入、认定为不适当人员，受到对公司生产经营有重大影响的行政处罚。

第三十五条 公司应当披露报告期内公司及其控股股东、实际控制人、董事、监事、高级管理人员以及控股子公司是否被纳入失信联合惩戒对象，如有应说明具体情况。

第三十六条 公司应当披露报告期内其他发生可能对挂牌公司股票或其他证券品种交易价格产生较大影响，或者对投资者作出投资决策有较大影响的重大事件，以及公司董事会判断为重大事件的事项。

第三十七条 公司的控股子公司发生的本节所列重大事项，可能对投资者决策或者公司股票及其他证券品种交易价格产生较大影响的，公司应当视同公司的重大事项予以披露。

第三十八条 若上述事项已在临时报告披露且后续实施无变化的，仅需披露该事项概述，并提供所披露的临时报告的相关查询索引。

第五节 股份变动、融资和利润分配

第三十九条 公司应当披露本年度期初、期末的股本结构，以及报告期内股份限售解除情况。对报告期内因送股、转增股本、增发新股、实施股权激励计划、可转换公司债券转股、股份回购等原因引起公司股份总数及股东结构的变动、公司资产和负债结构的变动，应当予以说明。

第四十条 公司应当披露股东总数、前十名股东、持股数量及占总股本比例、报告期内持股变动情况、本年度末持有的无限售股份数量，并对前十名股东相互间关系及持股变动情况进行说明。如所持股份中包括无限售条件股份、有限售条件股份、质押或司法冻结股份，应当分别披露其数量。

第四十一条 公司发行优先股的，应当披露优先股的总股本，包括计入权益的优先股及计入负债的优先股情况。

第四十二条 公司如存在控股股东，应对控股股东进行介绍，内容包括但不限于：若控股股东为法人或其他组织的，应当披露名称、单位负责人或法定代表人、成立日期、统一社会信用代码、注册资本或注册资金；若控股股东为自然人的，应当披露其姓名、国籍、是否取得其他国家或地区居留权、职业经历。首次披露后控股股东上述信息没有变动时，可以索引披露。

如不存在控股股东，公司应当就认定依据予以特别说明。

第四十三条 公司应当比照第四十二条披露公司实际控制人的情况，并以方框图及文字的形式披露公司与实际控制人之间的产权和控制关系。实际控制人应当披露到自然人、国有资产管理部门，或者股东之间达成某种协议或安排的其他机构或自然人，包括以信托或其他资产管理方式形成实际控制的情况。首次披露后实际控制人上述信息没有变动时，可以索引披露。

如不存在实际控制人，公司应当就认定依据予以特别说明。

第四十四条 公司应当披露报告期内的股票发行情况，包括但不限于发行价格、发行时间、发行数量、募集金额、发行对象、募集资金的使用情况等。

如存在募集资金用途变更的，应当说明变动的具体情况以及履行的决策程序。

第四十五条 如公司报告期内存在存续至本期的优先股，应当披露优先股发行的基本情况、股东情况、利润分配情况、回购情况、转换情况以及表决权恢复情况等。

第四十六条 如公司报告期内存在存续至本期的债券，应当披露债券的类型、融资金额、票面利率、存续时间以及违约情况。如存在债券违约的，应当说明违约的具体情况、偿债措施以及对公司的影响。如公司公开发行债券的，应当按照中国证监会的规定披露相应信息。

第四十七条 如公司报告期内存在未到期可转换公司债券（以下简称可转债）的，应当披露可转债的相关情况，包括但不限于可转债的期初数量、期末数量、期限，转股价格及其历次调整或者修正情况，可转债发行后累计转股情况，期末前十名可转债持有人的名单和持有量，可转债赎回和回售情况，募集说明书约定的契约条款履行情况，以及可转债所挂牌的证券交易场所规定的其他事项。

第四十八条 公司应当披露报告期内的利润分配政策以及利润分配的执行情况。如存在利润分配预案的，应披露预案的情况。

第六节 董事、监事、高级管理人员及核心员工情况

第四十九条 公司应当披露现任及报告期内离任的董事、监事和高级管理人员的

情况，内容包括但不限于：姓名、职务、性别、出生年月、任期起止日期、年初和年末持有本公司股份、股票期权、被授予的限制性股票数量、报告期内股份增减变动量、持股比例、与股东之间的关系。

公司应当披露报告期内董事、监事、高级管理人员的变动情况；新任董事、监事和高级管理人员的专业背景、主要工作经历等情况。

对于董事、高级管理人员获得的股权激励，公司应当按照已解锁股份、未解锁股份、可行权股份、已行权股份、行权价以及报告期末市价单独列示。

第五十条 公司应披露公司及其控股子公司的核心员工的基本情况（包括任职和持股情况）和变动情况，并说明变动对公司经营的影响及公司采取的应对措施。

第五十一条 公司应当披露公司及其控股子公司员工情况，包括在职员工的数量、人员构成（如管理人员、生产人员、销售人员、技术人员、财务人员、行政人员等）、教育程度、员工薪酬政策、培训计划以及需公司承担费用的离退休职工人数。

第七节 行业信息

第五十二条 公司应遵循中国证监会、全国股转公司关于特定行业公司信息披露的有关规定，履行与年度报告相关的信息披露义务。

第八节 公司治理、内部控制和投资者保护

第五十三条 公司应当披露公司治理的基本状况，列示公司报告期内建立的各项公司治理制度，董事会应当对公司治理机制是否给所有股东提供合适的保护和平等权利等情况进行评估。

第五十四条 公司应当披露对公司治理的改进情况，包括来自控股股东及实际控制人以外的股东或其代表参与公司经营管理的情况，以及公司管理层是否引入职业经理人等情况。

第五十五条 监事会在报告期内的监督活动中发现公司存在风险的，公司应当披露监事会就有关风险的简要意见；否则，公司应当披露监事会对报告期内的监督事项无异议。

第五十六条 公司应当就与控股股东或实际控制人在业务、人员、资产、机构、财务等方面存在的不能保证独立性、不能保持自主经营能力的情况进行说明。存在同业竞争的，公司应当披露相应的解决措施、工作进度及后续工作计划。

第五十七条 公司应当对会计核算体系、财务管理和风险控制等重大内部管理制度进行评价，披露报告期内发现上述管理制度重大缺陷的具体情况，包括对缺陷的具体描述、缺陷对财务会计报告的潜在影响，已实施或拟实施的整改措施、时间、责任人及效果。

第五十八条 公司应当披露年度报告重大差错责任追究制度的建立与执行情况，披露董事会对有关责任人采取的问责措施及处理结果。

第五十九条 公司股东大会实行累积投票制和网络投票安排的，应当披露具体实施情况。

第六十条 公司存在特别表决权股份的，应当披露特别表决权股份的持有和变化情况，以及相关投资者合法权益保护措施的实施情况。

第九节 财务会计报告

第六十一条 公司的财务会计报告包括财务报表和其他应当在财务会计报告中披露的相关信息和资料。

第六十二条 财务报表包括公司近两年的比较式资产负债表、比较式利润表和比较式现金流量表，以及比较式所有者权益（股东权益）变动表和财务报表附注。编制合并财务报表的公司，除提供合并财务报表外，还应提供母公司财务报表。

第六十三条 公司应当披露审计机构连续服务年限和审计报酬。

第六十四条 财务报表附注参照《公开发行证券的公司信息披露编报规则第15号——财务报告的一般规定》的相关规定编制。

第十节 备查文件目录

第六十五条 公司应当披露备查文件的目录，包括：

（一）载有公司负责人、主管会计工作负责人、会计机构负责人（会计主管人员）签名并盖章的财务报表。

（二）载有会计师事务所盖章、注册会计师签名并盖章的审计报告原件。

（三）年度内在指定信息披露平台上公开披露过的所有公司文件的正本及公告的原稿。

公司应当在公司住所、证券交易场所置备上述文件。中国证监会、全国股转公司要求提供时，或股东依据法律、法规或公司章程要求查阅时，公司应当及时提供。

第三章 附则

第六十六条 本准则自公布之日起施行。

非上市公众公司信息披露内容与格式准则第10号——基础层挂牌公司年度报告

中国证券监督管理委员会公告〔2020〕6号

现公布《非上市公众公司信息披露内容与格式准则第10号——基础层挂牌公司年度报告》，自公布之日起施行。

附件：非上市公众公司信息披露内容与格式准则第10号——基础层挂牌公司年度报告

中国证监会
2020年1月13日

非上市公众公司信息披露内容与格式准则第 10 号——基础层挂牌公司年度报告

第一章　总则

第一条　为规范基础层挂牌公司年度报告的编制及信息披露行为，保护投资者合法权益，根据《公司法》《证券法》等法律、法规及中国证券监督管理委员会（以下简称中国证监会）的有关规定，制定本准则。

第二条　股票在全国中小企业股份转让系统公开转让的基础层挂牌公司（以下简称公司）应当按照本准则的要求编制和披露年度报告。

第三条　本准则的规定是对公司年度报告信息披露的最低要求；凡是对投资者作出投资决策有重大影响的信息，不论本准则是否有明确规定，公司均应当披露。

鼓励公司结合自身特点，以简明易懂的方式披露对投资者特别是中小投资者决策有用的信息，但披露的信息应当保持持续性和一致性，不得选择性披露。

第四条　公司年度报告的正文应当遵循本准则第二章的要求进行编制和披露。

本准则某些具体要求对公司确实不适用的，公司可以根据实际情况在不影响披露内容完整性的前提下作出适当修改，并说明修改原因。

第五条　同时在境外证券市场上市的公司，如果境外证券市场对年度报告的编制和披露要求与本准则不同，应当遵循报告内容从多不从少、报告要求从严不从宽的原则，并应当同时公布年度报告。

年度报告应当采用中文文本。同时采用外文文本的，公司应当保证两种文本的内容一致。两种文本发生歧义时，以中文文本为准。

第六条　公司年度报告中的财务会计报告应经符合《证券法》规定的会计师事务所审计，审计报告须由该所至少两名注册会计师签字。

第七条　公司在编制年度报告时应遵循以下一般要求：

（一）年度报告中引用的数字应当采用阿拉伯数字，有关货币金额除特别说明外，通常指人民币金额，并以元、万元或亿元为单位。

（二）年度报告正文前可刊载宣传本公司的照片、图表或致投资者信，但不得刊登任何祝贺性、推荐性的词句、题字或照片，不得含有夸大、欺诈、误导或内容不准确、不客观的词句。

（三）年度报告中若涉及行业分类，应遵循中国证监会、全国中小企业股份转让系统有限责任公司（以下简称全国股转公司）行业分类的有关规定。

（四）年度报告披露内容应侧重说明本准则要求披露事项与上一年度披露内容上的重大变化之处，如无变化，亦应说明。

（五）在不影响信息披露完整性和不致引起阅读不便的前提下，公司可以采取相互引证的方法，对年度报告相关部分进行适当的技术处理，以避免不必要的重复和保持文字简洁。

第八条 中国证监会、全国股转公司对特殊行业公司信息披露另有规定的，公司应当遵循其规定。

行业主管部门对公司另有规定的，公司在编制和披露年度报告时应当遵循其规定。

第九条 由于国家秘密、商业秘密等特殊原因导致本准则规定的某些信息确实不便披露的，公司可以不予披露，但应当在相关章节详细说明未按本准则要求进行披露的原因。中国证监会、全国股转公司认为需要披露的，公司应当披露。

第十条 公司的年度报告披露时间应不晚于母公司及合并报表范围内的控股子公司的年度报告披露时间。

第十一条 公司控股股东、实际控制人、董事、监事、高级管理人员应当保证年度报告内容的真实、准确、完整，不存在虚假记载、误导性陈述或重大遗漏，并承担个别和连带的法律责任。

如公司控股股东、实际控制人、董事、监事、高级管理人员对年度报告内容存在异议或无法保证其真实、准确、完整的，应当在书面确认意见中发表意见并陈述理由，公司应当披露。

第二章 年度报告正文

第一节 重要提示、目录和释义

第十二条 公司控股股东、实际控制人、董事、监事、高级管理人员对年度报告内容无异议并能够保证其真实性、准确性、完整性的，公司应在年度报告文本扉页刊登如下重要提示：公司控股股东、实际控制人、董事、监事、高级管理人员保证本报告所载资料不存在任何虚假记载、误导性陈述或者重大遗漏，并对其内容的真实性、准确性和完整性承担个别及连带责任。

公司负责人、主管会计工作负责人及会计机构负责人（会计主管人员）应当声明并保证年度报告中财务会计报告的真实、准确、完整。

如有控股股东、实际控制人、董事、监事、高级管理人员对年度报告内容存在异议或无法保证其真实、准确、完整的，应当声明××无法保证本报告内容的真实、准确、完整，并说明理由，请投资者特别关注。同时，单独列示未出席董事会审议年度报告的董事姓名及原因。

如执行审计的会计师事务所对公司出具了非标准审计报告，重要提示中应当声明××会计师事务所为本公司出具了非无保留意见（保留意见、否定意见、无法表示意见），或带有解释性说明的无保留意见（带有强调事项段、持续经营重大不确定性段落、其他信息段落中包含其他信息未更正重大错报说明的无保留意见）的审计报告，本公司董事会、监事会对相关事项已有详细说明，请投资者注意阅读。董事会说明中应当明确说明非标准审计意见涉及事项是否违反企业会计准则及其相关信息披露规范性规定。

如年度报告涉及未来计划等前瞻性陈述，同时附有相应的警示性陈述，则应当具有合理的预测基础或依据，并声明该计划不构成公司对投资者的实质承诺，投资者及相关人士均应当对此保持足够的风险认识，并且应当理解计划、预测与承诺之间的差异。

第十三条　公司应当披露重大风险提示，对本年度的风险因素进行分析，说明对公司的影响、已经或拟采取的措施及风险管理效果。公司对风险因素的描述应当围绕自身经营状况展开，遵循关联性原则和重要性原则，客观披露公司重大特有风险，重点说明与上一年度所提示重大风险的变化之处。

第十四条　公司应当对可能造成投资者理解障碍以及具有特定含义的术语作出通俗易懂的解释，年度报告的释义应当在目录次页排印。

年度报告目录应当标明各章、节的标题及其对应的页码。

第二节　公司概况

第十五条　公司应当披露如下内容：

（一）公司的中文名称及证券简称、证券代码，外文名称及缩写（如有）。

（二）公司的法定代表人。

（三）公司董事会秘书或信息披露事务负责人姓名、职务、联系地址、电话、传真、电子信箱。

（四）公司注册地址，公司办公地址及其邮政编码，公司网址、电子信箱。

（五）公司登载年度报告的指定信息披露平台的网址，公司年度报告备置地。

（六）公司股票公开转让场所、挂牌时间、目前分层情况、交易方式。

（七）公司行业分类、主要业务、产品与服务项目、商业模式。

（八）公司普通股总股本、优先股总股本、控股股东、实际控制人。

（九）公司年度内的注册变更情况，包括统一社会信用代码、注册资本变更情况。

（十）其他有关信息：公司聘请的年度内履行持续督导职责的主办券商的名称、办公地址；公司聘请的会计师事务所名称、办公地址及签字会计师姓名。

第三节　会计数据、经营情况和管理层分析

第十六条　公司应采用数据列表方式，提供截至本年度末公司近两年的主要会计

数据和财务指标，并据此回顾报告期内的主要经营情况，分析导致公司财务状况、经营成果、现金流量发生重大变化的事项或原因，评估持续经营能力，说明可能对公司持续经营能力有重大影响的事项。对与上一年度相比变动达到或超过30%的重要财务数据或指标，公司应充分解释导致变动的原因。公司可免于分析金额占总资产10%以下的资产负债表科目以及金额占营业收入10%以下的利润表科目。

主要会计数据和财务指标包括但不限于：

（一）营业收入、毛利率、归属于挂牌公司股东的净利润、归属于挂牌公司股东的扣除非经常性损益后的净利润、净资产收益率、每股收益。

（二）资产总计、负债总计、归属于挂牌公司股东的净资产、归属于挂牌公司股东的每股净资产、资产负债率、流动比率、利息保障倍数。

（三）经营活动产生的现金流量净额、应收账款周转率、存货周转率。

（四）总资产增长率、营业收入增长率、净利润增长率。

公司在披露“归属于挂牌公司股东的扣除非经常性损益后的净利润”时，应当同时说明报告期内非经常性损益的项目及金额。

同时发行境外上市外资股的公司，若按不同会计准则计算的净利润和归属于挂牌公司股东的净资产存在重大差异的，应当列表披露差异情况并说明主要原因。

第十七条 公司主要会计数据和财务指标的计算和披露应当遵循如下要求：

（一）因会计政策变更及会计差错更正等追溯调整或重述以前年度会计数据的，应当同时披露调整前后的数据。

（二）编制合并财务报表的公司应当以合并财务报表数据填列或计算以上数据和指标。

（三）财务数据按照时间顺序自左至右排列，左起为本年度的数据，向右依次列示前一期的数据。

（四）对非经常性损益、净资产收益率和每股收益的确定和计算，中国证监会另有规定的，应当遵照执行。

第十八条 公司作出会计政策、会计估计变更或重大会计差错更正的，应当披露变更、更正的原因及影响；涉及追溯调整或重述的，应当披露对以往各年度经营成果和财务状况的影响金额。

同时适用境内外会计准则的公司应当对产生差异的情况进行详细说明。

第十九条 公司应当结合行业特征和自身实际情况，分别按产品、地区说明报告期内营业收入及营业成本情况。

公司应当披露报告期内主要客户与主要供应商的情况，包括公司向前五名客户的销售额及占当期销售总额的百分比，向前五名供应商的采购额及占当期采购总额的百分比，并说明前五名客户和供应商与公司是否存在关联关系。受同一控制人控制的客户或供应商，应合并计算其销售额或采购额，受同一国有资产管理机构控制的除外。

第二十条 公司应当披露主要控股子公司、参股公司经营情况及业绩分析。其中对于参股公司应当重点披露其与公司从事业务的关联性，并说明持有目的。

公司存在其控制的结构化主体时，应介绍公司对其的控制方式和控制权内容，并说明从中可以获取的利益及承担的风险。公司控制的结构化主体为《企业会计准则第41号——在其他主体中权益的披露》中所规定的“结构化主体”。

第四节 重大事件

第二十一条 公司应当分类披露报告期内发生的所有诉讼、仲裁事项涉及的累计金额，如果上述金额不超过本年度末净资产（经审计）绝对值10%的，可以免于披露上述事项及累计金额。

对于以临时报告形式披露，但尚未在报告期内结案的重大诉讼、仲裁事项，公司应当披露案件进展情况、涉及金额、是否形成预计负债，以及对公司未来的影响；对在报告期内结案的重大诉讼、仲裁事项，公司应当披露案件执行情况，以及对公司的影响。

如报告期内无应当披露的重大诉讼、仲裁事项，应当明确说明“本年度公司无重大诉讼、仲裁事项”。

第二十二条 公司应当披露报告期内履行的及尚未履行完毕的对外担保合同，包括担保金额、担保期限、担保对象、担保类型、担保的决策程序，以及对公司的影响等；对于未到期担保合同，如有明显迹象表明有可能承担连带清偿责任，应明确说明。

如果上述担保的累计金额不超过本年度末净资产（经审计）绝对值10%的，可以免于披露上述事项及累计金额。

公司应当披露公司及其控股子公司为股东、实际控制人及其关联方提供担保的金额，公司直接或间接为资产负债率超过70%（不含本数）的被担保对象提供的债务担保金额，公司担保总额超过净资产50%（不含本数）部分的金额，以及对公司的影响。

公司应当说明本年度公司及其控股子公司是否存在未经内部审议程序而实施的担保事项，如有应说明具体情况，包括但不限于担保对象、提供担保的发生额和报告期末的担保余额，以及对公司的影响。

第二十三条 公司应当披露报告期内对外提供借款情形，包括与债务人的关联关系，债权的期初余额、本期发生额、期末余额、抵质押情况以及对公司的影响。

如果上述对外提供借款的累计金额不超过本年度末净资产（经审计）绝对值10%的，可以免于披露上述事项及累计金额。

第二十四条 报告期内发生股东及其关联方以各种形式占用或者转移公司的资金、资产及其他资源的，公司应当说明发生原因、整改情况及对公司的影响，其中发生控股股东、实际控制人及其控制的企业占用资金情形的，应当充分披露相关的决策程序，以及占用资金的期初金额、发生额、期末余额、日最大占用额、占用资金原因、预计归还方式及时间。

如果不存在上述情形，公司应当予以明确说明。

第二十五条 公司应当披露报告期内发生的重大关联交易事项，包括交易金额，与关联方的交易结算及资金回笼情况，并说明关联交易的必要性和持续性及对公司生产经营的影响。

公司按类别对报告期内发生的日常关联交易进行总额预计的，应当披露报告期内的日常性关联交易的预计及执行情况。

第二十六条 公司应当披露报告期内经股东大会审议通过的收购及出售资产、对外投资，以及报告期内发生的企业合并事项的简要情况及进展，分析上述事项对公司业务连续性、管理层稳定性及其他方面的影响。

第二十七条 公司应当披露股权激励计划、员工持股计划或其他员工激励措施在本报告期的具体实施情况。

第二十八条 公司应披露报告期内的股份回购情况，包括已履行的审议程序和回购股份方案的主要内容，并说明回购进展情况（包括已回购股份数量、比例、价格、已支付的总金额等）或回购结果情况（包括实际回购股份的数量、比例、价格、使用资金总额等，并与回购股份方案相应内容进行对照），以及已回购股份的处理或后续安排等。

第二十九条 公司及其董事、监事、高级管理人员或股东、实际控制人及其他承诺相关方如存在本年度或持续到本年度已披露的承诺，公司应当披露承诺的具体情况，详细列示承诺方、承诺类型、承诺事项、承诺时间、承诺期限、承诺的履行情况等。如承诺超期未履行完毕的，应当详细说明未完成履行的原因及下一步的工作计划。

在股票发行、收购或重大资产重组中，如果公司、认购对象、收购方或重大资产重组交易对手方等存在业绩承诺等事项，需说明承诺相关方在报告期内履行完毕及截至报告期末尚未履行完毕的承诺事项。

如果没有已披露承诺事项，公司亦应予以说明。

第三十条 公司应披露本年度末资产中被查封、扣押、冻结或者被抵押、质押的资产类别、发生原因、账面价值和累计值及其占总资产的比例，并说明对公司的影响。

第三十一条 报告期内存在以下情形的，公司应当说明相关情况：公司涉嫌违法违规被中国证监会或其他有权机关调查，被移送司法机关或追究刑事责任，被中国证监会采取行政监管措施或行政处罚，或受到其他对公司生产经营有重大影响的行政处罚；公司董事、监事、高级管理人员、控股股东或实际控制人涉嫌违法违规被中国证监会或其他有权机关调查、采取留置措施或强制措施或者追究重大刑事责任，被中国证监会处以证券市场禁入、认定为不适当人员，受到对公司生产经营有重大影响的行政处罚。

第三十二条 公司应当披露报告期内公司及其控股股东、实际控制人、董事、监事、高级管理人员以及控股子公司是否被纳入失信联合惩戒对象，如有应说明具体情况。

第三十三条 公司应当披露报告期内发生的破产重整相关事项，包括向法院申请重整、和解或破产清算，法院受理重整、和解或破产清算，公司重整期间发生的法院裁定结果、其他重大事件及对公司的影响。执行重整计划的公司应当说明计划的具体内容及执行情况。

第三十四条 若上述事项已在临时报告披露且后续实施无变化的，仅需披露该事项概述，并提供所披露的临时报告的相关查询索引。

第五节 股份变动、融资和利润分配

第三十五条 公司应当披露本年度期初、期末的股本结构，以及报告期内股份限售解除情况。对报告期内因送股、转增股本、增发新股、实施股权激励计划、可转换公司债券转股、股份回购等原因引起公司股份总数及股东结构的变动，公司资产和负债结构的变动，应当予以说明。

第三十六条 公司应当披露股东总数、前十名股东、持股数量及占总股本比例、报告期内持股变动情况、本年度末持有的无限售股份数量，并对前十名股东相互间关系及持股变动情况进行说明。如所持股份中包括无限售条件股份、有限售条件股份、质押或司法冻结股份，应当分别披露其数量。

第三十七条 公司如存在控股股东，应对控股股东进行介绍，内容包括但不限于：若控股股东为法人或其他组织的，应当披露名称、单位负责人或法定代表人、成立日期、统一社会信用代码、注册资本或注册资金；若控股股东为自然人的，应当披露其姓名、国籍、是否取得其他国家或地区居留权、职业经历。首次披露后控股股东上述信息没有变动时，可以索引披露。

如不存在控股股东，公司应当就认定依据予以特别说明。

第三十八条 公司应当比照第三十七条披露公司实际控制人的情况，并以方框图及文字的形式披露公司与实际控制人之间的产权和控制关系。实际控制人应当披露到自然人、国有资产管理部门，或者股东之间达成某种协议或安排的其他机构或自然人，包括以信托或其他资产管理方式形成实际控制的情况。首次披露后实际控制人上述信息没有变动时，可以索引披露。

如不存在实际控制人，公司应当就认定依据予以特别说明。

第三十九条 公司应当披露报告期内的股票发行情况，包括但不限于发行价格、发行时间、发行数量、募集金额、发行对象、募集资金的使用情况等。

如存在募集资金用途变更的，应当说明变动的具体情况以及履行的决策程序。

第四十条 如公司报告期内存在存续至本期的优先股，应当披露优先股的总股本，包括计入权益的优先股及计入负债的优先股情况；优先股发行的基本情况、股东情况、利润分配情况、回购情况、转换情况以及表决权恢复情况等。

第四十一条 如公司报告期内存在存续至本期的债券，应当披露债券的类型、融资金额、票面利率、存续时间以及违约情况。如存在债券违约的，应当说明违约的具体情况、偿债措施以及对公司的影响。如公司公开发行债券的，应当按照中国证监会的规定披露相应信息。

第四十二条 如公司报告期内存在未到期可转换公司债券（以下简称可转债）的，应当披露可转债的相关情况，包括但不限于可转债的期初数量、期末数量、期限，转股价格及其历次调整或者修正情况，可转债发行后累计转股情况，期末前十名可转债持有人的名单和持有量，可转债赎回和回售情况，募集说明书约定的契约条款履行情况，以及可转债所挂牌的证券交易场所规定的其他事项。

第四十三条 公司应当披露报告期内的利润分配政策以及利润分配的执行情况。如存在利润分配预案的，应披露预案的情况。

第六节 公司治理、内部控制和投资者保护

第四十四条 公司应当披露公司治理的基本状况，列示公司报告期内建立的各项公司治理制度，董事会应当对公司治理机制是否给所有股东提供合适的保护和平等权利等情况进行评估。

第四十五条 公司应当披露董事会、监事会和高级管理层的构成及变动情况。公司应披露新任董事、监事、高级管理人员的姓名、职务、性别、出生年月、任期起止日期、主要工作经历、年初和年末持有本公司股份、股票期权、被授予的限制性股票数量、报告期内股份增减变动量、持股比例、与股东之间的关系。

对于董事、高级管理人员获得的股权激励，公司应当按照已解锁股份、未解锁股份、可行权股份、已行权股份、行权价以及报告期末市价单独列示。

第四十六条 监事会在报告期内的监督活动中发现公司存在风险的，公司应当披露监事会就有关风险的简要意见；否则，公司应当披露监事会对报告期内的监督事项无异议。

第四十七条 公司应当就与控股股东或实际控制人在业务、人员、资产、机构、财务等方面存在的不能保证独立性、不能保持自主经营能力的情况进行说明。存在同业竞争的，公司应当披露相应的解决措施、工作进度及后续工作计划。

第四十八条 公司应当对会计核算体系、财务管理和风险控制等重大内部管理制度进行评价，披露报告期内发现上述管理制度重大缺陷的具体情况，包括对缺陷的具体描述、缺陷对财务会计报告的潜在影响，已实施或拟实施的整改措施、时间、责任人及效果。

第四十九条 公司应当披露年度报告重大差错责任追究制度的建立与执行情况，披露董事会对有关责任人采取的问责措施及处理结果。

第五十条 公司股东大会实行累积投票制和网络投票安排的，应当披露具体实施情况。

第五十一条 公司存在特别表决权股份的，应当披露特别表决权股份的持有和变化情况，以及相关投资者合法权益保护措施的实施情况。

第五十二条 公司应披露公司及其控股子公司的核心员工的基本情况（包括任职及持股情况）和变动情况，并说明变动对公司经营的影响及公司采取的应对措施。

公司应当披露公司及其控股子公司员工情况，包括在职员工的数量、人员构成（如管理人员、生产人员、销售人员、技术人员、财务人员、行政人员等）。

第七节 财务会计报告

第五十三条 公司的财务会计报告包括财务报表和其他应当在财务会计报告中披露的相关信息和资料。

第五十四条 财务报表包括公司近两年的比较式资产负债表、比较式利润表和比较式现金流量表，以及比较式所有者权益（股东权益）变动表和财务报表附注。编制合并财务报表的公司，除提供合并财务报表外，还应提供母公司财务报表。

第五十五条 公司应当披露审计机构连续服务年限和审计报酬。

第五十六条 财务报表附注参照《公开发行证券的公司信息披露编报规则第15号——财务报告的一般规定》的相关规定编制。

第八节 备查文件目录

第五十七条 公司应当披露备查文件的目录，包括：

（一）载有公司负责人、主管会计工作负责人、会计机构负责人（会计主管人员）签名并盖章的财务报表。

（二）载有会计师事务所盖章、注册会计师签名并盖章的审计报告原件。

（三）年度内在指定信息披露平台上公开披露过的所有公司文件的正本及公告的原稿。

公司应当在公司住所、证券交易场所置备上述文件。中国证监会、全国股转公司要求提供时，或股东依据法律、法规或公司章程要求查阅时，公司应当及时提供。

第三章 附则

第五十八条 本准则自公布之日起施行。

非上市公众公司信息披露内容与格式准则第11号——向不特定合格投资者公开发行股票说明书

中国证券监督管理委员会公告〔2020〕8号

现公布《非上市公众公司信息披露内容与格式准则第11号——向不特定合格投资者公开发行股票说明书》，自印发之日起施行。

附件：非上市公众公司信息披露内容与格式准则第11号——向不特定合格投资者公开发行股票说明书

中国证监会
2020年1月17日

非上市公众公司信息披露内容与格式准则第11号——向不特定合格投资者公开发行股票说明书

第一章　总则

第一条　为了规范在全国中小企业股份转让系统（以下简称全国股转系统）向不特定合格投资者公开发行股票（以下简称公开发行）的信息披露行为，保护投资者的合法权益，根据《公司法》《证券法》和《非上市公众公司监督管理办法》（证监会令第161号）的规定，制定本准则。

第二条　申请公开发行的非上市公众公司（以下简称发行人）应按本准则编制向不特定合格投资者公开发行股票说明书（以下简称公开发行说明书），作为申请公开发行的必备法律文件，并按本准则规定进行披露。

第三条　本准则的规定是对公开发行说明书信息披露的最低要求。不论本准则是否有明确规定，凡对投资者作出价值判断和投资决策有重大影响的信息，均应披露。

公开发行说明书涉及未公开重大信息的，发行人应按有关规定及时履行信息披露义务。

第四条　发行人在公开发行说明书中披露预测性信息及其他涉及发行人未来经营和财务状况信息，应当谨慎、合理。

第五条　发行人作为信息披露第一责任人，应以投资者投资需求为导向编制公开发行说明书，为投资者作出价值判断和投资决策提供充分且必要的信息，保证相关信息的内容真实、准确、完整。

第六条　本准则某些具体要求对发行人确实不适用的，发行人可根据实际情况，在不影响披露内容完整性的前提下作适当调整，但应在申报时作书面说明。

第七条　发行人有充分依据证明本准则要求披露的信息涉及国家秘密、商业秘密及其他因披露可能导致其违反国家有关保密法律法规或严重损害公司利益的，发行人可不予披露。

第八条　公开发行说明书的编制应当符合下列一般要求：

（一）信息披露内容应当简明易懂，语言应当浅白平实，便于投资者阅读、理解，应使用事实描述性语言，尽量采用图表、图片或其他较为直观的方式披露公司及其产品、财务等情况；

（二）应准确引用与本次发行有关的中介机构的专业意见或报告，引用第三方数据或结论的，应注明资料来源，确保有权威、客观、独立的依据并符合时效性要求；

（三）引用的数字应采用阿拉伯数字，有关金额的资料除特别说明之外，应指人民币金额，并以元、千元、万元或亿元为单位；

（四）发行人可根据有关规定或其他需求，编制公开发行说明书外文译本，但应保证中外文文本的一致性，在对中外文本的理解上发生歧义时，以中文文本为准。

第九条 在不影响信息披露的完整性并保证阅读方便的前提下，发行人可采用相互引征的方法，对各相关部分的内容进行适当的技术处理；对于曾在公开转让说明书和定期报告、临时报告中披露过的信息，如事实未发生变化，发行人可以采用索引的方式进行披露。

第十条 信息披露事项涉及重要性水平判断的，发行人应结合自身业务特点，披露重要性水平的确定标准和依据。

第十一条 发行人下属企业的资产、收入或利润规模对发行人有重大影响的，应参照本准则的规定披露相关信息。

第十二条 发行人在报送申请文件后，发生应予披露事项的，应按规定及时履行信息披露义务。

第十三条 发行人应按照中国证券监督管理委员会（以下简称中国证监会）规定披露公开发行说明书（申报稿）。

发行人应当在公开发行说明书（申报稿）显要位置作如下声明："本公司的发行申请尚未得到中国证监会核准。本公开发行说明书申报稿不具有据以发行股票的法律效力，投资者应当以正式公告的公开发行说明书全文作为投资决定的依据。"

第十四条 发行人应在符合《证券法》规定的信息披露平台披露公开发行说明书及其备查文件和中国证监会要求披露的其他文件，供投资者查阅。

发行人可以将公开发行说明书及其备查文件刊登于其他报刊、网站，但披露内容应完全一致，且不得早于在符合《证券法》规定的信息披露平台的披露时间。

第十五条 公开发行意向书除发行数量、发行价格及筹资金额等内容可不确定外，其内容和格式应与公开发行说明书一致。

公开发行意向书应载明"本发行意向书的所有内容构成公开发行说明书不可撤销的组成部分，与公开发行说明书具有同等法律效力"。

第二章 公开发行说明书

第一节 封面、书脊、扉页、目录、释义

第十六条 公开发行说明书文本封面应标有"×××公司向不特定合格投资者公开发行股票说明书"字样，并载明发行人名称、证券简称、证券代码和住所，保荐机构、

主承销商的名称和住所。

第十七条 公开发行说明书纸质文本书脊应标有“×××公司向不特定合格投资者公开发行股票说明书”字样。

第十八条 公开发行说明书扉页应载明下列内容：

（一）发行股票类型；

（二）发行股数；

（三）每股面值；

（四）定价方式；

（五）每股发行价格；

（六）预计发行日期；

（七）发行后总股本，发行境外上市外资股的公司还应披露在全国股转系统交易的股份数量和在境外上市流通的股份数量；

（八）保荐机构、主承销商；

（九）公开发行说明书签署日期。

第十九条 发行人应在公开发行说明书扉页的显要位置载明：

“中国证监会对本次发行所作的任何决定或意见，均不表明其对公开发行申请文件及所披露信息的真实性、准确性、完整性作出保证，也不表明其对发行人的盈利能力、投资价值或者对投资者的收益作出实质性判断或者保证。任何与之相反的声明均属虚假不实陈述。

根据《证券法》的规定，股票依法发行后，发行人经营与收益的变化，由发行人自行负责；投资者自主判断发行人的投资价值，自主作出投资决策，自行承担股票依法发行后因发行人经营与收益变化或者股票价格变动引致的投资风险。”

第二十条 发行人应在公开发行说明书扉页作出如下声明：

“发行人及全体董事、监事、高级管理人员承诺公开发行说明书及其他信息披露资料不存在虚假记载、误导性陈述或重大遗漏，并对其真实性、准确性、完整性承担个别和连带的法律责任。

发行人控股股东、实际控制人承诺公开发行说明书不存在虚假记载、误导性陈述或重大遗漏，并对其真实性、准确性、完整性承担个别和连带的法律责任。

公司负责人和主管会计工作的负责人、会计机构负责人保证公开发行说明书中财务会计资料真实、完整。

发行人及全体董事、监事、高级管理人员、发行人的控股股东、实际控制人以及保荐机构、承销的证券公司承诺因发行人公开发行说明书及其他信息披露资料有虚假记载、误导性陈述或者重大遗漏，致使投资者在证券发行和交易中遭受损失的，将依法承担法律责任。

保荐机构及证券服务机构承诺因其为发行人本次公开发行股票制作、出具的文件有虚假记载、误导性陈述或者重大遗漏，给投资者造成损失的，将依法承担法律责任。”

第二十一条 发行人应根据本准则及相关规定，针对实际情况在公开发行说明书首页作“重大事项提示”，提醒投资者需特别关注的重要事项，并提醒投资者认真阅读公开发行说明书正文内容。

第二十二条 公开发行说明书的目录应标明各章、节的标题及相应的页码，内容编排应符合通行的惯例。

第二十三条 发行人应对可能造成投资者理解障碍及有特定含义的术语作出释义。公开发行说明书的释义应在目录次页列示。

第二节 概览

第二十四条 发行人应声明：“本概览仅对公开发行说明书作扼要提示。投资者作出投资决策前，应认真阅读公开发行说明书全文。”

第二十五条 发行人应披露本次发行所履行的决策程序。本次发行依照法律法规的规定应取得其他监管机关审批的，应披露审批程序的办理情况。

第二十六条 发行人应披露本次发行的基本情况，主要包括：

（一）发行股票类型；

（二）每股面值；

（三）发行股数、占发行后总股本的比例；

（四）定价方式；

（五）每股发行价格；

（六）发行市盈率、市净率；

（七）预测净利润及发行后每股收益（如有）；

（八）发行前和发行后的每股净资产、净资产收益率；

（九）本次发行股票交易情况，包括各类投资者持有期的限制或承诺；

（十）发行方式和发行对象；

（十一）战略配售情况（如有）；

（十二）预计募集资金总额和净额，发行费用概算（包括保荐费用、承销费用、律师费用、审计费用、评估费用、发行手续费用等）；

（十三）承销方式及承销期；

（十四）询价对象范围及其他报价条件（如有）；

（十五）优先配售对象及条件（如有）。

第二十七条 发行人应披露下列机构的名称、法定代表人、住所、联系电话、传真，同时应披露有关经办人员的姓名：

（一）保荐机构、承销机构；

（二）律师事务所；

（三）会计师事务所；

（四）资产评估机构；

（五）股票登记机构；

（六）收款银行；

（七）其他与本次发行有关的机构。

第二十八条 发行人应披露其与本次发行有关的保荐机构、承销机构、证券服务机构及其负责人、高级管理人员、经办人员之间存在的直接或间接的股权关系或其他权益关系。

第二十九条 发行人应简要披露发行人及其控股股东、实际控制人的情况，概述发行人主营业务的情况。

发行人应列表披露最近三年及一期的主要会计数据及财务指标，主要包括：资产总额、股东权益合计、归属于母公司所有者的股东权益、资产负债率（母公司）、营业收入、毛利率、净利润、归属于母公司所有者的净利润、扣除非经常性损益后的净利润、归属于母公司所有者的扣除非经常性损益后的净利润、加权平均净资产收益率、扣除非经常性损益后净资产收益率、基本每股收益、稀释每股收益、经营活动产生的现金流量净额、研发投入占营业收入的比例。除特别指出外，上述财务指标应以合并财务报表的数据为基础进行计算。相关指标的计算应执行中国证监会的有关规定。

第三十条 发行人应简要披露公司治理特殊安排等重要事项。

第三十一条 发行人应简要披露募集资金用途。

第三节 风险因素

第三十二条 发行人应遵循重要性原则按顺序披露可能直接或间接对发行人及本次发行产生重大不利影响的所有风险因素。

第三十三条 发行人应针对自身实际情况描述相关风险因素，描述应充分、准确、具体，并作定量分析，无法进行定量分析的，应有针对性地作出定性描述，但不得采用普遍适用的模糊表述；有关风险因素对发行人生产经营状况和持续盈利能力有严重不利影响的，应作“重大事项提示”；风险因素中不得包含风险对策、发行人竞争优势及任何可能减轻风险因素的类似表述。

第三十四条 发行人应结合自身实际情况，披露由于技术、产品、政策、经营模式变化等可能导致的风险，包括但不限于：

（一）经营风险，包括市场或经营前景或行业政策变化，商业周期变化，经营模式失败，依赖单一客户、单一技术、单一原材料等风险；

（二）财务风险，包括现金流状况不佳，资产周转能力差，重大资产减值，重大担保或偿债风险等；

（三）技术风险，包括技术升级迭代、研发失败、技术专利许可或授权不具排他性、技术未能形成产品或实现产业化等风险；

（四）人力资源风险，公司董事、监事、高级管理人员或核心技术（业务）人员存在违反保密、竞业禁止等方面规定的情形，公司人力资源无法匹配公司发展需求，关键岗位人才流失，管理经验不足，公司业务依赖单一人员等；

（五）尚未盈利或存在累计未弥补亏损的风险，包括未来一定期间无法盈利或无法进行利润分配的风险，对发行人资金状况、业务拓展、人才引进、团队稳定、研发投入、市场拓展等方面产生不利影响的风险等；

（六）法律风险，包括重大技术、产品纠纷或诉讼风险，土地、资产权属瑕疵，股权纠纷，行政处罚等方面对发行人合法合规性及持续经营的影响；

（七）发行失败风险，包括发行认购不足等风险；

（八）特别表决权股份或类似公司治理特殊安排的风险；

（九）可能严重影响公司持续经营的其他因素。

第四节　发行人基本情况

第三十五条　发行人应披露其基本信息，主要包括：

（一）注册中、英文名称，证券简称、证券代码；

（二）统一社会信用代码；

（三）注册资本；

（四）法定代表人；

（五）成立日期；

（六）住所和邮政编码；

（七）电话、传真号码；

（八）互联网网址；

（九）电子信箱；

（十）负责信息披露和投资者关系的部门、负责人和电话号码。

第三十六条　发行人应披露在全国股转系统挂牌期间的基本情况，主要包括：

（一）挂牌日期和目前所属层级；

（二）主办券商及其变动情况；

（三）股票交易方式及其变更情况；

（四）报告期内发行融资情况，包括但不限于发行方式、金额、资金用途等；

（五）报告期内重大资产重组情况，对发行人业务和管理、股权结构及经营业绩的影响；

（六）报告期内控制权变动情况；

（七）报告期内股利分配情况。

第三十七条 发行人应采用图表等形式全面披露持有发行人5%以上股份或表决权的主要股东、实际控制人，控股股东、实际控制人所控制的其他企业，发行人的分公司、控股子公司、参股公司以及其他有重要影响的关联方。

第三十八条 发行人应披露持有发行人5%以上股份或表决权的主要股东及发行人实际控制人的基本情况，主要包括：

（一）持有发行人5%以上股份或表决权的主要股东及发行人实际控制人为法人的，应披露成立时间、注册资本、实收资本、注册地和主要生产经营地、股东构成、主营业务及其与发行人主营业务的关系；为自然人的，应披露国籍及拥有境外居留权情况、身份证件类型及号码和其在发行人处担任的职务；为合伙企业等非法人组织的，应披露该合伙企业的合伙人构成、出资比例；

发行人的控股股东及实际控制人为法人的，还应披露最近一年及一期末的总资产和净资产、最近一年及一期的净利润，并标明有关财务数据是否经过审计及审计机构名称；

（二）控股股东和实际控制人直接或间接持有发行人的股份是否存在质押或其他有争议的情况；

（三）实际控制人应披露至最终的国有控股主体、集体组织、自然人等；

（四）无控股股东、实际控制人的，应参照本条对发行人控股股东及实际控制人的要求披露对发行人有重大影响的股东情况。

第三十九条 发行人应披露有关股本的情况，主要包括：

（一）本次发行前的总股本、本次拟发行的股份及占发行后总股本的比例；

（二）本次发行前的前十名股东持股数量、股份性质及其限售情况。

第四十条 发行人应披露本次公开发行申报前已经制定或实施的股权激励及相关安排（如限制性股票、股票期权等），发行人控股股东、实际控制人与其他股东签署的特殊投资约定等可能导致股权结构变化的事项，并说明其对公司经营状况、财务状况、控制权变化等方面的影响。

第四十一条 发行人应简要披露其控股子公司、有重大影响的参股公司的情况，主要包括成立时间、注册资本、实收资本、注册地和主要生产经营地、股东构成及控制情况、主营业务及其与发行人主营业务的关系、主要产品（或服务）、最近一年及一期末的总资产和净资产、最近一年及一期的净利润，并标明有关财务数据是否经过审计及审计机构名称。

发行人应列表简要披露其他参股公司的情况，包括出资金额、持股比例、入股时间、控股方及主营业务情况等。

第四十二条 发行人应披露董事、监事、高级管理人员的简要情况，主要包括：姓名，国籍及境外居留权，性别，出生年月，学历及专业背景，职称，职业经历（应包含曾经担任的重要职务及任期、主要负责内容及重大工作成果），现任职务及任期，兼职情况及兼职单位与发行人的关联关系，与其他董事、监事、高级管理人员的亲属关系，薪酬情况（应包含薪酬组成、确定依据、报告期内薪酬总额占各期发行人利润总额的比重等）。

第四十三条 发行人应列表披露董事、监事、高级管理人员及其近亲属直接或间接持有发行人股份的情况、持有人姓名，所持股份的涉诉、质押或冻结情况，以及是否履行相关信息披露义务。

发行人应披露董事、监事、高级管理人员与发行人业务相关的对外投资情况，包括投资金额、持股比例、有关承诺和协议，对于存在利益冲突情形的，应披露解决情况。

第四十四条 发行人应充分披露报告期内发行人、控股股东、实际控制人、发行人的董事、监事、高级管理人员等责任主体所作出的重要承诺及承诺的履行情况，以及其他与本次发行相关的承诺事项，如避免同业竞争承诺、减持意向或价格承诺、稳定公司股价预案以及相关约束措施等。

第五节 业务和技术

第四十五条 发行人应清晰、准确、客观地披露主营业务、主要产品或服务的情况，包括：

（一）主营业务、主要产品或服务的基本情况，主营业务收入的主要构成；

（二）主要经营模式，如盈利模式、采购模式、生产或服务模式、营销及管理模式等，分析采用目前经营模式的原因、影响经营模式的关键因素、经营模式和影响因素在报告期内的变化情况及未来变化趋势。发行人的业务及其模式具有创新性的，还应披露其独特性、创新内容及持续创新机制；

（三）设立以来主营业务、主要产品或服务、主要经营模式的演变情况；

（四）发行人应结合内部组织结构（包括部门、生产车间、子公司、分公司等）披露主要生产（或服务）流程、方式；

（五）生产经营中涉及的主要环境污染物、主要处理设施及处理能力。

第四十六条 发行人应结合所处行业基本情况披露其竞争状况，主要包括：

（一）所属行业及确定所属行业的依据；

（二）发行人所处行业的主管部门、监管体制、主要法律法规和政策及对发行人经营发展的影响等；

（三）行业技术水平及技术特点、主要技术门槛和技术壁垒，衡量核心竞争力的关键指标，行业技术的发展趋势，行业特有的经营模式、周期性、区域性或季节性特征等；

（四）发行人产品或服务的市场地位、行业内的主要企业、竞争优势与劣势、行业发展态势、面临的机遇与挑战，以及上述情况在报告期内的变化及未来可预见的变化趋势；

（五）发行人与同行业可比公司在经营情况、市场地位、技术实力、衡量核心竞争力的关键业务数据、指标等方面的比较情况。

第四十七条 发行人应根据重要性原则披露主营业务的具体情况，主要包括：

（一）销售情况和主要客户：报告期内各期主要产品或服务的规模（产能、产量、销量，或服务能力、服务量）、销售收入、产品或服务的主要客户群体、销售价格的总体变动情况；存在多种销售模式的，应披露各销售模式的规模及占当期销售总额的比重。报告期内各期向前五名客户合计的销售额占各期销售总额的百分比，向单个客户的销售比例超过总额的50%的、前五名客户中存在新增客户的或严重依赖于少数客户的，应披露其名称或姓名、销售比例，该客户为发行人关联方的，应披露产品最终实现销售的情况。受同一实际控制人控制的客户，应合并计算销售额；

（二）采购情况和主要供应商：报告期内采购产品、原材料、能源或接受服务的情况，相关价格变动趋势；报告期内各期向前五名供应商合计的采购额占当期采购总额的百分比，向单个供应商的采购比例超过总额的50%的、前五名供应商中存在新增供应商的或严重依赖于少数供应商的，应披露其名称或姓名、采购比例。受同一实际控制人控制的供应商，应合并计算采购额；

（三）董事、监事、高级管理人员、主要关联方在上述客户或供应商中所占的权益；若无，应明确说明；

（四）报告期内对持续经营有重要影响的合同的基本情况，包括合同当事人、合同标的、合同价款或报酬、履行期限、实际履行情况等；与同一交易主体在一个会计年度内连续发生的相同内容或性质的合同应累计计算。发行人还应披露重大影响的判断标准。

第四十八条 发行人应遵循重要性原则披露与其业务相关的关键资源要素，主要包括：

（一）产品（或服务）所使用的主要技术、技术来源及所处阶段（如处于基础研究、试生产、小批量生产或大批量生产阶段），说明技术属于原始创新、集成创新或引进消化吸收再创新的情况；披露核心技术与已取得的专利及非专利技术的对应关系，以及在主营业务及产品（或服务）中的应用，并披露核心技术产品收入占营业收入的比例。产品（或服务）所使用的主要技术为外购的，应披露相关协议中的权利义务安排；

（二）取得的业务许可资格或资质情况，主要包括名称、内容、授予机构、有效期限；

（三）拥有的特许经营权的情况，主要包括特许经营权的取得、特许经营权的期限、费用标准，对发行人业务的影响；

（四）对主要业务有重大影响的主要固定资产、无形资产的构成，分析其与所提供产品或服务的内在联系，是否存在瑕疵、纠纷和潜在纠纷，是否对发行人持续经营存在重大不利影响。发行人允许他人使用自己所有的资产，或作为被许可方使用他人资产的，应披露许可合同的主要内容，主要包括许可人、被许可人、许可使用的具体资产内容、许可方式、许可年限、许可使用费等；

（五）员工情况，包括人数、年龄分布、专业构成、学历结构等。核心技术（业务）人员的姓名、年龄、主要业务经历及职务、现任职务与任期、所取得的专业资质及重要科研成果、获得的奖项、持有发行人的股份情况、对外投资情况及兼职情况，核心技术（业务）人员是否存在侵犯第三方知识产权或商业秘密、违反与第三方的竞业限制约定或保密协议的情况，报告期内核心技术（业务）人员的主要变动情况及对发行人的影响；

（六）正在从事的研发项目、所处阶段及进展情况、相应人员、经费投入、拟达到的目标；结合行业技术发展趋势，披露相关科研项目与行业技术水平的比较；披露报告期内研发投入的构成、占营业收入的比例。与其他单位合作研发的，还应披露合作协议的主要内容，权利义务划分约定及采取的保密措施等。

第四十九条 发行人在境外进行生产经营的，应对有关业务活动进行地域性分析。发行人拥有境外资产的，应详细披露该项资产的规模、所在地、经营管理情况等。

第六节 公司治理

第五十条 发行人应披露股东大会、董事会、监事会、独立董事、董事会秘书制度的建立健全及运行情况，说明上述机构和人员履行职责的情况。

第五十一条 发行人存在特别表决权股份或类似安排的，应披露相关安排的基本情况，包括设置特别表决权安排的股东大会决议、特别表决权安排运行期限、持有人资格、特别表决权股份拥有的表决权数量与普通股份拥有表决权数量的比例安排、持有人所持特别表决权股份能够参与表决的股东大会事项范围、特别表决权股份锁定安排及转让限制等，还应披露特别表决权安排可能导致的相关风险和对公司治理的影响，以及相关投资者保护措施。

第五十二条 发行人应结合内部控制的要素简要说明公司内部控制的基本情况，并披露公司管理层对内部控制完整性、合理性及有效性的自我评估意见以及注册会计师对公司内部控制的鉴证意见。注册会计师指出公司内部控制存在缺陷的，应予披露并说明改进措施。

第五十三条 发行人应披露报告期内存在的违法违规行为及受到的处罚情况，并说明对发行人的影响。

第五十四条 发行人应披露报告期内是否存在资金被控股股东、实际控制人及其控制的其他企业以借款、代偿债务、代垫款项或者其他方式占用的情况，或者为控股股东、实际控制人及其控制的其他企业担保的情况。

第五十五条 发行人应披露是否存在与控股股东、实际控制人及其控制的其他企业从事相同、相似业务的情况，如存在的，应对不存在对发行人构成重大不利影响的同业竞争作出合理解释，并披露发行人防范利益输送、利益冲突及保持独立性的具体安排。

发行人控股股东、实际控制人作出规范或避免同业竞争承诺的，发行人应披露承诺的履行情况。

第五十六条 发行人应根据《公司法》、企业会计准则及中国证监会有关规定进行关联方认定，充分披露关联方、关联关系和关联交易。

发行人应披露报告期内发生的关联交易是否已履行公司章程规定的决策程序，以及是否履行相关信息披露义务。

发行人应根据交易的性质和频率，按照经常性和偶发性分类披露关联交易及关联交易对其财务状况和经营成果的影响。

购销商品、提供劳务等经常性关联交易，应分别披露报告期内关联方名称、交易内容、交易价格的确定方法、交易金额、占当期营业收入或营业成本的比重、占当期同类型交易的比重以及关联交易增减变化的趋势，与交易相关应收应付款项的余额及增减变化的原因，以及上述关联交易是否仍将持续进行。

偶发性关联交易，应披露关联方名称、交易时间、交易内容、交易金额、交易价格的确定方法、资金结算情况、交易产生的利润及对发行人当期经营成果的影响、交易对公司主营业务的影响。

发行人应披露报告期内关联方的变化情况。由关联方变为非关联方的，发行人应比照关联交易的要求持续披露与上述原关联方的后续交易情况，以及相关资产、人员的去向等。

第七节 财务会计信息

第五十七条 发行人应披露最近三年及一期的资产负债表、利润表、现金流量表和所有者权益变动表，以及会计师事务所的审计意见类型。发行人编制合并财务报表的，应同时披露合并财务报表和母公司财务报表。最近三年及一期合并财务报表范围发生重大变化的，还应披露合并财务报表范围的具体变化情况、变化原因及其影响。

第五十八条 发行人应结合业务活动实质、经营模式、关键审计事项等充分披露对公允反映公司财务状况和经营成果有重大影响的会计政策和会计估计。发行人重大会计政策或会计估计与可比公司存在较大差异的，应分析重大会计政策或会计估计的差异产生的原因及对公司的影响。

第五十九条 发行人存在多个业务或地区分部的，应披露分部信息。发行人分析公司财务会计信息时，应当利用分部信息。

第六十条 发行人应依据经注册会计师鉴证的非经常性损益明细表，以合并财务报表的数据为基础，披露报告期非经常性损益的具体内容、金额及对当期经营成果的影响，并计算报告期扣除非经常性损益后的净利润金额。

第六十一条 发行人应列表披露最近三年及一期的主要会计数据及财务指标，主要包括：资产总额、股东权益合计、归属于母公司所有者的股东权益、每股净资产、归属于母公司所有者的每股净资产、资产负债率、营业收入、毛利率、净利润、归属于母公司所有者的净利润、扣除非经常性损益后的净利润、归属于母公司所有者的扣除非经常性损益后的净利润、息税折旧摊销前利润、加权平均净资产收益率、扣除非经常性损益后净资产收益率、基本每股收益、稀释每股收益、经营活动产生的现金流量净额、每股经营活动产生的现金流量净额、研发投入占营业收入的比例、应收账款周转率、存货周转率、流动比率、速动比率。除特别指出外，上述财务指标应以合并财务报表的数据为基础进行计算。相关指标的计算应执行中国证监会的有关规定。

第六十二条 如果发行人认为提供盈利预测报告将有助于投资者对发行人及投资于发行人的股票作出正确判断，且发行人确信能对最近的未来期间的盈利情况作出比较切合实际的预测，发行人可以披露盈利预测报告。

发行人披露盈利预测报告的，应声明：“本公司盈利预测报告是管理层在最佳估计假设的基础上编制的，但所依据的各种假设具有不确定性，投资者进行投资决策时应谨慎使用。”发行人应提示投资者阅读盈利预测报告及审核报告全文。发行人应在“重大事项提示”中提醒投资者关注已披露的盈利预测信息。

第八节 管理层讨论与分析

第六十三条 发行人应主要依据最近三年及一期的合并财务报表分析发行人财务状况、盈利能力及现金流量等情况。分析时不应仅以引述方式重复财务报表的内容，应选择使用逐年比较、与同行业对比分析等便于理解的形式。选择同行业公司对比分析时，发行人应披露选择相关公司的原因，分析所选公司与发行人之间的可比性。分析影响因素时不应仅限于财务因素，还应包括非财务因素，并将财务会计信息与业务经营信息对比印证。

第六十四条 发行人应结合“业务和技术”中披露的自身业务特点等要素深入分析影响收入、成本、费用和利润的主要因素，以及对发行人具有核心意义或其变动对业绩变动具有较强预示作用的财务或非财务指标；分析报告期内上述因素和指标对财务状况和盈利能力的影响程度，及其对公司未来财务状况和盈利能力可能产生的影响。目前已经存在新的趋势或变化，可能对公司未来财务状况和盈利能力产生重大影响的，发行人应分析具体的影响。

第六十五条 发行人财务状况分析应结合最近三年及一期末资产、负债的主要构成，对资产、负债结构变动的主要原因、影响因素及程度进行充分说明，包括但不限于下列内容：

（一）最近三年及一期末应收款项的账面原值、坏账准备、账面价值，结合应收款项的构成、比例、账龄、信用期、主要债务人等，分析说明报告期内应收款项的变动情况及原因、期后回款进度；坏账准备的计提比例是否与实际状况相符、是否与同行业可比公司存在显著差异；最近三年及一期末主要客户和新增主要客户的应收款项金额、占比情况；

（二）最近三年及一期末存货的类别、账面价值、存货跌价准备，结合业务模式、内控制度、存货构成等因素，分析说明报告期内存货金额的变动情况及原因；

（三）最近一期末持有金额较大的金融资产、借与他人款项、委托理财等财务性投资的，应分析其投资目的、对发行人资金安排的影响、投资期限、发行人对投资的监管方案、投资的可回收性及减值准备的计提充足性；

（四）结合报告期内产能、业务量或生产经营情况等因素，说明固定资产结构与变动原因，重要固定资产折旧年限与同行业可比公司相比是否合理；报告期内大额在建工程的具体情况，包括项目名称、预算金额、实际金额及变动情况、利息资本化的情况、资金来源、预计未来转入固定资产的时间与条件、项目建设完成后相关产能情况等；固定资产与在建工程是否存在重大减值因素；

（五）最近三年及一期末无形资产的主要类别与变动原因，无形资产减值测试的方法与结果；报告期内存在研发支出资本化的，应披露开发阶段资本化及开发支出结转无形资产的具体时点和条件，研发支出资本化对公司损益的影响以及发行人在研发支出资本化方面的内控制度等，并说明具体项目、依据、时间及金额；

（六）最近一期末商誉的形成原因、增减变动情况，商誉减值测试过程与方法；

（七）最近一期末的主要债项，包括银行借款、关联方借款、合同承诺债务、或有负债等主要债项的金额、期限、利率及利息费用等情况。有逾期未偿还债项的，应说明其金额、利率、用途、未按期偿还的原因、预计还款期等。结合主要债项的构成、比例、借款费用资本化情况、用途等，分析说明报告期内债项的变动情况及原因。发行人应分析可预见的未来需偿还的负债金额及相应利息金额，并结合发行人的现金流量状况、在银行的资信状况、可利用的融资渠道及授信额度、表内负债、表外融资情况及或有负债等情况，分析发行人的偿债能力和流动性风险。

第六十六条 发行人盈利能力分析应按照利润表项目对最近三年及一期经营成果变化的原因、影响因素、程度和风险趋势进行充分说明，包括但不限于下列内容：

（一）最近三年及一期营业收入构成情况，并分别按照产品（或服务）类别及业务、地区分布分类列示；分析营业收入增减变化的情况及原因；披露主要产品（或服务）的销售价格、销售量的变化情况及原因；营业收入存在季节性波动的，应分析说明其影响情况；

（二）最近三年及一期营业成本的主要构成情况；结合主要原材料和能源的采购数量及采购价格等，披露营业成本增减变化情况及原因；

（三）最近三年及一期的综合毛利率、分产品（或服务）的毛利率及变动情况；报告期内毛利率发生重大变化的，以数据分析方式说明相关因素对毛利率变动的影响程度；

（四）最近三年及一期销售费用、管理费用、财务费用的构成及变动情况，说明上述费用占同期营业收入的比例，以及与主营业务的匹配情况，并解释异常波动的原因；与同行业可比公司相比如存在显著差异，应结合业务特点和经营模式分析原因；

（五）最近三年及一期营业利润、利润总额和净利润金额，分析发行人净利润的主要来源及净利润增减变化情况及原因；

（六）最近三年及一期非经常性损益、合并财务报表范围以外的投资收益对公司经营成果有重大影响的，应当分析原因及对公司经营成果及盈利能力稳定性的影响；区分并分析与收益相关或与资产相关政府补助对发行人报告期与未来期间的影响。

第六十七条 现金流量的分析一般应包括下列内容：

（一）最近三年及一期经营活动产生的现金流量、投资活动产生的现金流量、筹资活动产生的现金流量的基本情况和变动原因；

（二）最近三年及一期经营活动产生的现金流量净额为负数或者与净利润存在较大差异的，应分析披露原因。

第六十八条 资本性支出分析一般应包括：

（一）最近三年及一期重大资本性支出的情况；如果资本性支出导致发行人固定资产大规模增加或进行跨行业投资的，应当分析资本性支出对发行人主要业务和经营成果的影响；

（二）截至报告期末的重大资本性支出决议以及未来可预见的重大资本性支出计划及资金需求量，如涉及跨行业投资的，应说明其与发行人业务发展规划的关系。

第六十九条 发行人应披露最近三年及一期执行的税收政策、缴纳的税种，并按税种分项说明执行的税率。存在税收减、免、返、退或其他税收优惠的，应按税种分项说明相关法律法规或政策依据、批准或备案认定情况、具体幅度及有效期限。报告期内发行人税收政策存在重大变化或者税收优惠政策对发行人经营成果有重大影响的，发行人应披露税收政策变化对经营成果的影响情况或者报告期内每期税收优惠占税前利润的比例，并对发行人是否对税收优惠存在严重依赖、未来税收优惠的可持续性等进行分析。

第七十条 发行人最近三年及一期存在会计政策变更、会计估计变更的，应披露变更的性质、内容、原因、变更影响数的处理方法及对发行人财务状况、经营成果的影响；发行人最近三年及一期存在会计差错更正的，应披露前期差错的性质、影响。

第七十一条 发行人存在重大期后事项和其他或有事项的，应说明其对发行人财务状况、盈利能力及持续经营的影响。

第七十二条 发行人应披露本次发行完成前滚存利润的分配安排和已履行的决策

程序。若发行前的滚存利润归发行前的股东享有，应披露滚存利润的审计和实际派发情况，同时在公开发行说明书首页对滚存利润中由发行前股东单独享有的金额以及是否派发完毕作“重大事项提示”。

第九节　募集资金运用

第七十三条　发行人应结合公司现有主营业务、生产经营规模、财务状况、技术条件、管理能力、发展目标合理确定募集资金用途和规模。发行人应披露募集资金的具体用途和使用安排、募集资金管理制度、专户存储安排等情况。

第七十四条　发行人应根据重要性原则披露募集资金运用情况：

（一）募集资金用于项目建设的，应当说明资金需求和资金投入安排，并披露所涉及审批或备案程序、土地、房产和环保事项等相关情况；

（二）募集资金用于购买资产的，应当对标的资产的情况进行说明，并列明收购后对发行人资产质量及持续经营能力的影响、是否构成重大资产重组，如构成，应说明是否符合重大资产重组的有关规定并披露相关信息；

（三）募集资金用于补充流动资金的，应当说明主要用途及合理性；

（四）募集资金用于偿还银行贷款的，应当列明拟偿还贷款的明细情况及贷款的使用情况；

（五）募集资金用于其他用途的，应当明确披露募集资金用途、资金需求的测算过程及募集资金的投入安排。

第七十五条　发行人应披露报告期内募集资金运用的基本情况。如存在变更募集资金用途的，应列表披露历次变更情况、披露募集资金的变更金额及占所募集资金净额的比例，并说明变更事项是否已经公司董事会、股东大会审议以及变更后的具体用途。

第十节　其他重要事项

第七十六条　发行人尚未盈利或存在累计未弥补亏损的，应披露成因、影响及改善措施，包括但不限于：

（一）发行人应结合行业特点分析该等情形的成因，充分披露尚未盈利或存在累计未弥补亏损对公司现金流、业务拓展、人才吸引、团队稳定性、研发投入、战略性投入、生产经营可持续性等方面的影响；

（二）发行人改善盈利状况的经营策略，未来是否可实现盈利的前瞻性信息及其依据、基础假设等。

披露前瞻性信息的，发行人应声明：“本公司前瞻性信息是建立在推测性假设的数据基础上的预测，具有重大不确定性，投资者进行投资决策时应谨慎使用。”

第七十七条　发行人应披露当前对外担保的情况，主要包括：

（一）被担保人的名称、注册资本、实收资本、住所、生产经营情况、与发行人的关系以及最近一年及一期末的总资产、净资产和最近一年及一期的净利润，并标明有关财务数据是否经过审计及审计机构名称；

（二）主债务的种类、金额和履行债务的期限；

（三）担保方式：采用保证方式还是抵押、质押方式；采用抵押、质押方式的，应披露担保物的种类、数量、价值等相关情况；

（四）担保范围；

（五）担保期间；

（六）争议解决安排；

（七）其他对担保人有重大影响的条款；

（八）担保履行情况；

（九）如存在反担保的，应简要披露相关情况；

（十）该等担保对发行人业务经营与财务状况的影响。

第七十八条 发行人应披露对财务状况、经营成果、声誉、业务活动、未来前景等可能产生重大影响的诉讼或仲裁事项，以及控股股东或实际控制人、控股子公司，发行人董事、监事、高级管理人员和核心技术（业务）人员作为一方当事人可能对发行人产生影响的刑事诉讼、重大诉讼或仲裁事项，主要包括：

（一）案件受理情况和基本案情；

（二）诉讼或仲裁请求；

（三）判决、裁决结果及执行情况；

（四）诉讼、仲裁案件对发行人的影响。

第七十九条 发行人应披露控股股东、实际控制人报告期内是否存在重大违法行为。

第十一节 声明与承诺

第八十条 发行人全体董事、监事、高级管理人员应在公开发行说明书正文的尾页声明：

“本公司全体董事、监事、高级管理人员承诺本公开发行说明书不存在虚假记载、误导性陈述或重大遗漏，并对其真实性、准确性、完整性承担个别和连带的法律责任。”

声明应由发行人全体董事、监事、高级管理人员签名，并由发行人加盖公章。

第八十一条 发行人控股股东、实际控制人应在公开发行说明书正文后声明：

“本公司或本人承诺本公开发行说明书不存在虚假记载、误导性陈述或重大遗漏，并对其真实性、准确性、完整性承担个别和连带的法律责任。”

声明应由控股股东、实际控制人签名，加盖公章。

第八十二条 保荐机构（主承销商）应在公开发行说明书正文后声明：

“本公司已对公开发行说明书进行了核查，确认不存在虚假记载、误导性陈述或重大遗漏，并对其真实性、准确性、完整性承担相应的法律责任。”

声明应由法定代表人、保荐代表人、项目协办人签名，并由保荐机构（主承销商）加盖公章。

第八十三条 发行人律师应在公开发行说明书正文后声明：

“本所及经办律师已阅读公开发行说明书，确认公开发行说明书与本所出具的法律意见书和律师工作报告无矛盾之处。本所及经办律师对发行人在公开发行说明书中引用的法律意见书和律师工作报告的内容无异议，确认公开发行说明书不致因上述内容而出现虚假记载、误导性陈述或重大遗漏，并对其真实性、准确性、完整性承担相应的法律责任。”

声明应由经办律师及所在律师事务所负责人签名，并由律师事务所加盖公章。

第八十四条 承担审计业务的会计师事务所应在公开发行说明书正文后声明：

“本所及签字注册会计师已阅读公开发行说明书，确认公开发行说明书与本所出具的审计报告、盈利预测审核报告（如有）、内部控制鉴证报告、发行人前次募集资金使用情况的报告（如有）及经本所鉴证的非经常性损益明细表等无矛盾之处。本所及签字注册会计师对发行人在公开发行说明书中引用的审计报告、盈利预测审核报告（如有）、内部控制鉴证报告、发行人前次募集资金使用情况的报告（如有）及经本所鉴证的非经常性损益明细表内容无异议，确认公开发行说明书不致因上述内容而出现虚假记载、误导性陈述或重大遗漏，并对其真实性、准确性、完整性承担相应的法律责任。”

声明应由签字注册会计师及所在会计师事务所负责人签名，并由会计师事务所加盖公章。

第八十五条 承担评估业务的资产评估机构应在公开发行说明书正文后声明：

“本机构及签字注册资产评估师已阅读公开发行说明书，确认公开发行说明书与本机构出具的资产评估报告无矛盾之处。本机构及签字注册资产评估师对发行人在公开发行说明书中引用的资产评估报告的内容无异议，确认公开发行说明书不致因上述内容而出现虚假记载、误导性陈述或重大遗漏，并对其真实性、准确性、完整性承担相应的法律责任。”

声明应由签字注册资产评估师及所在资产评估机构负责人签名，并由资产评估机构加盖公章。

第八十六条 本准则所要求的有关人员的签名下方应以印刷体形式注明其姓名。

第十二节 备查文件

第八十七条 公开发行说明书结尾应列明备查文件，应包括下列文件：

（一）发行保荐书；
（二）法律意见书；
（三）财务报告及审计报告；
（四）公司章程（草案）；
（五）发行人及其他责任主体作出的与发行人本次发行相关的承诺事项；
（六）盈利预测报告及审核报告（如有）；
（七）内部控制鉴证报告；
（八）经注册会计师鉴证的非经常性损益明细表；
（九）中国证监会核准本次公开发行的文件；
（十）其他与本次发行有关的重要文件。

第三章　附则

第八十八条　本准则由中国证监会负责解释。

第八十九条　本准则自印发之日起施行。

非上市公众公司信息披露内容与格式准则第12号——向不特定合格投资者公开发行股票申请文件

中国证券监督管理委员会公告〔2020〕9号

现公布《非上市公众公司信息披露内容与格式准则第12号——向不特定合格投资者公开发行股票申请文件》，自印发之日起施行。

附件：非上市公众公司信息披露内容与格式准则第12号——向不特定合格投资者公开发行股票申请文件

中国证监会

2020年1月17日

非上市公众公司信息披露内容与格式准则第 12 号——向不特定合格投资者公开发行股票申请文件

第一条 为了规范在全国中小企业股份转让系统（以下简称全国股转系统）向不特定合格投资者公开发行股票（以下简称公开发行）申请文件的格式和报送行为，根据《证券法》《非上市公众公司监督管理办法》（证监会令第 161 号）的规定，制定本准则。

第二条 申请公开发行的非上市公众公司（以下简称发行人）应按本准则的规定制作和报送申请文件。

需要报送电子文件的，报送的电子文件应和预留原件一致。发行人律师应对所报送电子文件与预留原件的一致性出具鉴证意见。

第三条 本准则规定的申请文件目录是对发行申请文件的最低要求，中国证券监督管理委员会（以下简称中国证监会）可以要求发行人和中介机构补充及更新材料。如果某些材料对发行人不适用，可不提供，但应作出书面说明。

第四条 向不特定合格投资者公开发行股票说明书（以下简称公开发行说明书）引用的财务报告在其最近一期截止日后 6 个月内有效，特殊情况下发行人可申请适当延长，但最多不超过 1 个月。

第五条 申请文件一经受理，未经同意，不得增加、撤回或更换。

第六条 发行人不能提供有关文件原件的，应由发行人律师提供鉴证意见，或由出文单位盖章，以保证与原件一致。如原出文单位不再存续，由承继其职能的单位或作出撤销决定的单位出文证明文件的真实性。

第七条 申请文件所有需要签名处，应载明签名字样的印刷体，并由签名人亲笔签名，不得以名章、签名章等代替。

申请文件中需要由发行人律师鉴证的文件，发行人律师应在该文件首页注明“以下第 ××× 页至第 ××× 页与原件一致”，并签名和签署鉴证日期，律师事务所应在该文件首页加盖公章，并在第 ××× 页至第 ××× 页侧面以公章加盖骑缝章。

第八条 发行人应根据中国证监会对申请文件的反馈意见提供补充材料或更新材料。有关中介机构应对反馈意见相关问题进行尽职调查或补充出具专业意见。

第九条 未按本准则的要求制作和报送申请文件的，中国证监会按照有关规定不予受理。

第十条 本准则由中国证监会负责解释。

第十一条 本准则自印发之日起施行。

附件：向不特定合格投资者公开发行股票申请文件目录

附件

向不特定合格投资者公开发行股票申请文件目录

一、发行文件

1-1　公开发行说明书（申报稿）

二、发行人关于本次发行的申请与授权文件

2-1　发行人关于本次公开发行的申请报告

2-2　发行人董事会有关本次公开发行的决议

2-3　发行人股东大会有关本次公开发行的决议

三、关于本次发行的自律管理文件

3-1　全国股转系统的自律监管意见

四、保荐机构关于本次发行的文件

4-1　发行保荐书

4-2　保荐工作报告

五、会计师关于本次发行的文件

5-1　最近三年的财务报告和审计报告及最近一期的财务报告（最近一期的财务报告为在法定披露期限内披露的定期报告。第一次申请公开发行的，最近一期财务报告应当经审计）

5-2　盈利预测报告及审核报告（如有）

5-3　内部控制鉴证报告

5-4　经注册会计师鉴证的非经常性损益明细表

5-5　会计师事务所关于发行人前次募集资金使用情况的报告（如有）

六、律师关于本次发行的文件

6-1　法律意见书

6-2　律师工作报告

6-3　发行人律师关于发行人董事、监事、高级管理人员、发行人控股股东和实际控制人在相关文件上签名盖章的真实性的鉴证意见

6-4　关于申请电子文件与预留原件一致的鉴证意见

七、关于本次发行募集资金运用的文件

7-1　募集资金投资项目的审批、核准或备案文件（如有）

7-2　发行人拟收购资产（包括权益）的有关财务报告、审计报告、资产评估报告（如有）

7-3　发行人拟收购资产（包括权益）的合同或其草案（如有）

八、其他文件

8－1　公司章程（草案）

8－2　发行人控股股东、实际控制人最近一年及一期的财务报告及审计报告（如有）

8－3　承诺事项

8－3－1　发行人及其控股股东、实际控制人、持股5%以上股东以及发行人董事、监事、高级管理人员等责任主体的重要承诺以及未履行承诺的约束措施（如有）

8－3－2　发行人及其控股股东、实际控制人、全体董事、监事、高级管理人员、保荐机构（主承销商）、律师事务所、会计师事务所及其他证券服务机构对发行申请文件真实性、准确性、完整性的承诺书

8－3－3　发行人、保荐人关于申请电子文件与预留原件一致的承诺函

8－4　发行人不予披露信息情况的说明及保荐机构核查意见（如有）

8－5　特定行业（或企业）管理部门出具的相关意见（如有）

8－6　保荐协议

三、全国股转系统业务规则

（一）公开发行

关于发布《全国中小企业股份转让系统股票向不特定合格投资者公开发行并在精选层挂牌规则（试行）》的公告

股转系统公告〔2020〕63号

全国中小企业股份转让系统有限责任公司制定了《全国中小企业股份转让系统股票向不特定合格投资者公开发行并在精选层挂牌规则（试行）》。经中国证监会批准，现予以发布，自发布之日起施行。

特此公告。

附件：全国中小企业股份转让系统股票向不特定合格投资者公开发行并在精选层挂牌规则（试行）

全国股转公司

2020年1月19日

全国中小企业股份转让系统股票向不特定合格投资者公开发行并在精选层挂牌规则（试行）

第一章 总则

第一条 为了规范全国中小企业股份转让系统（以下简称全国股转系统）股票向不特定合格投资者公开发行并在精选层挂牌（以下简称股票公开发行并在精选层挂牌）行为，保护投资者合法权益和社会公共利益，根据《公司法》《证券法》《国务院关于全国中小企业股份转让系统有关问题的决定》以及《非上市公众公司监督管理办法》（以下简称《公众公司办法》）、《全国中小企业股份转让系统有限责任公司管理暂行办法》等法律法规、部门规章，制定本规则。

第二条 挂牌公司（以下称发行人）向不特定合格投资者公开发行股票，发行完成后股票在全国股转系统精选层挂牌（以下简称股票在精选层挂牌），适用本规则。

第三条 发行人申请股票在精选层挂牌，应当经全国中小企业股份转让系统有限责任公司（以下简称全国股转公司）自律审查，并报中国证券监督管理委员会（以下简称中国证监会）履行发行核准程序。

第四条 发行人应当诚实守信，依法充分披露投资者作出价值判断和投资决策所必需的信息，所披露信息必须真实、准确、完整，不得有虚假记载、误导性陈述或者重大遗漏。

发行人应当向保荐机构、会计师事务所、律师事务所及其他证券服务机构及时提供真实、准确、完整的财务会计资料和其他资料，全面配合相关机构开展尽职调查和其他相关工作。

发行人的控股股东、实际控制人、董事、监事、高级管理人员应当全面配合相关机构开展尽职调查和其他相关工作，不得要求或者协助发行人隐瞒应当披露的信息。

第五条 保荐机构应当充分了解发行人经营情况和风险，对发行人申请文件和信息披露文件进行全面核查验证，对发行人是否符合公开发行条件、进入精选层条件独立作出专业判断，审慎作出推荐决定，并对公开发行说明书等文件的真实性、准确性和完整性负责。

第六条 会计师事务所、律师事务所及其他证券服务机构应当审慎履行职责，作出专业判断与认定，并对公开发行说明书等文件中与其专业职责有关的内容的真实性、准确性和完整性负责。证券服务机构及其相关人员应当对与本专业相关的业务事项履行特别注意义务，对其他业务事项履行普通注意义务，并承担相应责任。

第七条 证券公司、会计师事务所、律师事务所及其他证券服务机构及其相关人员，应当遵守有关法律法规、部门规章、规范性文件、业务规则和行业自律规范，诚实守信、勤勉尽责，对其出具文件的真实性、准确性、完整性负责。

发行人的控股股东、实际控制人、董事、监事、高级管理人员以及证券公司、证券服务机构及其相关人员，不得利用股票发行谋取不正当利益，禁止泄露内幕信息和利用内幕信息进行股票交易或者操纵股票交易价格。

第八条 全国股转公司通过审查发行人申请文件、信息披露文件，督促发行人真实、准确、完整地披露信息，保荐机构、证券服务机构切实履行信息披露的把关责任；督促发行人及其保荐机构、证券服务机构切实提高信息披露质量，便于投资者在信息充分的情况下作出投资决策。

全国股转公司自律审查工作遵循依法合规、公开透明、便捷高效的原则，提高自律审查透明度，明确市场预期。

第九条 全国股转公司根据相关法律法规、部门规章、本规则及其他相关规定对发行人及其董事、监事、高级管理人员，发行人的控股股东、实际控制人及其相关人员，证券公司、证券服务机构及其相关人员，参与本次发行的投资者等实施自律管理。

第十条 全国股转公司出具的自律监管意见或作出的终止自律审查决定，不表明全国股转公司对股票投资价值或投资者收益作出实质性判断或保证，也不表明全国股转公司对发行人申请文件和信息披露文件的真实性、准确性和完整性作出保证。

股票发行后，因发行人经营与收益的变化引致的投资风险，由投资者自行负责。

第二章　一般规定

第十一条 发行人应当为在全国股转系统连续挂牌满十二个月的创新层挂牌公司。

第十二条 发行人申请股票公开发行并在精选层挂牌应当符合《公众公司办法》规定的公开发行股票的相关要求和《全国中小企业股份转让系统分层管理办法》（以下简称《分层管理办法》）规定的精选层市值、财务条件等要求，且不存在《分层管理办法》规定的不得进入精选层的情形。

发行人存在违规对外担保、资金占用或者其他权益被控股股东、实际控制人严重损害情形的，应当在相关情形已经解除或者消除影响后申请股票公开发行并在精选层挂牌。

发行人具有表决权差异安排的，该安排应当平稳运行至少一个完整会计年度，且相关信息披露和公司治理符合有关规定。

第十三条 发行对象应当为已开通全国股转系统精选层股票交易权限的合格投资者。

第十四条 发行人应当聘请其主办券商担任保荐机构。主办券商不具有保荐机构资格的，发行人应当聘请其具有保荐机构资格的子公司担任保荐机构。

第十五条 发行人应当聘请具有证券承销业务资格的主办券商或其子公司作为承销机构。

主承销商可以由发行人保荐机构担任，也可以由发行人保荐机构与其他承销机构共同担任。

第十六条 发行人股票停复牌、内幕信息知情人登记与报备等事项，应当按照全国股转公司有关规定办理。

第十七条 发行人控股股东、实际控制人及其亲属以及本次发行前直接持有10%以上股份的股东或虽未直接持有但可实际支配10%以上股份表决权的相关主体持有或控制的股票，自在精选层挂牌之日起十二个月内不得转让或委托他人代为管理。法律法规、部门规章、规范性文件和全国股转公司有关规定对前述股票的限售期另有规定的，同时还应遵守相关规定。

发行人高级管理人员、核心员工参与战略配售取得的股票，自在精选层挂牌之日起十二个月内不得转让或委托他人代为管理。其他投资者参与战略配售取得的股票，自在精选层挂牌之日起六个月内不得转让或委托他人代为管理。

第十八条 发行人及相关主体在中国证监会作出核准决定及按照全国股转公司有关规定披露招股文件前，不得采取任何公开或变相公开方式进行股票推介活动，也不得通过其他利益关联方或委托他人进行相关活动。

第三章 发行程序

第十九条 发行人董事会应当就股票公开发行并在精选层挂牌的具体方案、募集资金使用的可行性及其他必须明确的事项作出决议，并提请股东大会批准。

第二十条 发行人股东大会就股票公开发行并在精选层挂牌作出决议，至少应当包括下列事项：

（一）本次发行股票的种类和数量；

（二）发行对象范围；

（三）定价方式、发行价格（区间）或发行底价；

（四）募集资金用途；

（五）发行前滚存利润的分配方案；

（六）发行完成后股票在精选层挂牌的相关安排；

（七）决议有效期；

（八）对董事会办理本次发行具体事宜的授权；

（九）其他必须明确的事项。

股东大会作出决议必须经出席股东大会的股东所持表决权的三分之二以上通过。公司股东人数超过200人的，应当对出席会议的持有未达到10%股份的股东表决情况实施单独计票并披露。

前款所称持有未达到10%股份的股东，不包括发行人董事、监事、高级管理人员及其关联方，也不包括持有10%以上股份的股东的关联方。

发行人召开股东大会作出决议应当通过网络投票等方式为股东参加股东大会提供便利。

第二十一条 发行人应当按照中国证监会和全国股转公司有关规定制作申请文件，由保荐机构保荐并向全国股转公司提交。

全国股转公司收到申请文件后，应当在两个交易日内对申请文件的齐备性进行自律审查，作出是否受理的决定。

发行人存在尚未实施完毕的股票发行、重大资产重组、收购、股票回购等情形的，全国股转公司不予受理。

第二十二条 全国股转公司通过向发行人及其保荐机构、证券服务机构提出问询等方式对申请文件进行自律审查。

全国股转公司可以根据自律审查需要，对发行人、保荐机构等主体实施检查，检查对象及相关人员应当配合。

第二十三条 全国股转公司设立挂牌委员会对发行人股票在精选层挂牌申请进行审议。挂牌委员会通过合议形成通过或不通过的审议意见。全国股转公司结合挂牌委员会的审议意见出具自律监管意见或作出终止自律审查决定。

第二十四条 全国股转公司自律审查通过的，根据发行人委托向中国证监会报送申请文件，同时报送自律监管意见和自律审查资料。

第二十五条 全国股转公司中止自律审查及终止自律审查的情形，由全国股转公司另行规定。

第二十六条 发行人对全国股转公司作出的终止自律审查决定存在异议的，可以按照全国股转公司有关规定申请复审、复核。

第二十七条 全国股转公司自受理申请文件之日起两个月内出具自律监管意见或作出终止自律审查决定。发行人及其保荐机构、证券服务机构回复自律审查问询的时间以及全国股转公司中止自律审查、请示有权机关、落实挂牌委员会意见、实施检查的时间不计算在内。

第二十八条 发行人及主承销商应当在取得中国证监会核准文件后，及时向全国股转公司提交发行与承销方案。

第二十九条 发行人和主承销商可以自主协商选择直接定价、竞价或询价方式确定发行价格。

第三十条 投资者应当按照发行人和主承销商的要求在申购时全额缴付申购资金、缴付申购保证金或以其他方式参与申购。冻结资金产生的利息划入全国股转公司设立的风险基金。风险基金的使用应当符合中国证监会的规定。

采取保证金申购或其他方式申购的具体安排，由全国股转公司另行规定。

第三十一条 网上投资者有效申购总量大于网上发行数量时，根据网上发行数量和有效申购总量的比例计算各投资者获得配售的股票数量。

采取询价方式发行的，发行人和主承销商可以自主协商确定网下配售的原则和方式，并按事先确定的原则确定配售对象。

第三十二条 股票公开发行可以向战略投资者配售。

发行人的高级管理人员、核心员工可以通过专项资产管理计划、员工持股计划等参与本次发行战略配售。

第三十三条 发行人和主承销商可以在发行方案中采用超额配售选择权，采用超额配售选择权发行的股票数量不得超过本次发行股票数量的15%。

第三十四条 股票发行完成后，发行人应当及时向全国股转公司提交发行结果报告、验资报告和重大事项专项报告（如有），以及保荐机构出具的精选层挂牌推荐书（含发行结果）等文件。

第三十五条 股票公开发行后，发行人符合进入精选层条件的，全国股转公司安排其股票在精选层挂牌。

第三十六条 发行承销过程中，出现预计发行后无法符合进入精选层条件或其他中止发行情形的，发行人和主承销商应当中止发行。

中止发行后，在中国证监会核准文件有效期内，发行人可以重新启动发行。

第三十七条 发行结果存在下列情形之一的，为发行失败：

（一）采用代销方式的，代销期限届满，向投资者出售的股票数量未达到拟公开发行股票数量的70%；

（二）发行股份数量、发行对象人数、发行后市值、发行后股本总额、发行后股东人数、公众股东持股比例等不符合进入精选层条件；

（三）全国股转公司规定的其他情形。

本次发行失败的，发行人在原市场层级继续挂牌。

第三十八条 发行人和主承销商应当约定中止发行和发行失败的处理安排，并在发行公告中予以披露。

中止发行或发行失败后，涉及投资者已缴付资金的，主承销商应当协助发行人按照缴纳金额并加算银行同期存款利息返还投资者。

第三十九条 发行人在收到全国股转公司因不同意其股票在精选层挂牌而作出的终止自律审查决定或中国证监会作出的不予核准决定六个月后，可以再次提交申请文件。

第四章 信息披露

第四十条 发行人应当按照中国证监会有关规定编制并披露公开发行说明书等文件。信息披露内容应当简明易懂，语言应当浅白平实，以便投资者阅读、理解。

中国证监会及全国股转公司制定的信息披露规则是信息披露的最低要求。不论上述规则是否有明确规定，凡是对投资者作出价值判断和投资决策有重大影响的信息，发行人均应当予以披露。

第四十一条 发行人应当在符合《证券法》规定的信息披露平台刊登公开发行说明书等文件。

发行人在其他媒体披露信息的时间不得早于在符合《证券法》规定的信息披露平台的披露时间。

第四十二条 发行人收到全国股转公司受理通知后，应当将相关申请文件在符合《证券法》规定的信息披露平台预先披露。

预先披露的申请文件不能含有价格信息，发行人不得据此发行股票。

第四十三条 全国股转公司受理发行人申请文件后至出具自律监管意见前，发行人应当按照全国股转公司有关规定对预先披露的相关申请文件予以更新并披露。

中国证监会审核期间，发行人也应当及时对预先披露的相关申请文件予以更新并披露。

第四十四条 发行人召开董事会、股东大会后，应当及时披露董事会决议公告和股东大会决议公告。

第四十五条 发行人收到全国股转公司受理通知、挂牌委员会会议通知、中国证监会受理通知后，应当及时披露相关情况。

第四十六条 发行人在全国股转公司出具自律监管意见或作出终止自律审查决定，以及中国证监会作出中止审核、终止审核、核准或不予核准决定后，应当及时披露相关情况。

中国证监会作出核准决定后，发行人应当及时披露公开发行说明书（核准稿）、发行保荐书、财务报告及审计报告、法律意见书、精选层挂牌推荐书等文件。

第四十七条 采取直接定价方式发行的，发行人应当及时披露公开发行说明书（含价格）、发行公告、网上路演公告、发行结果公告等文件。

第四十八条 采取竞价方式发行的，发行人应当及时披露公开发行意向书、竞价发行公告、投资价值研究报告、网上路演公告、发行结果公告等文件。

第四十九条 采取询价方式发行的，发行人应当及时披露公开发行意向书、询价公告、发行公告、网上路演公告、发行结果公告等文件。

第五十条 发行人收到全国股转公司出具的同意其股票在精选层挂牌函后，应当及时披露进入精选层的提示性公告。

第五十一条 中止发行或发行失败的，发行人应当及时披露相关情况。

第五章 募集资金管理

第五十二条 发行人应当建立募集资金存储、使用、监管和责任追究的内部制度，明确募集资金使用的分级审批权限、决策程序、风险防控措施和信息披露要求。

第五十三条 发行人募集资金应当存放于募集资金专项账户，该账户不得存放非募集资金或用作其他用途。发行人应当与保荐机构、存放募集资金的商业银行签订三方监管协议。

第五十四条 发行人募集资金应当用于主营业务及相关业务领域，暂时闲置的募集资金可以投资于安全性高、流动性好、可以保障投资本金安全的理财产品。除金融类企业外，募集资金不得用于持有交易性金融资产、其他权益工具投资、其他债权投资或借予他人、委托理财等财务性投资，不得直接或间接投资于以买卖有价证券为主营业务的公司，不得用于股票及其他衍生品种、可转换公司债券的交易，不得通过质押、委托贷款或其他方式变相改变募集资金用途。

第五十五条 发行人应当按照公开发行说明书披露的用途使用募集资金；改变募集资金用途的，应当经公司董事会、股东大会审议通过，并经保荐机构同意。

第五十六条 发行人以自筹资金预先投入公开发行说明书披露的募集资金用途后，以募集资金置换自筹资金的，应当经公司董事会审议通过，并经保荐机构同意。发行人应当及时披露募集资金置换公告以及保荐机构关于发行人前期资金投入具体情况或安排的专项意见。

第五十七条 发行人董事会应当每半年度对募集资金使用情况进行自查，出具自查报告，并在披露年度报告及中期报告时一并披露。

发行人董事会应当聘请会计师事务所对募集资金存放和使用情况出具鉴证报告，并在发行人披露年度报告时一并披露。

保荐机构应当在保荐督导期内、持续督导主办券商应当在保荐督导期届满后每年就发行人募集资金存放及使用情况至少进行一次现场检查，出具检查报告，并在发行人披露年度报告时一并披露。

第六章 监管措施和违规处分

第五十八条 违反本业务规则的，全国股转公司可以视情节轻重采取下列自律监管措施：

（一）口头警示；

（二）约见谈话；

（三）要求提交书面承诺；

（四）出具警示函；

（五）责令改正；

（六）要求公开更正、澄清或说明；

（七）要求公开致歉；

（八）要求限期参加培训或考试；

（九）要求限期召开投资者说明会；

（十）暂停解除发行人控股股东、实际控制人的股票限售；

（十一）建议发行人更换相关任职人员；

（十二）暂不受理相关证券公司、证券服务机构或其相关人员出具的文件；

（十三）暂停证券账户交易；

（十四）限制证券账户交易；

（十五）全国股转公司规定的其他自律监管措施。

第五十九条 违反本业务规则的，全国股转公司可以视情节轻重采取下列纪律处分：

（一）通报批评；

（二）公开谴责；

（三）认定其不适合担任公司董事、监事、高级管理人员；

（四）全国股转公司规定的其他纪律处分。

第六十条 存在下列情形之一的，全国股转公司可以采取自律监管措施：

（一）发行人未按中国证监会及全国股转公司相关要求编制或披露相关文件；

（二）发行人编制的申请文件、信息披露文件未做到真实、准确、完整，但尚未达到虚假记载、误导性陈述和重大遗漏的程度；

（三）发行人未按相关规定履行审议、申报、定价、配售等发行程序或未及时履行信息披露义务；

（四）发行人未按相关规定管理和使用募集资金；

（五）保荐机构未能勤勉尽责，致使申请文件、信息披露文件未做到真实、准确、完整，但尚未达到虚假记载、误导性陈述和重大遗漏的程度；

（六）证券服务机构未能勤勉尽责，致使申请文件、信息披露文件中与其专业职责有关的内容或其出具的文件未做到真实、准确、完整，但尚未达到虚假记载、误导性陈述和重大遗漏的程度；

（七）发行人等相关主体在中国证监会作出核准决定及发行人披露招股文件前，采取任何公开或变相公开方式进行股票推介活动；

（八）发行人、保荐机构或证券服务机构擅自改动已提交的申请文件；

（九）发行人等相关主体无正当理由拒不配合保荐机构、证券服务机构开展尽职调查或其他相关工作；

（十）发行人等相关主体未及时向全国股转公司报告重大事项或未及时披露重大

事项；

（十一）发行人等相关主体以不正当手段干扰全国股转公司自律审查工作；

（十二）全国股转公司认定的其他情形。

第六十一条 存在下列情形之一的，全国股转公司可以采取纪律处分：

（一）发行人申请文件、信息披露文件被认定存在虚假记载、误导性陈述或重大遗漏；

（二）保荐机构未能勤勉尽责，致使申请文件、信息披露文件被认定存在虚假记载、误导性陈述或重大遗漏；

（三）证券服务机构未能勤勉尽责，致使申请文件、信息披露文件中与其专业职责有关的内容或其出具的文件被认定存在虚假记载、误导性陈述或重大遗漏；

（四）发行人未经中国证监会核准，擅自发行股票；

（五）证券公司等中介机构在履行职责过程中与发行人及相关主体串通舞弊；

（六）证券公司承销未经核准擅自发行的股票；

（七）发行人等相关主体拒绝、阻碍、逃避检查；

（八）发行人披露盈利预测，除因不可抗力外，利润实现数未达到盈利预测80%；

（九）相关主体存在本规则第六十条规定的违规情形，且违规情节严重；

（十）全国股转公司认定的其他情形。

第六十二条 全国股转公司发现相关主体涉嫌违反法律法规和中国证监会相关规定的，应当向中国证监会报告。

第七章 附则

第六十三条 本规则中下列用语有如下含义：

（一）以上、达到均含本数，超过不含本数。

（二）招股文件是指股票公开发行申请经中国证监会核准后，发行人公告的公开发行意向书或公开发行说明书。

第六十四条 本规则由全国股转公司负责解释。

第六十五条 本规则自发布之日起施行。

关于发布《全国中小企业股份转让系统股票向不特定合格投资者公开发行保荐业务管理细则（试行）》的公告

股转系统公告〔2020〕64号

为了规范保荐机构在全国中小企业股份转让系统开展股票向不特定合格投资者公开发行保荐业务，提高挂牌公司质量和保荐机构执业水平，全国中小企业股份转让系统有限责任公司制定了《全国中小企业股份转让系统股票向不特定合格投资者公开发行保荐业务管理细则（试行）》。经中国证监会批准，现予以发布，自发布之日起施行。现就有关事项公告如下：

一、保荐机构应当勤勉尽责地进行尽职调查，充分了解发行人的经营情况及其面临的风险和问题，并建立相关工作底稿。若保荐机构为发行人的主办券商，对于推荐挂牌期间，已完成相关尽职调查工作、形成工作底稿的，在符合《保荐人尽职调查工作准则》《证券发行上市保荐业务工作底稿指引》要求的前提下，无需重复核查。

二、保荐机构及其控股股东、实际控制人、重要关联方通过做市等方式持有发行人股份合计超过7%的，应当按照《证券发行上市保荐业务管理办法》有关要求采用联合保荐方式，且其不得担任第一保荐机构。前述股份起算时点应当按照签订保荐协议或者实质开展相关业务两个时点孰早的原则确定。若在该时点未采用联合保荐方式，则自该时点起直至发行人股票在精选层挂牌之日止，该保荐机构及其控股股东、实际控制人、重要关联方通过做市等方式持有发行人股份合计均不得超过7%。申报项目时，保荐机构应针对持有发行人股份的合规情况做出说明与承诺。

特此公告。

附件：全国中小企业股份转让系统股票向不特定合格投资者公开发行保荐业务管理细则（试行）

全国股转公司

2020年1月19日

全国中小企业股份转让系统股票向不特定合格投资者公开发行保荐业务管理细则（试行）

第一章 总则

第一条 为了规范保荐机构在全国中小企业股份转让系统（以下简称全国股转系统）开展股票向不特定合格投资者公开发行（以下简称股票公开发行）的保荐业务，提高挂牌公司质量和保荐机构执业水平，保护投资者合法权益，促进市场健康发展，根据《证券发行上市保荐业务管理办法》（以下简称《保荐办法》）、《非上市公众公司监督管理办法》（以下简称《公众公司办法》）以及《全国中小企业股份转让系统股票向不特定合格投资者公开发行并在精选层挂牌规则（试行）》等法律法规、部门规章及全国股转系统业务规则，制定本细则。

第二条 保荐机构、保荐代表人在全国股转系统开展股票公开发行保荐业务，适用本细则。

第三条 保荐机构应当为具有保荐机构资格的主办券商。主办券商不具有保荐机构资格的，可以由其控股的具有保荐机构资格的子公司担任保荐机构。为发行人提供保荐服务和主办券商持续督导服务的证券公司应当为同一家机构，或存在控制关系。

保荐代表人应当为具有保荐代表人资格的自然人。

第四条 保荐机构及其保荐代表人应当遵守法律法规、部门规章、规范性文件及全国股转系统业务规则，诚实守信、勤勉尽责、公正独立，尽职开展股票公开发行保荐业务。

保荐机构、保荐代表人和保荐工作其他参与人员不得通过从事保荐业务谋取任何不正当利益。

第五条 保荐机构及其保荐代表人开展保荐业务，应当切实履行尽职调查、内部核查、辅导、制作和报送文件、信息披露、持续督导等各项职责，配合中国证券监督管理委员会（以下简称中国证监会）和全国中小企业股份转让系统有限责任公司（以下简称全国股转公司）的审核及日常监管工作。

第六条 发行人及其控股股东、实际控制人、董事、监事、高级管理人员，为发行人股票公开发行制作、出具有关文件的律师事务所、会计师事务所等证券服务机构及其签字人员，应当根据法律法规、中国证监会和全国股转公司有关规定，配合保荐机构及其保荐代表人履行保荐职责，并承担相应责任。

保荐机构及其保荐代表人履行保荐职责，不能减轻或免除发行人及其控股股东、实际控制人、董事、监事、高级管理人员、证券服务机构及其签字人员的责任。

第二章　股票公开发行保荐工作

第七条　保荐机构推荐发行人股票公开发行前，应当与发行人签订保荐协议，明确双方在推荐和持续督导期间的权利和义务，合理确定保荐费用的金额和支付时间。

保荐协议签订后，保荐机构应当在5个交易日内报发行人所在地的中国证监会派出机构备案。

第八条　保荐机构和发行人应当在保荐协议中约定，保荐机构及其保荐代表人具有下列权利：

（一）要求发行人按照中国证监会和全国股转公司有关规定和保荐协议约定的方式，及时通报信息；

（二）定期或不定期对发行人进行回访，查阅发行人募集资金专项账户资料，以及其他保荐工作需要的发行人材料；

（三）列席发行人的股东大会、董事会和监事会；

（四）对发行人的信息披露文件及向中国证监会和全国股转公司提交的其他文件进行事前审阅；

（五）对发行人存在的可能严重影响公司或者投资者合法权益的事项，以及中国证监会和全国股转公司等有关部门关注事项进行核查，必要时可聘请相关证券服务机构予以配合；

（六）按照中国证监会和全国股转公司有关规定，披露专项现场核查报告、发表意见、发布风险揭示公告；

（七）中国证监会和全国股转公司规定的其他权利。

第九条　保荐机构与发行人应当在保荐协议中约定，发行人应当按照下列要求，积极配合保荐机构及其保荐代表人履行职责：

（一）根据保荐协议、保荐机构和保荐代表人的要求，及时提供履行保荐职责必需的信息；

（二）发生应当披露的重大事项或者出现重大风险的，及时告知保荐机构和保荐代表人；

（三）根据保荐机构和保荐代表人的意见，及时履行信息披露义务或者采取相应整改措施；

（四）为保荐机构和保荐代表人履行保荐职责提供其他必要的条件和便利。

发行人不配合保荐工作的，保荐机构及其保荐代表人应当督促其改正；情节严重的，及时报告全国股转公司。

第十条　保荐机构应当指定2名保荐代表人具体负责本次股票公开发行的保荐工

作，出具由法定代表人签字的专项授权书，并确保保荐机构有关部门和人员有效分工协作。保荐机构可以指定 1 名项目协办人。

第十一条 保荐机构推荐发行人股票公开发行的，应当按照中国证监会和全国股转公司有关规定，对发行人进行全面调查，充分了解发行人的经营情况及其面临的风险和问题。

第十二条 保荐机构在推荐发行人股票公开发行并在精选层挂牌前，应当按照中国证监会有关规定，对发行人进行辅导。

保荐机构辅导工作完成后，应由发行人所在地的中国证监会派出机构进行辅导验收。

第十三条 保荐机构应当确信发行人符合法律法规以及中国证监会和全国股转公司有关规定，方可推荐其股票公开发行。

保荐机构决定推荐发行人股票公开发行的，可以根据发行人的委托，组织编制申请文件，并应当按照中国证监会和全国股转公司有关规定，履行内部核查程序，出具推荐文件。

第十四条 保荐机构推荐发行人股票公开发行的，应当向中国证监会提交发行保荐书、保荐代表人专项授权书以及中国证监会要求的其他与保荐业务有关的文件。

发行保荐书应当包括下列内容：

（一）逐项说明本次发行是否符合《公司法》《证券法》规定的发行条件和程序；

（二）逐项说明本次发行是否符合《公众公司办法》及中国证监会和全国股转公司有关规定，并载明得出每项结论的查证过程及事实依据；

（三）发行人存在的主要风险；

（四）对发行人发展前景的评价；

（五）保荐机构内部审核程序简介及内核意见；

（六）保荐机构与发行人的关联关系；

（七）保荐机构按照《保荐办法》及中国证监会和全国股转公司有关规定应当承诺的事项；

（八）中国证监会和全国股转公司要求的其他事项。

第十五条 保荐机构推荐发行人股票在精选层挂牌的，应当向全国股转公司提交股票在精选层挂牌推荐书以及全国股转公司要求的其他文件。

股票在精选层挂牌推荐书应当包括下列内容：

（一）发行人概况及本次公开发行情况；

（二）逐项说明本次发行的股票是否符合精选层挂牌条件；

（三）保荐机构是否存在可能影响公正履行保荐职责的情况；

（四）保荐机构按照《保荐办法》及中国证监会和全国股转公司有关规定应当承诺的事项；

（五）持续督导期间的工作安排；

（六）保荐机构和相关保荐代表人的联系地址、电话和其他通讯方式；

（七）保荐机构认为应当说明的其他事项；

（八）中国证监会和全国股转公司要求的其他内容。

股票在精选层挂牌推荐书应当由保荐机构的法定代表人（或者授权代表）、保荐业务负责人、内核负责人、保荐代表人和项目协办人签字，注明签署日期并加盖保荐机构公章。

第十六条 未经中国证监会或全国股转公司同意，保荐机构、保荐代表人不得擅自改动申请文件、信息披露资料和其他已提交文件。

发生重大事项的，保荐机构、保荐代表人应当及时向中国证监会和全国股转公司报告，并按要求补充、更新申请文件和信息披露资料等。

第十七条 保荐机构提交保荐文件后，应当配合审核工作，履行下列职责：

（一）组织发行人、证券服务机构对中国证监会和全国股转公司的意见进行答复；

（二）指定保荐代表人与中国证监会和全国股转公司进行沟通，并接受全国股转公司挂牌委员会问询；

（三）按照中国证监会和全国股转公司的要求对涉及本次股票公开发行的特定事项进行尽职调查或者核查；

（四）中国证监会和全国股转公司规定的其他职责。

第三章 持续督导工作

第十八条 保荐机构、保荐代表人应当按照中国证监会和全国股转公司的规定，针对发行人的具体情况，制定持续督导工作计划和实施方案，就持续督导工作的主要内容、重点、实施方式、步骤等做出完整、有效的安排。

第十九条 保荐机构在持续督导期间，应当履行下列职责：

（一）事前审阅发行人信息披露文件及向中国证监会和全国股转公司提交的其他文件；

（二）督促发行人建立健全并有效执行信息披露制度，发布风险揭示公告；

（三）督促发行人或其控股股东、实际控制人信守承诺，持续关注发行人募集资金的专户存储、投资项目的实施等承诺事项；

（四）督促发行人建立健全并有效执行公司治理、内部控制等各项制度：

1. 对发行人发生的关联交易、对外担保、变更募集资金用途，以及其他可能影响持续经营能力、控制权稳定的风险事项发表意见；

2. 对发行人发生的资金占用、关联交易显失公允、违规对外担保、违规使用募集资金及其他可能严重影响公司和投资者合法权益的事项开展专项现场核查；

3. 就发行人存在的重大违法违规行为和其他重大事项及时向全国股转公司报告；

（五）中国证监会和全国股转公司规定或者保荐协议约定的其他职责。

第二十条 保荐机构及其保荐代表人应当事前审阅发行人信息披露文件及向中国证监会和全国股转公司提交的其他文件，并有充分理由确信发行人披露或提交的文件不存在虚假记载、误导性陈述或者重大遗漏。

发行人应当在召开股东大会、董事会、监事会后，及时向保荐机构、保荐代表人提供有关决议及备阅文件，并在相关文件披露前为保荐机构、保荐代表人预留必要的事前审阅时间。

发行人不得披露未经保荐机构、保荐代表人事前审阅的重大信息。

第二十一条 保荐机构及其保荐代表人应当持续关注发行人运作情况，充分了解发行人及其业务，通过日常沟通、定期或不定期回访、查阅资料、列席股东大会、董事会、监事会等方式，关注发行人日常经营、股票交易和媒体报道等情况，督促发行人履行相应信息披露义务。

第二十二条 保荐机构及其保荐代表人发现发行人拟披露信息或已披露信息存在任何错误、遗漏或者误导的，或者发现存在应当披露而未披露事项的，应当要求发行人进行更正或补充。发行人拒不配合的，应当及时向全国股转公司报告，并发布风险揭示公告。

第二十三条 发行人或其控股股东、实际控制人对募集资金使用、投资项目的实施等做出承诺的，保荐机构和保荐代表人应当督促其对承诺事项的具体内容、履约方式及时间、履约能力分析、履约风险及对策、不能履约时的救济措施等进行充分信息披露。

保荐机构及其保荐代表人应当针对前款规定的承诺披露事项，持续跟进相关主体履行承诺的进展情况，督促相关主体及时、充分履行承诺。

发行人或其控股股东、实际控制人披露、履行或者变更承诺事项，不符合中国证监会和全国股转公司有关规定的，保荐机构及其保荐代表人应当及时提出督导意见，并督促相关主体进行补正。

第二十四条 保荐机构及其保荐代表人应当按照中国证监会和全国股转公司的有关规定做好募集资金使用的督导、核查工作，每年就发行人募集资金存放和使用情况至少进行一次现场核查，出具核查报告，并在发行人披露年度报告时一并披露。

第二十五条 保荐机构及其保荐代表人应当协助和督促发行人建立健全并有效执行内部控制制度，包括财务管理制度、会计核算制度，以及募集资金使用、关联交易、对外担保等重大经营决策的程序和要求等。

第二十六条 发行人出现下列情形之一的，保荐机构及其保荐代表人应当督促发行人按规定履行信息披露义务，就信息披露是否真实、准确、完整，对公司经营的影响，以及是否存在其他未披露重大风险等内容发表意见，并于发行人披露公告时在符合《证券法》规定的信息披露平台予以披露：

（一）关联交易；

（二）对外担保；

（三）变更募集资金用途；

（四）主要业务停滞或出现可能导致主要业务停滞的重大风险事件；

（五）公司经营业绩异常波动；

（六）控股股东、实际控制人所持股份被司法冻结且可能导致控制权发生变动；

（七）控股股东、实际控制人质押公司股份比例超过所持股份的80%或者被强制平仓；

（八）全国股转公司或者保荐机构认为需要发表意见的其他事项。

保荐机构及其保荐代表人无法履行前款所述职责的，应当在符合《证券法》规定的信息披露平台披露尚待核实的事项及预计发表意见的时间，并充分提示风险。

第二十七条 发行人出现下列情形之一的，保荐机构及其保荐代表人应自知道或应当知道之日起15个交易日内进行专项现场核查：

（一）未在规定期限内披露年度报告或中期报告；

（二）控股股东、实际控制人或其他关联方违规占用或转移发行人的资金、资产及其他资源；

（三）关联交易显失公允或未履行审议程序和信息披露义务；

（四）违规使用募集资金；

（五）违规为他人提供担保或借款；

（六）发行人及其董事、监事、高级管理人员、控股股东、实际控制人涉嫌重大违法违规；

（七）存在重大财务造假嫌疑；

（八）全国股转公司或保荐机构认为应当进行核查的其他情形。

第二十八条 专项现场核查至少应有1名保荐代表人参加，保荐机构及其保荐代表人在实施现场核查前应当制定工作计划，工作计划至少应包括核查内容、工作进度、人员安排和具体事项的核查方案。

第二十九条 保荐机构和保荐代表人可以采取下列核查手段，以获取充分和恰当的资料和证据：

（一）对发行人董事、监事、高级管理人员及有关人员进行访谈；

（二）察看发行人的主要生产、经营、管理场所；

（三）对有关文件、原始凭证及其他资料或者客观状况进行查阅、复制、记录、录音、录像、照相；

（四）核查或者走访对发行人损益影响重大的控股或参股公司；

（五）走访或者函证发行人的控股股东、实际控制人及其关联方；

（六）走访或者函证发行人重要的供应商或者客户；

（七）聘请会计师事务所、律师事务所、资产评估机构以及其他证券服务机构提供专业意见；

（八）保荐机构、保荐代表人认为的其他必要手段。

第三十条 保荐机构应当就本次现场核查情况、核查结论等事项出具专项现场核查报告，并在现场核查结束后15个交易日内在符合《证券法》规定的信息披露平台披露。核查报告至少应当包括核查时间、地点、人员、涉及的事项、方法、获取的资料和证据、结论及整改建议（如有）等内容。

保荐机构、保荐代表人应当同时将核查结果、整改建议（如有）以书面方式告知发行人，并督促发行人就整改情况向全国股转公司报告。

第三十一条 保荐机构及其保荐代表人在持续督导过程中发现下列情形之一的，应当采取必要措施；情节严重的，及时向全国股转公司报告，报告内容包括有关事项的具体情况、保荐机构采取的督导措施等：

（一）发行人及其控股股东、实际控制人、董事、监事、高级管理人员等可能存在违法违规以及其他严重不当行为；

（二）证券服务机构及其签名人员出具的专业意见可能存在虚假记载、误导性陈述或重大遗漏等违法违规或其他严重不当行为；

（三）全国股转公司或保荐机构认为需要报告的其他情形。

第三十二条 保荐机构持续督导期间为股票公开发行完成后当年剩余时间及其后2个完整会计年度。

第三十三条 保荐机构持续督导期间，保荐机构应当承担本细则及《全国中小企业股份转让系统主办券商持续督导指引》（以下简称《主办券商持续督导指引》）规定的全部持续督导工作，保荐代表人应当统筹各项持续督导工作，确保持续督导工作有序开展。

第三十四条 保荐机构持续督导期间，保荐机构、保荐代表人履行本细则规定的持续督导职责，承担相应责任。

保荐机构根据《主办券商持续督导指引》履行的本细则规定之外的持续督导职责，按照该指引承担相应责任。

第三十五条 保荐机构持续督导期间，发行人出现下列情形之一的，全国股转公司可以视情况要求保荐机构延长持续督导时间：

（一）发行人在规范运作、公司治理、内部控制等方面存在重大缺陷或者重大风险；

（二）发行人受到中国证监会行政处罚或者全国股转公司公开谴责；

（三）全国股转公司认定的其他情形。

保荐机构的持续督导时间应当延长至上述情形发生当年剩余时间及其后1个完整的会计年度，且相关违规行为已经得到纠正、重大风险已经消除。

第四章　工作规程

第三十六条　保荐机构应当根据挂牌公司特点，完善保荐业务内部控制机制，规范尽职调查、辅导、内部核查、持续督导、制作工作底稿等工作标准及业务流程，严格控制风险，提高保荐业务质量。

保荐机构与履行持续督导职责的主办券商存在控制关系的，主办券商应当依照有关规定或者合同约定，为保荐机构履职提供必要支持和服务，并在二者之间建立合理必要的隔离墙制度，防止可能出现的风险传递和利益冲突。

第三十七条　保荐机构应当指定1名保荐业务负责人，负责与全国股转公司的日常联络，及保荐业务的组织协调；同时指定1—2名保荐业务联络人，协助业务负责人履行相应职责。

第三十八条　刊登股票发行募集文件至持续督导工作结束期间，除确有正当理由外，保荐机构和发行人不得终止保荐协议。

发行人因再次申请股票公开发行另行聘请保荐机构，或者保荐机构被中国证监会撤销保荐机构资格或发行人被调整出精选层的，应当终止保荐协议。

保荐机构和发行人终止保荐协议的，应当自终止之日起5个交易日内向全国股转公司报告，说明原因并由发行人按照规定履行信息披露义务。

第三十九条　发行人另行聘请保荐机构的，应当及时向全国股转公司报告并在符合《证券法》规定的信息披露平台予以公告。

新聘请的保荐机构应当及时向全国股转公司提交保荐协议、保荐代表人专项授权书，以及全国股转公司要求的其他有关文件。

第四十条　持续督导期间，保荐机构被撤销保荐机构资格的，发行人应当在1个月内另行聘请保荐机构，未在规定期限内另行聘请的，中国证监会可以为其指定保荐机构。

第四十一条　发行人另行聘请的保荐机构应当完成原保荐机构未完成的持续督导工作。

因原保荐机构被中国证监会撤销保荐机构资格而另行聘请保荐机构的，另行聘请的保荐机构持续督导时间不得少于1个完整的会计年度。

第四十二条　保荐机构发生变更的，原保荐机构应当配合做好交接工作，并在发生变更的5个交易日内向新保荐机构提交下列文件，但已公开披露的文件除外：

（一）关于发行人或相关当事人存在的问题、风险以及需重点关注事项的书面说明；

（二）向中国证监会和全国股转公司报送的与发行人相关的其他报告；

（三）其他需要移交的文件。

新保荐机构应当自保荐协议签订之日起开展保荐工作并承担相应的责任。

原保荐机构在履行保荐职责期间未勤勉尽责的，其责任不因保荐机构的更换而免除或者终止。

第四十三条 股票公开发行后，保荐机构不得更换保荐代表人，但因保荐代表人离职或者被撤销保荐代表人资格的，应当更换保荐代表人。

保荐机构更换保荐代表人的，应当通知发行人，并在5个交易日内向全国股转公司报告，说明原因并提供更换后保荐代表人的相关资料。

发行人应当在收到通知后及时在符合《证券法》规定的信息披露平台披露保荐代表人变更事宜。

第四十四条 持续督导工作结束后，保荐机构应当在发行人年度报告披露之日起10个交易日内，向发行人所在地的中国证监会派出机构、全国股转公司报送保荐工作总结。保荐工作总结应当包括下列内容：

（一）发行人基本情况；

（二）保荐工作概述；

（三）履行保荐职责期间发生的重大事项及处理情况；

（四）对发行人配合保荐工作情况的说明及评价；

（五）对证券服务机构相关工作情况的说明及评价；

（六）中国证监会和全国股转公司要求的其他事项。

第五章 监管措施和违规处分

第四十五条 全国股转公司可以对保荐机构及其保荐代表人从事全国股转系统保荐业务的情况进行检查，保荐机构及其保荐代表人应当积极配合检查，如实提供有关资料，不得拒绝、阻挠、逃避检查，不得谎报、隐匿、销毁相关证据材料。

第四十六条 保荐机构存在下列情形之一的，全国股转公司可以视情节轻重采取自律监管措施或纪律处分：

（一）未按规定向全国股转公司提交文件；

（二）未及时报告或履行信息披露义务；

（三）向全国股转公司出具的与保荐工作相关的文件或信息披露文件存在虚假记载、误导性陈述或者重大遗漏；

（四）发行保荐书、股票在精选层挂牌推荐书等申请文件与信息披露资料存在矛盾，或者就同一事实表述不一致且存在实质差异；

（五）未有效执行内部控制、尽职调查、辅导、内部核查、持续督导和工作底稿管理等制度；

（六）保荐工作底稿存在虚假记载、误导性陈述或者重大遗漏；

（七）唆使、协助或者参与发行人、证券服务机构提供存在虚假记载、误导性陈述或者重大遗漏的文件；

（八）唆使、协助或者参与发行人干扰审核工作；

（九）通过从事保荐业务谋取不正当利益；

（十）其他严重违反诚实守信、勤勉尽责义务的情形。

第四十七条 保荐代表人存在下列情形之一的，全国股转公司可以视情节轻重采取自律监管措施或纪律处分：

（一）尽职调查工作日志、持续督导工作底稿缺失或者遗漏、隐瞒重要问题；

（二）未完成或者未参加辅导工作；

（三）未参加持续督导工作，或者持续督导工作未勤勉尽责；

（四）其具体负责保荐工作的发行人在保荐期间被中国证监会采取行政处罚、行政监管措施或被全国股转公司采取纪律处分；

（五）唆使、协助或者参与发行人干扰审核工作；

（六）通过从事保荐业务谋取不正当利益；

（七）不配合全国股转公司自律管理工作，或存在其他严重违反诚实守信、勤勉尽责义务的情形。

第四十八条 保荐机构、保荐代表人因保荐业务涉嫌违法违规被中国证监会立案调查的，全国股转公司暂不受理该保荐机构的保荐；暂不受理相关保荐代表人具体负责的保荐。

第四十九条 发行人出现下列情形之一的，全国股转公司可以视情节轻重，对保荐机构、保荐代表人采取自律监管措施或纪律处分：

（一）股票发行募集文件等申请文件存在虚假记载、误导性陈述或者重大遗漏；

（二）保荐机构持续督导期间信息披露文件存在虚假记载、误导性陈述或者重大遗漏。

第五十条 发行人存在下列情形之一，保荐代表人未能诚实守信、勤勉尽责的，全国股转公司可以视情节轻重，对保荐代表人采取自律监管措施或纪律处分：

（一）股票公开发行并在精选层挂牌之日起 12 个月内，控股股东或者实际控制人发生变更；

（二）股票公开发行当年累计 50% 以上募集资金的用途与承诺不符；

（三）股票公开发行之日起 12 个月内，累计 50% 以上资产或者主营业务发生重组，且未在股票发行募集文件中披露；

（四）实际盈利低于盈利预测达 20% 以上；

（五）关联交易显失公允或者程序违规，涉及金额较大；

（六）控股股东、实际控制人或其他关联方违规占用或转移发行人的资金、资产及其他资源，涉及金额较大；

（七）违规为他人提供担保，涉及金额较大；

（八）违规购买或出售资产、借款、委托资产管理等，涉及金额较大；

（九）董事、监事、高级管理人员侵占发行人资金、资产及其他资源，受到行政处罚或者被追究刑事责任；

（十）违反精选层挂牌公司规范运作和信息披露等有关规定，情节较为严重的；

（十一）全国股转公司规定的其他情形。

第五十一条 发行人及其控股股东、实际控制人、董事、监事和高级管理人员存在下列情形之一的，全国股转公司可以视情节轻重采取自律监管措施或纪律处分：

（一）终止保荐协议后未另行聘请保荐机构；

（二）持续督导期间违法违规且拒不纠正；

（三）发生重大事项未及时通知保荐机构；

（四）发生其他严重不配合保荐工作情形。

第五十二条 证券服务机构及其签字人员存在下列情形之一的，全国股转公司可以视情节轻重采取自律监管措施或纪律处分：

（一）出具的专业意见存在虚假记载、误导性陈述或重大遗漏；

（二）因不配合保荐工作而导致严重后果；

（三）全国股转公司规定的其他情形。

第五十三条 全国股转公司发现相关主体涉嫌违反法律法规和中国证监会相关规定的，应当向中国证监会报告。

第六章 附则

第五十四条 本细则由全国股转公司负责解释。

第五十五条 本细则自发布之日起施行。

关于发布《全国中小企业股份转让系统精选层挂牌审查细则（试行）》的公告

股转系统公告〔2020〕155号

为了规范全国中小企业股份转让系统精选层挂牌自律审查工作，保护投资者合法权益，全国中小企业股份转让系统有限责任公司制定了《全国中小企业股份转让系统精选层挂牌审查细则（试行）》，现予以发布，自发布之日起施行。

特此公告。

附件：全国中小企业股份转让系统精选层挂牌审查细则（试行）

全国中小企业股份转让系统有限责任公司

2020年2月28日

全国中小企业股份转让系统精选层挂牌审查细则（试行）

第一章　总则

第一条　为了规范全国中小企业股份转让系统（以下简称全国股转系统）精选层挂牌自律审查工作，保护投资者合法权益，根据《非上市公众公司监督管理办法》《全国中小企业股份转让系统股票向不特定合格投资者公开发行并在精选层挂牌规则（试行）》（以下简称《公开发行规则》）《全国中小企业股份转让系统分层管理办法》（以下简称《分层管理办法》），制定本细则。

第二条　全国中小企业股份转让系统有限责任公司（以下简称全国股转公司）对挂牌公司申请股票在精选层挂牌进行自律审查，适用本细则。

第三条　挂牌公司（以下简称申请人）申请股票在精选层挂牌的，应当向全国股转公司提交股票在精选层挂牌的申请文件（以下简称精选层挂牌申请文件）。

全国股转公司对申请人精选层挂牌申请文件进行自律审查（以下简称精选层挂牌审查），审查通过的，出具自律监管意见，并按照《公开发行规则》的规定向中国证监会报送公开发行股票申请文件；审查不通过的，终止精选层挂牌审查。

第四条　全国股转公司设立专门的审查机构，对精选层挂牌申请文件进行审查，出具审查报告。

全国股转公司设立全国股转系统挂牌委员会（以下简称挂牌委员会），对审查机构出具的审查报告和精选层挂牌申请文件进行审议，形成审议意见。

全国股转公司结合挂牌委员会审议意见，出具自律监管意见或作出终止精选层挂牌审查的决定。

第五条　全国股转公司通过审查精选层挂牌申请文件，督促申请人真实、准确、完整地披露信息，保荐机构、证券服务机构切实履行信息披露的把关责任；督促申请人及其保荐机构、证券服务机构提高信息披露质量，便于投资者在信息充分的情况下作出投资决策。

全国股转公司精选层挂牌审查工作遵循依法合规、公开透明、便捷高效的原则。

第六条　全国股转公司实行电子化审查，申请、受理、问询、回复等事项通过全国股转公司审查业务系统（以下简称审查系统）办理。

第七条　全国股转公司建立公开透明的审查机制，向市场公开在审企业名单及审查进度、审查问询与回复文件、挂牌委员会审议会议通知与审议会议结果、自律监管措施和纪律处分等信息，接受社会公众监督。

第八条 申请人及其控股股东、实际控制人、董事、监事和高级管理人员，以及保荐机构、证券服务机构及其相关人员应当积极配合全国股转公司精选层挂牌审查工作，接受全国股转公司自律管理并承担相应的法律责任。

第九条 全国股转公司的自律监管意见，不表明对申请文件及所披露信息的真实性、准确性、完整性作出保证，也不表明对该股票的投资价值或者投资者的收益作出实质性判断或者保证。

第二章 申请与受理

第十条 申请人申请股票在精选层挂牌的，应当委托保荐机构通过审查系统报送下列精选层挂牌申请文件：

（一）申请人关于股票在精选层挂牌的申请；

（二）保荐机构出具的股票在精选层挂牌推荐书、关于申请人预计市值的分析报告；

（三）《非上市公众公司信息披露内容与格式准则第 12 号——向不特定合格投资者公开发行股票申请文件》规定的申请文件；

（四）申请人、保荐机构关于本次申报符合受理要求的说明；

（五）全国股转公司要求提交的其他文件。

第十一条 在提交精选层挂牌申请文件前，申请人及其保荐机构可以就重大疑难、重大无先例事项等涉及业务规则理解与适用的问题，向全国股转公司提出书面咨询；确需当面咨询的，应当预约。

第十二条 全国股转公司收到精选层挂牌申请文件后，对申请文件的齐备性进行审查，并在两个交易日内作出是否受理的决定。

申请文件齐备的，出具受理通知；申请文件不齐备的，一次性告知需要补正的事项。补正时限最长不得超过三十个交易日。多次补正的，补正时间累计计算。

申请人补正申请文件的，全国股转公司收到申请文件的时间以申请人最终提交补正文件的时间为准。

全国股转公司按照收到申请人申请文件的先后顺序予以受理。

第十三条 存在下列情形之一的，全国股转公司不予受理：

（一）精选层挂牌申请文件不齐备且未按要求补正。

（二）保荐机构、证券服务机构及其相关人员不具备相关资质；或者因证券违法违规，被中国证监会或全国股转公司采取限制资格、限制业务活动、一定期限内不接受其出具的相关文件等相关措施，尚未解除；或者因挂牌推荐、股票发行、并购重组业务涉嫌违法违规，或其他业务涉嫌违法违规且对市场有重大影响被立案调查、侦查，尚未结案。

（三）申请人存在尚未实施完毕的股票发行、重大资产重组、收购、股票回购等情形。

（四）全国股转公司规定的其他情形。

保荐机构报送的精选层挂牌申请文件在十二个月内累计两次被不予受理的，自第二次收到全国股转公司不予受理通知之日起三个月后，方可报送新的申请文件。

第十四条 精选层挂牌申请文件的内容应当真实、准确、完整。

精选层挂牌申请文件一经受理，申请人及其控股股东、实际控制人、董事、监事和高级管理人员，以及保荐机构、证券服务机构及其相关人员即须承担相应的法律责任。

未经全国股转公司同意，不得对已受理的精选层挂牌申请文件进行更改。

第十五条 全国股转公司受理精选层挂牌申请文件当日，预先披露的相关申请文件在符合《证券法》规定的信息披露平台披露。

第三章 审查内容与方式

第十六条 全国股转公司在精选层挂牌审查中，重点关注下列事项：

（一）申请人是否符合《非上市公众公司监督管理办法》的相关规定；

（二）申请人是否符合《公开发行规则》《分层管理办法》及全国股转公司相关规则规定的进入精选层的要求；

（三）保荐机构、证券服务机构出具的文件是否就申请人符合股票在精选层挂牌的要求逐项发表明确意见，且具备充分的理由和依据；

（四）精选层挂牌申请文件是否符合中国证监会和全国股转公司的信息披露要求。

第十七条 全国股转公司在信息披露审查中重点关注以下事项：

（一）精选层挂牌申请文件及信息披露内容是否达到真实、准确、完整的要求，是否符合中国证监会的有关要求；

（二）精选层挂牌申请文件及信息披露内容是否包含对投资者作出投资决策有重大影响的信息，披露程度是否达到投资者作出投资决策所必需的水平，包括但不限于是否充分、全面披露相关规则要求的内容，是否充分揭示可能对申请人符合股票在精选层挂牌的要求产生重大不利影响的所有因素；

（三）精选层挂牌申请文件及信息披露内容是否一致、合理和具有内在逻辑性，包括但不限于财务数据是否勾稽合理，是否符合申请人实际情况，财务信息与非财务信息是否相互印证，保荐机构、证券服务机构核查依据是否充分，能否对财务数据的变动或者与同行业可比公众公司存在的差异作出合理解释；

（四）精选层挂牌申请文件披露的内容是否简明易懂，是否便于合格投资者阅读和理解，包括但不限于是否使用事实描述性语言，是否言简意赅、通俗易懂、逻辑清晰，是否结合申请人自身特点进行有针对性的信息披露。

第十八条 全国股转公司主要通过提出问询的方式进行审查，督促申请人及其保荐机构、证券服务机构真实、准确、完整地披露信息。

全国股转公司可以视情况在审查问询中对申请人、保荐机构及证券服务机构，提出下列要求：

（一）解释和说明相关问题；

（二）补充核查相关事项；

（三）补充提供新的证据或材料；

（四）修改或更新信息披露内容。

第四章 审查程序

第一节 审查机构审查

第十九条 全国股转公司审查机构按照精选层挂牌申请文件受理顺序开始审查，自受理之日起二十个交易日内，通过审查系统发出首轮审查问询。

第二十条 在首轮审查问询发出前，申请人、保荐机构、证券服务机构及其相关人员不得与审查人员接触，不得以任何形式干扰审查工作。

第二十一条 在首轮审查问询发出后，申请人及其保荐机构、证券服务机构对全国股转公司审查问询存在疑问的，可与全国股转公司审查机构进行沟通；确需当面沟通的，应当预约。

第二十二条 申请人及其保荐机构、证券服务机构应当按照审查问询要求进行必要的补充调查和核查，及时、逐项回复审查问询事项，补充或者修改相应精选层挂牌申请文件，在收到审查问询之日起二十个交易日内通过审查系统提交回复文件。预计难以在规定的时间内回复的，保荐机构应当及时提交延期回复申请，说明延期理由及具体回复时限，延期一般不超过二十个交易日。

申请人及其保荐机构、证券服务机构对全国股转公司审查问询的回复是精选层挂牌申请文件的组成部分，申请人及其保荐机构、证券服务机构应当保证回复的真实、准确、完整。

第二十三条 全国股转公司认为申请人需要补充披露、解释说明或保荐机构、证券服务机构需要进一步核查的，在收到问询回复之日起十个交易日内，继续提出审查问询。

第二十四条 由于国家秘密、商业秘密等特殊原因导致精选层挂牌申请文件中相关信息确实不便披露的，申请人可以不予披露，但应当在申请文件中说明未按照规定进行披露的原因。全国股转公司认为需要披露的，申请人应当披露。

第二十五条 全国股转公司在精选层挂牌审查过程中，可以根据需要，约见问询申请人的董事、监事、高级管理人员、控股股东、实际控制人以及保荐机构、证券服务机构及其相关人员，调阅申请人、保荐机构、证券服务机构与本次申请相关的资料。

第二十六条 全国股转公司在精选层挂牌审查过程中，发现精选层挂牌申请文件存在重大疑问且申请人及其保荐机构、证券服务机构回复中无法作出合理解释的，可以对申请人、保荐机构等主体进行检查。

第二十七条 申请人回复全国股转公司审查问询或者发生其他情形时，需更新精选层挂牌申请文件的，应当进行修改、更新。在全国股转公司发出挂牌委员会审议会议通知时，更新后的预先披露文件在符合《证券法》规定的信息披露平台披露。

第二十八条 全国股转公司审查机构收到问询回复后，认为不需要进一步问询的，出具审查报告并提请挂牌委员会审议。

第二节 挂牌委员会审议

第二十九条 挂牌委员会召开审议会议，对精选层挂牌申请文件和审查机构的审查报告进行审议。挂牌委员会的人员组成、工作程序等事项，由全国股转公司另行规定。

第三十条 挂牌委员会要求对申请人及其保荐机构进行现场问询的，申请人代表及保荐代表人应当到会接受问询，回答参会委员提出的问题。

第三十一条 挂牌委员会审议会议通过合议形成通过或不通过的审议意见。

申请人存在尚待核实的重大问题，无法形成审议意见的，经会议合议，可以对该股票在精选层挂牌申请暂缓审议。待相关事项核查完毕后，全国股转公司审查机构再次提请挂牌委员会审议。对同一股票在精选层挂牌申请，挂牌委员会只能暂缓审议一次。

第三十二条 全国股转公司结合挂牌委员会审议意见，出具自律监管意见或作出终止精选层挂牌审查的决定。

挂牌委员会审议通过但要求申请人补充披露有关信息的，全国股转公司审查机构通知保荐机构组织落实，并对落实情况进行核对，通报参会委员。申请人补充披露相关事项后，全国股转公司出具自律监管意见。

第三十三条 全国股转公司应当在受理精选层挂牌申请文件之日起两个月内，出具自律监管意见或作出终止精选层挂牌审查的决定。

申请人及其保荐机构、证券服务机构回复审查问询、落实挂牌委员会意见、全国股转公司中止自律审查、就有关法律法规规定解释请示有权机关、实施检查等情形，不计算在前款所规定的时限内。

第三十四条 全国股转公司审查通过的，按照《公开发行规则》的规定向中国证监会报送公开发行申请文件，同时报送自律监管意见和相关审查资料。

第五章　特殊情形处理

第一节　重大事项报告与处理

第三十五条　本节所称重大事项，是指可能对申请人符合股票在精选层挂牌要求或者信息披露要求产生重大影响的事项。

第三十六条　全国股转公司受理申请文件后至申请人股票在精选层挂牌前，发生重大事项的，申请人及其保荐机构应当及时向全国股转公司报告，并按要求更新精选层挂牌申请文件。申请人的保荐机构、证券服务机构应当履行尽职调查职责，并向全国股转公司提交核查意见。

第三十七条　申请人申请文件报送中国证监会前，发生重大事项的，全国股转公司审查机构应当及时审查，需要进一步问询的，通过审查系统发出问询。已经挂牌委员会审议的，全国股转公司审查机构审查决定是否重新提交挂牌委员会审议。

第三十八条　全国股转公司受理申请文件后至申请人股票在精选层挂牌前，申请人及其保荐机构应当密切关注公共媒体关于申请人的重大报道、市场传闻。

相关报道、传闻与申请人信息披露存在重大差异，所涉事项可能对申请人股票在精选层挂牌产生重大影响，申请人及其保荐机构应当向全国股转公司作出解释说明，并按规定履行信息披露义务；保荐机构、证券服务机构应当进行必要的核查并将核查结果向全国股转公司报告。

第三十九条　全国股转公司受理申请文件后至申请人股票在精选层挂牌前，全国股转公司收到与申请人股票在精选层挂牌相关投诉举报的，可以就投诉举报涉及的事项向发行人及其保荐机构、证券服务机构进行问询，要求发行人及其保荐机构作出解释说明，并按规定履行信息披露义务；要求保荐机构、证券服务机构进行必要核查并将核查结果向全国股转公司报告。

第二节　中止、终止自律审查

第四十条　出现下列情形之一的，申请人、保荐机构和证券服务机构应当及时报告全国股转公司，全国股转公司中止精选层挂牌审查：

（一）申请人及其控股股东、实际控制人涉嫌贪污、贿赂、侵占财产、挪用财产或者破坏社会主义市场经济秩序的犯罪，或者涉嫌欺诈发行、重大信息披露违法或其他涉及国家安全、公共安全、生态安全、生产安全、公众健康安全等领域的重大违法行为，被立案调查或者被司法机关立案侦查，尚未结案；

（二）申请人的保荐机构或者签字保荐代表人、证券服务机构或者相关签字人员因挂牌推荐、股票发行、并购重组业务涉嫌违法违规，或其他业务涉嫌违法违规且对市场有重大影响被中国证监会立案调查，或者被司法机关侦查，尚未结案；

（三）申请人的保荐机构、证券服务机构被中国证监会依法采取限制业务活动、责令停业整顿、指定其他机构托管或者接管等监管措施，尚未解除；

（四）申请人的签字保荐代表人、证券服务机构相关签字人员被中国证监会依法采取市场禁入、限制证券从业资格等监管措施，尚未解除；

（五）保荐机构或者签字保荐代表人、证券服务机构或者相关签字人员，被全国股转公司采取限制、暂停其相关业务的纪律处分，尚未解除；

（六）精选层挂牌申请文件中记载的财务资料已过有效期，需要补充提交；

（七）申请人及保荐机构主动要求中止审查，理由正当并经全国股转公司同意的；

（八）全国股转公司规定的其他情形。

出现前款第一项至六项所列情形，申请人、保荐机构和证券服务机构未及时告知全国股转公司，全国股转公司经核实符合中止精选层挂牌审查情形的，将直接中止自律审查。

第四十一条 因本细则第四十条第一款第二项至第五项中止自律审查后，申请人根据规定需要更换保荐机构或者证券服务机构的，更换后的保荐机构或者证券服务机构应当自中止自律审查之日起三个月内完成尽职调查，重新出具相关文件，并对原保荐机构或者证券服务机构出具的文件进行复核，出具复核意见，对差异情况作出说明。申请人根据规定无需更换保荐机构或证券服务机构的，保荐机构或证券服务机构应当及时向全国股转公司出具复核报告。

因本细则第四十条第一款第二项至第五项中止自律审查后，申请人更换签字保荐代表人或者证券服务机构相关签字人员的，更换后的保荐代表人或者证券服务机构相关人员应当自中止自律审查之日起一个月内，对原保荐代表人或者证券服务机构相关人员签字的文件进行复核，出具复核意见，对差异情况作出说明，保荐机构或者证券服务机构应当及时向全国股转公司出具复核报告。

因本细则第四十条第一款第六项、第七项中止自律审查的，申请人应当在中止自律审查后三个月内补充提交有效文件或者消除主动要求中止自律审查的相关情形。

第四十二条 本细则第四十条第一款所列中止精选层挂牌审查的情形消除后，申请人、保荐机构应当及时告知全国股转公司。全国股转公司经审查确认后，恢复自律审查，并通知申请人及其保荐机构。

依照前款规定恢复自律审查的，审查时限自恢复审查之日起继续计算。但申请人对其财务报告期进行调整达到一个或一个以上会计年度的，审查时限自恢复自律审查之日起重新起算。

第四十三条 出现下列情形之一的，全国股转公司将终止精选层挂牌审查，通知申请人及其保荐机构：

（一）申请人撤回申请或者保荐机构撤回保荐；

（二）申请人的法人资格终止；

（三）精选层挂牌申请文件被认定存在虚假记载、误导性陈述或者重大遗漏；

（四）精选层挂牌申请文件内容存在重大缺陷，严重影响投资者理解和全国股转公司自律审查；

（五）申请人未在规定时限内回复全国股转公司审查问询或者未对精选层挂牌申请文件作出解释说明、补充修改，且未说明合理理由；

（六）本细则第四十条第一款规定的中止精选层挂牌审查情形未能在三个月内消除或者未能在本细则第四十一条规定的时限内完成相关事项；

（七）申请人拒绝、阻碍或逃避全国股转公司依法实施的检查；

（八）申请人及其关联方以不正当手段严重干扰全国股转公司精选层挂牌审查工作；

（九）全国股转公司审查不通过。

第三节　复审与复核

第四十四条　申请人对全国股转公司作出的终止精选层挂牌审查决定有异议的，可以在收到终止精选层挂牌审查决定后五个交易日内，向全国股转公司申请复审。但因申请人撤回股票在精选层挂牌申请或者保荐机构撤回保荐而终止自律审查的，申请人不得申请复审。

申请人申请复审的，应当提交下列申请文件：

（一）复审申请书；

（二）保荐机构就复审事项出具的意见书；

（三）律师事务所就复审事项出具的法律意见书；

（四）全国股转公司规定的其他文件。

第四十五条　全国股转公司收到复审申请后二十个交易日内，召开挂牌委员会复审会议，审议复审申请。复审期间，原决定效力不受影响。

挂牌委员会复审会议认为申请复审理由成立的，全国股转公司对股票在精选层挂牌申请重新审查，审查时限自重新审查之日起算，全国股转公司另有规定的除外；复审会议认为申请复审理由不成立的，全国股转公司维持原决定。

对全国股转公司作出的终止精选层挂牌审查决定，申请人只能提出一次复审申请。复审决议作出后，申请人不得再次申请复审。

第四十六条　全国股转公司对精选层挂牌申请作出不予受理决定或按照本细则第四十五条的规定作出复审决定的，申请人可以在收到相关文件后五个交易日内，按照《全国中小企业股份转让系统复核实施细则》的相关规定申请复核。

第六章　附则

第四十七条　本细则由全国股转公司负责解释。

第四十八条　本细则自发布之日起施行。

关于发布《全国中小企业股份转让系统挂牌委员会管理细则（试行）》的公告

股转系统公告〔2020〕156号

为了规范全国中小企业股份转让系统挂牌委员会工作，提高自律审查工作的质量和透明度，确保挂牌委员会高效、公正运行，全国中小企业股份转让系统有限责任公司制定了《全国中小企业股份转让系统挂牌委员会管理细则（试行）》，现予以发布，自发布之日起施行。

特此公告。

附件：全国中小企业股份转让系统挂牌委员会管理细则（试行）

全国中小企业股份转让系统有限责任公司
2020年2月28日

全国中小企业股份转让系统挂牌委员会管理细则（试行）

第一章　总则

第一条　为了规范全国中小企业股份转让系统（以下简称全国股转系统）挂牌委员会工作，提高自律审查工作的质量、效率和透明度，根据《全国中小企业股份转让系统股票向不特定合格投资者公开发行并在精选层挂牌规则（试行）》《全国中小企业股份转让系统分层管理办法》的有关规定，制定本细则。

第二条　全国中小企业股份转让系统有限责任公司（以下简称全国股转公司）设立全国股转系统挂牌委员会（以下简称挂牌委）。挂牌委的组成、职责与工作程序等，适用本细则。

第三条　挂牌委通过召开会议的方式履行职责，依照法律法规、部门规章和全国股转公司业务规则开展审议工作，通过集体讨论，形成合议意见。

第四条　挂牌委应当依法合规、独立公正、勤勉尽责地开展工作。

第五条　全国股转公司负责挂牌委日常工作的管理，为挂牌委及委员履职提供必要的条件和便利，对挂牌委及委员的工作进行考核和监督。

第二章　挂牌委的组成

第六条　挂牌委委员主要由全国股转公司的专业人员和全国股转公司外的专业人士组成，由全国股转公司聘任。全国股转公司可以根据实际情况设置一定比例的专职委员。

挂牌委由二十五至五十名委员组成。全国股转公司可以根据需要对挂牌委委员人数和构成等进行调整。

第七条　挂牌委委员应当符合下列条件：

（一）具有较高的政治思想素质、理论水平和道德修养；

（二）坚持原则，公正廉洁，忠于职守，诚实守信，严格遵守法律法规、部门规章和相关组织的自律规则，没有违法、违规记录以及严重不良诚信记录；

（三）熟悉证券相关法律法规、部门规章和全国股转公司业务规则，精通所从事行业的专业知识，具备良好的个人声誉；

（四）全国股转公司要求的其他条件。

第八条　全国股转公司成立选聘委员会负责挂牌委委员的选聘工作，按照以下程序选聘挂牌委委员：

（一）全国股转公司提请相关单位推荐挂牌委委员人选；

（二）全国股转公司将委员候选人名单在全国股转公司网站公示，公示期不少于5个交易日；

（三）公示期满后，全国股转公司选聘委员会根据委员选任条件进行遴选，拟订拟聘任委员名单后履行全国股转公司决策程序；

（四）全国股转公司作出聘任决定，接受聘任的委员按照全国股转公司规定签署履职相关承诺。

第九条　挂牌委委员每届任期2年，可以连任，连续任期最长不超过2届。

挂牌委委员每届任期届满时，全国股转公司按照本细则予以续聘或更换。

第十条　挂牌委委员存在下列情形之一的，全国股转公司予以解聘：

（一）不符合本细则第七条规定的条件；

（二）违反回避制度、利用委员身份开展商业活动等；

（三）两次及以上无故不出席挂牌委会议；

（四）因工作变动或者健康等原因不宜继续担任委员；

（五）本人提出辞职申请，或者推荐单位提出解聘要求，经全国股转公司同意；

（六）全国股转公司认为不适合担任挂牌委委员的其他情形。

挂牌委委员的解聘不受任期是否届满的限制。委员被解聘后，全国股转公司可以选聘增补委员，增补委员任期为被解聘委员的剩余任期。

挂牌委委员因违法违规被解聘的，取消其所在单位5年内再次推荐挂牌委委员的资格。

第十一条　全国股转公司设立挂牌委秘书处，负责挂牌委的日常事务工作。

第三章　挂牌委职责与权利

第十二条　挂牌委对下列事项进行审议：

（一）申请挂牌公司股票在创新层挂牌；

（二）挂牌公司股票在精选层挂牌；

（三）精选层公司向不特定合格投资者公开发行股票的挂牌；

（四）挂牌公司所属市场层级的调整；

（五）挂牌公司股票被强制终止挂牌；

（六）全国股转公司规定的其他事项。

挂牌委审议程序包括普通程序和简易程序，前款第（二）项适用普通程序，其他审议事项适用简易程序。

第十三条　挂牌委履行下列职责：

（一）对本细则第十二条所列事项进行审议，提出审议意见；

（二）对挂牌公司股票在精选层挂牌的复审申请进行审议，提出复审意见；

（三）对审查机构提交的咨询事项进行讨论，提出咨询意见；

（四）对挂牌委年度工作进行讨论、研究；

（五）全国股转公司规定的其他职责。

第十四条 挂牌委履行职责时，享有下列权利：

（一）要求全国股转公司相关职能部门提供履行职责所需的文件；

（二）要求审议事项相关主体到会接受问询；

（三）不受任何单位或者个人的影响，独立形成审议意见。

第十五条 挂牌委委员应当保证足够的时间和精力参与挂牌委工作，履行下列职责：

（一）对相关职能部门提交审议的文件进行审查；

（二）以个人身份按时出席挂牌委会议、独立发表意见，对会议纪要等文件签字确认；

（三）及时向全国股转公司报告影响或可能影响其公正履职的有关事项；

（四）全国股转公司要求履行的其他职责。

第十六条 挂牌委委员在履行职责时，享有下列权利：

（一）挂牌委会议召开前，获取审议事项相关文件；

（二）通过全国股转公司相关职能部门调阅履行职责所必需的文件。

第十七条 挂牌委委员履行职责时，有下列情形之一的，应当回避：

（一）委员或者其亲属近两年内担任所审议的申请挂牌公司、挂牌公司或其控股股东、实际控制人或者其保荐机构、主办券商的董事、监事、高级管理人员；

（二）委员或者其亲属、委员所在工作单位与所审议的申请挂牌公司、挂牌公司或其控股股东、实际控制人或者其保荐机构、主办券商存在股权关系，可能影响其公正履行职责；

（三）委员或者其亲属、委员所在工作单位近两年内为所审议的申请挂牌公司、挂牌公司提供保荐、推荐、持续督导、承销、审计、评估、法律、咨询等服务，可能影响其公正履行职责；

（四）委员或者其亲属担任董事、监事、高级管理人员的公司与所审议的申请挂牌公司、挂牌公司存在行业竞争关系，或者与所审议的公司或其保荐机构、主办券商有利害关系，经认定可能影响其公正履行职责；

（五）挂牌委会议召开前，与所审议的申请挂牌公司、挂牌公司、保荐机构、主办券商及其他相关单位或者个人进行过接触，可能影响其公正履行职责；

（六）全国股转公司认定的可能产生利害冲突或者挂牌委委员认为可能影响其公正履行职责的其他情形。

前款所称亲属，包括挂牌委委员的配偶、父母、子女、兄弟姐妹、配偶的父母、子女的配偶、兄弟姐妹的配偶。

第十八条 秘书处负责办理下列具体事务：

（一）选定挂牌委会议参会委员，安排会议的召开时间和场地设施，通知委员并送达会议文件；

（二）维护会场秩序，负责会议录音录像，起草会议纪要等会议文件；

（三）发布挂牌委会议相关公告；

（四）挂牌委委员选聘日常事务；

（五）挂牌委委员的联络沟通、服务保障、考核监督等日常工作；

（六）归档并保管挂牌委资料；

（七）挂牌委要求办理的其他事项。

第四章 挂牌委工作程序

第一节 审议会议一般规定

第十九条 挂牌委召开审议会议对本细则第十二条规定的事项进行审议，每次会议由5名委员参加。审议会议可以采取现场会议、视频会议等形式。审议会议应当全程录音录像。

第二十条 挂牌委设会议召集人，负责召集和主持审议会议、组织委员讨论和提出问询问题、总结委员意见并形成审议意见等。

第二十一条 秘书处应当按照全国股转公司关于档案管理的规定，对会议档案进行立卷、归档和移交。未经规定程序，不得调阅会议档案。

第二节 审议会议普通程序

第二十二条 挂牌委审议挂牌公司股票在精选层挂牌，适用本节规定。

第二十三条 参会委员由全国股转公司的委员和全国股转公司外的委员共同组成。会议召开前，全国股转公司依照公平公正的原则，随机抽选参会委员。抽选的委员因回避等事由无法参会的，可以抽选其他委员补足。

第二十四条 秘书处收到审查机构提交的审查报告后安排审议会议，于会议召开5个交易日前向参会委员发送会议通知、拟审议的挂牌公司名单、审议事项的申请文件和审查资料，同时通知挂牌公司及其保荐机构，并在全国股转公司网站公布审议会议的召开时间、拟参会委员名单和拟审议挂牌公司名单等。

第二十五条 委员应当于会议召开4个交易日前向秘书处回复是否参会。委员确认参会后，不得无故不出席会议，确因特殊事由无法按时参会的，应当向秘书处提交书面申请，秘书处应当及时更换委员，无法更换的，另行安排会议。

第二十六条 委员存在应当回避的情形或因其他特殊事由不能参加会议的，应当于审议会议召开4个交易日前提出回避或缺席申请。全国股转公司收到委员回避或缺席申请的，应当及时更换委员。

挂牌公司、保荐机构及其他相关单位或个人认为挂牌委委员与审议事项存在利害冲突或者潜在的利害冲突，可能影响委员独立、客观、公正履行职责的，应当于会议召开4个交易日前向全国股转公司提交要求委员回避的书面申请，并说明理由。全国股转公司核实后决定相关委员是否回避。

第二十七条 发生不可抗力、意外事件或其他特殊情形导致审议会议无法按照原定安排召开的，秘书处可以取消或另行安排会议。

发现挂牌公司存在尚待调查核实的重大事项，秘书处可以取消该挂牌公司的审议会议。

会议安排变更的，秘书处应当及时通知挂牌公司及其保荐机构，并在全国股转公司网站公布。

第二十八条 委员要求挂牌公司及其保荐机构、证券服务机构代表到会接受问询的，应当于审议会议召开2个交易日前提交问询问题清单，秘书处通知相关人员到会接受问询。

挂牌公司及其保荐机构等代表按要求到会接受问询的，至少应当包含挂牌公司法定代表人和保荐代表人。委员应当基于问题清单提出问询。

第二十九条 参会委员应审阅相关文件，填写工作底稿并提出依据充分、观点明确的审查意见。参会委员应根据工作底稿进行审议，并于会议结束时将签字确认的工作底稿提交至秘书处。

第三十条 现场会议原则上按照以下程序进行：

（一）出席会议的委员到达后，召集人宣布会议开始并主持会议；

（二）审查人员向委员说明挂牌公司的有关情况，并接受委员问询；

（三）挂牌公司及其保荐机构等代表到会接受问询（如需）；

（四）委员进行充分讨论并逐一发表意见；

（五）召集人根据参会委员的意见及讨论情况进行总结，经合议，按委员一致或多数意见形成审议意见；

（六）委员对会议纪要签字确认。

第三十一条 审议意见分为通过和不通过。参会委员发现挂牌公司存在尚待调查核实的重大问题无法形成审议意见的，经会议合议，可以暂缓审议。秘书处应于会议结束后及时将会议结果在全国股转公司网站公布。

同一挂牌公司的申请只能暂缓审议一次。待相关事项核查完毕后，再次提请挂牌委审议。

第三十二条 全国股转公司结合挂牌委审议意见分别作出处理：

（一）审议意见为通过的，全国股转公司出具自律监管意见；

（二）审议意见为通过但存在待完善事项的，待相关事项完善并通报委员后，全国股转公司出具自律监管意见；

（三）审议意见为不通过的，全国股转公司作出终止自律审查的决定。

第三十三条 挂牌公司在审议会议后至股票在精选层挂牌前发生重大事项，审查机构审查后提交挂牌委再次审议的，挂牌委应再次召开审议会议，一般应由原参会委员参加。原委员无法参会的，应向全国股转公司提出书面申请。

第三节 审议会议简易程序

第三十四条 挂牌委审议申请挂牌公司股票在创新层挂牌、挂牌公司所属市场层级调整、精选层公司向不特定合格投资者公开发行股票的挂牌、挂牌公司股票被强制终止挂牌等，适用本节规定。

第三十五条 参会委员原则上由来自全国股转公司的委员组成。

第三十六条 秘书处在收到相关职能部门提交的审议文件后安排审议会议，并于会议召开3个交易日前向参会委员发送会议通知、拟审议的申请挂牌公司或挂牌公司名单及审议相关文件。会议安排无需事前公告。

第三十七条 审议意见分为通过和不通过。全国股转公司结合挂牌委审议意见作出决定。

第三十八条 本节未有规定的，参照适用本章第二节审议会议普通程序的相关规定。

第四节 其他会议

第三十九条 挂牌公司对全国股转公司作出的终止自律审查决定有异议的，可以于收到相关决定之日起5个交易日内提交书面复审申请。

第四十条 挂牌公司提出复审申请的，应当提交下列文件：

（一）复审申请书；

（二）保荐机构就复审事项出具的意见书；

（三）律师事务所就复审事项出具的法律意见书；

（四）全国股转公司规定的其他文件。

第四十一条 挂牌委召开复审会议审议挂牌公司的复审申请。挂牌公司因全国股转公司审查不通过被终止自律审查的，复审会议由原参会委员以外的委员参加。复审会议适用审议会议普通程序。

参会委员经合议认为申请复审理由成立的，全国股转公司结合复审意见作出重新审查的决定；认为理由不成立的，全国股转公司维持原决定。

复审期间，全国股转公司相关决定的执行不受影响。

第四十二条 挂牌委可以根据需要，不定期召开专项会议，对相关职能部门提交咨询或挂牌委审议中遇到的重大、疑难、无先例事项等进行研究讨论。

第四十三条 挂牌委每年至少召开一次年度工作会议，研讨重大政策问题，总结挂牌委本年度工作并提出改进意见。年度工作会议由全体委员参加。

第五章 挂牌委工作纪律与监督管理

第四十四条 挂牌委委员应当遵守下列规定：

（一）按时出席挂牌委会议，不得委托他人代为出席，遵守会议纪律；会议期间不得无故离开会场，不得携带手机及其他通讯工具进入会场；

（二）保守国家秘密、申请挂牌公司或挂牌公司的商业秘密；

（三）妥善保管会议材料和系统电子密钥，不得泄露挂牌委会议讨论内容、提问与合议情况以及其他有关情况，不得将电子密钥出借给他人使用；

（四）独立、客观、公正地发表意见，不得串通发表意见；

（五）不得利用挂牌委委员身份或者在履行职责中所获得的非公开信息，为本人或者他人直接或者间接谋取利益；不得直接或间接接受申请挂牌公司、挂牌公司及相关单位或个人提供的资金、物品等馈赠和其他利益；不得私下与申请挂牌公司、挂牌公司及相关单位或个人进行接触；

（六）未经授权或许可，不得以挂牌委委员名义对外公开发表言论及从事与挂牌委有关的工作；

（七）委员受聘时应当向全国股转公司报告本人及其配偶、父母、子女及其配偶持有的挂牌公司及上市公司股票情况，并在受聘期间持续报告；受聘期间上述主体不得买入挂牌公司及上市公司股票，不得持有所审议、复审公司的股票；卖出其持有的挂牌公司及上市公司股票应当在转让后两个交易日内向全国股转公司备案；

（八）全国股转公司的其他有关规定。

第四十五条 挂牌公司、保荐机构及其他单位和个人，不得直接或者间接以不正当手段影响挂牌委委员的专业判断，或者以其他方式干扰挂牌委委员审议。

保荐机构有义务督促挂牌公司遵守全国股转公司有关规定，唆使、协助或者参与干扰挂牌委工作的，全国股转公司可以按照相关规定进行处理。

第四十六条 全国股转公司对挂牌委委员履职情况进行考核，并将考核结果作为再次聘任的重要依据。

第四十七条 全国股转公司建立监督检查工作机制，调查处理对挂牌委委员的举报事项、违规线索，并对挂牌委工作进行检查。

第四十八条 挂牌委委员存在违反本细则规定行为的，全国股转公司根据情节轻重采取谈话提醒、批评、解聘等处理措施，并将相关事项通报委员所在单位。情节严重的，向中国证监会报告。

全国股转公司可以公开挂牌委委员被采取的批评或解聘的处理措施。

第六章　附则

第四十九条　本细则由全国股转公司负责解释。

第五十条　本细则自发布之日起施行。

关于发布《全国中小企业股份转让系统股票向不特定合格投资者公开发行与承销管理细则（试行）》的公告

股转系统公告〔2020〕65 号

为了规范全国中小企业股份转让系统股票向不特定合格投资者公开发行及承销行为，保护投资者合法权益，全国中小企业股份转让系统有限责任公司制定了《全国中小企业股份转让系统股票向不特定合格投资者公开发行与承销管理细则（试行）》。经中国证监会批准，现予以发布，自发布之日起施行。

特此公告。

附件：全国中小企业股份转让系统股票向不特定合格投资者公开发行与承销管理细则（试行）

全国股转公司

2020 年 1 月 19 日

全国中小企业股份转让系统股票向不特定合格投资者公开发行与承销管理细则（试行）

第一章　总则

第一条　为了规范全国中小企业股份转让系统（以下简称全国股转系统）挂牌公司（以下称发行人）股票向不特定合格投资者公开发行及承销行为，保护投资者合法权益，维护市场秩序，根据《证券法》《非上市公众公司监督管理办法》《全国中小企业股份转让系统股票向不特定合格投资者公开发行并在精选层挂牌规则（试行）》等法律法规、部门规章、业务规则，制定本细则。

第二条　全国股转系统挂牌公司股票向不特定合格投资者公开发行并在精选层挂牌（以下简称股票公开发行并在精选层挂牌），精选层挂牌公司向不特定合格投资者公开发行股票，证券公司承销及投资者认购上述股票，适用本细则。

第三条　全国中小企业股份转让系统有限责任公司（以下简称全国股转公司）根据相关法律法规、部门规章、业务规则及本细则的规定，对股票公开发行与承销活动及发行人、证券公司、证券服务机构、投资者等参与主体实施自律管理。

第四条　证券公司承销公开发行的股票，应当依据中国证监会、中国证券业协会和全国股转公司的相关规定，制定并严格执行完善的风险管理制度和内部控制制度，加强定价和配售过程管理，落实承销责任，防范利益冲突，防控发行风险。

第五条　证券服务机构和人员应当按照本行业公认的业务标准和执业规范，严格履行法定职责，对其所出具文件的真实性、准确性和完整性承担责任。

第二章　定价与配售

第一节　一般规定

第六条　股票公开发行，可以通过发行人和主承销商自主协商直接定价、合格投资者网上竞价或网下询价等方式确定发行价格。发行人和主承销商应当在发行方案中说明本次发行采用的定价方式，并在招股文件和发行公告中披露。

精选层挂牌公司向不特定合格投资者公开发行股票的，发行价格应当参考发行前一定期间的交易价格确定。

本细则所称招股文件，是指公开发行申请经中国证监会核准后，发行人公告的公开发行意向书或公开发行说明书。

第七条 股票公开发行采用询价方式的，承销商应当向网下投资者提供投资价值研究报告；采用竞价方式的，承销商应当提供投资价值研究报告并公开披露。投资价值研究报告应当符合中国证券业协会的相关规定。

投资价值研究报告应当说明估值区间与历史交易价格和历史发行价格的偏离情况及原因。

本细则所称历史交易价格，是指本次申请公开发行前六个月内最近20个有成交的交易日的平均收盘价；历史发行价格，是指本次申请公开发行前一年内历次股票发行的价格。

第八条 股票公开发行并在精选层挂牌采用直接定价或询价方式，发行人和主承销商确定的发行价格存在下列情形之一的，应当至少在申购日一周前发布投资风险特别公告：

（一）超过历史交易价格或历史发行价格1倍；

（二）超过网下投资者有效报价剔除最高报价部分后的中位数或加权平均数。

第九条 股票公开发行采用直接定价或竞价方式的，全部向网上投资者发行，不进行网下询价和配售。

第十条 投资者应当按照发行人和主承销商的要求在申购时全额缴付申购资金、缴付申购保证金或以其他方式参与申购。冻结资金产生的利息划入全国股转公司设立的风险基金，风险基金的使用应当符合中国证监会的规定。

第十一条 网上投资者有效申购总量大于网上发行数量时，根据网上发行数量和有效申购总量的比例计算各投资者获得配售股票的数量。其中不足100股的部分，汇总后按时间优先原则向每个投资者依次配售100股，直至无剩余股票。

第十二条 精选层挂牌公司向不特定合格投资者公开发行股票，可以全部或部分向原股东优先配售，优先配售比例应当在发行公告中披露。

第二节 询价发行

第十三条 股票公开发行采用询价方式的，应当通过初步询价确定发行价格。

第十四条 在中国证券业协会注册、符合中国证券业协会规定条件并已开通全国股转系统精选层交易权限的网下投资者可以参与询价。

参与询价的网下投资者须具备丰富的投资经验和良好的定价能力，应当接受中国证券业协会的自律管理，遵守中国证券业协会的自律规则。

第十五条 发行人和主承销商可以自主协商设置网下投资者的具体条件，并预先披露。主承销商应当对网下投资者是否符合预先披露的条件进行核查，对不符合条件的投资者，应当拒绝或剔除其报价。

第十六条 网下投资者可以自主决定是否报价，主承销商无正当理由不得拒绝。网下投资者应当遵循独立、客观、诚信的原则报价，不得协商报价或者故意压低、抬高价格。

参与询价的网下投资者应当以其管理的配售对象为单位进行报价，报价应当包括每股价格和对应的拟申购股数，每个配售对象只能申报一个报价，同一网下投资者全部报价中的不同拟申购价格不得超过三个。

第十七条 发行人和主承销商应当剔除拟申购总量中报价最高的部分，并根据剩余报价及拟申购数量协商确定发行价格。剔除部分不得低于所有网下投资者拟申购总量的 5%，因剔除导致拟申购总量不足的，相应部分可不剔除。

网下投资者拟申购总量超过网下初始发行量 15 倍的，剔除部分不得低于所有网下投资者拟申购总量的 10%。

第十八条 股票发行价格确定后，提供有效报价的网下投资者方可参与申购，网下投资者应当以配售对象为单位进行申购。

前款所称有效报价，是指网下投资者申报的不低于发行人和主承销商确定的发行价格，且未作为最高报价部分被剔除，同时符合发行人和主承销商事先确定并公告的其他条件的报价。

第十九条 发行人和主承销商可以自主协商确定有效报价条件、配售原则和配售方式，并按照事先确定的配售原则在有效申购的网下投资者中确定配售对象。

第二十条 股票公开发行并在精选层挂牌的，网下初始发行比例应当不低于 60% 且不高于 80%。

有战略投资者配售股票安排的，应当扣除向战略投资者配售部分后确定网上网下发行比例。

第二十一条 对网下投资者进行分类配售的，同类投资者获得配售的比例应当相同。公开募集方式设立的证券投资基金和其他偏股型资产管理产品、全国社会保障基金、基本养老保险基金、企业年金基金和保险资金的配售比例应当不低于其他投资者。

第二十二条 网下投资者可与发行人和主承销商自主约定网下配售股票的持有期限并公开披露。

第二十三条 股票公开发行并在精选层挂牌网下配售时，发行人和主承销商不得向下列投资者配售股票：

（一）发行人及其股东、实际控制人、董事、监事、高级管理人员和其他员工；发行人及其股东、实际控制人、董事、监事、高级管理人员能够直接或间接实施控制、共同控制或施加重大影响的公司，以及该公司控股股东、控股子公司和控股股东控制的其他子公司；

（二）主承销商及其持股比例 5% 以上的股东，主承销商的董事、监事、高级管理人员和其他员工；主承销商及其持股比例 5% 以上的股东、董事、监事、高级管理人员能够直接或间接实施控制、共同控制或施加重大影响的公司，以及该公司控股股东、控股子公司和控股股东控制的其他子公司；

（三）承销商及其控股股东、董事、监事、高级管理人员和其他员工；

（四）本条第（一）、（二）、（三）项所述人士的关系密切的家庭成员，包括配偶、子女及其配偶、父母及配偶的父母、兄弟姐妹及其配偶、配偶的兄弟姐妹、子女配偶的父母；

（五）过去6个月内与主承销商存在保荐、承销业务关系的公司及其持股5%以上的股东、实际控制人、董事、监事、高级管理人员，或已与主承销商签署保荐、承销业务合同或达成相关意向的公司及其持股5%以上的股东、实际控制人、董事、监事、高级管理人员；

（六）其他参与配售可能导致不当行为或不正当利益的自然人、法人和组织。

本条第（二）、（三）项规定的禁止对象所管理的公募基金不受前款规定的限制，但是应符合中国证监会的有关规定。

第二十四条 股票公开发行并在精选层挂牌，网下投资者有效申购数量低于网下初始发行量的，发行人和主承销商不得将网下发行部分向网上回拨，应当中止发行。网上投资者有效申购数量不足网上初始发行量的，不足部分可以向网下投资者回拨。

网上投资者有效申购倍数超过15倍，不超过50倍的，应当从网下向网上回拨，回拨比例为本次公开发行数量的5%；网上投资者有效申购倍数超过50倍的，回拨比例为本次公开发行数量的10%。

有战略投资者配售股票安排的，本条所称公开发行数量应扣除战略配售数量计算。

第二十五条 网下发行与网上发行应同时进行，投资者应当选择参与网下或网上发行，不得同时参与。

第三节 竞价发行

第二十六条 股票公开发行采用竞价方式，除本细则第二十三条规定的投资者外，均可参与申购。

每个投资者只能申报一次。申购信息应当包括每股价格和对应的拟申购股数。

发行人和主承销商可以设置最低申购价格并在发行公告中予以披露，投资者申报的每股价格不得低于最低申购价格。

第二十七条 发行人和主承销商应当在发行公告中披露价格确定机制。

投资者有效申购总量小于或等于网上发行数量且已设置最低申购价格的，发行价格为最低申购价格；未设置最低申购价格的，发行价格为投资者的最低报价。

投资者有效申购总量大于网上发行数量的，发行人和主承销商可以选择下列方式之一确定发行价格：

（一）剔除最高报价部分后，将投资者申购报单按照价格从高到低排序计算累计申购数量，当累计申购数量达到网上发行数量或其一定倍数时，对应的最低申购价格为发行价格。

剔除部分不得低于拟申购总量的5%，因剔除导致拟申购总量不足的，相应部分可不剔除。拟申购总量超过网上发行数量15倍的，剔除部分不得低于拟申购总量的10%。

报价大于或等于发行价格且未被剔除的投资者为有效报价投资者。

（二）按照事先确定并公告的方法（加权平均价格或算数平均价格）计算申购报单的基准价格，以0.01元为一个价格变动单位向基准价格上下扩大价格区间，直至累计申购数量达到网上发行股票数量或其一定倍数，较低的临界价格为发行价格。

报价在上下两个临界价格以内（含临界价格）的投资者为有效报价投资者。

发行人和主承销商可以在竞价申购结束后根据申购情况协商确定剔除比例和累计申购倍数。

第二十八条 投资者有效申购总量小于或等于网上发行数量的，向投资者按有效申购数量配售股票。投资者有效申购总量大于网上发行数量的，向有效报价投资者按比例配售股票。

第四节 直接定价发行

第二十九条 股票公开发行采用直接定价方式的，发行人与主承销商应当结合发行人所属行业、市场情况、同行业公司估值水平等因素审慎确定发行价格，并在招股文件和发行公告中披露。

第五节 战略配售

第三十条 股票公开发行并在精选层挂牌的，可以向战略投资者配售股票，战略投资者不得超过10名。公开发行股票数量在5000万股以上的，战略投资者获得配售的股票总量原则上不得超过本次公开发行股票数量的30%，超过的应当在发行方案中充分说明理由。公开发行股票数量不足5000万股的，战略投资者获得配售的股票总量不得超过本次公开发行股票数量的20%。

第三十一条 参与战略配售的投资者，应当具备良好的市场声誉和影响力，具有较强资金实力，认可发行人长期投资价值，并按照最终确定的发行价格认购其承诺认购的发行人股票。

第三十二条 发行人应当与战略投资者事先签署配售协议。发行人与主承销商应向全国股转公司报备战略配售方案，包括战略投资者名称、承诺认购金额或者股票数量、限售期安排等情况。

战略投资者参与股票配售，应当使用自有资金，不得接受他人委托或者委托他人参与，但以公开方式募集设立、主要投资策略包括投资战略配售股票且以封闭方式运作的证券投资基金除外。

战略投资者本次获得配售的股票持有期限应当不少于 6 个月，持有期自本次发行的股票在精选层挂牌之日起计算。

第三十三条 经发行人董事会审议通过，发行人高级管理人员与核心员工可以通过专项资产管理计划、员工持股计划等参与战略配售，获配的股票数量不得超过本次公开发行股票数量的 10%，且股票持有期限不得少于 12 个月。

前款规定的专项资产管理计划、员工持股计划的实际支配主体为发行人高级管理人员的，该专项资产管理计划、员工持股计划获配的股份不计入社会公众股东持有的股份。

第三十四条 参与本次战略配售的投资者不得参与网上发行与网下发行，但证券投资基金管理人管理的未参与战略配售的证券投资基金除外。

第三十五条 发行人和主承销商向战略投资者配售股票的，不得存在以下情形：

（一）发行人和主承销商向战略投资者承诺股票在精选层挂牌后股价将上涨，或者股价如未上涨将由发行人购回股票或者给予任何形式的经济补偿；

（二）主承销商以承诺对承销费用分成、介绍参与其他发行人战略配售等作为条件引入战略投资者；

（三）股票在精选层挂牌后发行人认购发行人战略投资者及其控股子公司管理的证券投资基金；

（四）发行人承诺在战略投资者获配股份的限售期内，任命与该战略投资者存在关联关系的人员担任发行人的董事、监事及高级管理人员，但发行人高级管理人员与核心员工设立专项资产管理计划、员工持股计划等参与战略配售的除外；

（五）除以公开方式募集设立、主要投资策略包括投资战略配售股票且以封闭方式运作的证券投资基金外，战略投资者使用非自有资金认购发行人股票，或者存在接受其他投资者委托或委托其他投资者参与本次战略配售的情形；

（六）其他直接或间接进行利益输送的行为。

第三十六条 主承销商应当对战略投资者的选择标准、配售资格及是否存在本细则规定的禁止性情形进行核查、出具专项核查文件并公开披露，要求发行人就核查事项出具承诺函。

第三十七条 股票公开发行并在精选层挂牌的，发行人和主承销商应当在招股文件和发行公告中披露是否采用战略配售方式、战略投资者的选择标准、战略配售股票总量上限、战略投资者名称、承诺认购金额或者股票数量、占本次发行股票数量的比例以及限售期安排等。

在发行结果公告中披露最终获配的战略投资者名称、股票数量以及限售期安排等。

发行人高级管理人员与核心员工通过专项资产管理计划、员工持股计划等参与本次发行战略配售的，应当在招股文件和发行公告中披露专项资产管理计划、员工持股计划的具体名称、设立时间、募集资金规模、管理人、实际支配主体以及参与人姓名、职务与持有份额等。

第六节　超额配售选择权

第三十八条　股票公开发行并在精选层挂牌的，发行人和主承销商可以采用超额配售选择权。采用超额配售选择权发行股票数量不得超过本次公开发行股票数量的15%。

第三十九条　采用超额配售选择权的，发行人应当授予主承销商超额配售股票并使用超额配售股票募集的资金从二级市场竞价交易购买发行人股票的权利。通过联合主承销商发行股票的，发行人应当授予其中1家主承销商前述权利。

主承销商与发行人签订的承销协议中，应当明确发行人对主承销商采用超额配售选择权的授权，以及获授权的主承销商的相应责任。

获授权的主承销商，应当勤勉尽责，建立独立的投资决策流程及防火墙制度，严格执行内部控制制度，有效防范利益输送和利益冲突。

第四十条　采用超额配售选择权的主承销商，可以在征集战略投资者认购意向时，与投资者达成预售拟行使超额配售选择权所对应股份的协议，明确投资者同意预先付款并向其延期交付股票。主承销商应当将延期交付股票的协议报全国股转公司和中国证券登记结算有限责任公司北京分公司备案。

第四十一条　发行人股票在精选层挂牌之日起30日内，获授权的主承销商有权使用超额配售股票募集的资金，以竞价方式从二级市场购买发行人股票，申报买入价格不得高于本次发行的发行价格，获授权的主承销商未购买发行人股票或者购买发行人股票数量未达到全额行使超额配售选择权拟发行股票数量的，可以要求发行人按照超额配售选择权方案以发行价格增发相应数量股票。

主承销商按照前款规定，以竞价方式购买的发行人股票与要求发行人增发的股票之和，不得超过发行公告中披露的全额行使超额配售选择权拟发行股票数量。

主承销商按照第一款规定买入的股票不得卖出。

第四十二条　采用超额配售选择权的，获授权的主承销商使用超额配售募集的资金从二级市场购入股票，应当在超额配售选择权行使期届满或者累计购回股票数量达到采用超额配售选择权发行股票数量限额的5个交易日内，向发行人支付超额配售股票募集的资金，向同意延期交付股票的投资者交付股票。除购回股票使用的资金及划转给发行人增发股票的资金外的剩余资金，纳入全国股转公司设立的风险基金。

第四十三条　获授权的主承销商应当保存使用超额配售股票募集资金买入股票的完整记录，保存时间不得少于10年，记录应当包括以下信息：

（一）每次申报买入股票的时间、价格与数量；

（二）每次申报买入股票的价格确定情况；

（三）买入股票的每笔成交信息，包括成交时间、成交价格、成交数量等。

第四十四条 超额配售选择权行使期届满或者累计购回数量达到采用超额配售选择权发行股票数量限额的10个交易日内，获授权的主承销商应当将超额配售选择权的实施情况和使用超额配售股票募集资金买入股票的完整记录报全国股转公司备案。

第四十五条 股票公开发行并在精选层挂牌的，发行人和主承销商应当于提交发行申请时，在公开发行说明书中明确是否采用超额配售选择权以及采用超额配售选择权发行股票的数量上限。

发行人和主承销商应当在发行方案中明确并在招股文件中披露超额配售选择权实施方案，包括实施目标、操作策略、可能发生的情形以及预期达到的效果等；在发行公告中披露全额行使超额配售选择权拟发行股票的具体数量。

在超额配售选择权行使期届满或者累计购回股票数量达到采用超额配售选择权发行股票数量限额的2个交易日内，发行人与获授权的主承销商应当披露以下情况：

（一）超额配售选择权行使期届满或者累计购回股票数量达到采用超额配售选择权发行股票数量限额的日期；

（二）超额配售选择权实施情况是否合法、合规，是否符合所披露的有关超额配售选择权的实施方案要求，是否实现预期达到的效果；

（三）因行使超额配售选择权而发行的新股数量；如未行使或部分行使，应当说明买入发行人股票的数量及所支付的总金额、平均价格、最高与最低价格；

（四）发行人本次筹资总金额；

（五）全国股转公司要求披露的其他信息。

第三章 股票承销

第四十六条 发行人和主承销商应当签订承销协议，在承销协议中界定双方的权利义务关系，约定明确的承销基数。采用包销方式的，应当明确包销责任；采用代销方式的，应当约定发行失败后的处理措施。

公开发行股票依据法律、行政法规的规定应当由承销团承销的，组成承销团的承销商应当签订承销团协议，由主承销商负责组织承销工作。公开发行股票由两家以上证券公司联合主承销的，所有担任主承销商的证券公司应当共同承担主承销责任，履行相关义务。

承销团成员应当按照承销团协议和承销协议的约定进行承销活动，不得进行虚假承销。

第四十七条 主承销商实施承销前，应当向全国股转公司报送发行与承销方案。

第四十八条 股票公开发行并在精选层挂牌的，发行人和主承销商应当事先约定中止发行和发行失败的情形及安排，并在发行公告中予以披露。

发行承销过程中出现以下情形之一的，发行人和主承销商应当中止发行：

（一）采用询价方式的，有效报价的网下投资者数量不足10家或网下投资者有效申购数量低于网下初始发行量；

（二）预计发行后无法满足其在招股文件中选择的股票在精选层挂牌标准；

（三）发行价格未在股东大会确定的发行价格区间内或低于股东大会确定的发行底价；

（四）发行人和主承销商事先约定并披露的其他情形；

（五）全国股转公司认定的其他情形。

中止发行后，发行人和主承销商在发行核准文件有效期内，报经全国股转公司备案，可重新启动发行。

第四十九条 股票中止发行或发行失败涉及投资者资金缴付的，主承销商应当协助发行人将投资者的申购资金加算银行同期存款利息返还投资者。

第五十条 公开发行完成后，发行人应当聘请符合《证券法》规定的会计师事务所对募集资金进行验证，出具验资报告并报送全国股转公司备案。

发行人和主承销商还应当聘请律师事务所对网下发行过程、配售行为、参与定价与配售的投资者资质条件及其与发行人和承销商的关联关系、资金划拨等事项进行见证，并出具专项法律意见书。

本次公开发行的股票挂牌之日起10日内，主承销商应当将专项法律意见书、承销总结报告等文件报送全国股转公司备案。

第四章 信息披露

第五十一条 发行人和主承销商在股票发行过程中，应当按照中国证监会和全国股转公司的规定编制信息披露文件，履行信息披露义务。发行人和承销商在发行过程中披露信息，应当真实、准确、完整，不得有虚假记载、误导性陈述或者重大遗漏。

第五十二条 发行过程中，发行人和主承销商公告的信息应当在符合《证券法》规定的信息披露平台披露。通过其他途径披露信息的，披露内容应当完全一致，且不得早于在上述信息披露平台的披露时间。

第五十三条 股票公开发行招股文件披露后，发行人和承销商可以向网下投资者进行推介和询价，并通过互联网等方式向投资者进行推介。发行人和承销商向网下投资者推介和询价应当符合中国证券业协会的相关规定。

发行人和承销商推介时向投资者提供的发行人信息的内容应当一致。

第五十四条 发行人和承销商在推介过程中不得夸大宣传，或以虚假广告等不正当手段诱导、误导投资者，不得披露发行人公开信息以外的其他信息。

第五十五条 承销商应当保留推介、定价、配售等承销过程中的相关资料至少三年并存档备查，包括推介宣传材料、路演现场录音等，如实、全面反映定价和配售过程。

第五十六条 发行人披露的公开发行意向书除不含发行价格、筹资金额以外，其内容与格式应当与公开发行说明书一致，并与公开发行说明书具有同等法律效力。

第五十七条 采用询价方式的，发行人与主承销商应当在询价公告中披露本次发行的定价方式、定价程序、网下投资者条件、股票配售原则及配售方式、有效报价的确定方式、中止发行安排、发行时间安排和路演推介相关安排等信息。

第五十八条 申购前，发行人与主承销商应当在发行公告中披露发行定价方式、发行股票数量、定价程序、申购缴款要求、股票配售原则及配售方式、中止发行安排、发行时间安排、余股包销安排等信息。

采用直接定价或询价方式的，还应当披露发行价格及其确定依据、对应的市盈率，发行价格与历史交易价格和历史发行价格的偏离情况及原因。

采用询价方式的，还应当披露网下投资者的详细报价情况，包括参与报价的网下投资者名称、申报的每股价格和对应的拟申购股数，剔除最高报价情况，剔除最高报价部分后网下投资者有效报价的中位数和加权平均数，网下和网上发行股票数量，回拨机制等。

第五十九条 申购前，发行人与主承销商应当披露投资风险特别公告，提示可能存在发行价格过高给投资者带来损失的风险，提醒投资者关注。公告内容应包括：

（一）股票公开发行并在精选层挂牌发行价格存在本细则第八条所列情形的，应披露原因及合理性，并提请投资者关注上述情况；

（二）提请投资者关注投资风险，审慎研判发行定价的合理性，理性作出投资决策；

（三）全国股转公司认为应当公告的其他内容。

第六十条 股票公开发行采用竞价方式的，发行价格确定后，发行人和主承销商应当披露竞价结果，包括网上发行股票数量、申购数量、确定发行价格的机制、累计认购倍数、最高报价剔除数量、定价过程和发行价格等信息。

第六十一条 发行完成后，发行人与主承销商应披露发行结果公告，内容应包括：

（一）网上网下投资者申购数量和获配数量；

（二）获配网下投资者名称及其申购数量和获配数量明细；

（三）自主配售的结果是否符合事先公布的配售原则；

（四）投资者提供有效报价但未参与申购、实际申购数量少于询价时拟申购数量和由于申购资金不足导致申购无效的情况；

（五）主承销商的包销情况；

（六）保荐费用、承销费用、其他中介费用等发行费用信息；

（七）全国股转公司认为应当说明的其他情况。

第五章 监管措施和违规处分

第六十二条 发行承销涉嫌违法违规或存在异常情形的，全国股转公司可以要求发行人和承销商暂停、暂缓或中止发行，并对相关事项进行调查处理。

第六十三条 网上投资者因申购资金不足导致申购无效的，六个月内不得参与全国股转系统股票公开发行网上申购。

第六十四条 发行人、证券公司、证券服务机构、投资者及其直接负责的主管人员和其他直接责任人员存在下列情形的，全国股转公司可以视情节轻重对其采取自律监管措施或纪律处分：

（一）未按照事先披露的原则和方式配售股票，或其他未按照披露文件实施的行为；

（二）未按照本细则的规定提供投资价值研究报告或者发布投资风险特别公告；

（三）发行人高级管理人员与核心员工通过专项资产管理计划、员工持股计划等参与战略配售，未按规定履行决策程序或信息披露义务；

（四）未按规定编制信息披露文件、履行信息披露义务，或信息披露不真实、不准确、不完整，存在虚假记载、误导性陈述或重大遗漏；

（五）未按照相关规定保留推介、定价、配售等承销过程相关资料；

（六）发行过程中应当中止发行而不中止发行；

（七）发行人和主承销商向战略投资者配售股票的，存在本细则第三十五条规定的禁止性行为；

（八）参与战略配售的投资者违反其作出的限售期等承诺；

（九）向投资者提供除发行人公开信息以外的其他信息；

（十）全国股转公司认定的其他情形。

第六十五条 发行人、证券公司、证券服务机构、投资者及其直接负责的主管人员和其他直接责任人员存在下列情形的，全国股转公司可以对其采取纪律处分：

（一）夸大宣传，或者以虚假广告等不正当手段诱导、误导投资者；

（二）以不正当竞争手段招揽承销业务；

（三）泄露询价、定价信息；

（四）以任何方式操纵发行定价、劝诱投资者抬高报价或干扰投资者正常报价和申购；

（五）以提供透支、回扣或全国股转公司认定的其他不正当手段诱使他人申购股票；

（六）以代持、信托持股等方式谋取不正当利益或向其他相关利益主体输送利益；

（七）发行人和承销商及相关人员直接或通过其利益相关方向参与认购的投资者提供财务资助或者补偿；

（八）发行人和承销商及相关人员以自有资金或者变相通过自有资金参与网下配售和竞价配售；

（九）与投资者互相串通、协商报价或配售，收取投资者回扣或其他相关利益；

（十）向不符合要求或禁止配售的投资者配售股票；

（十一）全国股转公司认定的其他情形。

第六十六条 全国股转公司发现承销商或网下投资者存在中国证券业协会发布的相关规则所述违规行为的，及时将有关情况通报中国证券业协会。

第六十七条 全国股转公司发现发行承销过程中相关主体涉嫌违反法律法规和中国证监会相关规定的，及时向中国证监会报告。

第六章 附则

第六十八条 本细则由全国股转公司负责解释。

第六十九条 本细则自发布之日起施行。

关于发布《全国中小企业股份转让系统股票向不特定合格投资者公开发行并在精选层挂牌与承销业务实施细则（试行）》的公告

股转系统公告〔2020〕140号

为了进一步明确全国中小企业股份转让系统挂牌公司股票向不特定合格投资者公开发行并在精选层挂牌的具体流程，提高股票公开发行定价、申购、资金结算及股份登记效率，全国中小企业股份转让系统有限责任公司和中国证券登记结算有限责任公司联合制定了《全国中小企业股份转让系统股票向不特定合格投资者公开发行并在精选层挂牌与承销业务实施细则（试行）》，现予以发布，自发布之日起施行。

特此公告。

附件：全国中小企业股份转让系统股票向不特定合格投资者公开发行并在精选层挂牌与承销业务实施细则（试行）

全国股转公司
中国结算
2020年2月28日

全国中小企业股份转让系统股票向不特定合格投资者公开发行并在精选层挂牌与承销业务实施细则（试行）

第一章　总则

第一条　为了规范全国中小企业股份转让系统（以下简称全国股转系统）挂牌公司（以下称发行人）股票向不特定合格投资者公开发行并在精选层挂牌（以下简称股票公开发行）行为，提高股票公开发行定价、申购、资金结算及股份登记效率，根据《全国中小企业股份转让系统股票向不特定合格投资者公开发行并在精选层挂牌规则（试行）》《全国中小企业股份转让系统股票向不特定合格投资者公开发行与承销管理细则（试行）》等相关规定，制定本实施细则。

第二条　发行人股票通过全国中小企业股份转让系统有限责任公司（以下简称全国股转公司）业务支持平台（以下称 BPM 系统）、交易系统和中国证券登记结算有限责任公司（以下简称中国结算）北京分公司登记结算系统向不特定合格投资者公开发行并在精选层挂牌，适用本实施细则。

第二章　一般规定

第三条　股票公开发行前，发行人和主承销商应当向全国股转公司提交通过交易系统进行股票公开发行询价、申购的书面申请。

第四条　采用询价方式的，参与询价的网下投资者信息以中国证券业协会注册的数据为准。网下投资者应当于 X－1 日（X 日为询价初始日，下同）12：00 前在中国证券业协会完成注册，并开通全国股转系统精选层交易权限。

第五条　投资者参与报价即视为授权全国股转公司向本次公开发行股票的主承销商提供其报价信息及必要的身份信息。主承销商应当根据法律法规和自律规则的规定合理使用上述信息。

第六条　投资者应委托证券公司通过全国股转公司交易系统参与询价、申购。

第七条　投资者参与询价、申购时，每一个申购单位为 100 股，申购数量应当为 100 股或其整数倍，且不得超过 9999.99 万股，如超过则该笔申报无效。

为保证询价、申购的有序进行，全国股转公司可根据市场情况和技术系统承载能力对申购单位、最大申购数量进行调整，并向市场公告。

第八条 网下投资者应当以其管理的配售对象为单位参与询价。询价时，每个配售对象应使用一个证券账户申报一次。同一配售对象对同一只股票使用多个证券账户申报，或者使用同一证券账户申报多次的，以最后一笔申报为准。

证券账户注册资料中的“账户持有人名称”“有效身份证明文件号码”均相同的，确认证券账户为同一配售对象持有，证券公司定向资产管理专用证券账户和企业年金计划证券账户除外。证券账户注册资料以 X－1 日日终为准。

第九条 询价期间，网下投资者管理的配售对象填报的拟申购股数不得超过网下初始发行量，如超过则该笔申报无效。

同一网下投资者全部报价中的不同拟申购价格不得超过三个，最高价格与最低价格的差额不得超过最低价格的 20%。不符合上述规定的，按照价格优先原则保留有效价格，其他价格对应的报价无效。

第十条 投资者参与申购，应使用一个证券账户申购一次。同一投资者对同一只股票使用多个证券账户申购，或者使用同一证券账户申购多次的，以第一笔申购为准。证券账户注册资料以 T－1 日（T 日为申购日，下同）日终为准。

网下投资者参与申购，使用的证券账户应与询价时使用的证券账户相同。证券账户不同的，则申购无效。

第十一条 采用询价方式的，提供有效报价的配售对象应当参与申购，其申购股数不得低于询价时填报的拟申购股数，且不得超过网下发行数量，否则该笔申购无效。

网上投资者进行申购时，申购股数不得超过网上初始发行量的 5%，如超过则该笔申购无效。

第十二条 对于同一只股票发行，已参与网下发行的配售对象及其关联账户，不得再参与网上申购。

配售对象关联账户认定标准参照本实施细则第八条的规定。

第十三条 投资者应自主表达股票公开发行报价、申购意向，证券公司不得接受投资者的全权委托代其进行报价、申购。

第十四条 投资者通过交易系统参与询价、申购的时间为询价日、申购日的 9：15—11：30，13：00—15：00。

第十五条 投资者在申购前，应将申购资金足额存入其在证券公司开立的资金账户，证券公司应确保其有足额的申购资金。投资者申购申报经全国股转系统交易主机确认后生效，一经确认不得撤销。

第十六条 中国结算北京分公司对股票公开发行申购实行非担保交收。

结算参与人应使用其在中国结算北京分公司的资金交收账户（即结算备付金账户）完成股票公开发行申购的资金交收，并确保其资金交收账户在规定的时点有足额资金。

第十七条 采用超额配售选择权的，获授权的主承销商应当开立专用账户（以下称超额配售选择权专用账户），通过该账户使用超额配售股票募集的资金买入该只股票，不得通过该账户买卖其他证券。获授权的主承销商应当将超额配售股票募集的资金存入其在商业银行开设的独立账户。获授权的主承销商自发行人股票在精选层挂牌之日起30个自然日内，不得使用该账户资金外的其他资金或者通过他人账户交易发行人股票。

第三章　定价与申购流程

第一节　询价发行

第十八条　X－2日或之前，主承销商应通过BPM系统上传询价公告等文件，并填写询价信息。

第十九条　初步询价应当在交易日进行，询价期间，投资者通过证券公司进行询价委托。初步询价不得超过3日，询价应当在T－3日15：00前完成。

第二十条　询价结束后，主承销商通过BPM系统查看询价结果，根据与发行人事先确定并公告的有效报价条件等，剔除不符合条件的报价，根据剩余的报价确定发行价格。

第二十一条　T－2日，主承销商通过BPM系统上传发行公告等文件，并填写申购信息。

第二十二条　T日，投资者在申购时间内，按照发行价格，通过证券公司进行申购委托。T日日终，主承销商应通过BPM系统查看申购结果。

第二十三条　主承销商应根据事先确定并公告的配售原则、配售方式对网下投资者进行配售，并于T+2日通过BPM系统上传网下配售结果，全国股转公司于收到当日将上述结果发送至中国结算北京分公司。

第二节　竞价发行

第二十四条　T－3日或之前，主承销商应通过BPM系统上传竞价发行公告等文件，并填写申购信息。

第二十五条　T日，投资者在申购时间内，通过证券公司进行申购委托。T日日终，主承销商应通过BPM系统查看申购结果。

第二十六条　主承销商应根据有效申购结果按照事先公告的发行价格确定机制确定发行价格，并于T+2日通过BPM系统上传竞价结果公告。

主承销商需剔除申购总量中报价最高部分的，应按照价格从高到低的顺序进行，同一价格的，按照申报顺序由后向前剔除。

第二十七条　主承销商应于T+2日通过BPM系统查看配售结果。

第三节　直接定价发行

第二十八条　T－3日或之前，主承销商应通过BPM系统上传发行公告等文件，并填写申购信息。

第二十九条 T日，投资者在申购时间内，按照发行价格，通过证券公司进行申购委托。T日日终，主承销商通过BPM系统查看申购结果。

第三十条 主承销商应于T+2日通过BPM系统查看配售结果。

第四章 资金交收与股份登记

第三十一条 T日日终，中国结算北京分公司按照全国股转公司发送的申购数据进行日终清算，并将清算数据发送结算参与人。结算参与人根据清算数据冻结投资者的申购资金。

第三十二条 T+1日日终，中国结算北京分公司组织结算参与人完成股票申购资金交收，并将交收结果发送全国股转公司和结算参与人。

第三十三条 在规定的资金交收时点，如结算参与人资金不足以完成股票申购的资金交收，则不足部分确认为无效申购。

结算参与人应在T+1日15：30前如实向中国结算北京分公司申报投资者无效申购信息。无效申购信息中的资金总额应与该结算参与人资金缺口相一致，无效申购信息中的股数按实际不足的资金除以申购价格计算，最小单位为1股，不足1股的按1股计算。T+1日日终，全国股转公司根据中国结算北京分公司发送的无效申购信息对投资者的申购进行无效处理。

如结算参与人漏报或未及时申报无效申购信息，全国股转公司根据以下原则处理：同一日申购多只股票的，对资金不足总额按该结算参与人各只股票申购资金比例进行分配；同一只股票的申购，全国股转公司按照投资者申购的时间顺序，由后向前进行无效处理。无效处理股数的计算方式与前款一致。

因漏报、错报或未及时申报无效申购信息而产生的后果及相关法律责任，由结算参与人承担。

第三十四条 T+2日日终，中国结算北京分公司根据全国股转公司发送的配售结果数据扣除配售部分对应认购资金，将剩余资金予以解冻，并将相关清算交收数据发送结算参与人。

T+1日至T+3日的前一自然日，申购资金由中国结算北京分公司予以冻结，冻结资金产生的利息由中国结算北京分公司划入全国股转公司设立的风险基金。

发行失败或中止发行涉及投资者缴付资金的，主承销商应当协助发行人将申购资金加算银行同期存款利息返还投资者。

证券公司应于T+3日向投资者推送配售结果。

第三十五条 中国结算北京分公司根据主承销商申请，将认购资金划转至主承销商的资金交收账户。

主承销商收到中国结算北京分公司划入的认购资金后，应依据承销协议将股票认购资金扣除承销费用后划转至发行人指定的银行账户。

第三十六条 发行人应向中国结算北京分公司提交股份登记申请，中国结算北京分公司根据发行人申请和全国股转公司发送的配售结果完成股份登记。

采用包销方式的，包销部分由主承销商自行与发行人完成相关资金的划付，并由发行人向中国结算北京分公司提交股份登记申请，中国结算北京分公司据此完成相应股份的登记。采用代销方式的，未认购的部分不进行股份登记。

由于主承销商报送的网下配售结果数据有误，或发行人报送的股份登记数据有误，导致投资者股份登记不实的，相关后果和法律责任由主承销商和发行人承担。

第三十七条 战略投资者应当于T－3日前缴纳认购资金。

第三十八条 采用超额配售选择权的，在超额配售选择权行使期届满或者累计购回股票数量达到采用超额配售选择权发行股票数量限额的5日内，获授权的主承销商应当根据超额配售选择权行使情况，将应付发行人的资金（如有）支付给发行人。

发行人和主承销商应当向中国结算北京分公司提出申请，将超额配售选择权专用账户上所有股票（如有）及增发的股票（如有）交付给同意延期交付股票的投资者。

第五章 法律责任与监管

第三十九条 投资者应根据相关法律法规、部门规章及中国结算相关规定使用其证券账户。

投资者参与询价或申购，因使用多个证券账户申报同一只股票、以同一证券账户多次申报同一只股票，以及因申报量超过可申报额度，导致申报无效的，由投资者自行承担相关后果。

第四十条 证券公司违反本实施细则接受投资者全权委托代其进行报价或申购的，由证券公司承担相关责任。

第四十一条 参与登记结算业务的发行人、投资者、结算参与人等主体违反本实施细则的，中国结算视情节轻重可采取相应的自律管理措施，并按照相关规定记入诚信档案。

第四十二条 网上投资者因申购资金不足导致申购无效的，自结算参与人最近一次申报其无效申购信息的次日起六个月（按180个自然日计算，含次日）内，不得使用其名下任何一个证券账户参与股票公开发行网上申购。确认证券账户为同一投资者持有的原则适用本实施细则第八条的规定。

全国股转公司根据结算参与人申报的投资者无效申购信息，形成不得参与股票公开发行网上申购的投资者名单，在符合《证券法》规定的信息披露平台公告。

第四十三条 证券公司违反本实施细则的，全国股转公司视情节轻重对其采取自律监管措施或纪律处分。

第六章　附则

第四十四条　全国股转公司决定临时停市的，可以暂停提供股票公开发行相关服务，或者推迟询价或申购日期。

除全国股转公司认定的特殊情况外，全国股转公司暂停提供相关服务前交易系统已经接受的申报或者其他数据自动失效。全国股转公司决定恢复股票公开发行的，重新确定 X 日或 T 日。

因不可抗力、意外事件、技术故障等情况导致或者可能导致股票发行全部或者部分不能正常进行的，全国股转公司可以视情况调整股票发行安排，中国结算相应调整清算交收安排。因上述情况及全国股转公司和中国结算采取相应措施造成损失的，全国股转公司和中国结算不承担责任。

第四十五条　除另有说明外，本实施细则所称“日”是指全国股转系统交易日。

第四十六条　本实施细则由全国股转公司和中国结算负责解释。

第四十七条　本实施细则自发布之日起施行。

关于发布《全国中小企业股份转让系统股票向不特定合格投资者公开发行并在精选层挂牌业务指南 1 号——申报与审查》的公告

股转系统公告〔2020〕178 号

为了规范股票向不特定合格投资者公开发行并在精选层挂牌业务，全国中小企业股份转让系统有限责任公司制定了《全国中小企业股份转让系统股票向不特定合格投资者公开发行并在精选层挂牌业务指南 1 号——申报与审查》，现予以发布，自发布之日起施行。现就有关事项公告如下：

一、本指南发布前，挂牌公司董事会已审议通过股票公开发行并在精选层挂牌具体方案的，公司应当自本指南发布之日起十个交易日内，按照本指南第八条规定向全国股转公司提交内幕信息知情人报备文件。

二、本指南发布前，挂牌公司股东大会已审议通过股票公开发行并在精选层挂牌事项，且该次决议拟用于申报的，应当自本指南发布之日起十个交易日内，按照本指南第十二条规定向全国股转公司申请办理股票自愿限售，相关主体应当承诺自本指南发布次日起至完成股票发行并进入精选层之日不减持公司股票。挂牌公司未按照《全国中小企业股份转让系统股票向不特定合格投资者公开发行并在精选层挂牌规则（试行）》第二十条审议通过相关事项，或该次股东大会决议不用于申报的，公司应当重新履行内部决策程序，并按照本指南要求办理自愿限售。

特此公告。

附件：全国中小企业股份转让系统股票向不特定合格投资者公开发行并在精选层挂牌业务指南 1 号——申报与审查

全国股转公司

2020 年 3 月 6 日

全国中小企业股份转让系统股票向不特定合格投资者公开发行并在精选层挂牌业务指南1号——申报与审查

第一章　一般要求

第一条　为了规范全国中小企业股份转让系统挂牌公司（以下简称申请人或公司）股票向不特定合格投资者公开发行并在精选层挂牌（以下简称股票公开发行并在精选层挂牌）申报与审查阶段业务办理，根据《全国中小企业股份转让系统股票向不特定合格投资者公开发行并在精选层挂牌规则（试行）》（以下简称《股票公开发行并在精选层挂牌规则》）、《全国中小企业股份转让系统精选层挂牌审查细则（试行）》（以下简称《审查细则》）等有关规定，制定本指南。

第二条　申请人及其保荐机构办理股票公开发行并在精选层挂牌申报与审查阶段相关事项，包括申报前准备、提交及预先披露申请文件、查收问询函、提交问询回复及更新申请文件、咨询与沟通、中止与终止自律审查、重大事项报告等事项，适用本指南。

第三条　股票公开发行并在精选层挂牌业务实行电子化申报。申请人及其保荐机构、证券服务机构应当按照股票公开发行并在精选层挂牌相关规则准备申请文件、办理相关事项，并遵守本指南的规定，由保荐机构通过全国股转系统业务支持平台（以下称BPM系统或系统）进行相关业务操作。

第四条　保荐机构应当安排专人跟踪系统中在办项目，确保及时收阅系统信息及函件、查看项目进度、提醒相关人员及时处理待办任务、遵守审查时限、提醒及时归档等，并协调申请人、证券服务机构配合开展相关工作。

第五条　申请人应当按照全国股转公司相关规则办理股票公开发行并在精选层挂牌的停复牌事项，具体要求另行规定。

第二章　申报前准备

第六条　申请人应当根据《股票公开发行并在精选层挂牌规则》第十九条的规定，召开董事会审议股票公开发行并在精选层挂牌事项，并于董事会审议后两个交易日内，披露董事会决议、股东大会通知、关于董事会审议通过或审议未通过股票公开发行并在精选层挂牌事项的临时公告等。

申请人监事会应当对董事会编制的股票公开发行并在精选层挂牌的具体方案进行审核并提出书面审核意见。

第七条 申请人筹划股票公开发行并在精选层挂牌事项的，应当做好内幕信息知情人登记管理工作。

第八条 申请人应当在审议通过股票公开发行并在精选层挂牌具体方案的董事会决议披露之日起十个交易日内，向全国中小企业股份转让系统有限责任公司（以下简称全国股转公司）提交下列内幕信息知情人报备文件（具体要求见附件1），并将文件电子版发送至内幕信息知情人报备邮箱（nmxx@neeq.com.cn）：

（一）内幕信息知情人登记表；

（二）相关人员买卖申请人股票的自查报告。自查期间为首次披露股票公开发行并在精选层挂牌事项的前六个月至董事会决议披露之日；

（三）进程备忘录；

（四）申请人全体董事对内幕信息知情人报备文件真实性、准确性和完整性的承诺书；

（五）全国股转公司要求的其他文件。

第九条 全国股转公司对自查期间申请人股票交易情况进行核查，发现异常的，可以通过内幕信息知情人报备邮箱要求申请人进行书面回复，并区分下列情形处理：

（一）申请人拟继续推进股票公开发行并在精选层挂牌事项的，需单独披露《关于××公司与精选层挂牌相关的股票交易情况说明》，对公司股票交易情况是否属于内幕交易及判断的理由进行说明，并同时对公司股票公开发行并在精选层挂牌事项可能因内幕交易被中国证监会立案调查或司法机关立案侦查的风险进行单独揭示。申请人的主办券商及律师应当对公司股票交易情况是否属于内幕交易发表意见并披露，同时应对公司股票公开发行并在精选层挂牌事项可能因内幕交易被中国证监会立案调查或司法机关立案侦查的风险进行单独揭示；

（二）申请人自愿终止股票公开发行并在精选层挂牌事项，或因主办券商及律师对交易情况无法发表意见或认为存在内幕交易等原因终止本次事项的，申请人应当再次召开董事会审议终止股票公开发行并在精选层挂牌事项，并及时发布终止公告披露终止原因。

第十条 申请人控股股东、实际控制人、董事、监事、高级管理人员应当严格遵守敏感期交易规定，在《全国中小企业股份转让系统挂牌公司治理规则》第七十七条第（三）项规定的期限内不得买卖公司股票。

第十一条 申请人应当根据《股票公开发行并在精选层挂牌规则》第二十条的规定，召开股东大会审议股票公开发行并在精选层挂牌事项，并于股东大会审议后两个交易日内，披露股东大会决议等临时公告。股东大会通知公告中应当载明该次股东大会决议将作为股票公开发行并在精选层挂牌的申报文件。

第十二条 本指南第十一条规定的股东大会股权登记日的在册股东属于《股票公开发行并在精选层挂牌规则》第十七条规定的限售主体的，应当按照《全国中小企业股份转让系统挂牌公司股票限售及解除限售业务指南》相关规定，自股权登记日次日起两个交易日内，通过申请人披露自愿限售的公告，承诺自股权登记日次日起至完成股票发行并进入精选层之日不减持申请人股票，并于公告披露当日向全国股转公司申请办理股票限售。本次股票公开发行并在精选层挂牌事项终止的，相关股东可以申请解除自愿限售。

《股票公开发行并在精选层挂牌规则》第十七条规定的亲属是指申请人控股股东、实际控制人的配偶、子女及其配偶、父母及配偶的父母、兄弟姐妹及其配偶、配偶的兄弟姐妹、子女配偶的父母以及其他关系密切的家庭成员。

第十三条 在提交申请文件前，对于重大疑难、重大无先例事项等涉及业务规则理解与适用的问题，保荐机构可以将咨询问题清单（加盖保荐机构公章）发送至申报前咨询邮箱（zixun1@ neeq. com. cn）；确需当面咨询的，可以通过前述邮箱进行预约，预约申请（加盖保荐机构公章）应当明确拟咨询的具体事项。全国股转公司对预约进行确认后，保荐机构相关人员应当按照约定来访。

预约及咨询时应当避免涉及申请人名称等具体项目信息，全国股转公司不就具体项目问题进行回复。

第三章 申报

第十四条 保荐机构通过 BPM 系统“精选层挂牌项目管理—项目报送”模块提交精选层挂牌申请文件（附件 2），并填写项目信息。

保荐机构提交申请文件前，应对项目信息和项目申请文件进行核查，确保符合股票公开发行并在精选层挂牌相关规则以及本指南《股票公开发行并在精选层挂牌申请文件受理检查要点》（以下简称《受理检查要点》，附件 3）的要求。

第十五条 全国股转公司收到申请文件后两个交易日内，通过系统发送受理或不予受理的通知。保荐机构可以在 BPM 系统“精选层挂牌项目管理—项目办理”模块查询。

第十六条 申请文件不符合《受理检查要点》要求的，全国股转公司一次性告知需补正事项，保荐机构可以在 BPM 系统“精选层挂牌项目管理—项目办理”模块查询。申请人补正申请文件的，全国股转公司收到申请文件的时间以申请人最终提交补正文件的时间为准。

保荐机构应组织申请人、证券服务机构根据补正意见对相关申请文件进行补充完善，并及时通过系统提交补正后文件。补正时限最长不得超过三十个交易日。多次补正的，补正时间累计计算。

第十七条 申请受理当日，公开发行说明书、发行保荐书、股票在精选层挂牌推荐书、法律意见书、财务报告及审计报告等文件（以下合称公开发行说明书等披露文件）将在全国股转公司网站“股票公开发行并在精选层挂牌专区”自动披露。

第十八条 全国股转公司受理申请文件之日起十个交易日内，保荐机构应当通过BPM系统“精选层挂牌项目管理—特殊事项”模块报送验证版公开发行说明书。

第四章 全国股转公司审查

第一节 问询与回复

第十九条 自受理之日起二十个交易日内，全国股转公司通过系统发出首轮问询，保荐机构可以在BPM系统“精选层挂牌项目管理—项目办理”模块查询，问询意见在全国股转公司网站“股票公开发行并在精选层挂牌专区”同步披露。

第二十条 收到问询后，申请人及保荐机构对问询问题存在疑问的，可以邮件咨询或预约当面沟通。拟邮件咨询的，保荐机构通过申报时填写的保荐代表人邮箱将汇总问题一次性发送至问询沟通邮箱（zixun2@ neeq. com. cn）；确需当面沟通的，发送预约申请及拟咨询问题清单（加盖保荐机构公章）至前述邮箱。全国股转公司对预约进行确认后，申请人及其保荐机构、证券服务机构相关人员应当按照约定来访。

第二十一条 保荐机构应当组织申请人、证券服务机构等对问询问题进行核查、落实，并自收到问询之日起二十个交易日内，通过BPM系统“精选层挂牌项目管理—项目办理”模块提交回复文件，涉及更新申请文件的，应上传至对应的文件条目内。

回复文件命名要求包含回复人简称、申请人证券简称、轮次，例如“××（申请人证券简称）及××证券关于第一轮问询的回复”、“××会所关于××（申请人证券简称）第一轮问询的回复”、“××律所关于××（申请人证券简称）的补充法律意见书(一)”。

问询回复涉及对申请文件进行更新修改的，应当在问询回复中专门说明，并在申请文件中使用楷体加粗方式对修改的内容予以凸显标注。

申请人、保荐机构及相关证券服务机构的问询回复将在全国股转公司网站“股票公开发行并在精选层挂牌专区”自动披露。

第二十二条 预计难以在规定的时间内回复的，保荐机构应当在回复截止日前通过BPM系统“精选层挂牌项目管理—特殊事项”模块提交延期回复申请（加盖申请人和保荐机构公章），说明延期理由及预计回复日期，延期一般不超过二十个交易日。

第二十三条 申请人或保荐机构认为拟披露的回复信息属于国家秘密、商业秘密，披露后可能导致其违反国家有关保密的法律法规或者严重损害公司利益的，须提交脱密处理后的问询回复，并将不予披露信息的说明作为附件上传。全国股转公司经审查认为不予披露理由不成立的，将继续问询，申请人应当按照规定予以披露。

第二十四条 首轮问询回复后，如存在下列情形之一的，全国股转公司在十个交易日内通过系统继续提出问询：

（一）发现新的需要问询事项；

（二）申请人及其保荐机构、证券服务机构的回复未能有针对性地回答审查问询，或者全国股转公司就其回复需要继续审查问询；

（三）申请人的信息披露仍未满足中国证监会和全国股转公司规定的要求；

（四）全国股转公司认为需要继续审查问询的其他情形。

第二十五条 全国股转公司要求申请人的控股股东、实际控制人、董事、监事、高级管理人员，保荐机构、证券服务机构及其相关人员当面问询的，相关人员应当在约定时间和地点接受问询。

第二十六条 全国股转公司根据审查需要，要求调阅相关资料的，申请人及其保荐机构、证券服务机构应当按照要求及时提交，确保相关资料真实、准确、完整，不得随意修改或损毁。

第二节 挂牌委员会审议

第二十七条 审查问询结束后，全国股转公司网站“股票公开发行并在精选层挂牌专区”公告挂牌委员会审议会议通知，同时公开发行说明书等披露文件自动披露。

第二十八条 申请人或保荐机构认为参会委员存在利害关系，可能对审议结果造成影响的，可以在会议召开四个交易日前，通过 BPM 系统“精选层挂牌项目管理—特殊事项”模块提出相关委员的回避申请并充分说明理由（加盖申请人公章）。经全国股转公司核实申请理由成立的，相关委员应当回避，全国股转公司公告挂牌委员会审议会议变更的通知。

第二十九条 保荐机构应当最晚于挂牌委员会审议会议召开前一交易日，通过 BPM 系统“精选层挂牌项目管理—项目查看”模块查询现场问询问题清单，收到问题清单的，应当按照要求安排上会人员，并做好上会准备。

第三十条 保荐机构可以在 BPM 系统“精选层挂牌项目管理—项目查看”模块查询审议会议结果，会议结果公告在全国股转公司网站“股票公开发行并在精选层挂牌专区”同步披露。

第三十一条 挂牌委员会审议会议结束后十个交易日内，保荐机构应当通过 BPM 系统“精选层挂牌项目管理—特殊事项”模块报送更新后的验证版公开发行说明书。

第三十二条 全国股转公司结合挂牌委员会的审议意见，出具自律监管意见或作出终止自律审查的决定。保荐机构可以在 BPM 系统“精选层挂牌项目管理—项目查看”模块查询。

挂牌委员会审议通过，但要求申请人补充披露有关信息的，全国股转公司向保荐机构发送关于落实挂牌委员会审议意见的函，保荐机构在 BPM 系统“精选层挂牌项目管理—项目办理”模块查询。

保荐机构组织申请人、证券服务机构对相关事项进行落实后，通过系统提交回复文件，并更新相应申请文件。回复文件命名参照本指南第二十一条要求，例如“××（申请人证券简称）及××证券关于挂牌委会议落实意见函的回复”、“××会所关于××（申请人证券简称）挂牌委会议落实意见函的回复”、“××律所关于××（申请人证券简称）的补充法律意见书（X）”。回复文件将在全国股转公司网站“股票公开发行并在精选层挂牌专区”自动披露。

第五章　向中国证监会报送

第三十三条　全国股转公司审查通过的，根据申请人委托向中国证监会报送公开发行申请文件，同时报送全国股转公司自律监管意见和相关审查资料。

第三十四条　全国股转公司向中国证监会报送自律监管意见时，公开发行说明书等披露文件在全国股转公司网站“股票公开发行并在精选层挂牌专区”自动披露。

第三十五条　中国证监会向申请人出具反馈意见函的，全国股转公司通过系统发送给保荐机构。保荐机构可以在BPM系统“精选层挂牌项目管理—项目办理”模块查询。

第三十六条　保荐机构应当组织申请人、证券服务机构等对反馈问题进行核查、落实，并在反馈意见要求的期限内，通过BPM系统“精选层挂牌项目管理—项目办理”模块提交回复文件，涉及更新申请文件的，应上传至对应的文件条目内。

申请人、保荐机构及相关证券服务机构的问询回复，更新后的公开发行说明书等披露文件将在全国股转公司网站“股票公开发行并在精选层挂牌专区”自动披露。

第三十七条　全国股转公司根据申请人委托，代为领取中国证监会出具的受理、反馈意见函、核准或不予核准等函件。保荐机构可以通过BPM系统“精选层挂牌项目管理—项目查看—审查记录”模块查询、下载，并及时安排指定人员携带授权委托书及本人身份证复印件，前往全国股转公司领取。

第六章　特殊情形处理

第一节　重大事项报告

第三十八条　受理申请文件后至挂牌委员会审议前，发生《审查细则》第三十五条规定的重大事项的（以下简称“重大事项”），保荐机构应当及时通过BPM系统“精选层挂牌项目管理—特殊事项”向全国股转公司报告，提交申请人就相关事项的情况说明。

重大事项报告发生在审查问询阶段的，全国股转公司视情况进行问询；重大事项报告发生在问询回复阶段的，申请人应当在问询回复文件中就重大事项进行补充披露，充分说明相关事项具体内容及其影响等。保荐机构、相关证券服务机构应当进行相应核查，并在回复文件中发表明确意见。

第三十九条 挂牌委员会审议会议后至报送中国证监会前，发生重大事项的，保荐机构应当及时通过 BPM 系统“精选层挂牌项目管理—特殊事项”向全国股转公司报告，提交申请人就相关事项的情况说明，以及保荐机构及相关证券服务机构出具的专项核查意见。

全国股转公司审查决定是否重新提交挂牌委员会审议。保荐机构在 BPM 系统“精选层挂牌项目管理—项目查看”模块查询项目进度。

第二节 中止、终止自律审查

第四十条 发生《审查细则》规定的中止自律审查情形的，保荐机构应当及时通过 BPM 系统“精选层挂牌项目管理—特殊事项”模块向全国股转公司提出中止审查申请。

申请人及其保荐机构、证券服务机构未及时告知全国股转公司，经确认符合中止自律审查情形的，全国股转公司将直接中止自律审查。

第四十一条 中止自律审查的情形消除后，保荐机构应当通过 BPM 系统“精选层挂牌项目管理—特殊事项”模块提交恢复审查申请及中止审查情形已消除的证明文件。全国股转公司确认后，恢复自律审查。

第四十二条 申请人或保荐机构申请终止审查的，保荐机构应当及时通过 BPM 系统“精选层挂牌项目管理—终止审查”模块向全国股转公司提出终止审查申请。

全国股转公司在作出终止自律审查决定的当日，将终止自律审查的决定书通过系统发送给保荐机构，决定书在全国股转公司网站“股票公开发行并在精选层挂牌专区”同步披露。保荐机构可以通过 BPM 系统“精选层挂牌项目管理—项目查看”模块查询。

第三节 复审及复核

第四十三条 申请人对全国股转公司作出的终止自律审查决定有异议的，可以在收到终止自律审查的决定书之日起五个交易日内，由保荐机构通过 BPM 系统“精选层挂牌项目管理—项目办理—待归档”模块向挂牌委员会秘书处报送下列复审申请文件：

（一）复审申请书及相应证据材料，复审申请书应当说明提请复审的事实、理由和要求；

（二）保荐机构就复审事项出具的意见书；

（三）律师事务所就复审事项出具的法律意见书；

（四）全国股转公司规定的其他文件。

挂牌委员会秘书处收到复审材料后，经审查认为需要申请人补正的，将在两个交易日内发出补正通知。保荐机构应当在收到补正通知之日起两个交易日内，按照要求提交更新后的复审申请材料。

复审会议结果在全国股转公司网站“股票公开发行并在精选层挂牌专区”披露。复审会议认为申请理由成立的，全国股转公司重新启动审查程序。

第四十四条　申请人对全国股转公司作出的不予受理决定或者复审决定有异议的，可以在收到决定之日起五个交易日内，按照《全国中小企业股份转让系统复核实施细则》，向全国股转公司复核委员会秘书处提交下列复核申请文件：

（一）复核申请书及相应证据材料，复核申请书应当说明提请复核的事实、理由和要求；

（二）申请人有效身份证明材料及联系方式；

（三）复核事项有关决定书；

（四）证明复核申请时间在复核期间内的证明材料；

（五）保荐机构就申请复核事项出具的意见书；

（六）律师事务所就申请复核事项出具的法律意见书；

（七）全国股转公司规定的其他文件。

经复核，全国股转公司撤销不予受理决定或者终止审查决定的，重新启动受理或者审查程序。

第七章　附则

第四十五条　本指南由全国股转公司负责解释。

第四十六条　本指南自发布之日起施行。

附件：1. 内幕信息知情人报备文件及要求

2. 股票公开发行并在精选层挂牌申请文件目录

3. 股票公开发行并在精选层挂牌申请文件受理检查要点

4. 股票公开发行并在精选层挂牌业务咨询及业务办理邮箱

附件 1

内幕信息知情人报备文件及要求

<table>
<tr><th>序号</th><th>文件名称</th><th>内容要求</th></tr>
<tr><td>1</td><td>内幕信息知情人登记表</td><td>内幕信息知情人范围，包括但不限于：
（1）申请人及其董事、监事、高级管理人员；
（2）持有申请人 5% 以上股份的股东和公司的实际控制人，以及其董事、监事、高级管理人员（如有）；
（3）申请人控股或者实际控制的公司及其董事、监事、高级管理人员；
（4）由于所任公司职务或者因与公司业务往来可以获取本次股票公开发行并在精选层挂牌相关内幕信息的人员；
（5）为本次股票公开发行并挂牌提供服务以及参与该事项的咨询、筹划、论证、审批等各环节的相关单位和人员；
（6）前述自然人的直系亲属（配偶、父母、子女及配偶的父母）。
申请人的所有董事、监事、高级管理人员及其直系亲属，无论是否知情，均属于内幕信息知情人报备范围；
（7）可以获取内幕信息的其他人员。
登记表应包括内幕信息知情人名称、证件类型、证件号码、证券账号、知悉内幕信息时间、地点和方式，内幕信息所处阶段等信息。登记表加盖公司公章或公司董事会公章，并写明填报日期。</td></tr>
<tr><td>2</td><td>自查报告</td><td>自然人自查报告：应列明自然人的姓名、职务、身份证号码、股票账户、有无买卖股票行为，并经本人签字确认；
机构的自查报告：应列明机构的名称、统一社会信用代码、股票账户、有无买卖股票行为并加盖公章确认。</td></tr>
<tr><td>3</td><td>股票交易情况说明（如有）</td><td>相关人员存在买卖公司股票行为的，当事人应当书面说明其买卖股票行为是否利用了相关内幕信息；申请人应当书面说明与买卖股票人员相关事项的动议时间，买卖股票人员是否参与决策，买卖行为与该事项是否存在关联关系以及是否签订了保密协议书等。</td></tr>
<tr><td>4</td><td>承诺书</td><td>申请人全体董事对内幕信息知情人报备文件真实性、准确性和完整性的承诺书，由全体董事签字并加盖公司公章。</td></tr>
<tr><td>5</td><td>进程备忘录</td><td>包括但不限于筹划决策过程中各个关键时点的时间、参与筹划决策人员名单、筹划决策方式等。涉及的相关人员均应在备忘录上签名确认。</td></tr>
<tr><td colspan="3">报备文件中应当注明申请人、主办券商联系人姓名、电话、联系邮箱等信息。
除进程备忘录外，申请人报送上述文件应提交原件、复印件各一份，以及一份与书面文件一致的电子文件（WORD、EXCEL、PDF 或全国股转公司要求的其他文件格式）；公司应提交三份经律师鉴证的进程备忘录复印件，鉴证律师应在文件首页注明“以下第 ×× 页至第 ×× 页与原件一致”，并签名和签署鉴证日期，律师事务所应在文件首页加盖公章，并在第 ×× 页至第 ×× 页侧面以公章加盖骑缝章。
报备文件所需签名处，均应为签名人亲笔签名，不得以名章、签名章等代替。</td></tr>
</table>

股票公开发行并在精选层挂牌内幕信息知情人登记表

证券简称： 证券代码： 主办券商：

序号	姓名	所在单位/部门	证件类型	证件号码	证券账户	类型	类型明细	知悉时间	知悉地点	知悉方式	内幕信息所处阶段
1											
2											
3											
4											
5											

填报日期：

注：类型列填写编号1、2、3、4、5、6、7，编号代表的具体内容如下：

1. 申请人及其董事、监事、高级管理人员；
2. 持有申请人5%以上股份的股东和公司的实际控制人，以及其董事、监事、高级管理人员（如有）；
3. 申请人控股或实际控制的公司及其董事、监事、高级管理人员；
4. 由于所任公司职务或者因与公司业务往来可以获取本次股票公开发行并在精选层挂牌相关内幕信息的人员；
5. 为本次股票公开发行并挂牌提供服务以及参与该事项的咨询、筹划、论证、审批等各环节的相关单位和人员；
6. 前述自然人的直系亲属（配偶、父母、子女及配偶的父母）；
7. 可以获取内幕信息的其他人员。

类型明细列填写该内幕信息知情人的具体身份。

附件 2

股票公开发行并在精选层挂牌申请文件目录

第一章　发行申请文件

1－1　公开发行说明书

第二章　申请人关于股票公开发行并在精选层挂牌申请与授权文件

2－1　申请人关于股票公开发行的申请

2－2　申请人关于股票在精选层挂牌的申请

2－3　申请人董事会有关股票公开发行并在精选层挂牌的决议

2－4　申请人股东大会有关股票公开发行并在精选层挂牌的决议

第三章　保荐机构关于股票公开发行并在精选层挂牌的文件

3－1　发行保荐书

3－2　保荐工作报告

3－3　股票在精选层挂牌推荐书

3－4　关于申请人预计市值的分析报告

第四章　会计师关于股票公开发行并在精选层挂牌的文件

4－1　最近三年及一期的财务报告和审计报告

4－1－1　财务报告和审计报告（第一年）

4－1－2　财务报告和审计报告（第二年）

4－1－3　财务报告和审计报告（第三年）

4－1－4　财务报告和审计报告（最近一期，如有）

4－2　盈利预测报告及审核报告（如有）

4－3　内部控制鉴证报告

4－4　经注册会计师鉴证的非经常性损益明细表

4－5　会计师事务所关于申请人前次募集资金使用情况的报告（如有）

第五章　律师关于股票公开发行并在精选层挂牌的文件

5－1　法律意见书

5－2　律师工作报告

5－3　申请人律师关于申请人董事、监事、高级管理人员、申请人控股股东和实际控制人在相关文件上签名盖章的真实性的鉴证意见

5－4　关于申请电子文件与预留原件一致的鉴证意见

第六章　关于股票公开发行并在精选层挂牌募集资金运用的文件

6－1　募集资金投资项目的审批、核准或备案文件（如有）

6－2　申请人拟收购资产（包括权益）的有关财务报告、审计报告、资产评估报告（如有）

6－3　申请人拟收购资产（包括权益）的合同或其草案（如有）

第七章　其他文件

7－1　公司章程（草案）

7－2　申请人控股股东、实际控制人最近一年及一期的财务报告及审计报告（如有）

7－3　承诺事项

7－3－1　申请人及其控股股东、实际控制人、持股5%以上股东以及申请人董事、监事、高级管理人员等责任主体的重要承诺以及未履行承诺的约束措施（如有）

7－3－2　申请人及其控股股东、实际控制人、全体董事、监事、高级管理人员、保荐机构（主承销商）、律师事务所、会计师事务所及其他证券服务机构对发行申请文件真实性、准确性、完整性的承诺书

7－3－3　申请人、保荐人关于申请电子文件与预留原件一致的承诺函

7－4　申请人不予披露信息情况的说明及保荐机构核查意见（如有）

7－5　特定行业（或企业）管理部门出具的相关意见（如有）

7－6　保荐协议

7－7　申请人关于授权全国股转公司代为向中国证监会报送股票公开发行申请文件有关事宜的委托书

7－8　申请人、保荐机构关于本次申报符合受理要求的说明

7－9　辅导验收证明文件

7－10　全国股转公司要求的其他文件

申请人关于授权全国股转公司代为向中国证监会报送股票公开发行申请文件有关事宜的委托书

本公司__________股份有限公司拟向中国证监会申请核准股票向不特定合格投资者公开发行（以下简称公开发行），现委托全国中小企业股份转让系统有限责任公司（以下简称全国股转公司）代为向中国证监会报送股票公开发行申请文件及领取相关函件，具体授权事项如下：

一、向中国证监会报送股票公开发行申请文件以及补充、修改后的申请文件；

二、从中国证监会领取受理或不予受理决定等；

三、从中国证监会领取要求补充披露、核查或落实有关事项的函件并代本公司提交相关回复文件；

四、从中国证监会领取予以核准、不予核准、中止审核、终止审核等函件；

五、向中国证监会报送或从中国证监会领取其他与公开发行核准相关的文件。

委托人：__________股份有限公司

（加盖公司公章）

委托人法定代表人签字：__________

（公司营业执照彩色扫描件、法定代表人身份证正反面彩色扫描件附后）

________年________月________日

申请人、保荐机构关于本次申报符合受理要求的说明

全国中小企业股份转让系统有限责任公司：

经过申请人自查，保荐机构审慎核查，申请人及保荐机构承诺，本次申报符合中国证监会、贵司有关股票公开发行并在精选层挂牌的相关规则要求，不存在下述情形：

（一）申请文件不齐备；

（二）申请人存在尚未实施完毕的股票发行、重大资产重组、收购、股份回购等情形；

（三）保荐机构、证券服务机构及其相关人员不具备相关资质；

（四）保荐机构、证券服务机构及其相关人员因证券违法违规，被中国证监会或全国股转公司采取限制资格、限制业务活动、一定期限内不接受其出具的相关文件等相关措施，尚未解除；

（五）保荐机构、证券服务机构及其相关人员因挂牌推荐、股票发行、并购重组业务涉嫌违法违规，或其他业务涉嫌违法违规且对市场有重大影响被立案调查、侦查，尚未结案；

（六）尚未完成内幕信息知情人报备；

（七）尚未在中国结算办理完成自愿限售登记；

（八）全国股转公司规定的其他不符合受理条件的情形。

××股份有限公司（加盖公章） ×年×月×日

××保荐机构（加盖公章） ×年×月×日

附件3

股票公开发行并在精选层挂牌申请文件受理检查要点

申请材料目录	检查要点
文件形式要求	1. 申请文件与中国证监会及全国股转公司规定的文件目录相符； 2. 文档名称与文件内容相符； 3. 申请文件不存在无法打开或读取的情形，Word 版本文件应可编辑； 4. 文档字体排版等格式应符合中国证监会和全国股转公司要求； 5. 本检查要点要求提交的所有文件均应为原件且加盖骑缝章，使用彩色扫描方式上传。如使用黑白扫描件或复印件，应由律师鉴证，加盖鉴证律师所在律所公章；如鉴证律师与申报律师不一致，需同时附律师事务所及经办律师相关资质文件； 6. 本检查要点要求签字处，均应为本人亲笔签字。如由其他人代签，应同时提交授权书；法人授权书应加盖法人公章。
1－1 公开发行说明书	1. 材料正文后依次附以下签字盖章页： （1）申请人控股股东、实际控制人、全体董事、监事、高级管理人员声明："本公司控股股东、实际控制人、全体董事、监事、高级管理人员承诺本公开发行说明书不存在虚假记载、误导性陈述或重大遗漏，并对其真实性、准确性、完整性承担个别和连带的法律责任。"上述人员分类分别签名后加盖申请人公章； （2）保荐机构（主承销商）声明："本公司已对公开发行说明书进行了核查，保荐机构管理层已认真阅读××股份有限公司公开发行说明书的全部内容，确认不存在虚假记载、误导性陈述或重大遗漏，并对其真实性、准确性、完整性承担相应的法律责任。"由保荐机构法定代表人、董事长、总经理、保荐代表人、项目协办人签名，并由保荐机构（主承销商）加盖公章；由保荐机构授权代表签字的需补充保荐机构出具的授权书，且加盖公章； （3）律师事务所声明："本所及经办律师已阅读公开发行说明书，确认公开发行说明书与本所出具的法律意见书和律师工作报告无矛盾之处。本所及经办律师对申请人在公开发行说明书中引用的法律意见书和律师工作报告的内容无异议，确认公开发行说明书不致因上述内容而出现虚假记载、误导性陈述或重大遗漏，并对其真实性、准确性、完整性承担相应的法律责任。"由经办律师及所在律师事务所负责人签名，并由律师事务所加盖公章；

续表

申请材料目录	检查要点
1－1 公开发行说明书	(4) 承担审计业务的会计师事务所声明："本所及签字注册会计师已阅读公开发行说明书，确认公开发行说明书与本所出具的审计报告、盈利预测报告及审核报告(如有)、内部控制鉴证报告、经注册会计师鉴证的非经常性损益明细表、会计师事务所关于申请人前次募集资金使用情况的报告（如有）等无矛盾之处。本所及签字注册会计师对申请人在公开发行说明书中引用的审计报告、盈利预测报告及审核报告（如有)、内部控制鉴证报告、经注册会计师鉴证的非经常性损益明细表、会计师事务所关于申请人前次募集资金使用情况的报告（如有）等的内容无异议，确认公开发行说明书不致因上述内容而出现虚假记载、误导性陈述或重大遗漏，并对其真实性、准确性、完整性承担相应的法律责任。"由签字注册会计师及所在会计师事务所负责人签名，并由会计师事务所加盖公章； (5) 资产评估机构声明："本机构及签字注册资产评估师已阅读公开发行说明书，确认公开发行说明书与本机构出具的资产评估报告无矛盾之处。本机构及签字注册资产评估师对申请人在公开发行说明书中引用的资产评估报告的内容无异议，确认公开发行说明书不致因上述内容而出现虚假记载、误导性陈述或重大遗漏，并对其真实性、准确性、完整性承担相应的法律责任。"由签字注册资产评估师及所在资产评估机构负责人签名，并由资产评估机构加盖公章。 2. 公开发行说明书引用的财务报表应在六个月有效期内。
2－1 申请人关于股票公开发行的申请	1. 申请抬头是"中国证券监督管理委员会"； 2. 文件应有申请人发文文号； 3. 申请人在申请落款处由法定代表人签字并加盖公章。
2－2 申请人关于股票在精选层挂牌的申请	1. 申请抬头是"全国中小企业股份转让系统有限责任公司"； 2. 文件应有申请人发文文号； 3. 申请人在申请落款处由法定代表人签字并加盖公章。
2－3 申请人董事会有关股票公开发行并在精选层挂牌的决议	1. 决议中有与"股票公开发行并在精选层挂牌"相关的议题； 2. 决议正文后，由参会董事签字，申请人加盖公章。
2－4 申请人股东大会有关股票公开发行并在精选层挂牌的决议	1. 决议中有与"股票公开发行并在精选层挂牌"相关的议题； 2. 决议正文后，由参与表决的股东签字或公章； 3. 申请人在落款处加盖公章。
3－1 发行保荐书	1. 应由保荐机构法定代表人、保荐业务负责人、内核负责人、保荐代表人和项目协办人签字，加盖公章。
3－2 保荐工作报告	1. 应由保荐机构法定代表人、保荐业务负责人、内核负责人、保荐业务部门负责人、保荐代表人和项目协办人签字，并加盖公章。
3－3 股票在精选层挂牌推荐书	
3－4 关于申请人预计市值的分析报告	

续表

申请材料目录	检查要点
4－1 最近三年及一期的财务报告和审计报告 4－1－1 财务报告和审计报告（第一年） 4－1－2 财务报告和审计报告（第二年） 4－1－3 财务报告和审计报告（第三年） 4－1－4 财务报告和审计报告（最近一期，如有）	1. 保荐机构通过系统上传前述文件时，4－1 为 4－1－1、4－1－2、4－1－3、4－1－4 的汇总文件（PDF 和 WORD 格式）； 2. 最近一期的财务报告为在法定披露期限内披露的定期报告且经审计； 3. 会计师事务所出具的审计报告，必须由总所出具，报告正文结尾应当由两名经办会计师签名盖章，并加盖会计师事务所公章，注册会计师盖章应当是标准私章； 4. 财务报表应有公司公章以及相关责任人的签字并盖章。
4－2 盈利预测报告及审核报告（如有）	1. 会计师事务所出具的盈利预测报告及审核报告，必须由总所出具。报告正文结尾应当加盖会计师事务所公章； 2. 盈利预测表应有公司公章以及相关责任人的签字并盖章。
4－3 内部控制鉴证报告	1. 会计师事务所出具的内部控制鉴证报告，必须由总所出具。报告正文结尾应当由两名经办会计师签名盖章，并加盖会计师事务所公章，注册会计师盖章应当是标准私章； 2. 申请人董事会内部控制的自我评价报告应在落款处加盖公章。
4－4 经注册会计师鉴证的非经常性损益明细表	1. 会计师事务所出具的非经常性损益明细表，必须由总所出具。报告正文结尾应当由两名经办会计师签名盖章，并加盖会计师事务所公章，注册会计师盖章应当是标准私章； 2. 非经常性损益明细表应有公司公章以及相关责任人的签字并盖章。
4－5 会计师事务所关于申请人前次募集资金使用情况的报告（如有）	1. 会计师事务所出具的募集资金使用情况的报告，必须由总所出具。报告正文结尾应当加盖会计师事务所公章。
5－1 法律意见书	1. 法律意见书由总所或分所出具均可； 2. 法律意见书正文结尾应当由律师事务所负责人、两名经办律师签名，并加盖律师事务所公章。
5－2 律师工作报告	1. 律师工作报告由总所或分所出具的均可； 2. 律师工作报告正文结尾应当由律师事务所负责人、两名经办律师签名，并加盖律师事务所公章。
5－3 申请人律师关于申请人董事、监事、高级管理人员、申请人控股股东和实际控制人在相关文件上签名盖章的真实性的鉴证意见 5－4 关于申请电子文件与预留原件一致的鉴证意见	1. 律师事务所出具的“鉴证意见”，总所或分所出具的均可。

续表

申请材料目录	检查要点
6－1 募集资金投资项目的审批、核准或备案文件（如有）	1. 审批、核准或备案文件应为彩色扫描件，如扫描的审批、核准或备案文件为复印件，应当由申请人加盖公章或律师鉴证，确保复印件与原件内容一致。
6－2 申请人拟收购资产（包括权益）的有关财务报告、审计报告、资产评估报告（如有）	1. 会计师事务所出具的审计报告，参照4－1 审计报告的相关检查要点； 2. 财务报表应加盖标的公司公章并由相关责任人签字并盖章； 3. 资产评估机构出具的资产评估报告，报告正文结尾应当由两名经办资产评估师签名并盖章，并加盖资产评估机构公章，资产评估师的盖章应当是标准私章。
6－3 申请人拟收购资产（包括权益）的合同或其草案（如有）	1. 合同或其草案应为彩色扫描件，如扫描合同或其草案为复印件，应当由申请人加盖公章或律师鉴证，确保复印件与原件内容一致。
7－1 公司章程（草案）	1. 申请人公开发行后拟使用的公司章程； 2. 申请人在章程标题处或落款处加盖公章。
7－2 申请人控股股东、实际控制人最近一年及一期的财务报告及审计报告（如有）	1. 会计师事务所出具的审计报告，必须由总所出具。报告正文结尾应当由两名经办会计师签名盖章，并加盖会计师事务所公章，注册会计师盖章应当是标准私章； 2. 财务报表应有公司公章以及相关责任人的签字并盖章。
7－3 承诺事项 7－3－1 申请人及其控股股东、实际控制人、持股5%以上股东以及申请人董事、监事、高级管理人员等责任主体的重要承诺以及未履行承诺的约束措施（如有） 7－3－2 申请人及其控股股东、实际控制人、全体董事、监事、高级管理人员、保荐机构（主承销商）、律师事务所、会计师事务所及其他证券服务机构对发行申请文件真实性、准确性、完整性的承诺书 7－3－3 申请人、保荐人关于申请电子文件与预留原件一致的承诺函	1. 全体董事、监事、高级管理人员声明分类签名后加盖申请人公章； 2. 董监高签字人员应与公开发行说明书签字人员情况一致； 3. 保荐机构（主承销商）、律师事务所、会计师事务所及其他证券服务机构出具的承诺书，应当加盖各自公章； 4. 申请人、保荐人承诺函应加盖各自公章。

续表

申请材料目录	检查要点
7－4 申请人不予披露信息情况的说明及保荐机构核查意见（如有）	1. 申请人在落款处加盖公章； 2. 保荐机构核查意见应加盖公章。
7－5 特定行业（或企业）管理部门出具的相关意见（如有）	1. 相关意见应为彩色扫描件，如为复印件，应当由申请人加盖公章或律师鉴证，确保复印件与原件内容一致。
7－6 保荐协议	1. 保荐协议应为彩色扫描件，如保荐协议为复印件，应当由申请人加盖公章或律师鉴证，确保复印件与原件内容一致。
7－7 申请人关于授权全国股转公司代为向中国证监会报送股票公开发行申请文件有关事宜的委托书	使用模板，委托书应当经申请人法定代表人签字，加盖申请人公章； 附公司营业执照彩色扫描件、法定代表人身份证正反面彩色扫描件。
7－8 申请人、保荐机构关于本次申报符合受理要求的说明	使用模板，加盖申请人、保荐机构公章。
7－9 辅导验收证明文件	1. 辅导验收证明文件应为彩色扫描件，如辅导验收证明文件为复印件，应当由申请人加盖公章或律师鉴证，确保复印件与原件内容一致。

附件4

股票公开发行并在精选层挂牌业务咨询及业务办理邮箱

部门	事项	联系方式
融资并购二部	内幕信息知情人报备	nmxx@ neeq. com. cn
	申报前咨询	zixun1@ neeq. com. cn
	问询沟通	zixun2@ neeq. com. cn

关于发布《全国中小企业股份转让系统股票向不特定合格投资者公开发行并在精选层挂牌业务指南2号——发行与挂牌》的公告

股转系统公告〔2020〕179号

为了规范股票向不特定合格投资者公开发行并在精选层挂牌业务，全国中小企业股份转让系统有限责任公司制定了《全国中小企业股份转让系统股票向不特定合格投资者公开发行并在精选层挂牌业务指南2号——发行与挂牌》，现予以发布，自发布之日起施行。

特此公告。

附件：全国中小企业股份转让系统股票向不特定合格投资者公开发行并在精选层挂牌业务指南2号——发行与挂牌

全国股转公司

2020年3月6日

全国中小企业股份转让系统股票向不特定合格投资者公开发行并在精选层挂牌业务指南 2 号——发行与挂牌

全国中小企业股份转让系统有限责任公司

二〇二〇年三月

目　录

为了规范全国中小企业股份转让系统挂牌公司（以下称发行人）股票向不特定合格投资者公开发行并在精选层挂牌（以下简称股票公开发行并挂牌）业务，明确发行人、保荐机构、主承销商在发行承销与在精选层挂牌各环节的具体工作要求和工作流程，制定本指南。

一、总体要求

发行人股票公开发行并挂牌业务实行电子化办理。发行人、主承销商通过全国中小企业股份转让系统有限责任公司（以下简称全国股转公司）业务支持平台（以下称BPM系统）报送股票发行申请、定价与配售结果等文件，上传信息披露文件并接收申购数据等。主承销商通过BPM系统提交的文件，应当符合本指南的格式规范。

除另有说明外，本指南所称日均为交易日。询价初始日定义为X日，申购日定义为T日，在精选层挂牌日定义为L日。

二、发行前准备

（一）提交发行与承销方案

发行人股票向不特定合格投资者公开发行经中国证监会核准后，主承销商通过BPM系统“发行承销—发行与承销方案填报”模块提交发行与承销方案等相关文件（文件明细详见表1）。发行与承销方案需明确本次发行股票数量、战略投资者的名单及认购配售安排（如有）、超额配售选择权的设置（如有）、发行阶段的时间安排等内容。

表1

序号	文件名称	披露要求	报送方式	报送时间
1	发行与承销方案	无需披露	BPM提交	当日10：00前
2	关于通过全国股转公司交易系统发行股票的申请	无需披露	BPM提交	当日10：00前
3	投资价值研究报告（如有）	无需披露	BPM提交	当日10：00前
4	重大事项确认函	无需披露	BPM提交	当日10：00前
5	文件一致承诺函	无需披露	BPM提交	当日10：00前
6	主承销商经办人员的身份证明文件及授权书	无需披露	BPM提交	当日10：00前
7	发行人经办人员的身份证明文件及授权书	无需披露	BPM提交	当日10：00前
8	战略配售方案（如有）	无需披露	BPM提交	当日10：00前
9	主承销商关于战略投资者的专项核查报告及发行人承诺函（如有）	无需披露	BPM提交	当日10：00前
10	高管和核心员工参与战略配售的合同及备案证明文件（如有）	无需披露	BPM提交	当日10：00前
11	战略投资者配售协议（如有）	无需披露	BPM提交	当日10：00前

续表

序号	文件名称	披露要求	报送方式	报送时间
12	超额配售选择权方案（如有）	无需披露	BPM 提交	当日 10：00 前
13	承销协议及补充协议	无需披露	BPM 提交	当日 10：00 前
14	承销团协议（如有）	无需披露	BPM 提交	当日 10：00 前
15	其他文件（如有）	无需披露	BPM 提交	当日 10：00 前

注 1　发行与承销方案应由发行人和主承销商加盖公章。

注 2　主承销商经办人员的身份证明文件及授权书：主承销商经办人员的身份证复印件以及主承销商出具的由董事长或者总经理签名的授权书。

注 3　发行人经办人员的身份证明文件及授权书：发行人经办人员的身份证复印件及发行人出具的由董事长或者总经理签名的授权书。

注 4　主承销商关于战略投资者的专项核查报告及发行人承诺函：主承销商对战略投资者的选取标准、配售资格及是否存在禁止性情形的专项核查报告（加盖公章），发行人就该核查事项出具的承诺函（加盖公章）。

注 5　高管和核心员工参与战略配售的合同及备案证明文件：高管和核心员工参与战略配售的，设立专项资产管理计划或员工持股计划的合同、完成基金业协会等金融监管部门的备案文件。

注 6　战略配售方案和超额配售选择权方案应由发行人和主承销商加盖公章。

注 7　其他文件：发行人与主承销商认为需要提交或全国股转公司要求提交的其他类型文件。（下同）

主承销商提交发行与承销方案等文件的同时需填写项目信息表单，上传发行人的 logo 图片（命名为“证券代码 + 证券简称”）。主承销商应在信息表单中填报定价方式、发行人确定的股票公开发行并挂牌选用的市值标准、中国证监会核准文件到期日、主承销商在中国结算北京分公司开立的自营结算备付金账户等内容。

发行人股票交易方式为做市交易方式的，做市商应当向主承销商提供股票划转信息，主承销商在 BPM 系统“发行承销—发行与承销方案填报”模块填写做市商提供的划转信息，用于办理做市商退出做市后的股票划转业务。做市商未及时向主承销商提供股票划转信息的，做市库存股票将无法完成统一划转。

（二）与中国结算有关的准备事宜

主承销商应当协助发行人向中国结算北京分公司了解办理股份登记及资金结算等事宜。

发行与承销方案提交后，发行人与保荐机构应当及时核查停牌（停牌相关事项详见本指南“五、特殊事项处理”之“（三）停复牌事项”）前一个交易日在册股东情况，相关股东属于《全国中小企业股份转让系统股票向不特定合格投资者公开发行并在精选层挂牌规则（试行）》第十七条规定的限售主体情形的，发行人应当最迟于申购前一日向中国结算北京分公司报送经保荐机构确认的限售申请文件，具体要求按中国结算北京分公司相关规定办理。

（三）网上路演有关的准备事宜

发行人和主承销商确定网上路演日后，应及时与全国股转公司联系。

三、发行

主承销商提交发行与承销方案后，全国股转公司两日内无异议的（主承销商于10：00后提交的，提交日不纳入计算），主承销商可在BPM系统“发行承销—选择发行代码”模块选择发行代码，启动发行。发行代码一经选择，不可更改。

主承销商应通过“发行时间安排和联系方式”模块填写发行时间安排，发行时间安排和联系方式和发生变化的，主承销商应当及时在BPM系统“发行时间安排和联系方式”模块进行修改。

发行人和主承销商应当按照发行与承销方案中列明的发行承销相关工作安排及发行时间安排中填写的时间表推进发行工作。启动发行后，发行人和主承销商不得再对发行与承销方案作出修改。如因特殊情况需要对发行与承销方案作出重大调整的，应当及时通知全国股转公司。

向不特定合格投资者公开发行股票，根据《全国中小企业股份转让系统股票向不特定合格投资者公开发行与承销管理细则（试行）》（以下简称《发行与承销管理细则》）的规定，发行人和主承销商可以通过自主协商直接定价、合格投资者网上竞价或网下询价等方式确定发行价格。

（一）直接定价发行

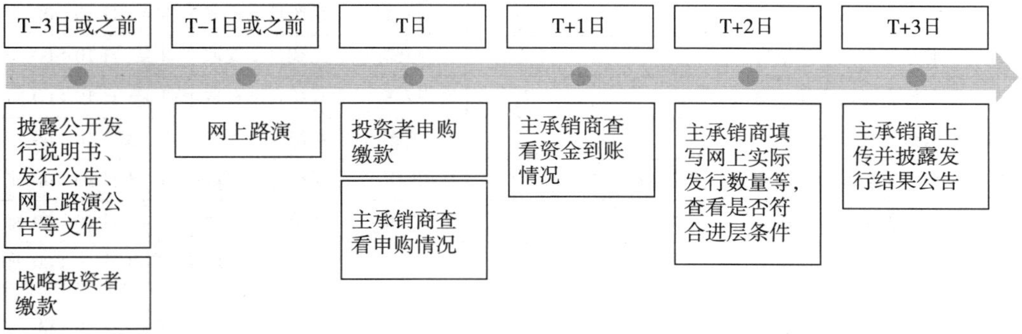

1. T－3日或之前

（1）T－3日10：00前，主承销商在BPM系统“发行承销—申购申请”模块上传《股票向不特定合格投资者公开发行并在精选层挂牌网上路演公告》《股票向不特定合格投资者公开发行并在精选层挂牌发行公告》《股票向不特定合格投资者公开发行并在精选层挂牌投资风险特别公告》《公开发行说明书》等文件，同时填写并提交申购信息单；

如出现《发行与承销管理细则》第八条规定的情形，主承销商应于10：00前上传《股票向不特定合格投资者公开发行并在精选层挂牌延期发行公告》《股票向不特定合格投资者公开发行并在精选层挂牌投资风险特别公告》《公开发行说明书》等文件，发行时间相应推迟；主承销商于延期后的T－3日在BPM系统“发行承销—特殊事项”

模块上传《股票向不特定合格投资者公开发行并在精选层挂牌网上路演公告》《股票向不特定合格投资者公开发行并在精选层挂牌发行公告》；

存在战略投资者的，主承销商同时提交对战略投资者的专项核查报告；

（2）公告于当日15：30后披露，主承销商可登陆全国股转公司网站查看公告文件标题、正文等信息是否正确，如有问题，及时与全国股转公司联系；

（3）战略投资者（如有）应当缴纳认购资金。

表2

序号	文件名称	披露要求	报送方式	报送时间
1	股票向不特定合格投资者公开发行并在精选层挂牌网上路演公告	披露	BPM提交	T－3日10：00前
2	公开发行说明书	披露	BPM提交	T－3日10：00前
3	股票向不特定合格投资者公开发行并在精选层挂牌发行公告（或股票向不特定合格投资者公开发行并在精选层挂牌延期发行公告）	披露	BPM提交	T－3日10：00前
4	股票向不特定合格投资者公开发行并在精选层挂牌投资风险特别公告	披露	BPM提交	T－3日10：00前
5	主承销商关于战略投资者的专项核查报告（如有）	披露	BPM提交	T－3日10：00前
6	股票公开发行保荐书	披露	系统自动提取	T－3日10：00前
7	法律意见书	披露	系统自动提取	T－3日10：00前
8	财务报告及审计报告	披露	系统自动提取	T－3日10：00前
9	发行人公司章程（草案）	披露	系统自动提取	T－3日10：00前
10	内部控制鉴证报告	披露	系统自动提取	T－3日10：00前
11	经注册会计师鉴证的非经常性损益明细表	披露	系统自动提取	T－3日10：00前
12	盈利预测报告及审核报告（如有）	披露	系统自动提取	T－3日10：00前
13	股票在精选层挂牌推荐书	披露	系统自动提取	T－3日10：00前
14	其他文件（如有）	选择披露/无需披露	BPM提交	T－3日10：00前

2. T－1日或之前

发行人、主承销商进行网上路演。

3. T日

（1）申购日9：15—11：30；13：00—15：00，投资者通过证券公司进行申购委托；

（2）同一投资者对同一只股票使用多个证券账户申购，或者使用同一证券账户申购多次的，以第一笔申购为准；

（3）全国股转公司对重复申报等不符合要求的申报进行剔除；

（4）16：00后，主承销商在BPM系统“发行承销—申购结果”模块查看投资者申购结果。

4. T+1 日

（1）15：30 前，结算参与人应当向中国结算北京分公司申报投资者资金不足导致的无效申购信息；

（2）16：00 前，结算参与人应当根据中国结算北京分公司提供的清算数据将申购资金足额存入综合结算备付金账户，中国结算北京分公司与结算参与人完成股票申购资金交收；

（3）全国股转公司根据中国结算北京分公司发送的资金缺口数据及无效申购信息进行申购无效处理；

（4）20：00 后，主承销商在 BPM 系统“发行承销—申购结果”模块查看投资者缴款资金到账情况。

5. T+2 日

（1）10：00 前，主承销商在 BPM 系统“发行承销—配售申请”模块填写网上实际发行数量（含超额配售选择权）、最终战略投资者配售数量（非延期交付）、延期交付总量、拟包销数量，并上传主要股东明细表、拟包销明细表（如有）。其中，网上实际发行数量不包含主承销商包销部分；如不存在上述情形对应数据的，应填写“0”；

存在战略投资者的，需上传战略投资者配售明细表（非延期交付），设置超额配售选择权的，还需上传战略投资者配售明细表（延期交付），不存在前述情形的，无需上传相应文件；

（2）14：00 后，主承销商通过 BPM 系统“发行承销—配售结果”模块查看发行人是否符合进层条件以及配售结果相关数据；

（3）16：00 前，全国股转公司交易系统将配售结果发送中国结算北京分公司；

（4）中国结算北京分公司根据配售结果解冻剩余资金，完成认购资金的清算交收。

表 3

序号	文件名称	披露要求	报送方式	报送时间
1	主要股东明细表	无需披露	BPM 提交	T+2 日 10：00 前
2	战略投资者配售明细表（非延期交付）（如有）	无需披露	BPM 提交	T+2 日 10：00 前
3	战略投资者配售明细表（延期交付）（如有）	无需披露	BPM 提交	T+2 日 10：00 前
4	拟包销明细表（如有）	无需披露	BPM 提交	T+2 日 10：00 前
5	其他文件（如有）	选择披露/无需披露	BPM 提交	T+2 日 10：00 前
注 主要股东明细表：该表格需在 BPM 系统提交文件页面下载模板，发行人和主承销商应当分别上传 PDF、Excel 格式文件，并对 PDF 格式文件加盖公章，下同。				

6. T+3 日

（1）12：00 前，主承销商在 BPM 系统“发行承销—发行结果公告”模块上传

《股票向不特定合格投资者公开发行并在精选层挂牌发行结果公告》;

（2）公告于当日 15：30 后披露，主承销商可登陆全国股转公司网站查看公告文件标题、正文等信息是否正确，如有问题，及时与全国股转公司联系；

（3）解冻的剩余资金返还到账；

（4）主承销商收到中国结算北京分公司划转的认购资金后，将认购资金款项由其自营结算备付金账户提取至其银行账户，并按约定划至发行人指定的银行账户；

（5）发行人聘请会计师事务所验资并出具验资报告；

（6）发行人向中国结算北京分公司申报余股登记（如有）、战略投资者登记明细数据（如有）。

表 4

序号	文件名称	披露要求	报送方式	报送时间
1	《股票向不特定合格投资者公开发行并在精选层挂牌发行结果公告》	披露	BPM 提交	T+3 日 12：00 前
2	其他文件（如有）	选择披露/无需披露	BPM 提交	T+3 日 12：00 前

（二）竞价发行

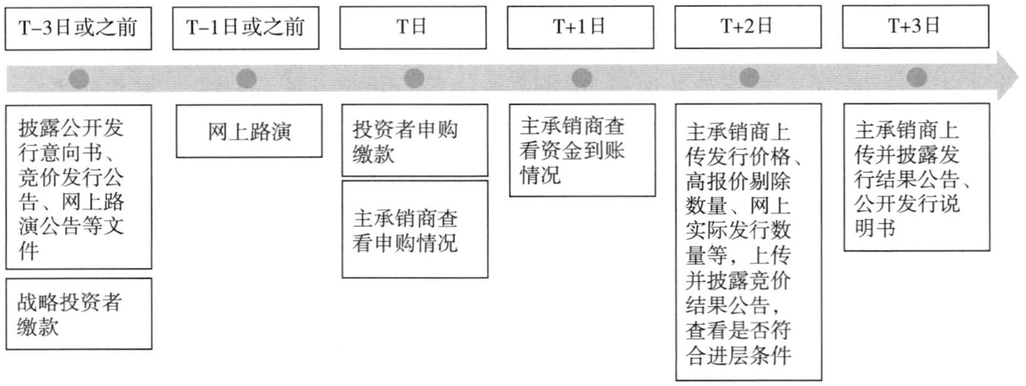

1. T－3 日或之前

（1）T－3 日 10：00 前，主承销商在 BPM 系统“发行承销—申购申请”模块上传《股票向不特定合格投资者公开发行并在精选层挂牌网上路演公告》《股票向不特定合格投资者公开发行并在精选层挂牌竞价发行公告》《公开发行意向书》以及关联方明细表等文件，同时填写并提交申购信息单；

如存在战略投资者的，主承销商同时提交战略投资者的专项核查报告；

（2）公告于当日 15：30 后披露，主承销商可登陆全国股转公司网站查看公告文件标题、正文等信息是否正确，如有问题，及时与全国股转公司联系；

（3）战略投资者（如有）应当缴纳认购资金。

表 5

序号	文件名称	披露要求	报送方式	报送时间
1	股票向不特定合格投资者公开发行并在精选层挂牌网上路演公告	披露	BPM 提交	T－3 日 10：00 前
2	公开发行意向书	披露	BPM 提交	T－3 日 10：00 前
3	股票向不特定合格投资者公开发行并在精选层挂牌竞价发行公告	披露	BPM 提交	T－3 日 10：00 前
4	关联方明细表	无需披露	BPM 提交	T－3 日 10：00 前
5	投资价值研究报告	披露	BPM 提交	T－3 日 10：00 前
6	主承销商关于战略投资者的专项核查报告（如有）	披露	BPM 提交	T－3 日 10：00 前
7	股票公开发行保荐书	披露	系统自动提取	T－3 日 10：00 前
8	法律意见书	披露	系统自动提取	T－3 日 10：00 前
9	财务报告及审计报告	披露	系统自动提取	T－3 日 10：00 前
10	发行人公司章程（草案）	披露	系统自动提取	T－3 日 10：00 前
11	内部控制鉴证报告	披露	系统自动提取	T－3 日 10：00 前
12	经注册会计师鉴证的非经常性损益明细表	披露	系统自动提取	T－3 日 10：00 前
13	盈利预测报告及审核报告（如有）	披露	系统自动提取	T－3 日 10：00 前
14	股票在精选层挂牌推荐书	披露	系统自动提取	T－3 日 10：00 前
15	其他文件（如有）	选择披露/无需披露	BPM 提交	T－3 日 10：00 前
注：关联方明细表为全国股转公司规定的不得向其配售的投资者名单，发行人和主承销商应当分别上传 PDF、Excel 格式文件，并对 PDF 格式文件加盖公章。				

2. T－1 日或之前

发行人、主承销商进行网上路演。

3. T 日

（1）申购日 9：15—11：30；13：00—15：00，投资者通过证券公司进行申购委托；

（2）同一投资者对同一只股票使用多个证券账户申购，或者使用同一证券账户申购多次的，以第一笔申购为准；

（3）全国股转公司对重复申报等不符合要求的申报进行剔除；

（4）16：00 后，主承销商在 BPM 系统“发行承销—申购结果”模块查看竞价申购明细、竞价申购结果。

4. T＋1 日

（1）15：30 前，结算参与人将投资者资金不足导致的无效申购信息向中国结算北京分公司申报；

（2）16：00 前，结算参与人根据中国结算北京分公司提供的清算数据将申购资金足额存入综合结算备付金账户，中国结算北京分公司与结算参与人完成股票申购资金交收；

（3）全国股转公司根据中国结算北京分公司发送的资金缺口数据及无效申购信息进行申购无效处理；

（4）20：00后，主承销商在BPM系统“发行承销—申购结果”模块查看投资者缴款资金到账情况。

5. T+2日

（1）10：00前，主承销商在BPM系统“发行承销—配售申请”模块上传《股票向不特定合格投资者公开发行并在精选层挂牌竞价结果公告》、主要股东明细表、拟包销明细表（如有），填写发行价格、发行市盈率、高报价剔除数量、网上实际发行数量（含超额配售选择权）、最终战略投资者配售数量（非延期交付）、延期交付数量、拟包销数量。其中，网上实际发行数量不包含主承销商包销部分；如不存在上述情形对应数据的，应填写“0”；

存在战略投资者的，需上传战略投资者配售明细表（非延期交付），设置超额配售选择权的，还需上传战略投资者配售明细表（延期交付），不存在前述情形的，无需上传相应文件；

（2）公告于当日15：30后披露，主承销商可登陆全国股转公司网站查看公告文件标题、正文等信息是否正确，如有问题，及时与全国股转公司联系；

（3）14：00后，主承销商在BPM系统“发行承销—配售结果”模块查看发行人是否符合进层条件以及配售结果；

（4）16：00前，全国股转公司交易系统将配售结果发送至中国结算北京分公司；

（5）中国结算北京分公司根据配售结果解冻剩余资金，完成认购资金的清算交收。

表6

序号	文件名称	披露要求	报送方式	报送时间
1	股票向不特定合格投资者公开发行并在精选层挂牌竞价结果公告	披露	BPM提交	T+2日10：00前
2	主要股东明细表	无需披露	BPM提交	T+2日10：00前
3	战略投资者配售明细表（非延期交付）（如有）	无需披露	BPM提交	T+2日10：00前
4	战略投资者配售明细表（延期交付）（如有）	无需披露	BPM提交	T+2日10：00前
5	拟包销明细表（如有）	无需披露	BPM提交	T+2日10：00前
6	其他文件（如有）	选择披露/无需披露	BPM提交	T+2日10：00前

6. T+3日

（1）12：00前，主承销商在BPM系统“发行承销—发行结果公告”模块上传《股票向不特定合格投资者公开发行并在精选层挂牌发行结果公告》《公开发行说明书》；

（2）公告于当日15：30后披露，主承销商可登陆全国股转公司网站查看公告文件标题、正文等信息是否正确，如有问题，及时与全国股转公司联系；

（3）解冻的剩余资金返还到账；

（4）主承销商收到中国结算北京分公司划转的认购资金后，将认购资金款项由其自营结算备付金账户提取至其银行账户，并按约定划至发行人指定的银行账户；

（5）发行人聘请会计师事务所验资并出具验资报告；

（6）发行人向中国结算北京分公司申报余股登记（如有）、战略投资者登记明细数据（如有）。

表7

序号	文件名称	披露要求	报送方式	报送时间
1	股票向不特定合格投资者公开发行并在精选层挂牌发行结果公告	披露	BPM提交	T+3日12：00前
2	公开发行说明书	披露	BPM提交	T+3日12：00前
3	其他文件（如有）	选择披露/无需披露	BPM提交	T+3日12：00前

（三）询价发行

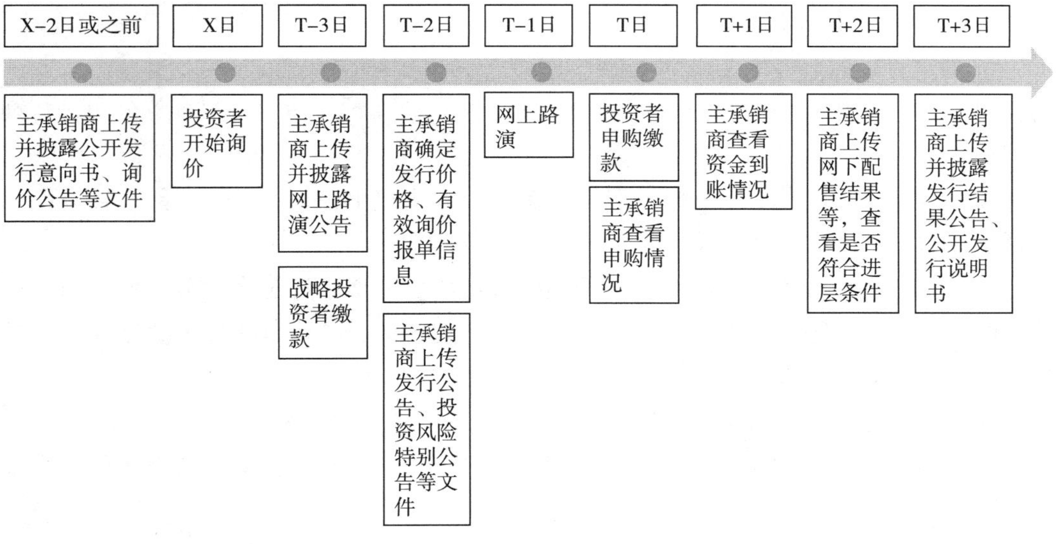

1. X－2日或之前

（1）X－2日10：00前，主承销商通过BPM系统“发行承销—询价申请”模块上传《股票向不特定合格投资者公开发行并在精选层挂牌发行安排及询价公告》《公开发行意向书》等文件，同时填写并提交询价信息单；

（2）公告于当日15：30后披露，主承销商可登陆全国股转公司网站查看公告文件标题、正文等信息是否正确，如有问题，及时与全国股转公司联系。

表 8

序号	文件名称	披露要求	报送方式	报送时间
1	股票向不特定合格投资者公开发行并在精选层挂牌发行安排及询价公告	披露	BPM 提交	X－2 日 10：00 前
2	公开发行意向书	披露	BPM 提交	X－2 日 10：00 前
3	股票公开发行保荐书	披露	系统自动提取	X－2 日 10：00 前
4	法律意见书	披露	系统自动提取	X－2 日 10：00 前
5	财务报告及审计报告	披露	系统自动提取	X－2 日 10：00 前
6	发行人公司章程（草案）	披露	系统自动提取	X－2 日 10：00 前
7	内部控制鉴证报告	披露	系统自动提取	X－2 日 10：00 前
8	经注册会计师鉴证的非经常性损益明细表	披露	系统自动提取	X－2 日 10：00 前
9	盈利预测报告及审核报告（如有）	披露	系统自动提取	X－2 日 10：00 前
10	股票在精选层挂牌推荐书	披露	系统自动提取	X－2 日 10：00 前
11	其他文件（如有）	选择披露/无需披露	BPM 提交	X－2 日 10：00 前

2. X－1 日

12：00 前，拟参与询价的网下投资者应开通全国股转系统精选层交易权限并在中国证券业协会完成注册。

3. 询价日

（1）询价日 9：15—11：30，13：00—15：00，网下投资者可通过证券公司进行询价委托；

（2）同一配售对象对同一只股票使用多个证券账户申报，或者使用同一证券账户申报多次的，以最后一笔申报为准；

（3）同一网下投资者全部报价中的不同拟申购价格不超过三个，最高价格与最低价格的差额不超过最低价格的 20%。不符合上述规定的，按照价格优先原则保留有效价格，其他价格对应的报价无效；

（4）全国股转公司对重复申报等不符合要求的申报进行剔除；

（5）每个询价日 16：00 后，主承销商在 BPM 系统“发行承销—询价结果”模块下载询价申报明细。

4. T－3 日

（1）15：00 前，主承销商在 BPM 系统“发行承销—询价路演公告”模块上传《股票向不特定合格投资者公开发行并在精选层挂牌网上路演公告》；

（2）公告于当日 15：30 后披露，主承销商可登陆全国股转公司网站查看公告文件标题、正文等信息是否正确，如有问题，及时与全国股转公司联系；

（3）战略投资者（如有）应当缴纳认购资金。

表9

序号	文件名称	披露要求	报送方式	报送时间
1	股票向不特定合格投资者公开发行并在精选层挂牌网上路演公告	披露	BPM 提交	T－3 日 15：00 前
2	其他文件（如有）	选择披露/无需披露	BPM 提交	T－3 日 15：00 前

5. T－2 日

（1）主承销商根据《发行与承销管理细则》规定以及公告的有效报价条件，依次剔除关联方报价、不符合参与询价条件的投资者报价、报价最高部分和低价未入围的报价，确定有效询价申报；

（2）10：00 前，主承销商在 BPM 系统“发行承销—申购申请”模块上传《股票向不特定合格投资者公开发行并在精选层挂牌发行公告》《股票向不特定合格投资者公开发行并在精选层挂牌投资风险特别公告》及有效询价申报明细表，有效询价申报明细表除包含有效询价申报明细外，还需包含剔除的询价申报明细及剔除原因，同时填写并提交申购信息单；

如出现《发行与承销管理细则》第八条规定的情形，主承销商应于 10：00 前上传《股票向不特定合格投资者公开发行并在精选层挂牌询价结果及延期发行公告》《股票向不特定合格投资者公开发行并在精选层挂牌投资风险特别公告》及有效询价申报明细表，发行时间相应推迟；主承销商于延期后的 T－2 日在 BPM 系统“发行承销—特殊事项”模块上传《股票向不特定合格投资者公开发行并在精选层挂牌发行公告》；

存在战略投资者的，主承销商同时提交对战略投资者的专项核查报告；

（3）公告于当日 15：30 后披露，主承销商可登陆全国股转公司网站查看公告文件标题、正文等信息是否正确，如有问题，及时与全国股转公司联系。

表10

序号	文件名称	披露要求	报送方式	报送时间
1	有效询价申报明细表	无需披露	BPM 提交	T－2 日 10：00 前
2	股票向不特定合格投资者公开发行并在精选层挂牌发行公告（或股票向不特定合格投资者公开发行并在精选层挂牌询价结果及延期发行公告）	披露	BPM 提交	T－2 日 10：00 前
3	股票向不特定合格投资者公开发行并在精选层挂牌投资风险特别公告	披露	BPM 提交	T－2 日 10：00 前
4	主承销商关于战略投资者的专项核查报告（如有）	披露	BPM 提交	T－2 日 10：00 前

续表

序号	文件名称	披露要求	报送方式	报送时间
5	其他文件（如有）	选择披露/无需披露	BPM 提交	T-2 日 10：00 前
注：有效询价申报明细表应区别列示关联方申报、有效询价申报、高价剔除申报、低价未入围申报、其他原因剔除申报。				

6. T-1 日

发行人、主承销商进行网上路演。

7. T 日

（1）申购日 9：15—11：30，13：00—15：00，投资者可通过证券公司进行申购委托；

（2）同一投资者对同一只股票使用多个证券账户申购，或者使用同一证券账户申购多次的，以第一笔申购为准；

（3）全国股转公司对重复申报等不符合要求的申报进行剔除；

（4）16：00 后，主承销商在 BPM 系统“发行承销—申购结果”模块查看网下申购明细、网上申购结果。

8. T+1 日

（1）15：30 前，结算参与人将投资者资金不足导致的无效申购信息向中国结算北京分公司申报；

（2）16：00 前，结算参与人根据中国结算北京分公司提供的清算数据将申购资金足额存入综合结算备付金账户，中国结算北京分公司与结算参与人完成股票申购资金交收；

（3）全国股转公司根据中国结算北京分公司发送的资金缺口数据及无效申购信息进行申购无效处理；

（4）20：00 后，主承销商在 BPM 系统“发行承销—申购结果”模块查看投资者缴款资金到账情况并制作网下配售情况表。

9. T+2 日

（1）10：00 前，主承销商在 BPM 系统“发行承销—配售申请”模块上传网下配售情况表、主要股东明细表、拟包销明细表（如有），同时填写是否回拨、网上向网下回拨数量、网下向网上回拨数量、回拨后网下实际发行数量、回拨后网上实际发行数量（含超额配售选择权）、最终战略投资者配售数量（非延期交付）、延期交付数量、拟包销数量。其中，回拨后网上实际发行数量不包含主承销商包销部分；回拨后网下实际发行数量应当与网下配售情况表中获配总量一致；如不存在上述情形对应数据的，应填写“0”；

存在战略投资者的，需上传战略投资者配售明细表（非延期交付），设置超额配售选择权的，还需上传战略投资者配售明细表（延期交付），不存在前述情形的，无需上传相应文件；

（2）14：00后，主承销商在BPM系统“发行承销—配售结果”模块查看发行人是否符合进层条件以及配售结果；

（3）16：00前，全国股转公司交易系统将配售结果发送至中国结算北京分公司；

（4）中国结算北京分公司根据配售结果解冻剩余资金，完成认购资金的清算交收。

表11

序号	文件名称	披露要求	报送方式	报送时间
1	网下配售情况表	无需披露	BPM提交	T+2日10：00前
2	主要股东明细表	无需披露	BPM提交	T+2日10：00前
3	战略投资者配售明细表（非延期交付）（如有）	无需披露	BPM提交	T+2日10：00前
4	战略投资者配售明细表（延期交付）（如有）	无需披露	BPM提交	T+2日10：00前
5	拟包销明细表（如有）	无需披露	BPM提交	T+2日10：00前
6	其他文件（如有）	选择披露/无需披露	BPM提交	T+2日10：00前

10. T+3日

（1）12：00前，主承销商在BPM系统“发行承销—发行结果公告”模块上传《股票向不特定合格投资者公开发行并在精选层挂牌发行结果公告》《公开发行说明书》；

（2）公告于当日15：30后披露，主承销商可登陆全国股转公司网站查看公告文件标题、正文等信息是否正确，如有问题，及时与全国股转公司联系；

（3）解冻的剩余资金返还到账；

（4）主承销商收到中国结算北京分公司划转的认购资金后，将认购资金款项由其自营结算备付金账户提取至其银行账户，并按约定划至发行人指定的银行账户；

（5）发行人聘请会计师事务所验资并出具验资报告；

（6）发行人向中国结算北京分公司申报余股登记（如有）、战略投资者登记明细数据（如有）。

表12

序号	文件名称	披露要求	报送方式	报送时间
1	股票向不特定合格投资者公开发行并在精选层挂牌发行结果公告	披露	BPM提交	T+3日12：00前
2	公开发行说明书	披露	BPM提交	T+3日12：00前
3	其他文件（如有）	选择披露/无需披露	BPM提交	T+3日12：00前

（四）主承销商发行各时间节点涉及事项

1. 直接定价方式发行

表 13

时间节点	角色	主要任务
提交发行与承销方案	主承销商	发行人股票向不特定合格投资者公开发行经中国证监会核准后，应当在 BPM 系统“发行承销—发行与承销方案填报”模块提交发行与承销方案及相关材料，同时填写申请项目的信息表单。
启动发行	主承销商	全国股转公司对发行与承销方案无异议的，应当在 BPM 系统“发行承销—启动发行”模块选择发行代码，并通过“发行时间安排和联系方式”模块填写发行时间安排。
T－3 日	主承销商	①获得发行代码后，T－3 日 10：00 前，在 BPM 系统“发行承销—申购申请”模块提交网上路演公告、公开发行说明书、发行公告、风险特别公告、专项核查报告（如有）等文件，同时填写申购信息单； ②相关文件上传当日 15：30 后公告披露，可登陆全国股转公司网站查看。
T 日	主承销商	16：00 后，在 BPM 系统“发行承销—申购结果”模块查看定价申购结果。
T＋1 日	主承销商	20：00 后，在 BPM 系统“发行承销—申购结果”模块查看投资者缴款资金到账情况。
T＋2 日	主承销商	①10：00 前，在 BPM 系统“发行承销—配售申请”模块填写网上实际发行数量（含超额配售选择权）、最终战略投资者配售数量（非延期交付）、延期交付总量、拟包销数量，并上传主要股东明细表、拟包销明细表（如有）。存在战略投资者的，需上传战略投资者配售明细表（非延期交付），设置超额配售选择权的，还需上传战略投资者配售明细表（延期交付）； ②14：00 后，在 BPM 系统“发行承销—配售结果”模块查看发行人是否符合进层条件以及配售结果相关数据。
T＋3 日	主承销商	①12：00 前，在 BPM 系统“发行承销—发行结果公告”模块上传发行结果公告； ②15：30 后公告披露，可登陆全国股转公司网站查看； ③收到中国结算北京分公司划转的认购资金后，扣除承销费用后划转发行人指定的银行账户。
	发行人	①聘请会计师事务所验资并出具验资报告； ②向中国结算申报余股登记（如有）、战略投资者登记明细数据（如有）。

2. 竞价方式发行

表 14

时间节点	角色	主要任务
提交发行与承销方案	主承销商	发行人股票向不特定合格投资者公开发行经中国证监会核准后，应当在BPM系统“发行承销—发行与承销方案填报”模块提交发行与承销方案及相关材料，同时填写申请项目的信息表单。
启动发行	主承销商	全国股转公司对发行与承销方案无异议的，应当在BPM系统“发行承销—启动发行”模块选择发行代码，并通过“发行时间安排和联系方式”模块填写发行时间安排。
T－3日	主承销商	①获得发行代码后，T－3日10：00前，在BPM系统“发行承销—申购申请”模块提交网上路演公告、公开发行意向书、竞价发行公告、关联方明细表、专项核查报告（如有）等文件，同时填写申购信息单； ②相关文件上传当日15：30后公告披露，可登陆全国股转公司网站查看。
T日	主承销商	16：00后，在BPM系统“发行承销—申购结果”模块查看竞价申购明细。
T＋1日	主承销商	20：00后，在BPM系统“发行承销—申购结果”模块查看投资者缴款资金到账情况。
T＋2日	主承销商	①10：00前，在BPM系统“发行承销—配售申请”模块上传股票公开发行并挂牌竞价结果公告、主要股东明细表、拟包销明细表（如有），并填写发行价格、发行市盈率、高报价剔除数量、网上实际发行数量（含超额配售选择权）、最终战略投资者配售数量（非延期交付）、延期交付数量、拟包销数量。存在战略投资者的，需上传战略投资者配售明细表（非延期交付），设置超额配售选择权的，还需上传战略投资者配售明细表（延期交付）； ②14：00后，主承销商在BPM系统“发行承销—发行结果公告”模块查看发行人是否符合进层条件以及配售结果。
T＋3日	主承销商	①12：00前，在BPM系统“发行承销”模块上传发行结果公告、公开发行说明书； ②15：30后公告披露，可登陆全国股转公司网站查看； ③收到中国结算北京分公司划转的认购资金后，扣除承销费用后划转发行人指定的银行账户。
	发行人	①聘请会计师事务所验资并出具验资报告； ②向中国结算申报余股登记（如有）、战略投资者登记明细数据（如有）。

3. 询价方式发行

表 15

时间节点	角色	主要任务
提交发行与承销方案	主承销商	发行人股票向不特定合格投资者公开发行经中国证监会核准后，应当在BPM 系统“发行承销—发行与承销方案填报”模块提交发行与承销方案及相关材料，同时填写申请项目的信息表单。
启动发行	主承销商	全国股转公司对发行与承销方案无异议的，在 BPM 系统“发行承销—启动发行”模块选择发行代码，并通过“发行时间安排和联系方式”模块填写发行时间安排。
X-2 日或之前	主承销商	①获得发行代码后，X-2 日 10 点前，在 BPM 系统“发行承销—询价申请”模块提交发行安排及询价公告、公开发行意向书等文件，同时填写询价信息单； ②相关文件于上传当日 15:30 后披露，可登陆全国股转公司网站查看。
X 日	主承销商	每个询价日 16:00 后，在 BPM 系统“发行承销—询价结果”模块下载询价申报明细。
T-3 日	主承销商	①15:00 前，在 BPM 系统“发行承销”模块上传网上路演公告； ②15:30 后公告披露，可登陆全国股转公司网站查看。
T-2 日	主承销商	① 10:00 前，在 BPM 系统“发行承销”模块提交有效询价申报明细表、发行公告、投资风险特别公告、专项核查报告（如有）等文件，同时填写申购信息单； ②15:30 后公告披露，可登陆全国股转公司网站查看。
T 日	主承销商	16:00 后，在 BPM 系统“发行承销—申购结果”模块查看并下载网下投资者申购明细、网上投资者申购结果。
T+1 日	主承销商	20:00 后，在 BPM 系统“发行承销—申购结果”模块查看投资者缴款资金到账情况。
T+2 日	主承销商	①10:00 前，在 BPM 系统“发行承销—配售申请”模块上传网下配售情况表、主要股东明细表、拟包销明细表（如有），填写是否回拨、网上向网下回拨数量、网下向网上回拨数量、回拨后网下实际发行数量、回拨后网上实际发行数量（含超额配售选择权）、最终战略投资者配售数量（非延期交付）、延期交付数量、拟包销数量。存在战略投资者的，需上传战略投资者配售明细表（非延期交付），设置超额配售选择权的，还需上传战略投资者配售明细表（延期交付）； ②14:00 后，在 BPM 系统“发行承销—配售结果”模块查看发行人是否符合进层条件以及配售结果。

续表

时间节点	角色	主要任务
T+3日	主承销商	①12:00前，在BPM系统“发行承销—发行结果公告”模块上传发行结果公告、公开发行说明书； ②15:30后公告披露，可登陆全国股转公司网站查看； ③收到中国结算北京分公司划转的认购资金后，扣除承销费用后划转发行人指定的银行账户。
	发行人	①发行人聘请会计师事务所验资并出具验资报告； ②发行人向中国结算申报余股登记（如有）、战略投资者登记明细数据（如有）。

四、在精选层挂牌

（一）取得同意发行人股票在精选层挂牌的函

T+3日及以后，主承销商需在BPM系统“发行承销—精选层挂牌申请”模块提交发行结果报告、更新后的股票在精选层挂牌推荐书、验资报告、重大事项专项报告（如有）、法律意见书等文件。全国股转公司对上述文件进行审查确认后，向发行人出具同意其股票在精选层挂牌的函。

表16

序号	文件名称	披露要求	报送方式	报送时间
1	发行结果报告	无需披露	BPM提交	T+3日及以后
2	更新后的股票在精选层挂牌推荐书	无需披露	BPM提交	T+3日及以后
3	验资报告	无需披露	BPM提交	T+3日及以后
4	重大事项专项报告（如有）	无需披露	BPM提交	T+3日及以后
5	法律意见书	无需披露	BPM提交	T+3日及以后
6	保荐机构关于办理完成限售登记及符合相关规定的承诺	无需披露	BPM提交	T+3日及以后
7	其他文件（如有）	选择披露/无需披露	BPM提交	T+3日及以后

注1 发行结果报告：发行人应根据《全国中小企业股份转让系统分层管理办法》逐条分析其是否符合进入精选层条件，发行结果报告应由发行人加盖公章。

注2 保荐机构关于发行人限售股份符合相关规定的承诺：保荐机构承诺发行人属于《全国中小企业股份转让系统股票向不特定合格投资者公开发行并在精选层挂牌规则（试行）》第十七条规定范围的股东所持股份已完成限售登记。

（二）股票在精选层挂牌手续

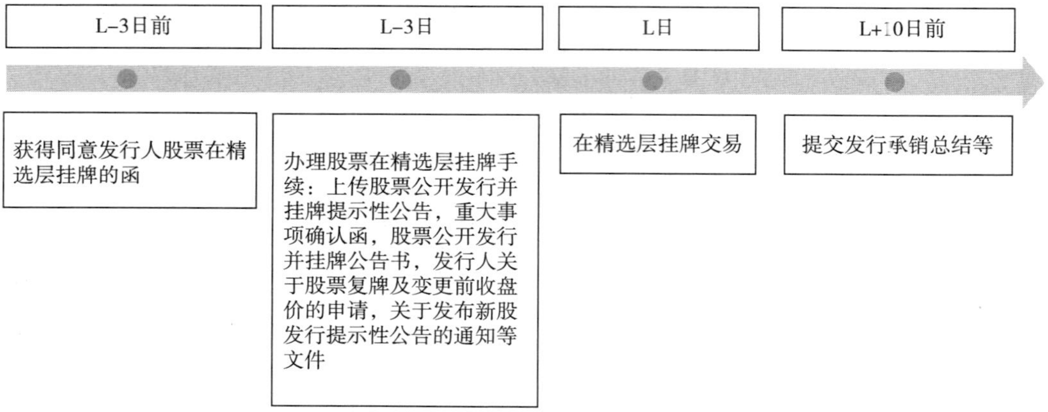

1. L－3 日

发行人取得同意其股票在精选层挂牌的函后，于 L－3 日 10：00 前，在 BPM 系统“发行承销—精选层挂牌公告”模块上传《股票向不特定合格投资者公开发行并在精选层挂牌提示性公告》《股票向不特定合格投资者公开发行并在精选层挂牌公告书》以及重大事项确认函，发行人关于股票复牌及变更前收盘价的申请，中国结算北京分公司出具的关于发布新股发行提示性公告的通知。

对于采取做市交易方式的股票，全国股转公司进行做市商退出做市操作，同时将做市商股票划转信息发送中国结算办理股票划转。

表 17

序号	文件名称	披露要求	报送方式	报送时间
1	股票向不特定合格投资者公开发行并在精选层挂牌提示性公告	披露	BPM 提交	L－3 日 10：00 前
2	股票向不特定合格投资者公开发行并在精选层挂牌公告书	披露	BPM 提交	L－3 日 10：00 前
3	重大事项确认函	无需披露	BPM 提交	L－3 日 10：00 前
4	发行人关于股票复牌及变更前收盘价的申请	无需披露	BPM 提交	L－3 日 10：00 前
5	关于发布新股发行提示性公告的通知	无需披露	BPM 提交	L－3 日 10：00 前
6	其他文件（如有）	选择披露/无需披露	BPM 提交	L－3 日 10：00 前

2. L 日

（1）中国结算北京分公司向发行人出具登记证明材料；

（2）发行人股票在精选层挂牌交易。

3. L+10日内

股票挂牌交易后十日内，主承销商应当在BPM系统“发行承销—发行项目归档”模块上传承销总结报告、专项法律意见书、承销补充协议（如有）、承销团补充协议（如有）、其他文件（如有）等文件，经全国股转公司确认，点击完成归档。

如存在超额配售选择权的情形，主承销商在超额配售选择权行使期届满或者累计购回股票数量达到超额配售选择权发行股票数量限额的十日内，还应当上传超额配售选择权的实施情况报告以及超额配售股票募集资金买入股票完整记录。

五、特殊情形处理

（一）重大事项报告

中国证监会作出核准决定后至发行人股票在精选层挂牌前，发行人发生重大事项可能对发行人是否符合公开发行条件、进入精选层条件及信息披露要求产生重大影响的，发行人应当提交重大事项专项报告，对具体影响作出解释说明，保荐机构及相关证券服务机构应出具专项核查意见。上述文件通过BPM系统“发行承销—特殊事项”模块提交。

（二）中止发行

出现中止发行情形时，发行人和主承销商应当及时联系全国股转公司，并根据相关规则启动中止发行流程，通过BPM系统“发行承销—中止发行”模块上传中止申请文件、中止发行公告。

中止发行公告披露后，在中国证监会核准文件有效期内，发行人和主承销商可再次启动发行。

（三）停复牌事项

发行人应当按照全国股转公司相关规则办理股票公开发行并在精选层挂牌停复牌事项，具体要求另行规定。

六、附则

股票公开发行并挂牌业务发布的所有公告应当由发行人和主承销商共同落款（加盖公章）。

发行人和主承销商上传的文件模板在附件中未作要求的，可在BPM系统“发行承销—模板下载”模块下载。

全国股转公司负责对本指南解释。

附件

附件：1. 关于通过全国股转公司交易系统发行股票的申请
2. 文件一致承诺函
3. 申购信息单——直接定价方式
4. 申购信息单——竞价定价方式
5. 询价信息单
6. 申购信息单——询价定价方式
7. 发行与承销方案
8. 发行承销阶段信息披露文件命名规范
9. 股票向不特定合格投资者公开发行并在精选层挂牌公告书
10. 联系方式

附件1

关于通过全国股转公司交易系统发行股票的申请

全国中小企业股份转让系统有限责任公司：

××股份有限公司（以下简称××××或发行人）公开发行××万股普通股股票已经中国证监会核准。为了确保本次股票发行工作顺利进行，发行人和主承销商特此申请于×年×月×日披露公开发行意向书/公开发行说明书，于×年×月×日通过全国股转公司交易系统进行询价（采用询价方式发行的适用），并于×年×月×日通过全国股转公司交易系统进行申购。

在本次“××××”股票发行过程中，发行人和主承销商承诺将按照全国中小企业股份转让系统有限责任公司发布的相关规则，公开、公平、公正地组织本次发行工作。在本次“××××”股票发行过程中，主承销商将通过贵公司的交易系统接受投资者的申报委托。主承销商将按照规定与发行人进行募集资金的清算与划转。

特此申请。

发行人（盖章）×年×月×日

主承销商（盖章）×年×月×日

附件2

发行人：＿＿＿＿＿＿＿＿ 公司，

主承销商：＿＿＿＿＿＿＿＿ 公司

文件一致承诺函

全国中小企业股份转让系统有限责任公司：

发行人和主承销商共同承诺，本次报送贵公司的公开发行意向书/公开发行说明书与中国证监会核准通过的相关文件一致。

发行人（盖章） ×年×月×日

主承销商（盖章） ×年×月×日

附件3

申购信息单——直接定价方式

公司全称			
受理编号		证券代码	
证券简称		发行代码	
ISIN编码（如有）		英文名称（如有）	
承销方式		转让单位（倍）	
每股面值（元）		货币种类	
发行前总股本（万股）		拟发行数量（万股）	
网上发行数量（万股）		最终战略配售数量（万股）	
是否采用超额配售选择权		超额配售选择权股数（万股）	
中止阈值		发行价格（元/股）	
申购日		发行市盈率（倍）	
特别表决权股份数量（万股）（如有）		每份特别表决权股份的表决权数量（如有）	
网上每笔申购数量上限（万股）			
备注：本表的各个发行数量均不含超额配售选择权。 中止阈值：申购数量与战略配售数量之和占拟发行数量的比例低于中止阈值时，系统将提示触发中止发行事项。 发行市盈率＝发行价格/每股收益，其中每股收益按照上年度经会计师事务所审计的扣除非经常性损益后归属于母公司股东净利润除以本次发行后总股本计算。			
承销商备注：			

附件 4

申购信息单——竞价定价方式

公司全称			
受理编号		证券代码	
证券简称		发行代码	
ISIN 编码（如有）		英文名称（如有）	
承销方式		转让单位（倍）	
每股面值（元）		货币种类	
发行前总股本（万股）		拟发行数量（万股）	
网上发行数量（万股）		初始战略配售数量（万股）	
是否采用超额配售选择权		超额配售选择权股数（万股）	
申购日		最低申购价格（元/股）	
价格确定机制（一/二）		中止阈值	
特别表决权股份数量（万股）（如有）		每份特别表决权股份的表决权数量（如有）	
网上每笔申购数量上限（万股）			
备注：本表的各个发行数量均不含超额配售选择权。 中止阈值：申购数量与战略配售数量之和占拟发行数量的比例低于中止阈值时，系统将提示触发中止发行事项。 价格确定机制一：剔除最高报价部分后，将投资者申购报单按照价格从高到低排序计算累计申购数量，当累计申购数量达到网上发行数量或其一定倍数时，对应的最低申购价格为发行价格。 价格确定机制二：按照事先确定并公告的方法（加权平均价格或算数平均价格）计算申购报单的基准价格，以0.01元为一个价格变动单位向基准价格上下扩大价格区间，直至累计申购数量达到网上发行股票数量或其一定倍数，较低的临界价格为发行价格。			
承销商备注：			

附件5

询价信息单

公司全称			
受理编号		发行代码	
证券代码		证券简称	
ISIN 编码（如有）		英文简称（如有）	
证券级别		转让单位（倍）	
每股面值（元）		货币种类	
发行前总股本（万股）		拟发行数量（万股）	
是否采用超额配售选择权		超额配售选择权股数（万股）（如有）	
网下初始发行数量（万股）		网下初始发行比例	
网上初始发行数量（万股）		网上初始发行比例	
承销方式		初始战略配售数量（万股）	
中止阈值		限售期	
询价开始日		询价截止日	
网下每笔拟申购数量下限（万股）		网下每笔拟申购数量上限（万股）	
特别表决权股份数量（万股）（如有）		每份特别表决权股份的表决权数量（如有）	
拟申购价格下限（元）		拟申购价格上限（元）	
可申购倍数			
备注：本表的各个发行数量均不含超额配售选择权。 网下初始发行数量不含战略配售数量，网下初始发行比例、网上初始发行比例应扣除战略配售部分计算。 中止阈值：网上网下申购数量与战略配售数量之和占拟发行数量的比例低于中止阈值时，系统将提示触发中止发行事项。 限售期：如有差异化限售期，请在下方备注。			
承销商备注：			

附件 6

申购信息单——询价定价方式

公司全称			
发行代码		证券简称	
证券代码		申购日	
发行价格（元/股）		可申购倍数	
拟发行数量（万股）		最终战略配售数量（万股）	
战略配售回拨后网下发行数量（万股）		战略配售回拨后网上发行数量（万股）	
发行市盈率（倍）		网上每笔申购数量上限（万股）	
备注：本表的各个发行数量均不含超额配售选择权。 发行市盈率＝发行价格/每股收益，其中每股收益按照上年度经会计师事务所审计的扣除非经常性损益后归属于母公司股东净利润除以本次发行后总股本计算。			
承销商备注：			

附件7

____________股份有限公司发行与承销方案

发行与承销方案包括但不限于：

一、发行人的基本情况。

二、本次发行的主要安排，包括发行规模、发行方式、发行对象、发行定价、回拨机制（如有）、配售原则和配售方式、中止发行安排、战略配售和超额配售选择权设置情况（如有）等内容。

三、本次发行的重要日期安排。

四、发行费用。

五、本次发行的准备工作。

六、本次发行可能存在的风险及应对措施。

七、发行人和保荐机构（主承销商）及联系方式。

发行人（盖章）　　　　　　　　　　　　　　　　主承销商（盖章）

×年×月×日　　　　　　　　　　　　　　　　　　×年×月×日

附件8

发行承销阶段信息披露文件命名规范直接定价发行

编号	发行阶段	系统上传公告附件名	正文标题名
1	招股公告	公开发行说明书	×××公司（全称）向不特定合格投资者公开发行股票说明书
2	路演公告	股票向不特定合格投资者公开发行并在精选层挂牌网上路演公告	×××公司（全称）股票向不特定合格投资者公开发行并在精选层挂牌网上路演公告
3	发行公告	股票向不特定合格投资者公开发行并在精选层挂牌发行公告	×××公司（全称）股票向不特定合格投资者公开发行并在精选层挂牌发行公告
4		股票向不特定合格投资者公开发行并在精选层挂牌投资风险特别公告	×××公司（全称）股票向不特定合格投资者公开发行并在精选层挂牌投资风险特别公告
5	公布发行结果	股票向不特定合格投资者公开发行并在精选层挂牌发行结果公告	×××公司（全称）股票向不特定合格投资者公开发行并在精选层挂牌发行结果公告
6	进层公告	股票向不特定合格投资者公开发行并在精选层挂牌提示性公告	×××公司（全称）股票向不特定合格投资者公开发行并在精选层挂牌提示性公告
7		股票向不特定合格投资者公开发行并在精选层挂牌公告书	×××公司（全称）股票向不特定合格投资者公开发行并在精选层挂牌公告书
8	或有公告	股票向不特定合格投资者公开发行并在精选层挂牌延期发行公告	×××公司（全称）股票向不特定合格投资者公开发行并在精选层挂牌延期发行公告

竞价发行

编号	发行阶段	系统上传公告附件名	正文标题名
1	招股公告	公开发行意向书	×××公司（全称）向不特定合格投资者公开发行股票意向书
2	路演公告	股票向不特定合格投资者公开发行并在精选层挂牌网上路演公告	×××公司（全称）股票向不特定合格投资者公开发行并在精选层挂牌网上路演公告
3	发行公告	股票向不特定合格投资者公开发行并在精选层挂牌竞价发行公告	×××公司（全称）股票向不特定合格投资者公开发行并在精选层挂牌竞价发行公告
4	公布竞价结果	股票向不特定合格投资者公开发行并在精选层挂牌竞价结果公告	×××公司（全称）股票向不特定合格投资者公开发行并在精选层挂牌竞价结果公告
5	公布发行结果	股票向不特定合格投资者公开发行并在精选层挂牌发行结果公告	×××公司（全称）股票向不特定合格投资者公开发行并在精选层挂牌发行结果公告
6		公开发行说明书	×××公司（全称）向不特定合格投资者公开发行股票说明书
7	进层公告	股票向不特定合格投资者公开发行并在精选层挂牌提示性公告	×××公司（全称）股票向不特定合格投资者公开发行并在精选层挂牌提示性公告
8		股票向不特定合格投资者公开发行并在精选层挂牌公告书	×××公司（全称）股票向不特定合格投资者公开发行并在精选层挂牌公告书

询价发行

编号	发行阶段	系统上传公告附件名	正文标题名
1	招股公告	公开发行意向书	×××公司（全称）向不特定合格投资者公开发行股票意向书
2	询价公告	股票向不特定合格投资者公开发行并在精选层挂牌发行安排及询价公告	×××公司（全称）股票向不特定合格投资者公开发行并在精选层挂牌发行安排及询价公告
3	路演公告	股票向不特定合格投资者公开发行并在精选层挂牌网上路演公告	×××公司（全称）股票向不特定合格投资者公开发行并在精选层挂牌网上路演公告
4	发行公告	股票向不特定合格投资者公开发行并在精选层挂牌发行公告	×××公司（全称）股票向不特定合格投资者公开发行并在精选层挂牌发行公告
5		股票向不特定合格投资者公开发行并在精选层挂牌投资风险特别公告	×××公司（全称）股票向不特定合格投资者公开发行并在精选层挂牌投资风险特别公告
6	公布发行结果	股票向不特定合格投资者公开发行并在精选层挂牌发行结果公告	×××公司（全称）股票向不特定合格投资者公开发行并在精选层挂牌发行结果公告
7		公开发行说明书	×××公司（全称）向不特定合格投资者公开发行股票说明书
8	进层公告	股票向不特定合格投资者公开发行并在精选层挂牌提示性公告	×××公司（全称）股票向不特定合格投资者公开发行并在精选层挂牌提示性公告
9		股票向不特定合格投资者公开发行并在精选层挂牌公告书	×××公司（全称）股票向不特定合格投资者公开发行并在精选层挂牌公告书
10	或有公告	股票向不特定合格投资者公开发行并在精选层挂牌询价结果及延期发行公告	×××公司（全称）股票向不特定合格投资者公开发行并在精选层挂牌询价结果及延期发行公告

附件9

______________公司

股票向不特定合格投资者公开发行
并在精选层挂牌公告书格式

封面：

证券简称：　　　　　　　　　　　　　　　　　　证券代码：

发行人全称（中英文）
（发行人地址）

股票向不特定合格投资者公开发行并在精选层挂牌公告书

保荐机构（主承销商）名称
年　　月　　日

第一节　重要声明与提示

本公司及全体董事、监事、高级管理人员保证公告书所披露信息的真实、准确、完整，承诺公告书不存在虚假记载、误导性陈述或重大遗漏，并依法承担法律责任。

全国股转公司、有关政府机关对本公司股票在精选层挂牌及有关事项的意见，均不表明对本公司的任何保证。

本公司提醒广大投资者认真阅读全国股转公司网站披露的本公司公开发行说明书“风险因素”章节的内容，注意风险，审慎决策，理性投资。

本公司提醒广大投资者注意，凡本公告书未涉及的有关内容，请投资者查阅本公司公开发行说明书全文。

一、重要承诺。发行人应充分披露发行人、控股股东、实际控制人、发行人的董事、监事、高级管理人员等责任主体所作出的重要承诺，以及其他与本次发行相关的承诺事项，如信息披露责任的承诺、避免同业竞争承诺、减持意向或价格承诺、稳定公司股价预案以及相关约束措施等。

二、保荐机构及证券服务机构关于发行人公开发行说明书及其他信息披露责任的声明。

三、在精选层挂牌初期风险及特别风险提示。发行人应在挂牌公告书显要位置，就股票向不特定合格投资者公开发行并在精选层挂牌初期的投资风险及特别风险作提示。

第二节　股票在精选层挂牌情况

一、中国证监会核准公开发行的决定及其主要内容

二、全国股转公司同意股票在精选层挂牌的意见及其主要内容

三、在精选层挂牌相关信息，包括：

（一）精选层挂牌时间

（二）证券简称

（三）证券代码

（四）本次公开发行后的总股本

（五）本次公开发行的股票数量

（六）本次挂牌的无流通限制及限售安排的股票数量

（七）本次挂牌的有流通限制或限售安排的股票数量

（八）战略投资者在本次公开发行中获得配售的股票数量（如有）

（九）股票登记机构

（十）保荐机构

（十一）发行前股东所持股份的流通限制及期限

（十二）本次挂牌股份的其他限售安排

四、发行人申请股票向不特定合格投资者公开发行并在精选层挂牌时选择的具体进层标准，公开发行后达到所选定的标准及其说明。

第三节　发行人、实际控制人及股东持股情况

一、发行人基本情况

中文名称：	
英文名称：	
注册资本：	
法定代表人：	
有限公司成立日期：	
股份公司成立日期：	
住所：	
经营范围：	
主营业务：	
所属行业：	
邮政编码：	
电话：	
传真：	
互联网网址：	
电子信箱：	
信息披露部门：	
信息披露联系人：	
信息披露联系人电话：	

二、控股股东、实际控制人的基本情况

（一）公司控股股东及实际控制人的基本情况

（二）本次发行后股权结构控制关系图

三、董事、监事、高级管理人员及其持有发行人股票情况

序号	姓名	持股方式	持股数量（股）	职务	任职期间

四、员工持股计划的人员构成、限售安排等内容（如有）

五、本次发行前后的股本结构变动情况

股东名称	本次发行前		本次发行后（未行使超额配售选择权）		本次发行后（全额行使超额配售选择权）		限售期限	备注
	数量（股）	占比（%）	数量（股）	占比（%）	数量（股）	占比（%）		
一、限售流通股								
小计								
二、无限售流通股								
小计								
合计								

注1：发行人应单独列示高级管理人员与核心员工设立的专项资产管理计划参与本次发行战略配售的情况。

注2：发行人如有表决权差异安排的，应单独列示特别表决权股份相关情况。

六、本次发行后公司前十名股东持股情况

序号	股东名称	持股数量（股）	持股比例（%）	限售期限
合计				

第四节　股票发行情况

一、发行人股票公开发行的情况，包括：

（一）发行数量

（二）发行价格及对应市盈率（说明计算基础和口径）

（三）发行后每股收益

（四）发行后每股净资产

（五）发行后股东户数

（六）募集资金总额及注册会计师对资金到位的验证情况

（七）发行费用（不含税）总额及明细构成

（八）募集资金净额

二、发行人和主承销商在发行与承销方案中采用超额配售选择权的，披露其相关情况。

第五节 其他重要事项

一、募集资金专户存储三方监管协议的安排。

二、其他事项。公开发行说明书披露的事项，截至目前发生重大变化的，发行人需在挂牌公告书详细披露相关变化情况及其对公司的影响。

第六节 保荐机构及其意见

一、保荐机构相关信息

保荐机构（主承销商）	
法定代表人：	
保荐代表人：	
项目协办人：	
项目其他成员：	
联系电话：	
传真：	
公司地址：	

二、保荐机构推荐意见

发行人　　　　　　　　　　　　　　　　主承销商

（盖章）　　　　　　　　　　　　　　　（盖章）

×年×月×日　　　　　　　　　　　　　×年×月×日

附件 10

联系方式

机构名称	负责事项	联系方式
全国股转公司	发行承销相关事项	电话：400－626－3333； 邮箱：cxzx@ neeq. com. cn
	路演相关事项	电话：010－6388－9551； 邮箱：luyan@ neeq. com. cn

关于发布《全国中小企业股份转让系统精选层挂牌审查问答（一）》的公告

股转系统公告〔2020〕77号

为了提高精选层挂牌审查工作的规范性和透明度，便于市场主体快速、全面、准确地理解审查要求，明确市场预期，全国中小企业股份转让系统有限责任公司制定了《全国中小企业股份转让系统精选层挂牌审查问答（一）》，现予以发布，自发布之日起施行。现就有关事项公告如下：

关于审查工作的过渡期安排，2020年3月31日前，企业使用三年及一期（2016年、2017年、2018年、2019年三季度）财务报告申报的，其2019年三季度财务报告可以未经审计，但应当在2020年4月1日前补充提交经审计的2019年度财务报告和审计报告，未能按期提交的，将依规予以中止审查。

特此公告。

附件：全国中小企业股份转让系统精选层挂牌审查问答（一）

全国股转公司

2020年1月21日

全国中小企业股份转让系统精选层挂牌审查问答（一）

目录

问题1：《全国中小企业股份转让系统分层管理办法》（以下简称《分层管理办法》）设置了多套精选层进入标准，发行人如何选择？保荐机构应当如何把关？申报后能否变更？

答：《分层管理办法》以市值为中心，结合净利润、净资产收益率、营业收入及增长率、研发投入和经营活动产生的现金流量净额等财务指标，设置了四套精选层进入标准。

（一）发行人应当选择一项具体精选层进入标准

发行人申请股票公开发行并在精选层挂牌的，应当在《发行人关于股票在精选层挂牌的申请》中明确所选择的一项具体的进入标准，即《分层管理办法》第十五条中规定的四套标准之一。发行人应当结合自身财务状况、公司治理特点、发展阶段以及进入精选层后的持续监管要求等，审慎选择进入标准。

保荐机构应当为发行人选择适当的进入标准提供专业指导，审慎推荐，并在《股票在精选层挂牌推荐书》中就发行人选择的进入标准逐项说明适用理由，并就发行人是否符合精选层进层条件发表明确意见。

（二）发行人申请进入标准变更的处理

全国股转系统挂牌委员会召开审议会议前，发行人因更新财务报告等情形导致不再符合申报时选定的进入标准，需要变更为其他标准的，应当及时向全国股转公司提出变更申请、说明原因并更新相关文件；不再符合任何一项进入标准的，应当撤回申请。

保荐机构应当核查发行人变更进入标准的理由是否充分，在《股票在精选层挂牌推荐书》中就发行人新选择的进入标准逐项说明适用理由，并就发行人是否符合精选层进层条件重新发表明确意见。

问题2：关于精选层进入标准适用，保荐机构应重点关注哪些方面？有哪些核查及披露要求？

答：发行人选择《分层管理办法》第十五条中第一套标准进入精选层的，保荐机构应重点关注：发行人最近一年的净利润对关联方或者有重大不确定性的客户是否存在重大依赖，最近一年的净利润是否主要来自合并报表范围以外的投资收益，最近一年的净利润对税收优惠、政府补助等非经常性损益是否存在较大依赖，净利润等经营业绩指标大幅下滑是否对发行人经营业绩构成重大不利影响等。

发行人选择《分层管理办法》第十五条中第一、二、三套标准进入精选层的，保荐机构均应重点关注：发行人最近一年的营业收入对关联方或者有重大不确定性的客户是否存在重大依赖，营业收入大幅下滑是否对发行人经营业绩构成重大不利影响。

发行人选择第三套标准进入精选层的，其最近一年营业收入应主要源于前期研发成果产业化。

发行人选择第四套标准进入精选层的，其主营业务应属于新一代信息技术、高端装备、生物医药等国家重点鼓励发展的战略性新兴产业。保荐机构应重点关注：发行人创新能力是否突出、是否具备明显的技术优势、是否已取得阶段性研发或经营成果。

发行人若尚未盈利或最近一期存在累计未弥补亏损的情形，保荐机构应重点关注：发行人是否按照《非上市公众公司信息披露内容与格式准则第11号——向不特定合格投资者公开发行股票说明书》（以下简称公开发行说明书准则）要求，在公开发行说明书“风险因素”和“其他重要事项”章节充分披露相关信息；发行人尚未盈利或最近一期存在累计未弥补亏损是偶发性因素还是经常性因素导致；发行人产品、服务或者业务的发展趋势、研发阶段以及达到盈亏平衡状态时主要经营要素需要达到的水平；发行人尚未盈利或最近一期存在累计未弥补亏损是否影响发行人持续经营能力；未盈利状态持续存在或累计未弥补亏损继续扩大是否会触发退出精选层条件。

发行人应当在公开发行说明书中分析并披露对其经营业绩产生重大不利影响的所有因素，充分揭示相关风险。保荐机构应结合上述关注事项和发行人相关信息披露情况，就发行人是否符合发行条件和精选层进层条件发表明确意见。

问题3：精选层进入标准中包含市值条件，针对市值条件，有哪些审核及监管要求？

答：保荐机构应当对发行人的市值进行预先评估，并在《关于发行人预计市值的分析报告》中充分说明发行人市值评估的依据、方法、结果以及是否满足所选择精选层进入标准中市值指标的结论性意见等。保荐机构应当根据发行人特点、市场数据的可获得性及评估方法的可靠性等，谨慎、合理地选用评估方法，结合发行人报告期股票交易价格、定向发行价格以及同行业可比公众公司在境内外市场的估值情况等进行综合判断。

发行价格确定后，对于预计发行后总市值与申报时市值评估结果存在重大差异的，保荐机构应当向全国股转公司说明相关差异情况。发行人预计发行后总市值不满足进入精选层标准的，应当根据《全国中小企业股份转让系统股票向不特定合格投资者公开发行与承销管理细则（试行）》的相关规定中止发行。

问题4：精选层进入标准中“研发投入”如何认定？研发相关内控有哪些要求？中介机构应当如何进行核查？

答：（一）研发投入认定

研发投入为企业研究开发活动形成的总支出。研发投入通常包括研发人员工资费用、直接投入费用、折旧费用与长期待摊费用、设计费用、装备调试费、无形资产摊销费用、委托外部研究开发费用、其他费用等。

本期研发投入为本期费用化的研发费用与本期资本化的开发支出之和。

（二）研发相关内控要求

发行人应制定并严格执行研发相关内控制度，明确研发支出的开支范围、标准、审批程序以及研发支出资本化的起始时点、依据、内部控制流程。同时，应按照研发项目设立台账归集核算研发支出。发行人应审慎制定研发支出资本化的标准，并在报告期内保持一致。

（三）中介机构核查要求

1. 保荐机构及申报会计师应对报告期内发行人的研发投入归集是否准确、相关数据来源及计算是否合规、相关信息披露是否符合公开发行说明书准则要求进行核查，并发表核查意见。

2. 保荐机构及申报会计师应对发行人研发相关内控制度是否健全且被有效执行进行核查，就以下事项作出说明，并发表核查意见：（1）发行人是否建立研发项目的跟踪管理系统，有效监控、记录各研发项目的进展情况，并合理评估技术上的可行性；（2）是否建立与研发项目相对应的人财物管理机制；（3）是否已明确研发支出开支范围和标准，并得到有效执行；（4）报告期内是否严格按照研发开支用途、性质据实列支研发支出，是否存在将与研发无关的费用在研发支出中核算的情形；（5）是否建立研发支出审批程序。

3. 对于合作研发项目，保荐机构及申报会计师还应核查项目的基本情况并发表核查意见，基本情况包括项目合作背景、合作方基本情况、相关资质、合作内容、合作时间、主要权利义务、知识产权的归属、收入成本费用的分摊情况、合作方是否为关联方；若存在关联方关系，需要进一步核查合作项目的合理性、必要性、交易价格的公允性。

问题5：关于精选层准入要求中的"经营稳定性"应当如何理解？中介机构应当如何进行核查？

答：发行人应当保持主营业务、控制权、管理团队的稳定，最近24个月内主营业务未发生重大变化；最近12个月内曾实施重大资产重组的，在重组实施前发行人应当符合《分层管理办法》第十五条中规定的四套标准之一（市值除外）；最近24个月内实际控制人未发生变更；最近24个月内董事、高级管理人员未发生重大不利变化。

保荐机构对发行人的董事、高级管理人员是否发生重大不利变化的认定，应当本着实质重于形式的原则，综合两方面因素分析：一是最近24个月内变动人数及比例，在计算人数比例时，以上述人员合计总数作为基数；二是上述人员离职或无法正常参与发行人的生产经营是否对发行人生产经营产生重大不利影响。变动后新增的上述人员来自原股东委派或发行人内部培养产生的，原则上不构成重大不利变化；发行人管理层因退休、调任、亲属间继承等原因发生岗位变化的，原则上不构成重大不利变化，但发行人应当披露相关人员变动对公司生产经营的影响；如果最近24个月内发行人上述人员变动人数比例较大或上述人员中的核心人员发生变化，进而对发行人的生产经营产生重大不利影响的，应视为发生重大不利变化。

问题6：关于精选层准入负面清单中的“对挂牌公司直接面向市场独立持续经营的能力具有重大不利影响”，对于“直接面向市场独立持续经营的能力”应当如何理解？有哪些核查及披露要求？

答：关于“直接面向市场独立持续经营的能力”，发行人应满足下列要求：

（一）发行人业务、资产、人员、财务、机构独立，与控股股东、实际控制人及其控制的其他企业间不存在对发行人构成重大不利影响的同业竞争，不存在严重影响发行人独立性或者显失公平的关联交易。

（二）发行人或其控股股东、实际控制人、对发行人主营业务收入或净利润占比超过10%的重要子公司在申报受理后至进入精选层前不存在被列入失信被执行人名单且尚未消除的情形。

（三）不存在其他对发行人持续经营能力构成重大不利影响的情形。

发行人存在以下情形的，保荐机构及申报会计师应重点关注是否影响发行人持续经营能力，具体包括：(1) 发行人所处行业受国家政策限制或国际贸易条件影响存在重大不利变化风险；(2) 发行人所处行业出现周期性衰退、产能过剩、市场容量骤减、增长停滞等情况；(3) 发行人所处行业准入门槛低、竞争激烈，相比竞争者发行人在技术、资金、规模效应方面等不具有明显优势；(4) 发行人所处行业上下游供求关系发生重大变化，导致原材料采购价格或产品售价出现重大不利变化；(5) 发行人因业务转型的负面影响导致营业收入、毛利率、成本费用及盈利水平出现重大不利变化，且最近一期经营业绩尚未出现明显好转趋势；(6) 发行人重要客户本身发生重大不利变化，进而对发行人业务的稳定性和持续性产生重大不利影响；(7) 发行人由于工艺过时、产品落后、技术更迭、研发失败等原因导致市场占有率持续下降、重要资产或主要生产线出现重大减值风险、主要业务停滞或萎缩；(8) 发行人多项业务数据和财务指标呈现恶化趋势，短期内没有好转迹象；(9) 对发行人业务经营或收入实现有重大影响的商标、专利、专有技术以及特许经营权等重要资产或技术存在重大纠纷或诉讼，已经或者未来将对发行人财务状况或经营成果产生重大影响；(10) 其他明显影响或丧失持续经营能力的情形。

保荐机构及申报会计师应详细分析和评估上述情形的具体表现、影响程度和预期结果，综合判断是否对发行人持续经营能力构成重大不利影响，审慎发表明确核查意见，并督促发行人充分披露可能存在的持续经营风险。

问题7：对《分层管理办法》中规定的“其他涉及国家安全、公共安全、生态安全、生产安全、公众健康安全等领域的重大违法行为”，应当如何理解？

答：最近36个月内，发行人及其控股股东、实际控制人在国家安全、公共安全、生态安全、生产安全、公众健康安全等领域，存在以下违法行为之一的，原则上视为重大违法行为：被处以罚款等处罚且情节严重；导致严重环境污染、重大人员伤亡、社会影响恶劣等。

有以下情形之一且保荐机构及发行人律师出具明确核查结论的，可以不认定为重大违法：违法行为显著轻微、罚款数额较小；相关规定或处罚决定未认定该行为属于情节严重；有权机关证明该行为不属于重大违法。但违法行为导致严重环境污染、重大人员伤亡、社会影响恶劣等并被处以罚款等处罚的，不适用上述情形。

问题8：关于发行人的业务、主要资产和核心技术的权属、主要股东所持股份的权属等，有哪些核查要求？

答：保荐机构、发行人律师及申报会计师应重点关注发行人挂牌后报告期内的业务变化、主要股东所持股份变化以及主要资产和核心技术的权属情况，核查发行人是否符合以下要求并发表明确意见：

（一）发行人的主营业务、主要产品或服务、用途及其商业模式明确、具体，发行人经营一种或多种业务的，每种业务应具有相应的关键资源要素，该要素组成应具有投入、处理和产出能力，能够与合同、收入或成本费用等相匹配。

（二）对发行人主要业务有重大影响的土地使用权、房屋所有权、生产设备、专利、商标和著作权等不存在对发行人持续经营能力构成重大不利影响的权属纠纷。

（三）发行人控股股东和受控股股东、实际控制人支配的股东所持有的发行人股份不存在重大权属纠纷。

问题9：对发行人所属行业有哪些监管要求？

答：发行人不得属于产能过剩行业或《产业结构调整指导目录》中规定的限制类、淘汰类行业。产能过剩行业的认定以国务院主管部门的规定为准。

精选层设立初期，优先支持创新创业型实体企业，暂不允许金融和类金融企业进入精选层，后续将结合深化新三板改革措施落地情况及监管环境统筹考虑。前述金融和类金融企业是指，由中国人民银行、中国银保监会、中国证监会监管并持有相应监管部门颁发的《金融许可证》等证牌的企业，私募基金管理机构，以及小额贷款公司、融资担保公司、融资租赁公司、商业保理公司、典当公司等具有金融属性的企业。

问题10：对发行人财务信息的披露质量，保荐机构及申报会计师应当如何把关？

答：发行人申请材料中提交的财务报告应当已在法定期限内披露，且符合企业会计准则和相关信息披露规则的规定，在所有重大方面公允地反映了发行人的财务状况、经营成果和现金流量，由注册会计师出具无保留意见的审计报告。保荐机构及申报会计师应当严格按照执业准则勤勉尽责，审慎作出专业判断与认定，并对公开发行说明书的真实性、准确性和完整性承担相应的法律责任。

报告期内发行人会计政策和会计估计应保持一致性，不得随意变更，若有变更应符合企业会计准则的规定。变更时，保荐机构及申报会计师应关注是否有充分、合理的证据表明变更的合理性，并说明变更会计政策或会计估计后，能够提供更可靠、更相关的会计信息的理由；对会计政策、会计估计的变更，应履行必要的审批程序，并依据《企业会计准则第28号——会计政策、会计估计变更和差错更正》的规定披露相关信息。相关变更事项应符合专业审慎原则，与同行业公众公司不存在重大差异，不存在对发行人会计基础工作规范及内控有效性产生重大影响的情形。保荐机构及申报会计师应当充分说明专业判断的依据，对相关调整变更事项的合规性发表明确意见。如无充分、合理的证据表明会计政策或会计估计变更的合理性，或者未经批准擅自变更会计政策或会计估计的，视为滥用会计政策或会计估计。

报告期内发行人如出现会计差错更正事项，保荐机构及申报会计师应重点核查以下方面并发表明确意见：会计差错更正的时间和范围，是否反映发行人存在故意遗漏或虚构交易、事项或者其他重要信息，滥用会计政策或者会计估计，操纵、伪造或篡改编制财务报表所依据的会计记录等情形；差错更正对发行人的影响程度，是否符合《企业会计准则第28号——会计政策、会计估计变更和差错更正》的规定。发行人是否存在会计基础工作薄弱和内控缺失，是否按照《公开发行证券的公司信息披露编报规则第19号——财务信息的更正及相关披露》及全国股转公司相关日常监管要求进行了信息披露。

申报前后，发行人因会计基础薄弱、内控不完善、审计疏漏、滥用会计政策或者会计估计以及恶意隐瞒或舞弊行为，导致重大会计差错更正的，将依据相关制度采取自律管理措施，进行严肃处理；涉及财务会计文件虚假记载的，将依法移送中国证监会查处。

问题11：关于同业竞争是否对发行人构成重大不利影响，有哪些核查及披露要求？

答：发行人与控股股东、实际控制人及其控制的其他企业间如存在同业竞争情形，认定同业竞争是否对发行人构成重大不利影响时，保荐机构及发行人律师应结合竞争方与发行人的经营地域、产品或服务的定位，同业竞争是否会导致发行人与竞争方之间的非公平竞争、是否会导致发行人与竞争方之间存在利益输送、是否会导致发行人与竞争方之间相互或者单方让渡商业机会情形，对未来发展的潜在影响等方面，核查并出具明确意见。

发行人应在公开发行说明书中，披露保荐机构及发行人律师针对同业竞争是否对发行人构成重大不利影响的核查意见和认定依据。

问题12：发行人报告期内存在关联交易的，中介机构应重点关注哪些方面？有哪些核查及披露要求？

答：发行人应严格按照《企业会计准则第36号——关联方披露》《非上市公众公司信息披露管理办法》和全国股转公司颁布的相关业务规则中的有关规定，完整、准确地披露关联方关系及其交易。发行人的控股股东、实际控制人应协助发行人完整、准确地披露关联方关系及其交易。发行人与控股股东、实际控制人及其关联方之间的关联交易应根据业务模式控制在合理范围。

保荐机构、申报会计师及发行人律师应重点关注：关联方的财务状况和经营情况；

发行人报告期内关联方注销及非关联化的情况，非关联化后发行人与上述原关联方的后续交易情况；关联交易产生的收入、利润总额合理性，关联交易是否影响发行人的经营独立性、是否构成对控股股东或实际控制人的依赖，是否存在通过关联交易调节发行人收入利润或成本费用、对发行人利益输送的情形；发行人披露的未来减少关联交易的具体措施是否切实可行。

保荐机构、申报会计师及发行人律师在核查发行人与其客户、供应商之间是否存在关联方关系时，不应仅限于查阅书面资料，应采取实地走访，核对工商、税务、银行等部门提供的资料，甄别客户和供应商的实际控制人及关键经办人员与发行人是否存在关联方关系。

保荐机构、申报会计师及发行人律师应对发行人的关联方认定，关联交易信息披露的完整性，关联交易的必要性、合理性和公允性，关联交易是否影响发行人的独立性、是否可能对发行产生重大不利影响，以及是否已履行关联交易决策程序等进行充分核查并发表意见。

问题13：发行人客户集中度较高的，有哪些核查及披露要求？

答：发行人存在客户集中度较高情形的，保荐机构应重点关注该情形的合理性、客户的稳定性和业务的持续性，督促发行人做好信息披露和风险揭示。

对于非因行业特殊性、行业普遍性导致客户集中度偏高的，保荐机构在执业过程中，应充分考虑相关大客户是否为关联方或者存在重大不确定性客户；该集中是否可能导致发行人未来持续经营能力存在重大不确定性。

对于发行人由于下游客户的行业分布集中而导致的客户集中具备合理性的特殊行业（如电力、电网、电信、石油、银行、军工等行业），发行人应与同行业可比公众公司进行比较，充分说明客户集中是否符合行业特性，发行人与客户的合作关系是否具有一定的历史基础，是否有充分的证据表明发行人采用公开、公平的手段或方式独立获取业务，相关的业务是否具有稳定性以及可持续性，并予以充分的信息披露。

针对因上述特殊行业分布或行业产业链关系导致发行人客户集中情况，保荐机构应当综合分析考量以下因素的影响：一是发行人客户集中的原因，与行业经营特点是否一致，是否存在下游行业较为分散而发行人自身客户较为集中的情况及其合理性。二是发行人客户在其行业中的地位、透明度与经营状况，是否存在重大不确定性风险。三是发行人与客户合作的历史、业务稳定性及可持续性，相关交易的定价原则及公允性。四是发行人与重大客户是否存在关联关系，发行人的业务获取方式是否影响独立性，发行人是否具备独立面向市场获取业务的能力。

保荐机构如发表意见认为发行人客户集中不对持续经营能力构成重大不利影响的，应当提供充分的依据说明上述客户本身不存在重大不确定性，发行人已与其建立长期稳定的合作关系，客户集中具有行业普遍性，发行人在客户稳定性与业务持续性方面没有重大风险。发行人应在公开发行说明书中披露上述情况，充分揭示客户集中度较高可能带来的风险。

问题14：发行人报告期出现营业收入、净利润等经营业绩指标大幅下滑情形的，有哪些核查及监管要求？

答：发行人在报告期内出现营业收入、净利润等经营业绩指标大幅下滑情形的，保荐机构及申报会计师应当从以下方面充分核查经营业绩下滑的程度、性质、持续时间等：(1) 经营能力或经营环境是否发生变化，如发生变化应关注具体原因，变化的时间节点、趋势方向及具体影响程度；(2) 发行人正在采取或拟采取的改善措施及预计效果，结合前瞻性信息或经审核的盈利预测（如有）情况，判断经营业绩下滑趋势是否已扭转，是否仍存在对经营业绩产生重大不利影响的事项；(3) 发行人所处行业是否具备强周期特征、是否存在严重产能过剩、是否呈现整体持续衰退，发行人收入、利润变动情况与同行业可比公众公司情况是否基本一致；(4) 因不可抗力或偶发性特殊业务事项导致经营业绩下滑的，相关事项对经营业绩的不利影响是否已完全消化或基本消除。

发行人最近一年（期）经营业绩指标较报告期可比期间最高值下滑幅度超过50%，如无充分相反证据或其他特殊原因，一般应认定对发行人持续经营能力构成重大不利影响。

保荐机构及申报会计师应结合上述情况，就经营业绩下滑是否对发行人持续经营能力构成重大不利影响发表明确意见。

问题15：发行人及其控股股东或实际控制人曾出具公开承诺的，申请公开发行时有哪些注意事项？有哪些核查及披露要求？

答：发行人及其控股股东或实际控制人曾出具公开承诺的，应当诚实守信，最近12个月内不得存在违反公开承诺的情形。

针对发行人及其控股股东或实际控制人作出的尚未履行完毕和新增的公开承诺，发行人和中介机构在进行信息披露和核查时应当重点关注下列事项：

（一）承诺事项内容应当具体、明确、无歧义、具有可操作性，符合法律法规和业务规则的相关要求。承诺无法履行或者无法按期履行的，发行人应按照《全国中小企业股份转让系统挂牌公司治理规则》（以下简称《公司治理规则》）的要求及时履行变更程序并做重大事项提示。

（二）承诺事项不符合《公司治理规则》相关规定的，承诺相关方应当进行规范，中介机构应当对规范后的承诺事项是否符合《公司治理规则》的规定发表意见。

问题16：发行人报告期存在政府补助的，有哪些核查及披露要求？

答：发行人应结合政府补助的具体来源、获取条件、形式、金额、时间及持续情况、分类、政府补助与公司日常活动的相关性等，在公开发行说明书中披露报告期各期取得政府补助资金的具体情况和使用情况、计入经常性损益与非经常性损益的政府补助金额，以及政府补助相关收益的列报情况是否符合《公开发行证券的公司信息披露解释性公告第1号——非经常性损益》的规定；结合报告期各期计入损益的政府补助金额占同期净利润的比例说明对政府补助的依赖情况，报告期内经营业绩对政府补助存在较大依赖的，应当进行重大事项提示，并分析披露对发行人经营业绩和持续经营能力的影响。

保荐机构及申报会计师应对发行人上述事项进行核查，就发行人是否已在公开发行说明书中充分披露上述情况及风险，报告期内经营业绩是否对政府补助存在较大依赖发表明确意见。

问题17：发行人报告期存在税收优惠的，有哪些核查及披露要求？

答：对于税收优惠，发行人应遵循如下原则进行处理：（1）如果很可能获得相关税收优惠批复，按优惠税率预提预缴经税务部门同意，可暂按优惠税率预提并做风险提示，并说明如果未来被追缴税款的处理安排；同时，发行人应在公开发行说明书中披露税收优惠不确定性风险。（2）如果获得相关税收优惠批复的可能性较小，需按照谨慎性原则按正常税率预提，未来根据实际的税收优惠批复情况进行相应调整。（3）发行人依法取得的税收优惠，在《公开发行证券的公司信息披露解释性公告第1号——非经常性损益》规定项目之外的，可以计入经常性损益。

保荐机构、发行人律师和申报会计师应对照税收优惠的相关条件和履行程序的相关规定，对发行人税收优惠相关事项的处理及披露是否合规，发行人对税收优惠是否存在较大依赖，税收优惠政策到期后是否能够继续享受优惠进行专业判断并发表明确意见。

问题18：发行人销售或采购环节现金交易金额较大或占比较高的，有哪些核查及披露要求？

答：发行人应在公开发行说明书中披露以下信息：（1）现金交易的必要性与合理性，是否与发行人业务情况或行业惯例相符，现金交易比例及其变动情况与同行业可比公众公司是否存在重大差异，现金使用是否依法合规；（2）现金交易的客户或供应商的基本情况，是否为自然人或发行人的关联方，现金交易对象含自然人的，还应披露向自然人客户（或供应商）销售（或采购）的金额及占比；（3）现金交易相关收入确认及成本核算的原则与依据，是否存在体外循环或虚构业务情形；（4）现金交易是否具有可验证性，与现金交易相关的内部控制制度的完备性、合理性与执行有效性；（5）现金交易流水的发生与相关业务发生是否真实一致，是否存在异常分布；（6）实际控制人及发行人董事、监事、高级管理人员等关联方是否与相关客户或供应商存在资金往来；（7）发行人为减少现金交易所采取的改进措施及进展情况。

保荐机构及申报会计师应对发行人上述事项进行核查，说明对发行人现金交易可验证性及相关内控有效性的核查方法、过程与证据，以及发行人是否已在公开发行说明书中充分披露上述情况及风险，并对发行人报告期现金交易的真实性、合理性和必要性发表明确意见。

问题19：发行人报告期存在来自境外的销售收入的，有哪些核查及披露要求？

答：发行人报告期存在来自境外的销售收入的，保荐机构、发行人律师和申报会计师应重点关注下列事项：(1) 境外销售业务的开展情况，包括但不限于主要进口国和地区情况，主要客户情况、与发行人是否签订框架协议及相关协议的主要条款内容，境外销售模式、订单获取方式、定价原则、信用政策等；(2) 发行人在销售所涉国家和地区是否依法取得从事相关业务所必需的法律法规规定的资质、许可，报告期内是否存在被境外销售所涉及国家和地区处罚或者立案调查的情形；(3) 相关业务模式下的结算方式、跨境资金流动情况、结换汇情况，是否符合国家外汇及税务等相关法律法规的规定；(4) 报告期境外销售收入与海关报关数据是否存在较大差异及差异原因是否真实合理；(5) 出口退税等税收优惠的具体情况；(6) 进口国和地区的有关进口政策、汇率变动等贸易环境对发行人持续经营能力的影响；(7) 主要境外客户与发行人及其关联方是否存在关联方关系及资金往来。

境外销售业务对发行人报告期经营业绩影响较大的，保荐机构、发行人律师和申报会计师应结合上述事项全面核查发行人的境外销售业务，说明采取的核查程序及方法。保荐机构及发行人律师应就境外销售业务的合规经营情况发表明确意见；保荐机构及申报会计师应就境外销售收入的真实性、准确性、完整性，收入确认是否符合企业会计准则规定，境外销售业务发展趋势是否对发行人持续经营能力构成重大不利影响等发表明确意见。

发行人应在公开发行说明书中对境外销售业务可能存在的风险进行充分披露。

问题20：关于第三方回款，发行人及中介机构应当重点关注哪些方面？有哪些核查及披露要求？

答：第三方回款通常是指发行人收到的销售回款的支付方（如银行汇款的汇款方、银行承兑汇票或商业承兑汇票的出票方式或背书转让方）与签订经济合同的往来客户不一致的情况。

企业在正常经营活动中存在的第三方回款，通常情况下应考虑是否符合以下条件：(1) 与自身经营模式相关，符合行业经营特点，具有必要性和合理性，例如①客户为个体工商户或自然人，其通过家庭约定由直系亲属代为支付货款，经中介机构核查无异常的；②客户为自然人控制的企业，该企业的法定代表人、实际控制人代为支付货款，经中介机构核查无异常的；③客户所属集团通过集团财务公司或指定相关公司代客户统一对外付款，经中介机构核查无异常的；④政府采购项目指定财政部门或专门部门统一付款，经中介机构核查无异常的；⑤通过应收账款保理、供应链物流等合规方式或渠道完成付款，经中介机构核查无异常的；⑥境外客户指定付款，经中介机构核查无异常的；(2) 第三方回款的付款方不是发行人的关联方；(3) 第三方回款与相关销售收入勾稽一致，具有可验证性，不影响销售循环内部控制有效性的认定，申报会计师已对第三方回款及销售确认相关内部控制有效性发表明确核查意见；(4) 能够合理区分不同类别的第三方回款，相关金额及比例处于合理可控范围。

如发行人报告期存在第三方回款，保荐机构及申报会计师通常应重点核查以下方面：(1) 第三方回款的真实性，是否存在虚构交易或调节账龄情形；(2) 第三方回款形成收入占营业收入的比例；(3) 第三方回款的原因、必要性及商业合理性；(4) 发行人及其实际控制人、董事、监事、高级管理人员或其他关联方与第三方回款的支付方是否存在关联关系或其他利益安排；(5) 境外销售涉及境外第三方的，其代付行为的商业合理性或合法合规性；(6) 报告期内是否存在因第三方回款导致的货款归属纠纷；(7) 如签订合同时已明确约定由其他第三方代购买方付款，该交易安排是否具有合理原因；(8) 资金流、实物流与合同约定及商业实质是否一致。

同时，保荐机构及申报会计师还应详细说明对实际付款人和合同签订方不一致情形的核查情况，包括但不限于：抽样选取不一致业务的明细样本和银行对账单回款记录，追查至相关业务合同、业务执行记录及资金流水凭证，获取相关客户代付款确认依据，以核实和确认委托付款的真实性、代付金额的准确性及付款方和委托方之间的关系，说明合同签约方和付款方存在不一致情形的合理原因及第三方回款统计明细记录的完整性，并对第三方回款所对应营业收入的真实性发表明确意见。保荐机构应当督促发行人在公开发行说明书中充分披露第三方回款相关情况。

问题 21：发行人业务如涉及委托加工、线上销售、经销商、加盟等经营模式的，有哪些核查要求？

答：发行人业务涉及委托加工、线上销售、经销商模式、加盟模式等特殊经营模式的，具体核查要求包括但不限于：

（一）生产过程中存在委托加工

委托加工一般是指由委托方提供原材料和主要材料，受托方按照委托方的要求制造货物并收取加工费和代垫部分辅助材料加工的业务。当发行人与同一主体既有采购又有销售业务时，应结合业务合同的属性类别及主要条款、原材料的保管和灭失及价格波动等风险承担、最终产品的完整销售定价权、最终产品对应账款的信用风险承担、对原材料加工的复杂程度等方面判断业务作为独立购销业务，还是作为委托加工或受托加工处理。

如为委托加工，保荐机构及申报会计师应核查以下事项并发表明确意见：委托加工的主要合同条款、具体内容及必要性、交易价格是否公允，会计处理是否合规，是否存在受托方代垫成本费用的情形；受托加工方的基本情况、与发行人的合作历史以及是否与发行人及其关联方存在关联关系；发行人委托加工产品质量控制的具体措施以及公司与受托加工方关于产品质量责任分摊的具体安排；结合委托加工产品的产量占比量化分析报告期内委托加工价格变动情况以及对发行人经营情况的影响。

（二）存在线上销售情形

保荐机构及申报会计师应结合客户名称、送货地址、购买数量、消费次数、消费金额及付款等实际情况，以及其他数据、指标、证明资料等，对线上销售收入确认是否符合企业会计准则规定、是否存在通过刷单虚增收入的情形以及收入的真实性等进行核查，说明采取的核查方法、程序以及核查结果或结论，并就报告期发行人线上销售收入的真实性、准确性、完整性发表明确意见。

（三）存在经销商模式

保荐机构及申报会计师应对经销业务进行充分核查，并对经销商模式下收入的真实性发表明确意见。主要核查事项包括但不限于：(1) 采取经销商模式的必要性及经销商具体业务模式，经销商的主体资格及资信能力；(2) 发行人报告期内经销商模式下的收入确认原则、费用承担原则及给经销商的补贴或返利情况，经销商模式下收入确认是否符合企业会计准则的规定；(3) 发行人经销商销售模式、占比等情况与同行业可比公众公司是否存在显著差异及原因；(4) 经销商管理相关内控是否健全并有效执行；(5) 经销商是否与发行人存在关联关系；(6) 对经销商的信用政策是否合理；(7) 结合经销商模式检查经销商与发行人的交易记录及银行流水记录；(8) 经销商的存货进销存情况、退换货情况及主要客户情况，经销商所购产品是否实现终端客户销售。

（四）存在加盟模式

保荐机构及申报会计师应结合加盟协议关键条款、行业惯例、加盟商的经营情况、终端客户销售、退换货情况等，核查加盟相关业务收入确认政策是否符合企业会计准则规定。发行人频繁发生加盟商开业或退出的，保荐机构及申报会计师应核查发行人加盟相关收入确认政策是否谨慎、对部分不稳定加盟商的收入确认是否恰当，并结合与相关加盟商的具体合作情况说明发行人会计处理是否符合企业会计准则规定。保荐机构及发行人律师应核查发行人加盟协议的主要内容、加盟业务经营过程，并对其合法合规性发表明确意见。

问题22：关于发行人进入精选层前的公司章程及董事、监事、高级管理人员构成等公司治理衔接准备方面，有哪些核查及披露要求？

答：关于发行人进入精选层前的公司治理衔接准备情况，保荐机构及发行人律师应重点核查发行人是否符合以下要求并发表明确意见：

（一）发行人申报时提交的公司章程（草案）内容应当符合《公司治理规则》关于精选层挂牌公司的要求，对利润分配、投资者关系管理、独立董事、累积投票等内容在公司章程（草案）中予以明确或者单独制定规则。

（二）发行人申报时的董事、监事、高级管理人员（包括董事会秘书和财务负责人）应当符合《公司治理规则》规定的任职要求，并符合精选层挂牌公司董事兼任高级管理人员的人数比例、董事或高级管理人员的亲属不得兼任监事的相关要求。

（三）发行人应当在挂牌委员会审议之前设立两名以上（含两名）独立董事。独立董事的任职资格、备案程序等应当符合全国股转公司的相关规定。

问题23：发行人为上市公司直接或间接控制的公司的，关于其与上市公司之间的独立性、信息披露规范性、股票在精选层挂牌决策程序合规性等方面，有哪些核查及披露要求？

答：发行人为上市公司直接或间接控制的公司的，应当独立于上市公司并在信息披露方面与上市公司一致、同步。

中介机构应当重点核查下列事项并发表明确意见：(1) 发行人是否存在上市公司为发行人承担成本费用、利益输送或其他利益安排等情形，对上市公司是否存在重大依赖，是否具有直接面向市场独立持续经营的能力；(2) 发行人信息披露与上市公司是否一致、同步；(3) 发行人及上市公司关于发行人本次申请股票公开发行并在精选层挂牌的决策程序、审批程序与信息披露等是否符合中国证监会、证券交易所的相关规定，是否符合境外监管的相关规定（上市公司在境外上市的），如果存在信息披露、决策程序等方面的瑕疵，是否存在影响本次发行的争议、潜在纠纷或其他法律风险。

问题24：发行人在经营中与其控股股东、实际控制人或董事、监事、高级管理人员存在共同投资行为的，有哪些核查及披露要求？

答：发行人如存在与其控股股东、实际控制人、董事、监事、高级管理人员及其亲属直接或者间接共同设立公司情形，发行人及中介机构应主要披露及核查以下事项：

（一）发行人应当披露相关公司的基本情况，包括但不限于公司名称、成立时间、注册资本、住所、经营范围、股权结构、最近一年及一期主要财务数据及简要历史沿革。

（二）中介机构应当核查发行人与上述主体共同设立公司的背景、原因和必要性，说明发行人出资是否合法合规、出资价格是否公允。

（三）如发行人与共同设立的公司存在业务或资金往来的，还应当披露相关交易的交易内容、交易金额、交易背景以及相关交易与发行人主营业务之间的关系。中介机构应当核查相关交易的真实性、合法性、必要性、合理性及公允性，是否存在损害发行人利益的行为。

（四）如公司共同投资方为董事、高级管理人员及其近亲属，中介机构应核查说明公司是否符合《公司法》第148条规定，即董事、高级管理人员未经股东会或者股东大会同意，不得利用职务便利为自己或者他人谋取属于公司的商业机会，自营或者为他人经营与所任职公司同类的业务。

问题25：发行人申报后发生重大事项的，有哪些核查要求？

答：发行人及中介机构应当按照精选层挂牌审查相关规定，对下列重大事项进行报告、核查并发表明确意见：(1) 发行人及其实际控制人、控股股东等发生重大媒体质疑、涉及重大违法行为的突发事件；（2）发生涉及公司主要资产、核心技术等诉讼仲裁，或者公司主要资产被查封、扣押等；（3）发行人控股股东和受控股股东、实际控制人支配的股东所持发行人股份被质押、冻结、拍卖、托管、设定信托或者被依法限制表决权，或发生其他可能导致控制权变更的权属纠纷；（4）公司发生重大资产置换、债务重组等公司架构变化的情形；（5）发生影响公司经营的法律、政策、市场等方面的重大变化；（6）发生违规对外担保、资金占用或其他权益被控股股东、实际控制人严重损害的情形，或者损害投资者合法权益和社会公共利益的其他情形；（7）发生可能导致中止或终止审查的情形；（8）存在其他可能影响发行人符合发行条件、精选层进层条件和相应信息披露要求，或者影响投资者判断的重大事项。

问题26：发行人在审核期间实施现金分红、分派股票股利或资本公积转增股本的，应如何处理？有哪些核查要求？

答：发行人申报前就已提出了现金分红、分派股票股利或资本公积转增股本方案的，应充分披露相关方案的执行是否对发行人符合发行条件和精选层进层条件造成影响，相关方案应在中国证监会核准发行前执行完毕；保荐机构应对前述事项的披露情况和相关方案执行完毕后发行人是否符合发行条件和精选层进层条件发表明确意见。发行人在申报受理后至进入精选层前原则上不应提出分派股票股利或资本公积转增股本的方案。

发行人在审期间提出现金分红方案的，保荐机构和发行人应按重大事项报告要求及时进行报告，并遵循如下原则进行处理：（1）发行人如拟现金分红的，应依据公司章程和相关监管要求，充分论证现金分红的必要性和恰当性，以最近一期经审计的财务数据为基础，测算和确定与发行人财务状况相匹配的现金分红方案，并履行相关决策程序。如存在大额分红并可能对财务状况和新老股东利益产生重大影响的，发行人应谨慎决策。（2）发行人的现金分红方案应在中国证监会核准发行前执行完毕。（3）已通过挂牌委员会审议的企业，在进入精选层前原则上不应提出新的现金分红方案。（4）保荐机构应对发行人在审核期间进行现金分红的必要性、合理性、合规性进行专项核查，就实施现金分红对发行人财务状况、生产运营的影响，相关方案执行完毕后发行人是否符合发行条件和精选层进层条件发表明确意见。

问题27：发行人在申报及审核过程中提交的文件涉及第三方数据的，有哪些核查及披露要求？

答：第三方数据主要指涉及发行人及其交易对手之外的第三方相关交易信息，例如发行人的交易对手与其客户或供应商之间的交易单价及数量、可比公司或可比业务财务数据等。

考虑到第三方数据一般较难获取并具有一定隐私性，发行人及中介机构在公开披露的文件中引用的第三方数据可以限于公开信息，并注明资料来源，一般不要求披露未公开的第三方数据。

中介机构应当核查第三方数据来源的真实性及权威性、引用数据的必要性及完整性、与其他披露信息是否存在不一致，说明第三方数据是否已公开、是否专门为本次发行准备以及发行人是否为此支付费用或提供帮助，确保直接或间接引用的第三方数据有充分、客观、独立的依据。

问题28：由于国家秘密、商业秘密等特殊原因导致相关信息确实不便披露的，发行人可以不予披露但应当提交相关说明，对上述情况有哪些监管及核查要求？

答：发行人有充分依据证明拟披露的某些信息涉及国家秘密、商业秘密的，可以不予披露，但发行人及其保荐机构应当在提交发行申请文件或问询回复时，一并提交“发行人不予披露信息情况的说明”（以下简称披露情况说明）。

（一）披露情况说明的内容

披露情况说明中应逐项说明相关信息涉及国家秘密或商业秘密的依据和理由，并说明信息披露文件是否符合公开发行说明书准则及相关规定要求，未披露相关信息是否对投资者决策判断构成重大障碍。

（二）涉及国家秘密的要求

发行人从事军工等涉及国家秘密业务的，应当符合以下要求：

1. 提供国家主管部门关于发行人相关信息为涉密信息的认定文件；

2. 提供发行人全体董事、监事、高级管理人员出具的关于股票公开发行并在精选层挂牌的申请文件不存在泄密事项且能够持续履行保密义务的声明；

3. 提供发行人控股股东、实际控制人对其已履行和能够持续履行相关保密义务出具承诺文件；

4. 在披露情况说明中说明相关信息披露文件是否符合《军工企业对外融资特殊财务信息披露管理暂行办法》及有关保密规定；

5. 说明内部保密制度的制定和执行情况，是否符合《保密法》等法律法规的规定，是否存在因违反保密规定受到处罚的情形；

6. 说明中介机构是否符合《军工涉密业务咨询服务安全保密监督管理办法》及其他相关规定对中介机构军工涉密业务咨询服务的安全保密要求；

7. 对审查中提出的信息披露调整意见，发行人应相应回复、补充相关文件的内容，有实质性增减的，应当说明调整后的内容是否符合相关规定、是否存在泄密风险。

（三）涉及商业秘密的要求

发行人因涉及商业秘密提交披露情况说明的，应当符合以下要求：

1. 发行人应当建立相应的内部管理制度，并明确相关内部审核程序，审慎认定不予披露事项；

2. 发行人的董事长应当在披露情况说明中签字确认；

3. 不予披露的信息应当尚未泄露。

（四）中介机构核查要求

保荐机构及发行人律师应当对发行人未披露相关信息是否符合相关规定、是否影响投资者决策判断、是否存在泄密风险出具专项核查报告。申报会计师应当对发行人审计范围是否受到限制、审计证据的充分性、未披露相关信息是否影响投资者决策判断出具核查报告。

（二）定向发行

关于发布《全国中小企业股份转让系统股票定向发行规则》的公告

股转系统公告〔2020〕1号

为了规范股票定向发行行为，保护投资者合法权益，全国中小企业股份转让系统有限责任公司对《全国中小企业股份转让系统股票发行业务规则（试行）》进行了修订，并更名为《全国中小企业股份转让系统股票定向发行规则》。经中国证监会批准，现予以发布，自发布之日起施行。

现就有关事项公告如下：

一、本规则发布前，普通股、优先股发行的相关议案已经挂牌公司董事会审议通过的，继续按照原规则有关规定办理。

二、2013年12月30日发布的《全国中小企业股份转让系统股票发行业务规则（试行）》、2018年10月25日发布的《关于挂牌公司股票发行有关事项的实施细则》《全国中小企业股份转让系统股票发行业务指引第1号——信息披露文件、备案文件的内容与格式》《全国中小企业股份转让系统股票发行业务指引第2号——股票发行方案及发行情况报告书的内容与格式》《全国中小企业股份转让系统股票发行业务指引第3号——主办券商关于股票发行合法合规性意见的内容与格式》《全国中小企业股份转让系统股票发行业务指引第4号——法律意见书的内容与格式》同时废止。

特此公告。

附件：全国中小企业股份转让系统股票定向发行规则

全国股转公司

2020年1月3日

全国中小企业股份转让系统股票定向发行规则

第一章　总则

第一条　为了规范全国中小企业股份转让系统（以下简称全国股转系统）挂牌公司和申请挂牌公司（以下合称发行人）的股票定向发行行为，保护投资者合法权益，根据《公司法》《非上市公众公司监督管理办法》（以下简称《公众公司办法》）、《全国中小企业股份转让系统有限责任公司管理暂行办法》等法律法规、部门规章，制定本规则。

第二条　本规则规定的股票定向发行，是指发行人向符合《公众公司办法》规定的特定对象发行股票的行为。

发行过程中，发行人可以向特定对象推介股票。

第三条　发行人定向发行后股东累计不超过200人的，由全国中小企业股份转让系统有限责任公司（以下简称全国股转公司）自律审查。

发行人定向发行后股东累计超过200人的，应当在取得全国股转公司出具的自律监管意见后，报中国证券监督管理委员会（以下简称中国证监会）核准。

第四条　发行人定向发行所披露的信息应当真实、准确、完整，不得有虚假记载、误导性陈述或者重大遗漏。发行人的董事、监事、高级管理人员应当忠实、勤勉地履行职责，保证发行人及时、公平地披露信息，所披露的信息真实、准确、完整。

发行人及其控股股东、实际控制人、董事、监事、高级管理人员应当向主办券商、律师事务所、会计师事务所及其他证券服务机构及时提供真实、准确、完整的资料，全面配合相关机构开展尽职调查和其他相关工作。

发行人的控股股东、实际控制人、董事、监事、高级管理人员、发行对象及其他信息披露义务人，应当按照相关规定及时向发行人提供真实、准确、完整的信息，全面配合发行人履行信息披露义务，不得要求或者协助发行人隐瞒应当披露的信息。

第五条　主办券商应当对发行人的信息披露文件和申请文件进行全面核查，独立作出专业判断，并对定向发行说明书及其所出具文件的真实性、准确性、完整性负责。

律师事务所、会计师事务所及其他证券服务机构应当审慎履行职责，作出专业判断，并对定向发行说明书中与其专业职责有关的内容及其所出具文件的真实性、准确性、完整性负责。

第六条 发行人的控股股东、实际控制人、董事、监事、高级管理人员，主办券商、律师事务所、会计师事务所、其他证券服务机构及其相关人员，应当遵守有关法律法规、部门规章、规范性文件和全国股转系统业务规则，勤勉尽责，不得利用定向发行谋取不正当利益，禁止泄露内幕信息、利用内幕信息进行股票交易或者操纵股票交易价格。

第七条 全国股转公司对定向发行相关文件进行自律审查，通过反馈、问询等方式要求发行人及相关主体对有关事项进行解释、说明或者补充披露。

第八条 全国股转公司对定向发行事项出具的自律审查意见不表明对申请文件及信息披露内容的真实性、准确性、完整性作出保证，也不表明对发行人股票投资价值或者投资者收益作出实质性判断或保证。

第二章 一般规定

第一节 发行的基本要求

第九条 发行人定向发行应当符合《公众公司办法》关于合法规范经营、公司治理、信息披露、发行对象等方面的规定。

发行人存在违规对外担保、资金占用或者其他权益被控股股东、实际控制人严重损害情形的，应当在相关情形已经解除或者消除影响后进行定向发行。

第十条 发行人、主办券商选择发行对象、确定发行价格或者发行价格区间，应当遵循公平、公正原则，维护发行人及其股东的合法权益。

第十一条 发行对象可以用现金或者非现金资产认购定向发行的股票。

以非现金资产认购的，所涉及的资产应当权属清晰、定价公允，且本次交易应当有利于提升发行人资产质量和持续经营能力。

第十二条 发行人应当按照《公众公司办法》的规定，在股东大会决议中明确现有股东优先认购安排。

第十三条 发行对象承诺对其认购股票进行限售的，应当按照其承诺办理自愿限售，并予以披露。

第十四条 发行人董事会审议定向发行有关事项时，应当不存在尚未完成的股票发行、可转换公司债券发行、重大资产重组和股份回购事宜。

第十五条 发行人按照《公众公司办法》第四十七条规定发行股票的，应当严格按照中国证监会和全国股转公司的相关规定，履行内部决议程序和信息披露义务，无需提供主办券商出具的推荐文件以及律师事务所出具的法律意见书。

发行人对定向发行文件内容的真实性、准确性、完整性负责，发行人的持续督导券商负责协助披露发行相关公告，并对募集资金存管与使用的规范性履行持续督导职责。

第十六条 全国股转公司受理发行人申请文件至新增股票挂牌交易前，出现不符合本规则第九条规定或者其他影响本次发行的重大事项时，发行人及主办券商应当及时向全国股转公司报告；主办券商及其他证券服务机构应当持续履行尽职调查职责，提交书面核查意见。

第十七条 发行人在定向发行前存在表决权差异安排的，应当在定向发行说明书等文件中充分披露并特别提示表决权差异安排的具体设置和运行情况。

第十八条 由于国家秘密、商业秘密等特殊原因导致定向发行相关信息确实不便披露的，发行人可以不予披露，但应当在发行相关公告中说明未按照规定进行披露的原因。中国证监会、全国股转公司认为需要披露的，发行人应当披露。

第二节 募集资金管理

第十九条 发行人应当建立募集资金存储、使用、监管和责任追究的内部控制制度，明确募集资金使用的分级审批权限、决策程序、风险防控措施及信息披露要求。

第二十条 发行人募集资金应当存放于募集资金专项账户，该账户不得存放非募集资金或用作其他用途。

第二十一条 发行人募集资金应当用于主营业务及相关业务领域，暂时闲置的募集资金可以投资于安全性高、流动性好、可以保障投资本金安全的理财产品。除金融类企业外，募集资金不得用于持有交易性金融资产、其他权益工具投资、其他债权投资或借予他人、委托理财等财务性投资，不得直接或间接投资于以买卖有价证券为主营业务的公司，不得用于股票及其他衍生品种、可转换公司债券等的交易，不得通过质押、委托贷款或其他方式变相改变募集资金用途。

第二十二条 发行人在验资完成且签订募集资金专户三方监管协议后可以使用募集资金；存在下列情形之一的，在新增股票完成登记前不得使用募集资金：

（一）发行人未在规定期限或者预计不能在规定期限内披露最近一期定期报告；

（二）最近十二个月内，发行人或其控股股东、实际控制人被中国证监会及其派出机构采取行政监管措施、行政处罚，被全国股转公司采取书面形式自律监管措施、纪律处分，被中国证监会立案调查，或者因违法行为被司法机关立案侦查等；

（三）全国股转公司认定的其他情形。

第二十三条 发行人应当按照定向发行说明书中披露的资金用途使用募集资金；变更资金用途的，应当经发行人董事会、股东大会审议通过，并及时披露募集资金用途变更公告。

第二十四条 发行人以自筹资金预先投入定向发行说明书披露的募集资金用途的，可以在募集资金能够使用后，以募集资金置换自筹资金。置换事项应当经发行人董事会审议通过，主办券商应当就发行人前期资金投入的具体情况或安排进行核查并出具专项意见。发行人应当及时披露募集资金置换公告及主办券商专项意见。

第二十五条 发行人董事会应当每半年度对募集资金使用情况进行专项核查，出具核查报告，并在披露年度报告和中期报告时一并披露。主办券商应当每年对募集资金存放和使用情况至少进行一次现场核查，出具核查报告，并在发行人披露年度报告时一并披露。

第三章 挂牌公司定向发行

第一节 发行后股东累计不超过200人的发行

第二十六条 发行人董事会应当就定向发行有关事项作出决议，并及时披露董事会决议公告和董事会批准的定向发行说明书。

董事会作出定向发行决议应当符合下列规定：

（一）发行对象确定的，董事会决议应当明确具体发行对象（是否为关联方）及其认购价格、认购数量或数量上限、现有股东优先认购安排等事项；

（二）发行对象未确定的，董事会决议应当明确发行对象的范围、发行价格或发行价格区间、发行对象及发行价格确定办法、发行数量上限和现有股东优先认购安排等事项；

（三）发行对象以非现金资产认购发行股票的，董事会决议应当明确交易对手（是否为关联方）、标的资产、作价原则及审计、评估等事项；

（四）董事会应当说明本次定向发行募集资金的用途，并对报告期内募集资金的使用情况进行说明。

第二十七条 发行人应当与发行对象签订股票认购合同。认购合同应当载明该发行对象拟认购股票的数量或数量区间、认购价格、限售期、发行终止后的退款及补偿安排、纠纷解决机制等。

董事会决议时发行对象确定的，应当在认购合同中约定，本合同在本次定向发行经发行人董事会、股东大会批准并履行相关审批程序后生效。

第二十八条 发行对象以非现金资产认购定向发行股票的，资产涉及的审计报告或评估报告最晚应当于股东大会通知公告时一并披露。

第二十九条 发行人股东大会就定向发行事项作出决议，应当经出席会议的有表决权股东所持表决权的三分之二以上审议通过。股东大会审议通过后，发行人应当及时披露股东大会决议公告。

股东大会决议应当明确授权董事会办理定向发行有关事项的有效期。有效期最长不超过十二个月，期满后发行人决定继续发行股票的，应当重新提请股东大会审议。

第三十条 发行人董事会决议时发行对象确定的，董事、股东参与认购或者与发行对象存在关联关系的，发行人董事会、股东大会就定向发行事项表决时，关联董事或者关联股东应当回避。

发行人董事会决议时发行对象未确定的，最终认购对象为发行人的控股股东、实际控制人、董事、持有发行人股票比例在5%以上的股东或者与前述主体存在关联关系的，且董事会、股东大会审议时相关董事、股东未回避表决的，发行人应当按照回避表决要求重新召开董事会或股东大会进行审议。

发行人股东大会审议定向发行有关事项时，出席股东大会的全体股东均拟参与认购或者与拟发行对象均存在关联关系的，可以不再执行表决权回避制度。

第三十一条 发行人股东大会审议通过定向发行说明书后，董事会决议作出重大调整的，发行人应当重新召开股东大会并按照本规则第二十九条、第三十条的规定进行审议。

第三十二条 发行人年度股东大会可以根据公司章程的规定，授权董事会在规定的融资总额范围内定向发行股票，该项授权至下一年度股东大会召开日失效。

第三十三条 主办券商和律师事务所应当在发行人股东大会审议通过定向发行事项后，按照相关规定出具书面意见，发行人及时予以披露。

第三十四条 发行人应当在披露主办券商和律师事务所出具的书面意见后，按照相关规定向全国股转公司报送定向发行申请材料。

全国股转公司对报送材料进行自律审查，并在二十个交易日内根据审查结果出具无异议函或者作出终止自律审查决定。

第三十五条 发行人董事会决议时发行对象确定的，发行人应当在取得全国股转公司出具的无异议函后，披露认购公告，并依据认购公告安排发行对象缴款。

发行人董事会决议时发行对象未确定的，发行人可以在取得全国股转公司出具的无异议函后确定具体发行对象。发行对象确定后，主办券商和律师事务所应当对发行对象、认购合同等法律文件的合法合规性出具专项核查意见。发行人应当将更新后的定向发行说明书和中介机构专项核查意见一并披露，经全国股转公司审查后，发行人披露认购公告，并依据认购公告安排发行对象缴款。

认购结束后，发行人应当及时披露认购结果公告。

第三十六条 发行人应当在认购结束后及时办理验资手续，验资报告应当由符合《证券法》规定的会计师事务所出具。发行人应当与主办券商、存放募集资金的商业银行签订募集资金专户三方监管协议。

第三十七条 发行人应当按照相关规定办理新增股票挂牌手续，并披露发行情况报告书等文件。

第二节 发行后股东累计超过200人的发行

第三十八条 发行人应当参照本章第一节除第三十二条之外的相关规定召开董事会、股东大会就定向发行有关事项作出决议，并聘请主办券商、律师事务所分别对本次定向发行的合法合规性出具书面意见。

第三十九条 中介机构书面意见披露后，发行人及其主办券商应当按照中国证监会和全国股转公司的相关规定，向全国股转公司申请出具自律监管意见，并及时披露相关文件和进展公告。

第四十条 全国股转公司在收到发行人申请出具自律监管意见的相关文件后，于二十个交易日内出具自律监管意见，并依据发行人的委托向中国证监会报送发行申请文件。

第四十一条 发行人董事会决议时发行对象确定的，发行人应当在中国证监会作出核准决定后，参照本章第一节的相关规定安排缴款认购。

发行人董事会决议时发行对象未确定的，发行人可以在中国证监会作出核准决定后确定具体发行对象。发行对象确定后，发行人、主办券商和律师事务所应当参照本章第一节的相关规定，履行相应程序。

第四章 申请挂牌公司定向发行

第四十二条 发行人在申请其股票挂牌的同时，可以申请定向发行股票。发行人取得中国证监会核准文件或全国股转公司同意挂牌及发行的函后，履行缴款验资程序，并将本次发行前后的股票一并登记、挂牌。

第四十三条 发行人申请挂牌同时定向发行，应当符合全国股转系统股票挂牌条件和本规则第九条规定，且不得导致发行人控制权变动。

发行对象应当以现金认购申请挂牌公司定向发行的股票。

第四十四条 发行人应当在申请挂牌前完成定向发行事项的董事会、股东大会审议程序，并将挂牌同时定向发行的申请文件在符合《证券法》规定的信息披露平台披露。

第四十五条 发行人申请挂牌同时定向发行，应当披露无法挂牌对本次定向发行的影响及后续安排。

第四十六条 股票定向发行后股东累计不超过 200 人的，全国股转公司对发行人挂牌与发行相关文件一并进行自律审查，审查无异议的，出具同意挂牌及发行的函。发行人应当在取得同意挂牌及发行的函后，按照本规则第三十五条的规定履行相应程序。

股票定向发行后股东累计超过 200 人的，发行人应当按照中国证监会和全国股转公司的规定，向全国股转公司申请出具挂牌及定向发行的自律监管意见。全国股转公司出具自律监管意见后，根据发行人的委托，将自律监管意见、发行人申请文件及相关审查资料报中国证监会核准。发行人取得中国证监会核准文件后，按照本规则第三十五条的规定履行相应程序。

第四十七条 发行人申请挂牌同时定向发行的，发行人控股股东、实际控制人及其控制的其他主体在本次发行中认购的股票应当参照执行全国股转公司对于控股股东、实际控制人挂牌前持有股票限售的规定。

第四十八条 发行人申请挂牌同时定向发行的，不得在股票挂牌前使用募集资金。

第四十九条 发行人申请挂牌同时定向发行并进入创新层的，发行对象应当为《公众公司办法》第四十二条第二款第一项、第二项的投资者以及符合基础层投资者适当性管理规定的投资者。

发行人按照前款规定完成发行后不符合创新层进入条件的，应当按照认购合同的约定终止发行或作出其他安排。

第五十条 申请挂牌公司就定向发行事项未取得中国证监会核准文件或全国股转公司同意的自律审查意见，但符合挂牌条件的，其股票可以在全国股转系统挂牌。

第五十一条 发行人申请挂牌同时定向发行，本章未作规定的，适用本规则除第十五条、第二十二条、第三十二条之外的其他规定。

第五章 中止自律审查与终止自律审查

第五十二条 全国股转公司对发行人的定向发行申请文件和信息披露文件进行审查，出现下列情形之一的，发行人、主办券商及其他证券服务机构应当及时告知全国股转公司，全国股转公司将中止自律审查，通知发行人及其主办券商：

（一）主办券商、其他证券服务机构被中国证监会依法采取限制业务活动、责令停业整顿、指定其他机构托管或者接管等监管措施，尚未解除；

（二）主办券商、其他证券服务机构或相关签字人员被中国证监会依法采取市场禁入、限制证券从业资格等监管措施，尚未解除；

（三）主办券商、其他证券服务机构或相关签字人员被全国股转公司采取暂不受理其出具文件的自律监管措施，尚未解除；

（四）申请文件中记载的财务资料已过有效期，需要补充提交；

（五）发行人主动要求中止自律审查，理由正当并经全国股转公司同意的；

（六）全国股转公司认定的其他情形。

出现前款第一项至第三项所列情形，发行人、主办券商和其他证券服务机构未及时告知全国股转公司，全国股转公司经核实符合中止自律审查情形的，将直接中止自律审查。

第五十三条 因本规则第五十二条第一款第一项至第三项中止自律审查后，发行人根据规定更换主办券商或者其他证券服务机构的，更换后的机构应当自中止自律审查之日起三个月内完成尽职调查，重新出具相关文件，并对原机构出具的文件进行核查，出具核查意见，对差异情况作出说明。

因本规则第五十二条第一款第二项、第三项中止自律审查后，主办券商或其他证券服务机构更换相关签字人员的，更换后的签字人员自中止自律审查之日起一个月内，对原签字人员的文件进行核查，出具核查意见，对差异情况作出说明。主办券商或者其他证券服务机构应当及时向全国股转公司出具核查报告。

因本规则第五十二条第一款第四项至第六项中止自律审查的，发行人应当在中止自律审查后三个月内补充提交有效文件或者消除主动要求中止自律审查的相关情形。

第五十四条 本规则第五十二条第一款所列中止自律审查的情形消除后，发行人、主办券商可以向全国股转公司申请恢复审查。

第五十五条 出现下列情形之一的，全国股转公司将终止自律审查，通知发行人及其主办券商：

（一）发行人不符合本规则第九条规定的；

（二）发行人主动撤回定向发行申请或主办券商主动撤销推荐的；

（三）发行人因发生解散、清算或宣告破产等事项依法终止的；

（四）本规则第五十二条第一款规定的中止自律审查情形未能在三个月内消除，或者未能在本规则第五十三条规定的时限内完成相关事项；

（五）发行人未在规定期限内披露最近一期定期报告；

（六）以非现金资产认购定向发行股票的，非现金资产不符合本规则相关要求；

（七）发行人申请挂牌同时定向发行，不符合挂牌条件的；

（八）全国股转公司认定的其他情形。

第五十六条 发行人对全国股转公司作出的终止自律审查决定存在异议的，可以在收到相关决定之日起的五个交易日内，按照相关规定申请复核。

第六章 监管措施与违规处分

第五十七条 违反本规则，全国股转公司可以视情节轻重采取以下自律监管措施：

（一）口头警示；

（二）约见谈话；

（三）要求提交书面承诺；

（四）出具警示函；

（五）责令改正；

（六）要求公开更正、澄清或说明；

（七）要求公开致歉；

（八）要求限期参加培训或考试；

（九）要求限期召开投资者说明会；

（十）暂停解除发行人控股股东、实际控制人的股票限售；

（十一）建议发行人更换相关任职人员；

（十二）暂不受理相关证券公司、证券服务机构或其相关人员出具的文件；

（十三）暂停证券账户交易；

（十四）限制证券账户交易；

（十五）全国股转公司规定的其他自律监管措施。

第五十八条 违反本规则，全国股转公司可以视情节轻重采取以下纪律处分：

（一）通报批评；

（二）公开谴责；

（三）认定其不适合担任公司董事、监事、高级管理人员；

（四）全国股转公司规定的其他纪律处分。

第五十九条 存在下列情形之一的，全国股转公司可以视情节轻重采取自律监管措施或纪律处分：

（一）编制或披露的发行申请文件不符合要求，或者擅自改动定向发行说明书等文件；

（二）发行申请文件、信息披露文件存在重大缺陷，严重影响投资者理解和全国股转公司自律审查；

（三）发行申请文件、信息披露文件未做到真实、准确、完整，但未达到虚假记载、误导性陈述和重大遗漏的程度；

（四）发行人未按照相关规定履行发行程序或未及时履行信息披露义务；

（五）发行申请文件前后存在实质性差异且无合理理由；

（六）募集资金存管与使用不符合要求；

（七）未及时向全国股转公司报告重大事项或者未及时披露；

（八）未在规定期限内回复全国股转公司反馈意见，且未说明理由；

（九）以不正当手段干扰全国股转公司自律审查工作；

（十）发行人等相关主体无合理理由拒不配合主办券商及其他证券服务机构相关工作；

（十一）全国股转公司认定的其他情形。

第六十条 存在下列情形之一的，全国股转公司可以视情节轻重采取纪律处分：

（一）发行申请文件、信息披露文件被认定存在虚假记载、误导性陈述或者重大遗漏；

（二）未经全国股转公司自律审查或未经中国证监会核准，擅自发行股票；

（三）伪造、变造发行申请文件中的签字、盖章；

（四）发行人按照本规则第十五条定向发行，发行人或相关主体出具的承诺或相关证明文件存在虚假记载、误导性陈述或者重大遗漏；

（五）全国股转公司认定的其他情形。

第六十一条 全国股转公司发现相关主体涉嫌违反法律法规和中国证监会相关规定的，应当向中国证监会报告。

第七章　附则

第六十二条　发行人发行优先股、可转换公司债券的，应当按照中国证监会和全国股转公司的相关规定办理。

第六十三条　发行股票导致发行人控制权发生变动或者相关股东权益变动的，应同时符合《非上市公众公司收购管理办法》的相关规定。

第六十四条　发行股票购买资产构成重大资产重组的，应当按照《非上市公众公司重大资产重组管理办法》和全国股转公司的相关规定办理。

第六十五条　本规则下列用语具有如下含义：

（一）及时，指自起算日起或者触及本规则规定的披露时点的两个交易日内，另有规定的除外。

（二）本规则中“以上”均含本数，“超过”不含本数。

第六十六条　本规则由全国股转公司负责解释。

第六十七条　本规则自发布之日起施行。

关于发布《全国中小企业股份转让系统股票定向发行指南》的公告

股转系统公告〔2020〕6号

为了规范股票定向发行行为，保护投资者合法权益，全国中小企业股份转让系统有限责任公司对《全国中小企业股份转让系统股票发行业务指南》进行了修订，并更名为《全国中小企业股份转让系统股票定向发行指南》。现予以发布，自发布之日起施行。2013年4月25日发布的《全国中小企业股份转让系统股票发行业务指南》同时废止。

特此公告。

附件：全国中小企业股份转让系统股票定向发行指南

全国股转公司

2020年1月3日

全国中小企业股份转让系统股票定向发行指南

为了规范全国中小企业股份转让系统（以下简称全国股转系统）挂牌公司和申请挂牌公司（以下合称发行人）股票定向发行工作流程，根据《非上市公众公司监督管理办法》（以下简称《公众公司办法》）、《非上市公众公司信息披露内容与格式准则第3号——定向发行说明书和发行情况报告书》（以下简称《内容与格式准则第3号》）、《非上市公众公司信息披露内容与格式准则第4号——定向发行申请文件》（以下简称《内容与格式准则第4号》）、《全国中小企业股份转让系统股票定向发行规则》（以下简称《定向发行规则》）等有关规定，制定本指南。

一、原则性规定

（一）适用范围

发行人根据《定向发行规则》等有关规则，实施以下股票发行行为，适用本指南的规定：

1. 向特定对象发行股票后股东累计不超过200人的；
2. 向特定对象发行股票后股东累计超过200人的；
3. 申请其股票挂牌同时定向发行股票的。

（二）200人计算标准

本指南规定的“发行股票后股东累计不超过200人”是指股票定向发行说明书中确定或预计的新增股东人数（或新增股东人数上限）与本次发行前现有股东（包括在中国证券登记结算有限责任公司登记的普通股、优先股以及可转换公司债券持有人）之和不超过200人。

现有股东是指审议本次股票定向发行的股东大会通知公告中规定的股权登记日（以下简称股权登记日）的在册股东。发行人按照《定向发行规则》第三十二条授权定向发行股票的，现有股东是指审议本次股票定向发行的董事会召开日的在册股东。

（三）连续十二个月发行股份及融资总额计算标准

发行人根据《公众公司办法》第四十七条规定发行股票的，十二个月内普通股定向发行的股份数与本次发行股份数之和不超过本次发行董事会召开当日普通股总股本的10%，且十二个月内普通股定向发行的融资总额与本次发行融资总额之和不超过2000万元。

前款规定的十二个月内发行的股份数及融资总额是指以审议本次定向发行有关事项的董事会召开日为起始日（不含当日），向前推算十二个月，在该期间内披露新增股票挂牌交易公告的普通股定向发行累计发行的股份数及融资总额。

（四）定向发行事项重大调整认定标准

《定向发行规则》规定的对定向发行事项作出重大调整，是指发行对象或对象范围、发行价格或价格区间、认购方式、发行股票总数或股票总数上限、单个发行对象认购数量或数量上限、现有股东优先认购办法的调整、变更募集资金用途以及其他对本次发行造成重大影响的调整。

（五）审计、评估报告有效期

定向发行涉及非现金资产认购的，非现金资产的审计报告在审计截止日后六个月内有效，特殊情况下，可以申请延期，延长期至多不超过一个月；非现金资产的评估报告在评估基准日后一年内有效。

（六）连续发行认定标准

发行人董事会审议定向发行有关事项时，应当不存在尚未完成的普通股发行、优先股发行、可转换公司债券发行、重大资产重组和股份回购事宜，不违反《非上市公众公司收购管理办法》（以下简称《收购管理办法》）关于协议收购过渡期的相关规定。

前款规定的普通股发行、优先股发行尚未完成是指尚未披露新增股票挂牌交易公告；可转换公司债券发行尚未完成是指发行人尚未披露债券发行结果公告；重大资产重组实施完毕的标准按照《挂牌公司重大资产重组业务问答》第十二条规定执行；股份回购事宜尚未完成是指发行人回购股份用于注销的，尚未按照中国证券登记结算有限责任公司（以下简称中国结算）有关要求完成股份注销手续，或发行人回购股份用于员工持股计划、股权激励等情形的，尚未按照全国中小企业股份转让系统有限责任公司（以下简称全国股转公司）有关规定披露回购结果公告。

（七）电子化报送要求

挂牌公司定向发行业务应当通过业务支持平台统一门户定向发行系统（以下简称业务系统）办理。主办券商应当在挂牌公司披露相关文件的次日 9：00 前，在业务系统中完成公告关联等业务操作。

申请挂牌公司定向发行业务应当通过挂牌审核系统（以下简称业务系统）办理。

全国股转公司实行电子化审查，申请、受理、反馈、回复等事项通过业务系统办理。

定向发行申请文件所有需要签名处，均应为签名人亲笔签名，不得以名章、签名章等代替。

二、发行后股东累计不超过200人定向发行业务流程

（一）董事会审议环节

1. 发行人应按照《定向发行规则》等相关规定召开董事会，对定向发行有关事项作出决议。

2. 发行人董事会决议时发行对象确定的，董事参与认购或者与发行对象存在关联关系，董事会就定向发行事项表决时，关联董事应当回避。未回避表决的，发行人应当按照回避表决要求重新召开董事会进行审议。

发行人董事会决议时发行对象未确定的，最终认购对象为发行人的董事或者与董事存在关联关系，且董事会审议时相关董事未回避表决的，发行人应当按照回避表决要求重新召开董事会进行审议。

出席董事会的无关联关系董事人数不足三人的，应当将有关事项提交股东大会审议。

3. 发行人应当与发行对象签订股票认购合同。认购合同应当载明该发行对象拟认购股票的数量或数量区间、认购价格、限售期、发行终止后的退款及补偿安排、纠纷解决机制等。

董事会决议时发行对象确定的，应当在认购合同中约定，本合同在本次定向发行经发行人董事会、股东大会批准并履行相关审批程序后生效。

前款规定的履行相关审批程序后生效，是指取得全国股转公司关于本次股票定向发行的无异议函后生效。

4. 发行人应当按照《定向发行规则》等相关规定，在董事会审议股票定向发行等事项后的两个交易日内披露董事会决议及定向发行说明书等相关公告。

发行人应当于股东大会召开十五日前披露审议股票定向发行有关事项的股东大会通知公告，股东大会召开当日不计算在内。

发行对象以非现金资产认购的，发行人应当最晚与股东大会通知公告一并披露标的资产涉及的审计报告或评估报告。

5. 发行人董事会不得以临时提案的方式将股票定向发行有关事项提交股东大会审议。

（二）股东大会审议环节

1. 发行人应按照《定向发行规则》等相关规定召开股东大会，对定向发行有关事项作出决议。

2. 董事会决议时发行对象确定的，现有股东参与认购或者与发行对象存在关联关系，股东大会就定向发行事项表决时，关联股东应当回避。未回避表决的，发行人应当按照回避表决要求重新召开股东大会进行审议。

发行人董事会决议时发行对象未确定的，最终认购对象为发行人的控股股东、实

际控制人、持股比例在5%以上的股东、持股董事或者与前述主体存在关联关系，且股东大会审议时前述主体未回避表决的，发行人应当按照回避表决要求重新召开股东大会进行审议。

股东大会审议股票发行有关事项时，出席股东大会的全体股东均拟参与认购或者与拟发行对象均存在关联关系的，可以不再执行表决权回避制度。

3. 发行人应当按照《定向发行规则》等相关规定，在股东大会审议通过股票定向发行有关事项后两个交易日内披露股东大会决议等相关公告。

4. 发行人股东大会作出决议时，应当明确授权董事会办理股票发行有关事项的有效期，前述有效期至多不超过十二个月，期满后仍决定继续发行股票的，应当将定向发行说明书等发行相关事项重新提请股东大会审议。

（三）中介机构出具专项意见

主办券商、律师事务所原则上应当在发行人股东大会审议通过定向发行有关事项后十五个交易日内，分别按照《内容与格式准则第3号》等相关规定，出具主办券商定向发行推荐工作报告和法律意见书，发行人应当及时予以披露。有特殊情况的，主办券商、律师事务所可以通过业务系统申请延期出具专项意见。

（四）提交发行申请文件

1. 发行人应当在披露中介机构专项意见后十个交易日内，按照《内容与格式准则第4号》等相关规定，委托主办券商向全国股转公司报送定向发行申请文件（附件1－1、附件2－1），其中，最近一期财务报告剩余有效期不得少于一个月。

2. 全国股转公司收到申请文件后，对申请文件的齐备性进行核对。申请文件齐备的，出具受理通知；申请文件不齐备的，告知发行人需要补正的事项。申请文件一经受理，未经全国股转公司同意，发行人不得增加、撤回或变更。

3. 发行人应当在取得受理通知书后两个交易日内披露关于收到全国股转公司股票定向发行受理通知书的公告。

（五）发行申请文件审查

1. 全国股转公司对发行申请文件进行自律审查，需要反馈的，通过业务系统向发行人及中介机构发出反馈意见。

2. 发行人及其主办券商、律师事务所、会计师事务所及其他证券服务机构原则上应当在十个交易日内按照反馈意见要求进行必要的补充核查，及时、逐项回复反馈意见，补充或者修改申请文件。有特殊情况的，发行人等相关主体可以通过业务系统申请延期回复。

发行人及其主办券商、律师事务所、会计师事务所及其他证券服务机构对全国股转公司反馈意见的回复是申请文件的组成部分，发行人及其主办券商、律师事务所、会计师事务所及其他证券服务机构应当保证回复的真实、准确、完整。

3. 经全国股转公司反馈，发行人及其主办券商、律师事务所、会计师事务所及其他证券服务机构修改申请文件的，发行人应当在全国股转公司出具无异议函后，及时更新披露修改后的定向发行说明书、主办券商定向发行推荐工作报告、法律意见书等文件。

（六）出具自律审查意见

1. 全国股转公司应当在受理后二十个交易日内形成审查意见，审查期限不包含发行人及其主办券商、律师事务所、会计师事务所及其他证券服务机构回复全国股转公司反馈意见的时间。

2. 全国股转公司根据审查情况可以出具无异议函，或者按照《定向发行规则》等相关规定作出终止自律审查决定。无异议函的有效期为十二个月，发行人取得无异议函后，应当在十二个月内完成缴款验资。

3. 发行人应当在取得全国股转公司出具的无异议函或作出中止自律审查、终止自律审查决定后两个交易日内披露相关公告。

（七）认购与缴款

1. 董事会决议时发行对象确定的，全国股转公司出具无异议函后，发行人应当按照以下要求安排发行对象认购缴款：

（1）发行人最迟应当于缴款起始日前两个交易日披露定向发行认购公告。认购公告中应当包括股东大会股权登记日、现有股东优先认购安排、发行对象名称、认购数量、认购价格、认购方式、缴款账户、缴款时间等内容。

（2）发行对象应当依据认购公告安排，在缴款期内向缴款账户缴款认购。如需延长缴款期的，发行人最迟应当于原缴款截止日披露延期认购公告。

（3）发行人最迟应当于缴款期限届满后两个交易日内披露认购结果公告。认购结果公告中应当包括最终认购对象名称、认购数量、认购价格、认购金额、募集资金总额等内容。

2. 董事会决议时发行对象未确定的，发行人在全国股转公司出具无异议函后应当及时确定具体发行对象，并在确定发行对象后按照以下流程办理：

（1）发行人应当及时更新定向发行说明书。主办券商和律师事务所应当按照《内容与格式准则第3号》等相关规定，对发行对象、认购合同等法律文件的合法合规性发表专项核查意见。

（2）发行人应当及时将更新后的定向发行说明书和中介机构专项核查意见一并披露。

（3）全国股转公司对更新后的定向发行说明书和中介机构专项核查意见进行审查。

发行人在披露更新后的定向发行说明书和中介机构专项核查意见后三个交易日内未收到反馈的，可以按照关于董事会决议时发行对象确定情形的认购缴款要求安排认购事宜。

发行人在披露相关文件后五个交易日内收到反馈的，发行人及其主办券商、律师事务所原则上应当在十个交易日内按照反馈意见要求进行必要的补充核查，及时、逐项回复反馈意见，补充或者修改相关文件。发行人及其主办券商、律师事务所应当保证回复的真实、准确、完整。发行人在回复全国股转公司反馈意见后三个交易日内未再次收到反馈的，应当根据反馈意见更新信息披露文件，并可以按照关于董事会决议时发行对象确定情形的认购缴款要求安排认购事宜。

（八）签订募集资金专户三方监管协议与验资

1. 发行人应当在认购结束后，与主办券商、存放募集资金的商业银行签订募集资金专户三方监管协议（附件4）。

2. 发行人应当在认购结束后十个交易日内，聘请符合《证券法》规定的会计师事务所完成验资。

3. 发行人在验资完成且签订募集资金专户三方监管协议后，符合《定向发行规则》第二十二条规定的，可以使用募集资金。

（九）办理股票登记手续并披露相关公告

1. 发行人应当在验资完成且签订募集资金专户三方监管协议后十个交易日内，通过业务系统上传股票登记明细表（附件5－1）、验资报告、募集资金专户三方监管协议、发行情况报告书、自愿限售申请材料（如有）（附件6）以及重大事项确认函（附件7－1）等文件。

全国股转公司核实无误后，将股票登记相关信息送达中国结算北京分公司，并通知发行人和主办券商办理股票登记手续。

2. 全国股转公司向发行人送达办理股票登记手续通知后，主办券商应当协助发行人按照中国结算北京分公司相关规定办理新增股票登记，与中国结算北京分公司协商确定新增股票挂牌并公开交易日期，并按照相关要求披露发行情况报告书等文件。发行对象根据《收购管理办法》等相关规定需披露权益变动报告书的，应当及时予以披露。

三、发行后股东累计超过200人的定向发行业务流程

（一）董事会、股东大会审议环节

发行人应当按照《定向发行规则》等相关规定召开董事会、股东大会，对股票定向发行有关事项作出决议，并披露相关公告。具体业务流程适用本指南发行后股东人数累计不超过200人定向发行业务流程中关于董事会审议环节和股东大会审议环节的规定，发行人与发行对象签订股票认购合同应当同时适用以下特别规定：

董事会决议时发行对象确定的，应当在认购合同中约定，本合同在本次定向发行经发行人董事会、股东大会批准并履行相关审批程序后生效。

前款规定的履行相关审批程序后生效，是指取得中国证监会关于本次股票定向发行的核准文件后生效。

（二）中介机构出具专项意见

主办券商、律师事务所应当在发行人股东大会审议通过定向发行有关事项后，分别按照《内容与格式准则第 3 号》等相关规定出具中介机构专项意见。具体业务流程适用本指南发行后股东人数累计不超过 200 人定向发行业务流程中关于中介机构出具专项意见的规定。

（三）申请出具自律监管意见与申请核准

1. 发行人披露中介机构专项意见后，应当按照《内容与格式准则第 4 号》等相关规定，委托主办券商向全国股转公司提交申请出具自律监管意见的相关文件（附件 1－1、附件 2－1）。具体业务流程适用本指南发行后股东累计不超过 200 人定向发行业务流程中关于提交发行申请文件的规定。

2. 全国股转公司对相关文件审查的具体业务流程适用本指南发行后股东累计不超过 200 人定向发行业务流程中关于发行申请文件审查的规定。

3. 全国股转公司应当在收到相关文件后二十个交易日内出具自律监管意见，前述期限不包含发行人及其主办券商、律师事务所、会计师事务所及其他证券服务机构回复全国股转公司反馈意见的时间。

4. 全国股转公司出具自律监管意见后，根据发行人委托（附件 3－1），将自律监管意见、发行人申请文件及相关审查材料报送中国证监会核准；发行人出现《定向发行规则》第五十五条规定的相关情形的，全国股转公司作出终止自律审查决定。

5. 中国证监会在核准过程中对发行人及其主办券商、律师事务所、会计师事务所及其他证券服务机构提出反馈意见的，全国股转公司将反馈意见告知发行人及其主办券商、律师事务所、会计师事务所及其他证券服务机构，相关主体回复的具体要求适用本指南发行后股东累计不超过 200 人定向发行业务流程中关于发行申请文件审查的相关规定。

6. 经中国证监会反馈，发行人及其主办券商、律师事务所、会计师事务所及其他证券服务机构修改申请文件的，发行人应当在中国证监会作出核准决定后，及时更新披露修改后的定向发行说明书、主办券商定向发行推荐工作报告、法律意见书等文件。

7. 发行人应当在全国股转公司作出中止自律审查、终止自律审查决定以及中国证监会作出中止审核、终止审核、核准或不予核准的决定后两个交易日内披露相关公告。

（四）认购与缴款等程序

中国证监会作出核准决定后，发行人应当按照本指南股东不超过 200 人定向发行业务流程中关于认购与缴款等规定，履行相关信息披露义务，并安排认购缴款、签订募集资金专户三方监管协议、验资、办理股票登记手续等事宜。

四、申请挂牌公司定向发行业务流程

（一）董事会、股东大会审议环节

1. 发行人应当按照《定向发行规则》的规定召开董事会、股东大会，对股票定向发行等事项作出决议。董事会应当审议确定本次股票发行后股东累计是否超过 200 人。

2. 董事会、股东大会的审议适用本指南关于挂牌公司发行后股东累计不超过 200 人定向发行业务流程中关于回避表决的规定。

发行人董事会不得以临时提案的方式将股票定向发行有关事项提交股东大会审议。

3. 发行人应当与发行对象签订股票认购合同，认购合同的内容、生效条件应当符合本指南关于挂牌公司与发行对象签订认购合同的相关要求。

4. 发行人董事会决议时发行对象未确定的，（1）定向发行股票后股东累计不超过 200 人的，发行人在取得全国股转公司同意挂牌及发行的函后应当及时确定具体发行对象；（2）定向发行股票后股东累计超过 200 人的，发行人在取得中国证监会核准文件后应当及时确定具体发行对象。

5. 发行人股东大会作出决议时，应当明确授权董事会办理股票发行有关事项的有效期，前述有效期至多不超过十二个月，期满后仍决定继续发行股票的，应当将定向发行说明书等发行有关事项重新提请股东大会审议。

（二）中介机构出具专项意见

主办券商、律师事务所应当在发行人股东大会审议通过定向发行有关事项后，按照《内容与格式准则第 3 号》等规定，针对本次发行事项发表专项意见，相关专项意见应当分别纳入主办券商的挂牌推荐报告和律师事务所关于挂牌的法律意见书。

（三）提交发行申请文件

1. 定向发行股票后股东累计不超过 200 人的，发行人应当委托主办券商在向全国股转公司提交挂牌申请文件时一并提交发行申请文件（附件 1 – 3、附件 2 – 3）。

2. 定向发行股票后股东累计超过 200 人的，发行人应当按照《内容与格式准则第 4 号》等规定，委托主办券商在向全国股转公司提交挂牌公开转让申请文件时一并提交发行申请文件。

3. 发行人应当在公开转让说明书中对发行事项进行专章披露，主要包括定向发行的审议程序、发行对象、发行价格、发行数量、募集资金金额及用途等内容的简要介绍。

发行申请文件中由律师事务所出具的《关于申请电子文件与预留文件一致的鉴证意见》应当与挂牌申请文件中《申请挂牌公司、主办券商对电子文件与书面文件保持一致的声明》合并提交。

4. 全国股转公司收到申请文件后，对申请文件的齐备性进行核对。申请文件齐备的，出具受理通知；申请文件不齐备的，告知发行人需要补正的事项。申请文件一经受理，发行人应当在符合《证券法》规定的信息披露平台予以披露，未经全国股转公司同意，不得增加、撤回或变更。

（四）发行申请文件审查

1. 全国股转公司对发行申请文件进行自律审查，需要反馈的，通过业务系统向发行人及中介机构发出反馈意见。

2. 发行人及其主办券商、律师事务所、会计师事务所及其他证券服务机构原则上应当在十个交易日内按照反馈意见要求进行必要的补充核查，及时、逐项回复反馈意见，补充或者修改相关文件。有特殊情况的，发行人等相关主体可以通过业务系统申请延期回复。

发行人及其主办券商、律师事务所、会计师事务所及其他证券服务机构对全国股转公司反馈意见的回复是申请文件的组成部分，发行人及其主办券商、律师事务所、会计师事务所及其他证券服务机构应当保证回复的真实、准确、完整。

3. 经全国股转公司反馈，发行人及其主办券商、律师事务所、会计师事务所及其他证券服务机构修改定向发行说明书、主办券商推荐报告、法律意见书等申请文件的，应当将修改后的申请文件上传至业务系统。发行人应当在取得全国股转公司同意挂牌及发行的函或同意挂牌的函（以下统称同意函）后，及时披露修改后的申请文件。

（五）出具自律审查意见及与核准程序的衔接

1. 经全国股转公司自律审查，发行人符合挂牌条件及《定向发行规则》要求的，根据定向发行后股东累计是否超过200人区分处理：

（1）定向发行股票后股东累计不超过200人的，全国股转公司出具同意挂牌及发行的函。发行人董事会决议时发行对象确定的，发行人取得同意挂牌及发行的函后即可安排认购与缴款事项；发行人董事会决议时发行对象未确定的，发行对象确定后，发行人应当按照《内容与格式准则第3号》等规定更新定向发行说明书，主办券商和律师事务所应当按照《内容与格式准则第3号》等规定对发行对象、认购合同等法律文件的合法合规性分别出具专项核查意见。更新后的定向发行说明书以及主办券商的补充核查意见、律师事务所的补充法律意见书应当通过业务系统一并提交，经全国股转公司确认后由发行人披露。

（2）定向发行股票后股东累计超过200人的，全国股转公司出具同意挂牌公开转让及定向发行的自律监管意见后，根据发行人的委托（附件3－2），将自律监管意见、挂牌公开转让和发行申请文件及相关审查材料报送中国证监会核准。中国证监会作出核准决定后，全国股转公司出具同意挂牌的函。

中国证监会在核准过程中对发行人及其主办券商、律师事务所、会计师事务所及其他证券服务机构提出反馈意见的，全国股转公司将反馈意见告知发行人及其主办券商、律师事务所、会计师事务所及其他证券服务机构，相关主体应当及时回复。经中国证监会反馈，发行人及其主办券商、律师事务所、会计师事务所及其他证券服务机构修改定向发行说明书、主办券商推荐报告、法律意见书等申请文件的，发行人应当在取得中国证监会核准文件及全国股转公司同意挂牌的函后，及时披露修改后的申请文件。

发行人董事会决议时发行对象确定的，发行人取得中国证监会核准文件及全国股转公司同意挂牌的函后即可安排认购与缴款事项；发行人董事会决议时发行对象未确定的，发行对象确定后，发行人应当按照《内容与格式准则第 3 号》等规定更新定向发行说明书，主办券商和律师事务所应当按照《内容与格式准则第 3 号》等规定对发行对象、认购合同等法律文件的合法合规性分别出具专项核查意见。更新后的定向发行说明书以及主办券商的补充核查意见、律师事务所的补充法律意见书应当通过业务系统一并提交，经全国股转公司确认后由发行人披露。

2. 经全国股转公司自律审查，发行人不符合发行相关要求的，全国股转公司按照《定向发行规则》的相关规定对其定向发行作出终止自律审查决定；如果申请挂牌公司仍符合挂牌条件，其股票可以在全国股转系统挂牌。

3. 发行人取得全国股转公司就定向发行事项作出的中止自律审查、终止自律审查决定，或中国证监会就定向发行事项作出的中止审核、终止审核、核准或不予核准的决定后，应当予以披露。

（六）认购与缴款

发行人取得全国股转公司同意挂牌及发行的函或中国证监会核准文件及全国股转公司同意挂牌的函，且确定具体发行对象后，应当按照以下要求安排发行对象认购缴款：

1. 发行人最迟应当在缴款起始日前三个交易日通过业务系统提交定向发行认购公告，经全国股转公司确认后披露。认购公告中应当包括股东大会股权登记日、现有股东优先认购安排、发行对象名称、认购数量、认购价格、认购方式、缴款账户、缴款时间等内容。

2. 发行对象应当依据认购公告安排，在缴款期内向缴款账户缴款认购。如需延长缴款期的，发行人最迟应当于原缴款截止日披露延期认购公告。延期认购公告应当通过业务系统提交，经全国股转公司确认后披露。

3. 发行人最迟应当在缴款期限届满后两个交易日内通过业务系统提交认购结果公告，经全国股转公司确认后披露。认购结果公告中应当包括最终认购对象名称、认购数量、认购价格、认购金额、募集资金总额等内容。

（七）签订募集资金专户三方监管协议与验资

1. 发行人应当在认购结束后，与主办券商、存放募集资金的商业银行签订募集资金专户三方监管协议（附件 4）。

2. 发行人应当在认购结束后十个交易日内，聘请符合《证券法》规定的会计师事务所完成验资。

（八）提交股票初始登记申请表

发行人应当在验资完成且签订募集资金专户三方监管协议后十个交易日内，通过业务系统分别上传按照本次发行前和本次发行的股份情况编制的股票初始登记申请表（附件5-2），以及验资报告、募集资金专户三方监管协议、自愿限售申请材料（如有）（附件6）、定向发行重大事项确认函（附件7-3）等文件。

（九）披露发行情况报告书

发行人在提交股票初始登记申请表的同时，应当通过业务系统上传发行情况报告书、主办券商关于发行人是否符合创新层条件的专项意见（如有），经全国股转公司确认后披露。

（十）办理股份登记和股票挂牌

全国股转公司对发行人提交的股票初始登记申请表及相关附件予以确认后，按照发行后的股份情况为发行人生成缴费通知单；并将股票初始登记相关信息送达中国结算北京分公司，通知发行人和主办券商办理股票登记手续。

主办券商应当协助发行人及时缴费，并按照全国股转系统股票挂牌业务的相关要求办理挂牌前信息披露、股票初始登记（定向发行前后股票一并办理）和股票挂牌，确定挂牌交易日期，并在挂牌交易日的前一交易日披露股票挂牌的提示性公告等文件。

（十一）募集资金的使用

发行人在完成股票挂牌后，可以按照《定向发行规则》的规定使用募集资金。

（十二）挂牌同时定向发行并进入创新层的特别要求

发行人申请挂牌同时定向发行并进入创新层的，发行后不符合创新层进入条件的，发行人与发行对象应当在认购合同中约定按照以下措施之一处理本次发行：

1. 继续本次发行。本次发行完成后，发行人股票进入全国股转系统基础层挂牌交易；对于不同意发行人股票进入基础层挂牌交易的发行对象，发行人应当向其返还认购款并履行认购合同约定的其他补偿义务。

2. 终止本次发行。发行人应当向全体发行对象返还认购款并履行认购合同约定的其他补偿义务，发行人股票进入全国股转系统基础层挂牌交易。

3. 发行人撤回股票挂牌的申请。

五、特殊程序

（一）无需提供中介机构专项意见的定向发行业务流程

发行人按照《定向发行规则》第十五条的规定无需提供主办券商出具的推荐工作报告以及律师事务所出具的法律意见书的，发行业务流程适用本指南挂牌公司股票定向发行业务流程的相关规定，发行人履行信息披露义务、提交发行申请文件流程和发行申请文件审查流程应当同时适用以下特别规定：

1. 发行人应当对定向发行文件内容的真实性、准确性、完整性负责，发行人的持续督导券商负责协助披露发行相关公告，并对募集资金存管与使用的规范性履行持续督导职责。

持续督导券商在协助披露发行相关公告过程中，应当对发行文件齐备性履行持续督导职责，但无需对发行文件内容进行实质判断。

2. 发行人最迟应当在股东大会审议通过定向发行说明书等相关议案后十个交易日内，按照《内容与格式准则第4号》等相关规定，委托其持续督导券商向全国股转公司报送发行申请文件（附件1－2、附件2－1）。

3. 发行人应当向全国股转公司提交关于发行人及相关主体不属于失信联合惩戒对象的承诺函及认购合同文件（扫描版），并提交核查过程的证明文件（证明形式包括但不限于网络查询截图等）。

发行人应当向全国股转公司提交关于发行对象是否为失信联合惩戒对象的核查证明文件（证明形式包括但不限于网络查询截图等）。发行对象属于失信联合惩戒对象的，发行人应当对其被纳入失信联合惩戒对象名单的原因、相关情形是否已充分规范披露进行核查并说明。发行人应当在《发行情况报告书》中对上述情况进行披露。

4. 全国股转公司对发行申请文件进行审查，需要反馈的，通过业务系统向发行人发出反馈意见。

发行人原则上应当在十个交易日内按照反馈意见要求进行必要的补充核查，及时、逐项回复反馈意见，补充或者修改申请文件。有特殊情况的，可以通过业务系统申请延期回复。

发行人对全国股转公司反馈意见的回复是申请文件的组成部分，发行人应当保证回复内容的真实、准确、完整。

（二）授权定向发行业务流程

1. 发行人年度股东大会可以依据公司章程规定，授权董事会在募集资金总额不超过一定范围内发行股票，该项授权在下一年度股东大会召开日失效，不受本指南关于股东大会授权董事会办理股票发行有关事项有效期规定的约束。基础层公司授权董事会募集资金总额不得超过2000万元，创新层公司授权董事会募集资金总额不得超过5000万元。

存在以下情形之一的，发行人不得按照年度股东大会授权发行股票：

（1）发行人现有股东超过200人或预计发行后股东累计超过200人的；

（2）董事会审议股票定向发行说明书时，发行对象包括发行人控股股东、实际控制人、董事或前述主体关联方的；

（3）发行对象以非现金资产认购的；

（4）发行股票导致发行人控制权发生变动的；

（5）本次发行中存在特殊投资条款安排的；

（6）发行人或其控股股东、实际控制人最近十二个月内被中国证监会及其派出机构给予行政处罚或采取行政监管措施，或被全国股转公司采取纪律处分的；

（7）发行人或其控股股东、实际控制人因涉嫌犯罪正被司法机关立案侦查或者涉嫌违法违规被中国证监会及其派出机构立案调查，尚无明确结论的；

（8）全国股转公司认定的其他情形。

2. 发行人年度股东大会应当就下列事项作出决议，作为董事会行使授权的前提条件：

（1）发行股票数量上限；

（2）发行对象、发行对象范围或发行对象确定方法；

（3）现有股东优先认购安排；

（4）发行价格、发行价格区间或发行价格确定办法；

（5）募集资金总额上限；

（6）募集资金用途；

（7）对董事会办理发行事宜的具体授权；

（8）其他需要明确的事项。

发行人应当在披露年度股东大会通知的同时披露授权发行相关公告。

3. 发行人董事会应当根据年度股东大会授权，对本次股票定向发行等有关事项进行审议。

发行人应当按照《定向发行规则》和《内容与格式准则第 3 号》等相关规定，在董事会审议本次股票定向发行有关事项后两个交易日内披露董事会决议和定向发行说明书等相关公告。

定向发行说明书除包括《内容与格式准则第 3 号》规定的内容外，还应当包括年度股东大会对董事会授权的基本情况。

4. 主办券商、律师事务所原则上应当在发行人董事会审议通过定向发行有关事项后十五个交易日内，分别按照《内容与格式准则第 3 号》等相关规定，出具主办券商定向发行推荐工作报告和法律意见书，发行人应当及时披露。具体业务流程适用本指南发行后股东累计不超过 200 人定向发行业务流程中关于中介机构出具专项意见的规定。

主办券商定向发行推荐工作报告和法律意见书除包括《内容与格式准则第 3 号》规定的内容外，还应当对发行人年度股东大会授权发行内容及程序等是否合法合规发表明确意见。

5. 发行人原则上应当于披露中介机构专项意见后十个交易日内，按照《内容与格式准则第 4 号》等相关规定，委托主办券商向全国股转公司报送发行申请文件（附件 1－1、附件 2－2），全国股转公司审查通过后，向发行人出具股票发行无异议函。发行申请文件审查、认购缴款、签订募集资金专户三方监管协议、验资及办理股票登记手续等具体流程适用本指南发行后股东累计不超过200人定向发行业务流程的相关规定。

六、中止自律审查、终止自律审查与审查/审核决定后终止发行程序

（一）中止自律审查

1. 发行人发生《定向发行规则》规定的中止自律审查情形的，发行人及主办券商应当及时向全国股转公司报告并提交书面说明。

全国股转公司中止自律审查的，在业务系统中将审查状态调整为中止。

2. 中止自律审查情形消除后，发行人、主办券商应当及时向全国股转公司报告，并提交书面说明。全国股转公司确认后恢复审查，并通知发行人及主办券商。

依照前款规定恢复审查的，审查时限自恢复审查之日起继续计算。

（二）终止自律审查

全国股转公司受理发行申请文件后至出具无异议函/同意函或自律监管意见前，发行人出现《定向发行规则》第五十五条规定情形的，全国股转公司将终止自律审查，并通知发行人及主办券商。发行人主动申请终止股票定向发行的，应当按照以下要求办理：

1. 发行人应当召开董事会、股东大会审议通过终止股票定向发行相关议案，并在审议通过后两个交易日内披露相关公告。

2. 发行人应当在股东大会审议通过终止发行事项后十个交易日内，向全国股转公司提交终止股票定向发行申请文件（附件8－1）及终止股票定向发行的董事会决议、股东大会决议。

发行人应当结合认购合同中的纠纷解决机制等条款，与发行对象就终止发行事项达成一致意见。

主办券商应当对发行人是否已按照本指南的相关规定，履行终止股票定向发行程序及信息披露义务，并与全部发行对象就终止发行事项达成一致意见，出具核查意见（附件8－2）。发行人应当于提交书面申请文件同时提交主办券商核查意见。

3. 发行人提出终止股票定向发行申请的，全国股转公司核实申请文件齐备后，向发行人出具受理通知书。申请一经受理，未经全国股转公司同意，发行人不得增加、撤回或变更申请文件。

4. 全国股转公司对终止发行相关的信息披露文件及申请文件进行审查，需要反馈的，通过业务系统向发行人及中介机构发出反馈意见。发行人及其主办券商原则上应当在十个交易日内按照反馈意见要求进行必要的补充核查，及时、逐项回复反馈意见，补充或修改申请文件。有特殊情况的，可以通过业务系统申请延期回复。

5. 全国股转公司审查通过后，出具终止股票定向发行审查决定，送达发行人和主办券商。

6. 发行人应当在取得终止股票定向发行审查决定后两个交易日内披露股票定向发行终止公告。

申请挂牌公司主动申请终止股票定向发行的，应当按照上述要求履行审议、中介机构核查、提交申请等程序，并按照全国股转公司的要求披露终止股票定向发行相关信息。

（三）审查/审核决定后终止发行

1. 全国股转公司出具无异议函或中国证监会作出核准决定后至发行人完成新增股票登记手续前，发行人出现《定向发行规则》第五十五条第一、三、五、八项规定情形的，发行人及主办券商应当及时向全国股转公司报告，发行人应当终止股票定向发行，并及时披露终止发行相关公告，公告中应当明确退款等相关安排。

发行人申请挂牌同时定向发行，在全国股转公司出具同意函或中国证监会作出核准决定后至发行人完成股票登记手续前，出现《定向发行规则》第五十五条第一、三、七、八项规定情形的，应当终止股票定向发行，并及时披露终止发行相关信息。

2. 全国股转公司出具无异议函/同意函或中国证监会作出核准决定后至发行人完成新增股票登记手续前，发行人主动终止股票定向发行的，应当按照以下要求办理：

（1）发行人应当召开董事会、股东大会审议通过终止股票定向发行相关议案，并在审议通过后两个交易日内披露相关公告。

（2）发行人应当结合认购合同中关于发行终止后的退款及补偿安排、纠纷解决机制等约定，与全部发行对象就退款等事宜协商一致。

（3）主办券商应当对发行人终止股票发行内部审议程序及信息披露义务履行情况、退款安排等事项进行核查，并发表专项核查意见。发行人应当及时披露主办券商的专项核查意见。

3. 发行人在全国股转公司出具的无异议函或中国证监会核准决定有效期截止日前未完成缴款验资的，本次股票发行自动终止。发行人应当按照认购合同关于退款及补偿安排、纠纷解决机制等约定履行相关义务，并及时披露股票定向发行终止公告。

申请挂牌公司在全国股转公司出具的同意函或中国证监会核准决定有效期截止日前未完成股票挂牌的，本次股票发行自动终止。申请挂牌公司应当按照认购合同关于退款及补偿安排、纠纷解决机制等约定履行相关义务。

附件：1.《股票定向发行申请文件目录》

2.《股票定向发行申请报告》

3.《发行人关于授权全国股转公司代为向中国证监会报送股票定向发行申请文件等有关事宜的委托书》

4.《募集资金专户三方监管协议》

5.《定向发行股票登记明细表》

6.《自愿限售申请材料》

7.《股票定向发行重大事项确认函》

8.《终止股票定向发行申请文件》

9.《股票定向发行业务流程图》

附件 1

股票定向发行申请文件目录

1-1　挂牌公司股票定向发行申请文件目录

（普通程序定向发行、授权定向发行适用）

第一部分　要求披露的文件

1. 定向发行说明书
2. 发行人关于定向发行的董事会决议
3. 发行人关于定向发行的（年度）股东大会决议
4. 主办券商定向发行推荐工作报告
5. 法律意见书
6. 本次定向发行收购资产相关的最近 1 年及 1 期（如有）的财务报告及其审计报告、资产评估报告（如有）
7. 收购类文件（如有）
8. 要求披露的其他文件

第二部分　不要求披露的文件

1. 发行人关于定向发行的申请报告
2. 全体董事对股票定向发行申请文件真实性、准确性和完整性的承诺书
3. 签字注册会计师、律师或者资产评估师的执业证书复印件及其所在机构的执业证书复印件
4. 资产权属证明文件（如有）
5. 资产生产经营所需行业资质的资质证明或批准文件（如有）
6. 国资、外资等相关主管部门的审批、核准或备案文件（如有）
7. 发行人最近 2 年的财务报告和审计报告及最近 1 期（如有）的财务报告
8. 发行人关于授权全国中小企业股份转让系统有限责任公司代为向中国证监会报送股票定向发行申请文件等有关事宜的委托书（发行后股东累计超过 200 人的发行适用）
9. 关于申请电子文件与预留文件一致的鉴证意见
10. 挂牌公司及中介机构联系方式
11. 要求报送的其他文件

1－2　挂牌公司股票定向发行申请文件目录

（无需提供中介机构专项意见的定向发行适用）

第一部分　要求披露的文件

1. 定向发行说明书

2. 发行人关于定向发行的董事会决议

3. 发行人关于定向发行的股东大会决议

4. 资产相关的最近1年及1期（如有）的财务报告及其审计报告、资产评估报告（如有）（募集资金用于购买资产情形适用）

5. 要求披露的其他文件

第二部分　不要求披露的文件

1. 发行人关于定向发行的申请报告

2. 本次发行认购合同

3. 全体董事对股票定向发行申请文件真实性、准确性和完整性的承诺书

4. 签字注册会计师或者资产评估师的执业证书复印件及其所在机构的执业证书复印件（如有）

5. 资产权属证明文件（如有）

6. 资产生产经营所需行业资质的资质证明或批准文件（如有）（募集资金用于购买资产情形适用）

7. 国资、外资等相关主管部门的审批、核准或备案文件（如有）

8. 发行人最近2年的财务报告和审计报告及最近1期（如有）的财务报告

9. 发行人关于授权全国中小企业股份转让系统有限责任公司代为向中国证监会报送股票定向发行申请文件等有关事宜的委托书（发行后股东累计超过200人的发行适用）

10. 发行人关于失信联合惩戒对象等事项核查过程的证明文件

11. 挂牌公司及中介机构联系方式

12. 要求报送的其他文件

1-3 申请挂牌公司股票定向发行申请文件目录

第一部分 要求披露的文件

1. 定向发行说明书
2. 主办券商推荐报告
3. 法律意见书

第二部分 不要求披露的文件

1. 关于股票在全国中小企业股份转让系统挂牌及定向发行的申请报告
2. 董事会决议、股东大会决议
3. 公司全体董事对发行申请文件真实性、准确性和完整性的承诺书
4. 发行人关于授权全国中小企业股份转让系统有限责任公司代为向中国证监会报送股票挂牌公开转让并定向发行申请文件等有关事宜的委托书（发行后股东累计超过200人的发行适用）
5. 关于申请电子文件与预留文件一致的鉴证意见
6. 要求报送的其他文件

附件 2

股票定向发行申请报告

2－1 挂牌公司股票定向发行申请报告

（普通程序定向发行、无需提供中介机构专项意见的定向发行适用）

××××股份（有限）公司股票定向发行申请报告

全国中小企业股份转让系统有限责任公司：

××××股份（有限）公司经××××证券股份有限（或有限责任）公司推荐，于××××年××月××日在全国中小企业股份转让系统（或原代办股份转让系统）挂牌，证券简称：××××，证券代码：××××。

××××于××××年××月××日召开董事会，审议通过了拟进行股票定向发行的决议。××××年××月××日公司召开股东大会，经出席会议的有表决权股东所持表决权 2/3 以上通过，决议批准本次定向发行。

（情形一，发行后股东累计不超过 200 人的发行适用）截止本次定向发行股权登记日××××年××月××日，我司共有×名在册股东。本次定向发行完成后，股东人数合计×人/预计×人。因本次定向发行完成后，股东累计不超过 200 人，依据《非上市公众公司监督管理办法》的规定，豁免向中国证监会申请核准。

本次股票定向发行总计不超过××××万股。

现特就本次股票定向发行事项向贵公司申请出具无异议函。

（情形二，发行后股东累计超过 200 人的发行适用）截止本次定向发行股权登记日××××年××月××日，我司共有×名在册股东。本次定向发行完成后，股东人数合计×人/预计×人。因本次定向发行完成后，股东累计超过 200 人，依据《非上市公众公司监督管理办法》的规定，须向中国证监会申请核准。

本次股票定向发行总计不超过××××万股。

现特就本次股票定向发行事项向贵公司申请出具自律监管意见，并委托全国股转公司代为办理向中国证监会报送申请文件等事宜。

（以下无正文）

××××股份（有限）公司（加盖公章）

年　月　日

2－2　挂牌公司股票定向发行申请报告

（授权定向发行适用）

××××股份（有限）公司股票定向发行申请报告

全国中小企业股份转让系统有限责任公司：

××××股份（有限）公司经××××证券股份有限（或有限责任）公司推荐，于××××年××月××日在全国中小企业股份转让系统（或原代办股份转让系统）挂牌，证券简称：××××，证券代码：××××。

××××于××××年××月××日召开年度股东大会，审议通过了授权董事会于本年度内定向发行股票等相关决议。××××于××××年××月××日召开董事会，审议通过了进行股票定向发行的决议。

截止审议本次定向发行的董事会召开日××××年××月××日，我司共有×名在册股东。本次定向发行完成后，股东人数合计×人/预计×人。因本次定向发行完成后，股东累计不超过200人，依据《非上市公众公司监督管理办法》的规定，豁免向中国证监会申请核准。

本次股票定向发行总计不超过××××万股。

现特就本次股票定向发行事项向贵公司申请出具无异议函。

（以下无正文）

××××股份（有限）公司（加盖公章）

年　月　日

2－3 关于股票在全国中小企业股份转让系统挂牌及定向发行的申请报告

××××股份（有限）公司关于股票在全国中小企业股份转让系统挂牌及定向发行的申请报告

××字〔20××〕第××号　　　　签发人：×××

全国中小企业股份转让系统有限责任公司：

××股份（有限）公司（以下简称公司、本公司）经公司董事会和股东大会审议通过，拟向贵公司申请股票挂牌，并在挂牌同时定向发行股票，现将有关事项报告如下：

一、公司简介

二、股权结构及主要股东情况

三、主要业务、主要产品（服务）

四、最近两年及一期财务简表

五、本次发行事项

公司于××××年××月××日召开董事会，审议通过了拟进行股票定向发行的决议和本次股票定向发行说明书。××××年××月××日公司召开股东大会，经出席会议的有表决权股东所持表决权2/3以上通过，决议批准本次定向发行。

1. 发行对象：本次发行对象合计×人/预计×人。发行对象包括公司现有股东×人，其中董事、监事、高级管理人员、核心员工×人，符合投资者适当性管理规定的其他自然人投资者×人，法人及其他经济组织投资者×人；新增股东×人，其中董事、监事、高级管理人员、核心员工×人，符合投资者适当性管理规定的其他自然人投资者×人，法人及其他经济组织投资者×人。

2. 发行前股东人数、发行后股东人数：

3. 发行股份数量或数量上限：

4. 发行价格或价格区间：

5. 预计募集资金金额：

6. 募集资金用途：

公司依法设立且存续满两年；业务明确，具有持续经营能力；公司治理机制健全，合法规范经营；股权明晰，股票发行和转让行为合法合规。××证券公司（以下简称"××证券"）已与公司签署《推荐挂牌并持续督导协议书》，××证券同意推荐公司股票挂牌并愿意为公司提供持续督导服务。

公司及公司董事、监事、高级管理人员理解并同意遵守贵公司发布的规则、细则、指引、指南等规定。

（情形一，发行后股东累计不超过200人的发行适用）本次定向发行完成后，股东人数合计×人/预计×人。因本次定向发行完成后，股东累计不超过200人，依据《非上市公众公司监督管理办法》的规定，豁免向中国证监会申请核准。现特就股票挂牌及本次股票定向发行事项向贵公司申请出具同意函。

（情形二，发行后股东累计超过200人的发行适用）本次定向发行完成后，股东人数合计×人/预计×人。因本次定向发行完成后，股东累计超过200人，依据《非上市公众公司监督管理办法》的规定，须向中国证监会申请核准。现特就股票挂牌公开转让及本次股票定向发行事项向贵公司申请出具自律监管意见，并委托全国股转公司代为办理向中国证监会报送申请文件等事宜。

特此申请，请予同意。

（以下无正文）

××××股份（有限）公司（加盖公章）

年　月　日

附件 3

发行人关于授权全国股转公司代为向中国证监会报送股票定向发行申请文件等有关事宜的委托书

3－1 发行人关于授权全国股转公司代为向中国证监会报送股票定向发行申请文件等有关事宜的委托书

（挂牌公司申请核准股票定向发行适用）

本公司＿＿＿＿＿＿＿＿＿股份（有限）公司拟向中国证监会申请核准股票定向发行事宜，现授权全国中小企业股份转让系统有限责任公司代本公司向中国证监会报送股票定向发行申请文件及领取相关函件，具体授权事项如下：

一、代本公司向中国证监会报送股票定向发行申请文件以及补充、修改后的申请文件；

二、代本公司从中国证监会领取受理或不予受理决定等；

三、代本公司从中国证监会领取要求补充披露、核查或落实有关事项的函件并代本公司提交相关回复文件；

四、代本公司从中国证监会领取核准、不予核准、终止审核等函件；

五、代本公司向中国证监会报送或从中国证监会领取其他与股票定向发行核准相关的文件。

委托人：＿＿＿＿＿＿＿＿＿股份（有限）公司

（加盖公章）

委托人法定代表人：＿＿＿＿＿＿

＿＿＿＿年＿＿＿＿月＿＿＿＿日

3－2 发行人关于授权全国股转公司代为向中国证监会报送股票挂牌公开转让并定向发行申请文件等有关事宜的委托书

（申请挂牌公司申请核准股票挂牌公开转让并定向发行适用）

本公司＿＿＿＿＿＿＿＿＿＿股份（有限）公司拟向中国证监会申请核准股票挂牌公开转让并定向发行（以下简称挂牌公开转让并定向发行）事宜，现授权全国中小企业股份转让系统有限责任公司代本公司向中国证监会报送股票挂牌公开转让并定向发行申请文件及领取相关函件，具体授权事项如下：

一、代本公司向中国证监会报送股票挂牌公开转让并定向发行申请文件以及补充、修改后的申请文件；

二、代本公司从中国证监会领取受理或不予受理决定等；

三、代本公司从中国证监会领取要求补充披露、核查或落实有关事项的函件并代本公司提交相关回复文件；

四、代本公司从中国证监会领取核准、不予核准、终止审核等函件；

五、代本公司向中国证监会报送或从中国证监会领取其他与挂牌公开转让并定向发行核准相关的文件。

委托人：＿＿＿＿＿＿＿＿＿＿股份（有限）公司

（加盖公章）

委托人法定代表人：＿＿＿＿＿＿＿＿

＿＿＿＿年＿＿＿＿月＿＿＿＿日

附件4

募集资金专户三方监管协议

甲方：____________公司（以下简称“甲方”）

乙方：____________银行____________分行____________支行（以下简称“乙方”）

丙方：____________（主办券商）（以下简称“丙方”）

注释：协议甲方是实施募集资金投资项目的法人主体，如果募集资金投资项目由挂牌公司直接实施，则挂牌公司为协议甲方，如果由子公司或者挂牌公司控制的其他企业实施，则挂牌公司、子公司或者挂牌公司控制的其他企业为协议共同甲方。

本协议以全国中小企业股份转让系统股票定向发行相关业务规则中相关条款为依据制定。

为规范甲方募集资金管理，保护投资者合法权益，根据有关法律法规及全国中小企业股份转让系统股票定向发行相关业务规则的规定，甲、乙、丙三方经协商，达成如下协议：

一、甲方已在乙方开设募集资金专项账户（以下简称“专户”），账号为____________，专户金额为____________。该专户仅用于甲方____________（募集资金用途），不得用作其他用途。

二、甲乙双方应当共同遵守《中华人民共和国票据法》《支付结算办法》《人民币银行结算账户管理办法》等法律、行政法规、部门规章。

三、丙方应当依据有关规定指定主办券商负责人或者其他工作人员对甲方募集资金使用情况进行监督。丙方应当依据全国中小企业股份转让系统股票定向发行相关业务规则要求履行持续督导职责，并有权采取现场核查、书面问询等方式行使其监督权。甲方和乙方应当配合丙方的核查与查询。丙方对甲方现场核查时应当同时检查募集资金专户存储情况。

四、甲方授权丙方指定的主办券商负责人____________、____________可以随时到乙方查询、复印甲方专户的资料；乙方应当及时、准确、完整地向其提供所需的有关专户的资料。

主办券商负责人向乙方查询甲方专户有关情况时应当出具本人的合法身份证明；丙方指定的其他工作人员向乙方查询甲方专户有关情况时应当出具本人的合法身份证明和单位介绍信。

五、乙方按月（每月____________日之前）向甲方出具对账单，并抄送丙方。

乙方应保证对账单内容真实、准确、完整。

六、甲方一次或者十二个月以内累计从专户中支取的金额超过＿＿＿＿＿＿万元或募集资金净额的＿＿＿＿＿＿%（具体金额由甲方与丙方协商确定）的，乙方应当及时以传真方式通知丙方，同时提供专户的支出清单。

七、丙方有权根据有关规定更换指定的主办券商负责人。丙方更换主办券商负责人的，应将相关证明文件书面通知乙方，同时按本协议第十一条的要求向甲方、乙方书面通知更换后的主办券商负责人联系方式。更换主办券商负责人不影响本协议的效力。

八、乙方连续三次未及时向丙方出具对账单或者向丙方通知专户大额支取情况，以及存在未配合丙方调查专户情形的，丙方有权提示甲方及时更换专户，甲方有权单方面终止本协议并注销募集资金专户。

九、本协议自甲、乙、丙三方法定代表人或其授权代表签署并加盖各自单位公章之日起生效，至专户资金全部支出完毕后失效。

十、本协议一式＿＿＿＿＿＿份，甲、乙、丙三方各持一份，向全国股转系统报备一份，其余留甲方备用。

十一、联系方式：

1. ＿＿＿＿＿＿公司（甲方）

地址：＿＿＿＿＿＿

邮编：＿＿＿＿＿＿

传真：＿＿＿＿＿＿

联系人：＿＿＿＿＿＿

电话：＿＿＿＿＿＿

手机：＿＿＿＿＿＿

Email：＿＿＿＿＿＿

2. ＿＿＿＿＿＿银行＿＿＿＿＿＿分行（乙方）

地址：＿＿＿＿＿＿

邮编：＿＿＿＿＿＿

传真：＿＿＿＿＿＿

联系人：＿＿＿＿＿＿

电话：＿＿＿＿＿＿

手机：＿＿＿＿＿＿

Email：＿＿＿＿＿＿

3. ＿＿＿＿＿＿（主办券商）（丙方）

地址：＿＿＿＿＿＿

邮编：＿＿＿＿＿＿

主办券商负责人 A：＿＿＿＿＿＿

电话：____________

手机：____________

Email：____________

传真：____________

主办券商负责人 B：____________

电话：____________

手机：____________

Email：____________

传真：____________

协议签署：

甲方：____________股份（有限）公司（盖章）

法定代表人或授权代表：____________

20 ____________年____________月____________日

乙方：____________银行____________分行____________支行（盖章）

法定代表人或授权代表：____________

20 ____________年____________月____________日

丙方：____________证券股份有限（或有限责任）公司（盖章）

法定代表人或授权代表：____________

20 ____________年____________月____________日

附件 5

定向发行股票登记明细表

5-1 挂牌公司本次定向发行股票登记明细表

公司全称：××××股份（有限）公司（盖章）　　证券简称：××××　　证券代码：××××

主办券商：××证券　　单位：股

序号	股东姓名或名称	是否为董事、监事、高级管理人员	身份证号或统一社会信用代码	投资者类型（基础层投资者/创新层投资者/受限投资者）	是否为做市股份	本次定向发行新增股票数量（股）	本次限售股票数量（股）	不予限售的股票数量（股）
1								
2								
合计								

5－2　申请挂牌公司股票初始登记申请表

公司全称：××××股份（有限）公司（盖章）　证券简称：××××　证券代码：××××　单位：股

本次发行前股份情况

序号	股东名称	是否为董事、监事、高级管理人员	是否为控股股东、实际控制人、一致行动人	身份证号或注册号	是否为做市商	做市股份数量（股）	挂牌前12个月内受让自控股股东、实际控制人的股份数量（股）＊	因司法裁决、继承等原因而获得有限售条件股票的数量（股）＊	质押股份数量（股）＊	司法冻结股份数量（股）＊	截至本次定向发行前持股数量（股）	不予限售的股份数量（股）	限售股份数量（股）	特别表决权股份数量（股）＊	每份特别表决权股份对应表决权数量（票）＊
1															
合计															

本次发行股份情况

序号	股东名称	是否为董事、监事、高级管理人员	是否为控股股东、实际控制人、一致行动人	身份证号或注册号	是否为做市商	做市股份数量（股）	本次定向发行新增股份数量（股）	投资者类型（基础层投资者/创新层投资者/受限投资者）	不予限售的股份数量（股）	限售股份数量（股）
1										
合计										

（备注：拟采取做市交易方式的股票，做市商取得的做市库存股票应登记在做市专用证券账户。）

附件 6

自愿限售申请材料

6－1　××××股份（有限）公司及相关股东关于提请协助办理限售股票登记的申请书

全国中小企业股份转让系统有限责任公司：

××××股份（有限）公司（公司简称：××××；证券代码：××××）××等××名股东自愿锁定其持有××××股份（有限）公司的股票（具体锁定股票数量和锁定时间详见附表），经与××××股份（有限）公司协商一致，现向全国中小企业股份转让系统有限责任公司申请协助办理限售股票登记，以便于在中国证券登记结算有限责任公司办理上述限售股票登记手续。

申请人：××××股份（有限）公司（加盖公章）

股东××（自然人签字、法人及其他经济组织盖章）

年　　月　　日

附表

发行人股东所持股票限售明细表（*.xls 格式）

公司全称：××××股份（有限）公司　　证券简称：××××　　证券代码：××××　　单位：股

序号	股东名称	任职	是否为控股股东、实际控制人	身份证号或统一社会信用代码	本次股票定向发行新增的股票数量	本次定向发行新增的无限售股票数量	本次申请限售登记股票数量			自愿限售股票时间
							法定限售数量	自愿限售数量*	限售数量合计*	
1										
2										
合计										

主办券商　加盖公章

××××年××月××日

6－2　××证券关于××××股份（有限）公司自愿限售股票申请限售登记的审查意见

全国中小企业股份转让系统有限责任公司：

经核查，××××股份（有限）公司（公司简称：××××；证券代码：××××）××、××等××名股东与××××股份（有限）公司协商一致，承诺自愿锁定其持有××××股份（有限）公司的股票，××××股份（有限）公司于××××年××月××日向贵司提交的《××××股份（有限）公司及相关股东关于提请协助办理限售股票登记的申请书》真实、准确、完整，××、××等××名股东在《××××股份（有限）公司及相关股东关于提请协助办理限售股票登记的申请书》上的签字或盖章为其本人自愿、真实签署。

项目负责人（签名）

××证券（加盖公章）

年　月　日（提交日期）

附件7

股票定向发行重大事项确认函

7－1 股票定向发行重大事项确认函

（普通程序定向发行、授权定向发行适用）

由我司推荐的____________公司股票定向发行申请已经全国中小企业股份转让系统有限责任公司同意/中国证监会核准，取得了股票定向发行无异议函/核准批复，且该公司已按规定完成了股票定向发行，现申请新增股票登记。

截至该确认函提交之日，我司确认：

1. 该公司符合《公司法》《非上市公众公司监督管理办法》《全国中小企业股份转让系统股票定向发行规则》等法律法规、部门规章和业务规则关于股票定向发行的相关规定。

2. （情形一）该公司不存在《全国中小企业股份转让系统股票定向发行规则》规定的在完成新增股票登记前不得使用募集资金的情形。

（情形二）根据《全国中小企业股份转让系统股票定向发行规则》有关规定，该公司存在×××等不得在完成新增股票登记前使用募集资金的情形，并承诺在完成新增股票登记前不使用募集资金。经我司核查，发行人不存在提前使用募集资金的情形。

3. 该公司不存在《全国中小企业股份转让系统股票定向发行规则》规定的终止自律审查情形以及其他影响本次发行的重大事项。

4. 该公司不存在严重损害投资者合法权益和社会公共利益的其他情形。

项目负责人（签名）

××证券（加盖公章）

年 月 日（提交日期）

7-2　股票定向发行重大事项确认函

（无需提供中介机构专项意见的定向发行适用）

本公司股票定向发行申请已经全国中小企业股份转让系统有限责任公司同意/中国证监会核准，取得了股票定向发行无异议函/核准批复，且本公司已按规定完成了股票定向发行，现申请新增股票登记。

截至该确认函提交之日，我司确认：

1. 本公司符合《公司法》《非上市公众公司监督管理办法》《全国中小企业股份转让系统股票定向发行规则》等法律法规、部门规章和业务规则关于股票定向发行的相关规定。

2. （情形一）本公司不存在《全国中小企业股份转让系统股票定向发行规则》规定的在完成新增股票登记前不得使用募集资金的情形。

（情形二）根据《全国中小企业股份转让系统股票定向发行规则》有关规定，本公司存在×××等不得在完成新增股票登记前使用募集资金的情形，并承诺在完成新增股票登记前不使用募集资金。

3. 本公司不存在《全国中小企业股份转让系统股票定向发行规则》规定的终止自律审查情形以及其他影响本次发行的重大事项。

4. 本公司不存在严重损害投资者合法权益和社会公共利益的其他情形。

法定代表人（签名）

××××股份（有限）公司（加盖公章）

年　月　日（提交日期）

7－3　股票定向发行重大事项确认函

（挂牌同时定向发行适用）

由我司推荐的____________公司股票定向发行申请已经全国中小企业股份转让系统有限责任公司同意/中国证监会核准，取得了股票定向发行同意函/核准批复，且该公司已按规定完成了股票定向发行，现申请股票登记。

截至该确认函提交之日，我司确认：

1. 该公司符合《公司法》《非上市公众公司监督管理办法》《全国中小企业股份转让系统股票定向发行规则》等法律法规、部门规章和业务规则关于股票定向发行的相关规定。

2. 该公司不存在完成挂牌前提前使用募集资金的情形，并承诺在完成挂牌前不使用募集资金。

3. 该公司不存在《全国中小企业股份转让系统股票定向发行规则》规定的终止自律审查情形以及其他影响本次发行的重大事项。

4. 该公司不存在严重损害投资者合法权益和社会公共利益的其他情形。

项目负责人（签名）

××证券（加盖公章）

年　月　日

附件 8

终止股票定向发行申请文件

8－1　××××股份（有限）公司关于终止股票定向发行的申请

全国中小企业股份转让系统有限责任公司：

××××股份（有限）公司（公司简称：××××；证券代码：××××）已按照《全国中小企业股份转让系统股票定向发行规则》的规定，履行了内部审议程序，并于××××年××月××日向全国中小企业股份转让系统有限责任公司报送了《××××股份（有限）公司股票定向发行申请报告》/《××××股份（有限）公司关于股票在全国中小企业股份转让系统挂牌及定向发行的申请报告》及相关文件。

现因×××（请详细说明终止原因），本公司决定终止本次股票定向发行，并于××××年××月××日召开董事会，××××年××月××日召开股东大会（普通程序定向发行、无需提供中介机构专项意见的定向发行适用）/并于××××年××月××日召开董事会（授权定向发行适用），审议通过了终止本次股票定向发行的议案，上述董事会、股东大会决议和终止股票定向发行的公告已及时披露。

目前公司已与全部认购人就终止股票定向发行等事宜达成一致意见，现特向贵公司申请终止本次股票定向发行审查。

法定代表人（签名）

××××股份（有限）公司（加盖公章）

年　月　日

8-2　××证券公司关于××××股份（有限）公司终止股票定向发行的核查意见

全国中小企业股份转让系统有限责任公司：

经核查，××××股份（有限）公司（公司简称：××××；证券代码：××××）已按照《全国中小企业股份转让系统股票定向发行规则》的规定，履行了内部审议程序，并于××××年××月××日向全国中小企业股份转让系统有限责任公司报送了《××××股份（有限）公司股票定向发行申请报告》/《××××股份（有限）公司关于股票在全国中小企业股份转让系统挂牌及定向发行的申请报告》及相关文件。

现因×××（请详细说明终止原因），××××公司决定终止本次股票定向发行，并于××××年××月××日召开董事会，××××年××月××日召开股东大会（普通程序定向发行适用）/并于××××年××月××日召开董事会（授权定向发行适用），审议通过终止本次股票定向发行的议案。

经核查，××××公司终止股票定向发行程序合法合规，并已及时履行了信息披露义务。××××公司已与全部认购人就终止发行等事宜达成一致意见，《××××股份（有限）公司关于终止股票定向发行的申请》及相关文件真实、准确、完整。

项目负责人（签名）

××证券（加盖公章）

年　月　日

附件 9

股票定向发行业务流程图

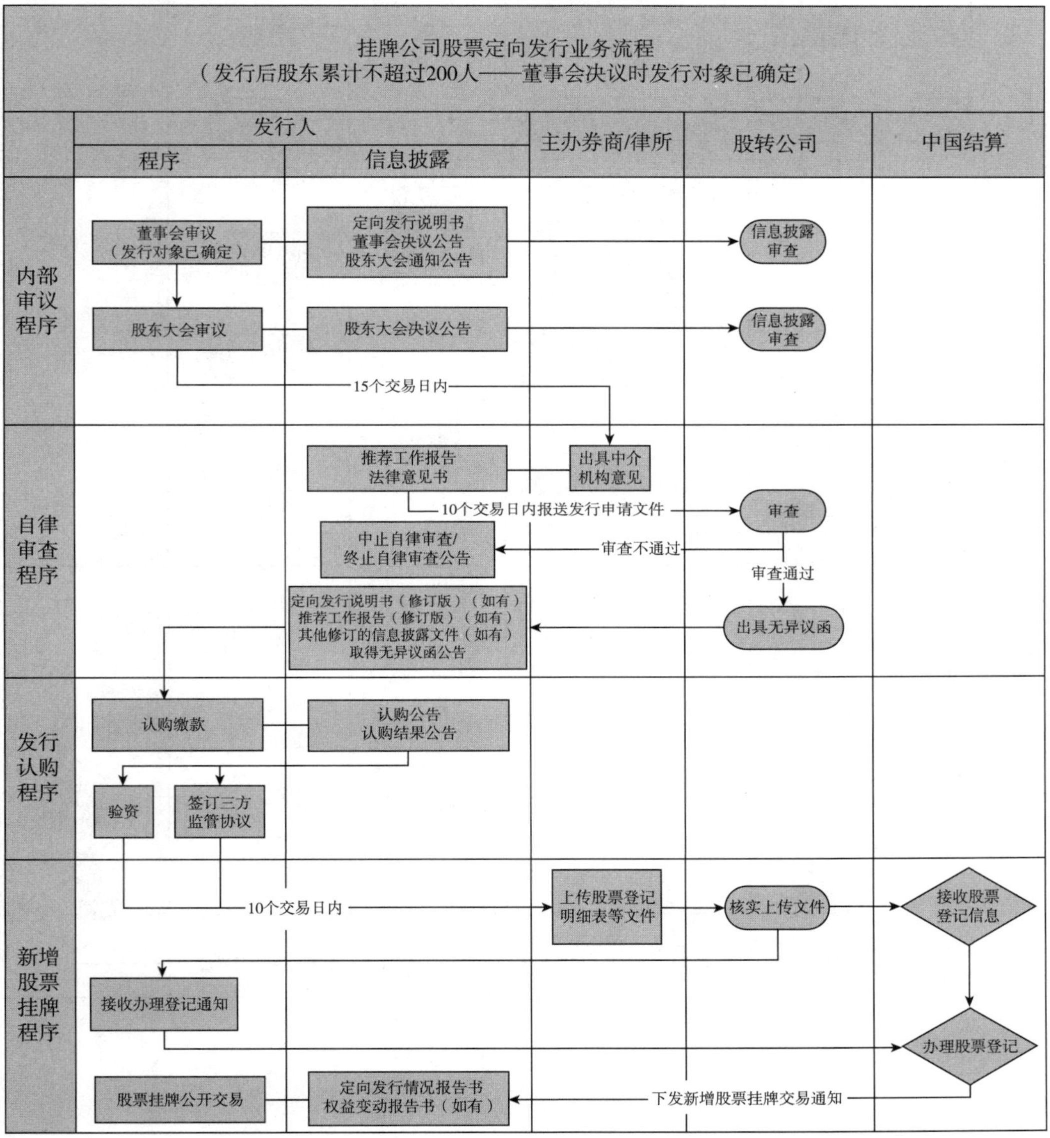

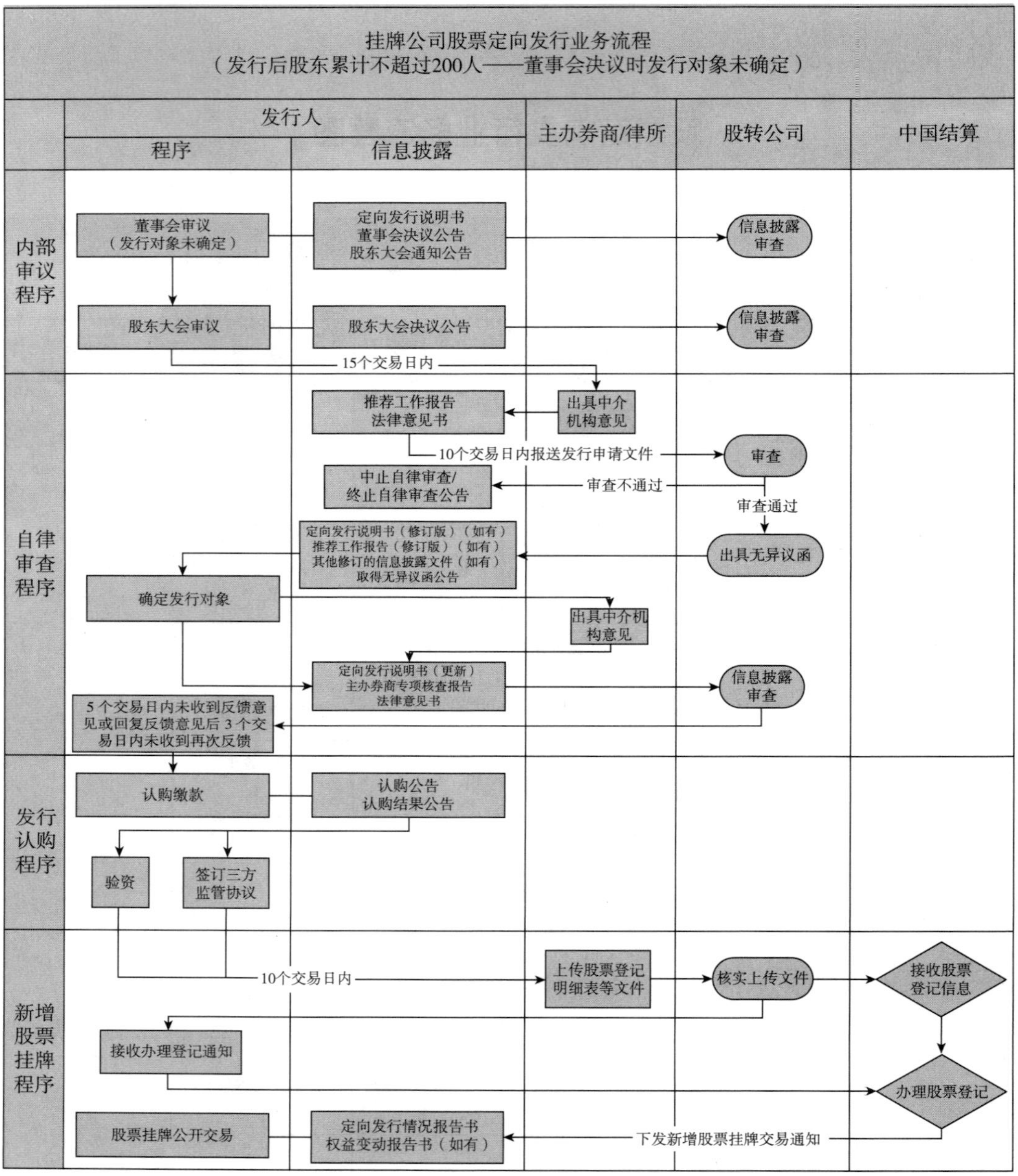
挂牌公司股票定向发行业务流程
（发行后股东累计不超过200人——董事会决议时发行对象未确定）
发行人
程序
信息披露
主办券商/律所
股转公司
中国结算
内部审议程序
董事会审议（发行对象未确定）
定向发行说明书
董事会决议公告
股东大会通知公告
信息披露审查
股东大会审议
股东大会决议公告
信息披露审查
15个交易日内
自律审查程序
推荐工作报告
法律意见书
出具中介机构意见
10个交易日内报送发行申请文件
审查
中止自律审查/终止自律审查公告
审查不通过
审查通过
定向发行说明书（修订版）（如有）
推荐工作报告（修订版）（如有）
其他修订的信息披露文件（如有）
取得无异议函公告
出具无异议函
确定发行对象
出具中介机构意见
定向发行说明书（更新）
主办券商专项核查报告
法律意见书
信息披露审查
5个交易日内未收到反馈意见或回复反馈意见后3个交易日内未收到再次反馈
发行认购程序
认购缴款
认购公告
认购结果公告
验资
签订三方监管协议
新增股票挂牌程序
10个交易日内
上传股票登记明细表等文件
核实上传文件
接收股票登记信息
接收办理登记通知
办理股票登记
股票挂牌公开交易
定向发行情况报告书
权益变动报告书（如有）
下发新增股票挂牌交易通知

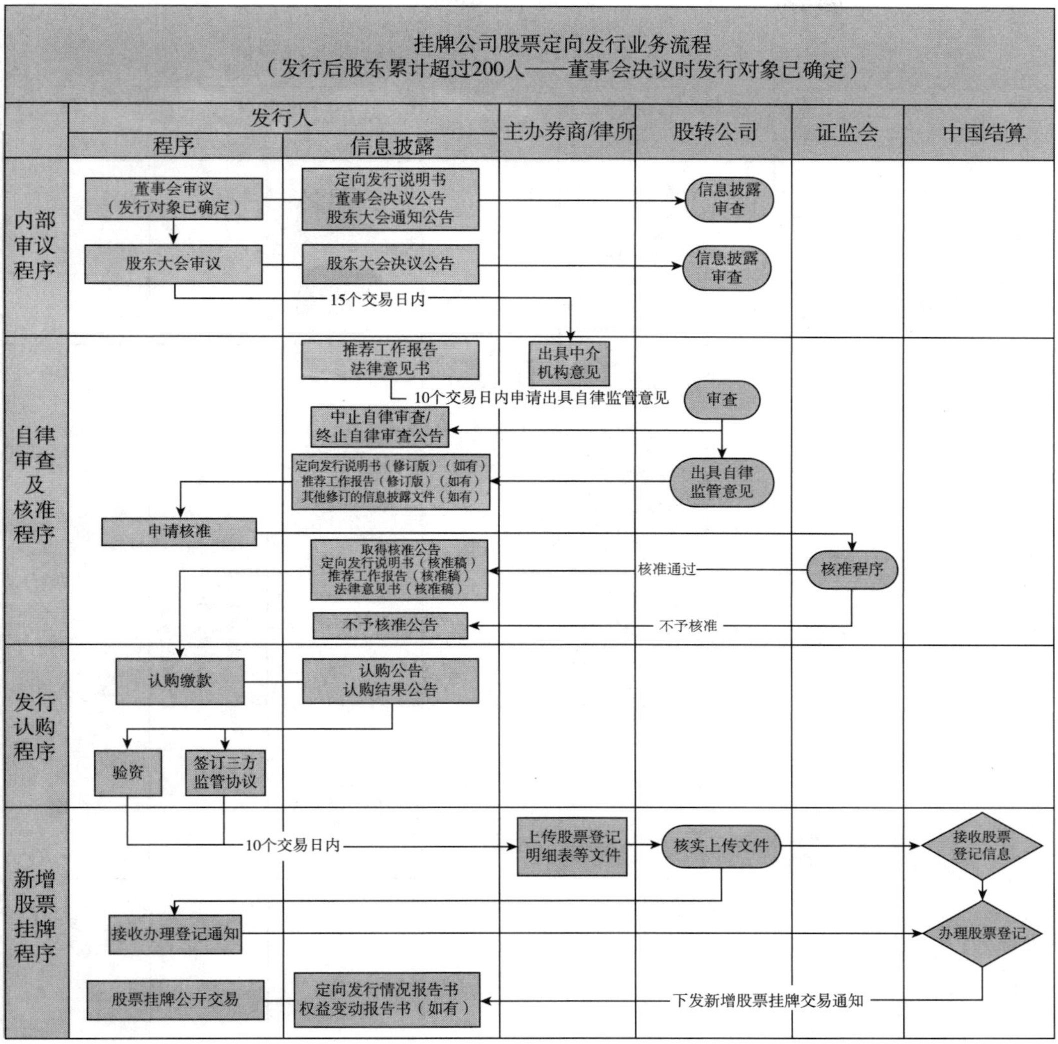
挂牌公司股票定向发行业务流程
（发行后股东累计超过200人——董事会决议时发行对象已确定）
发行人
程序
信息披露
主办券商/律所
股转公司
证监会
中国结算
内部审议程序
董事会审议（发行对象已确定）
定向发行说明书
董事会决议公告
股东大会通知公告
信息披露审查
股东大会审议
股东大会决议公告
信息披露审查
15个交易日内
自律审查及核准程序
推荐工作报告
法律意见书
出具中介机构意见
10个交易日内申请出具自律监管意见
审查
中止自律审查/终止自律审查公告
定向发行说明书（修订版）（如有）
推荐工作报告（修订版）（如有）
其他修订的信息披露文件（如有）
出具自律监管意见
申请核准
取得核准公告
定向发行说明书（核准稿）
推荐工作报告（核准稿）
法律意见书（核准稿）
核准通过
核准程序
不予核准公告
不予核准
发行认购程序
认购缴款
认购公告
认购结果公告
验资
签订三方监管协议
新增股票挂牌程序
10个交易日内
上传股票登记明细表等文件
核实上传文件
接收股票登记信息
接收办理登记通知
办理股票登记
股票挂牌公开交易
定向发行情况报告书
权益变动报告书（如有）
下发新增股票挂牌交易通知

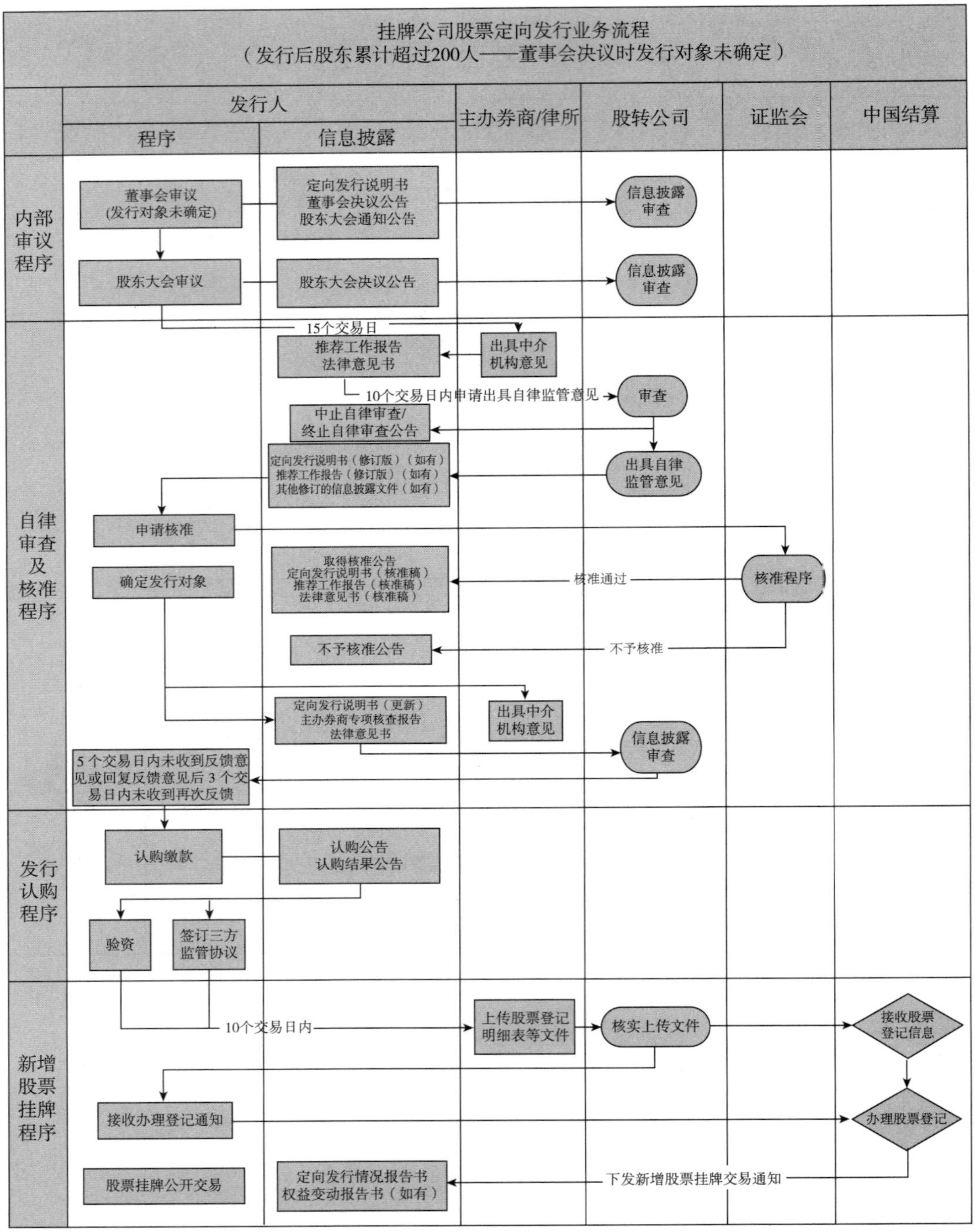
挂牌公司股票定向发行业务流程
（发行后股东累计超过200人——董事会决议时发行对象未确定）
发行人
程序
信息披露
主办券商/律所
股转公司
证监会
中国结算
内部审议程序
董事会审议(发行对象未确定)
定向发行说明书
董事会决议公告
股东大会通知公告
信息披露审查
股东大会审议
股东大会决议公告
信息披露审查
自律审查及核准程序
15个交易日
推荐工作报告
法律意见书
出具中介机构意见
10个交易日内申请出具自律监管意见
审查
中止自律审查/终止自律审查公告
定向发行说明书（修订版）（如有）
推荐工作报告（修订版）（如有）
其他修订的信息披露文件（如有）
出具自律监管意见
申请核准
确定发行对象
取得核准公告
定向发行说明书（核准稿）
推荐工作报告（核准稿）
法律意见书（核准稿）
核准通过
核准程序
不予核准公告
不予核准
定向发行说明书（更新）
主办券商专项核查报告
法律意见书
出具中介机构意见
信息披露审查
5个交易日内未收到反馈意见或回复反馈意见后3个交易日内未收到再次反馈
发行认购程序
认购缴款
认购公告
认购结果公告
验资
签订三方监管协议
新增股票挂牌程序
10个交易日内
上传股票登记明细表等文件
核实上传文件
接收股票登记信息
接收办理登记通知
办理股票登记
股票挂牌公开交易
定向发行情况报告书
权益变动报告书（如有）
下发新增股票挂牌交易通知

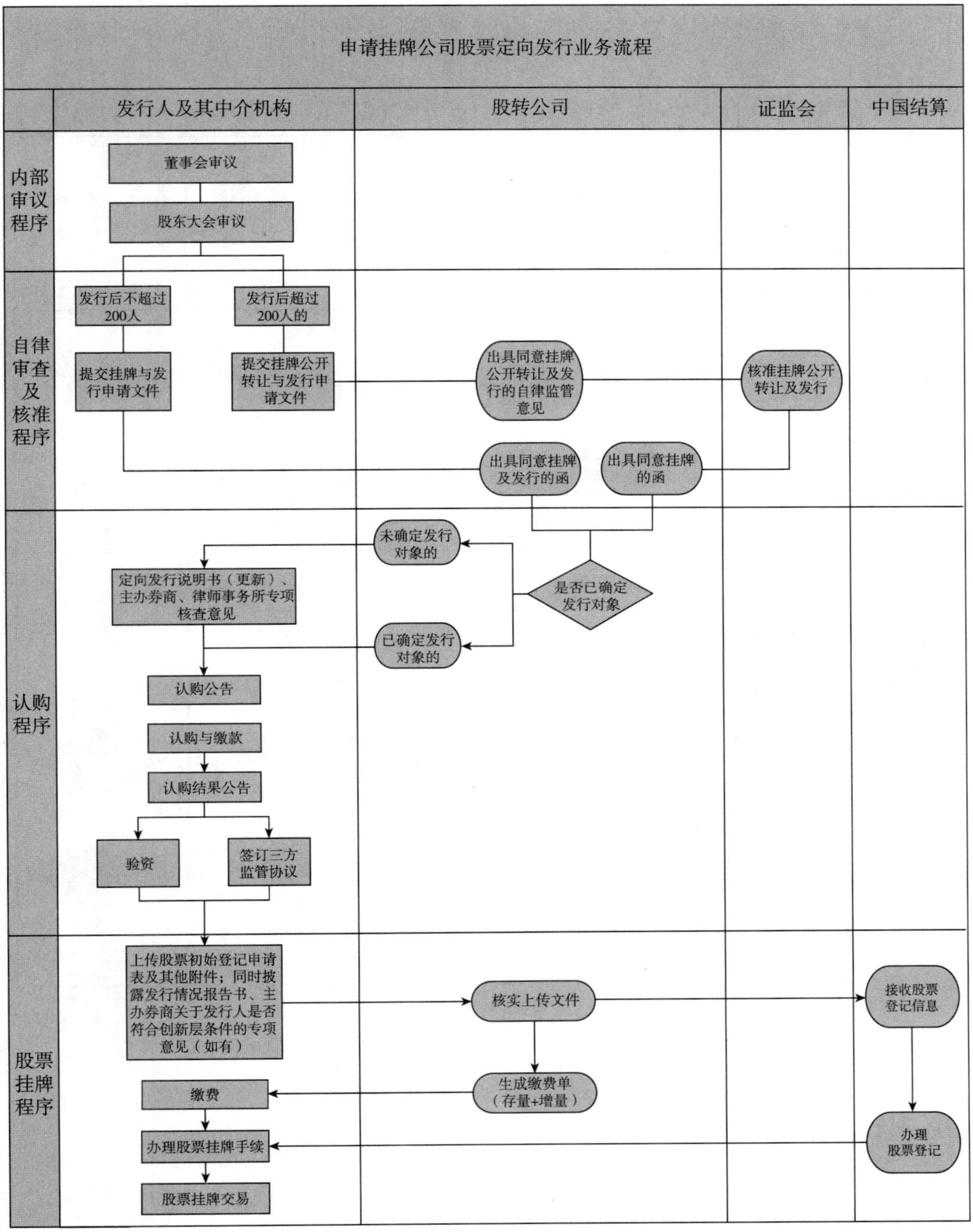
申请挂牌公司股票定向发行业务流程
发行人及其中介机构
股转公司
证监会
中国结算
内部审议程序
董事会审议
股东大会审议
自律审查及核准程序
发行后不超过200人
发行后超过200人的
提交挂牌与发行申请文件
提交挂牌公开转让与发行申请文件
出具同意挂牌公开转让及发行的自律监管意见
核准挂牌公开转让及发行
出具同意挂牌及发行的函
出具同意挂牌的函
认购程序
未确定发行对象的
是否已确定发行对象
已确定发行对象的
定向发行说明书（更新）、主办券商、律师事务所专项核查意见
认购公告
认购与缴款
认购结果公告
验资
签订三方监管协议
股票挂牌程序
上传股票初始登记申请表及其他附件；同时披露发行情况报告书、主办券商关于发行人是否符合创新层条件的专项意见（如有）
核实上传文件
接收股票登记信息
缴费
生成缴费单（存量+增量）
办理股票挂牌手续
办理股票登记
股票挂牌交易

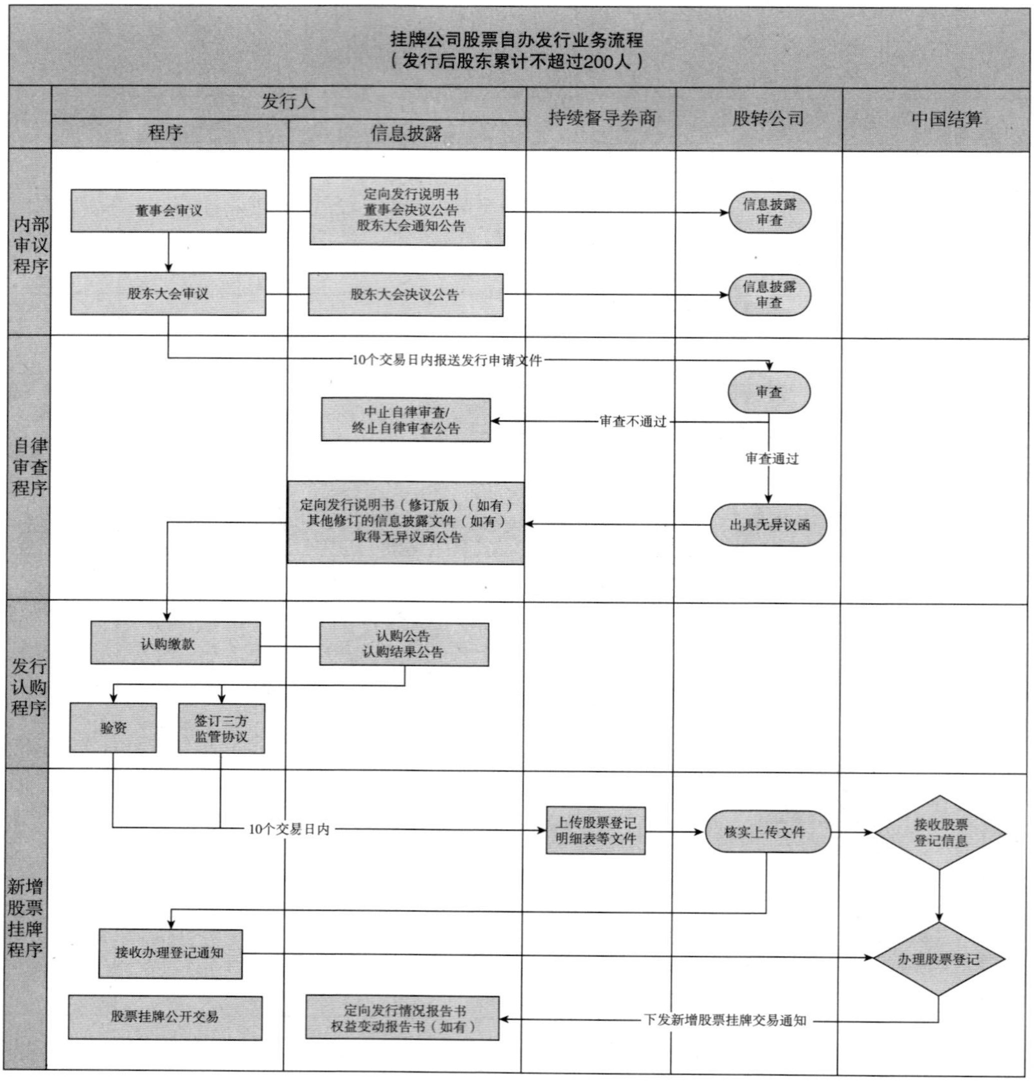

挂牌公司股票自办发行业务流程
（发行后股东累计不超过200人）
发行人
程序
信息披露
持续督导券商
股转公司
中国结算
内部审议程序
董事会审议
定向发行说明书
董事会决议公告
股东大会通知公告
信息披露审查
股东大会审议
股东大会决议公告
信息披露审查
自律审查程序
10个交易日内报送发行申请文件
审查
中止自律审查/
终止自律审查公告
审查不通过
审查通过
定向发行说明书（修订版）（如有）
其他修订的信息披露文件（如有）
取得无异议函公告
出具无异议函
发行认购程序
认购缴款
认购公告
认购结果公告
验资
签订三方监管协议
新增股票挂牌程序
10个交易日内
上传股票登记明细表等文件
核实上传文件
接收股票登记信息
接收办理登记通知
办理股票登记
股票挂牌公开交易
定向发行情况报告书
权益变动报告书（如有）
下发新增股票挂牌交易通知

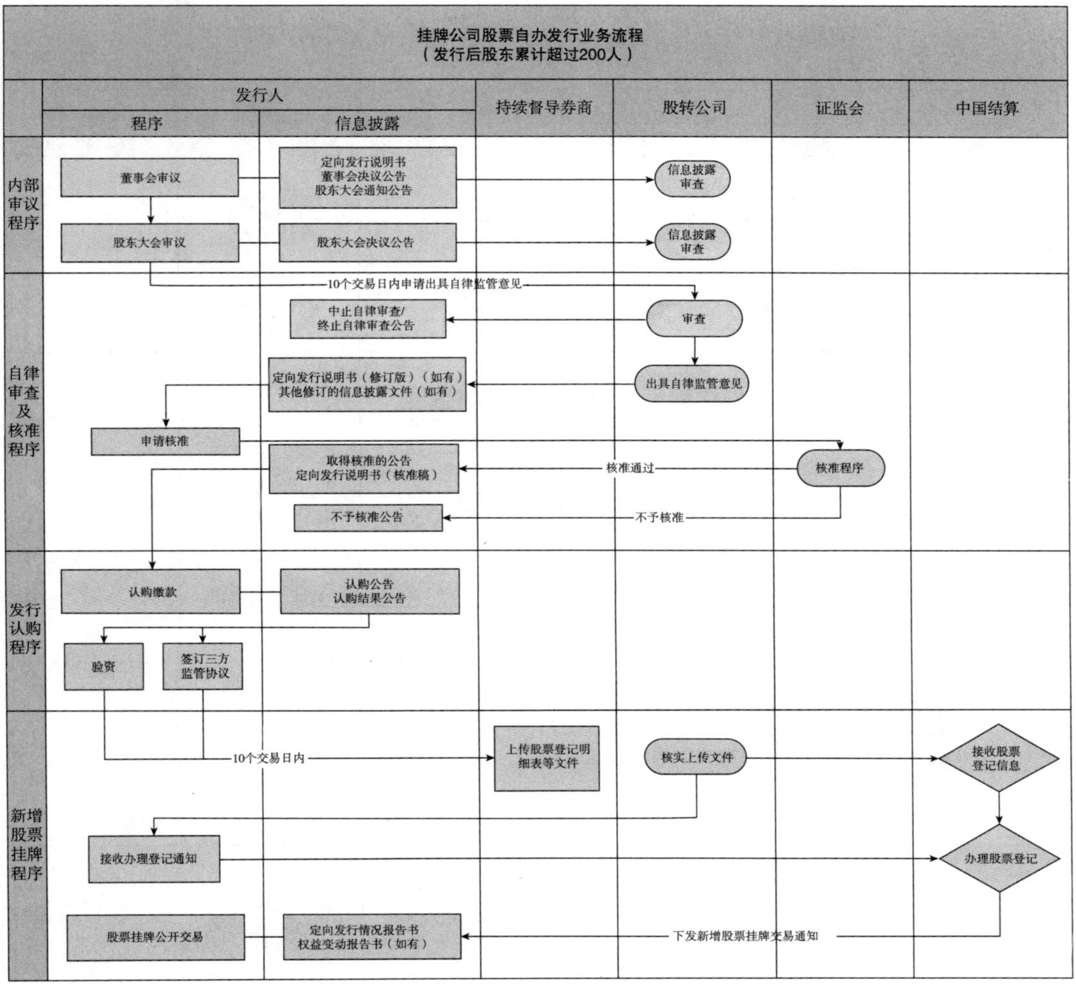
挂牌公司股票自办发行业务流程
（发行后股东累计超过200人）
发行人
程序
信息披露
持续督导券商
股转公司
证监会
中国结算
内部审议程序
董事会审议
定向发行说明书
董事会决议公告
股东大会通知公告
信息披露审查
股东大会审议
股东大会决议公告
信息披露审查
自律审查及核准程序
10个交易日内申请出具自律监管意见
中止自律审查/
终止自律审查公告
审查
定向发行说明书（修订版）（如有）
其他修订的信息披露文件（如有）
出具自律监管意见
申请核准
取得核准的公告
定向发行说明书（核准稿）
核准通过
核准程序
不予核准公告
不予核准
发行认购程序
认购缴款
认购公告
认购结果公告
验资
签订三方监管协议
新增股票挂牌程序
10个交易日内
上传股票登记明细表等文件
核实上传文件
接收股票登记信息
接收办理登记通知
办理股票登记
股票挂牌公开交易
定向发行情况报告书
权益变动报告书（如有）
下发新增股票挂牌交易通知

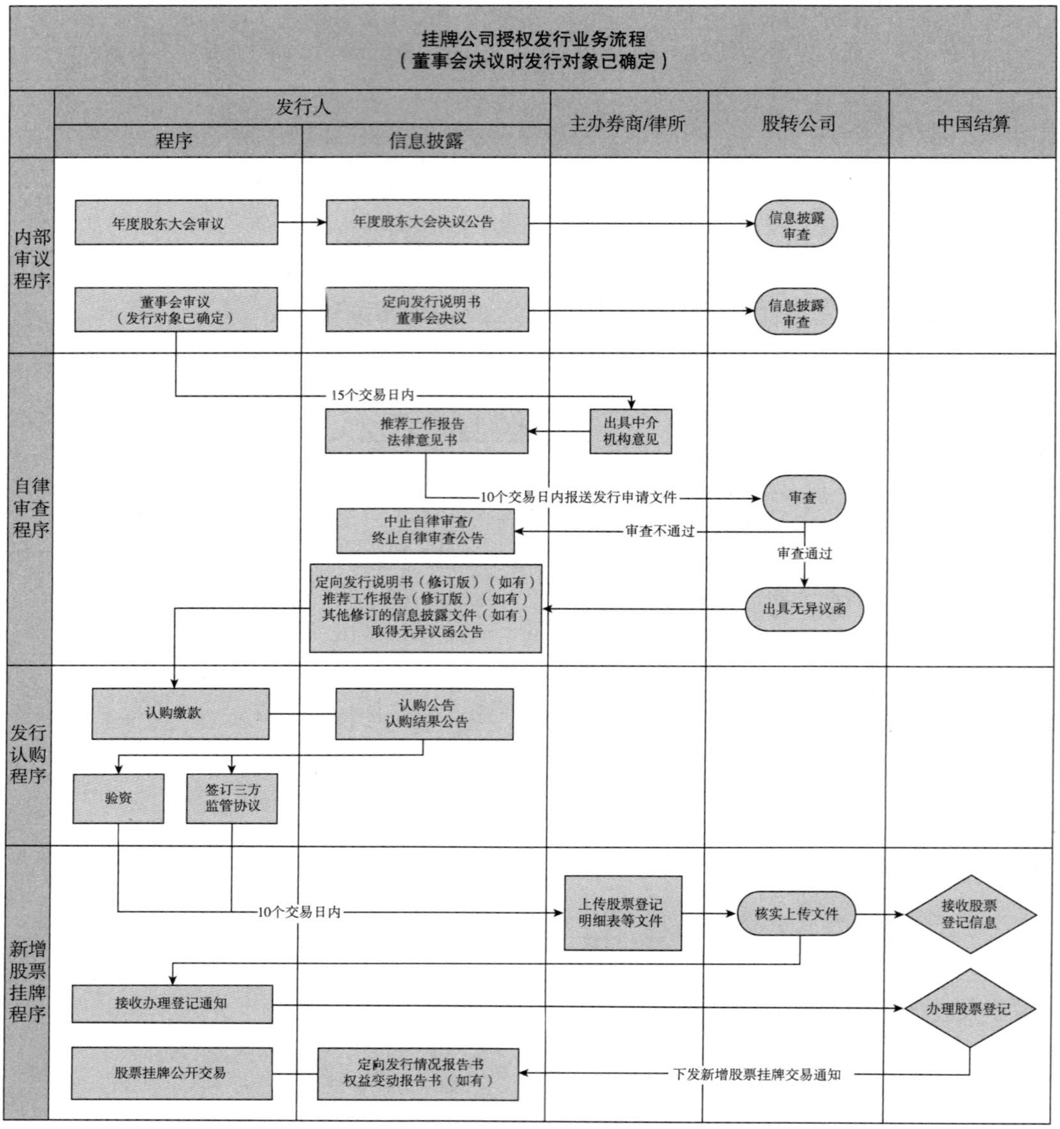
挂牌公司授权发行业务流程
（董事会决议时发行对象已确定）
发行人
程序
信息披露
主办券商/律所
股转公司
中国结算
内部审议程序
年度股东大会审议
年度股东大会决议公告
信息披露审查
董事会审议
（发行对象已确定）
定向发行说明书
董事会决议
信息披露审查
自律审查程序
15个交易日内
推荐工作报告
法律意见书
出具中介机构意见
10个交易日内报送发行申请文件
审查
中止自律审查/
终止自律审查公告
审查不通过
审查通过
定向发行说明书（修订版）（如有）
推荐工作报告（修订版）（如有）
其他修订的信息披露文件（如有）
取得无异议函公告
出具无异议函
发行认购程序
认购缴款
认购公告
认购结果公告
验资
签订三方监管协议
新增股票挂牌程序
10个交易日内
上传股票登记明细表等文件
核实上传文件
接收股票登记信息
接收办理登记通知
办理股票登记
股票挂牌公开交易
定向发行情况报告书
权益变动报告书（如有）
下发新增股票挂牌交易通知

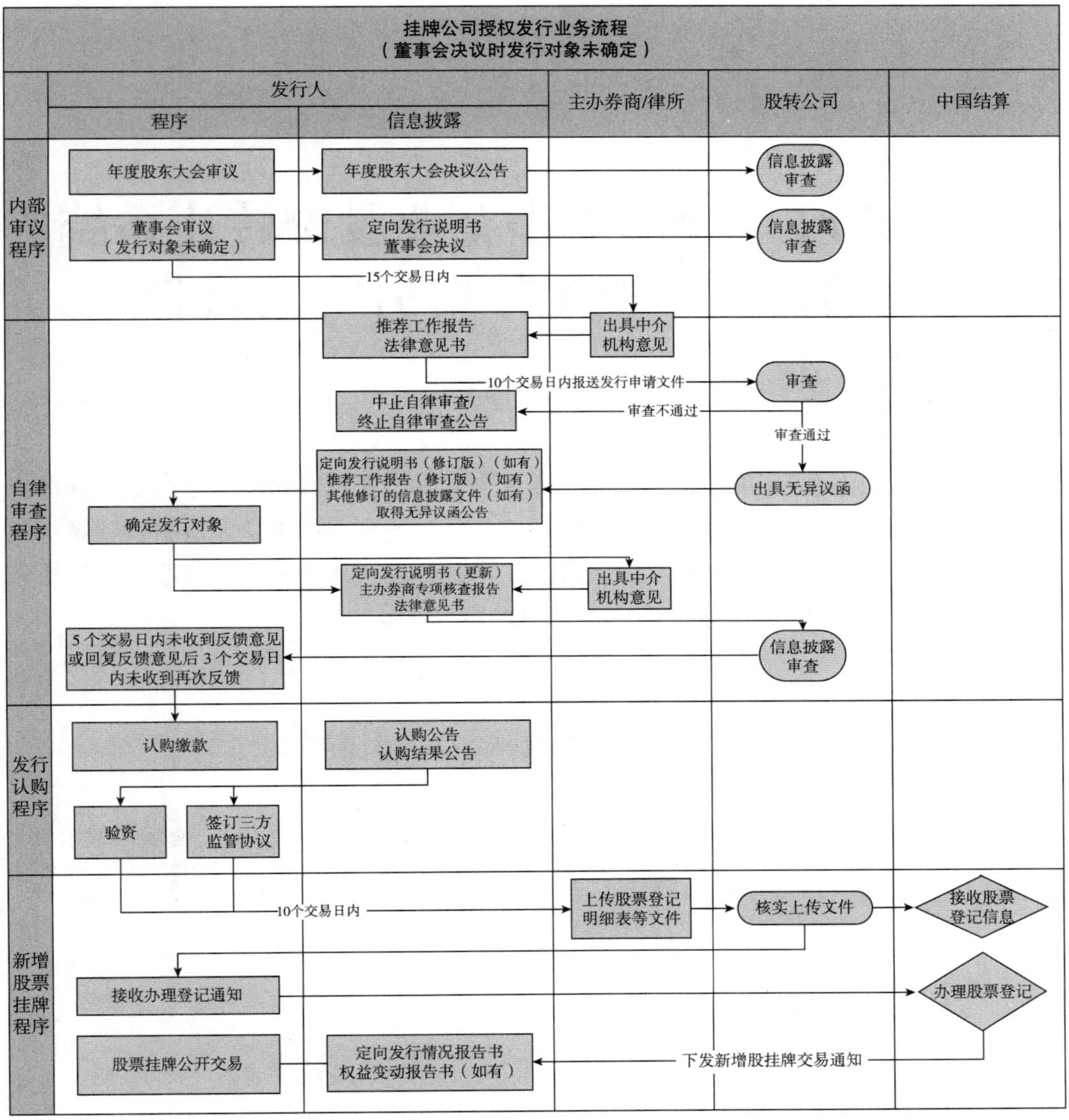
挂牌公司授权发行业务流程
（董事会决议时发行对象未确定）
发行人
程序
信息披露
主办券商/律所
股转公司
中国结算
内部审议程序
年度股东大会审议
年度股东大会决议公告
信息披露审查
董事会审议（发行对象未确定）
定向发行说明书
董事会决议
信息披露审查
15个交易日内
自律审查程序
推荐工作报告
法律意见书
出具中介机构意见
10个交易日内报送发行申请文件
审查
中止自律审查/终止自律审查公告
审查不通过
审查通过
定向发行说明书（修订版）（如有）
推荐工作报告（修订版）（如有）
其他修订的信息披露文件（如有）
取得无异议函公告
出具无异议函
确定发行对象
定向发行说明书（更新）
主办券商专项核查报告
法律意见书
出具中介机构意见
5个交易日内未收到反馈意见或回复反馈意见后3个交易日内未收到再次反馈
信息披露审查
发行认购程序
认购缴款
认购公告
认购结果公告
验资
签订三方监管协议
新增股票挂牌程序
10个交易日内
上传股票登记明细表等文件
核实上传文件
接收股票登记信息
接收办理登记通知
办理股票登记
股票挂牌公开交易
定向发行情况报告书
权益变动报告书（如有）
下发新增股挂牌交易通知

（三）挂牌审查

关于修改《全国中小企业股份转让系统股票挂牌审查工作指引》的公告

股转系统公告〔2020〕4号

为了配合定向发行制度的优化调整，完善全国中小企业股份转让系统股票挂牌审查流程，全国中小企业股份转让系统有限责任公司对《全国中小企业股份转让系统股票挂牌审查工作指引（试行）》进行了修改，并更名为《全国中小企业股份转让系统股票挂牌审查工作指引》，现予以发布，修改内容自发布之日起施行。

特此公告。

附件：全国中小企业股份转让系统股票挂牌审查工作指引

全国股转公司
2020年1月3日

全国中小企业股份转让系统股票挂牌审查工作指引

第一章　总则

第一条　为了规范全国中小企业股份转让系统（以下简称全国股转系统）股票挂牌审查流程，根据《非上市公众公司监督管理办法》《全国中小企业股份转让系统业务规则（试行）》《全国中小企业股份转让系统股票定向发行规则》（以下简称《定向发行规则》）《全国中小企业股份转让系统分层管理办法》（以下简称《分层管理办法》）等有关规定，制定本指引。

第二条　全国中小企业股份转让系统有限责任公司（以下简称全国股转公司）对以下申请事项的审查，适用本指引：

（一）公司申请股票在全国股转系统挂牌；

（二）公司申请股票在全国股转系统挂牌同时定向发行股票。

第三条　全国股转公司根据法律法规、中国证监会相关规定及全国股转系统相关业务规则，对申请公司是否满足股票挂牌条件、是否符合信息披露要求、是否符合定向发行要求进行审查，并出具自律审查意见。

全国股转公司的审查工作，并不表明对申请公司的股票价值或投资者的收益作出实质性判断或者保证。公司股票投资风险，由投资者自行承担。

第四条　全国股转公司审查工作遵循公开透明、专业高效、严控风险、集体决策的工作原则。

第二章　申请与受理

第五条　股东人数不超过200人的公司申请股票在全国股转系统挂牌的，申请公司、主办券商和其他相关中介机构应当按照《全国中小企业股份转让系统公开转让说明书内容与格式指引（试行）》《全国中小企业股份转让系统挂牌申请文件内容与格式指引》（以下简称《挂牌申请文件内容与格式指引》）等要求制作申请文件，并提交全国股转公司。

股东人数超过200人的公司申请股票挂牌公开转让的，申请公司、主办券商和其他相关中介机构应当按照《非上市公众公司信息披露内容与格式准则第1号——公开转让说明书》《非上市公众公司信息披露内容与格式准则第2号——公开转让股票申请文件》等要求制作申请文件，并提交全国股转公司。相关主体应当一并提交《挂牌申请文件内容与格式指引》规定的其他文件。

申请挂牌同时定向发行股票的，申请公司、主办券商和其他相关中介机构应当按照《定向发行规则》等要求制作发行申请文件，并在提交挂牌申请文件时一并提交全国股转公司。

第六条 申请挂牌同时定向发行股票并进入创新层的，申请公司应当在公开转让说明书中披露其符合创新层进入条件的相关信息，主办券商应当在推荐报告中就申请公司是否符合创新层条件发表意见。

申请公司适用《分层管理办法》第十一条第二项条件的，营业收入年均复合增长率应当以经审计的财务数据为计算依据。

第七条 设置表决权差异安排的公司申请在全国股转系统挂牌的，应当符合挂牌公司表决权差异安排的设置条件与监管要求。

申请公司应于公开转让说明书中披露申请人符合相关要求的情况。中介机构应就申请公司及其产品、服务是否属于战略性新兴产业，申请公司是否满足设置表决权差异安排的财务指标要求，申请公司是否履行表决权差异安排的设立程序，表决权差异安排运行情况是否规范等发表意见。

第八条 公司申请文件所引用的财务报表应当由符合《证券法》规定的会计师事务所审计，财务报表在其最近一期截止日后6个月内有效。特殊情况下，申请公司可申请延长有效期，延长期限最长不得超过1个月。

提交申请挂牌文件时，财务报表剩余有效期不得少于2个月。

第九条 全国股转公司在收到符合受理条件的申请文件后，2个交易日内完成受理程序。

第十条 申请文件正式受理当日，公开转让说明书（申报稿）、审计报告、法律意见书、主办券商推荐报告、定向发行说明书（如有）、设置表决权差异安排的股东大会决议（如有）等文件应当在符合《证券法》规定的信息披露平台披露。

申请文件受理后，未经中国证监会或全国股转公司同意，不得擅自改动。发生重大事项的，申请公司、主办券商和其他中介机构应当及时向全国股转公司报告，并按要求更新申请文件。

第三章　审查程序

第十一条 全国股转公司审查职能部门依据相关规则对申请公司进行审查，并在自受理之日起10个交易日内出具首轮反馈意见；无需出具反馈意见的，提请召开审查职能部门质控会进行审议。

第十二条 申请公司、主办券商和其他中介机构应当逐一落实反馈意见，并在反馈意见要求的时间内（不超过10个交易日）提交书面回复文件。对反馈意见有疑问的，可通过电话、电子邮件等方式与审查职能部门进行沟通。

如需延期回复的，应在回复截止日前提交延期申请，说明延期原因并明确回复时间，延长期限最长不得超过 30 日。

第十三条 申请公司、主办券商和其他中介机构提交书面回复文件后，审查职能部门召开质控会审议项目情况，经质控会审议认为仍需继续反馈的，在收到反馈回复之日起 10 个交易日内发出；经质控会审议认为无需继续反馈的，在履行全国股转公司内部程序后出具自律审查意见。

第十四条 股东人数不超过 200 人的公司申请股票在全国股转系统挂牌，全国股转公司审查同意的，出具同意挂牌的函。

股东人数超过 200 人的公司申请股票挂牌公开转让，全国股转公司审查同意的，出具同意挂牌公开转让的自律监管意见，并根据申请公司的委托，将自律监管意见、相关审查文件和公司申请文件报送中国证监会。中国证监会对公司的挂牌公开转让申请作出核准决定后，全国股转公司出具同意挂牌的函。

全国股转公司审查不同意的，作出终止审查的决定。

第十五条 公司申请挂牌同时定向发行股票，且发行后股东累计不超过 200 人的，全国股转公司经审查同意，出具同意挂牌及发行的函。

公司申请挂牌同时定向发行股票，且发行后股东人数累计超过 200 人的，全国股转公司经审查同意，出具同意挂牌公开转让及发行的自律监管意见，并根据申请公司的委托，将自律监管意见、相关审查文件和公司申请文件报送中国证监会。中国证监会对公司的挂牌公开转让和发行申请作出核准决定后，全国股转公司出具同意挂牌的函。

第十六条 中国证监会在核准过程中对申请公司、主办券商和其他中介机构提出反馈意见的，由全国股转公司发出，相关主体应当自收到反馈意见 5 个交易日内提交书面回复文件。反馈意见涉及要求修改披露文件的，相关主体应当更新相关文件。

第十七条 申请挂牌同时定向发行股票的，公司应当在取得全国股转公司同意挂牌及发行的函后，或在中国证监会作出核准决定且取得全国股转公司同意挂牌的函后，按照《定向发行规则》等规定安排认购、缴款、验资等事项。

第十八条 全国股转公司出具同意挂牌的函或同意挂牌及发行的函后，主办券商应当及时协助申请公司完成项目归档和首次信息披露。

第十九条 申请公司应当按照相关规定，根据股本情况编制和提交股票初始登记申请表，完成股票登记及挂牌手续。申请公司定向发行的，应当按照本次发行前和本次发行的股份情况编制股票初始登记申请表，并完成相关手续。

公司申请股票挂牌同时定向发行的，应当在提交股票初始登记申请表的同时提交验资报告、募集资金专户三方监管协议、自愿限售申请（如有）、定向发行重大事项确认函等文件，并披露发行情况报告书、主办券商关于公司是否符合创新层条件的专项意见（如有）。主办券商应当在专项意见中说明公司进入创新层所依据的《分层管理办法》第十四条规定的具体标准；公司符合多项标准的，应当对符合的各项标准均予以说明。

申请公司应当在主办券商出具公司是否符合创新层条件的专项意见之前，按照《分层管理办法》的规定，披露股东大会、董事会和监事会制度、对外投资管理制度、对外担保管理制度、关联交易管理制度、投资者关系管理制度、利润分配管理制度、承诺管理制度以及董事会秘书任职资格。

第二十条 审查过程中的反馈意见、反馈意见回复、进度等信息在符合《证券法》规定的信息披露平台披露，接受社会监督。

申请公司拟披露的信息属于国家秘密或商业秘密，披露可能导致违反国家有关保密的法律法规或者严重损害申请公司利益的，申请公司可以不予披露，但应当在申请文件中说明未按照规定进行披露的原因。全国股转公司认为需要披露的，申请公司应当按照规定进行披露。

第二十一条 全国股转公司出具的同意挂牌的函或同意挂牌及发行的函自出具之日起 12 个月内有效，申请公司应在有效期内完成股票定向发行（如有）及股票挂牌。

第四章 特殊事项规定

第二十二条 申请公司财务报表已超过有效期仍未取得中国证监会核准或全国股转公司同意函的，允许补充审计一次，补充审计后的财务报表剩余有效期应符合本指引第八条的规定。

第二十三条 申请公司存在因不符合挂牌条件情形被全国股转公司作出终止审查的决定，或被中国证监会作出不予核准决定的，自决定作出之日起 6 个月内，全国股转公司不受理其提交的挂牌申请。

第二十四条 自受理至出具自律审查意见期间，存在以下情形之一的，全国股转公司自确认之日起 5 个交易日内予以中止审查：

（一）申请公司及其控股股东、实际控制人因涉嫌违法违规被中国证监会立案调查，尚未结案的；

（二）与本次申请股票挂牌相关的主办券商、律师事务所、会计师事务所等中介机构的签字人员因业务涉嫌违法违规且对市场有重大影响被中国证监会立案调查，或者被司法机关侦查，尚未结案的；

（三）申请公司的主办券商、律师事务所、会计师事务所等中介机构被中国证监会依法采取限制业务活动、责令停业整顿、指定其他机构托管、接管等监管措施，尚未解除的；

（四）申请公司的主办券商、律师事务所、会计师事务所等中介机构及与本次申请股票挂牌相关的中介机构签字人员被中国证监会依法采取市场禁入、限制证券从业资格等监管措施，尚未解除的；

（五）申请公司的主办券商、律师事务所、会计师事务所等中介机构和与本次申请股票挂牌相关的中介机构签字人员被全国股转公司实施暂不受理其出具的文件的自律监管措施，或被全国股转公司实施限制、暂停或终止从事相关业务的纪律处分，尚未解除的；

（六）申请文件记载的财务报表已超过有效期的；

（七）申请公司或主办券商主动申请中止审查的；

（八）因上级主管部门监管要求等政策性原因需中止审查的；

（九）全国股转公司认定的其他情形。

第二十五条 中止审查情形消失后，申请公司和中介机构应当及时向全国股转公司报告，并提交恢复审查申请，全国股转公司自确认之日起5个交易日内予以恢复审查。

第二十六条 自受理至出具自律审查意见期间，存在以下情形之一的，全国股转公司确认后予以终止审查：

（一）申请公司法人资格终止的；

（二）申请公司或主办券商主动申请终止审查的；

（三）申请公司财务报表已超过有效期且逾期达6个月的，但因政策性原因中止审查的情形除外；

（四）经全国股转公司认定不符合挂牌条件的情形的；

（五）申请文件被认定存在虚假记载、误导性陈述或重大遗漏的；

（六）全国股转公司认定的其他情形。

全国股转公司作出终止审查决定后，申请公司存在异议的，可以在收到相关决定之日起5个交易日内，按照相关规定向全国股转公司申请复核。

第二十七条 申请公司出现中止或终止发行审查相关情形的，全国股转公司按照《定向发行规则》等相关规定处理发行审查事项。相关事项属于中止或终止发行审查情形但不属于本指引第二十四条、第二十六条情形的，不影响全国股转公司对申请公司挂牌申请的审查。

证监会对申请公司定向发行事项作出不予核准或终止审核决定的，申请公司应按照证监会或全国股转公司对挂牌公开转让事项的审核结果履行相应程序。

第二十八条 自受理至股票挂牌期间，全国股转公司收到与申请公司挂牌、股票定向发行相关的投诉举报的，可以出具反馈意见要求申请公司和中介机构就投诉举报涉及的事项进行说明、核查。

自受理至股票挂牌期间，申请公司发生重大事项，可能导致其不符合挂牌条件、不符合创新层进入条件或影响其定向发行的，申请公司及中介机构应及时向全国股转公司报告，全国股转公司可以通过出具反馈意见要求主办券商和其他相关中介机构进行核查。

第二十九条 自全国股转公司受理至出具自律审查意见期间，申请公司更换中介机构及签字人员的，按照下列规定处理：

（一）更换主办券商的，申请公司应撤回申请；

（二）更换律师事务所、会计师事务所、资产评估机构等中介机构的，无需中止审查。更换后的中介机构完成尽职调查并重新出具专业意见后，对原中介机构出具的文件进行复核，出具复核意见，并对差异情况作出说明。更换手续完成前，原中介机构继续承担相应法律责任；

（三）更换中介机构签字人员的，无需中止审查。更换后的签字人员完成尽职调查并出具专业意见后，对原签字的文件进行复核，出具复核意见，并对差异情况作出说明。更换手续完成前，原签字人员继续承担相应法律责任。

第五章 附则

第三十条 本指引由全国股转公司负责解释。

第三十一条 本指引自发布之日起施行。

关于修改《全国中小企业股份转让系统挂牌申请文件内容与格式指引》的公告

股转系统公告〔2020〕5号

为了配合定向发行制度的优化调整，统一挂牌申请文件内容与格式要求，全国中小企业股份转让系统有限责任公司对《全国中小企业股份转让系统挂牌申请文件内容与格式指引》进行了修改，现予以发布，修改内容自发布之日起施行。

特此公告。

附件：全国中小企业股份转让系统挂牌申请文件内容与格式指引

全国股转公司

2020年1月3日

全国中小企业股份转让系统挂牌申请文件内容与格式指引

第一条 为规范挂牌申请文件内容与格式，根据《非上市公众公司监督管理办法》《非上市公众公司监管指引第 2 号》《全国中小企业股份转让系统业务规则（试行）》等规定，制定本指引。

第二条 股份公司（下称申请挂牌公司）申请股票在全国中小企业股份转让系统（以下简称全国股转系统）挂牌，应按照本指引的要求制作和报送申请文件。

第三条 本指引规定的申请文件目录是对挂牌申请文件的最低要求。根据审查需要，全国中小企业股份转让系统有限责任公司（以下简称全国股转公司）可以要求申请挂牌公司和相关中介机构补充文件。如部分文件对申请挂牌公司不适用，可不提供，但应书面说明。

申请挂牌同时股票发行的，应按照全国股转公司规定在挂牌申请文件中增加有关内容。

第四条 申请文件一经接收，非经全国股转公司同意，不得增加、撤回或更换。

第五条 申请挂牌公司应向全国股转公司报送电子申请文件，文件中的页码应与目录中的页码相符。

申请挂牌公司不能提供有关文件原件的，应由申请挂牌公司律师提出鉴证意见，或由出文单位盖章，以保证与原件一致。

第六条 申请文件所有需要签名处，均应为签名人亲笔签名，不得以名章、签名章等代替。

申请文件中需要由申请挂牌公司律师鉴证的文件，申请挂牌公司律师应在该文件首页注明“以下第 ×× 页至第 ×× 页与原件一致”，并签名和签署鉴证日期，律师事务所应在该文件首页加盖公章，并在第 ×× 页至第 ×× 页侧面以公章加盖骑缝章。

第七条 申请挂牌公司应根据全国股转公司对申请文件的反馈意见提供补充材料。相关中介机构应对反馈意见相关问题进行尽职调查或补充出具专业意见。对公开转让说明书修改或补充的，应进行标示。

第八条 未按本指引要求制作和报送申请文件的，全国股转公司不予接收。

第九条 本指引由全国股转公司负责解释。

第十条 本指引自发布之日起施行。

附录：全国中小企业股份转让系统挂牌申请文件目录

附录

全国中小企业股份转让系统挂牌

申请文件目录

第一部分　要求披露的文件

第一章　公开转让说明书及推荐报告

1－1　公开转让说明书（申报稿）

1－2　财务报表及审计报告

1－3　法律意见书

1－4　公司章程

1－5　主办券商推荐报告

1－6　定向发行说明书（如有）

1－7　设置表决权差异安排的股东大会决议（如有）

第二部分　不要求披露的文件

第二章　申请挂牌公司相关文件

2－1－1　向全国股转公司提交的申请股票在全国股转系统挂牌及股票发行（如有）的报告

2－1－2　向中国证监会提交的申请股票挂牌公开转让（或/并）股票发行的报告（如有）

2－2　有关股票在全国股转系统挂牌及股票发行（如有）的董事会决议

2－3　有关股票在全国股转系统挂牌及股票发行（如有）的股东大会决议

2－4　企业法人营业执照

2－5　股东名册及股东身份证明文件

2－6　董事、监事、高级管理人员名单及持股情况

2－7　申请挂牌公司设立时和最近两年及一期的资产评估报告

2－8　申请挂牌公司最近两年原始财务报表与申报财务报表存在差异时，需要提供差异比较表（如有）

2－9　申请挂牌公司全体董事、监事和高级管理人员签署的《董事（监事、高级管理人员）声明及承诺书》

2－10　申请挂牌公司关于授权全国股转公司代为向中国证监会报送股票挂牌公开

转让（或/并）定向发行申请文件等有关事宜的委托书（如有）

第三章　主办券商相关文件

3－1　主办券商与申请挂牌公司签订的推荐挂牌并持续督导协议

3－2　尽职调查报告

3－3　尽职调查工作文件

3－3－1　尽职调查工作底稿目录、相关工作记录和经归纳整理后的尽职调查工作表

3－3－2　有关税收优惠、财政补贴的依据性文件

3－3－3　历次验资报告

3－3－4　对持续经营有重大影响的业务合同

3－4　内核意见

3－4－1　内核机构成员审核工作底稿

3－4－2　内核会议记录

3－4－3　对内核会议反馈意见的回复

3－4－4　内核机构对内核会议落实情况的补充审核意见

3－5　主办券商推荐挂牌内部核查表及主办券商对申请挂牌公司风险评估表

3－6　主办券商自律说明书

3－7　主办券商业务备案函复印件（加盖机构公章并说明用途）及项目组成员任职资格说明文件

第四章　其他相关文件

4－1　申请挂牌公司全体董事、主办券商及相关中介机构对申请文件真实性、准确性和完整性的承诺书

4－2　相关中介机构对纳入公开转让说明书等文件中由其出具的专业报告或意见无异议的函

4－3　申请挂牌公司、主办券商对电子文件与预留文件保持一致的声明，以及律师关于电子文件与预留文件一致的鉴证意见

4－4　律师、注册会计师及所在机构的相关执业证书复印件（加盖机构公章并说明用途）

4－5　国有资产管理部门出具的国有股权设置批复文件及商务主管部门出具的外资股确认文件（如有）

4－6　证券简称及证券代码申请书

4－7　前次申报有关情况的专项说明（如有）

4－8　不予披露相关信息的原因说明或其他文件（如有）

关于修改《全国中小企业股份转让系统股票挂牌业务操作指南（试行）》的公告

股转系统公告〔2020〕171号

为落实《全国中小企业股份转让系统股票定向发行规则》《全国中小企业股份转让系统股票挂牌审查工作指引》，明确申请挂牌同时定向发行与申请挂牌同时定向发行并进入创新层业务程序衔接，全国中小企业股份转让系统有限责任公司对《全国中小企业股份转让系统股票挂牌业务操作指南（试行）》进行了修改，并更名为《全国中小企业股份转让系统股票挂牌业务操作指南》。现予以发布，修改内容自发布之日起施行。

特此公告。

附件：全国中小企业股份转让系统股票挂牌业务操作指南

全国中小企业股份转让系统股票挂牌业务操作指南

为了规范申请股票挂牌、申请股票挂牌同时定向发行的公司（以下统称申请公司）及其主办券商在全国中小企业股份转让系统（以下简称全国股转系统）办理股票挂牌业务，根据《全国中小企业股份转让系统业务规则（试行）》《全国中小企业股份转让系统股票定向发行规则》《全国中小企业股份转让系统股票挂牌审查工作指引》等有关规定，制定本指南。

一、股票挂牌业务办理流程

（一）股东开户

主办券商应协助申请公司在向全国中小企业股份转让系统有限责任公司（以下简称全国股转公司）报送挂牌及发行（如有）申请文件前，完成现有股东证券账户的开立工作。如股东属于境外机构或个人、境内个人独资企业等特殊情形的，应根据中国证券登记结算有限责任公司的有关规定办理。

（二）中国结算在线业务平台注册

申请公司在收到全国股转公司出具的申请材料受理通知书后，应当按照中国证券登记结算有限责任公司北京分公司（以下简称中国结算北京分公司）关于证券登记相关要求，通过中国结算北京分公司在线业务平台办理注册，取得中国结算北京分公司发放的 USB－KEY，用于办理股份登记等相关业务。

（三）申请证券简称和证券代码

申请公司在向全国股转公司报送挂牌及发行（如有）申请文件时，应当一并提交《证券简称及证券代码申请书》（附件 1），并由主办券商协助申请公司将拟定的证券简称填报在全国股转系统业务支持平台（以下简称 BPM 系统）申请公司基本情况中。证券简称原则上应当从公司名称中选取不超过八个字符（单字节字符），且应避免与挂牌公司和上市公司重复。

（四）取得同意函、证券简称及证券代码

全国股转公司向申请公司出具同意挂牌的函或同意挂牌及发行的函（以下统称同意函）后，主办券商应当协助申请公司在 BPM 系统“挂牌审核管理”模块中的“待确认归档”任务栏找到已经获得同意的项目，完成项目归档后，在“挂牌项目”栏目中查询并下载同意函。

申请公司应当在同意函的有效期内完成股票定向发行（如有）及股票挂牌程序。

全国股转公司按照当日获得同意函的申请公司受理编号顺序由 BPM 系统生成证券代码，并由 BPM 系统对申请的证券简称进行自动校验。完成前述事项后，申请公司可以在 BPM 系统“股票初始登记管理”模块中的“待提交初始登记申请列表”任务栏取得证券简称和证券代码。

（五）办理挂牌前首次信息披露

1. 披露时间

在取得同意函、证券简称及证券代码后，主办券商应当及时协助申请公司在财务报表有效期内的交易日 20：00 前通过 BPM 系统完成首次信息披露。

2. 披露文件

（1）公开转让说明书；

（2）财务报表及审计报告；

（3）法律意见书；

（4）补充法律意见书（如有）；

（5）公司章程；

（6）主办券商推荐报告；

（7）定向发行说明书（如有）；

（8）设置表决权差异安排的股东大会决议（如有）；

（9）全国股转公司同意挂牌的函或全国股转公司同意挂牌及发行的函；

（10）中国证监会核准文件（如有）；

（11）其他公告文件（如有）。

3. 具体操作

在确认申请文件已归档的前提下，主办券商应当协助申请公司在 BPM 系统“挂牌前信息披露”模块中的“待首次信息披露”任务栏，找到待披露的项目，打开并点击“处理”进入传送公告页面。

在传送公告页面，BPM 系统将自动抓取披露文件“（1）—（8）”列示的归档稿文件，主办券商应当协助申请公司上传同意函等其他披露文件；确认无误后，选择披露日期，点击“报告报送”，披露文件将于选定的交易日 15：30 后在 www. neeq. com. cn 或 www. neeq. cc 上进行披露。

（六）定向发行认购程序（如有）

申请挂牌同时定向发行的，在取得同意函并完成首次信息披露后，主办券商应当协助申请公司按照《全国中小企业股份转让系统股票定向发行指南》要求完成认购与缴款、签订募集资金专户三方监管协议与验资等发行程序。

（七）上传股票初始登记申请表等文件

完成首次信息披露及定向发行认购程序（如有）后，主办券商应当协助申请公司根据《公司法》《证券法》《全国中小企业股份转让系统业务规则（试行）》《全国中小企业股份转让系统股票定向发行规则》等法律法规、业务规则的规定及自愿限售情况准确计算挂牌当日可进入全国股转系统交易的股票数量；主办券商应当协助申请公司在BPM系统“股票初始登记管理”模块中的“待提交初始登记申请列表”上传股票初始登记申请表，该表格为办理股票初始登记的依据。表格信息填写有误被驳回的，申请公司需修改后重新上传。

申请挂牌同时定向发行的，应在股票初始登记申请表中根据定向发行前后股票情况分别填报。

申请挂牌同时定向发行的，主办券商在协助申请公司上传初始登记申请表的同时，还应当按照《全国中小企业股份转让系统股票定向发行指南》的要求，上传下列附件：验资报告、募集资金专户三方监管协议、自愿限售申请材料（如有）、定向发行重大事项确认函等文件。

（八）披露发行情况报告书、进入创新层意见（如有）

申请挂牌同时定向发行的，主办券商在协助申请公司上传股票初始登记申请表的同时，还应当按照《全国中小企业股份转让系统股票定向发行指南》的要求，上传并披露发行情况报告书、主办券商关于申请公司是否符合创新层条件的专项意见（如有），上述文件经全国股转公司确认后披露。

（九）完成缴费

1. 缴费时限

全国股转公司对申请公司提交的股票初始登记申请表及相关附件予以确认后，按照初始登记的股份情况为申请公司生成缴费通知单。在缴费通知单生成后，主办券商应当及时协助申请公司完成缴费。实行暂免征收挂牌费用的申请公司按照相关政策执行。

2. 具体操作

主办券商应当协助申请公司在BPM系统“挂牌缴费管理”模块中的“待缴费”任务栏找到已经获得同意函的项目，首先确认纳税人识别号、银行账号等涉税信息，然后点击“缴费编号”确认缴费信息。完成缴费是办理股票挂牌手续的前提，如未完成缴费，在办理挂牌手续环节BPM系统提示“挂牌项目未完成缴费，请完成缴费后重新提交”。

全国股转公司收到挂牌费用后为申请公司开具发票并转交其主办券商，主办券商应当及时将发票转交申请公司。

（十）办理股票初始登记

1. 全国股转公司将申请公司的同意函和股票初始登记数据通过BPM系统传送至中国结算北京分公司在线业务平台。

2. 申请公司在取得同意函、证券简称和证券代码，并完成定向发行认购程序（如有）及发行情况报告书等文件的披露（如有）后，应当及时向中国结算北京分公司申请办理股票初始登记，取得电子版的《股份登记确认书》等证明文件。中国结算北京分公司通过其在线业务平台将股票初始登记数据回传至全国股转系统 BPM 系统。

（十一）办理股票挂牌

在中国结算北京分公司在线业务平台取得《股份登记确认书》等证明文件后，主办券商应当协助申请公司及时办理股票挂牌手续，在每个交易日 11：00 前，通过 BPM 系统“股票初始登记管理”模块中的“待提交公开转让列表”任务栏提交《公开转让记录表》及《股票挂牌重大事项确认函》（附件 2）等材料。表格信息填写有误被驳回的，申请公司需修改后重新上传。

主办券商应根据《股票挂牌重大事项确认函》中列示的内容，对申请公司做首次信息披露后至股票挂牌前的全面核查。

全国股转公司对《公开转让记录表》及《股票挂牌重大事项确认函》等材料确认后，主办券商可在 BPM 系统查询到股票挂牌日期（T 日），挂牌日期为全国股转公司确认股票挂牌信息当日算起的第 3 个交易日，主办券商应协助申请公司准备办理挂牌前第二次信息披露。

（十二）挂牌前第二次信息披露

1. 披露时间

挂牌日的前一个交易日（T－1 日）

2. 披露文件

（1）关于股票挂牌的提示性公告（附件 3）；

（2）关于完成工商变更登记手续的公告（如有）（附件 4）；

（3）其他公告文件（如有）。

主办券商应当协助申请公司在 BPM 系统“挂牌前信息披露”模块中的“待二次信息披露”任务栏，找到待披露的项目，在 T－1 日 15：00 前上传披露文件，15：30 后相关文件将在 www. neeq. com. cn 或 www. neeq. cc 上进行披露。

二、挂牌前信息披露公告的更正、新增、补发、撤销

1. 更正公告适用于对挂牌前已披露文件的更正。

主办券商应当协助申请公司在 BPM 系统“挂牌前信息披露”模块下的“已披露公告”栏目找到需要更正的公告，点击“申请更正”按钮，上传申请公司出具的更正公告、更正后的信息披露文件、主办券商出具的情况说明（如涉及法律意见书更正的，由律师事务所出具说明；涉及审计报告及财务报表更正的，由会计师事务所出具说明），更正公告及情况说明应写明更正原因，列示更正前、更正后的内容，更正内容以楷体加粗显示。

2. 新增临时公告适用于同意函出具日至股票挂牌日期间，依据《全国中小企业股份转让系统挂牌公司信息披露规则》的规定，需要对申请公司重大事件进行披露的公告。

主办券商应当协助申请公司在 BPM 系统“挂牌前信息披露”模块下的“挂牌前临时公告”栏目中“新增公告”端口，提交申请公司的临时公告。

3. 补发公告适用于对挂牌前首次信息披露和挂牌前第二次信息披露的漏披文件的补充披露，BPM 系统自动在公告名称后增加“补发”字样。

主办券商应当协助申请公司在 BPM 系统“挂牌前信息披露”模块下的“挂牌前临时公告”栏目中“补发公告”端口，提交申请公司的补发公告及主办券商的情况说明。

4. 撤销公告适用于对挂牌前已披露公告的撤销，撤销的原公告名称后由 BPM 系统自动增加“（已取消）”字样。

主办券商应当协助申请公司在 BPM 系统“挂牌前信息披露”模块下的“公告撤销”栏目找到需要撤销的公告，点击“申请撤销”按钮，写明撤销原因，上传主办券商的情况说明。

以上四种公告及相关申请文件均需加盖出具方公章或相应印章，经全国股转公司确认后，相关公告文件于交易日的 15：30 后在 www. neeq. com. cn 或 www. neeq. cc 上进行披露或撤销。

5. 挂牌公司挂牌前信息披露文件的更正。自申请公司股票挂牌日起，挂牌公司对挂牌前信息披露文件的更正应当按照持续信息披露业务的要求完成，并及时告知全国股转公司。

三、其他事项

（一）暂停挂牌手续

1. 暂停挂牌手续的适用情形

申请公司取得同意函后，在办理挂牌手续期间发生以下情形的，应做暂停挂牌手续处理。

（1）存在申请公司实际控制人或控股股东失联的情形；

（2）存在申请公司在区域性股权市场挂牌未完成摘牌或未在全国股转公司官网披露相关信息的情形；

（3）存在影响申请公司股票挂牌的信访举报；

（4）存在其他应报告而未报告涉及股票挂牌条件的事项。

2. 暂停挂牌手续的流程

暂停挂牌手续流程包含以下两种情形：

（1）申请公司或主办券商申请暂停挂牌手续。存在暂停挂牌手续适用情形时，主办券商应立即向全国股转公司报告并协助申请公司通过 BPM 系统提交加盖公章的暂停挂牌手续的申请，申请中应写明申请暂停的原因、该事件对申请公司产生的影响、预计消除的时间等信息。全国股转公司根据其申请履行暂停挂牌手续的程序。

如需要暂停的项目已经完成挂牌手续处于即将挂牌状态的，应立即启动紧急暂停挂牌手续的程序，主办券商应当第一时间与全国股转公司取得联系，由全国股转公司启动暂停挂牌手续的程序，主办券商应当协助申请公司在次日向全国股转公司补充提交盖章版暂停申请文件，履行暂停挂牌手续的程序。

（2）全国股转公司发起暂停挂牌手续。全国股转公司发现申请公司存在暂停挂牌手续适用情形或发生其他影响股票挂牌的事项时，将通过 BPM 系统发起暂停挂牌手续的程序，并及时通知主办券商项目人员。

3. 恢复挂牌手续

申请公司暂停挂牌手续的事项消除后，主办券商应当协助申请公司申请恢复挂牌手续，或由全国股转公司发起恢复挂牌手续：

（1）申请公司或主办券商申请恢复挂牌手续。经申请公司或主办券商申请暂停的项目，暂停事项已经消除的，主办券商应当协助申请公司通过 BPM 系统提交加盖公章的恢复挂牌手续的申请，申请文件应当写明暂停挂牌手续事项消除的具体情况、对公司股票挂牌的影响，全国股转公司根据其申请履行恢复挂牌手续流程。

（2）全国股转公司发起恢复挂牌手续。经全国股转公司发起暂停的项目，暂停事项已经消除的，由全国股转公司通过 BPM 系统履行恢复挂牌手续程序，并通知主办券商项目人员。

已恢复挂牌手续的项目按照本指南规定的业务流程继续完成后续挂牌程序。

如暂停挂牌手续事项属实，公司不符合挂牌条件的，或申请公司撤回申请材料的，申请公司和主办券商应当按照“三、其他事项（二）终止挂牌手续”的规定办理。

（二）终止挂牌手续

在取得同意函但尚未完成股票挂牌的情况下，（1）申请公司可以申请终止挂牌手续；（2）出现不符合挂牌条件或同意函超过有效期等情形时，全国股转公司可以发起终止挂牌手续的程序。

申请公司申请终止挂牌手续的，主办券商应当协助申请公司在 BPM 系统“挂牌审核管理”模块中“挂牌项目”栏目找到需要终止挂牌手续的项目，点击“终止申请”并上传加盖公章的申请文件，申请中应写明申请终止的原因、履行的审议程序、公司股东是否对终止挂牌手续存在纠纷等事项。经全国股转公司确认通过后，主办券商在“挂牌审核管理”模块“终止审查”栏目中获取作废同意函的通知。

项目终止挂牌手续的，若已在中国结算北京分公司完成股票初始登记，主办券商应当协助申请公司向中国结算北京分公司申请办理股份退出登记。

附件：1. 证券简称及证券代码申请书

2. 股票挂牌重大事项确认函

3. 关于股票挂牌的提示性公告

4. 关于完成工商变更登记手续的公告

附件1

____________股份有限公司股票
证券简称及证券代码申请书

全国中小企业股份转让系统有限责任公司：

我公司股票拟在全国中小企业股份转让系统挂牌公开转让。

特向贵公司申请证券简称及证券代码，挂牌公开转让的证券简称拟定为____________。

请予核定。

申请公司经办人签名：

联系电话：

传真：

____________股份有限公司

（公章）

年　月　日

说明：证券简称原则上应当从公司名称中选取不超过八个字符（单字节字符），且应避免与挂牌公司和上市公司重复。

附件 2

股票挂牌重大事项确认函

由我司推荐的____________公司股票挂牌申请已经全国股转公司审查同意，取得了同意函，且该公司已按规定完成了挂牌前首次信息披露和股票初始登记工作，现申请股票挂牌。

截至该确认函提交之日，我司确认：

1. 该公司符合《全国中小企业股份转让系统业务规则（试行）》规定的股票挂牌条件；

2. 该公司不存在实际控制人或控股股东失联的情形；

3. 该公司高管已参加全国股转公司主办的培训并通过考核；

4. 该公司未在区域性股权市场挂牌/已在区域性股权市场摘牌并在全国股转公司官网上发布了有关摘牌公告/不存在正向区域性股权市场申请挂牌的情形；

5. 该公司不存在信访举报事项/信访举报事项已处理完毕，不影响公司挂牌；

6. 该公司不存在其他应报告而未报告的涉及挂牌条件的事项。

综上，我司现确认该公司满足办理挂牌手续的条件。

项目负责人签名

主办券商公章

年　月　日（提交日期）

附件 3

____________股份有限公司
关于股票挂牌的提示性公告

本公司股票挂牌公开转让申请已经全国股转公司审查同意。本公司股票将于________年__________月__________日起在全国股转系统挂牌公开转让。

证券简称：__________，证券代码：__________。

交易方式：__________。（如为做市交易，应披露做市商信息）

做市商 1：__________（全称），推荐本公司股票挂牌的主办券商/推荐本公司股票挂牌的主办券商__________证券公司的母（子）公司。

做市商 2：__________（全称）。

所属层级：__________。

（如申请挂牌同时定向发行股票的，应披露发行相关信息）本公司挂牌同时发行总数为__________股，其中限售条件__________股，无限售条件__________股。无限售条件股份将于__________年__________月__________日在全国股转系统挂牌公开转让。

公开转让说明书已于__________年__________月__________日、发行情况报告书已于__________年__________月__________日在 www. neeq. com. cn 或 www. neeq. cc 上进行披露，供投资者查阅。

__________股份有限公司

（公章）

年　月　日

附件 4

____________股份有限公司
关于完成工商变更登记手续的公告

根据__________股份有限公司（以下简称“公司”）__________年第__________次临时股东大会/股东大会决议，公司成功发行__________万股，募集资金__________万元。

__________年__________月__________日，公司办理完成工商变更登记手续，并取得了变更后的营业执照。

此次变更后，公司注册资本增至人民币__________万元。

特此公告。

__________股份有限公司

（公章）

年　月　日

（四）市场分层与公司监管

关于发布《全国中小企业股份转让系统分层管理办法》的公告

股转系统公告〔2019〕1843 号

为了完善分层管理，优化市场层级结构，全国中小企业股份转让系统有限责任公司对《全国中小企业股份转让系统挂牌公司分层管理办法》进行了修订，并更名为《全国中小企业股份转让系统分层管理办法》。经中国证监会批准，现予以发布，自发布之日起施行。2017 年 12 月 22 日发布的《全国中小企业股份转让系统挂牌公司分层管理办法》同时废止。

为实现制度平稳过渡，本办法第十九条第一项、第二项和第七项，自 2020 年 5 月 1 日起施行。

特此公告。

附件：全国中小企业股份转让系统分层管理办法

全国股转公司

2019 年 12 月 27 日

全国中小企业股份转让系统分层管理办法

第一章　总则

第一条　为了进一步完善全国中小企业股份转让系统（以下简称全国股转系统）市场功能，实施差异化制度安排，根据《国务院关于全国中小企业股份转让系统有关问题的决定》《非上市公众公司监督管理办法》等法律法规、部门规章和其他规范性文件，制定本办法。

第二条　全国股转系统挂牌公司的分层管理，适用本办法。

第三条　挂牌公司分层管理遵循市场化和公开、公平、公正原则，切实维护挂牌公司和市场参与主体的合法权益。

挂牌公司所属市场层级及其调整，不代表全国中小企业股份转让系统有限责任公司（以下简称全国股转公司）对挂牌公司投资价值的判断。

第四条　全国股转系统设置基础层、创新层和精选层，符合不同条件的挂牌公司分别纳入不同市场层级管理。

第五条　全国股转公司制定客观、差异化的各层级进入和调整条件，并据此调整挂牌公司所属市场层级。

第六条　全国股转公司对挂牌公司所属市场层级实行定期和即时调整机制。

全国股转公司可以根据挂牌公司层级进入和调整的需要，要求挂牌公司、主办券商或保荐机构等中介机构提供相关材料。

第七条　挂牌公司的层级进入和调整由全国股转公司挂牌委员会审议，并形成审议意见。全国股转公司结合挂牌委员会的审议意见，作出决定。按规定免于挂牌委员会审议的事项除外。

挂牌公司对全国股转公司作出的层级进入和调整决定存在异议的，可以按照全国股转公司有关规定申请复核。

第八条　全国股转公司在各市场层级实行差异化的投资者适当性标准、股票交易方式、发行融资制度，以及不同的公司治理和信息披露等监督管理要求。

全国股转公司针对各市场层级分别揭示证券交易行情、展示信息披露文件，为各市场层级挂牌公司提供差异化服务。

第九条　符合中国证监会、证券交易所和全国股转公司有关规定的精选层挂牌公司，可以直接向证券交易所申请上市交易。

第二章　各市场层级的进入条件

第十条　申请挂牌公司符合挂牌条件，但未进入创新层的，应当自挂牌之日起进入基础层。

挂牌公司未进入创新层和精选层的，应当进入基础层。

第十一条　挂牌公司进入创新层，应当符合下列条件之一：

（一）最近两年净利润均不低于1000万元，最近两年加权平均净资产收益率平均不低于8%，股本总额不少于2000万元；

（二）最近两年营业收入平均不低于6000万元，且持续增长，年均复合增长率不低于50%，股本总额不少于2000万元；

（三）最近有成交的60个做市或者集合竞价交易日的平均市值不低于6亿元，股本总额不少于5000万元；采取做市交易方式的，做市商家数不少于6家。

第十二条　挂牌公司进入创新层，同时还应当符合下列条件：

（一）公司挂牌以来完成过定向发行股票（含优先股），且发行融资金额累计不低于1000万元；

（二）符合全国股转系统基础层投资者适当性条件的合格投资者人数不少于50人；

（三）最近一年期末净资产不为负值；

（四）公司治理健全，制定并披露股东大会、董事会和监事会制度、对外投资管理制度、对外担保管理制度、关联交易管理制度、投资者关系管理制度、利润分配管理制度和承诺管理制度；设立董事会秘书，且其已取得全国股转系统挂牌公司董事会秘书任职资格；

（五）中国证监会和全国股转公司规定的其他条件。

第十三条　挂牌公司或其他相关主体最近12个月内或层级调整期间出现下列情形之一的，挂牌公司不得进入创新层：

（一）挂牌公司或其控股股东、实际控制人存在贪污、贿赂、侵占财产、挪用财产或者破坏社会主义市场经济秩序的刑事犯罪；存在欺诈发行、重大信息披露违法或者其他涉及国家安全、公共安全、生态安全、生产安全、公众健康安全等领域的重大违法行为；

（二）挂牌公司或其控股股东、实际控制人、董事、监事、高级管理人员被中国证监会及其派出机构采取行政处罚；或因证券市场违法违规行为受到全国股转公司等自律监管机构公开谴责；

（三）挂牌公司或其控股股东、实际控制人、董事、监事、高级管理人员因涉嫌犯罪正被司法机关立案侦查或涉嫌违法违规正被中国证监会及其派出机构立案调查，尚未有明确结论意见；

（四）挂牌公司或其控股股东、实际控制人被列入失信被执行人名单且情形尚未消除；

（五）未按照全国股转公司规定在每个会计年度结束之日起 4 个月内编制并披露年度报告，或者未在每个会计年度的上半年结束之日起 2 个月内编制并披露半年度报告；

（六）最近两年财务会计报告被会计师事务所出具非标准审计意见的审计报告；仅根据本办法第十一条第二项规定标准进入创新层的，最近三年财务会计报告被会计师事务所出具非标准审计意见的审计报告；

（七）中国证监会和全国股转公司规定的其他情形。

第十四条 申请挂牌公司同时符合挂牌条件和下列条件的，自挂牌之日起进入创新层：

（一）符合本办法第十一条第一项或第二项的规定；或者在挂牌时即采取做市交易方式，完成挂牌同时定向发行股票后，公司股票市值不低于 6 亿元，股本总额不少于 5000 万元，做市商家数不少于 6 家，且做市商做市库存股均通过本次定向发行取得；

（二）完成挂牌同时定向发行股票，且融资金额不低于 1000 万元；

（三）完成挂牌同时定向发行股票后，符合全国股转系统基础层投资者适当性条件的合格投资者人数不少于 50 人；

（四）符合本办法第十二条第三项和第四项的规定；

（五）不存在本办法第十三条第一项至第四项、第六项情形；

（六）中国证监会和全国股转公司规定的其他条件。

前款所称市值是指以申请挂牌公司挂牌同时定向发行价格计算的股票市值。

第十五条 在全国股转系统连续挂牌满 12 个月的创新层挂牌公司，可以申请公开发行并进入精选层。

挂牌公司申请公开发行并进入精选层时，应当符合下列条件之一：

（一）市值不低于 2 亿元，最近两年净利润均不低于 1500 万元且加权平均净资产收益率平均不低于 8%，或者最近一年净利润不低于 2500 万元且加权平均净资产收益率不低于 8%；

（二）市值不低于 4 亿元，最近两年营业收入平均不低于 1 亿元，且最近一年营业收入增长率不低于 30%，最近一年经营活动产生的现金流量净额为正；

（三）市值不低于 8 亿元，最近一年营业收入不低于 2 亿元，最近两年研发投入合计占最近两年营业收入合计比例不低于 8%；

（四）市值不低于 15 亿元，最近两年研发投入合计不低于 5000 万元。

前款所称市值是指以挂牌公司向不特定合格投资者公开发行（以下简称公开发行）价格计算的股票市值。

第十六条 挂牌公司完成公开发行并进入精选层时，除应当符合本办法第十五条规定条件外，还应当符合下列条件：

（一）最近一年期末净资产不低于 5000 万元；

（二）公开发行的股份不少于100万股，发行对象不少于100人；

（三）公开发行后，公司股本总额不少于3000万元；

（四）公开发行后，公司股东人数不少于200人，公众股东持股比例不低于公司股本总额的25%；公司股本总额超过4亿元的，公众股东持股比例不低于公司股本总额的10%；

（五）中国证监会和全国股转公司规定的其他条件。

公众股东是指除以下股东之外的挂牌公司股东：

（一）持有公司10%以上股份的股东及其一致行动人；

（二）公司董事、监事、高级管理人员及其关系密切的家庭成员，公司董事、监事、高级管理人员直接或间接控制的法人或者其他组织。关系密切的家庭成员，包括配偶、子女及其配偶、父母及配偶的父母、兄弟姐妹及其配偶、配偶的兄弟姐妹、子女配偶的父母。

第十七条 挂牌公司或其他相关主体出现下列情形之一的，挂牌公司不得进入精选层：

（一）挂牌公司或其控股股东、实际控制人最近三年内存在本办法第十三条第一项规定情形；

（二）挂牌公司或其控股股东、实际控制人、董事、监事、高级管理人员最近12个月内存在本办法第十三条第二项规定情形；

（三）本办法第十三条第三项至第五项规定情形；

（四）最近三年财务会计报告被会计师事务所出具非标准审计意见的审计报告；

（五）中国证监会和全国股转公司规定的，对挂牌公司经营稳定性、直接面向市场独立持续经营的能力具有重大不利影响，或者存在挂牌公司利益受到损害等其他情形。

第三章 各市场层级的退出情形

第十八条 创新层挂牌公司出现下列情形之一的，全国股转公司定期将其调出创新层：

（一）最近两年净利润均为负值，且营业收入均低于3000万元，或者最近一年净利润为负值，且营业收入低于1000万元；

（二）最近一年期末净资产为负值；

（三）最近一年财务会计报告被会计师事务所出具否定意见或无法表示意见的审计报告；

（四）中国证监会和全国股转公司规定的其他情形。

仅根据本办法第十一条第三项或第十四条第一款第一项规定中的市值标准进入创新层的挂牌公司，不适用前款第一项的规定。

第十九条 创新层挂牌公司出现下列情形之一的，全国股转公司即时将其调出创新层：

（一）连续60个交易日，符合全国股转系统创新层投资者适当性条件的合格投资者人数均少于50人；

（二）连续60个交易日，股票每日收盘价均低于每股面值；

（三）未按照全国股转公司规定在每个会计年度结束之日起4个月内编制并披露年度报告，或者未在每个会计年度的上半年结束之日起2个月内编制并披露半年度报告；

（四）挂牌公司进层后，最近24个月内因不同事项受到中国证监会及其派出机构行政处罚或全国股转公司公开谴责的次数累计达到2次，或者受到刑事处罚；

（五）因更正年度报告导致进层时不符合所属市场层级进入条件，或者出现本办法第十八条第一款第一项至第三项规定情形；

（六）不符合所属市场层级进入条件，但依据虚假材料进入的；

（七）仅根据本办法第十一条第三项或第十四条第一款第一项规定中的市值标准进入创新层的挂牌公司，连续60个交易日，股票交易市值均低于2亿元的；

（八）中国证监会和全国股转公司规定的其他情形。

第二十条 精选层挂牌公司出现下列情形之一的，全国股转公司定期将其调出精选层：

（一）最近两年净利润均为负值，且营业收入均低于5000万元，或者最近一年净利润为负值，且营业收入低于3000万元；

（二）最近一年期末净资产为负值；

（三）最近一年财务会计报告被会计师事务所出具否定意见或无法表示意见的审计报告；

（四）中国证监会和全国股转公司规定的其他情形。

仅根据本办法第十五条第二款第四项规定进入精选层的挂牌公司，不适用前款第一项的规定。

第二十一条 精选层挂牌公司出现下列情形之一的，全国股转公司即时将其调出精选层：

（一）本办法第十九条第二项至第四项、第六项规定情形；

（二）连续60个交易日，公众股东持股比例均低于公司股本总额的25%；公司股本总额超过4亿元的，连续60个交易日，公众股东持股比例均低于公司股本总额的10%；

（三）连续60个交易日，股东人数均少于200人；

（四）因更正年度报告导致进层时不符合所属市场层级进入条件，或者出现本办法第二十条第一款第一项至第三项规定情形；

（五）仅根据本办法第十五条第二款第四项规定进入精选层的挂牌公司，连续60个交易日，股票交易市值均低于5亿元的；

（六）中国证监会和全国股转公司规定的其他情形。

第二十二条 挂牌公司出现全国股转公司规定的股票终止挂牌情形，全国股转公司按照有关规定终止其股票挂牌。

第四章 挂牌公司市场层级调整程序

第二十三条 挂牌公司完成公开发行，且符合精选层进入条件的，全国股转公司在其完成公开发行后将其调入精选层。

第二十四条 创新层和精选层挂牌公司出现本办法第十九条和第二十一条规定情形的，全国股转公司自该情形认定之日起5个交易日内启动层级调整工作。

第二十五条 挂牌公司出现本办法第十九条和第二十一条规定情形被调出创新层或精选层的，自调出之日起12个月内，不得再次进入原市场层级。

挂牌公司因更正年度报告导致其出现本办法第十八条第一款第一项至第三项或第二十条第一款第一项至第三项规定情形被调整至基础层的，且因信息披露文件存在虚假记载受到中国证监会及其派出机构行政处罚或全国股转公司公开谴责的，自调整至基础层之日起24个月内，不得再次进入创新层或精选层。

第二十六条 全国股转公司于每年4月30日启动挂牌公司所属市场层级定期调整工作：

（一）精选层挂牌公司出现本办法第二十条规定情形的，将其调出精选层；

（二）创新层挂牌公司出现本办法第十八条规定情形的，将其调出创新层；

（三）基础层挂牌公司符合创新层进入条件的，经申请调入创新层。

经中国证监会批准，全国股转公司可以根据市场发展的需要，增加挂牌公司层级调整的次数。

第二十七条 精选层挂牌公司出现本办法第二十条或第二十一条规定情形的，全国股转公司在将其调出精选层前对其股票交易实行风险警示，在公司股票简称前加注标识并公告。

第二十八条 挂牌公司被调出精选层，符合创新层进入条件的，进入创新层；不符合的，进入基础层。

挂牌公司被调出创新层，进入基础层。

第二十九条 全国股转公司进行挂牌公司所属市场层级的定期调整前，在全国股转系统官网公示拟进行层级调整的挂牌公司名单。

挂牌公司在名单公示后的5个交易日内，可以层级调整所依据的事实认定有误为由申请异议。

全国股转公司根据异议核实情况对名单进行调整。

第三十条 挂牌公司出现股票强制终止挂牌情形的，全国股转公司在其股票终止挂牌前，不对其进行层级调整。

第五章　附则

第三十一条　本办法所称净利润、营业收入、经营活动产生的现金流量净额、净资产等均指经审计的数值。

第三十二条　本办法下列用语的具体含义或计算方法如下：

（一）净利润，是指归属于挂牌公司股东的净利润，不包括少数股东损益，并以扣除非经常性损益前后孰低者为计算依据。

（二）净资产，是指归属于挂牌公司股东的净资产，不包括少数股东权益。

（三）加权平均净资产收益率，以扣除非经常性损益前后孰低者为计算依据，并根据中国证监会发布的《公开发行证券的公司信息披露编报规则第 9 号——净资产收益率和每股收益的计算》规定计算。

（四）年均复合增长率：年均复合增长率 = $\sqrt{\frac{R_n}{R_{n-2}}}-1$，其中 Rn 代表最近一年（第 n 年）的营业收入。

（五）经营活动产生的现金流量净额，是指公司现金流量表列报的经营活动产生的现金流量净额；公司编制合并财务报表的，为合并现金流量表列报的经营活动产生的现金流量净额。

（六）最近有成交的 60 个做市或者集合竞价交易日，是指以每年的 4 月 30 日为截止日，在最长不超过 120 个做市交易日或者集合竞价交易日的期限内，最近有成交的 60 个做市交易日或者集合竞价交易日。

（七）挂牌以来完成过定向发行股票：包括公司挂牌后进行的定向发行和挂牌同时定向发行。

（八）发行融资：发行融资的完成时间以全国股转公司出具新增股份登记函的时间为准；发行融资的金额不包括非现金认购部分。

（九）股本总额，是指公司的普通股股本总额；本办法第十一条所称股本总额以每年 4 月 30 日当日数据为准。

（十）合格投资者人数：本办法第十二条所称合格投资者人数以每年 4 月 30 日当日数据为准。

（十一）最近 12 个月：本办法第十三条所称最近 12 个月是以每年 4 月 30 日为截止日，往前计算的 12 个月。

（十二）连续 60 个交易日：不包括挂牌公司股票停牌日。

第三十三条　本办法所称“不少于”、“不低于”、“以上”均含本数。

第三十四条　本办法由全国股转公司负责解释。

第三十五条　本办法自发布之日起施行。

关于发布《全国中小企业股份转让系统挂牌公司治理规则》的公告

股转系统公告〔2020〕3号

为了提升挂牌公司治理水平，保护投资者合法权益，全国中小企业股份转让系统有限责任公司制定了《全国中小企业股份转让系统挂牌公司治理规则》。经中国证监会批准，现予以发布，自发布之日起施行。

为实现制度平稳过渡，挂牌公司章程需要根据本规则进行修改，或者董事、监事和高级管理人员（含财务负责人、信息披露事务负责人）需要根据本规则改选与聘任的，应当于2020年5月1日前完成。

特此公告。

附件：全国中小企业股份转让系统挂牌公司治理规则

全国股转公司

2020年1月3日

全国中小企业股份转让系统挂牌公司治理规则

第一章　总则

第一条　为了规范挂牌公司的组织和行为，提升挂牌公司治理水平，保护投资者合法权益，根据《公司法》《证券法》《非上市公众公司监督管理办法》等法律法规、部门规章，制定本规则。

第二条　本规则适用于股票在全国中小企业股份转让系统（以下简称全国股转系统）挂牌公开转让的公司（以下简称挂牌公司）。

第三条　挂牌公司应当按照法律法规、部门规章和全国股转系统业务规则的规定，建立健全公司治理机制和内部控制机制，完善公司章程和股东大会、董事会、监事会议事规则与运作机制，规范董事、监事、高级管理人员的行为和选聘，履行信息披露义务，采取有效措施保护公司股东特别是中小股东的合法权益。

全国中小企业股份转让系统有限责任公司（以下简称全国股转公司）可以对不同市场层级的挂牌公司制定差异化的自律管理制度。

第四条　挂牌公司应当按照部门规章、业务规则和持续督导协议的约定，接受主办券商的指导和督促，配合核查工作，为主办券商开展持续督导工作创造必要条件。

第五条　挂牌公司及其董事、监事、高级管理人员、股东、实际控制人、收购人、重大资产重组交易对方、破产管理人等自然人、机构及其相关人员，主办券商、会计师事务所、律师事务所、其他证券服务机构及从业人员，应当遵守法律法规、部门规章和业务规则，诚实守信，自觉接受全国股转公司的自律管理。

第六条　在挂牌公司中，根据《公司法》的规定，设立中国共产党的组织，开展党的活动。挂牌公司应当为党组织的活动提供必要条件。

国有控股挂牌公司根据《公司法》和有关规定，结合企业股权结构、经营管理等实际，把党建工作有关要求写入公司章程。

第二章　股东大会、董事会和监事会

第一节　股东大会

第七条　挂牌公司应当在公司章程中规定股东大会的职责，以及召集、召开和表决等程序，规范股东大会运作机制。

挂牌公司应当制定股东大会议事规则，列入公司章程或者作为章程附件。

第八条　挂牌公司股东大会应当在《公司法》和公司章程规定的范围内行使职权。

挂牌公司应当在公司章程中规定股东大会对董事会的授权原则，授权内容应当明确具体。股东大会不得将其法定职权授予董事会行使。

第九条　挂牌公司应当严格依照法律法规、部门规章、业务规则和公司章程的规定召开临时股东大会和年度股东大会，保证股东能够依法行使权利。年度股东大会每年召开一次，应当在上一会计年度结束后的6个月内召开；临时股东大会不定期召开，出现《公司法》规定应当召开临时股东大会情形的，应当在2个月内召开。在上述期限内不能召开股东大会的，挂牌公司应当及时告知主办券商，并披露公告说明原因。

第十条　挂牌公司董事会应当切实履行职责，在本规则第九条规定的期限内按时召集股东大会。全体董事应当勤勉尽责，确保股东大会正常召开和依法行使职权。

监事会有权向董事会提议召开临时股东大会，并应当以书面形式提出。董事会不同意召开，或者在收到提议后10日内未做出书面反馈的，监事会应当自行召集和主持临时股东大会。

单独或者合计持有公司10%以上股份的股东可以书面提议董事会召开临时股东大会；董事会不同意召开，或者在收到提议后10日内未做出反馈的，上述股东可以书面提议监事会召开临时股东大会。监事会同意召开的，应当在收到提议后5日内发出召开股东大会的通知；未在规定期限内发出通知的，视为监事会不召集和主持股东大会，连续90日以上单独或者合计持有公司10%以上股份的股东可以自行召集和主持临时股东大会。在股东大会决议公告之前，召集股东大会的股东合计持股比例不得低于10%。

监事会或者股东依法自行召集股东大会的，挂牌公司董事会、信息披露事务负责人应当予以配合，并及时履行信息披露义务。

第十一条　股东大会提案的内容应当符合法律法规和公司章程的有关规定，属于股东大会职权范围，有明确议题和具体决议事项。

第十二条　召开股东大会应当按照相关规定将会议召开的时间、地点和审议的事项以公告的形式向全体股东发出通知。股东大会通知中应当列明会议时间、地点，并确定股权登记日。股权登记日与会议日期之间的间隔不得多于7个交易日，且应当晚于公告的披露时间。股权登记日一旦确定，不得变更。

第十三条　单独或者合计持有公司3%以上股份的股东可以在股东大会召开10日

前提出临时提案并书面提交召集人；召集人应当在收到提案后 2 日内发出股东大会补充通知，并将该临时提案提交股东大会审议。

除前款规定外，在发出股东大会通知后，召集人不得修改或者增加新的提案。股东大会不得对股东大会通知中未列明或者不符合法律法规和公司章程规定的提案进行表决并作出决议。

股东大会通知和补充通知中应当充分、完整地披露提案的具体内容，以及为使股东对拟讨论事项做出合理判断所需的全部资料或解释。

第十四条 股东大会通知发出后，无正当理由不得延期或者取消，股东大会通知中列明的提案不得取消。确需延期或者取消的，公司应当在股东大会原定召开日前至少 2 个交易日公告，并详细说明原因。

第十五条 挂牌公司股东大会应当设置会场，以现场会议方式召开。现场会议时间、地点的选择应当便于股东参加。挂牌公司应当保证股东大会会议合法、有效，为股东参加会议提供便利。股东大会应当给予每个提案合理的讨论时间。

精选层挂牌公司召开股东大会，应当提供网络投票方式。股东人数超过 200 人的创新层、基础层挂牌公司，股东大会审议第二十六条规定的单独计票事项的，应当提供网络投票方式。

第十六条 股东大会由董事长主持。董事长不能履行职务或者不履行职务时，由副董事长主持；副董事长不能履行职务或者不履行职务时，由半数以上董事共同推举一名董事主持。

监事会自行召集的股东大会，由监事会主席主持。监事会主席不能履行职务或者不履行职务时，由监事会副主席主持；监事会副主席不能履行职务或不履行职务时，由半数以上监事共同推举一名监事主持。

股东依法自行召集的股东大会，由召集人推选代表主持。

第十七条 股东以其有表决权的股份数额行使表决权，所持每一股份享有一表决权，法律法规另有规定的除外。

挂牌公司持有的本公司股份没有表决权，且该部分股份不计入出席股东大会有表决权的股份总数。

挂牌公司控股子公司不得取得该挂牌公司的股份。确因特殊原因持有股份的，应当在一年内依法消除该情形。前述情形消除前，相关子公司不得行使所持股份对应的表决权，且该部分股份不计入出席股东大会有表决权的股份总数。

第十八条 股东与股东大会拟审议事项有关联关系的，应当回避表决，其所持有表决权的股份不计入出席股东大会有表决权的股份总数。法律法规、部门规章、业务规则另有规定和全体股东均为关联方的除外。

第十九条 科技创新公司可以按照法律法规、部门规章、业务规则的规定，发行拥有特别表决权股份。特别表决权股份相关安排，应当经出席股东大会的股东所持表决权的三分之二以上通过，拟持有特别表决权股份的股东及其关联方应当回避表决。

第二十条 持有特别表决权股份的股东应当为公司董事，且在公司中拥有权益的股份达到公司有表决权股份的10%以上。每份特别表决权股份的表决权数量应当相同，且不得超过每份普通股份的表决权数量的10倍。

存在特别表决权股份的公司表决权差异的设置、存续、调整、信息披露和投资者保护等事项，由全国股转公司另行规定。

第二十一条 特别表决权仅适用于公司章程约定的股东大会特定决议事项。除前述事项外，持有特别表决权股份的股东与持有普通股份的股东享有的权利完全相同。

第二十二条 股东可以本人投票或者依法委托他人投票。股东依法委托他人投票的，挂牌公司不得拒绝。

第二十三条 挂牌公司董事会、独立董事和符合有关条件的股东可以向公司股东征集其在股东大会上的投票权。征集投票权应当向被征集人充分披露具体投票意向等信息，且不得以有偿或者变相有偿的方式进行。

挂牌公司可以在公司章程中规定征集投票权制度，但是不得对征集投票权设定不适当障碍而损害股东的合法权益。

第二十四条 股东大会选举董事、监事时，应当充分反映中小股东意见。鼓励挂牌公司股东大会在董事、监事选举中推行累积投票制。采用累积投票制的挂牌公司应当在公司章程中规定具体实施办法。

精选层挂牌公司单一股东及其一致行动人拥有权益的股份比例在30%以上的，股东大会在董事、监事选举中应当推行累积投票制。

第二十五条 除累积投票制外，股东大会对所有提案应当逐项表决。对同一事项有不同提案的，应当按照提案的时间顺序进行表决，股东在股东大会上不得对同一事项不同的提案同时投同意票。

除因不可抗力等特殊原因导致股东大会中止或不能作出决议外，股东大会不得对提案进行搁置或不予表决。

第二十六条 精选层挂牌公司以及股东人数超过200人的创新层、基础层挂牌公司股东大会审议下列影响中小股东利益的重大事项时，对中小股东的表决情况应当单独计票并披露：

（一）任免董事；

（二）制定、修改利润分配政策，或者进行利润分配；

（三）关联交易、对外担保（不含对合并报表范围内子公司提供担保）、对外提供财务资助、变更募集资金用途等；

（四）重大资产重组、股权激励；

（五）公开发行股票、申请股票在其他证券交易场所交易；

（六）法律法规、部门规章、业务规则及公司章程规定的其他事项。

第二十七条 股东大会会议记录由信息披露事务负责人负责。出席会议的董事、信息披露事务负责人、召集人或者其代表、会议主持人应当在会议记录上签名，并保证会议记录真实、准确、完整。会议记录应当与现场出席股东的签名册和代理出席的授权委托书、网络及其他方式有效表决资料一并保存。

第二十八条 公司章程中应当载明监事会或者股东依法自行召集股东大会产生的必要费用由挂牌公司承担。

第二十九条 精选层挂牌公司召开股东大会，应当聘请律师对股东大会的召集、召开程序、出席会议人员的资格、召集人资格、表决程序和结果等会议情况出具法律意见书。

创新层、基础层挂牌公司召开年度股东大会以及股东大会提供网络投票方式的，应当聘请律师按照前款规定出具法律意见书。

第二节 董事会、经理

第三十条 挂牌公司应当在公司章程中载明董事会的职责，以及董事会召集、召开、表决等程序，规范董事会运作机制。

挂牌公司应当制定董事会议事规则，报股东大会审批，并列入公司章程或者作为章程附件。

第三十一条 董事会的人数及人员构成应当符合法律法规、部门规章、业务规则和公司章程的要求。董事会成员应当具备履行职责所必需的知识、技能和素质。

鼓励挂牌公司建立独立董事制度。精选层挂牌公司应当设立两名以上独立董事，其中一名应当为会计专业人士。独立董事的管理及任职资格等事宜由全国股转公司另行规定。

董事会可以根据需要设立审计、战略、提名、薪酬与考核等相关专门委员会。专门委员会对董事会负责，依照公司章程和董事会授权履行职责。专门委员会的组成、职责等应当在公司章程中规定。

第三十二条 董事会对股东大会负责，执行股东大会的决议。董事会应当依法履行职责，确保挂牌公司遵守法律法规、部门规章、业务规则和公司章程的规定，公平对待所有股东，并关注其他利益相关者的合法权益。

挂牌公司应当保障董事会依照法律法规、部门规章、业务规则和公司章程的规定行使职权，为董事正常履行职责提供必要的条件。

第三十三条 董事会授权董事长在董事会闭会期间行使董事会部分职权的，挂牌公司应当在公司章程中明确规定授权的原则和具体内容。

挂牌公司重大事项应当由董事会集体决策，董事会不得将法定职权授予个别董事或者他人行使。

第三十四条 挂牌公司应当严格依照法律法规、部门规章、业务规则和公司章程的规定召开董事会，规范董事会议事方式和决策程序。

董事会每年度至少召开两次会议，每次会议应当于会议召开10日前通知全体董事和监事；董事会召开临时会议，应当按照公司章程的规定发出会议通知。董事会会议议题应当事先拟定，并提供足够的决策材料。

第三十五条 董事与董事会会议决议事项有关联关系的，应当回避表决，不得对该项决议行使表决权，也不得代理其他董事行使表决权。该董事会会议由过半数的无关联关系董事出席即可举行，董事会会议所作决议须经无关联关系董事过半数通过。出席董事会的无关联关系董事人数不足三人的，应将该事项提交挂牌公司股东大会审议。

第三十六条 精选层、创新层挂牌公司应当设董事会秘书作为信息披露事务负责人，董事会秘书应当取得全国股转系统董事会秘书资格证书，负责信息披露事务、股东大会和董事会会议的筹备、投资者关系管理、股东资料管理等工作。基础层挂牌公司未设董事会秘书的，应当指定一名高级管理人员作为信息披露事务负责人负责上述事宜，全国股转公司参照董事会秘书的有关规定对其进行管理。信息披露事务负责人应当列席公司的董事会和股东大会。

信息披露事务负责人空缺期间，挂牌公司应当指定一名董事或者高级管理人员代行信息披露事务负责人职责，并在三个月内确定信息披露事务负责人人选。公司指定代行人员之前，由董事长代行信息披露事务负责人职责。

第三十七条 董事会会议记录应当真实、准确、完整。出席会议的董事、信息披露事务负责人和记录人应当在会议记录上签名。董事会会议记录应当妥善保存。

第三十八条 挂牌公司设经理，由董事会决定聘任或者解聘。经理对董事会负责，主持公司的生产经营工作，组织实施董事会决议，依照法律法规、部门规章、业务规则和公司章程的规定履行职责。

第三节 监事会

第三十九条 挂牌公司应当在公司章程中载明监事会的职责，以及监事会召集、召开、表决等程序，规范监事会运行机制。

挂牌公司应当制定监事会议事规则，报股东大会审批，并列入公司章程或者作为章程附件。

第四十条 监事会的人员和结构应当确保监事会能够独立有效地履行职责。监事应当具有相应的专业知识或者工作经验，具备有效的履职能力。

第四十一条 监事会应当了解公司经营情况，检查公司财务，监督董事、高级管理人员履职的合法合规性，行使公司章程规定的其他职权，维护挂牌公司及股东的合法权益。监事会可以独立聘请中介机构提供专业意见。

第四十二条 监事会发现董事、高级管理人员违反法律法规、部门规章、业务规则或者公司章程的，应当履行监督职责，向董事会通报或者向股东大会报告，也可以直接向主办券商或者全国股转公司报告。

第四十三条 挂牌公司应当严格依照法律法规、部门规章、业务规则和公司章程的规定召开监事会，规范监事会的议事方式和决策程序。

监事会每六个月至少召开一次会议，临时会议可以根据监事的提议召开。监事会应当按照公司章程的规定发出会议通知。监事会会议议题应当事先拟定，并提供相应的决策材料。

第四十四条 监事会可以要求董事、高级管理人员、内部及外部审计人员等列席监事会会议，回答所关注的问题。

第四十五条 监事会会议记录应当真实、准确、完整。出席会议的监事、记录人应当在会议记录上签名。监事会会议记录应当妥善保存。

第三章 董事、监事与高级管理人员

第一节 任职管理

第四十六条 挂牌公司应当在公司章程中载明董事、监事、高级管理人员的提名、选聘程序，规范董事、监事、高级管理人员选聘行为。职工监事依照法律法规、部门规章、业务规则和公司章程选举产生。

挂牌公司董事、高级管理人员不得兼任监事。

第四十七条 董事、监事、高级管理人员候选人的任职资格应当符合法律法规、部门规章、业务规则和公司章程等规定。

挂牌公司应当在公司章程中明确，存在下列情形之一的，不得担任挂牌公司董事、监事或者高级管理人员：

（一）《公司法》规定不得担任董事、监事和高级管理人员的情形；

（二）被中国证监会采取证券市场禁入措施或者认定为不适当人选，期限尚未届满；

（三）被全国股转公司或者证券交易所采取认定其不适合担任公司董事、监事、高级管理人员的纪律处分，期限尚未届满；

（四）中国证监会和全国股转公司规定的其他情形。

财务负责人作为高级管理人员，除符合前款规定外，还应当具备会计师以上专业技术职务资格，或者具有会计专业知识背景并从事会计工作三年以上。

第四十八条 精选层挂牌公司董事会中兼任高级管理人员的董事和由职工代表担任的董事，人数总计不得超过公司董事总数的二分之一。

挂牌公司董事、高级管理人员的配偶和直系亲属在公司董事、高级管理人员任职期间不得担任公司监事。

第四十九条 董事、监事和高级管理人员候选人存在下列情形之一的，挂牌公司应当披露该候选人具体情形、拟聘请该候选人的原因以及是否影响公司规范运作，并提示相关风险：

（一）最近三年内受到中国证监会及其派出机构行政处罚；

（二）最近三年内受到全国股转公司或者证券交易所公开谴责或者三次以上通报批评；

（三）因涉嫌犯罪被司法机关立案侦查或者涉嫌违法违规被中国证监会立案调查，尚未有明确结论意见。

上述期间，应当以公司董事会、股东大会等有权机构审议董事、监事和高级管理人员候选人聘任议案的日期为截止日。

第五十条 董事、监事、高级管理人员候选人被提名后，应当自查是否符合任职资格，及时向公司提供其是否符合任职资格的书面说明和相关资格证明（如适用）。

董事会、监事会应当对候选人的任职资格进行核查，发现候选人不符合任职资格的，应当要求提名人撤销对该候选人的提名，提名人应当撤销。

第五十一条 董事、监事和高级管理人员辞职应当提交书面辞职报告，不得通过辞职等方式规避其应当承担的职责。除下列情形外，董事、监事和高级管理人员的辞职自辞职报告送达董事会或者监事会时生效：

（一）董事、监事辞职导致董事会、监事会成员低于法定最低人数；

（二）职工代表监事辞职导致职工代表监事人数少于监事会成员的三分之一；

（三）董事会秘书辞职未完成工作移交且相关公告未披露。

在上述情形下，辞职报告应当在下任董事、监事填补因其辞职产生的空缺，或者董事会秘书完成工作移交且相关公告披露后方能生效。在辞职报告尚未生效之前，拟辞职董事、监事或者董事会秘书仍应当继续履行职责。发生上述情形的，公司应当在 2 个月内完成董事、监事补选。

第五十二条 挂牌公司现任董事、监事和高级管理人员发生本规则第四十七条第二款规定情形的，应当及时向公司主动报告并自事实发生之日起 1 个月内离职。

第五十三条 挂牌公司应当在挂牌时向全国股转公司报备董事、监事和高级管理人员的任职、职业经历和持有公司股票的情况。

挂牌公司的董事、监事和高级管理人员发生变化，公司应当自相关决议通过之日起 2 个交易日内将最新资料向全国股转公司报备。

第五十四条 董事、监事和高级管理人员应当遵守公司挂牌时签署的《董事（监事、高级管理人员）声明及承诺书》。

新任董事、监事应当在股东大会或者职工代表大会通过其任命后 2 个交易日内，新任高级管理人员应当在董事会通过其任命后 2 个交易日内签署上述承诺书并报备。

第二节　行为规范

第五十五条　董事、监事、高级管理人员应当遵守法律法规、部门规章、业务规则和公司章程，对公司负有忠实义务和勤勉义务，严格履行其作出的公开承诺，不得损害公司利益。

第五十六条　董事应当充分考虑所审议事项的合法合规性、对公司的影响以及存在的风险，审慎履行职责并对所审议事项表示明确的个人意见。对所审议事项有疑问的，应当主动调查或者要求董事会提供决策所需的进一步信息。

董事应当充分关注董事会审议事项的提议程序、决策权限、表决程序等相关事宜。

第五十七条　董事应当亲自出席董事会会议，因故不能出席的，可以书面形式委托其他董事代为出席。涉及表决事项的，委托人应当在委托书中明确对每一事项发表同意、反对或者弃权的意见。董事不得作出或者接受无表决意向的委托、全权委托或者授权范围不明确的委托。董事对表决事项的责任不因委托其他董事出席而免责。

一名董事不得在一次董事会会议上接受超过二名董事的委托代为出席会议。

第五十八条　挂牌公司董事在审议定期报告时，应当认真阅读定期报告全文，重点关注定期报告内容是否真实、准确、完整，是否存在重大编制错误或者遗漏，主要会计数据和财务指标是否发生大幅波动及波动原因的解释是否合理，是否存在异常情况，是否全面分析了公司报告期财务状况与经营成果并且充分披露了可能影响公司未来财务状况与经营成果的重大事项和不确定性因素等。

董事应当依法对定期报告是否真实、准确、完整签署书面确认意见，不得委托他人签署，也不得以任何理由拒绝签署。董事对定期报告内容的真实性、准确性、完整性无法保证或者存在异议的，应当说明具体原因并公告。

第五十九条　董事长应当积极推动公司制定、完善和执行各项内部制度。

董事长不得从事超越其职权范围的行为。董事长在其职权范围（包括授权）内行使权力时，遇到对公司经营可能产生重大影响的事项时，应当审慎决策，必要时应当提交董事会集体决策。对于授权事项的执行情况，董事长应当及时告知全体董事。

董事长应当保证信息披露事务负责人的知情权，不得以任何形式阻挠其依法行使职权。董事长在接到可能对公司股票及其他证券品种交易价格、投资者投资决策产生较大影响的重大事件报告后，应当立即敦促信息披露事务负责人及时履行信息披露义务。

第六十条　精选层挂牌公司的董事出现下列情形之一的，应当作出书面说明并对外披露：

（一）连续二次未亲自出席董事会会议；

（二）任职期内连续十二个月未亲自出席董事会会议次数超过期间董事会会议总次数的二分之一。

第六十一条 监事可以列席董事会会议，并对董事会决议事项提出质询或者建议。

监事有权了解公司经营情况。挂牌公司应当采取措施保障监事的知情权，为监事正常履行职责提供必要的协助，任何人不得干预、阻挠。监事履行职责所需的有关费用由公司承担。

第六十二条 监事应当对公司董事、高级管理人员遵守法律法规、部门规章、业务规则和公司章程以及执行公司职务的行为进行监督。

监事在履行监督职责过程中，对违反法律法规、公司章程或者股东大会决议的董事、高级管理人员可以提出罢免的建议。

监事发现董事、高级管理人员及公司存在违反法律法规、部门规章、业务规则、公司章程或者股东大会决议的行为，已经或者可能给公司造成重大损失的，应当及时向董事会、监事会报告，提请董事会及高级管理人员予以纠正。

第六十三条 高级管理人员应当严格执行董事会决议、股东大会决议等，不得擅自变更、拒绝或者消极执行相关决议。

第六十四条 财务负责人应当积极督促公司制定、完善和执行财务管理制度，重点关注资金往来的规范性。

第六十五条 董事会秘书为公司的高级管理人员，应当积极督促公司制定、完善和执行信息披露事务管理制度，做好相关信息披露工作。

第六十六条 董事、监事、高级管理人员执行职务时违反法律法规和公司章程，给挂牌公司造成损失的，应当依法承担赔偿责任。

第四章 股东、控股股东及实际控制人

第六十七条 股东依照法律法规和公司章程享有权利并承担义务。

挂牌公司章程、股东大会决议或者董事会决议等不得剥夺或者限制股东的法定权利。

第六十八条 挂牌公司应当建立与股东畅通有效的沟通渠道，保障股东对公司重大事项的知情权、参与决策和监督等权利。

挂牌公司申请股票终止挂牌的，应当充分考虑股东的合法权益，并对异议股东作出合理安排。

第六十九条 挂牌公司应当制定利润分配制度，并可以对现金分红的具体条件和比例、未分配利润的使用原则等作出具体规定，保障股东的分红权。

精选层挂牌公司应当根据实际情况在公司章程中明确一定比例的现金分红相对于股票股利在利润分配方式中的优先顺序。

第七十条 挂牌公司控股股东、实际控制人应当采取切实措施保证公司资产独立、人员独立、财务独立、机构独立和业务独立，不得通过任何方式影响公司的独立性。

第七十一条 控股股东、实际控制人对挂牌公司及其他股东负有诚信义务，应当

依法行使股东权利，履行股东义务。控股股东、实际控制人不得利用其控制权损害挂牌公司及其他股东的合法权益，不得利用控制地位谋取非法利益。

控股股东、实际控制人不得违反法律法规、部门规章、业务规则和公司章程干预挂牌公司的正常决策程序，损害挂牌公司及其他股东的合法权益，不得对股东大会人事选举结果和董事会人事聘任决议设置批准程序，不得干预高级管理人员正常选聘程序，不得越过股东大会、董事会直接任免高级管理人员。

第七十二条 挂牌公司控股股东、实际控制人不得通过直接调阅、要求挂牌公司向其报告等方式获取公司未公开的重大信息，法律法规另有规定的除外。

第七十三条 挂牌公司控股股东、实际控制人及其控制的企业不得以下列任何方式占用公司资金：

（一）公司为控股股东、实际控制人及其控制的企业垫付工资、福利、保险、广告等费用和其他支出；

（二）公司代控股股东、实际控制人及其控制的企业偿还债务；

（三）有偿或者无偿、直接或者间接地从公司拆借资金给控股股东、实际控制人及其控制的企业；

（四）不及时偿还公司承担控股股东、实际控制人及其控制的企业的担保责任而形成的债务；

（五）公司在没有商品或者劳务对价情况下提供给控股股东、实际控制人及其控制的企业使用资金；

（六）中国证监会、全国股转公司认定的其他形式的占用资金情形。

第七十四条 控股股东、实际控制人及其控制的企业不得在挂牌公司挂牌后新增同业竞争。

第七十五条 挂牌公司股东、实际控制人、收购人应当严格按照相关规定履行信息披露义务，及时告知挂牌公司控制权变更、权益变动和其他重大事项，并保证披露的信息真实、准确、完整，不得有虚假记载、误导性陈述或者重大遗漏。

挂牌公司股东、实际控制人、收购人应当积极配合公司履行信息披露义务，不得要求或者协助公司隐瞒重要信息。

第七十六条 挂牌公司股东、实际控制人及其他知情人员在相关信息披露前负有保密义务，不得利用公司未公开的重大信息谋取利益，不得进行内幕交易、操纵市场或者其他欺诈活动。挂牌公司应当做好证券公开发行、重大资产重组、回购股份等重大事项的内幕信息知情人登记管理工作。

第七十七条 挂牌公司控股股东、实际控制人、董事、监事和高级管理人员在下列期间不得买卖本公司股票：

（一）公司年度报告公告前 30 日内，因特殊原因推迟年度报告日期的，自原预约公告日前 30 日起算，直至公告日日终；

（二）公司业绩预告、业绩快报公告前10日内；

（三）自可能对公司股票及其他证券品种交易价格、投资者投资决策产生较大影响的重大事件发生之日或者进入决策程序之日，至依法披露后2个交易日内；

（四）中国证监会、全国股转公司认定的其他期间。

第七十八条 通过接受委托或者信托等方式持有或实际控制的股份达到5%以上的股东或者实际控制人，应当及时将委托人情况告知挂牌公司，配合公司履行信息披露义务。

投资者不得通过委托他人持股等方式规避投资者适当性管理要求。

第七十九条 挂牌公司控股股东、实际控制人及其一致行动人转让控制权的，应当公平合理，不得损害公司和其他股东的合法权益。

控股股东、实际控制人及其一致行动人转让控制权时存在下列情形的，应当在转让前予以解决：

（一）违规占用公司资金；

（二）未清偿对公司债务或者未解除公司为其提供的担保；

（三）对公司或者其他股东的承诺未履行完毕；

（四）对公司或者中小股东利益存在重大不利影响的其他事项。

第八十条 挂牌公司无控股股东、实际控制人的，公司第一大股东及其实际控制人应当比照第七十一条、七十二条、七十三条、七十四条、七十七条关于控股股东、实际控制人的要求履行相关义务，并承担相应的责任。

第五章　重大交易

第八十一条 本章所称“交易”包括下列事项：

（一）购买或者出售资产；

（二）对外投资（含委托理财、对子公司投资等）；

（三）提供担保；

（四）提供财务资助；

（五）租入或者租出资产；

（六）签订管理方面的合同（含委托经营、受托经营等）；

（七）赠与或者受赠资产；

（八）债权或者债务重组；

（九）研究与开发项目的转移；

（十）签订许可协议；

（十一）放弃权利；

（十二）中国证监会、全国股转公司认定的其他交易。

上述购买或者出售资产，不包括购买原材料、燃料和动力，以及出售产品或者商品等与日常经营相关的交易行为。

第八十二条 挂牌公司应当根据法律法规、部门规章、业务规则在公司章程中规定交易事项提交董事会或股东大会的审议标准，规范履行审议程序。

挂牌公司的交易事项构成重大资产重组的，应当按照《非上市公众公司重大资产重组管理办法》等有关规定履行审议程序。

第八十三条 精选层挂牌公司发生的交易（除提供担保外）达到下列标准之一的，应当提交股东大会审议：

（一）交易涉及的资产总额（同时存在账面值和评估值的，以孰高为准）占公司最近一期经审计总资产的50%以上；

（二）交易的成交金额占公司市值的50%以上；

（三）交易标的（如股权）最近一个会计年度资产净额占公司市值的50%以上；

（四）交易标的（如股权）最近一个会计年度相关的营业收入占公司最近一个会计年度经审计营业收入的50%以上，且超过5000万元；

（五）交易产生的利润占公司最近一个会计年度经审计净利润的50%以上，且超过750万元；

（六）交易标的（如股权）最近一个会计年度相关的净利润占公司最近一个会计年度经审计净利润的50%以上，且超过750万元。

第八十四条 创新层挂牌公司发生的交易（除提供担保外）达到下列标准之一的，应当提交股东大会审议：

（一）交易涉及的资产总额（同时存在账面值和评估值的，以孰高为准）或成交金额占公司最近一个会计年度经审计总资产的50%以上；

（二）交易涉及的资产净额或成交金额占公司最近一个会计年度经审计净资产绝对值的50%以上，且超过1500万的。

基础层挂牌公司应当按照公司章程的规定对发生的交易事项履行审议程序。

第八十五条 本规则第八十三条和第八十四条规定的成交金额，是指支付的交易金额和承担的债务及费用等。

交易安排涉及未来可能支付或者收取对价的、未涉及具体金额或者根据设定条件确定金额的，预计最高金额为成交金额。

第八十六条 本章规定的市值，是指交易前20个交易日收盘市值的算术平均值。

第八十七条 挂牌公司与同一交易方同时发生第八十一条规定的同一类别且方向相反的交易时，应当按照其中单向金额适用第八十三条或者第八十四条。

第八十八条 挂牌公司发生股权交易，导致公司合并报表范围发生变更的，应当以该股权所对应公司的相关财务指标作为计算基础，适用第八十三条或者第八十四条。

前述股权交易未导致合并报表范围发生变更的，应当按照公司所持权益变动比例计算相关财务指标，适用第八十三条或者第八十四条。

第八十九条 挂牌公司直接或者间接放弃控股子公司股权的优先受让权或增资权，导致子公司不再纳入合并报表的，应当视为出售股权资产，以该股权所对应公司相关财务指标作为计算基础，适用第八十三条或者第八十四条。

挂牌公司部分放弃控股子公司或者参股子公司股权的优先受让权或增资权，未导致合并报表范围发生变更，但是公司持股比例下降，应当按照公司所持权益变动比例计算相关财务指标，适用第八十三条或者第八十四条。

挂牌公司对其下属非公司制主体放弃或部分放弃收益权的，参照适用前两款规定。

第九十条 除提供担保等业务规则另有规定事项外，挂牌公司进行第八十一条规定的同一类别且与标的相关的交易时，应当按照连续十二个月累计计算的原则，适用第八十三条或者第八十四条。

已经按照本章规定履行相关义务的，不再纳入相关的累计计算范围。

第九十一条 挂牌公司发生“提供财务资助”和“委托理财”等事项时，应当以发生额作为成交金额，并按交易事项的类型在连续十二个月内累计计算，适用第八十三条或者第八十四条。

已经按照本章规定履行相关义务的，不再纳入相关的累计计算范围。

第九十二条 挂牌公司提供担保的，应当提交公司董事会审议。符合以下情形之一的，还应当提交公司股东大会审议：

（一）单笔担保额超过公司最近一期经审计净资产10%的担保；

（二）公司及其控股子公司的对外担保总额，超过公司最近一期经审计净资产50%以后提供的任何担保；

（三）为资产负债率超过70%的担保对象提供的担保；

（四）按照担保金额连续12个月累计计算原则，超过公司最近一期经审计总资产30%的担保；

（五）中国证监会、全国股转公司或者公司章程规定的其他担保。

第九十三条 挂牌公司为全资子公司提供担保，或者为控股子公司提供担保且控股子公司其他股东按所享有的权益提供同等比例担保，不损害公司利益的，可以豁免适用第九十二条第一项至第三项的规定，但是公司章程另有规定除外。

第九十四条 本规则所称提供财务资助，是指挂牌公司及其控股子公司有偿或无偿对外提供资金、委托贷款等行为。

挂牌公司以对外提供借款、贷款等融资业务为主营业务，或者资助对象为合并报表范围内的控股子公司不适用第九十五条和九十六条关于财务资助的规定。

第九十五条 挂牌公司对外提供财务资助事项属于下列情形之一的，经董事会审议通过后还应当提交公司股东大会审议：

（一）被资助对象最近一期的资产负债率超过70%；

（二）单次财务资助金额或者连续十二个月内累计提供财务资助金额超过公司最近

一期经审计净资产的10%；

（三）中国证监会、全国股转公司或者公司章程规定的其他情形。

第九十六条 挂牌公司不得为董事、监事、高级管理人员、控股股东、实际控制人及其控制的企业等关联方提供资金等财务资助。

对外财务资助款项逾期未收回的，挂牌公司不得对同一对象继续提供财务资助或者追加财务资助。

第九十七条 挂牌公司单方面获得利益的交易，包括受赠现金资产、获得债务减免、接受担保和资助等，可免于按照第八十三条或者第八十四条的规定履行股东大会审议程序。

第九十八条 交易标的为股权且达到第八十三条规定标准的，精选层挂牌公司应当提供交易标的最近一年又一期财务报告的审计报告；交易标的为股权以外的非现金资产的，应当提供评估报告。经审计的财务报告截止日距离审计报告使用日不得超过六个月，评估报告的评估基准日距离评估报告使用日不得超过一年。

前款规定的审计报告和评估报告应当由符合《证券法》规定的证券服务机构出具。交易虽未达到第八十三条规定的标准，但是全国股转公司认为有必要的，公司应当提供审计或者评估报告。

第九十九条 精选层挂牌公司购买、出售资产交易，涉及资产总额或者成交金额连续十二个月内累计计算超过公司最近一期经审计总资产30%的，应当比照第九十八条的规定提供评估报告或者审计报告，提交股东大会审议。

第一百条 挂牌公司与其合并报表范围内的控股子公司发生的或者上述控股子公司之间发生的交易，除另有规定或者损害股东合法权益的以外，免于按照第八十三条或者第八十四条的规定履行股东大会审议程序。

未盈利的精选层挂牌公司可以豁免适用第八十三条的净利润指标。

第六章 关联交易

第一百零一条 本章所称“关联交易”，是指挂牌公司或者其合并报表范围内的子公司等其他主体与公司关联方发生第八十一条规定的交易和日常经营范围内发生的可能引致资源或者义务转移的事项。

挂牌公司应当与关联方就关联交易签订书面协议。协议的签订应当遵循平等、自愿、等价、有偿的原则，协议内容应当明确、具体、可执行。

第一百零二条 挂牌公司应当采取有效措施防止关联方以垄断采购或者销售渠道等方式干预公司的经营，损害公司利益。关联交易应当具有商业实质，价格应当公允，原则上不偏离市场独立第三方的价格或者收费标准等交易条件。

挂牌公司及其关联方不得利用关联交易输送利益或者调节利润，不得以任何方式隐瞒关联关系。

第一百零三条 挂牌公司应当根据法律法规、部门规章、业务规则在公司章程中规定关联交易的回避表决要求，规范履行审议程序。

第一百零四条 挂牌公司董事、监事、高级管理人员、持股5%以上的股东及其一致行动人、实际控制人，应当将与其存在关联关系的关联方情况及时告知公司。公司应当建立并及时更新关联方名单，确保关联方名单真实、准确、完整。

第一百零五条 精选层挂牌公司发生符合以下标准的关联交易（除提供担保外），应当经董事会审议：

（一）公司与关联自然人发生的成交金额在30万元以上的关联交易；

（二）与关联法人发生的成交金额占公司最近一期经审计总资产或市值0.2%以上的交易，且超过300万元。

第一百零六条 创新层、基础层挂牌公司发生符合以下标准的关联交易（除提供担保外），应当经董事会审议：

（一）公司与关联自然人发生的成交金额在50万元以上的关联交易；

（二）与关联法人发生的成交金额占公司最近一期经审计总资产0.5%以上的交易，且超过300万元。

第一百零七条 精选层挂牌公司与关联方发生的成交金额（除提供担保外）占公司最近一期经审计总资产或市值2%以上且超过3000万元的交易，应当比照第九十八条的规定提供评估报告或者审计报告，提交股东大会审议。与日常经营相关的关联交易可免于审计或者评估。

第一百零八条 创新层、基础层挂牌公司与关联方发生的成交金额（提供担保除外）占公司最近一期经审计总资产5%以上且超过3000万元的交易，或者占公司最近一期经审计总资产30%以上的交易，应当提交股东大会审议。

第一百零九条 挂牌公司为关联方提供担保的，应当具备合理的商业逻辑，在董事会审议通过后提交股东大会审议。

挂牌公司为股东、实际控制人及其关联方提供担保的，应当提交股东大会审议。挂牌公司为控股股东、实际控制人及其关联方提供担保的，控股股东、实际控制人及其关联方应当提供反担保。

第一百一十条 对于每年与关联方发生的日常性关联交易，挂牌公司可以在披露上一年度报告之前，对本年度将发生的关联交易总金额进行合理预计，根据预计金额分别适用第一百零五条、第一百零六条或者第一百零七条、第一百零八条的规定提交董事会或者股东大会审议；实际执行超出预计金额的，公司应当就超出金额所涉及事项履行相应审议程序。

第一百一十一条 挂牌公司应当对下列交易，按照连续十二个月内累计计算的原则，分别适用第一百零五条、第一百零六条、第一百零七条或者第一百零八条：

（一）与同一关联方进行的交易；

（二）与不同关联方进行交易标的类别相关的交易。

上述同一关联方，包括与该关联方受同一实际控制人控制，或者存在股权控制关系，或者由同一自然人担任董事或高级管理人员的法人或其他组织。

已经按照本章规定履行相关义务的，不再纳入累计计算范围。

第一百一十二条 挂牌公司与关联方进行下列关联交易时，可以免予按照关联交易的方式进行审议：

（一）一方以现金方式认购另一方公开发行的股票、公司债券或者企业债券、可转换公司债券或者其他证券品种；

（二）一方作为承销团成员承销另一方公开发行股票、公司债券或者企业债券、可转换公司债券或者其他证券品种；

（三）一方依据另一方股东大会决议领取股息、红利或者报酬；

（四）一方参与另一方公开招标或者拍卖，但是招标或者拍卖难以形成公允价格的除外；

（五）公司单方面获得利益的交易，包括受赠现金资产、获得债务减免、接受担保和资助等；

（六）关联交易定价为国家规定的；

（七）关联方向公司提供资金，利率水平不高于中国人民银行规定的同期贷款基准利率，且公司对该项财务资助无相应担保的；

（八）公司按与非关联方同等交易条件，向董事、监事、高级管理人员提供产品和服务的；

（九）中国证监会、全国股转公司认定的其他交易。

第七章 承诺事项管理

第一百一十三条 控股股东、实际控制人及挂牌公司有关主体（以下简称承诺人）做出的公开承诺应当具体、明确、无歧义、具有可操作性，并符合法律法规、部门规章和业务规则的要求。

挂牌公司应当及时将承诺人的承诺事项单独在符合《证券法》规定的信息披露平台的专区披露。

第一百一十四条 公开承诺应当包括以下内容：

（一）承诺的具体事项；

（二）履约方式、履约时限、履约能力分析、履约风险及防范对策、不能履约时的责任；

（三）履约担保安排，包括担保方、担保方资质、担保方式、担保协议（函）主要条款、担保责任等（如有）；

（四）违约责任和声明；

（五）中国证监会、全国股转公司要求的其他内容。

承诺事项应当有明确的履约时限，不得使用“尽快”、“时机成熟”等模糊性词语；承诺履行涉及行业政策限制的，应当在政策允许的基础上明确履约时限。

第一百一十五条 承诺人做出承诺后，应当诚实守信，严格按照承诺内容履行承诺，不得无故变更承诺内容或者不履行承诺。

当承诺履行条件即将达到或者已经达到时，承诺人应当及时通知公司，并履行承诺和信息披露义务。

第一百一十六条 因相关法律法规、政策变化、自然灾害等自身无法控制的客观原因导致承诺无法履行或者无法按期履行的，承诺人应当及时通知公司并披露相关信息。

第一百一十七条 除因相关法律法规、政策变化、自然灾害等自身无法控制的客观原因及全国股转公司另有要求的外，承诺已无法履行或者履行承诺不利于维护公司权益的，承诺人应当充分披露原因，并向公司或者其他股东提出用新承诺替代原有承诺或者提出豁免履行承诺义务。

上述变更方案应当提交股东大会审议，承诺人及其关联方应当回避表决。变更方案未经股东大会审议通过且承诺到期的，视为未履行承诺。

第八章 投资者关系管理

第一百一十八条 挂牌公司投资者关系管理工作应当体现公平、公正、公开原则。挂牌公司应当在投资者关系管理工作中，客观、真实、准确、完整地介绍和反映公司的实际状况，避免过度宣传可能给投资者决策造成误导。

挂牌公司应当积极做好投资者关系管理工作，及时回应投资者的意见建议，做好投资者咨询解释工作。

第一百一十九条 挂牌公司投资者关系管理工作应当严格遵守有关法律法规、部门规章、业务规则的要求，不得在投资者关系活动中以任何方式发布或者泄露未公开重大信息。

挂牌公司在投资者关系活动中泄露未公开重大信息的，应当立即通过符合《证券法》规定的信息披露平台发布公告，并采取其他必要措施。

第一百二十条 挂牌公司应当在公司章程中明确投资者与公司之间的纠纷解决机制。挂牌公司与投资者之间发生的纠纷，可以自行协商解决、提交证券期货纠纷专业调解机构进行调解、向仲裁机构申请仲裁或者向人民法院提起诉讼。

第一百二十一条 精选层、创新层挂牌公司应当建立投资者关系管理制度，指定董事会秘书担任投资者关系管理的负责人。

第一百二十二条 精选层挂牌公司应当加强与中小投资者的沟通和交流，建立与投资者沟通的有效渠道。公司应当在不晚于年度股东大会召开之日举办年度报告说明会，公司董事长（或者总经理）、财务负责人、董事会秘书、保荐代表人（如有）应当出席说明会，会议包括下列内容：

（一）公司所处行业的状况、发展前景、存在的风险；

（二）公司发展战略、生产经营、募集资金使用、新产品和新技术开发；

（三）公司财务状况和经营业绩及其变化趋势；

（四）公司在业务、市场营销、技术、财务、募集资金用途及发展前景等方面存在的困难、障碍、或有损失；

（五）投资者关心的其他内容。

公司应当至少提前2个交易日发布召开年度报告说明会的通知，公告内容应当包括日期及时间、召开方式（现场/网络）、召开地点或者网址、公司出席人员名单等。

第一百二十三条 精选层挂牌公司进行投资者关系活动应当建立完备的投资者关系管理档案制度，投资者关系管理档案至少应当包括下列内容：

（一）投资者关系活动参与人员、时间、地点；

（二）投资者关系活动的交流内容；

（三）未公开重大信息泄密的处理过程及责任追究情况（如有）；

（四）其他内容。

第九章 社会责任

第一百二十四条 挂牌公司应当积极承担社会责任，维护公共利益，保障生产及产品安全、维护员工与其他利益相关者合法权益。

第一百二十五条 挂牌公司应当根据自身生产经营模式，遵守产品安全法律法规和行业标准，建立安全可靠的生产环境和生产流程，切实承担生产及产品安全保障责任。

第一百二十六条 挂牌公司应当积极践行绿色发展理念，将生态环保要求融入发展战略和公司治理过程，并根据自身生产经营特点和实际情况，承担环境保护责任。

第一百二十七条 挂牌公司应当严格遵守科学伦理规范，尊重科学精神，恪守应有的价值观念、社会责任和行为规范，弘扬科学技术的正面效应。

在生命科学、人工智能、信息技术、生态环境、新材料等科技创新领域，避免研究、开发和使用危害自然环境、生命健康、公共安全、伦理道德的科学技术，不得以侵犯个人基本权利或者损害社会公共利益等方式从事研发和经营活动。

第十章 监管措施与违规处分

第一百二十八条 违反本规则，全国股转公司可以视情节轻重采取以下自律监管措施：

（一）口头警示；

（二）约见谈话；

（三）要求提交书面承诺；

（四）出具警示函；

（五）责令改正；

（六）要求公开更正、澄清或说明；

（七）要求公开致歉；

（八）要求限期参加培训或考试；

（九）要求限期召开投资者说明会；

（十）暂停解除挂牌公司控股股东、实际控制人的股票限售；

（十一）建议挂牌公司更换相关任职人员；

（十二）暂不受理相关主办券商、证券服务机构或其相关人员出具的文件；

（十三）暂停证券账户交易；

（十四）限制证券账户交易；

（十五）全国股转公司规定的其他自律监管措施。

违反业务规则，但是情节轻微、未造成不良影响的，全国股转公司可以通过监管工作提示等方式对相关主体进行提醒教育。

第一百二十九条 违反本规则，全国股转公司可以视情节轻重采取以下纪律处分：

（一）通报批评；

（二）公开谴责；

（三）认定其不适合担任公司董事、监事、高级管理人员；

（四）全国股转公司规定的其他纪律处分。

全国股转公司发现相关主体涉嫌违反法律法规和中国证监会相关规定，情节严重的，向中国证监会报告。

第一百三十条 挂牌公司存在下列情形之一的，全国股转公司可以对相关主体采取自律监管措施或者纪律处分：

（一）未按规定修改公司章程等制度；

（二）未按规定召开股东大会、董事会、监事会；

（三）未按规定审议交易、关联交易等事项；

（四）未按规定及时、公平地履行信息披露义务，或者信息披露不符合真实、准确、完整要求；

（五）违反有关规定侵害股东提案权、投票权等权利；

（六）未按规定进行内幕信息知情人登记管理；

（七）违反公开承诺；

（八）未按规定配合主办券商的持续督导工作；

（九）违反本规则其他规定。

第一百三十一条 挂牌公司控股股东、实际控制人等存在下列情形之一的，全国股转公司可以对相关主体采取自律监管措施或者纪律处分：

（一）违规干预公司决策和经营活动；

（二）利用控制地位，损害公司和中小股东合法利益，占用公司资产；

（三）违规进行股票交易；

（四）未按规定履行信息披露义务或者不配合挂牌公司履行信息披露义务；

（五）违规新增同业竞争；

（六）违反公开承诺；

（七）违反本规则其他规定。

第一百三十二条 挂牌公司董事、监事和高级管理人员存在下列情形之一的，全国股转公司可以对相关主体采取自律监管措施或者纪律处分：

（一）未能履行忠实、勤勉义务；

（二）违反公开承诺；

（三）违规进行股票交易；

（四）违反本规则其他规定。

第一百三十三条 主办券商、会计师事务所、律师事务所、其他证券服务机构及其相关人员违反本规则规定的，全国股转公司可以对相关主体采取自律监管措施或者纪律处分。

第十一章　附则

第一百三十四条 本规则下列用语具有如下含义：

（一）中小股东，是指除公司董事、监事、高级管理人员及其关联方，以及单独或者合计持有公司10%以上股份的股东及其关联方以外的其他股东。

（二）本规则中“以上”“达到”均含本数；“超过”不含本数。

第一百三十五条 本规则由全国股转公司负责解释。

第一百三十六条 本规则自发布之日起施行。

关于发布《全国中小企业股份转让系统挂牌公司信息披露规则》的公告

股转系统公告〔2020〕2号

为了规范挂牌公司信息披露行为，保护投资者合法权益，全国中小企业股份转让系统有限责任公司对《全国中小企业股份转让系统挂牌公司信息披露规则》进行了修订。经中国证监会批准，现予以发布，自发布之日起施行。2017年12月22日发布的《全国中小企业股份转让系统挂牌公司信息披露规则》同时废止。

为实现制度平稳过渡，挂牌公司需要按照《非上市公众公司信息披露管理办法》和本规则的规定建立信息披露事务管理制度的，应当于2020年5月1日前完成。

特此公告。

附件：全国中小企业股份转让系统挂牌公司信息披露规则

全国股转公司

2020年1月3日

全国中小企业股份转让系统挂牌公司信息披露规则

第一章 总则

第一条 为了规范挂牌公司及其他信息披露义务人的信息披露行为，加强信息披露事务管理，保护投资者合法权益，根据《公司法》《证券法》《非上市公众公司监督管理办法》《非上市公众公司信息披露管理办法》等法律法规、部门规章，制定本规则。

第二条 股票在全国中小企业股份转让系统（以下简称全国股转系统）挂牌公开转让的公司（以下简称挂牌公司），以及其他信息披露义务人的信息披露及相关行为，适用本规则。

中国证券监督管理委员会（以下简称中国证监会）、全国中小企业股份转让系统有限责任公司（以下简称全国股转公司）对特定行业挂牌公司，或者挂牌公司股票发行、收购重组、股权激励、股份回购以及股票终止挂牌等事项的信息披露另有规定的，从其规定。

中国证监会、全国股转公司对优先股、公司债券等其他证券品种的信息披露另有规定的，从其规定。

第三条 挂牌公司及其他信息披露义务人应当及时、公平地披露所有可能对公司股票及其他证券品种交易价格、投资者投资决策产生较大影响的信息（以下简称重大信息），并保证信息披露内容的真实、准确、完整，不存在虚假记载、误导性陈述或重大遗漏。

挂牌公司的董事、监事、高级管理人员应当忠实、勤勉地履行职责，保证公司及时、公平地披露信息，所披露的信息真实、准确、完整。

第四条 主办券商、会计师事务所、律师事务所、其他证券服务机构及其从业人员根据本规则和全国股转系统其他业务规则的规定，对所出具文件的真实性、准确性、完整性负责。

第五条 挂牌公司及其他信息披露义务人披露的信息包括定期报告和临时报告。

挂牌公司根据公司所属市场层级适用差异化的信息披露规定，但可以自愿选择适用更高市场层级的信息披露要求。

第六条 除依法或者按照本规则和相关规则需要披露的信息外，挂牌公司可以自愿披露与投资者作出价值判断和投资决策有关的信息，但不得与依法或者按照本规则和相关规则披露的信息相冲突，不得误导投资者。

第七条 挂牌公司及其他信息披露义务人按照本规则和相关规则披露的信息，应当在符合《证券法》规定的信息披露平台（以下简称规定信息披露平台）发布。挂牌公司在其他媒体披露信息的时间不得早于在规定信息披露平台披露的时间。

挂牌公司同时有证券在境外证券交易所上市的，其在境外证券交易所披露的信息应当在规定信息披露平台同时披露。

第八条 挂牌公司编制信息披露文件，并将信息披露文件及备查文件送达主办券商。拟披露信息经主办券商事前审查后，由主办券商上传至规定信息披露平台，全国股转公司另有规定的除外。挂牌公司应当与主办券商约定预留合理的审查时间。

第九条 主办券商应当指导和督促挂牌公司规范履行信息披露义务，发现拟披露或已披露信息存在任何错误、遗漏或者误导的，或者发现存在应当披露而未披露事项的，主办券商应当要求挂牌公司进行更正或补充。

挂牌公司拒不更正或补充的，主办券商应当在两个交易日内发布风险揭示公告并向全国股转公司报告。挂牌公司如需更正、补充信息披露文件的，应当履行相应程序。

第十条 由于国家秘密、商业秘密等特殊原因导致本规则规定的某些信息确实不便披露的，挂牌公司可以不予披露，但应当在相关定期报告、临时报告中说明未按照规定进行披露的原因。中国证监会、全国股转公司认为需要披露的，挂牌公司应当披露。

第二章 定期报告

第十一条 精选层挂牌公司应当披露的定期报告包括年度报告、中期报告和季度报告。

创新层、基础层挂牌公司应当披露的定期报告包括年度报告和中期报告。

第十二条 挂牌公司应当按照中国证监会有关规定编制并披露定期报告，并按照《企业会计准则》的要求编制财务报告。

中国证监会对不同市场层级挂牌公司的定期报告内容与格式有差异化要求的，挂牌公司应当遵守相关规定。

精选层、创新层挂牌公司应当按照中国证监会、全国股转系统行业信息披露有关规定的要求在年度报告中披露相应信息。

第十三条 挂牌公司应当在规定的期限内编制并披露定期报告，在每个会计年度结束之日起四个月内编制并披露年度报告，在每个会计年度的上半年结束之日起两个月内编制并披露中期报告；披露季度报告的，挂牌公司应当在每个会计年度前三个月、九个月结束后的一个月内编制并披露。第一季度报告的披露时间不得早于上一年的年度报告。

挂牌公司预计不能在规定期限内披露定期报告的，应当及时公告不能按期披露的具体原因、编制进展、预计披露时间、公司股票是否存在被停牌及终止挂牌的风险，并说明如被终止挂牌，公司拟采取的投资者保护的具体措施等。

第十四条 挂牌公司应当与全国股转公司预约定期报告的披露时间，全国股转公司根据预约情况统筹安排。

挂牌公司应当按照全国股转公司安排的时间披露定期报告，因故需要变更披露时间的，根据全国股转公司相关规定办理。

第十五条 挂牌公司年度报告中的财务报告应当经符合《证券法》规定的会计师事务所审计。挂牌公司不得随意变更会计师事务所，如确需变更的，应当由董事会审议后提交股东大会审议。

精选层挂牌公司拟实施送股或者以资本公积转增股本的，所依据的中期报告或者季度报告的财务报告应当经符合《证券法》规定的会计师事务所审计。

精选层、创新层挂牌公司审计应当执行财政部关于关键审计事项准则的相关规定。精选层挂牌公司审计业务签字注册会计师应当参照执行中国证监会关于证券期货审计业务注册会计师定期轮换的相关规定。

第十六条 挂牌公司定期报告披露前出现业绩泄露，或者出现业绩传闻且公司股票及其他证券品种交易出现异常波动的，应当及时披露业绩快报。精选层挂牌公司预计不能在会计年度结束之日起两个月内披露年度报告的，应当在该会计年度结束之日起两个月内披露业绩快报。业绩快报中的财务数据包括但不限于营业收入、净利润、总资产、净资产以及净资产收益率。

精选层挂牌公司在年度报告披露前，预计上一会计年度净利润发生重大变化的，应当及时进行业绩预告；预计半年度和季度净利润发生重大变化的，可以进行业绩预告。

业绩预告应当披露年度净利润的预计值以及重大变化的原因。重大变化的情形包括年度净利润同比变动超过50%且大于500万元、发生亏损或者由亏损变为盈利。

公司业绩快报、业绩预告中的财务数据与实际数据差异幅度达到20%以上的，应当及时披露修正公告，并在修正公告中向投资者致歉、说明差异的原因。

第十七条 挂牌公司董事会应当确保公司定期报告按时披露。董事会因故无法对定期报告形成决议的，应当以董事会公告的方式披露具体原因和存在的风险。挂牌公司不得披露未经董事会审议通过的定期报告，董事会已经审议通过的，不得以董事、高级管理人员对定期报告内容有异议为由不按时披露定期报告。

挂牌公司监事会应当对董事会编制的定期报告进行审核并提出书面审核意见，说明董事会对定期报告的编制和审核程序是否符合法律法规、中国证监会、全国股转公司的规定和公司章程，报告的内容是否能够真实、准确、完整地反映公司实际情况。

挂牌公司董事、监事、高级管理人员应当对公司定期报告签署书面确认意见。董事、监事和高级管理人员无法保证定期报告内容的真实性、准确性、完整性或者有异议的，应当在书面确认意见中发表意见并陈述理由，公司应当在定期报告中披露相关情况。公司不予披露的，董事、监事和高级管理人员可以直接申请披露。

第十八条 挂牌公司应当在定期报告披露前及时向主办券商提供下列文件：

（一）定期报告全文；

（二）审计报告（如适用）；

（三）董事会、监事会决议及其公告文稿；

（四）公司董事、高级管理人员的书面确认意见及监事会的书面审核意见；

（五）按照全国股转公司要求制作的定期报告和财务数据的电子文件；

（六）全国股转公司及主办券商要求的其他文件。

第十九条 挂牌公司财务报告被注册会计师出具非标准审计意见的，公司在向主办券商送达定期报告时应当提交下列文件，并与定期报告同时披露：

（一）董事会针对该审计意见涉及事项所做的专项说明和相关决议；

（二）监事会对董事会有关说明的意见和相关决议；

（三）负责审计的会计师事务所及注册会计师出具的专项说明；

（四）全国股转公司及主办券商要求的其他文件。

第二十条 负责审计的会计师事务所和注册会计师按本规则第十九条出具的专项说明应当至少包括以下内容：

（一）出具非标准审计意见的依据和理由；

（二）非标准审计意见涉及事项对报告期公司财务状况和经营成果的影响；

（三）非标准审计意见涉及事项是否违反企业会计准则及相关信息披露规范性规定。

第二十一条 本规则第二十条所述非标准审计意见涉及事项属于违反会计准则及相关信息披露规范性规定的，主办券商应当督促挂牌公司对有关事项进行纠正。

第二十二条 挂牌公司定期报告存在差错、未按规定披露或者虚假记载，被中国证监会或全国股转公司责令改正或者董事会决定更正的，应当在被责令改正或者董事会作出相应决定后，及时进行更正。对年度财务报告中会计差错进行更正的，应当披露会计师事务所出具的专项说明。

第二十三条 挂牌公司年度报告中出现下列情形之一的，全国股转公司对股票交易实行风险警示，在公司股票简称前加注标识并公告：

（一）最近一个会计年度的财务报告被出具否定意见或者无法表示意见的审计报告；

（二）最近一个会计年度经审计的期末净资产为负值；

（三）全国股转公司规定的其他情形。

年度报告出现上述风险警示情形，或者挂牌公司因更正年度报告、追溯调整财务数据导致其触发精选层或创新层退出情形的，主办券商应当最迟在披露当日向全国股转公司报告。

第三章　临时报告

第一节　一般规定

第二十四条　临时报告是指自取得挂牌同意函之日起，挂牌公司及其他信息披露义务人按照法律法规和中国证监会、全国股转公司有关规定发布的除定期报告以外的公告。

发生可能对公司股票及其他证券品种交易价格、投资者投资决策产生较大影响的重大事件（以下简称重大事件或重大事项），挂牌公司及其他信息披露义务人应当及时披露临时报告。

临时报告（监事会公告除外）应当加盖董事会公章并由公司董事会发布。

第二十五条　挂牌公司应当按照中国证监会、全国股转公司有关规定编制并披露临时报告。中国证监会、全国股转公司对不同市场层级挂牌公司重大事件的标准有差异化规定的，挂牌公司应当遵守相关规定。

精选层、创新层挂牌公司应当按照中国证监会、全国股转系统行业信息披露有关规定的要求，及时披露行业特有重大事件。

第二十六条　挂牌公司应当在重大事件最先触及下列任一时点后，及时履行首次披露义务：

（一）董事会或者监事会作出决议时；

（二）有关各方签署意向书或协议时；

（三）董事、监事或者高级管理人员知悉或者应当知悉该重大事件发生时。

挂牌公司筹划的重大事项存在较大不确定性，立即披露可能会损害公司利益或者误导投资者，且有关内幕信息知情人已书面承诺保密的，公司可以暂不披露，但最迟应当在该重大事项形成最终决议、签署最终协议、交易确定能够达成时对外披露。

相关信息确实难以保密、已经泄露或者出现市场传闻，导致公司股票及其他证券品种交易价格发生大幅波动的，公司应当立即披露相关筹划和进展情况。

第二十七条　挂牌公司履行首次披露义务时，应当按照本规则及相关规定披露重大事件的起因、目前的状态和可能产生的法律后果等。编制公告时相关事实尚未发生的，公司应当客观公告既有事实，待相关事实发生后，再按照相关要求披露重大事件的进展情况。

挂牌公司已披露的重大事件出现可能对挂牌公司股票及其他证券品种交易价格或投资者决策产生较大影响的进展或者变化的，应当及时披露进展或者变化情况，包括协议执行发生重大变化、被有关部门批准或否决、无法交付过户等。

第二十八条　挂牌公司控股子公司发生本规则第三章第三至五节规定的重大事件，

视同挂牌公司的重大事件，适用本规则。

挂牌公司参股公司发生本规则第三章第三至五节规定的重大事件，可能对挂牌公司股票及其他证券品种交易价格或投资者决策产生较大影响的，挂牌公司应当参照本规则履行信息披露义务。

第二十九条 挂牌公司发生的或者与之有关的事件没有达到本规则规定的披露标准，或者本规则没有具体规定，但公司董事会认为该事件可能对挂牌公司股票及其他证券品种交易价格或投资者决策产生较大影响的，公司应当及时披露。

第二节 董事会、监事会和股东大会决议

第三十条 挂牌公司召开董事会会议，应当在会议结束后及时将经参会董事签字确认的决议（包括所有提案均被否决的董事会决议）向主办券商报备。

董事会决议涉及须经股东大会表决事项的，公司应当及时披露董事会决议公告，并在公告中简要说明议案内容。

董事会决议涉及本规则规定的应当披露的重大信息，公司应当在会议结束后及时披露董事会决议公告和相关公告。

第三十一条 挂牌公司召开监事会会议，应当在会议结束后及时将经参会监事签字确认的决议向主办券商报备。

监事会决议涉及本规则规定的应当披露的重大信息，公司应当在会议结束后及时披露监事会决议公告和相关公告。

第三十二条 挂牌公司应当在年度股东大会召开二十日前或者临时股东大会召开十五日前，以临时报告方式向股东发出股东大会通知。

第三十三条 挂牌公司在股东大会上不得披露、泄露未公开重大信息，会议结束后应当及时披露股东大会决议公告。挂牌公司按照规定聘请律师对股东大会的会议情况出具法律意见书的，应当在股东大会决议公告中披露法律意见书的结论性意见。

股东大会决议涉及本规则规定的重大事项，且股东大会审议未通过相关议案的，挂牌公司应当就该议案涉及的事项，以临时报告的形式披露事项未审议通过的原因及相关具体安排。

第三十四条 主办券商、全国股转公司要求提供董事会、监事会和股东大会会议记录的，挂牌公司应当按要求提供。

第三节 交易事项

第三十五条 挂牌公司发生以下交易，达到披露标准的，应当及时披露：

（一）购买或者出售资产；

（二）对外投资（含委托理财、对子公司投资等）；

（三）提供担保；

（四）提供财务资助；

（五）租入或者租出资产；

（六）签订管理方面的合同（含委托经营、受托经营等）；

（七）赠与或者受赠资产；

（八）债权或者债务重组；

（九）研究与开发项目的转移；

（十）签订许可协议；

（十一）放弃权利；

（十二）中国证监会、全国股转公司认定的其他交易。

上述购买或者出售资产，不包括购买原材料、燃料和动力，以及出售产品或者商品等与日常经营相关的交易行为。

第三十六条 精选层挂牌公司发生的交易（除提供担保外）达到下列标准之一的，应当及时披露：

（一）交易涉及的资产总额（同时存在账面值和评估值的，以孰高为准）占公司最近一期经审计总资产的10%以上；

（二）交易的成交金额占公司市值的10%以上；

（三）交易标的（如股权）最近一个会计年度资产净额占公司市值的10%以上；

（四）交易标的（如股权）最近一个会计年度相关的营业收入占公司最近一个会计年度经审计营业收入的10%以上，且超过1000万元；

（五）交易产生的利润占公司最近一个会计年度经审计净利润的10%以上，且超过150万元；

（六）交易标的（如股权）最近一个会计年度相关的净利润占公司最近一个会计年度经审计净利润的10%以上，且超过150万元。

未盈利的精选层挂牌公司可以豁免适用净利润指标。

第三十七条 创新层挂牌公司发生的交易（除提供担保外）达到下列标准之一的，应当及时披露：

（一）交易涉及的资产总额（同时存在账面值和评估值的，以孰高为准）或成交金额占公司最近一个会计年度经审计总资产的10%以上；

（二）交易涉及的资产净额或成交金额占公司最近一个会计年度经审计净资产绝对值的10%以上，且超过300万元。

第三十八条 基础层挂牌公司发生的交易（除提供担保外）达到下列标准之一的，应当及时披露：

（一）交易涉及的资产总额（同时存在账面值和评估值的，以孰高为准）或成交金额占公司最近一个会计年度经审计总资产的20%以上；

（二）交易涉及的资产净额或成交金额占公司最近一个会计年度经审计净资产绝对

值的20%以上，且超过300万元。

第三十九条 挂牌公司与其合并报表范围内的控股子公司发生的或者上述控股子公司之间发生的交易，除另有规定或者损害股东合法权益外，免于按照本节规定披露。

挂牌公司提供担保的，应当提交公司董事会审议并及时披露董事会决议公告和相关公告。

第四十条 本节所述交易事项的计算或审议标准适用全国股转系统公司治理相关规则。

第四节 关联交易

第四十一条 挂牌公司的关联交易，是指挂牌公司或者其控股子公司等其他主体与公司关联方发生第三十五条规定的交易和日常经营范围内发生的可能引致资源或者义务转移的事项。

第四十二条 挂牌公司应当及时披露按照全国股转系统公司治理相关规则须经董事会审议的关联交易事项。

挂牌公司应当在董事会、股东大会决议公告中披露关联交易的表决情况及表决权回避制度的执行情况。

第四十三条 对于每年与关联方发生的日常性关联交易，挂牌公司可以在披露上一年度报告之前，对本年度将发生的关联交易总金额进行合理预计，履行相应审议程序并披露。对于预计范围内的关联交易，公司应当在年度报告和中期报告中予以分类，列表披露执行情况并说明交易的公允性。

实际执行超出预计金额的，公司应当就超出金额所涉及事项履行相应审议程序并披露。

第四十四条 挂牌公司与关联方的交易，按照全国股转系统公司治理相关规则免予关联交易审议的，可以免予按照关联交易披露。

第五节 其他重大事件

第四十五条 挂牌公司因公开发行股票接受辅导时，应及时披露相关公告及后续进展。公司董事会就股票发行、拟在境内外其他证券交易场所上市，或者发行其他证券品种作出决议，应当自董事会决议之日起及时披露相关公告。

第四十六条 挂牌公司设置、变更表决权差异安排的，应当在披露审议该事项的董事会决议的同时，披露关于设置表决权差异安排、异议股东回购安排及其他投资者保护措施等内容的公告。

第四十七条 挂牌公司应当及时披露下列重大诉讼、仲裁：

（一）涉案金额超过200万元，且占公司最近一期经审计净资产绝对值10%以上；

（二）股东大会、董事会决议被申请撤销或者宣告无效。

第四十八条 挂牌公司应当在董事会审议通过利润分配或资本公积转增股本方案后，及时披露方案具体内容，并于实施方案的股权登记日前披露方案实施公告。

第四十九条 股票交易出现异常波动的，挂牌公司应当及时了解造成交易异常波动的影响因素，并于次一交易日开盘前披露异常波动公告。

第五十条 公共媒体传播的消息可能或者已经对公司股票及其他证券品种交易价格或投资者决策产生较大影响的，挂牌公司应当及时了解情况，向主办券商提供有助于甄别的相关资料，并发布澄清公告。

第五十一条 挂牌公司任一股东所持公司5%以上的股份被质押、冻结、司法拍卖、托管、设定信托或者被依法限制表决权的，应当及时通知公司并予以披露。

精选层挂牌公司控股股东及其一致行动人质押股份占其所持股份的比例达到50%以上，以及之后质押股份的，应当及时通知公司，并披露质押股份情况、质押融资款项的最终用途及资金偿还安排。

第五十二条 限售股份在解除限售前，挂牌公司应当按照全国股转公司有关规定披露相关公告。

第五十三条 直接或间接持有公司5%以上股份的股东，所持股份占挂牌公司总股本的比例每达到5%的整数倍时，投资者应当按规定及时告知公司，并配合挂牌公司履行信息披露义务。挂牌公司应当及时披露股东持股情况变动公告。

挂牌公司投资者及其一致行动人拥有权益的股份达到《非上市公众公司收购管理办法》规定标准的，应当按照规定履行权益变动或控制权变动的披露义务。投资者及其一致行动人已披露权益变动报告书的，挂牌公司可以简化披露持股变动情况。

第五十四条 挂牌公司和相关信息披露义务人披露承诺事项的，应当严格遵守其披露的承诺事项。

挂牌公司应当及时披露承诺事项的履行进展情况。公司未履行承诺的，应当及时披露原因及相关当事人可能承担的法律责任；相关信息披露义务人未履行承诺的，公司应当主动询问，并及时披露原因以及董事会拟采取的措施。

第五十五条 全国股转公司对挂牌公司股票实行风险警示或作出股票终止挂牌决定后，挂牌公司应当及时披露。

第五十六条 挂牌公司出现下列重大风险情形之一的，应当自事实发生之日起及时披露：

（一）停产、主要业务陷入停顿；

（二）发生重大债务违约；

（三）发生重大亏损或重大损失；

（四）主要资产被查封、扣押、冻结，主要银行账号被冻结；

（五）公司董事会无法正常召开会议并形成董事会决议；

（六）董事长或者经理无法履行职责，控股股东、实际控制人无法取得联系；

（七）公司其他可能导致丧失持续经营能力的风险。

上述风险事项涉及具体金额的，根据公司所属市场层级比照适用本规则第三十六条至第三十八条的规定。

第五十七条 挂牌公司出现以下情形之一的，应当自事实发生或董事会决议之日起及时披露：

（一）变更公司名称、证券简称、公司章程、注册资本、注册地址、主要办公地址等，其中公司章程发生变更的，还应在股东大会审议通过后披露新的公司章程；

（二）经营方针和经营范围发生重大变化；

（三）挂牌公司控股股东、实际控制人及其一致行动人，或第一大股东发生变更；

（四）挂牌公司控股股东、实际控制人及其控制的企业占用公司资金；

（五）挂牌公司实际控制人及其控制的其他企业从事与公司相同或者相似业务的情况发生较大变化；

（六）法院裁定禁止控股股东、实际控制人转让其所持挂牌公司股份；

（七）挂牌公司董事、监事、高级管理人员发生变动；

（八）挂牌公司减资、合并、分立、解散及申请破产，或者依法进入破产程序、被责令关闭；

（九）订立重要合同、获得大额政府补贴等额外收益，可能对公司的资产、负债、权益和经营成果产生重大影响；

（十）挂牌公司提供担保，被担保人于债务到期后15个交易日内未履行偿债义务，或者被担保人出现破产、清算或其他严重影响其偿债能力的情形；

（十一）营业用主要资产的抵押、质押、出售或者报废一次超过该资产的30%；

（十二）挂牌公司发生重大债务；

（十三）挂牌公司变更会计政策、会计估计（法律法规或者国家统一会计制度要求的除外），变更会计师事务所；

（十四）挂牌公司或其控股股东、实际控制人、董事、监事、高级管理人员被纳入失信联合惩戒对象；

（十五）挂牌公司取得或丧失重要生产资质、许可、特许经营权，或生产经营的外部条件、行业政策发生重大变化；

（十六）挂牌公司涉嫌违法违规被中国证监会及其派出机构或其他有权机关调查，被移送司法机关或追究刑事责任，受到对公司生产经营有重大影响的行政处罚，或者被中国证监会及其派出机构采取行政监管措施或行政处罚；

（十七）挂牌公司董事、监事、高级管理人员、控股股东或实际控制人涉嫌违法违规被中国证监会及其派出机构或其他有权机关调查、采取留置、强制措施或者追究重大刑事责任，被中国证监会及其派出机构处以证券市场禁入、认定为不适当人员等监管措施，受到对公司生产经营有重大影响的行政处罚；

（十八）因已披露的信息存在差错、虚假记载或者未按规定披露，被有关机构责令改正或者经董事会决定进行更正；

（十九）法律法规规定的，或者中国证监会、全国股转公司认定的其他情形。

挂牌公司发生违规对外担保，或者资金、资产被控股股东、实际控制人及其控制的企业占用的，应当披露相关事项的整改进度情况。

第五十八条 精选层挂牌公司出现以下情形之一的，应当自事实发生或董事会决议之日起及时披露：

（一）开展与主营业务行业不同的新业务；

（二）重要在研产品或项目取得阶段性成果或研发失败；

（三）主要产品或核心技术丧失竞争优势。

第五十九条 精选层挂牌公司持股5%以上股东、实际控制人、董事、监事、高级管理人员计划减持股份的，应当及时通知公司，在首次卖出股份的15个交易日前预先披露减持计划，持股5%以上股东、实际控制人减持其通过全国股转系统竞价、做市交易买入的股票除外。公告的内容应当包括拟减持股份的数量、减持时间区间、价格区间、减持原因等信息，且每次披露的减持时间区间不得超过6个月。

在减持时间区间内，持股5%以上股东、实际控制人、董事、监事、高级管理人员在减持数量过半或减持时间过半时，应当披露减持进展情况。持股5%以上股东、实际控制人、董事、监事、高级管理人员应当在股份减持计划实施完毕或者披露的减持时间区间届满后及时公告具体减持情况。

第四章　信息披露事务管理

第六十条 挂牌公司应当制定信息披露事务管理制度，经董事会审议并披露。信息披露事务管理制度应当包括：

（一）公司应当披露的信息和披露标准；

（二）未公开信息的传递、审核、披露流程；

（三）董事和董事会、监事和监事会、高级管理人员和信息披露事务负责人等在信息披露中的职责；

（四）董事、监事、高级管理人员和信息披露事务负责人履行职责的记录和保管制度；

（五）未公开信息的保密措施，内幕信息知情人的范围和保密责任；

（六）财务管理和会计核算的内部控制及监督机制；

（七）对外发布信息的申请、审核、发布流程，与投资者、证券服务机构、媒体等的信息沟通制度；

（八）信息披露相关文件、资料的档案管理；

（九）控股子公司的信息披露事务管理和报告制度；

（十）未按规定披露信息的责任追究机制，对违反规定人员的处理措施。

第六十一条 挂牌公司由信息披露事务负责人负责信息披露管理事务。

挂牌公司董事、监事、高级管理人员应当勤勉尽责，关注信息披露文件的编制情况，保证定期报告、临时报告在规定期限内披露，配合挂牌公司履行信息披露义务。

挂牌公司应当制定董事、监事、高级管理人员以及其他相关人员对外发布信息的内部规范，明确发布程序、方式和未经董事会许可不得对外发布的事项等。

第六十二条 相关信息披露义务人应当积极配合挂牌公司做好信息披露工作，及时告知公司已发生或者可能发生的重大事件，严格履行承诺。相关信息披露义务人通过挂牌公司披露信息的，挂牌公司应当予以协助。

第六十三条 挂牌公司及其他信息披露义务人应当配合为其提供服务的主办券商、证券服务机构的工作，按要求提供与其执业相关的材料，不得要求主办券商、证券服务机构出具与客观事实不符的文件或阻碍其工作。

挂牌公司在经营状况、公司治理、财务等方面发生重大变化的，应当及时告知主办券商，并按相关规定履行信息披露义务。

第六十四条 在内幕信息依法披露前，任何知情人不得公开或者泄露该信息，不得利用该信息进行交易。

挂牌公司通过业绩说明会、分析师会议、路演、接受投资者调研等形式就公司的经营情况、财务情况及其他事件与任何机构和个人进行沟通的，不得提供内幕信息。挂牌公司及其他信息披露义务人不得以新闻发布或者答记者问等形式代替信息披露或泄露未公开重大信息。

第五章 监管措施与违规处分

第六十五条 挂牌公司董事、监事、高级管理人员应当对公司信息披露的真实性、准确性、完整性负责，保证及时、公平地披露信息。

挂牌公司董事长、经理、信息披露事务负责人对公司的定期报告和临时报告信息披露负主要责任。挂牌公司董事长、经理、财务负责人对公司的财务报告负主要责任。

第六十六条 全国股转公司对挂牌公司及其他信息披露义务人已披露的信息进行审查，发现已披露信息存在问题的，可以采用要求说明、公开问询等方式，要求挂牌公司及其他信息披露义务人、主办券商和其他证券服务机构等相关主体进行解释、说明、更正和补充，相关主体应当及时回复，并保证回复内容的真实、准确、完整。主办券商应当对挂牌公司的回复进行审查。

全国股转公司可以就信息披露相关事项依据自律规则及挂牌协议的规定对挂牌公司、主办券商进行检查。

第六十七条 违反本规则的，全国股转公司可以视情节轻重采取以下自律监管措施：

（一）口头警示；

（二）约见谈话；

（三）要求提交书面承诺；

（四）出具警示函；

（五）责令改正；

（六）要求公开更正、澄清或说明；

（七）要求公开致歉；

（八）要求限期参加培训或考试；

（九）要求限期召开投资者说明会；

（十）暂停解除挂牌公司控股股东、实际控制人的股票限售；

（十一）建议挂牌公司更换相关任职人员；

（十二）暂不受理相关主办券商、证券服务机构或其相关人员出具的文件；

（十三）暂停证券账户交易；

（十四）限制证券账户交易；

（十五）全国股转公司规定的其他自律监管措施。

情节轻微未造成不良影响的，全国股转公司可以通过监管工作提示等方式对其进行提醒教育。

第六十八条 违反本规则的，全国股转公司可以视情节轻重采取以下纪律处分：

（一）通报批评；

（二）公开谴责；

（三）认定其不适合担任公司董事、监事、高级管理人员；

（四）全国股转公司规定的其他纪律处分。

全国股转公司发现相关主体涉嫌违反法律法规和中国证监会相关规定，情节严重的，向中国证监会报告。

第六十九条 挂牌公司及其他信息披露义务人存在以下情形之一的，全国股转公司可以对挂牌公司及相关责任主体采取自律监管措施或纪律处分：

（一）将不存在的事实在信息披露文件中予以记载，构成虚假记载的；

（二）通过信息披露文件作出使投资者对其投资行为发生错误判断并产生重大影响的陈述，构成误导性陈述的；

（三）信息披露文件未完整记载应当披露的事项，或未按照信息披露文件内容与格式的相关规定进行编制，构成重大遗漏的；

（四）无正当理由未在本规则规定的期限内披露定期报告或临时报告的；

（五）对外提供未在规定信息披露平台披露的重大信息，或者未以全国股转公司规定的方式公开披露应当披露的信息；

（六）拒不更正已披露文件差错、修正已披露财务数据，或者更正已披露文件产生较大影响的；

（七）未按要求回复全国股转公司对信息披露文件进行解释说明、更正和补充的要求，或者公开问询的；

（八）会计核算体系、财务管理和风险控制制度执行不到位，无法确保公司财务报告真实可靠的；

（九）未按规定建立、执行信息披露事务管理制度，或拒不履行本规则规定的信息报备义务；

（十）全国股转公司认定的其他违规行为。

挂牌公司无正当理由，未在规定期限内披露年度报告或者中期报告的，全国股转公司将给予挂牌公司及相关责任主体公开谴责的纪律处分。

第七十条 主办券商及其从业人员未按规定履行持续督导职责，对挂牌公司及其他信息披露义务人的信息披露违规行为负有责任的，全国股转公司可以对其采取自律监管措施或纪律处分。

主办券商、会计师事务所、律师事务所、其他证券服务机构及其从业人员出具的文件违反信息披露真实性、准确性、完整性原则的，全国股转公司可以对其采取自律监管措施或纪律处分。

第六章 附则

第七十一条 本规则下列用语具有如下含义：

（一）披露，是指挂牌公司或者其他信息披露义务人按法律法规、部门规章、规范性文件、本规则和全国股转公司其他有关规定在规定信息披露平台上公告信息。

（二）及时，是指自起算日起或者触及本规则规定的披露时点的两个交易日内。

（三）信息披露义务人，是指股票或其他证券品种在全国股转系统挂牌交易的公司，公司的董事、监事、高级管理人员、股东、实际控制人，收购人及其相关人员，重大资产重组交易对方及其相关人员，破产管理人及其成员，主办券商等。

（四）高级管理人员，是指公司经理、副经理、董事会秘书（如有）、财务负责人及公司章程规定的其他人员。

（五）控股股东，是指其持有的股份占公司股本总额50%以上的股东；或者持有股份的比例虽然不足50%，但依其持有的股份所享有的表决权已足以对股东大会的决议产生重大影响的股东。

（六）实际控制人，是指通过投资关系、协议或者其他安排，能够支配、实际支配公司行为的自然人、法人或者其他组织。

（七）控制，是指有权决定一个公司的财务和经营政策，并能据以从该公司的经营活动中获取利益。有下列情形之一的，为拥有挂牌公司控制权（有确凿证据表明其不能主导公司相关活动的除外）：

1. 为挂牌公司持股50%以上的控股股东；

2. 可以实际支配挂牌公司股份表决权超过30%；

3. 通过实际支配挂牌公司股份表决权能够决定公司董事会半数以上成员选任；

4. 依其可实际支配的挂牌公司股份表决权足以对公司股东大会的决议产生重大影响；

5. 中国证监会或全国股转公司认定的其他情形。

（八）挂牌公司控股子公司，是指挂牌公司合并报表范围内的子公司，即持有其50%以上股份，或者能够决定其董事会半数以上成员组成，或者通过协议或其他安排能够实际控制的公司。

（九）关联方，是指挂牌公司的关联法人和关联自然人。

具有以下情形之一的法人或其他组织，为挂牌公司的关联法人：

1. 直接或者间接控制挂牌公司的法人或其他组织；

2. 由前项所述法人直接或者间接控制的除挂牌公司及其控股子公司以外的法人或其他组织；

3. 关联自然人直接或者间接控制的，或者担任董事、高级管理人员的，除挂牌公司及其控股子公司以外的法人或其他组织；

4. 直接或者间接持有挂牌公司5%以上股份的法人或其他组织；

5. 在过去12个月内或者根据相关协议安排在未来12个月内，存在上述情形之一的；

6. 中国证监会、全国股转公司或者挂牌公司根据实质重于形式的原则认定的其他与公司有特殊关系，可能或者已经造成挂牌公司对其利益倾斜的法人或其他组织。

挂牌公司与上述第2项所列法人或其他组织受同一国有资产管理机构控制的，不因此构成关联关系，但该法人或其他组织的董事长、经理或者半数以上的董事兼任挂牌公司董事、监事或高级管理人员的除外。

具有以下情形之一的自然人，为挂牌公司的关联自然人：

1. 直接或者间接持有挂牌公司5%以上股份的自然人；

2. 挂牌公司董事、监事及高级管理人员；

3. 直接或者间接地控制挂牌公司的法人的董事、监事及高级管理人员；

4. 上述第1、2项所述人士的关系密切的家庭成员，包括配偶、父母、年满18周岁的子女及其配偶、兄弟姐妹及其配偶，配偶的父母、兄弟姐妹，子女配偶的父母；

5. 在过去12个月内或者根据相关协议安排在未来12个月内，存在上述情形之一的；

6. 中国证监会、全国股转公司或者挂牌公司根据实质重于形式原则认定的其他与挂牌公司有特殊关系，可能或者已经造成挂牌公司对其利益倾斜的自然人。

（十）承诺，是指挂牌公司就重要事项向公众或者监管部门所作的保证和相关解决措施；其他信息披露义务人就重要事项向挂牌公司、公众或者监管部门所作的保证和相关解决措施。

（十一）违规对外担保，是指挂牌公司及其控股子公司未经公司章程等规定的审议程序而实施的对外担保事项。

（十二）净资产，是指挂牌公司资产负债表列报的所有者权益；挂牌公司编制合并财务报表的为合并资产负债表列报的归属于母公司所有者权益，不包括少数股东权益。

（十三）日常性关联交易，是指挂牌公司和关联方之间发生的购买原材料、燃料、动力，出售产品、商品，提供或者接受劳务等与日常经营相关的交易行为；公司章程中约定适用于本公司的日常关联交易类型。

（十四）非标准审计意见，是指注册会计师发表非无保留意见（保留意见、否定意见、无法表示意见），和带有解释性说明的无保留意见（带有强调事项段、持续经营重大不确定性段落、其他信息段落中包含其他信息未更正重大错报说明的无保留意见）。

（十五）本规则中“以上”“达到”均含本数，“超过”不含本数。

第七十二条 本规则由全国股转公司负责解释。

第七十三条 本规则自发布之日起施行。

关于发布《全国中小企业股份转让系统非上市公众公司重大资产重组业务细则》的公告

股转系统公告〔2020〕340号

为了进一步规范全国中小企业股份转让系统非上市公众公司重大资产重组事项管理，全国中小企业股份转让系统有限责任公司对《全国中小企业股份转让系统非上市公众公司重大资产重组业务细则》（以下简称《重组细则》）进行了修订，现予以发布，自发布之日起施行。

《重组细则》发布前，已申请重大资产重组停牌的，停牌期限及延期复牌事宜适用原《重组细则》的规定；已披露重组预案或重组报告书的，复牌事宜适用原《重组细则》的规定。

特此公告。

附件：全国中小企业股份转让系统非上市公众公司重大资产重组业务细则

全国中小企业股份转让系统有限责任公司

2020年4月24日

全国中小企业股份转让系统非上市公众公司重大资产重组业务细则

第一章　总则

第一条　为规范股票在全国中小企业股份转让系统（以下简称全国股转系统）公开交易的公众公司（以下简称公司）重大资产重组的信息披露和相关业务办理流程，根据《非上市公众公司监督管理办法》、《非上市公众公司重大资产重组管理办法》（以下简称《重组办法》）等部门规章以及《全国中小企业股份转让系统业务规则（试行）》等相关业务规则，制定本细则。

第二条　本细则所称重大资产重组，是指公司及其控股或者控制的企业在日常经营活动之外购买、出售资产或者通过其他方式进行资产交易，导致公司业务、资产发生重大变化的资产交易行为。公司重大资产重组的判断标准，适用《重组办法》的有关规定。

前款规定的通过其他方式进行资产交易，包括但不限于以下情形：

（一）以认缴、实缴等方式与他人新设参股企业，或对已设立的企业增资或者减资；

（二）接受附义务的资产赠与或者对外捐赠资产；

（三）受托经营、租赁其他企业资产或将经营性资产委托他人经营、租赁；

（四）中国证监会根据审慎监管原则认定的其他情形。

第三条　公司进行重大资产重组，应当符合《重组办法》中关于公众公司重组的各项要求。

公司必须保证重大资产重组事项（以下简称重组事项）的真实性并及时进行信息披露，不得虚构重组事项向全国中小企业股份转让系统有限责任公司（以下简称全国股转公司）申请股票停牌或发布信息，损害投资者权益。

第四条　全国股转公司对公司重大资产重组信息披露文件的完备性进行审查。

为公司提供持续督导的主办券商未担任公司独立财务顾问的，应当遵守《全国中小企业股份转让系统业务规则（试行）》的规定，履行持续督导义务。

第二章　停牌与内幕知情人报备

第五条　公司与交易对方筹划重组事项时，应当做好保密工作和内幕信息知情人登记工作，密切关注媒体传闻、公司股票及其他证券品种的交易价格变动情况，并结合重组事项进展，及时申请公司股票停牌并报送材料。

在公司股票停牌前，全国股转公司不接受任何与该公司重组事项相关的业务咨询，也不接收任何与重大资产重组相关的材料。

第六条　公司出现下列情形之一时，应当立即向全国股转公司申请公司股票停牌：

（一）交易各方初步达成实质性意向；

（二）虽未达成实质意向，但在相关董事会决议公告前，相关信息已在媒体上传播或者预计该信息难以保密或者公司证券交易价格出现异常波动；

（三）本次重组需要向有关部门进行政策咨询、方案论证。

除挂牌公司申请股票停牌的情形外，全国股转公司有权在必要情况下对挂牌公司股票主动实施停牌。

第七条　公司重大资产重组相关的停复牌事项，应当按照《全国中小企业股份转让系统挂牌公司股票停复牌业务实施细则》、《全国中小企业股份转让系统挂牌公司股票停复牌业务指南》的要求办理。

第八条　公司必须在确认其股票已停牌后方能与全国股转公司工作人员就重大资产重组相关事项进行沟通。

第九条　公司因重大资产重组事项申请停牌，首次停牌时间不得超过 1 个月。

公司重组事项因涉及有权部门事前审批、重大无先例或全国股转公司认定的其他情形，导致无法在停牌期限届满前披露重组预案或重组报告书的，经公司董事会审议通过后可以申请延期复牌，但自首次停牌之日起，累计停牌时间不得超过 2 个月。期满后仍未能披露重组预案或重组报告书的，挂牌公司应当终止筹划重组事项，并申请复牌。

除前款规定情形外，挂牌公司因筹划重大资产重组股票停牌的，不得申请延期复牌。挂牌公司无法在停牌期限届满前披露重组预案或重组报告书的，应当终止筹划本次重组并申请股票复牌。

因涉及国家重大战略项目、国家军工秘密等事项对停牌时间另有要求，或两网及退市公司在破产重整中嵌套实施重大资产重组的，停牌时间不受本条限制。

第十条　公司因重大资产重组股票停牌后，应当每 5 个交易日披露一次重组进展公告。重组事项出现重要进展的，应当在重组进展公告中予以披露。

前款所称重要进展，包括但不限于以下情形：

1. 各方就交易方案进行磋商的相关情况；

2. 公司与交易对方签订重组框架或意向协议，对已签订的重组框架或意向协议作出重大修订或变更；

3. 公司取得有权部门关于重组事项的事前审批意见；

4. 公司与聘请的中介机构签订重组服务协议；

5. 尽职调查、审计、评估等工作取得阶段性进展；

6. 更换财务顾问、审计机构、评估机构等中介机构；

7. 已披露重组标的的公司，更换、增加、减少重组标的，公司应当披露拟变更标的的具体情况、变更的原因；

8. 因交易双方价格分歧、挂牌公司证券价格波动、税收政策、标的资产行业政策发生重大变化等原因，导致重组事项出现终止风险的，公司应当及时提示相关风险并披露后续进展；

9. 其他重大进展。

第十一条 公司进入重大资产重组程序前因筹划具有重大不确定性的重大事项等原因已经申请股票停牌或更换重组标的的，已停牌时间应一并计入重大资产重组停牌累计时长。

除重组事项依法须经有关部门前置审批或涉及重大无先例事项的情形外，停牌期满后仍无法披露重组预案或重组报告书的，公司应当终止本次重大资产重组，披露终止重组的公告，并在公告中承诺终止重组后1个月内不再筹划重大资产重组事项。终止重组相关公告披露后，公司应当向全国股转公司申请股票于次两个交易日复牌。

公司应当申请股票复牌但拒不提出申请的，全国股转公司有权对公司股票实施强制复牌。

第十二条 除公司股票自挂牌以来未进行过交易的情形外，公司应当在股票停牌之日起10个交易日内，按照《全国中小企业股份转让系统重大资产重组业务指南第1号：非上市公众公司重大资产重组内幕信息知情人报备指南》的要求，向全国股转公司提交完整的内幕信息知情人名单、相关人员买卖公司证券的自查报告、公司重大资产重组交易进程备忘录及公司全体董事对内幕信息知情人报备文件真实性、准确性和完整性的承诺书。

公司预计股票停牌日距离重大资产重组首次董事会召开不足10个交易日的，应当在申请停牌的同时提交上述材料。

公司股票自挂牌以来未进行过交易的，公司应当在股票停牌之日起10个交易日内，提交关于公司股票交易情况的书面说明。

第十三条 全国股转公司在收到内幕信息知情人名单及自查报告后，将对内幕信息知情人在停牌申请日前6个月的公司证券交易情况进行核查。

发现异常交易情况，全国股转公司有权要求公司、独立财务顾问及其他相关主体对交易情况做出进一步核查；涉嫌利用公司重大资产重组信息从事内幕交易、操纵证券市场等违法违规活动的，全国股转公司有权采取自律监管措施或纪律处分，并向中国证监会报告。

第三章　信息披露与复牌

第十四条　公司应当在重组事项首次董事会召开后2个交易日内，按照《重组办法》及相关规范性文件的要求制作并披露相关信息披露文件。前述信息披露完成后，挂牌公司应当向全国股转公司申请于披露后的次两个交易日复牌。

两网及退市公司在破产重整中嵌套实施重大资产重组的，前款所述信息披露完成后，公司原则上应当在继续停牌10个交易日后向全国股转公司申请股票复牌，并在复牌公告中对重组事项尚未经过股东大会审议通过、存在不确定风险进行充分揭示。公司重组事项在审议程序、信息披露等方面存在违法违规或存在其他重大风险的，全国股转公司有权要求公司股票持续停牌，不受10个交易日的期限限制。

公司应当申请股票复牌但拒不提出申请的，全国股转公司有权对公司股票实施强制复牌。

第十五条　全国股转公司在公司信息披露后的10个交易日内对信息披露文件的完备性进行审查。发现信息披露文件存在完备性问题的，全国股转公司有权要求公司对存在问题的信息披露文件内容进行解释、说明和更正。

对于重组预案需更正的情形，公司应当在完成重组预案更正并披露后，再召开董事会审议并披露重组报告书等文件。

第十六条　公司应当在披露重大资产重组报告书等文件的同时，一并披露关于召开股东大会的相关安排。公司在相关安排中确定股东大会召开日期的，董事会决议披露日与股东大会召开日的时间间隔除符合法律法规、中国证监会及全国股转系统的相关规定外，还应当不少于10个交易日。

公司重大资产重组报告书等信息披露文件经全国股转公司审查需要解释、说明和更正的，应当在收到反馈问题清单后披露暂缓召开股东大会的公告。完成信息披露文件更正并经全国股转公司审查完毕后，公司应当披露更正后的相关文件，并重新披露股东大会通知。

第十七条　因公司拟对交易对象、交易标的、交易价格等重组方案主要内容作出变更，构成原重组方案重大调整的，应当在董事会审议通过后重新提交股东大会审议，并重新履行申请停牌、内幕知情人报备、信息披露及申请复牌等程序。支付手段发生变更的，应当视为重组方案的重大调整。

公司在重组报告书中对重组预案内容进行更改的，适用前款规定。

第十八条　公司披露重大资产重组预案或重大资产重组报告书后，因自愿选择终止重组、独立财务顾问或律师对异常交易无法发表意见或认为存在内幕交易且不符合恢复重大资产重组进程要求等原因终止本次重大资产重组的，应当经董事会或股东大会审议通过，并及时披露关于终止重大资产重组的临时公告，并同时在公告中承诺自公告之日起至少1个月内不再筹划重大资产重组。

中国证监会依据《非上市公众公司重大资产重组管理办法》第二十八条的规定，要求公司终止重大资产重组进程的，公司应当及时披露关于重大资产重组终止的临时公告，并同时在公告中承诺自公告之日起至少12个月内不再筹划重大资产重组。

第四章　发行股份购买资产

第十九条　公司发行股份购买资产构成重大资产重组且发行结束后股东人数不超过两百人的，应当向全国股转公司申请备案。其信息披露及具体操作流程，须遵守《重组办法》、本细则及其他相关规范性文件的要求。

涉及以发行股份和其他支付手段混合认购资产构成重大资产重组的，按照发行股份购买资产构成重大资产重组的规定办理。

第二十条　公司发行股份购买资产构成重大资产重组的，发行对象需满足中国证监会及全国股转系统关于投资者适当性的有关规定。

涉及发行股份购买资产同时募集配套资金的，募集配套资金部分与购买资产部分发行的股份可以分别定价，视为两次发行，但应当逐一表决、分别审议。

募集配套资金行为应当符合挂牌公司股票发行的监管要求，且所配套资金比例不超过拟购买资产交易价格的50%。所募资金应当用于支付本次重组交易中的现金对价，支付本次重组交易税费、人员安置费用等并购整合费用，投入标的资产在建项目建设以及其他与本次重组相关的合理用途，并适用挂牌公司股票发行募集资金的相关管理规定。

第二十一条　涉及以优先股、债券等其他支付手段购买资产构成重大资产重组的，应当适用《重组办法》的有关规定，并遵守中国证监会和全国股转公司的其他相关规范性文件。

第二十二条　公司涉及发行股份购买资产构成重大资产重组的，应当在验资完成后20个交易日内，根据《全国中小企业股份转让系统重大资产重组业务指南第2号：非上市公众公司发行股份购买资产构成重大资产重组文件报送指南》的要求，向全国股转公司报送股票发行备案或股票登记申请文件。

公司在取得全国股转公司出具的股份登记函后，应当在10个交易日内办理新增股份登记。

第五章　退市公司补充规定

第二十三条　退市公司进行重大资产重组的，应当遵守《重组办法》及本细则的有关规定，并执行《重组办法》关于退市公司重大资产重组的特别规定。

第二十四条　退市公司在披露重大资产重组报告书时应当同时发布特别提示，对本次重大资产重组是否符合《重组办法》的要求以及公司在信息披露、公司治理方面的规范性进行说明。

第六章　自律管理和违规处分

第二十五条　公司及其董事、监事、高级管理人员和其他相关信息披露义务人，为重大资产重组出具财务顾问报告、审计报告、法律意见书、资产评估报告（或资产估值报告）及其他专业文件的证券服务机构及其从业人员存在下列行为的，全国股转公司有权依据《全国中小企业股份转让系统业务规则（试行）》等有关规定向中国证监会报告，并对相关责任主体采取自律监管措施或纪律处分：

（一）挂牌公司购买、出售或以其他方式进行资产交易构成重大资产重组，未按规定及时申请股票停牌；

（二）挂牌公司购买、出售或以其他方式进行资产交易构成重大资产重组，未按照重大资产重组标准履行审议和信息披露程序，仅按普通购买、出售资产事项予以审议和披露；

（三）挂牌公司重大资产重组事项未经信息披露或未规范履行内部审议程序即实施完毕；

（四）相关主体提交的报备文件、信息披露文件在真实性、准确性、完整性、及时性等方面存在瑕疵；

（五）相关主体未能勤勉尽责，出具的专项意见或报告在真实性、准确性、完整性等方面存在瑕疵；

（六）违反《重组办法》、本细则及相关规定的其他行为。

公司重大资产重组信息披露及相关程序违反法律、行政法规、中国证监会规定及全国股转系统相关业务规则且情形严重的，全国股转公司可以要求公司暂停重大资产重组。

第七章　附则

第二十六条　本细则由全国股转公司负责解释。

第二十七条　本细则自发布之日起实施，全国股转公司于 2018 年 10 月 26 日发布的《全国中小企业股份转让系统非上市公众公司重大资产重组业务细则》（股转系统公告〔2018〕1211 号）同时废止。

关于发布《全国中小企业股份转让系统挂牌公司股票停复牌业务实施细则》的公告

股转系统公告〔2020〕371号

为了规范挂牌公司股票停复牌业务管理，保护投资者知情权和交易权，维护市场秩序，全国中小企业股份转让系统有限责任公司制定了《全国中小企业股份转让系统挂牌公司股票停复牌业务实施细则》。现予以发布，自发布之日起施行。

本细则发布前，挂牌公司已申请重大事项停牌或已申请延期复牌的，可以按照已获批的停牌期限继续停牌；已申请重大资产重组停牌的，有关停复牌业务按照重大资产重组相关规定办理。

特此公告。

附件：全国中小企业股份转让系统挂牌公司股票停复牌业务实施细则

全国中小企业股份转让系统有限责任公司

2020年4月24日

全国中小企业股份转让系统挂牌公司股票停复牌业务实施细则

第一章　总则

第一条　为了进一步加强挂牌公司股票停复牌业务办理的规范性，维护市场秩序，充分保护投资者知情权和交易权，根据《全国中小企业股份转让系统有限责任公司管理暂行办法》《全国中小企业股份转让系统业务规则（试行）》（以下简称《业务规则》）等有关规定，制定本细则。

第二条　挂牌公司普通股股票的停复牌业务及有关信息披露行为，适用本细则。

中国证监会及全国中小企业股份转让系统有限责任公司（以下简称全国股转公司）对停复牌业务另有规定的，依照其规定。

第三条　挂牌公司应当审慎判断股票停牌的必要性，不得随意申请停牌或拖延申请复牌，切实维护投资者交易权。

第四条　挂牌公司筹划重大事项，应当及时履行审议程序，分阶段披露重大事项的具体进展。相关信息已及时、公平披露，有关风险和不确定性已充分揭示的，挂牌公司不得以事项结果存在不确定性为由申请停牌。

第五条　挂牌公司股票停牌后，应当及时披露停牌事项及进展情况。筹划事项结果尚不确定，但基本情况、存在的不确定性、风险因素及其对公司的影响等已充分披露的，挂牌公司应当及时向全国股转公司申请股票复牌。

第六条　挂牌公司及其股东、实际控制人，董事、监事、高级管理人员和其他交易各方，主办券商及其他证券服务机构等相关主体及其工作人员，在筹划、实施可能对公司股票交易价格产生较大影响的重大事项过程中，应当切实履行保密义务，根据有关规定做好信息管理和内幕信息知情人登记工作，不得泄露挂牌公司未披露的重大信息，不得利用该信息牟取不正当利益。

挂牌公司不得以申请停牌代替相关各方的保密义务。

第七条　挂牌公司控股股东、实际控制人，董事、监事、高级管理人员应当勤勉尽责，按照审慎停牌原则妥善安排股票停复牌事宜，积极推进相关事项，严格履行信息披露义务，压缩股票停牌时间。

第八条　主办券商应当督导挂牌公司按照本细则要求规范办理停复牌业务、履行信息披露义务，对挂牌公司停复牌、信息披露等文件进行事前审查。挂牌公司拒不配合进行事前审查或者履行信息披露义务的，主办券商应当及时披露相关风险揭示公告。

第九条 全国股转公司根据本细则及其他相关规定办理挂牌公司停复牌业务。挂牌公司的停复牌申请不符合规定的，全国股转公司可以不予办理。

全国股转公司可以根据中国证监会的要求、市场情况或者挂牌公司股票的交易情况，要求挂牌公司申请停复牌。挂牌公司未按要求申请停复牌或触发规定情形的，全国股转公司可以对挂牌公司股票实施强制停复牌，并要求挂牌公司披露相关情况，做出解释说明。

第二章 股票停牌

第一节 主动申请停牌

第十条 挂牌公司存在持续经营能力重大不确定性、出现重大风险事件，或者筹划控制权变动、要约收购等事项（以下简称重大事项），原则上应当分阶段披露重大事项的具体进展信息。确需停牌的，可以申请股票停牌，停牌时长不得超过 10 个交易日。

第十一条 挂牌公司在筹划重大资产重组过程中，交易各方初步达成实质性意向或者虽未达成实质意向，但在相关董事会决议公告前，相关信息已在媒体上传播或者预计该信息难以保密或者公司证券交易价格出现异常波动，以及本次重组需要向有关部门进行政策咨询、方案论证的（以下简称重大资产重组），应当立即向全国股转公司申请股票停牌，停牌时长不得超过 1 个月。

第十二条 挂牌公司向中国证监会或境内证券交易所申请公开发行股票并上市，应当申请股票于收到中国证监会申报材料接收凭证或向交易所提交申报材料的次一交易日停牌。

精选层挂牌公司向境内证券交易所直接申请股票上市，应当申请股票于向交易所提交申报材料的次一交易日停牌。

第十三条 挂牌公司向全国股转公司申请股票公开发行并在精选层挂牌，应当申请股票于向全国股转公司提交申报材料的次一交易日停牌。

第十四条 挂牌公司发生中国证监会或全国股转公司规定的其他停牌事项（以下简称其他事项），应当按照其规定办理股票停牌。

第十五条 挂牌公司根据本细则及其他有关规定申请股票停牌的，应当提交停牌申请，经全国股转公司同意后，于停牌生效前披露股票停牌公告。公告内容应当包括具体事项、停牌期限和预计复牌日期等具体信息。

挂牌公司股票因重大事项、重大资产重组停牌的，应当每 5 个交易日披露一次停牌进展公告，相关事项取得重要进展或发生重大变化的，应当及时披露，不得以披露频次未低于相关规定怠于履行信息披露义务；因其他情形停牌的，应当在相关事项取得重要进展或者发生重大变化时披露停牌进展公告。公告内容应当详细披露停牌事项的进度、后续安排等具体进展情况，避免笼统、概括式的信息披露。

第二节　强制停牌

第十六条　挂牌公司出现未在规定期限内披露年度报告或者中期报告等规定情形，以及其他可能严重影响市场秩序、损害投资者合法权益的情形，全国股转公司可以对挂牌公司股票实施停牌。

第十七条　挂牌公司应当申请股票停牌，但无法提出申请或拒不申请股票停牌的，主办券商应当及时向全国股转公司报告并提出处理建议，处理建议至少包括公司股票是否应当停牌、停牌原因及规则依据等内容。全国股转公司可以结合主办券商处理建议对挂牌公司股票实施停牌。

第十八条　挂牌公司股票被全国股转公司实施停牌，应当在股票停牌生效前披露被实施停牌的公告。公告内容应当包括被实施停牌的事由、后续安排等相关情况，并做出相应的解释说明。

停牌期间，挂牌公司应当在相关事项取得重要进展或者发生重大变化时披露停牌进展公告。公告内容应当详细披露停牌事项的进度、后续安排等具体进展情况。

第三章　股票延期复牌及停牌事项变更

第十九条　挂牌公司股票因重大事项停牌后，应积极推进相关事项，并及时履行信息披露义务。确有必要的，挂牌公司可以申请延期复牌，自首次停牌之日起累计停牌时长不得超过20个交易日。

第二十条　挂牌公司股票因重大资产重组事项停牌后，应当在停牌期限届满前披露重组预案或重组报告书。确实无法在停牌期限届满前披露重组预案或重组报告书的，经挂牌公司董事会审议通过后可以申请延期复牌，自首次停牌之日起累计停牌时长不得超过2个月。涉及国家重大战略项目、国家军工秘密等事项，对停牌时长另有要求的，从其要求。

第二十一条　挂牌公司根据本细则及其他有关规定申请股票延期复牌的，应当提交延期复牌申请，经全国股转公司同意后，应当在延期复牌生效前披露延期复牌公告。公告内容应当包括延期复牌原因、预计复牌时间等具体信息。

第二十二条　挂牌公司根据本细则及其他有关规定申请股票停牌事项变更的，应当提交停牌事项变更申请，经全国股转公司同意后，应当在停牌事项变更生效前披露停牌事项变更公告。停牌事项变更公告应当包括变更后停牌事项、变更前停牌事项进展情况等具体信息。

挂牌公司停牌事项变更后，股票停牌安排应当符合变更后停牌事项的相关规定，自首次停牌之日起累计计算的停牌时长不得超过变更后停牌事项的规定停牌时长。

第四章　股票复牌

第二十三条　挂牌公司重大事项停牌情形已消除、停牌情形未消除但已按规定充分披露或者停牌期限届满的，应当申请股票于上述事实发生后的次两个交易日复牌。

第二十四条　挂牌公司披露经董事会审议通过的重组预案或重组报告书，或者披露终止筹划重组事项后，应当申请股票于披露后的次两个交易日复牌。

第二十五条　挂牌公司因第十二条规定事项停牌的，应当在收到中国证监会不予受理通知书、终止审查通知书、不予核准决定，或境内证券交易所不予受理决定、终止上市审核决定、不同意上市决定等文书后，申请股票于收到上述文件的次两个交易日复牌。

第二十六条　挂牌公司因第十三条规定事项停牌的，应当在收到全国股转公司不予受理通知书、终止自律审查决定书，或者中国证监会终止审查决定、不予核准决定等文书后，申请股票于收到上述文件的次两个交易日复牌。

挂牌公司主动终止发行或者核准文件到期的，应当申请股票于披露终止发行公告或者核准文件到期后的次两个交易日复牌；股票公开发行完毕并在精选层挂牌的，申请股票自精选层挂牌之日起复牌。

第二十七条　挂牌公司其他事项停牌情形消除后，应当申请股票于停牌事项消除后的次两个交易日复牌。

第二十八条　挂牌公司根据本细则及其他有关规定申请股票复牌的，应当提交复牌申请，经全国股转公司同意后，在复牌生效前披露复牌公告。公告内容应当包括停牌事项最新进展、停牌期间的主要工作、对公司的影响以及后续安排等具体信息。

第二十九条　挂牌公司应当申请股票复牌，但无法提出申请或拒不申请股票复牌的，主办券商应当及时向全国股转公司报告并提出处理建议，处理建议至少包括公司股票是否应当复牌、复牌规则依据等内容。全国股转公司可以结合主办券商处理建议对挂牌公司股票实施复牌。

挂牌公司股票被全国股转公司实施复牌，应当在股票复牌生效前披露被实施复牌的公告。公告内容应当包括停牌事项最新进展、停牌期间的主要工作、对公司的影响以及后续安排等具体信息。

第五章　自律管理

第三十条　挂牌公司存在以下行为的，全国股转公司可以按照《业务规则》等有关规定，对挂牌公司及其他相关责任主体采取自律监管措施或者纪律处分：

（一）申请办理股票停复牌业务前，未按照本细则及公司章程的规定履行相应程序的；

（二）挂牌公司应当申请股票停牌或复牌，经全国股转公司或主办券商提醒仍拒不申请的；

（三）股票停复牌相关业务未按照本细则规定履行信息披露义务的；

（四）相关业务申请文件、信息披露文件存在虚假记载、误导性陈述或者重大遗漏的；

（五）其他严重影响投资者合法权益和市场秩序的行为。

第三十一条 主办券商存在以下行为的，全国股转公司可以按照《业务规则》等有关规定，对主办券商及相关责任主体采取自律监管措施或者纪律处分：

（一）未按相关规定协助挂牌公司及时报送申请文件的；

（二）未对报送文件进行事前审查或事前审查存在重大疏漏的；

（三）未按规定履行风险揭示义务的；

（四）其他严重影响投资者合法权益和市场秩序的行为。

第三十二条 挂牌公司及其股东、实际控制人，董事、监事、高级管理人员和其他交易各方，主办券商及其他证券服务机构等相关主体及其工作人员违反保密义务，泄露挂牌公司未披露的重大信息，或利用该信息牟取不正当利益的，全国股转公司有权采取自律监管措施或者纪律处分，并向中国证监会报告。

第六章 附则

第三十三条 在全国中小企业股份转让系统挂牌交易的优先股等其他证券品种的停复牌事宜，应遵守全国股转公司的相关规定。

第三十四条 在香港联合交易所（以下简称联交所）发行股票并上市的挂牌公司，股票在联交所停牌、复牌的，应当及时向全国股转公司报告，并在全国股转公司指定网站披露其股票在联交所停复牌的具体信息。相关事项同时涉及全国股转公司规定的应停牌或应复牌情形的，挂牌公司还应当同步向全国股转公司申请股票停牌、复牌。

挂牌公司在其他境外证券交易所发行股票并上市的，停复牌业务及相关信息披露事宜参照前款规定办理。

第三十五条 本细则由全国股转公司负责解释。

第三十六条 本细则自发布之日起施行。

关于发布《全国中小企业股份转让系统挂牌公司治理指引第2号——独立董事》的公告

股转系统公告〔2020〕269号

为了进一步完善挂牌公司治理结构，充分发挥独立董事的作用，全国中小企业股份转让系统有限责任公司（以下简称全国股转公司）制定了《全国中小企业股份转让系统挂牌公司治理指引第2号——独立董事》，现予以发布，自发布之日起施行。现就有关事项公告如下：

一、已建立独立董事制度的挂牌公司应当对独立董事是否符合任职资格进行自查。独立董事不符合任职资格的，挂牌公司应当参照本指引第二十六条的规定，在2020年6月30日之前予以撤换。

独立董事符合任职资格的，挂牌公司应于2020年6月30日之前披露《独立董事声明》《董事会关于独立董事符合任职资格的声明》（详见附件2、附件3），并于2个交易日内通过主办券商向全国股转公司报送前述声明及《独立董事履历表》等备案材料。

二、挂牌公司未在2020年6月30日之前向全国股转公司报送备案材料，或独立董事备案被全国股转公司提出异议的，挂牌公司应当按照本指引第二十六条撤换独立董事。

三、挂牌公司章程不符合本指引第五条规定的，应当在2020年6月30日之前修改公司章程。

特此公告。

附件：全国中小企业股份转让系统挂牌公司治理指引第2号——独立董事

全国中小企业股份转让系统有限责任公司

2020年4月9日

全国中小企业股份转让系统挂牌公司治理指引第2号——独立董事

第一章　总则

第一条　为了进一步完善挂牌公司治理结构，充分发挥公司独立董事作用，根据《公司法》《证券法》《全国中小企业股份转让系统挂牌公司治理规则》（以下简称《治理规则》）等规定，制定本指引。

第二条　挂牌公司及申请挂牌公司设立独立董事的应当遵守本指引的规定。

第三条　本指引所称独立董事，是指不在公司担任除董事及董事会专门委员会委员以外的其他职务，并与其所任职的挂牌公司及其主要股东不存在可能妨碍其进行独立客观判断的关系的董事。

第四条　独立董事对挂牌公司及全体股东负有诚信与勤勉义务。独立董事应当按照相关法律法规、部门规章、规范性文件、全国中小企业股份转让系统（以下简称全国股转系统）业务规则及公司章程的要求，认真履行职责，维护公司整体利益，尤其要关注中小股东的合法权益不受损害。独立董事应当独立履行职责，不受挂牌公司主要股东、实际控制人或者其他与挂牌公司存在利害关系的单位或个人的影响。

第五条　建立独立董事制度的挂牌公司应当在公司章程中明确独立董事的权利义务、职责及履职程序。

第二章　独立董事的任职资格

第六条　独立董事候选人应当符合法律法规、部门规章、规范性文件及全国股转系统业务规则有关独立董事任职资格、条件和要求的相关规定。

第七条　精选层挂牌公司董事会成员中至少包括二名独立董事，其中至少包括一名会计专业人士。

第八条　独立董事应当同时符合以下条件：

（一）具备挂牌公司运作相关的基本知识，熟悉相关法律法规、部门规章、规范性文件及全国股转系统业务规则；

（二）具有五年以上法律、经济、财务、管理或者其他履行独立董事职责所必需的工作经验；

（三）最近三年内在境内上市公司、创新层或精选层挂牌公司担任过独立董事；

（四）全国中小企业股份转让系统有限责任公司（以下简称全国股转公司）规定的其他条件。

第九条 以会计专业人士身份被提名为独立董事候选人的，应具备较丰富的会计专业知识和经验，并至少符合下列条件之一：

（一）具有注册会计师职业资格；

（二）具有会计、审计或者财务管理专业的高级职称、副教授及以上职称或者博士学位；

（三）具有经济管理方面高级职称，且在会计、审计或者财务管理等专业岗位有五年以上全职工作经验。

第十条 独立董事候选人应当具有独立性，下列人员不得担任独立董事：

（一）在挂牌公司或者其控制的企业任职的人员及其直系亲属和主要社会关系；

（二）直接或间接持有挂牌公司1%以上股份或者是挂牌公司前十名股东中的自然人股东及其直系亲属；

（三）在直接或间接持有挂牌公司5%以上股份的股东单位或者在挂牌公司前五名股东单位任职的人员及其直系亲属；

（四）在挂牌公司控股股东、实际控制人及其控制的企业任职的人员；

（五）为挂牌公司及其控股股东、实际控制人或者其各自控制的企业提供财务、法律、咨询等服务的人员，包括但不限于提供服务的中介机构的项目组全体人员、各级复核人员、在报告上签字的人员、合伙人及主要负责人；

（六）在与挂牌公司及其控股股东、实际控制人或者其各自控制的企业有重大业务往来的单位担任董事、监事或者高级管理人员，或者在有重大业务往来单位的控股股东单位担任董事、监事或者高级管理人员；

（七）最近十二个月内曾经具有前六项所列情形之一的人员；

（八）全国股转公司认定不具有独立性的其他人员。

前款第（四）项、第（五）项及第（六）项的挂牌公司控股股东、实际控制人控制的企业，不包括根据《全国中小企业股份转让系统挂牌公司信息披露规则》第七十一条规定，与挂牌公司不构成关联关系的企业。

第十一条 独立董事候选人应无下列不良记录：

（一）存在《公司法》规定的不得担任董事、监事、高级管理人员的情形的；

（二）被中国证监会采取证券市场禁入措施，期限尚未届满的；

（三）被全国股转公司或者证券交易所采取认定其不适合担任公司董事、监事、高级管理人员的纪律处分，期限尚未届满的；

（四）最近三十六个月内因证券期货违法犯罪，受到中国证监会行政处罚或者司法机关刑事处罚的；

（五）因涉嫌证券期货违法犯罪，被中国证监会立案调查或者被司法机关立案侦查，尚未有明确结论意见的；

（六）最近三十六个月内受到全国股转公司或证券交易所公开谴责或三次以上通报批评的；

（七）根据国家发改委等部委相关规定，作为失信联合惩戒对象被限制担任董事或独立董事的；

（八）在过往任职独立董事期间因连续三次未亲自出席董事会会议或者因连续两次未能出席也不委托其他董事出席董事会会议被董事会提请股东大会予以撤换，未满十二个月的；

（九）全国股转公司规定的其他情形。

第十二条 在同一挂牌公司连续任职独立董事已满六年的，自该事实发生之日起十二个月内不得被提名为该挂牌公司独立董事候选人。

第十三条 已在五家境内上市公司或挂牌公司担任独立董事的，不得再被提名为其他挂牌公司独立董事候选人。

第三章 独立董事的权利和义务

第十四条 为了保证独立董事有效行使职权，挂牌公司应当为独立董事提供必要的条件：

（一）挂牌公司应当保证独立董事享有与其他董事同等的知情权。凡须经董事会决策的事项，挂牌公司应当按法定的时间提前通知独立董事并同时提供足够的资料，独立董事认为资料不充分的，可以要求补充。当二名以上独立董事（如挂牌公司仅有一名独立董事的，仅需一名独立董事即可）认为资料不充分或论证不明确时，可联名书面向董事会提出延期召开董事会会议或延期审议该事项的要求，董事会应予以采纳。

（二）挂牌公司应提供独立董事履行职责所必需的工作条件。挂牌公司信息披露负责人应积极为独立董事履行职责提供协助，如介绍情况、提供材料等。独立董事发表的独立意见、提案及书面说明应当公告的，挂牌公司应及时进行信息披露。

（三）独立董事行使职权时，挂牌公司有关人员应当积极配合，不得拒绝、阻碍或隐瞒，不得干预其独立行使职权。

（四）独立董事聘请中介机构的费用及其他行使职权时所需的费用由挂牌公司承担。

（五）挂牌公司应当给予独立董事适当的津贴。津贴的标准应当由董事会制订预案，股东大会审议通过，并在公司年报中进行披露。除上述津贴外，独立董事不应从该挂牌公司及其主要股东或有利害关系的机构和人员取得额外的、未予披露的其他利益。

（六）挂牌公司可以建立必要的独立董事责任保险制度，以降低独立董事正常履行职责可能引致的风险。

第十五条 挂牌公司独立董事除应当具有《公司法》和其他相关法律法规、部门规章、规范性文件及全国股转系统业务规则赋予董事的职权外，挂牌公司还应当赋予独立董事以下特别职权：

（一）需要提交股东大会审议的关联交易应当由独立董事认可后，提交董事会讨论。独立董事在作出判断前，可以聘请中介机构出具独立财务顾问报告；

（二）向董事会提议聘用或者解聘会计师事务所；

（三）向董事会提请召开临时股东大会；

（四）征集中小股东的意见，提出利润分配提案，并直接提交董事会审议；

（五）提议召开董事会；

（六）独立聘请外部审计机构和咨询机构；

（七）在股东大会召开前公开向股东征集投票权，但不得采取有偿或者变相有偿方式进行征集。

独立董事行使上述职权应当取得全体独立董事的二分之一以上同意。

第十六条 挂牌公司独立董事应当对挂牌公司下述重大事项发表独立意见：

（一）提名、任免董事；

（二）聘任、解聘高级管理人员；

（三）公司董事、高级管理人员的薪酬；

（四）公司现金分红政策的制定、调整、决策程序、执行情况及信息披露，以及利润分配政策是否损害中小投资者合法权益；

（五）需要披露的关联交易、对外担保（不含对合并报表范围内子公司提供担保）、委托理财、对外提供财务资助、变更募集资金用途、公司自主变更会计政策、股票及其衍生品种投资等重大事项；

（六）重大资产重组、股权激励；

（七）公司拟申请股票终止在全国股转系统挂牌，或者拟申请股票在其他交易场所交易；

（八）独立董事认为有可能损害中小股东合法权益的事项；

（九）有关法律法规、部门规章、规范性文件、全国股转系统业务规则及公司章程规定的其他事项。

第十七条 挂牌公司独立董事对重大事项出具的独立意见至少应当包括下列内容：

（一）重大事项的基本情况；

（二）发表意见的依据，包括所履行的程序、核查的文件、现场检查的内容等；

（三）重大事项的合法合规性；

（四）对挂牌公司和中小股东权益的影响、可能存在的风险以及公司采取的措施是否有效；

（五）发表的结论性意见。对重大事项提出保留意见、反对意见或者无法发表意见的，相关独立董事应当明确说明理由。

独立董事发表的独立意见类型包括同意、保留意见及其理由、反对意见及其理由和无法发表意见及其障碍，所发表的意见应当明确、清楚。

独立董事应当对出具的独立意见签字确认，并将上述意见及时报告董事会，与公司相关公告同时披露。

第十八条 挂牌公司独立董事发现挂牌公司存在下列情形之一的，应当积极主动履行尽职调查义务并及时向全国股转公司报告，必要时应当聘请中介机构进行专项调查：

（一）重要事项未按规定提交董事会审议；

（二）未及时履行信息披露义务；

（三）公开信息中存在虚假记载、误导性陈述或者重大遗漏；

（四）其他涉嫌违法违规或者损害中小股东合法权益的情形。

第十九条 出现下列情形之一的，挂牌公司独立董事应当及时向全国股转公司和挂牌公司所在地中国证监会派出机构报告：

（一）被公司免职，本人认为免职理由不当的；

（二）由于公司存在妨碍独立董事依法行使职权的情形，致使独立董事离职的；

（三）董事会会议材料不充分，二名以上独立董事（如挂牌公司仅有一名独立董事的，仅需一名独立董事即可）书面要求延期召开董事会会议或者延期审议相关事项的提议未被采纳的；

（四）对公司或者其董事、监事、高级管理人员涉嫌违法违规行为向董事会报告后，董事会未采取有效措施的；

（五）严重妨碍独立董事履行职责的其他情形。

第二十条 挂牌公司独立董事应当向挂牌公司年度股东大会提交述职报告并披露。述职报告应当包括以下内容：

（一）全年出席董事会方式、次数及投票情况，列席股东大会次数；

（二）发表独立意见的情况；

（三）现场检查情况（如有）；

（四）提议召开董事会、提议聘用或者解聘会计师事务所、独立聘请外部审计机构和咨询机构等情况；

（五）保护中小股东合法权益方面所做的其他工作。

第四章　独立董事的备案与管理

第二十一条 独立董事候选人应当就其是否符合本指引有关独立董事任职资格及独立性要求做出声明并披露。

挂牌公司董事会、监事会、单独或者合并持有挂牌公司1%以上股份的股东可以提出独立董事候选人。独立董事提名人应当就独立董事候选人任职资格及是否存在影响其独立性的情形进行审慎核实，并就核实结果做出声明并披露。

第二十二条 挂牌公司最迟应当在发布召开关于选举独立董事的股东大会通知公告时，按照全国股转公司的要求通过主办券商报送独立董事备案的有关材料，包括《独立董事提名人声明》《独立董事候选人声明》《独立董事履历表》等文件。

第二十三条 挂牌公司董事会应当对监事会或公司股东提名的独立董事候选人的任职资格和独立性进行核查，发现候选人不符合相关要求的，应当要求提名人撤销对该独立董事候选人的提名，并及时披露。

第二十四条 全国股转公司在收到挂牌公司报送的材料后5个交易日内，根据本指引的规定，对独立董事候选人的任职资格和独立性进行备案审查。

挂牌公司董事会、独立董事候选人、独立董事提名人应当在规定时间内如实回复全国股转公司的反馈，并按要求及时向公司补充有关材料。未按要求及时回答问询或补充有关材料的，全国股转公司将根据现有材料在规定时间内进行审查并决定是否对独立董事候选人的任职资格和独立性提出异议。

全国股转公司自收到挂牌公司报送的材料之日起5个交易日内，未对独立董事候选人的任职资格提出异议的，挂牌公司可以履行决策程序选举独立董事。

对于全国股转公司提出异议的独立董事候选人，公司不得将其提交股东大会选举为独立董事，并应根据《治理规则》延期召开或者取消股东大会，或者取消股东大会相关提案。

挂牌公司召开股东大会选举独立董事时，公司董事会应当对独立董事候选人是否被全国股转公司提出异议的情况进行说明。

第二十五条 股东大会审议通过选举独立董事的提案后，挂牌公司应当在2个交易日内向全国股转公司报送《董事声明及承诺书》的书面文件和电子文件。

独立董事任职需事前取得国家有关部门核准的，应当自取得核准之日起履行前款义务。

第二十六条 独立董事在任职后出现不符合本指引独立董事任职资格情形的，应当自出现该情形之日起一个月内辞去独立董事职务；未按要求离职的，董事会应当在一个月期限到期后及时召开董事会，审议提请股东大会撤换该名独立董事事项。

如因独立董事离职或被撤换，独立董事人数不符合本指引或公司章程要求的，公司应当在二个月内完成独立董事补选。

第二十七条 全国股转公司组织独立董事的后续培训。

第五章 附则

第二十八条 挂牌公司、独立董事、独立董事提名人、董事、监事、高级管理人员、控股股东、实际控制人等相关主体违反本指引及相关规定的，全国股转公司可以对相关责任主体采取自律监管措施或纪律处分。

第二十九条 本指引下列用语具有如下含义：

（一）直系亲属，是指配偶、父母、子女；

（二）主要社会关系，是指兄弟姐妹、配偶的父母、子女的配偶、兄弟姐妹的配偶、配偶的兄弟姐妹；

（三）重大业务往来，是指根据《治理规则》或挂牌公司章程规定需提交股东大会审议的事项，或者全国股转公司认定的其他事项；

（四）任职，是指担任董事、监事、高级管理人员以及其他工作人员；

（五）本规则中“以上”含本数，“低于”不含本数。

第三十条 本指引由全国股转公司负责解释。

第三十一条 本指引自发布之日起生效。

独立董事候选人声明

本人×××，已充分了解并同意由提名人××××提名为××××股份有限公司第××届董事会独立董事候选人。本人公开声明，本人具备独立董事任职资格，保证不存在任何影响本人担任××××股份有限公司独立董事独立性的关系，具体声明如下：

一、本人已同时符合以下条件：

（一）具备挂牌公司运作的基本知识，熟悉相关法律法规、部门规章、规范性文件及全国中小企业股份转让系统业务规则；

（二）具有五年以上法律、经济、财务、管理或者其他履行独立董事职责所必需的工作经验；

（三）最近三年内在境内上市公司、创新层或精选层挂牌公司担任过独立董事；

（四）全国中小企业股份转让系统有限责任公司（以下简称全国股转公司）规定的其他条件。

二、本人任职资格符合下列法律法规、部门规章和规范性文件及全国中小企业股份转让系统业务规则的要求：

（一）《公司法》关于董事任职资格的规定；

（二）《公务员法》的相关规定；

（三）中央纪委、中央组织部《关于规范中管干部辞去公职或者退（离）休后担任上市公司、基金管理公司独立董事、独立监事的通知》的相关规定；

（四）中央组织部《关于进一步规范党政领导干部在企业兼职（任职）问题的意见》的相关规定；

（五）中央纪委、教育部、监察部《关于加强高等学校反腐倡廉建设的意见》的相关规定；

（六）中国人民银行《股份制商业银行独立董事和外部监事制度指引》的相关规定；

（七）中国证监会《证券公司董事、监事和高级管理人员任职资格监管办法》的相关规定；

（八）中国银保监会《银行业金融机构董事（理事）和高级管理人员任职资格管理办法》《融资性担保公司董事、监事、高级管理人员任职资格管理暂行办法》《保险公司董事、监事和高级管理人员任职资格管理规定》的相关规定；

（九）其他法律法规、部门规章、规范性文件及全国中小企业股份转让系统业务规则规定的情形。

三、本人具备独立性，不属于下列情形：

（一）在挂牌公司或者其控制企业任职的人员及其直系亲属和主要社会关系（直系亲属是指配偶、父母、子女；主要社会关系是指兄弟姐妹、配偶的父母、子女的配偶、兄弟姐妹的配偶、配偶的兄弟姐妹）；

（二）直接或间接持有挂牌公司1%以上股份或者是挂牌公司前十名股东中的自然人股东及其直系亲属；

（三）在直接或间接持有挂牌公司5%以上股份的股东单位或者在挂牌公司前五名股东单位任职的人员及其直系亲属；

（四）在挂牌公司控股股东、实际控制人及其控制的企业任职的人员；

（五）为挂牌公司及其控股股东、实际控制人或者其各自控制的企业提供财务、法律、咨询等服务的人员，包括但不限于提供服务的中介机构的项目组全体人员、各级复核人员、在报告上签字的人员、合伙人及主要负责人；

（六）在与挂牌公司及其控股股东、实际控制人或者其各自控制的企业有重大业务往来的单位担任董事、监事或者高级管理人员，或者在有重大业务往来单位的控股股东单位担任董事、监事或者高级管理人员；

（七）最近十二个月内曾经具有前六项所列情形之一的人员；

（八）全国股转公司认定不具有独立性的其他人员。

前述第（四）项、第（五）项及第（六）项的挂牌公司控股股东、实际控制人控制的企业，不包括根据《全国中小企业股份转让系统挂牌公司信息披露规则》第七十一条规定，与挂牌公司不构成关联关系的企业。

四、本人无下列不良记录：

（一）存在《公司法》规定的不得担任董事、监事、高级管理人员的情形的；

（二）被中国证监会采取证券市场禁入措施，期限尚未届满的；

（三）被全国股转公司或者证券交易所采取认定其不适合担任公司董事、监事、高级管理人员的纪律处分，期限尚未届满的；

（四）最近三十六个月内因证券期货违法犯罪，受到中国证监会行政处罚或者司法机关刑事处罚的；

（五）因涉嫌证券期货违法犯罪，被中国证监会立案调查或者被司法机关立案侦查，尚未有明确结论意见的；

（六）最近三十六个月内受到全国股转公司或证券交易所公开谴责或三次以上通报批评的；

（七）根据国家发改委等部委相关规定，作为失信联合惩戒对象被限制担任董事或独立董事的；

（八）在过往任职独立董事期间因连续三次未亲自出席董事会会议或者因连续两次未能出席也不委托其他董事出席董事会会议被董事会提请股东大会予以撤换，未满十二个月的；

（九）全国股转公司规定的其他情形。

五、包括××××股份有限公司在内，本人兼任独立董事的境内上市公司或挂牌公司数量未超过五家，本人在××××股份有限公司连续任职未超过六年。

六、本人具备较丰富的会计专业知识和经验，并至少符合下列条件之一：

（一）具有注册会计师职业资格；

（二）具有会计、审计或者财务管理专业的高级职称、副教授及以上职称或者博士学位；

（三）具有经济管理方面高级职称，且在会计、审计或者财务管理等专业岗位有五年以上全职工作经验。

（本条适用于以会计专业人士身份被提名为独立董事候选人的情形，请具体选择符合何种资格）。

本人已经根据《全国中小企业股份转让系统挂牌公司治理指引第2号——独立董事》对本人的独立董事候选人任职资格进行核实并确认符合要求。

本人完全清楚独立董事的职责，保证上述声明真实、完整和准确，不存在任何虚假陈述或误导成分，本人完全明白作出虚假声明可能导致的后果。全国股转公司可依据本声明确认本人的任职资格和独立性。

本人承诺：在担任××××股份有限公司独立董事期间，将遵守法律法规、部门规章、规范性文件及全国中小企业股份转让系统业务规则的要求，接受全国股转公司的监管，确保有足够的时间和精力履行职责，作出独立判断，不受公司主要股东、实际控制人或其他与公司存在利害关系的单位或个人的影响。

本人承诺：如本人任职后出现不符合独立董事任职资格情形的，本人将自出现该等情形之日起一个月内辞去独立董事职务。

特此声明。

声明人：

年　月　日

独立董事提名人声明

提名人××××，现提名×××为××××股份有限公司第××届董事会独立董事候选人，并已充分了解被提名人职业专长、教育背景、工作经历、兼任职务等情况。被提名人已书面同意出任××××股份有限公司第××届董事会独立董事候选人（参见该独立董事候选人声明）。提名人认为，被提名人具备独立董事任职资格，与××××股份有限公司之间不存在任何影响其独立性的关系，具体声明如下：

一、被提名人已同时符合以下条件：

（一）具备挂牌公司运作的基本知识，熟悉相关法律法规、部门规章、规范性文件及全国中小企业股份转让系统业务规则；

（二）具有五年以上法律、经济、财务、管理或者其他履行独立董事职责所必需的工作经验；

（三）最近三年内在境内上市公司、创新层或精选层挂牌公司担任过独立董事；

（四）全国中小企业股份转让系统有限责任公司（以下简称全国股转公司）规定的其他条件。

二、被提名人任职资格符合下列法律法规、部门规章、规范性文件及全国中小企业股份转让系统业务规则的要求：

（一）《公司法》关于董事任职资格的规定；

（二）《公务员法》的相关规定；

（三）中央纪委、中央组织部《关于规范中管干部辞去公职或者退（离）休后担任上市公司、基金管理公司独立董事、独立监事的通知》的相关规定；

（四）中央组织部《关于进一步规范党政领导干部在企业兼职（任职）问题的意见》的相关规定；

（五）中央纪委、教育部、监察部《关于加强高等学校反腐倡廉建设的意见》的相关规定；

（六）中国人民银行《股份制商业银行独立董事和外部监事制度指引》的相关规定；

（七）中国证监会《证券公司董事、监事和高级管理人员任职资格监管办法》的相关规定；

（八）中国银保监会《银行业金融机构董事（理事）和高级管理人员任职资格管理办法》《融资性担保公司董事、监事、高级管理人员任职资格管理暂行办法》《保险公司董事、监事和高级管理人员任职资格管理规定》的相关规定；

（九）其他法律法规、部门规章、规范性文件及全国中小企业股份转让系统业务规则规定的情形。

三、被提名人具备独立性，不属于下列情形：

（一）在挂牌公司或者其控制企业任职的人员及其直系亲属和主要社会关系（直系亲属是指配偶、父母、子女；主要社会关系是指兄弟姐妹、配偶的父母、子女的配偶、兄弟姐妹的配偶、配偶的兄弟姐妹）；

（二）直接或间接持有挂牌公司1%以上股份或者是挂牌公司前十名股东中的自然人股东及其直系亲属；

（三）在直接或间接持有挂牌公司5%以上股份的股东单位或者在挂牌公司前五名股东单位任职的人员及其直系亲属；

（四）在挂牌公司控股股东、实际控制人及其控制的企业任职的人员；

（五）为挂牌公司及其控股股东、实际控制人或者其各自控制的企业提供财务、法律、咨询等服务的人员，包括但不限于提供服务的中介机构的项目组全体人员、各级复核人员、在报告上签字的人员、合伙人及主要负责人；

（六）在与挂牌公司及其控股股东、实际控制人或者其各自控制的企业有重大业务往来的单位担任董事、监事或者高级管理人员，或者在有重大业务往来单位的控股股东单位担任董事、监事或者高级管理人员；

（七）最近十二个月内曾经具有前六项所列情形之一的人员；

（八）全国股转公司认定不具有独立性的其他人员。

前述第（四）项、第（五）项及第（六）项的挂牌公司控股股东、实际控制人控制的企业，不包括根据《全国中小企业股份转让系统挂牌公司信息披露规则》第七十一条规定，与挂牌公司不构成关联关系的企业。

四、独立董事候选人无下列不良记录：

（一）存在《公司法》规定的不得担任董事、监事、高级管理人员的情形的；

（二）被中国证监会采取证券市场禁入措施，期限尚未届满的；

（三）被全国股转公司或者证券交易所采取认定其不适合担任公司董事、监事、高级管理人员的纪律处分，期限尚未届满的；

（四）最近三十六个月内因证券期货违法犯罪，受到中国证监会行政处罚或者司法机关刑事处罚的；

（五）因涉嫌证券期货违法犯罪，被中国证监会立案调查或者被司法机关立案侦查，尚未有明确结论意见的；

（六）最近三十六个月内受到全国股转公司或证券交易所公开谴责或三次以上通报批评的；

（七）根据国家发改委等部委相关规定，作为失信联合惩戒对象被限制担任董事或独立董事的；

（八）在过往任职独立董事期间因连续三次未亲自出席董事会会议或者因连续两次未能出席也不委托其他董事出席董事会会议被董事会提请股东大会予以撤换，未满十二个月的；

（九）全国股转公司规定的其他情形。

五、包括××××股份有限公司在内，被提名人兼任独立董事的境内上市公司或挂牌公司数量未超过五家，被提名人在××××股份有限公司连续任职未超过六年。

六、被提名人具备较丰富的会计专业知识和经验，并至少符合下列条件之一：

（一）具有注册会计师职业资格；

（二）具有会计、审计或者财务管理专业的高级职称、副教授及以上职称或者博士学位；

（三）具有经济管理方面高级职称，且在会计、审计或者财务管理等专业岗位有五年以上全职工作经验。

（本条适用于以会计专业人士身份被提名为独立董事候选人的情形，请具体选择符合何种资格）。

本提名人已经根据全国股转公司《全国中小企业股份转让系统挂牌公司治理指引第2号——独立董事》对独立董事候选人任职资格进行核实并确认符合要求。

本提名人保证上述声明真实、完整和准确，不存在任何虚假陈述或误导成分，本提名人完全明白作出虚假声明可能导致的后果。

特此声明。

提名人：
（盖章）
年　月　日

挂牌公司
独立董事候选人履历表

拟任职挂牌公司简称：________________

拟任职挂牌公司股票代码：____________

本人　　　（正楷体本人签名）郑重声明，本履历表内容是真实、完整和准确的，没有虚假记载、误导性陈述或重大遗漏。本人完全明白作出虚假声明可能导致的后果。全国中小企业股份转让系统有限责任公司可依据本履历表所提供的资料，确定本人是否适宜担任该挂牌公司的独立董事。

《挂牌公司独立董事候选人履历表》填写说明

请独立董事候选人认真填写《挂牌公司独立董事候选人履历表》，《挂牌公司独立董事候选人履历表》中部分信息将予以公开，其他信息将作为挂牌公司独立董事资料进行备案。请独立董事候选人在填写前认真阅读本填写说明的各项要求，真实、完整和准确地填写表格。

1. 个人简况：

“有否其他国家居留权”项如没有其他国家居留权填“否”，如有则要逐一注明有哪些国家的居留权；

“是否属会计专业人士”项如不是填“否”，如是会计专业人士则应注明是“会计学（审计、财务管理）副教授/教授/博士、高级会计师、注册会计师”等，有几项注明几项；

“个人专长”项是指有助于在该挂牌公司担任独立董事的专长，如没有填“无”，如有应注明具体专长，如“法律专业人士，行业专家”等，有几项注明几项；

“目前担任独立董事的挂牌公司家数”，包括担任独立董事的境内上市公司和挂牌公司，以及本次拟任职独立董事的该挂牌公司；

“是否具有独立董事任职经验”，是指最近三年内在境内上市公司、创新层或精选层挂牌公司的独立董事任职经验；

“是否曾受处罚”项填写本人是否受到的各种行政处罚、刑事处罚以及证券交易所、全国中小企业股份转让系统有限责任公司纪律处分等，如无填“否”，如有应注明具体情况，如××××年×月因犯罪被剥夺政治权利，××××年×月被中国证监会采取证券市场禁入措施、期限为×年，××××年×月被××证券交易所/全国中小企业股份转让系统公开认定不适合担任上市公司/挂牌公司董事/监事/高级管理人员，期限为×年，××××年×月因证券期货违法犯罪受到中国证监会行政处罚/司法机关刑事处罚，××××年×月被××证券交易所/全国中小企业股份转让系统有限责任公司公开谴责，××××年×月被××证券交易所/全国中小企业股份转让系统有限责任公司通报批评，××××年×月被×××认定为失信联合惩戒对象等。

2. 社会关系中包括：配偶、父母、子女、兄弟姐妹。社会关系中兄弟姐妹除可不填写“是否持有本人拟任职的该公司股票”外，其他各项均要填写。

3. 教育背景中要求从中学开始填写，对中专、大专、本科、硕士、博士、博士后要逐一注明学习期间、就读学校或研究机构、主修（辅修）专业、取得学历（学位或博士后）。

4. 工作经历中要求自开始工作起逐一按格式填至现在工作单位止，同一单位工作中间岗位有变动者要分开填写。“职业领域”是指职业的学科领域，如：法律、工商管理、会计、审计、财务管理等。

5. 兼职单位中要求填写从大学毕业后所从事的兼职工作，兼职工作指在其他单位任职，为其他单位提供法律、会计、税务、技术等咨询、顾问服务，专为其他单位从事课题研究、技术攻关等；同一时间内在若干单位兼职的均要明确填写。国家有关规定要求保密的工作除外。

6. 培训情况中除语言培训、为通过各种考试所接受的培训不要求填写外，其他各种培训均要填列，尤其是对有助于担任独立董事的培训。

7. 董事经历中要求按格式分别填写，“董事类别”指担任董事、独立董事或董事长。同一公司中董事类别有变动者要分开填写，公司并非单指挂牌公司。

8. 所获奖励中要求填写自大学毕业后所获取的各种奖励（包括物质奖励和精神奖励）。

9. 专业资格中要求填写取得的目前仍有效的各种专业资格证书，“取得方式”指是通过考试获取或是评议获得；“是否需要后续教育”项如不需要填写“否”，如需要则要注明后续教育的内容、方式，是否考核。

10. 著作及成就中著作包括本人为第一作者或主编的论文与著作；成就指本人在其中起主要作用所取得的各种工作成果。著作及成就众多者可选出最突出的前十项填写，尤其是对有助于担任独立董事的相关成就。

11. 有助于担任独立董事的其他情况填写独立董事候选人希望对外公示的，说明其胜任该挂牌公司独立董事工作的其他相关情况。

个人简况

<table>
<tr><td>姓名</td><td></td><td>曾用名</td><td></td><td colspan="2" rowspan="6">照片</td></tr>
<tr><td>性别</td><td></td><td>民族</td><td></td></tr>
<tr><td>出生年月</td><td></td><td>政治面貌</td><td></td></tr>
<tr><td>身份证号</td><td></td><td>护照号码</td><td></td></tr>
<tr><td>电子邮件</td><td></td><td>移动电话</td><td></td></tr>
<tr><td>最终学历</td><td></td><td>国籍</td><td></td></tr>
<tr><td>工作单位</td><td colspan="3"></td><td>在工作单位任何职</td><td></td></tr>
<tr><td>单位邮编</td><td></td><td>单位电话</td><td></td><td>单位传真</td><td></td></tr>
<tr><td>家庭地址</td><td colspan="3"></td><td>是否有其他国家居留权</td><td></td></tr>
<tr><td>家庭邮编</td><td></td><td>家庭电话</td><td></td><td>家庭传真</td><td></td></tr>
<tr><td>是否属会计专业人士</td><td></td><td>会计专业资格取得时间</td><td></td><td>证书号码</td><td></td></tr>
<tr><td>个人专长</td><td colspan="2"></td><td>是否曾受处罚</td><td colspan="2"></td></tr>
<tr><td>是否具有独立董事任职经验</td><td></td><td>目前担任独立董事的上市公司/挂牌公司家数</td><td colspan="3"></td></tr>
<tr><td colspan="5">截至目前在该公司连续任独立董事的年限</td><td></td></tr>
<tr><td colspan="6">最近十二个月内，在所有任职的上市公司/挂牌公司应出席董事会会议（　　）次，未亲自出席（　　）次</td></tr>
</table>

注：下列表格均可根据实际情况进行续表

社会关系（一）

与本人关系	妻子/丈夫	父亲	母亲	长子/长女
姓名				
身份证号				
联系方式				
工作单位				
职位				
兼职单位				
兼职职位				
是否持有本人拟任职的该公司股票				
持股数量				

社会关系（二）

与本人关系	次子/次女	哥哥	姐姐	弟弟
姓名				
身份证号				
联系方式				
工作单位				
职位				
兼职单位				
兼职职位				
是否持有本人拟任职的该公司股票				
持股数量				

社会关系（三）

与本人关系	妹妹			
姓名				
身份证号				
联系方式				
工作单位				
职位				
兼职单位				
兼职职位				
是否持有本人拟任职的该公司股票				
持股数量				

教育背景

学习期间	学校	专业	学历/学位

工作经历

工作期间	工作单位名称	职位	职业领域	工作内容	证明人

兼职单位

任职期间	兼职单位名称	职位	工作内容	兼职单位是上市公司/挂牌公司的，填写公司股票代码

培训情况

培训期间	培训举办单位	培训证书名称	培训内容

董事经历

任职期间	任职单位名称	董事类别

所获奖项

获奖时间	奖项名称	颁奖单位

专业资格

取得时间	资格名称	授予单位	取得方式	是否需要后续教育	后续教育具体内容

著作及成就

著作或成就名称	认可、发表或出版单位	取得、发表或出版时间

有助于担任独立董事的其他情况

关于发布《全国中小企业股份转让系统挂牌公司治理指引第3号——表决权差异安排》的公告

股转系统公告〔2020〕270号

为了规范挂牌公司表决权差异安排的设置、运行，全国中小企业股份转让系统有限责任公司制定了《全国中小企业股份转让系统挂牌公司治理指引第3号——表决权差异安排》，现予以发布，自发布之日起施行。现就有关事项公告如下：

一、符合本指引有关规定的基础层、创新层挂牌公司可以按照指引规定的程序设置、运行表决权差异安排。

二、设有表决权差异安排的申请挂牌公司可以申请在基础层、创新层挂牌。申请挂牌时，公司设置的表决权差异安排应当符合本指引的有关规定。

三、设有表决权差异安排的挂牌公司可以申请向不特定合格投资者公开发行并在精选层挂牌。申请时，公司设置的表决权差异安排应当平稳运行至少一个完整会计年度。精选层挂牌公司不得新设表决权差异安排。

特此公告。

附件：全国中小企业股份转让系统挂牌公司治理指引第3号——表决权差异安排

全国中小企业股份转让系统有限责任公司

2020年4月9日

全国中小企业股份转让系统挂牌公司治理指引第3号——表决权差异安排

第一章 总则

第一条 为了规范挂牌公司设置表决权差异安排，保护投资者合法权益，根据《非上市公众公司监督管理办法》《全国中小企业股份转让系统挂牌公司治理规则》（以下简称《挂牌公司治理规则》）等法律法规、业务规则，制定本指引。

第二条 挂牌公司表决权差异安排的设置、变更和运行适用本指引。

第三条 挂牌公司设置表决权差异安排的，应当严格按照法律法规、业务规则和本指引的规定进行，并规范履行持续信息披露义务，完善公司治理，保护投资者合法权益。

特别表决权股东不得滥用其享有的特别表决权损害挂牌公司或者其他股东的利益。

第四条 特别表决权仅适用于公司章程约定的股东大会特定决议事项。除前述事项外，特别表决权股东与持有普通股份的股东享有的权利完全相同。

涉及权益变动等事项的，特别表决权股东持股比例以其拥有权益的股份数（包括登记在其名下的股份和虽未登记在其名下但该投资者可以实际支配表决权的股份）计算。

第二章 表决权差异安排的设置

第五条 科技创新公司可以按照法律法规、部门规章、业务规则的规定，发行拥有特别表决权股份。

主办券商应当对挂牌公司是否属于科技创新公司发表专项意见。

第六条 挂牌公司设置表决权差异安排，还应当符合下列财务条件之一：

（一）市值不低于6亿元，最近2个会计年度经审计的净利润均不低于1500万元，加权平均净资产收益率平均不低于8%，或者最近1个会计年度经审计的净利润不低于2500万元，且最近1年加权平均净资产收益率不低于8%。

（二）市值不低于6亿元，最近2个会计年度经审计的营业收入平均不低于1亿元，且最近1个会计年度经审计的营业收入增长率不低于30%；最近1年经营活动现金流量净额为正。

（三）市值不低于8亿元，最近1个会计年度经审计的营业收入不低于2亿元，最近2个会计年度合计研发投入占合计营业收入的比例不低于8%。

（四）市值不低于15亿元，最近2个会计年度研发投入累计不低于5000万元。

挂牌公司市值应当以下列方式确定（以孰低为准）：

1. 按照最近12个月内有机构投资者参与的发行价格计算的公司市值。

2. 12个月内有成交的最近20个交易日的平均市值。

第七条 特别表决权股东应当为挂牌公司董事，在公司中拥有权益的股份达到公司有表决权股份的10%以上，并对挂牌公司发展具有重大贡献。存在下列情形之一的，不得成为特别表决权股东：

（一）最近36个月内被中国证券监督管理委员会（以下简称中国证监会）采取证券市场禁入措施；

（二）最近36个月内受到中国证监会行政处罚，或者最近12个月内受到证券交易场所的纪律处分；

（三）因涉嫌犯罪被司法机关立案侦查或者涉嫌违法违规被中国证监会立案调查，尚未有明确结论意见；

（四）属于失信联合惩戒对象；

（五）全国中小企业股份转让系统有限责任公司（以下简称全国股转公司）认定的其他情形。

第八条 挂牌公司设置表决权差异安排，应当在公司章程中明确下列事项：

（一）特别表决权股东的姓名、人数和持有人资格；

（二）每份特别表决权股份的表决权数量；每份特别表决权股份拥有的表决权数量与普通股份拥有表决权数量的比例安排，每份特别表决权股份的表决权数量不得超过每份普通股份表决权数量的10倍；每份特别表决权股份代表的表决权数量相同；

（三）持有人所持特别表决权股份能够参与表决的股东大会事项范围；

（四）特别表决权股份锁定安排及转让限制；特别表决权股份与普通股份的转换情形；

（五）表决权差异安排的实施期限、失效事由；

（六）股东的权益保护机制；

（七）对异议股东的救济机制；

（八）与表决权差异安排相关的纠纷解决机制；

（九）全国股转公司规定的其他事项。

第九条 挂牌公司设置、变更表决权差异安排的，应当经董事会审议通过后提交股东大会审议。

董事会审议通过后，挂牌公司应当按照全国中小企业股份转让系统（以下简称全国股转系统）业务规则的要求披露董事会决议、设置或变更表决权差异安排方案的公告。公告内容应当包含具体设置或变更方案、异议股东回购安排或其他救济措施等。

第十条 主办券商应当就挂牌公司设置、变更的表决权差异安排方案是否符合本指引相关要求的情况发表专项意见，并与董事会决议、设置或变更表决权差异安排方案的公告同时披露。

第十一条 挂牌公司应当在披露设置、变更表决权差异安排公告的同时，一并披露关于召开股东大会的相关安排。股东大会召开日期与董事会决议披露日期的时间间隔，除符合法律法规、中国证监会及全国股转系统的相关规定外，还应当不低于 10 个交易日。

第十二条 全国股转公司在挂牌公司信息披露后的 5 个交易日内对信息披露的完备性进行审查。发现信息披露存在完备性问题的，全国股转公司有权要求公司对存在问题的信息披露内容进行解释、说明和更正。

第十三条 挂牌公司披露的文件经全国股转公司审查需解释、说明或更正的，应当披露暂缓召开股东大会公告。完成信息披露文件更新并经审查完毕后，公司应当披露更新后的相关文件，再次召开董事会审议并重新披露股东大会通知。通知发布 15 日后，方可召开股东大会。

第十四条 股东大会做出设置表决权差异安排的决议，应当经出席会议的股东所持表决权的三分之二以上通过，拟持有特别表决权股份的股东及其关联方应当回避表决。拟持有特别表决权股份的股东应当对设置表决权差异安排的异议股东做出回购安排或者采取其他救济措施。相应回购安排应当考虑异议股东的利益保护。

拟持有特别表决权股份的股东拥有权益的股份存在被质押、冻结情形的，应就被质押、冻结情况进行专项说明。

第三章 表决权差异安排的运行

第十五条 存在特别表决权股份的挂牌公司，除同比例配送股、转增股本方式外，不得在境内外新发行特别表决权股份，不得提高特别表决权比例。

因股份回购、减少注册资本等原因，可能导致特别表决权比例提高的，公司应当同时采取将相应数量特别表决权股份转换为普通股份等措施，保证特别表决权比例不高于原有水平。

第十六条 特别表决权股份不得进行交易，本指引另有规定的除外。

第十七条 挂牌公司股东大会对下列事项进行决议时，每一特别表决权股份享有的表决权数量应当与每一普通股份的表决权数量相同：

（一）修改公司章程中与表决权差异安排相关的内容；

（二）合并、分立、解散或者变更公司形式；

（三）选举和更换非由职工代表担任的监事；

（四）决定非由职工代表担任的董事、监事的报酬事项；

（五）选举或罢免独立董事；

（六）聘请或解聘为挂牌公司定期报告出具审计意见的会计师事务所；

（七）终止股票在全国股转系统挂牌；

（八）公司章程规定的其他事项。

第十八条 特别表决权股东可以申请将特别表决权股份按照1∶1的比例转换为普通股。

第十九条 出现下列情形之一的，特别表决权股份应当按照1∶1的比例转换为普通股：

（一）特别表决权股东丧失相应履职能力、离任或者死亡；

（二）特别表决权股份因司法裁决、离婚、继承等原因需要办理过户；

（三）特别表决权股东以特定事项协议转让方式向他人转让所持有的特别表决权股份；

（四）表决权差异安排的实施期限届满或者失效事由发生；

（五）特别表决权股东不再符合本指引第七条规定的资格和最低持股要求；

（六）挂牌公司实际控制人发生变更；

（七）挂牌公司股东大会做出取消表决权差异安排的决议，或者挂牌公司不再符合本指引第五条第一款的要求。

发生前款第（四）（六）（七）项情形的，挂牌公司全部特别表决权股份均应当转换为普通股份。

发生本条所述情形的，自相关情形发生时即应当申请办理特别表决权股份的转换，相关股东应当立即通知挂牌公司，挂牌公司应当及时披露具体情形、发生时间、转换为普通股份的特别表决权股份数量、剩余特别表决权股份数量等情况。

第四章 投资者保护

第二十条 挂牌公司应当保证普通表决权比例不低于10%。

单独或者合计持有公司10%以上已发行有表决权股份的股东有权提议召开临时股东大会；单独或者合计持有公司3%以上已发行有表决权股份的股东有权提出股东大会议案。股东大会决议时应对普通股东的表决票予以单独计票并披露。

第二十一条 监事会、独立董事（如有）应当在年度报告、中期报告中，就下列事项出具专项意见：

（一）特别表决权股东是否持续符合本指引第七条的规定；

（二）特别表决权股份是否出现本指引第十九条规定的情形并及时转换为普通股份；

（三）挂牌公司特别表决权比例是否持续符合本指引的规定；

（四）特别表决权股东是否存在滥用特别表决权或者其他损害投资者合法权益的情形；

（五）公司及特别表决权股东遵守本指引其他规定的情况。

第二十二条 主办券商、会计师事务所等中介机构在为挂牌公司提供服务的过程中发现特别表决权股东直接或者间接占用公司资金、资产以及利用控制地位损害其他股东权益等情形的，应当及时告知挂牌公司，并向全国股转公司报告。

第二十三条 挂牌公司应当在年度报告、中期报告中披露表决权差异安排的运行情况、特别表决权股份的变动情况以及投资者保护措施的落实情况等。

表决权差异安排运行中出现重大变化或调整的，挂牌公司及其他信息披露义务人应当及时披露。

第二十四条 主办券商应当于每个会计年度就挂牌公司表决权差异安排的运行情况进行现场核查，并将核查报告于核查结束后10个交易日内报送全国股转公司备案。

第二十五条 挂牌公司应当在年度股东大会向股东说明表决权差异安排的运行情况、公司生产经营状况等，回应股东质询。

第五章 附则

第二十六条 挂牌公司、主办券商、特别表决权股东等相关主体违反本指引及相关规定的，全国股转公司可以对相关责任主体采取自律监管措施或纪律处分。

第二十七条 本指引下列用语具有如下含义：

（一）特别表决权股份，是指挂牌公司依照《公司法》第一百三十一条的规定，在一般规定的普通股份之外，发行拥有特别表决权的其他种类的股份；每一特别表决权股份拥有的表决权数量大于每一普通股份拥有的表决权数量，其他股东权利与普通股份相同；

（二）特别表决权股东，是指持有特别表决权股份的股东；

（三）特别表决权比例，是指全部特别表决权股份的表决权数量占挂牌公司全部已发行股份表决权数量的比例；

（四）普通表决权比例，是指全部普通股份的表决权数量占挂牌公司全部已发行股份表决权数量的比例；

（五）本指引“以上”“不低于”含本数，“低于”“超过”不含本数。

第二十八条 特别表决权股份的登记和转换事宜，应当按照全国股转公司和中国证券登记结算有限责任公司的有关规定办理。

第二十九条 本指引由全国股转公司负责解释。

第三十条 本指引自发布之日起施行。

关于发布《全国中小企业股份转让系统挂牌公司分层调整业务指南》的公告

股转系统公告〔2020〕402 号

为规范挂牌公司分层调整流程，明确相关业务安排，全国中小企业股份转让系统有限责任公司配套《全国中小企业股份转让系统分层管理办法》，制定了《全国中小企业股份转让系统挂牌公司分层调整业务指南》，现予以发布，自发布之日起施行。

为统筹做好新冠肺炎疫情防控与市场分层定期调整工作，2020 年市场分层定期调整实行“一次调整，分批实施”，第一批申请进入创新层的挂牌公司董事会秘书可以暂未取得任职资格；挂牌公司应在提交申请前完成聘任程序，并承诺自 2020 年首期董事会秘书资格考试举行起的 3 个月内其董事会秘书具备任职资格。第二批和第三批调整涉及的董事会秘书资格有关安排，在相应各批实施前另行通知。

特此公告。

附件：《全国中小企业股份转让系统挂牌公司分层调整业务指南》

全国中小企业股份转让系统有限责任公司

2020 年 4 月 30 日

全国中小企业股份转让系统挂牌公司分层调整业务指南

为规范全国中小企业股份转让系统（以下简称全国股转系统）挂牌公司所属市场层级调整的业务流程，根据《全国中小企业股份转让系统分层管理办法》（以下简称《分层办法》）等规定，制定本指南。

一、适用范围

挂牌公司所属市场层级定期调整、创新层和精选层挂牌公司即时降层，业务流程适用本指南的规定。申请挂牌同时定向发行股票并进入创新层相关业务流程按照《全国中小企业股份转让系统股票挂牌审查工作指引》和《全国中小企业股份转让系统股票定向发行指南》等规定办理。创新层挂牌公司完成公开发行后进入精选层相关业务流程按照《全国中小企业股份转让系统股票向不特定合格投资者公开发行并在精选层挂牌业务指南 2 号——发行与挂牌》规定办理。

二、挂牌公司所属市场层级的定期调整

按照《分层办法》第二十六条的规定，挂牌公司所属市场层级的定期调整包括，符合创新层进入条件的基础层挂牌公司调入创新层、触发定期降层情形的挂牌公司调出创新层或精选层。

（一）基础层挂牌公司定期调入创新层

1. 发送公司名单

全国中小企业股份转让系统有限责任公司（以下简称全国股转公司）于每年 4 月 30 日启动市场层级定期调整工作，向主办券商发送经初步判断符合《分层办法》规定条件的基础层挂牌公司名单及相关信息。

2. 主办券商核查

主办券商收到公司名单后，对拟申请进入创新层的基础层挂牌公司，应结合相关信息，按照《分层办法》第十一条至第十三条的规定，核查其是否符合创新层进入条件。

主办券商在核查过程中，除核对公开披露的信息外，必要时应向挂牌公司及其控股股东、实际控制人、董事、监事、高级管理人员核实并取得相应的证明材料。

3. 提交入层申请并填报信息数据

经核查确认符合创新层进入条件，拟申请进入创新层的基础层挂牌公司，应通过

主办券商提交进入创新层的申请。主办券商应按照全国股转公司通知的时间，填报经审查确认的进入创新层所需相关信息和数据。挂牌公司或主办券商发现公司名单有遗漏或相关信息有误的，应当向全国股转公司申请补充或更正，同时提交相关证明材料。

4. 发布初筛名单与接受异议

全国股转公司根据相关申请及核查情况，确定拟调入创新层的挂牌公司初筛名单，并在全国股转系统官网公示。

挂牌公司对初筛名单存在异议的，应当按照《分层办法》第二十九条第二款的规定，在5个交易日内按照全国股转公司规定方式提交书面说明及相关证明材料。

5. 做出调整决定及其实施

全国股转公司根据异议核实情况调整初筛名单，提交挂牌委员会审议后，做出市场层级调整决定，并将调入创新层的挂牌公司正式名单在全国股转系统官网公布。全国股转公司按照市场层级调整决定载明的日期，将正式名单中的基础层挂牌公司调至创新层。

挂牌公司对层级调整决定申请复核的，应当于提交申请当日进行披露。

（二）挂牌公司定期调出创新层或精选层

1. 可能触发降层情形的挂牌公司披露风险提示公告

披露业绩预告或业绩快报的挂牌公司，业绩预告或业绩快报中的营业收入、净利润或净资产等可能触发《分层办法》第十八条或第二十条规定的定期降层情形的，应当在披露业绩预告或业绩快报的同时，披露可能触发降层情形的风险提示公告，说明可能导致降层的原因。

其他挂牌公司在年度报告披露前，发现可能触发定期降层情形的，应当在2个交易日内披露可能触发降层情形的风险提示公告，说明可能导致降层的原因。

挂牌公司披露可能触发降层情形的风险提示公告后，应当至少每5个交易日披露一次进展公告，直至降层风险消除或实际触发降层情形。

挂牌公司无法披露或拒不披露可能触发降层情形风险提示公告的，应当由主办券商发布风险揭示公告并向全国股转公司报告。

2. 触发降层情形的挂牌公司披露风险提示公告

创新层或精选层挂牌公司经审计的年度营业收入、净利润或净资产等财务指标，或者年度财务报告审计意见类型触发定期降层情形的，触发降层情形的风险提示公告应当与年度报告同时披露。

挂牌公司披露触发降层情形的风险提示公告后，应当至少每5个交易日披露一次进展公告至完成降层。

挂牌公司无法披露或拒不披露触发降层情形风险提示公告的，应当由主办券商发布风险揭示公告并向全国股转公司报告。

3. 精选层挂牌公司停牌一天并实行风险警示

精选层挂牌公司触发定期降层情形的，挂牌公司应当按照股票停复牌业务规则的规定，在年度报告披露当日申请其股票于次一交易日停牌一天。同时，全国股转公司对挂牌公司股票交易实行风险警示，在其证券简称前加注 ST 标识。挂牌公司应当于年度报告披露当日，按照证券简称变更相关规则规定的业务流程申请办理，生效日为年度报告披露后的次 2 个交易日。

4. 发送触发降层情形的公司名单

全国股转公司于每年 4 月 30 日启动市场层级定期调整工作，向主办券商发送经初步判断触发定期降层情形的创新层和精选层挂牌公司名单及相关信息。精选层挂牌公司触发定期降层情形的，实际无法符合《分层办法》规定的创新层进入条件，根据《分层办法》第二十八条的规定调至基础层。挂牌公司出现两项以上定期降层或即时降层情形的，按照先触发先适用的原则，根据相应流程进行层级调整。

5. 主办券商核查

主办券商收到公司名单后，对触发定期降层情形的创新层和精选层挂牌公司，应结合相关信息，核查其是否触发《分层办法》第十八条或第二十条规定的定期降层情形。

6. 填报核查结论

对于经核查确认触发定期降层情形的创新层和精选层挂牌公司，主办券商应当按照全国股转公司通知的时间填报核查结论。挂牌公司或主办券商发现公司名单有遗漏或相关信息有误的，应当向全国股转公司申请补充或更正，同时提交相关证明材料。

7. 发布初筛名单与接受异议

全国股转公司根据主办券商的核查情况，确定拟降层的挂牌公司初筛名单，并在全国股转系统官网公示。

挂牌公司对初筛名单存在异议的，应当按照《分层办法》第二十九条第二款的规定，在 5 个交易日内按照全国股转公司规定方式提交书面说明及相关证明材料。

8. 做出调整决定及其实施

全国股转公司根据异议核实情况调整初筛名单，提交挂牌委员会审议后，做出市场层级调整决定，并将从精选层或创新层调出至基础层的挂牌公司正式名单在全国股转系统官网公布。被降层的挂牌公司应当同时披露降层提示公告。挂牌公司无法披露或拒不披露的，应当由主办券商发布风险揭示公告并向全国股转公司报告。全国股转公司按照市场层级调整决定载明的日期，将正式名单中的挂牌公司调至基础层。

挂牌公司对层级调整决定申请复核的，应当于提交申请当日进行披露。

精选层挂牌公司被调至相应市场层级后，全国股转公司撤销其股票交易风险警示。挂牌公司应当在层级调整完成后的 2 个交易日内，按照证券简称变更相关业务规则的规定提交申请。挂牌公司同时存在《全国中小企业股份转让系统挂牌公司信息披露规则》（以下简称《信息披露规则》）第二十三条规定情形的除外。

三、创新层挂牌公司的即时降层

(一) 可能触发降层情形的挂牌公司披露风险提示公告

创新层挂牌公司发生下列情形之一的，应当披露可能触发降层情形的风险提示公告，说明可能导致降层的原因、公司是否采取或拟采取相关措施消除风险，以及相关措施的必要性、合规性等内容：

1. 连续30个交易日（不含停牌日）符合全国股转系统创新层投资者适当性条件的合格投资者人数均少于50人的，应于次一交易日披露。

2. 连续30个交易日（不含停牌日）股票每日收盘价均低于每股面值的，应于次一交易日披露。

3. 进入创新层时仅符合《分层办法》第十一条第三项或第十四条第一款第一项中所规定市值标准的挂牌公司，连续30个交易日（不含停牌日）股票交易市值均低于2亿元的，应于次一交易日披露。

4. 预计无法在规定期限内披露年度报告或半年度报告的，应与预计无法按期披露年度报告或半年度报告的相关公告同时披露。

5. 挂牌公司进入创新层后曾受到中国证监会及其派出机构行政处罚或全国股转公司公开谴责，最近24个月内可能因不同事项再次受到行政处罚或公开谴责的，应于公告被中国证监会及其派出机构立案调查或收到纪律处分事先告知书当日披露。

6. 挂牌公司可能受到刑事处罚的，应于公告被立案侦查或相关主体被采取刑事强制措施当日披露。

7. 可能存在不符合创新层进入条件，但依据虚假材料进入的，应于公告发现相关事实当日披露。

8. 挂牌公司发生其他可能导致降层的风险，应当自发现之日起2个交易日内披露。

挂牌公司披露可能触发降层情形的风险提示公告后，应当至少每5个交易日披露一次进展公告，直至降层风险消除或实际触发降层情形。

挂牌公司无法披露或拒不披露可能触发降层情形风险提示公告的，应当由主办券商发布风险揭示公告并向全国股转公司报告。

(二) 触发降层情形的挂牌公司披露风险提示公告

创新层挂牌公司触发《分层办法》第十九条规定的即时降层情形，应当披露触发降层情形的风险提示公告：

1. 连续60个交易日（不含停牌日）符合全国股转系统创新层投资者适当性条件的合格投资者人数均少于50人的，应于第60个交易日披露。

2. 连续60个交易日（不含停牌日）股票每日收盘价均低于每股面值的，应于第60个交易日披露。

3. 进入创新层时，仅符合《分层办法》第十一条第三项或第十四条第一款第一项规定所规定市值标准的挂牌公司，连续60个交易日（不含停牌日）股票交易市值均低于2亿元的，应于第60个交易日披露。

4. 未在规定期限内披露年度报告或半年度报告的，应于年度报告或半年度报告披露期限届满的次一交易日披露。

5. 因更正年度报告导致进层时不符合创新层的进入条件，或触发创新层的定期降层情形的，应与更正后的年度报告同时披露。

6. 进入创新层后，最近24个月内因不同事项受到中国证监会及其派出机构行政处罚或全国股转公司公开谴责的次数累计达到2次的，应于公告收到相关文书当日披露。

7. 进入创新层后，受到刑事处罚的，应于公告收到相关生效文书当日披露。

8. 不符合创新层进入条件，但依据虚假材料进入的，应于公告确认相关事实当日披露。

挂牌公司披露触发降层情形的风险提示公告后至完成降层，应当至少每5个交易日披露一次进展公告。

挂牌公司无法披露或拒不披露触发降层情形风险提示公告的，应当由主办券商发布风险揭示公告并向全国股转公司报告。

（三）挂牌公司自查与主办券商核查

创新层挂牌公司触发降层情形后，应当对触发降层的具体情况进行自查，并形成自查报告。主办券商应当核查相关情形是否属实，并形成核查报告，与挂牌公司的自查报告一并向全国股转公司提交。挂牌公司自查报告与主办券商核查报告原则上应当在披露触发降层情形的风险提示公告后5个交易日内提交。

（四）启动即时降层

全国股转公司对主办券商和挂牌公司提交的材料进行审查，必要时可以要求相关主体补充提交材料。经审查认定事实无误的，按照《分层办法》第二十四条的规定，自认定之日起5个交易日内启动即时降层。挂牌公司出现两项以上定期降层或即时降层情形的，按照先触发先适用的原则，根据相应流程进行层级调整。

（五）做出降层决定及其实施

即时降层事项经挂牌委员会审议后，全国股转公司做出降层决定，并在全国股转系统官网公布。被降层的挂牌公司应当同时披露降层提示公告。挂牌公司无法披露或拒不披露的，应当由主办券商发布风险揭示公告并向全国股转公司报告。全国股转公司按照降层决定中载明的日期，将被降层的创新层挂牌公司调至基础层。

挂牌公司对层级调整决定申请复核的，应当于提交申请当日进行披露。

四、精选层挂牌公司的即时降层

（一）可能触发降层情形的挂牌公司披露风险提示公告

精选层挂牌公司发生下列情形之一的，应当披露可能触发降层情形的风险提示公告，说明可能触发的降层情形、公司是否采取或拟采取相关措施消除风险，以及相关措施的必要性、合规性等内容：

1. 连续30个交易日（不含停牌日）每日收盘价均低于每股面值，应于次一交易日披露。

2. 连续30个交易日（不含停牌日）公众股东持股比例均低于公司股本总额的25%；公司股本总额超过4亿元的，公众股东持股比例均低于公司股本总额的10%，应于次一交易日披露。

3. 连续30个交易日（不含停牌日）股东人数均少于200人，应于次一交易日披露。

4. 进入精选层时仅符合《分层办法》第十五条第二款第四项规定的挂牌公司，连续30个交易日（不含停牌日）市值均低于5亿元，应于次一交易日披露。

5. 预计无法在规定期限内披露年度报告或半年度报告的，应与预计无法按期披露年度报告或半年度报告的相关公告同时披露。

6. 挂牌公司进入精选层后曾受到中国证监会及其派出机构行政处罚或全国股转公司公开谴责，最近24个月内可能因不同事项再次受到行政处罚或公开谴责的，应于公告被中国证监会及其派出机构立案调查或收到纪律处分事先告知书当日披露。

7. 挂牌公司可能受到刑事处罚的，应于公告被立案侦查或相关主体被采取刑事强制措施当日披露。

8. 可能存在不符合精选层进入条件，但依据虚假材料进入的，应于公告发现相关事实当日披露。

9. 挂牌公司发生其他可能导致降层的风险，应当自发现之日起2个交易日内披露。

为使精选层挂牌公司能够准确、及时掌握公众股东持股比例变化情况，主办券商应当督促挂牌公司按照全国股转公司有关要求，准确填报、及时更新《分层办法》第十六条第二款第（一）（二）项规定股东的身份信息。

挂牌公司披露可能触发降层情形的风险提示公告后，应当至少每5个交易日披露一次进展公告，直至降层风险消除或实际触发降层情形。

挂牌公司无法披露或拒不披露可能触发降层情形风险提示公告的，应当由主办券商发布风险揭示公告并向全国股转公司报告。

（二）触发降层情形的挂牌公司披露风险提示公告

精选层挂牌公司触发《分层办法》第二十一条规定的即时降层情形，应当披露触发降层情形的风险提示公告：

1. 连续60个交易日（不含停牌日）每日收盘价均低于每股面值，应于第60个交易日披露。

2. 连续60个交易日（不含停牌日）公众股东持股比例均低于公司股本总额的25%；公司股本总额超过4亿元的，公众股东持股比例均低于公司股本总额的10%，应于第60个交易日披露。

3. 连续60个交易日（不含停牌日）股东人数均少于200人，应于第60个交易日披露。

4. 进入精选层时仅符合《分层办法》第十五条第二款第四项规定的挂牌公司，连续60个交易日（不含停牌日）市值均低于5亿元，应于第60个交易日披露。

5. 未在规定期限内披露年度报告或半年度报告的，应于定期报告披露期限届满的次一交易日披露。

6. 因更正年度报告导致进层时不符合精选层的进入条件，或触发精选层的定期降层情形的，应与更正后的年度报告同时披露。

7. 进入精选层后，最近24个月内因不同事项受到中国证监会及其派出机构行政处罚或全国股转公司公开谴责的次数累计达到2次的，应于公告收到相关文书当日披露。

8. 进入精选层后，受到刑事处罚的，应于公告收到相关生效文书当日披露。

9. 不符合精选层进入条件，但依据虚假材料进入的，应于公告确认相关事实当日披露。

精选层挂牌公司披露触发降层情形的提示公告后至完成降层，应当至少每5个交易日披露一次进展公告。

挂牌公司无法披露或拒不披露触发降层情形风险提示公告的，应当由主办券商发布风险揭示公告并向全国股转公司报告。

（三）触发即时降层情形的精选层挂牌公司停牌一天并实行风险警示

精选层挂牌公司触发即时降层情形的，挂牌公司应当按照股票停复牌业务规则的规定，在触发降层情形的风险提示公告披露当日申请其股票于次一交易日停牌一天，未在规定期限内披露年度报告或半年度报告导致触发降层情形的除外。同时，全国股转公司对挂牌公司股票交易实行风险警示，在其证券简称前加注ST标识。挂牌公司应当于触发降层情形的风险提示公告披露当日，按照证券简称变更相关规则规定的业务流程申请办理，生效日为风险提示公告披露后的次2个交易日。

（四）挂牌公司自查与主办券商核查

精选层挂牌公司触发降层情形后，应当对触发降层的具体情况进行自查，并形成自查报告。主办券商应当核查相关情形是否属实，并形成核查报告，与挂牌公司的自查报告一并向全国股转公司提交。挂牌公司自查报告与主办券商核查报告原则上应当在披露触发降层情形的风险提示公告后5个交易日内提交。

主办券商在核查报告中，应当同时说明挂牌公司被调出精选层后，是否符合创新层进入条件，是否可被调至创新层。

（五）启动即时降层

全国股转公司对主办券商和挂牌公司提交的材料进行审查，必要时可以要求相关主体补充提交材料。经审查认定事实无误的，按照《分层办法》第二十四条的规定，自认定之日起5个交易日内启动即时降层。挂牌公司出现两项以上定期降层或即时降层情形的，按照先触发先适用的原则，根据相应流程进行层级调整。

（六）做出降层决定及其实施

即时降层事项经挂牌委员会审议后，全国股转公司做出降层决定，并在全国股转系统官网公布。被降层的挂牌公司应当同时披露降层提示公告。挂牌公司无法披露或拒不披露的，应当由主办券商发布风险揭示公告并向全国股转公司报告。全国股转公司按照降层决定中载明的日期，将被降层的挂牌公司调至相应市场层级。

挂牌公司对层级调整决定申请复核的，应当于提交申请当日进行披露。

精选层挂牌公司被调至相应市场层级后，全国股转公司撤销其股票交易风险警示。挂牌公司应当在层级调整完成后的 2 个交易日内，按照证券简称变更相关业务规则的规定提交申请。挂牌公司同时存在《信息披露规则》第二十三条规定情形的除外。

五、其他事项

主办券商在分层调整的核查过程中，对《分层办法》中规定的相应情形，应当按照以下标准进行认定：

（一）挂牌公司合格投资者人数以一码通账户计算，相同一码通账户之下的证券账户合并计算为一人，当日报送成功即计入当日合格投资者人数。做市商及《全国中小企业股份转让系统投资者适当性管理办法》第八条所述投资者均属于合格投资者，回购专用证券账户不计入合格投资者人数。

（二）定向发行业务实行线上办理后，业务办理系统显示提醒办理新增股份登记的日期，为新增股份登记函的出具日期（即发行融资的完成日期）。挂牌公司应当在提交进入创新层的申请前完成发行融资。

（三）挂牌公司制定并披露股东大会、董事会和监事会制度、对外投资管理制度、对外担保管理制度、关联交易管理制度、投资者关系管理制度、利润分配管理制度和承诺管理制度是指，挂牌公司在提交进入创新层的申请前，前述各项制度经董事会审议通过并公开披露。

（四）设立董事会秘书，且其已取得全国股转系统挂牌公司董事会秘书任职资格，是指挂牌公司在提交进入创新层的申请前，已设立取得相应任职资格的董事会秘书并公开披露。

（五）挂牌公司或其控股股东、实际控制人存在贪污、贿赂、侵占财产、挪用财产或者破坏社会主义市场经济秩序的刑事犯罪，是指相关主体在《分层办法》规定期限内，因前述行为被司法机关做出有罪判决，或刑事处罚未执行完毕。

（六）挂牌公司或其控股股东、实际控制人在国家安全、公共安全、生态安全、生产安全、公众健康安全等领域，因违法行为被处以罚款等处罚且情节严重，或者导致严重环境污染、重大人员伤亡、社会影响恶劣等情形，主办券商在核查中原则上应认定为重大违法行为。

关于发布《全国中小企业股份转让系统挂牌公司股票停复牌业务指南》的公告

股转系统公告〔2020〕372号

为了进一步规范挂牌公司停复牌业务的办理，保护投资者合法权益，维护市场秩序，全国中小企业股份转让系统有限责任公司（以下简称全国股转公司）对《全国中小企业股份转让系统挂牌公司暂停与恢复转让业务指南（试行）》进行了修订，并更名为《全国中小企业股份转让系统挂牌公司股票停复牌业务指南》。现予以发布，自发布之日起施行。2015年11月19日发布的《全国中小企业股份转让系统挂牌公司暂停与恢复转让业务指南（试行）》同时废止。

本指南发布后，日常业务系统停复牌业务模块功能升级完成前，挂牌公司因重大事项、重大资产重组、公开发行并在精选层挂牌事项申请股票停牌的，应当由主办券商通过保密传真机（010－63889872）在停牌生效日前一交易日15：30至16：30之间申请停牌；未能在规定的时间内向全国股转公司提出停牌申请，但确需次一交易日停牌的，应当在非交易时段向全国股转公司报告，经同意后通过电子邮箱（ywbl@neeq.com.cn）提交停牌申请。

特此公告。

附件：全国中小企业股份转让系统挂牌公司股票停复牌业务指南

全国中小企业股份转让系统有限责任公司

2020年4月24日

全国中小企业股份转让系统挂牌公司股票停复牌业务指南

一、制定依据

为了规范挂牌公司股票停复牌业务办理，根据《全国中小企业股份转让系统业务规则（试行）》（以下简称《业务规则》）《全国中小企业股份转让系统挂牌公司股票停复牌业务实施细则》（以下简称《停复牌细则》）等有关规定，制定本指南。

二、一般规定

（一）正常申请

挂牌公司申请办理股票停复牌业务，应当在按照《停复牌细则》等有关规定履行相应程序后，通过主办券商向全国股转公司提交下列申请文件：

1. 加盖公司公章的《停牌/复牌申请表》（附表1）、《重大资产重组停牌/复牌申请表》（附表2）、《延期复牌申请表》（附表3）、《变更停牌事项申请表》（附表4）。

2. 停牌公告、复牌公告、延期复牌公告、停牌事项变更公告。

3. 全国股转公司要求的其他文件。

（二）事前审查与事后督导

主办券商应当对挂牌公司停复牌业务申请文件进行事前审查，审查无误后在交易日的15：30—16：30通过日常业务系统提交申请文件，经全国股转公司同意后，督导挂牌公司在停复牌业务生效前披露相关公告。

主办券商应当密切关注挂牌公司停复牌业务办理进度，如发现信息披露与业务办理进度不一致的，应当及时向全国股转公司报告。

（三）紧急申请停牌

挂牌公司未能在T－1日（T日为停牌生效日，下同）15：30—16：30向全国股转公司提出停牌申请，但确需T日停牌的，应当在非交易时段向全国股转公司报告。经全国股转公司同意后，挂牌公司向主办券商报送《停牌申请表》、停牌公告以及相关证明文件（如有），主办券商审查无误后，在T－1日16：30至T日9：00，T日11：30—12：30通过日常业务系统“紧急停牌”通道，按本指南上传停牌申请文件，如需协助进行线下信息披露，应将《信息披露业务流转表》（附表5，无需加盖主办券商公章）随停牌申请文件一并上传。

挂牌公司原则上不得在盘中申请紧急停牌。确需盘中停牌的，经全国股转公司同意后，将本指南要求的申请文件和《信息披露业务流转表》发送至指定邮箱，根据全国股转公司要求进行线下办理。

三、停牌

挂牌公司发生《停复牌细则》及有关业务规则规定的停牌事项，需要停牌一个交易日的，应当按照本指南的规定在T－1日向全国股转公司提交停牌申请并披露停牌一天的公告，股票停牌一个交易日后自动复牌。

挂牌公司因重大事项、重大资产重组申请股票停牌的，应当按照本指南规定，在T－1日向全国股转公司提出申请，并应当在申请中明确预计复牌日期。

挂牌公司向中国证监会或者境内证券交易所申请股票公开发行股票并在境内证券交易所上市，或向境内证券交易所直接申请股票上市的，应当按照本指南规定，在收到中国证监会申报材料接收凭证或向证券交易所报送申报材料的当日申请公司股票于次一交易日起停牌。

挂牌公司因股票公开发行并在精选层挂牌事项申请股票停牌，应当按照本指南规定，在向全国股转公司报送申报材料的当日申请公司股票于次一交易日起停牌。

挂牌公司发生中国证监会或全国股转公司规定的其他停牌情形，应当及时根据本指南的规定向全国股转公司申请股票停牌。

四、延期复牌

挂牌公司停牌情形不能在预计复牌日期前消除的，应当在不晚于T－2日（T日为原预计复牌日期届满日）按照本指南规定向全国股转公司申请股票延期复牌。

挂牌公司申请重大事项延期复牌的，除《延期复牌申请表》、延期复牌公告外，还应当向全国股转公司提交所筹划事项需经有权部门事前审批的书面证明文件（如有）、属于重大无先例的情况说明（如有）、主办券商核查意见等，并说明股票预计复牌时间。

挂牌公司申请重大资产重组延期复牌的，除《延期复牌申请表》、延期复牌公告外，还应当向全国股转公司提交董事会决议等证明文件、所筹划事项需经有权部门事前审批的书面证明文件（如有）、属于重大无先例的情况说明（如有）、主办券商核查意见等，并说明股票预计复牌时间。

五、变更停牌事项

挂牌公司股票停牌期间，停牌事项发生变化、新增停牌事项或停牌事项减少的，应在上述事实发生后，按照本指南规定，在停牌期限届满前及时向全国股转公司提出申请，并披露停牌事项变更公告。

六、复牌

挂牌公司股票所有停牌情形消除后，应当及时按照本指南规定，在不晚于T－1日（T日为复牌生效日）向全国股转公司提出复牌申请。

挂牌公司重大事项停牌情形已消除、停牌情形未消除但已按规定充分披露或停牌期限届满的，应当申请股票于上述事实发生后的次两个交易日复牌，并提交相应的证明文件（如有）。

挂牌公司披露经董事会审议通过的重组预案或重组报告书，或披露终止筹划重组事项后，应当申请股票于披露后的次两个交易日复牌，并提交相应的证明文件（如有）。

因《停复牌细则》第十二条规定事项停牌的，挂牌公司应当在收到中国证监会不予受理通知书、终止审查通知书、不予核准决定，或境内证券交易所不予受理决定、终止上市审核决定、不同意上市决定等文书后，申请于收到上述文件的次两个交易日复牌，并提交相应的证明文件。

因《停复牌细则》第十三条规定事项停牌的，挂牌公司应当在收到全国股转公司不予受理通知书、终止自律审查决定书，或者中国证监会终止审查决定、不予核准决定书等文书后，申请股票于收到上述文件的次两个交易日复牌，并提交相应的证明文件。

在收到中国证监会核准股票公开发行决定书后，挂牌公司发生终止发行或核准文件到期的，应当申请股票于在披露终止发行公告或者核准文件到期后的次两个交易日复牌，并提交相应的证明文件；股票公开发行完毕并在精选层挂牌的，应当按照股票公开发行并在精选层挂牌相关规定办理股票复牌等业务。

挂牌公司在中国证监会或者全国股转公司规定的其他停牌情形消除后，应当及时按照本指南的规定申请股票复牌。

附表 1

停牌/复牌申请表

<table>
<tr><td colspan="6">业务申请类型：　　　　□停牌　　□复牌</td></tr>
<tr><td>公司名称</td><td></td><td>证券简称</td><td></td><td>证券代码</td><td></td></tr>
<tr><td colspan="6">公司是否发行其他证券品种　□是（□优先股　□双创债　□H 股　□其他____________）　□否</td></tr>
<tr><td>申请停牌的事由</td><td colspan="5">□ 1. 重大事项
□（1）持续经营能力存在重大不确定性
□（2）出现重大风险事件
□（3）筹划控制权变动
□（4）涉及要约收购
□（5）全国股转公司认定的其他重大事项，具体内容：____________（必填）
□ 2. 挂牌公司向中国证监会或境内证券交易所申请公开发行股票并上市，向境内证券交易所直接申请股票上市
□ 3. 向全国股转公司申请股票公开发行并在精选层挂牌
□ 4. 其他事项停牌：
□（1）向全国股转公司主动申请终止挂牌
□（2）其他合理理由，具体内容：____________（必填）</td></tr>
<tr><td>上述所选事项是否已消除或已充分披露（申请复牌填写）</td><td colspan="5"></td></tr>
<tr><td>停牌生效日期</td><td></td><td>预计复牌日期（停牌规则依据为第 1 项时适用）</td><td></td><td>复牌生效日期（申请复牌或停牌一天填写）</td><td></td></tr>
<tr><td colspan="6">申请人：×××股份有限公司（加盖公章）

联系电话：
年　　月　　日</td></tr>
</table>

附表 2

重大资产重组停牌/复牌申请表

<table>
<tr><td colspan="7">业务申请类型：　　　　□停牌　　□复牌</td></tr>
<tr><td>公司名称</td><td></td><td>证券简称</td><td></td><td colspan="2">证券代码</td><td></td></tr>
<tr><td colspan="7">公司是否发行其他证券品种　□是（□优先股　□双创债　□H 股　□其他____________）　□否</td></tr>
<tr><td>申请停牌的事由</td><td colspan="6">□ 1. 交易各方初步达成实质性意向
□ 2. 交易各方虽未达成实质性意向，但相关信息已在媒体上传播或者预计该信息难以保密或者公司股票交易出现异常波动
□ 3. 本次重组需要向有关部门进行政策咨询、方案论证</td></tr>
<tr><td>申请复牌的事由</td><td colspan="6">□ 1. 公司完成首次信息披露
□ 2. 公司决议终止重组事项或确认不构成重大资产重组
□ 3. 其他合理理由（需单独说明）____________</td></tr>
<tr><td>交易类型</td><td colspan="6">□ 1. 现金购买、出售资产或资产置换
□ 2. 发行普通股、优先股、债券或其他证券购买资产
□ 3. 其他类型</td></tr>
<tr><td>交易对手方类型</td><td colspan="6">□ 1. 公众公司控股股东、实际控制人
□ 2. （潜在）收购人
□ 3. 其他关联方
□ 4. 非关联第三方
□ 5. 其他</td></tr>
<tr><td>是否涉及控制权变动</td><td colspan="6">□ 1. 是
□ 2. 否</td></tr>
<tr><td>支付方式</td><td colspan="6">□ 1. 现金
□ 2. 本公司发行的证券（包括但不限于普通股、优先股、债券等）
□ 3. 其他</td></tr>
<tr><td>停牌生效日期/复牌生效日期</td><td colspan="2"></td><td colspan="2">预计复牌日期（停牌时填写）</td><td colspan="2"></td></tr>
<tr><td colspan="7">申请人：×××股份有限公司（加盖公章）
年　　月　　日
联系电话：
传真电话：

独立财务顾问：（加盖公章）
（仅复牌适用）
经办人签名：
年　　月　　日
联系电话：
传真电话：</td></tr>
</table>

附表 3

延期复牌申请表

<table>
<tr><td>公司名称</td><td></td><td>证券简称</td><td></td><td>证券代码</td><td></td></tr>
<tr><td colspan="6">公司是否发行其他证券品种　□是（□优先股　□双创债　□H 股　□其他____________）　□否</td></tr>
<tr><td>导致申请停牌的触发事由</td><td colspan="5">□ 1. 持续经营能力存在重大不确定性
□ 2. 出现重大风险事件
□ 3. 筹划控制权变动
□ 4. 要约收购
□ 5. 筹划重大资产重组
□ 6. 全国股转公司认定的其他重大事项，具体内容：____________（必填）</td></tr>
<tr><td>上述所选事项目前进展情况</td><td colspan="5"></td></tr>
<tr><td>申请延期复牌的原因</td><td colspan="5">□ 1. 所筹划事项涉及按照有关规定需经有权部门事前审批
□ 2. 所筹划事项属重大无先例
□ 3. 其他，具体内容：____________（必填）</td></tr>
<tr><td>已履行程序（重大资产重组延期申请适用）</td><td colspan="5">□已经董事会审议通过并披露（停牌满 1 个月申请延期时适用）</td></tr>
<tr><td>当前预计复牌日期</td><td colspan="2"></td><td>延期后预计复牌日期</td><td colspan="2"></td></tr>
<tr><td colspan="6">申请人：×××股份有限公司（加盖公章）

联系电话：

年　　月　　日</td></tr>
</table>

附表 4

变更停牌事项申请表

<table>
<tr><td>公司名称</td><td></td><td>证券简称</td><td></td><td>证券代码</td><td></td></tr>
<tr><td colspan="6">公司是否发行其他证券品种　☐是（☐优先股　☐双创债　☐H 股　☐其他____________）　☐否</td></tr>
<tr><td>变更停牌事项的情形</td><td colspan="5">☐ 1. 停牌事项发生变化　☐ 2. 增加停牌事项　☐ 3. 减少停牌事项</td></tr>
<tr><td>原停牌事项是否申请过延期复牌</td><td colspan="5">☐是　　　　　　　　☐否</td></tr>
<tr><td>原停牌事项目前进展情况</td><td colspan="5"></td></tr>
<tr><td>变更后停牌触发事项</td><td colspan="5">☐ 1. 重大事项
☐（1）持续经营能力存在重大不确定性
☐（2）出现重大风险事件
☐（3）筹划控制权变动
☐（4）涉及要约收购
☐（5）全国股转公司认定的其他重大事项，具体内容：____________（必填）
☐ 2. 重大资产重组
☐ 3. 向中国证监会或境内证券交易所申请公开发行股票并上市，向境内证券交易所直接申请股票上市
☐ 4. 向全国股转公司申请股票公开发行并在精选层挂牌
☐ 5. 其他事项停牌：
☐（1）向全国股转公司主动申请终止挂牌
☐（2）其他合理理由，具体内容：____________（必填）</td></tr>
<tr><td>原停牌生效日</td><td colspan="2"></td><td>原预计复牌日期</td><td colspan="2"></td></tr>
<tr><td>变更停牌事项生效日</td><td colspan="2"></td><td>变更后停牌事项预计复牌日期</td><td colspan="2"></td></tr>
<tr><td colspan="6">申请人：×××股份有限公司（加盖公章）

联系电话：

年　　月　　日</td></tr>
</table>

附表 5

信息披露业务流转表

证券代码		**证券简称**	
主办券商			
经办人		座机	
手机		电子邮箱	
披露时间	________年________月________日 非交易时段		
公告类型	○挂牌前信息披露　○持续信息披露		
公告处理	○新发　○替换　○修改标题		
	序号	公告标题	
中介机构公告	1		
	2		
公司公告	1		
	2		
	3		
	4		
	5		
	6		
	7		
公告份数			
是否停牌		停牌期限	

主办券商经办人（签字）：

主办券商部门负责人（签字）：

加盖主办券商公章
（紧急停牌不适用）

日期：________年________月________日

（五）股票交易

关于发布《全国中小企业股份转让系统股票交易规则》的公告

股转系统公告〔2019〕1844 号

为了规范股票交易行为，保护投资者合法权益，全国中小企业股份转让系统有限责任公司对《全国中小企业股份转让系统股票转让规则》进行了修订，并更名为《全国中小企业股份转让系统股票交易规则》。经中国证监会批准，现予以发布，自发布之日起施行。

为实现制度平稳过渡，给市场预留准备时间，本规则第二十七条、第四十六条、第四十八条、第六十四条第二款、第一百零三条第一款、第一百零五条笏一款规定的相关事项仍保持不变，具体施行时间另行通知。

特此公告。

附件：全国中小企业股份转让系统股票交易规则

全国股转公司
2019 年 12 月 27 日

全国中小企业股份转让系统股票交易规则

第一章　总则

第一条　为了规范全国中小企业股份转让系统（以下简称全国股转系统）股票交易行为，保护投资者合法权益，维护证券市场运行秩序，根据《证券法》《全国中小企业股份转让系统有限责任公司管理暂行办法》等法律法规、部门规章、业务规则等相关规定，制定本规则。

第二条　在全国股转系统挂牌股票的交易，适用本规则。

第三条　股票交易及相关活动实行公开、公平、公正的原则，禁止证券欺诈、内幕交易、操纵市场等违法违规行为。

第四条　主办券商、投资者等市场参与人应当遵守法律法规、部门规章及全国股转系统有关业务规则，遵循自愿、有偿、诚实信用原则。

第五条　全国中小企业股份转让系统有限责任公司（以下简称全国股转公司）为股票交易活动提供服务，并依法对相关股票交易活动进行自律管理。

第六条　股票交易采用无纸化的公开交易形式，或经中国证券监督管理委员会（以下简称中国证监会）批准的其他交易形式。

第二章　交易市场

第一节　交易设施与交易参与人

第七条　全国股转公司为股票交易提供相关设施，包括交易主机、交易单元、报盘系统及相关通信系统等。

第八条　主办券商进入全国股转系统进行股票交易，应当向全国股转公司申请取得交易权限，成为交易参与人。

第九条　交易参与人应当通过在全国股转系统申请开设的交易单元进行股票交易。

第十条　交易单元是交易参与人向全国股转公司申请设立的、参与全国股转系统股票交易，并接受全国股转公司服务及监管的基本业务单位。

第十一条　主办券商在全国股转系统开展证券经纪、证券自营和做市业务，应当分别开立交易单元。

第十二条　交易单元和交易权限的具体规定，由全国股转公司另行制定。

第二节 交易方式

第十三条 股票交易可以采取做市交易方式、集合竞价交易方式、连续竞价交易方式以及中国证监会批准的其他交易方式。

符合全国股转公司规定的单笔申报数量或交易金额标准的，全国股转系统同时提供大宗交易安排。

因收购、股份权益变动或引进战略投资者等原因需要进行股票转让的，可以申请特定事项协议转让，具体办法另行规定。

优先股转让的具体办法，由全国股转公司另行规定。

第十四条 精选层股票采取竞价交易方式。

经中国证监会批准，精选层竞价交易可以引入做市商机制。

第十五条 基础层、创新层股票可以采取做市交易方式或集合竞价交易方式进行交易。

采取做市交易方式的股票，应当有2家以上做市商为其提供做市报价服务。采取集合竞价交易方式的股票，全国股转系统根据挂牌公司所属市场层级为其提供相应的撮合频次。

挂牌公司提出申请并经全国股转公司同意，可以变更股票交易方式。采取做市交易方式的股票拟变更为集合竞价交易方式的，挂牌公司应事前征得该股票所有做市商同意。

第十六条 申请挂牌公司股票拟采取做市交易方式的，其中一家做市商应为推荐其股票挂牌的主办券商或该主办券商的母（子）公司。

第十七条 发生下列情形之一的，全国股转公司强制变更股票交易方式：

（一）挂牌公司进入精选层的，股票交易方式强制变更为精选层竞价交易方式；

（二）挂牌公司调出精选层的，股票交易方式强制变更为相应市场层级交易方式；

（三）基础层、创新层采取做市交易方式的股票，为其做市的做市商不足2家，且未在30个交易日内恢复为2家以上的，交易方式强制变更为集合竞价交易方式；

（四）基础层、创新层采取做市交易方式的股票，全国股转公司作出终止挂牌决定后恢复交易期间，交易方式强制变更为集合竞价交易方式；

（五）全国股转公司规定的其他情形。

第三节 交易时间

第十八条 全国股转系统交易日为每周一至周五。

遇法定节假日和全国股转公司公告的休市日，全国股转系统休市。

第十九条 做市和竞价交易时间为每个交易日的9：15至11：30，13：00至15：00。交易时间内因故停市，交易时间不作顺延。

经中国证监会批准，全国股转公司可以调整交易时间。

第三章　股票交易一般规定

第二十条　投资者买卖股票，应当以实名方式开立证券账户和资金账户，与主办券商签订股票买卖委托代理协议，并签署相关风险揭示书。

投资者开立证券账户，应当按照中国证券登记结算有限责任公司（以下简称中国结算）的规定办理。

第二十一条　投资者可以通过书面委托方式或电话、自助终端、互联网等自助委托方式委托主办券商买卖股票。

投资者进行自助委托的，应按相关规定操作，主办券商应当记录投资者委托的电话号码、网卡地址、IP 地址等信息。

第二十二条　主办券商接受投资者的买卖委托后，应当确认投资者具备相应股票或资金，并按照委托的内容向全国股转系统申报，承担相应的交易、交收责任。

主办券商接受投资者买卖委托达成交易的，投资者应当向主办券商交付其委托主办券商卖出的股票或其委托主办券商买入股票的款项，主办券商应当向投资者交付卖出股票所得款项或买入的股票。

第二十三条　投资者可以撤销委托的未成交部分。

被撤销或失效的委托，主办券商应当在确认后及时向投资者返还相应的资金或股票。

第二十四条　主办券商应按照接受投资者委托的时间先后顺序及时向全国股转系统申报。

第二十五条　申报指令应当按全国股转公司规定的格式传送。

全国股转公司可以根据市场需要，调整申报的内容及方式。

第二十六条　主办券商应当按有关规定妥善保管委托和申报记录。

第二十七条　投资者买卖股票的单笔申报数量应当不低于 100 股。卖出股票时，余额不足 100 股部分，应当一次性申报卖出。

第二十八条　股票交易的计价单位为“每股价格”。股票交易的申报价格最小变动单位为 0.01 元人民币。

按成交原则达成的价格不在最小价格变动单位范围内的，按照四舍五入原则取至相应的最小价格变动单位。

第二十九条　股票交易单笔申报最大数量不得超过 100 万股，大宗交易除外。

第三十条　全国股转公司可以根据市场需要，调整股票单笔申报数量、申报价格的最小变动单位和单笔申报最大数量。

第三十一条　申报当日有效。

买卖申报和撤销申报经全国股转系统交易主机确认后方为有效。

第三十二条　主办券商通过报盘系统向全国股转系统交易主机发送买卖申报指令。买卖申报经交易主机撮合成交后，交易即告成立。按照本规则达成的交易于成立时生效，交易记录由全国股转公司发送至主办券商。

因不可抗力、意外事件、交易系统被非法侵入等原因造成严重后果的交易，全国股转公司可以采取适当措施或认定无效。

对显失公平的交易，经全国股转公司认定，可以采取适当措施。

第三十三条　违反本规则，严重破坏证券市场正常运行的交易，全国股转公司有权宣布取消交易，由此造成的损失由违规交易者承担。

第三十四条　按照本规则达成的交易，其成交结果以交易主机记录的成交数据为准。

第三十五条　投资者买入的股票，买入当日不得卖出，全国股转公司另有规定的除外。

做市商在做市报价过程中买入的股票，买入当日可以卖出。

第三十六条　按照本规则达成的交易，买卖双方必须承认交易结果，履行清算交收义务。

股票交易的清算交收业务，应当按照中国结算的规定办理。

第三十七条　全国股转公司每个交易日发布股票交易即时行情、股票交易公开信息等交易信息，及时编制反映市场交易情况的各类报表，并通过全国股转系统指定信息披露平台或其他媒体予以公布。

第三十八条　全国股转系统按照交易方式、股票所属市场层级等对股票即时行情实行分类揭示。

第三十九条　全国股转公司负责全国股转系统信息的统一管理和发布。未经全国股转公司许可，任何机构和个人不得发布、使用和传播交易信息。经全国股转公司许可使用交易信息的机构和个人，未经同意不得将交易信息提供给其他机构和个人使用或予以传播。

第四十条　全国股转公司可以根据市场需要，调整即时行情和股票交易公开信息发布的内容和方式。

第四十一条　全国股转公司可以根据市场发展需要，编制综合指数、成份指数、分类指数等股票指数，随即时行情发布。

股票指数的设置和编制方法，由全国股转公司另行规定。

第四章　做市交易方式

第一节　委托与申报

第四十二条　做市商应在全国股转系统持续发布买卖双向报价，并在其报价数量范围内按其报价履行与投资者的成交义务。做市交易方式下，投资者之间不能成交。全国股转公司另有规定的除外。

基础层、创新层股票做市交易适用本章规定。

第四十三条　投资者可以采用限价委托方式委托主办券商买卖做市股票。

限价委托指令应当包括证券账户号码、证券代码、买卖方向、委托数量、委托价格等内容。

第四十四条　全国股转系统接受限价申报、做市申报的时间为每个交易日的9：15至11：30、13：00至15：00。

限价申报应包括证券账户号码、证券代码、交易单元代码、证券营业部识别码、买卖方向、申报数量、申报价格等内容。

做市申报是指做市商为履行做市义务，向全国股转系统发送的，按其指定价格买卖不超过其指定数量股票的指令。做市申报应包括证券账户号码、证券代码、交易单元代码、买卖申报数量和价格等内容。

全国股转公司可以调整接受申报的时间。

第四十五条　做市商应最迟于每个交易日的9：30开始发布买卖双向报价，履行做市报价义务。

第四十六条　做市商每次提交做市申报应当同时包含买入价格与卖出价格，且相对买卖价差不得超过5%或两个最小价格变动单位（以孰高为准）。相对买卖价差计算公式为：

相对买卖价差＝（卖出价格－买入价格）÷卖出价格×100%

第四十七条　做市商提交新的做市申报后，前次做市申报的未成交部分自动撤销。

第四十八条　做市商的申报数量应当为100股的整数倍，且最小申报数量应当不低于1000股。

做市商前次做市申报撤销或其申报数量经成交后不足100股的，做市商应于5分钟内重新报价。

第四十九条　做市商持有库存股票不足1000股时，可以免于履行卖出报价义务。

出现前款所述情形，做市商应及时向全国股转公司报告并调节库存股票数量，并最迟于该情形发生后第3个交易日恢复正常双向报价。

第五十条　单个做市商持有库存股票达到挂牌公司总股本20%时，可以免于履行买入报价义务。

出现前款所述情形，做市商应及时向全国股转公司报告，并最迟于该情形发生后第 3 个交易日恢复正常双向报价。

第二节　成交

第五十一条　每个交易日的 9：30 至 11：30、13：00 至 15：00 为做市交易撮合时间。

做市商每个交易日提供双向报价的时间应不少于做市交易撮合时间的 75%。

第五十二条　全国股转系统对到价的限价申报即时与做市申报进行成交；如有 2 笔以上做市申报到价的，按照价格优先、时间优先原则成交。成交价以做市申报价格为准。

做市商更改报价使限价申报到价的，全国股转系统按照价格优先、时间优先原则将到价限价申报依次与该做市申报进行成交。成交价以做市申报价格为准。

到价是指限价申报买入价格等于或高于做市申报卖出价格，或限价申报卖出价格等于或低于做市申报买入价格。

限价申报之间、做市申报之间不能成交。

第三节　做市商管理

第五十三条　证券公司在全国股转系统开展做市业务前，应向全国股转公司申请备案。

第五十四条　做市商开展做市业务，应通过专用证券账户进行。做市专用证券账户应向中国结算和全国股转公司报备。

做市商不再为挂牌股票提供做市报价服务的，应将库存股票转出做市专用证券账户。

第五十五条　做市商证券自营账户不得持有其做市股票或参与其做市股票的买卖。

第五十六条　挂牌时采取做市交易方式的股票，初始做市商应当取得合计不低于挂牌公司总股本 5% 或 100 万股（以孰低为准），且每家做市商不低于 10 万股的做市库存股票。

除前款所述情形外，做市商在做市前应当取得不低于 10 万股的做市库存股票。

第五十七条　做市商的做市库存股票可通过以下方式取得：

（一）股东在挂牌前转让；

（二）股票发行；

（三）向股东买入或借入；

（四）全国股转公司认可的其他方式。

做市商借入库存股票的具体办法，由全国股转公司另行制定。

第五十八条　挂牌时采取做市交易方式的股票，后续加入的做市商须在该股票挂牌满3个月后方可为其提供做市报价服务。

采取做市交易方式的股票，后续加入的做市商应当事前提出申请并经全国股转公司同意。

第五十九条 挂牌时采取做市交易方式的股票和由其他交易方式变更为做市交易方式的股票，其初始做市商为股票做市不满6个月的，不得退出为该股票做市。后续加入的做市商为股票做市不满3个月的，不得退出为该股票做市。

做市商退出做市的，应当事前提出申请并经全国股转公司同意。做市商退出做市后，1个月内不得申请再次为该股票做市。

第六十条 出现下列情形时，做市商自动终止为相关股票做市，全国股转公司另有规定的除外：

（一）该股票摘牌；

（二）该股票被强制变更交易方式；

（三）做市商被暂停、终止从事做市业务或被禁止为该股票做市；

（四）全国股转公司认定的其他情形。

第四节 做市商间转让

第六十一条 做市商间为调节库存股等进行股票转让的，可以通过做市商成交确认申报方式进行。

第六十二条 做市商成交确认申报是指做市商之间按指定价格和数量与指定对手方确认成交的指令。

做市商成交确认申报应包括证券账户号码、证券代码、交易单元代码、买卖方向、申报数量、申报价格、对手方交易单元、对手方证券账户号码以及成交约定号等内容。

第六十三条 全国股转系统接受做市商成交确认申报和进行成交确认的时间为每个交易日的15：00至15：30。

第六十四条 全国股转系统对证券代码、申报价格和申报数量相同，买卖方向相反，指定对手方交易单元、证券账户号码相符及成交约定号一致的做市商成交确认申报进行确认成交。

做市商间转让股票，其成交价格应当不高于前收盘价的130%或当日最高成交价中的较高者，且不低于前收盘价的70%或当日最低成交价中的较低者。

第六十五条 做市商间转让不纳入即时行情和指数的计算，成交量在每个交易日做市商间转让结束后计入该股票成交总量。

第六十六条 每个交易日做市商间转让结束后，全国股转公司逐笔公布做市商间转让信息，包括证券代码、证券简称、成交量、成交价以及买卖双方做市商名称等。

第五节 其他规定

第六十七条 采取做市交易方式的股票，开盘价为该股票当日第一笔成交价。

第六十八条 采取做市交易方式的股票，收盘价为该股票当日最后一笔成交前15分钟成交量加权平均价（含最后一笔交易）。

当日无成交的，以前收盘价为当日收盘价。

第六十九条 全国股转系统为做市商提供其做市股票实时最高10个价位的买入限价申报价格和数量、最低10个价位的卖出限价申报价格和数量等信息，以及为该股票提供做市报价服务做市商的实时最优10笔买入、卖出做市申报价格和数量等信息。

第七十条 采取做市交易方式的股票，全国股转系统每个交易日9：30开始发布即时行情，其内容主要包括证券代码、证券简称、前收盘价、最近成交价、当日最高价、当日最低价、当日累计成交数量、当日累计成交金额、做市商实时最高3个价位买入申报价格和数量、做市商实时最低3个价位卖出申报价格和数量等。

第五章 集合竞价交易方式

第一节 委托与申报

第七十一条 集合竞价是指对一段时间内接受的买卖申报一次性集中撮合的竞价方式。

基础层、创新层股票集合竞价交易适用本章规定。

第七十二条 投资者可以采用限价委托方式委托主办券商买卖集合竞价股票。

限价委托指令应当包括证券账户号码、证券代码、买卖方向、委托数量、委托价格等内容。

第七十三条 全国股转系统接受主办券商限价申报的时间为每个交易日9：15至11：30、13：00至15：00。

集合竞价股票每次集中撮合前3分钟交易主机不接受撤销申报，在其他接受申报的时间内，未成交申报可以撤销。

全国股转公司可以调整接受申报的时间。

第七十四条 限价申报应包括证券账户号码、证券代码、交易单元代码、证券营业部识别码、买卖方向、申报数量、申报价格等内容。

第七十五条 全国股转系统对集合竞价股票实行价格涨跌幅限制，跌幅限制比例为50%，涨幅限制比例为100%。价格涨跌幅限制以内的申报为有效申报，超过价格涨跌幅限制的申报为无效申报。

涨跌幅限制价格的计算公式为：涨跌幅限制价格＝前收盘价×（1±涨跌幅限制比例）。

第七十六条 具有下列情形之一的，集合竞价股票当日不实行价格涨跌幅限制：

（一）无前收盘价股票的成交首日；

（二）全国股转公司作出终止挂牌决定后，股票恢复交易期间的成交首日；

（三）全国股转公司规定的其他情形。

第二节 成交

第七十七条 基础层集合竞价股票，交易主机于每个交易日的9：30、10：30、11：30、14：00、15：00，对接受的买卖申报进行集中撮合。

创新层集合竞价股票，交易主机自9：30起（含9：30）每10分钟对接受的买卖申报进行集中撮合。

全国股转公司可以根据市场需要，调整集合竞价的撮合频次。

第七十八条 集合竞价按价格优先、时间优先的原则撮合成交。

第七十九条 集合竞价成交价的确定原则为：

（一）可实现最大成交量；

（二）高于该价格的买入申报与低于该价格的卖出申报全部成交；

（三）与该价格相同的买方或卖方至少有一方全部成交。

两个以上价格符合上述条件的，取在该价格以上的买入申报累计数量与在该价格以下的卖出申报累计数量之差最小的价格为成交价。若买卖申报累计数量之差仍存在相等情况的，取最接近最近成交价的价格为成交价；当日无成交的，取最接近前收盘价的价格为成交价；无前收盘价的，取其平均价为成交价。

集合竞价的所有交易以同一价格成交。

第三节 其他规定

第八十条 集合竞价股票开盘价为当日该股票的第一笔成交价，收盘价为当日该股票的最后一笔成交价。

第八十一条 集合竞价股票的即时行情内容包括证券代码、证券简称、前收盘价、集合竞价参考价、匹配量和未匹配量等；若未产生集合竞价参考价的，则揭示实时最优1档申报价格和数量。

第八十二条 有价格涨跌幅限制的集合竞价股票属于下列情形之一的，全国股转公司分别公布相关股票当日买入、卖出金额最大5家主办券商证券营业部或交易单元的名称及其各自的买入、卖出金额：

（一）当日竞价交易价格振幅达到40%的前5只股票；

价格振幅的计算公式为：价格振幅＝（当日最高价－当日最低价）/当日最低价×100%

（二）当日竞价交易换手率达到10%的前5只股票；

换手率的计算公式为：换手率＝成交股数/无限售条件股份总数×100%

价格振幅或换手率相同的，依次按成交金额和成交量选取。

基础层、创新层股票排名分别计算。

股票交易公开信息涉及机构专用交易单元的，公布名称为“机构专用”。

第六章　精选层竞价交易方式

第一节　委托与申报

第八十三条　精选层股票采取连续竞价交易方式，全国股转系统同时提供开、收盘集合竞价安排。

集合竞价是指对一段时间内接受的买卖申报一次性集中撮合的竞价方式。

连续竞价是指对买卖申报逐笔连续撮合的竞价方式。

第八十四条　连续竞价股票每个交易日的9：15至9：25为开盘集合竞价时间，9：30至11：30、13：00至14：57为连续竞价时间，14：57至15：00为收盘集合竞价时间。

第八十五条　投资者可以采用限价委托和市价委托方式委托主办券商买卖连续竞价股票。

限价委托指令应当包括证券账户号码、证券代码、买卖方向、委托数量、委托价格等内容。

市价委托指令应当包括证券账户号码、证券代码、买卖方向、委托数量、保护限价等内容。

第八十六条　全国股转系统接受限价申报的时间为每个交易日9：15至9：25、9：30至11：30、13：00至15：00；接受市价申报的时间为每个交易日的9：30至11：30、13：00至14：57。

每个交易日9：20至9：25、14：57至15：00，交易主机不接受撤销申报；在其他接受申报的时间内，未成交申报可以撤销。

全国股转公司可以调整接受申报的时间。

第八十七条　全国股转系统接受下列类型的市价申报：

（一）对手方最优价格申报，即该申报以其进入交易主机时，对手方最优价格为其申报价格；对手方无申报的，申报自动撤销；

（二）本方最优价格申报，即该申报以其进入交易主机时，本方最优价格为其申报价格；本方无申报的，申报自动撤销；

（三）最优5档即时成交剩余撤销申报，即该申报在对手方最优5个价位内以对手方价格为成交价依次成交，剩余未成交部分自动撤销；

（四）最优5档即时成交剩余转限价申报，即该申报在对手方最优5个价位内以对手方价格为成交价依次成交，剩余未成交部分按本方申报最新成交价转为限价申报；如该申报无成交的，按本方最优价格转为限价申报；如无本方申报的，该申报撤销；

（五）全国股转公司规定的其他类型市价申报。

第八十八条　市价申报采取价格保护措施，买入申报的成交价格和转限价申报的申报价格不高于买入保护限价，卖出申报的成交价格和转限价申报的申报价格不低于卖出保护限价。

买入保护限价是指投资者能够接受的最高买价，卖出保护限价是指投资者能够接受的最低卖价。

第八十九条 市价申报仅适用于有价格涨跌幅限制的连续竞价股票连续竞价期间的交易。开盘集合竞价期间、收盘集合竞价期间和盘中临时停牌期间，交易主机不接受市价申报。

第九十条 限价申报应包括证券账户号码、证券代码、交易单元代码、证券营业部识别码、买卖方向、申报数量、申报价格等内容。

市价申报应包括申报类型、证券账户号码、证券代码、交易单元代码、证券营业部识别码、买卖方向、申报数量、保护限价等内容。

第九十一条 全国股转系统对连续竞价股票实行价格涨跌幅限制，涨跌幅限制比例为30%。价格涨跌幅限制以内的申报为有效申报，超过价格涨跌幅限制的申报为无效申报。

涨跌幅限制价格的计算公式为：涨跌幅限制价格 = 前收盘价 × （1 ± 涨跌幅限制比例）。

第九十二条 具有下列情形之一的，连续竞价股票当日不实行价格涨跌幅限制：

（一）股票采取连续竞价交易方式的成交首日；

（二）全国股转公司作出终止挂牌决定后，股票恢复交易期间的成交首日；

（三）全国股转公司规定的其他情形。

第九十三条 有价格涨跌幅限制和无价格涨跌幅限制的股票，在连续竞价阶段的限价申报应当符合下列要求：

（一）买入申报价格不高于买入基准价格的105%或买入基准价格以上十个最小价格变动单位（以孰高为准）；

（二）卖出申报价格不低于卖出基准价格的95%或卖出基准价格以下十个最小价格变动单位（以孰低为准）。

前款所称买入（卖出）基准价格，为即时揭示的最低卖出（最高买入）申报价格；无即时揭示的最低卖出（最高买入）申报价格的，为即时揭示的最高买入（最低卖出）价格；无即时揭示的最高买入（最低卖出）申报价格的，为最近成交价；当日无成交的，为前收盘价。

开市期间临时停牌阶段的限价申报，不适用本条前述规定。

全国股转公司可以根据市场情况调整连续竞价股票的申报有效价格范围。

第九十四条 连续竞价股票竞价交易出现下列情形之一的，全国股转系统可以对其实施盘中临时停牌：

（一）无价格涨跌幅限制的连续竞价股票盘中交易价格较当日开盘价首次上涨或下

跌达到或超过30%的；

（二）无价格涨跌幅限制的连续竞价股票盘中交易价格较当日开盘价首次上涨或下跌达到或超过60%的。

单次临时停牌的持续时间为10分钟，股票停牌时间跨越14：57的，于14：57复牌并对已接受的申报进行复牌集合竞价，再进行收盘集合竞价。

第二节　成交

第九十五条　连续竞价股票竞价交易按价格优先、时间优先的原则撮合成交。

第九十六条　连续竞价时的成交价确定原则为：

（一）最高买入申报与最低卖出申报价格相同，以该价格为成交价；

（二）买入申报价格高于集中申报簿当时最低卖出申报价格时，以集中申报簿最低卖出申报价格为成交价；

（三）卖出申报价格低于集中申报簿当时最高买入申报价格时，以集中申报簿最高买入申报价格为成交价。

集合竞价时的成交价按照本规则第七十九条规定的原则确定。

第三节　其他规定

第九十七条　连续竞价股票开盘价通过开盘集合竞价方式产生。不能通过开盘集合竞价产生的，以当日第一笔成交价为开盘价。

第九十八条　连续竞价股票收盘价通过收盘集合竞价方式产生。收盘集合竞价不能产生收盘价或未进行收盘集合竞价的，以该交易日最后一笔成交价为收盘价。当日无成交的，以前收盘价为当日收盘价。

第九十九条　连续竞价股票集合竞价期间即时行情内容包括证券代码、证券简称、前收盘价、集合竞价参考价、匹配量和未匹配量等；若未产生集合竞价参考价的，则揭示实时最优1档申报价格和数量。

连续竞价期间即时行情内容包括证券代码、证券简称、前收盘价、最近成交价、当日最高成交价、当日最低成交价、当日累计成交数量、当日累计成交金额、最高5个价位买入申报价格和数量、最低5个价位卖出申报价格和数量等。

向不特定合格投资者公开发行股票并进入精选层首日，股票即时行情显示的前收盘价为其发行价。

第一百条　有价格涨跌幅限制的连续竞价股票属于下列情形之一的，全国股转公司分别公布相关股票当日买入、卖出金额最大5家主办券商证券营业部或交易单元的名称及其各自的买入、卖出金额：

（一）当日收盘价涨跌幅达到20%的前5只股票；

（二）当日竞价交易价格振幅达到30%的前5只股票；

价格振幅的计算公式为：价格振幅 =（当日最高价 - 当日最低价）/当日最低价 ×100%。

（三）当日竞价交易换手率达到20%的前5只股票；

换手率的计算公式为：换手率 = 成交股数/无限售条件股份总数 ×100%。

收盘价涨跌幅、价格振幅或换手率相同的，依次按成交金额和成交量选取。

股票交易公开信息涉及机构专用交易单元的，公布名称为“机构专用”。

第七章　大宗交易

第一百零一条　单笔申报数量不低于10万股，或者交易金额不低于100万元人民币的股票交易，可以进行大宗交易。

第一百零二条　投资者可以采用成交确认委托方式委托主办券商进行大宗交易。

成交确认委托指令应包括证券账户号码、证券代码、买卖方向、委托数量、委托价格、成交约定号、对手方交易单元代码和对手方证券账户号码等内容。

第一百零三条　全国股转系统接受成交确认申报的时间为每个交易日的9：15至11：30、13：00至15：30。

成交确认申报应包括证券账户号码、证券代码、交易单元代码、证券营业部识别码、买卖方向、申报数量、申报价格、成交约定号、对手方交易单元代码和对手方证券账户号码等内容。

全国股转公司可以调整接受申报的时间。

第一百零四条　每个交易日的15：00至15：30为大宗交易的成交确认时间。

第一百零五条　大宗交易的成交价格应当不高于前收盘价的130%或当日已成交的最高价格中的较高者，且不低于前收盘价的70%或当日已成交的最低价格中的较低者。

无前收盘价的股票大宗交易成交价格应当在当日最高成交价与最低成交价之间。

第一百零六条　全国股转系统对证券代码、申报价格和申报数量相同，买卖方向相反，指定对手方交易单元、证券账户号码相符及成交约定号一致的成交确认申报进行确认成交。

第一百零七条　大宗交易不纳入即时行情和指数的计算，成交量在大宗交易结束后计入当日该股票成交总量。

每个交易日结束后，全国股转公司公布当日每笔大宗交易成交信息，内容包括证券代码、证券简称、成交价格、成交数量、买卖双方主办券商证券营业部或交易单元的名称等。

股票交易公开信息涉及机构专用交易单元的，公布名称为“机构专用”。

第八章　其他交易事项

第一节　转托管

第一百零八条　投资者可以以同一证券账户在单个或多个主办券商的不同证券营业部买入股票。

第一百零九条　投资者买入的股票可以通过原买入股票的交易单元委托卖出，也可以向原买入股票的交易单元发出转托管指令，转托管完成后，在转入的交易单元委托卖出。

转托管的具体规定，由中国结算制定。

第二节　挂牌、摘牌、停牌与复牌

第一百一十条　全国股转系统对股票实行挂牌交易。

第一百一十一条　股票不再具备挂牌条件的，全国股转公司终止其挂牌交易，予以摘牌。

第一百一十二条　全国股转公司可以对出现异常交易情况的股票实施停牌并予以公告。

具体停牌与复牌时间，以相关公告为准。

第一百一十三条　股票停牌时，全国股转公司发布的行情中包括该股票的信息；股票摘牌后，行情中无该股票的信息。

第一百一十四条　股票开市期间临时停牌的，停牌前的申报参加当日该股票复牌后的交易；临时停牌期间，可以申报，也可以撤销申报；精选层竞价交易的股票，复牌时对已接受的申报实行集合竞价，临时停牌期间不揭示集合竞价参考价、匹配量、未匹配量。

第一百一十五条　股票的挂牌、摘牌、停牌与复牌，由全国股转公司予以公告。相关信息披露义务人应当按照全国股转公司的要求及时公告。

第一百一十六条　股票挂牌、摘牌、停牌与复牌的其他事宜，适用全国股转公司有关业务规则。

第三节　除权与除息

第一百一十七条　股票发生权益分派、公积金转增股本等情况，全国股转系统在权益登记日的次一交易日对该股票作除权除息处理。全国股转公司另有规定的除外。

第一百一十八条　除权（息）参考价计算公式为：

除权（息）参考价 =（前收盘价 - 现金红利）÷（1 + 股份变动比例）

挂牌公司认为有必要调整上述计算公式时，可以向全国股转公司提出调整申请并说明理由。经全国股转公司同意的，挂牌公司应当向市场公布该次除权（息）适用的除权（息）参考价计算公式。

第一百一十九条 除权（息）日股票买卖，按除权（息）参考价作为计算涨跌幅度和申报有效价格范围的基准，全国股转公司另有规定的除外。

第一百二十条 在除权（息）日，挂牌公司应变更证券简称，在简称前冠以“XR”、“XD”、“DR”等字样。

“XR”代表除权；“XD”代表除息；“DR”代表除权并除息。

第九章 监管措施与违规处分

第一百二十一条 全国股转公司对股票交易过程中出现的下列事项，予以重点监控：

（一）涉嫌内幕交易、操纵市场等违法违规行为；

（二）可能影响股票交易价格或者股票成交量的异常交易行为；

（三）股票交易价格或者股票成交量明显异常的情形；

（四）买卖股票的范围、时间、数量、方式等受到法律法规、部门规章及全国股转系统业务规则限制的行为；

（五）全国股转公司认为需要重点监控的其他事项。

第一百二十二条 可能影响股票交易价格或者股票成交量的异常交易行为包括：

（一）可能对股票交易价格产生重大影响的信息披露前，大量或持续买入或卖出相关股票；

（二）单个证券账户，或两个以上固定的或涉嫌关联的证券账户之间，大量或频繁进行反向交易；

（三）单个证券账户，或两个以上固定的或涉嫌关联的证券账户，大笔申报、连续申报、密集申报或申报价格明显偏离该证券行情揭示的最近成交价；

（四）单独或者合谋，以涨幅或跌幅限制的价格大额申报或连续申报，致使该股票交易价格达到或维持涨幅或跌幅限制；

（五）频繁申报或撤销申报，或大额申报后撤销申报，以影响股票交易价格或误导其他投资者；

（六）集合竞价期间以明显高于前收盘价的价格申报买入后又撤销申报，随后申报卖出该证券，或以明显低于前收盘价的价格申报卖出后又撤销申报，随后申报买入该证券；

（七）对单一股票在一段时期内进行大量且连续交易；

（八）大量或者频繁进行高买低卖交易；

（九）申报或成交行为造成市场价格异常或秩序混乱；

（十）利用虚假或者不确定的重大信息，诱导投资者作出投资决策，并进行相关交易的；

（十一）通过对股票及其发行人、挂牌公司公开作出评价、预测或者投资建议，误导投资者作出投资决策，并进行与其评价、预测、投资建议方向相反的股票交易的；

（十二）通过策划、实施虚假重大事项，误导投资者作出投资决策，并进行相关交易的；

（十三）通过控制发行人、挂牌公司信息的生成或者控制信息披露的内容、时点、节奏，误导投资者作出投资决策，并进行相关交易的；

（十四）全国股转公司认为需要重点监控的其他异常交易。

主办券商发现客户存在上述异常交易行为，应提醒客户；对可能严重影响交易秩序的异常交易行为，应及时报告全国股转公司。

第一百二十三条 股票交易价格或者股票成交量明显异常的情形包括：

（一）同一证券营业部或同一地区的证券营业部集中买入或卖出同一股票且数量较大；

（二）股票交易价格连续大幅上涨或下跌，且挂牌公司无重大事项公告；

（三）全国股转公司认为需要重点监控的其他异常交易情形。

第一百二十四条 全国股转公司对做市商的以下行为进行重点监控：

（一）不履行或不规范履行报价义务；

（二）频繁触发豁免报价条件；

（三）涉嫌以不正当方式影响其他做市商做市；

（四）库存股数量异常变动；

（五）报价异常变动，或通过频繁更改报价涉嫌扰乱市场秩序；

（六）做市商之间涉嫌串通报价或私下交换交易策略、做市库存股数量等信息以谋取不正当利益；

（七）做市商与特定投资者在一段时间内对特定股票进行大量且连续交易；

（八）其他涉嫌违法违规行为。

第一百二十五条 全国股转公司可根据监管需要，对主办券商相关业务活动中的风险管理、技术系统运行、做市义务履行等情况进行监督检查。

第一百二十六条 全国股转公司可以单独或联合其他有关单位，对异常交易行为等情形进行现场或非现场调查。相关主办券商和投资者应当予以配合。

第一百二十七条 全国股转公司在现场或非现场调查中，可以根据需要要求主办券商及其证券营业部、投资者及时、准确、完整地提供下列文件和资料：

（一）投资者的开户资料、授权委托书、资金账户情况和相关账户的交易情况等；

（二）相关证券账户或资金账户的实际控制人、操作人和受益人情况、资金来源以及相关账户间是否存在关联的说明等；

（三）对股票交易中重点监控事项的解释；

（四）其他与全国股转公司重点监控事项有关的资料。

第一百二十八条 违反本规则，全国股转公司可以视情节轻重采取以下自律监管措施：

（一）口头警示；

（二）约见谈话；

（三）要求提交书面承诺；

（四）出具警示函；

（五）责令改正；

（六）暂停证券账户交易；

（七）限制证券账户交易；

（八）全国股转公司规定的其他自律监管措施。

第一百二十九条 违反本规则，全国股转公司可以视情节轻重采取以下纪律处分：

（一）通报批评；

（二）公开谴责；

（三）认定其不适合担任公司董事、监事、高级管理人员；

（四）限制、暂停直至终止其从事相关业务；

（五）全国股转公司规定的其他纪律处分。

全国股转公司发现相关主体涉嫌违反法律法规和中国证监会相关规定的，应当向中国证监会报告。

第十章 交易异常情况处理

第一百三十条 发生下列交易异常情况之一，导致部分或全部交易不能正常进行的，全国股转公司可以决定单独或同时采取暂缓进入清算交收程序、技术性停牌或临时停市等措施：

（一）不可抗力；

（二）意外事件；

（三）技术故障；

（四）全国股转公司认定的其他异常情况。

第一百三十一条 出现无法申报或行情传输中断情况的，主办券商应及时向全国股转公司报告。无法申报或行情传输中断的证券营业部数量超过全部主办券商所属证券营业部总数10%以上的，属于交易异常情况，全国股转公司可以实行临时停市。

第一百三十二条 全国股转公司认为可能发生第一百三十条、第一百三十一条规定的交易异常情况，并严重影响交易正常进行的，可以决定技术性停牌或临时停市。

第一百三十三条 全国股转公司对暂缓进入清算交收程序、技术性停牌或临时停市决定予以公告。技术性停牌或临时停市原因消除后，全国股转公司可以决定恢复交易，并予以公告。

因交易异常情况及全国股转公司采取的必要措施造成损失的，全国股转公司不承担责任。

第一百三十四条 交易异常情况处理的具体规定，由全国股转公司另行制定，并报中国证监会批准。

第十一章 交易纠纷

第一百三十五条 主办券商之间、主办券商和客户之间发生交易纠纷，相关主办券商应当记录有关情况，以备全国股转公司查阅。交易纠纷影响正常交易的，主办券商应当及时向全国股转公司报告。

第一百三十六条 主办券商之间、主办券商和客户之间发生交易纠纷，全国股转公司可以按有关规定，提供必要的交易数据。

第一百三十七条 客户对交易有疑义的，主办券商有义务协调处理。

第十二章 交易费用

第一百三十八条 投资者买卖股票成交的，应当按规定向代理股票买卖的主办券商交纳佣金。

第一百三十九条 主办券商应当按规定向全国股转系统交纳交易经手费及其他费用。

第一百四十条 股票交易的收费项目、收费标准和收费方式等按有关规定执行。

第十三章 附则

第一百四十一条 原STAQ、NET系统公司和退市公司挂牌股票交易相关事项另行规定。

第一百四十二条 本规则所述时间，以全国股转系统交易主机的时间为准。

第一百四十三条 本规则下列用语具有如下含义：

（一）做市商，是指经全国股转公司同意，在全国股转系统持续发布买卖双向报价，并在其报价数量范围内按其报价履行与投资者成交义务的证券公司。

（二）委托，是指投资者向主办券商进行具体授权买卖股票的行为。

（三）限价委托，是指投资者委托主办券商按其限定的价格买卖股票的指令。主办券商必须按限定的价格或低于限定的价格申报买入股票，按限定的价格或高于限定的价格申报卖出股票。

（四）市价委托，是指投资者委托主办券商按市场价格买卖股票的指令。

（五）成交确认委托，是指投资者买卖双方达成成交协议，委托主办券商按其指定的价格和数量与指定对手方确认成交的指令。

（六）申报，是指交易参与人向全国股转系统交易主机发送股票买卖指令的行为。

（七）集中申报簿，是指交易主机某一时点按买卖方向以及价格优先、时间优先顺序排列的所有未成交申报队列。

（八）集合竞价参考价，是指截至揭示时集中申报簿中所有申报按照集合竞价规则形成的虚拟集合竞价成交价。

（九）匹配量，是指截至揭示时集中申报簿中所有申报按照集合竞价规则形成的虚拟成交数量。

（十）未匹配量，是指截至揭示时集中申报簿中在集合竞价参考价位上的不能按照集合竞价参考价虚拟成交的买方或卖方申报剩余量。

第一百四十四条 本规则所述价格优先的原则是指较高价格买入申报优先于较低价格买入申报，较低价格卖出申报优先于较高价格卖出申报；时间优先的原则是指买卖方向、价格相同的，先申报者优先于后申报者，先后顺序按交易主机接受申报的时间确定。

第一百四十五条 本规则所称“超过”、“低于”、“高于”、“不足”、“少于”不含本数，“以内”、“达到”、“以上”、“以下”含本数。

第一百四十六条 本规则由全国股转公司负责解释。

第一百四十七条 本规则经中国证监会批准后生效。

关于全面实施《全国中小企业股份转让系统股票交易规则》的公告

股转系统公告〔2020〕213 号

《全国中小企业股份转让系统股票交易规则》（以下简称《交易规则》）全面实施准备工作已经完成。自 2020 年 3 月 30 日起，《交易规则》第二十七条、第四十六条、第四十八条、第六十四条第二款、第一百零三条第一款、第一百零五条第一款的规定正式施行。

请各市场参与主体做好相关业务和技术系统准备工作。

特此公告。

全国中小企业股份转让系统有限责任公司

2020 年 3 月 28 日

全国中小企业股份转让系统有限责任公司、中国证券登记结算有限责任公司关于发布《全国中小企业股份转让系统挂牌公司股份特定事项协议转让细则》的公告

股转系统公告〔2019〕1847 号

为了优化挂牌公司股份特定事项协议转让业务，全国中小企业股份转让系统有限责任公司、中国证券登记结算有限责任公司对《全国中小企业股份转让系统挂牌公司股份特定事项协议转让业务暂行办法》进行了修订，并更名为《全国中小企业股份转让系统挂牌公司股份特定事项协议转让细则》。经中国证监会批准，现予以发布，自发布之日起施行。2018 年 6 月 1 日发布的《全国中小企业股份转让系统挂牌公司股份特定事项协议转让业务暂行办法》同时废止。

特此公告。

附件：全国中小企业股份转让系统挂牌公司股份特定事项协议转让细则

全国股转公司
中国结算
2019 年 12 月 27 日

全国中小企业股份转让系统挂牌公司股份特定事项协议转让细则

第一条 为了满足全国中小企业股份转让系统（以下简称全国股转系统）市场参与人并购重组等特定事项协议转让需求，规范挂牌公司股份特定事项协议转让行为，维护证券市场秩序，保护投资者的合法权益，根据《全国中小企业股份转让系统股票交易规则》（以下简称《交易规则》）、《中国证券登记结算有限责任公司证券登记规则》，制定本细则。

第二条 本细则所称特定事项协议转让，是指转让双方因收购及股东权益变动、存在控制关系、引进战略投资者等特定事项达成转让协议，向全国中小企业股份转让系统有限责任公司（以下简称全国股转公司）和中国证券登记结算有限责任公司（以下简称中国结算）提出书面申请，经全国股转公司确认后由转让双方到中国结算办理过户登记的转让方式。

第三条 挂牌公司股份特定事项协议转让必须在全国股转系统进行，由全国股转公司和中国结算集中统一办理。

严禁进行场外非法股票交易和转让活动。

第四条 挂牌公司股份转让具有下列情形之一的，可以向全国股转公司和中国结算申请办理特定事项协议转让手续：

（一）与挂牌公司收购及股东权益变动相关，且单个受让方受让的股份数量不低于公司总股本5%的股份转让；

（二）转让双方存在实际控制关系，或均受同一控制人所控制的；

（三）外国投资者战略投资挂牌公司所涉及的股份转让；

（四）按照已披露的通过备案或审查的《公开转让说明书》《股票发行情况报告书》《重大资产重组报告书》《收购报告书》等文件中股东间业绩承诺及补偿等特殊条款，特定投资者之间以事先约定的价格进行的股份转让；

（五）行政划转挂牌公司股份；

（六）全国股转公司和中国结算认定的其他情形。

第五条 股份转让双方可以就转让价格进行协商。

第四条第（一）至（三）项所述情形的股份转让，转让价格应当不低于转让协议签署日该股票大宗交易价格范围的下限。股票无收盘价的，转让价格应当符合全国股转系统的有关规定。法律法规、部门规章及全国股转系统业务规则等另有规定的除外。

第六条 拟转让股份应当为无限售条件流通股，法律法规、部门规章及全国股转公司业务规则等另有规定的除外。

第七条 全国股转公司负责对股份转让双方当事人提出的股份转让申请进行合规性确认。

中国结算负责办理与股份转让相关的股份查询和过户登记业务。

第八条 全国股转公司和中国结算对股份转让双方提交的申请材料进行形式审核，股份转让双方应当对其提供的申请材料的真实性、准确性、完整性和合法性负责。

第九条 股份持有人拟转让其持有的股份，应当向中国结算提出查询拟转让股份持有状况的申请，并提交以下文件：

（一）股份查询申请表；

（二）股份持有人有效身份证明文件及复印件；

（三）中国结算要求提交的其他文件。

中国结算对前述股份查询的申请材料进行形式审核，符合要求的，予以查询，并出具持有证明文件。

第十条 股份转让协议达成后，股份转让双方应向全国股转公司申请确认其股份转让合规性，并提交以下文件：

（一）股份转让确认申请表；

（二）股份转让协议正本；

（三）股份转让双方有效身份证明文件及复印件；

（四）中国结算出具的拟转让股份的持有证明文件；

（五）全国股转公司要求提交的其他文件。

第十一条 全国股转公司对股份转让申请材料进行形式审核，自受理股份转让确认申请后的3个交易日内做出是否予以确认的决定。需要相关当事人补充文件的，补充文件的时间不计算在审核时限内。

第十二条 取得全国股转公司对股份转让的确认文件后，股份转让双方应向中国结算申请办理股份转让过户登记，并提交以下文件：

（一）股份转让过户登记申请表；

（二）股份转让协议正本；

（三）全国股转公司出具的股份转让确认书；

（四）股份转让双方的有效身份证明文件及复印件；

（五）中国结算要求提交的其他文件。

第十三条 中国结算对过户登记申请材料进行形式审核，审核通过的，于收到过户税费后3个交易日内办理过户登记手续。

第十四条 股份持有人转让其持有的股份，涉及以下情形的，在办理股份转让确认及过户登记时，还应当向全国股转公司和中国结算提交以下文件：

（一）拟转让股份由挂牌公司董事、监事、高级管理人员持有的，或者挂牌公司董事、监事、高级管理人员离职后拟转让股份的，需提供挂牌公司董事会说明本次股份转让不违反限售及公司章程相关规定的证明文件；

（二）转让双方存在实际控制关系，或者均受同一控制人所控制的，需提供可证明上述关系存在的法律文件；

（三）未触发挂牌公司全面要约收购条件或可免于履行全面要约收购义务的，需提供无须要约收购的相关证明文件；

（四）涉及国有主体须履行国有资产监督管理机构批准或备案程序的，需提供国有资产监督管理机构或者国家出资企业出具的批准或备案文件；

（五）涉及业绩承诺及补偿等特殊条款的，需提供未能实现特殊条款要求的相关证明文件及中介机构意见；

（六）银行业、保险业挂牌公司股东持股变动达到或者超过总股本5%的，需提供银行保险业监督管理机构的批准文件；

（七）证券业挂牌公司股东持股变动达到或者超过总股本5%的，需提供证券监督管理机构的批准文件；

（八）其他须经行政审批或备案方可进行的股份转让，需提供有关主管部门的批准或备案文件。

第十五条 股份转让双方可以临时委托中国结算保管转让的股票，并将资金存放于指定的银行。

第十六条 依照法律法规、部门规章及全国股转系统业务规则负有信息披露义务的相关当事人，应就股份转让事项及时予以披露。

第十七条 股份过户完成后3个月内，同一股份受让人不得就其所受让的股份再次向全国股转公司和中国结算提出有关特定事项协议转让的申请，法律法规另有规定的除外。

第十八条 对于未按全国股转公司及中国结算有关规定提出的股份转让申请，全国股转公司有权对股份转让不予确认，中国结算有权不予办理过户登记手续。

第十九条 股份转让双方当事人应当按照全国股转公司收费标准缴纳转让经手费，但是每笔转让的单个当事人的转让经手费上限为10万元。无成交金额或者每股成交金额低于每股面值的，以转让股份总面值计算应缴纳经手费。

股份转让双方当事人应当按照中国结算相关收费规定缴纳过户登记手续费，涉及税收的按国家有关规定执行。

第二十条 相关主体在办理特定事项协议转让业务过程中，如存在违反本细则或者全国股转系统其他业务规则的情形，全国股转公司可根据《交易规则》及相关规定对其采取相应自律监管措施或纪律处分。

第二十一条 本细则由全国股转公司和中国结算共同解释。

第二十二条 本细则经中国证监会批准后生效，修改时亦同。

关于发布《全国中小企业股份转让系统股票异常交易监控细则（试行）》的公告

股转系统公告〔2019〕1849号

为了加强交易监管，保护投资者合法权益，全国中小企业股份转让系统有限责任公司（以下简称全国股转公司）对《全国中小企业股份转让系统股票异常转让实时监控细则（试行）》进行了修订，并更名为《全国中小企业股份转让系统股票异常交易监控细则（试行）》。经中国证监会同意，现予以发布，自发布之日起施行。2014年6月9日发布的《全国中小企业股份转让系统股票异常转让实时监控细则（试行）》同时废止。现就有关事项公告如下：

一、精选层指数发布前，以全部精选层挂牌股票（剔除无价格涨跌幅限制股票及全天停牌股票）收盘价涨跌幅的算术平均值作为基准指数涨跌幅，计算收盘价涨跌幅偏离值，并据此认定异常波动情形。

二、自精选层指数发布之日起，以精选层指数作为基准指数，计算收盘价涨跌幅偏离值，并据此认定异常波动情形。

特此公告。

附件：全国中小企业股份转让系统股票异常交易监控细则（试行）

全国股转公司
2019年12月27日

全国中小企业股份转让系统股票异常交易监控细则（试行）

第一条 为了维护全国中小企业股份转让系统（以下简称全国股转系统）股票交易秩序，保护投资者合法权益，根据《全国中小企业股份转让系统股票交易规则》（以下简称《交易规则》）、《全国中小企业股份转让系统主办券商管理办法（试行）》等规定，制定本细则。

第二条 全国中小企业股份转让系统有限责任公司（以下简称全国股转公司）对全国股转系统股票交易和市场整体风险进行监控，并依法对监控中发现的异常情况及行为实施自律管理。

第三条 股票交易出现下列情形之一的，属于异常波动：

（一）基础层股票最近3个有成交的交易日以内收盘价涨跌幅累计达到+200%（-70%）；

（二）创新层股票最近3个有成交的交易日以内收盘价涨跌幅累计达到+120%（-60%）；

（三）精选层股票最近3个有成交的交易日以内收盘价涨跌幅偏离值累计达到±40%；

（四）中国证监会或者全国股转公司认定属于异常波动的其他情形。

前款所述最近3个有成交的交易日，是指在最长不超过20个交易日的期限以内股票最近3个有成交的交易日。

第四条 收盘价涨跌幅偏离值为单只股票涨跌幅与对应基准指数涨跌幅之差。基准指数由全国股转公司向市场公告。

无价格涨跌幅限制的竞价交易股票不纳入异常波动指标的计算。

全国股转公司可以根据市场情况，调整异常波动的认定标准。

第五条 股票交易出现异常波动的，全国股转公司公告该股票异常波动期间累计涨跌幅、成交量和成交金额；该股票采取竞价交易方式的，全国股转公司还应当公告异常波动期间累计买入、卖出金额最大5家主办券商证券营业部或交易单元的名称及其各自的买入、卖出金额。

股票交易出现异常波动的，挂牌公司应当于次一交易日开盘前披露异常波动公告；如次一交易日开盘前无法披露，挂牌公司应当向全国股转公司申请停牌直至披露后复牌。

主办券商应当督促挂牌公司按照本细则规定及时履行相应信息披露义务，并督促无法及时披露异常波动公告的挂牌公司申请停牌。

第六条 基础层、创新层挂牌公司异常波动公告应当包括以下内容：

（一）股票交易异常波动的具体情况；

（二）对信息披露相关重要问题的关注、核实情况说明；

（三）是否存在应当披露而未披露重大信息的声明；

（四）向市场提示异常波动股票投资风险；

（五）全国股转公司要求的其他内容。

第七条 精选层挂牌公司异常波动公告应当包括以下内容：

（一）股票交易异常波动的具体情况；

（二）对信息披露相关重要问题的关注、核实情况说明；

（三）是否存在应当披露而未披露重大信息的声明；

（四）董事会核实公司及控股股东、实际控制人、董事、监事、高级管理人员异常波动期间是否存在交易公司股票的情况；

（五）向市场提示异常波动股票投资风险；

（六）全国股转公司要求的其他内容。

第八条 采取连续竞价交易方式的股票交易中，存在下列异常交易行为之一的，全国股转公司予以重点监控：

（一）不以成交为目的，通过大量申报并撤销等行为进行虚假申报，以影响股票价格或误导其他投资者的；

（二）通过大笔申报、连续申报、密集申报或以明显偏离行情揭示的最近成交价申报、成交，导致期间股票成交价格明显上涨（下跌）的；

（三）以涨幅或跌幅限制价格进行大笔申报、连续申报、密集申报，致使股票成交价格达到或维持涨幅或跌幅限制的；

（四）在自己实际控制的证券账户之间或者涉嫌关联的证券账户之间大量或频繁交易，影响股票成交价格或者成交量的；

（五）全国股转公司认为需要重点监控的其他异常交易行为。

第九条 采取集合竞价交易方式的股票交易中，存在下列异常交易行为之一的，全国股转公司予以重点监控：

（一）无价格涨跌幅限制的股票，申报、成交价格明显异常的；

（二）不以成交为目的，通过大量申报并撤销等行为进行虚假申报，以影响股票价格或误导其他投资者的；

（三）在一段时期内大笔申报、连续申报、密集申报或以明显偏离行情揭示的最近成交价申报，导致期间股票成交价格明显上涨（下跌）的；

（四）多次以涨幅或跌幅限制价格，或接近涨幅或跌幅限制的价格申报、成交的；

（五）在自己实际控制的证券账户之间或者涉嫌关联的证券账户之间大量或频繁交

易，影响股票成交价格或者成交量的；

（六）全国股转公司认为需要重点监控的其他异常交易行为。

第十条 采取做市交易方式的股票交易中，存在下列异常交易行为之一的，全国股转公司予以重点监控：

（一）做市商与特定投资者进行大笔交易，且成交价格明显偏离行情揭示的最近成交价；

（二）做市商或投资者单独或者合谋影响股票收盘价；

（三）投资者大笔申报、连续申报、密集申报或以明显偏离行情揭示的最近成交价申报，导致期间股票成交价格明显上涨（下跌）的；

（四）投资者单独或者合谋大量或频繁反向交易，影响股票成交价格或者成交量；

（五）全国股转公司认为需要重点监控的其他异常交易行为。

第十一条 做市商在履行报价义务的过程中，出现下列情形之一的，应当及时向全国股转公司报告，并说明情况：

（一）做市商当日成交量加权平均价较前收盘价变动幅度超过 20%；

（二）做市商当日最高报卖价、最低报买价较前收盘价变动幅度超过 30%；

（三）触发《交易规则》规定的豁免报价条件的；

（四）做市商因不可抗力、意外事件、技术故障等原因无法正常履行报价义务；

（五）全国股转公司或者做市商认为需要报告并说明情况的其他情形。

第十二条 挂牌公司所属市场层级发生调整前后，全国股转公司对相关股票的异常交易行为予以重点监控。

第十三条 挂牌公司申请在证券交易所上市的，全国股转公司对相关股票的异常交易行为予以重点监控。

第十四条 全国股转公司对进行大宗交易或特定事项协议转让前后影响相关股票成交价格的异常交易行为予以重点监控。

第十五条 全国股转公司对挂牌公司实际控制人、控股股东、持股 10% 以上股东、董事、监事、高级管理人员及其涉嫌关联的证券账户实施的异常交易行为予以重点监控。

第十六条 全国股转公司对挂牌公司因股票交易导致的股东人数快速变化情况予以重点监控。

第十七条 全国股转公司根据本细则规定的异常交易行为类型，结合申报数量和频率、股票交易规模、市场占比、价格波动情况、股票基本面、挂牌公司重大信息和市场整体走势等因素进行分析，对投资者、做市商的异常交易行为进行认定。

第十八条 对发生异常交易行为的投资者，全国股转公司原则上按照递进方式采取自律监管措施：

（一）发生异常交易行为的，可以采取口头警示或者要求提交书面承诺措施；

（二）被采取要求提交书面承诺措施后，又发生异常交易行为的，可以采取出具警示函措施；

（三）被采取出具警示函措施后，仍发生异常交易行为的，可以采取限制证券账户交易措施。

全国股转公司可以在采取前款规定措施的同时，采取约见谈话、责令改正等自律监管措施。

投资者交易行为严重扰乱正常市场秩序的，全国股转公司可以即时采取暂停证券账户交易、限制证券账户交易等自律监管措施。

第十九条 对存在下列情形之一的做市商，全国股转公司可以采取口头警示、约见谈话、要求提交书面承诺、出具警示函或者责令改正等自律监管措施：

（一）发生本细则第十条规定的异常交易行为；

（二）违反《交易规则》关于证券自营账户不得持有或参与其做市股票买卖的规定；

（三）发生《交易规则》规定的报价异常变动，或通过频繁更改报价涉嫌扰乱市场秩序的行为。

第二十条 交易行为严重扰乱正常市场秩序的，全国股转公司可以采取通报批评、公开谴责等纪律处分。

交易行为涉嫌违法违规的，全国股转公司及时将有关情况向中国证监会报告。

第二十一条 发生异常交易行为的投资者或者做市商存在下列情形之一的，全国股转公司可以从重、加重实施自律监管措施或者纪律处分：

（一）在一段时间内反复、连续实施异常交易行为的；

（二）同时对多只股票实施异常交易行为的；

（三）实施异常交易行为涉嫌市场操纵的；

（四）最近六个月内曾因异常交易行为被全国股转公司实施自律监管措施或纪律处分，或者因内幕交易、市场操纵等证券违法行为受到行政处罚的；

（五）干扰、阻碍调查或者拒不配合全国股转公司采取相关措施的；

（六）全国股转公司认定的其他情形。

第二十二条 全国股转公司可以单独或联合其他有关单位，对异常及涉嫌违法违规交易行为进行现场或非现场调查，相关主办券商及其营业部、投资者应当予以配合。

第二十三条 全国股转公司对存在异常交易行为的当事人采取口头警示、要求提交书面承诺、出具警示函等自律监管措施的，通过相关证券账户所在的主办券商向当事人实施。主办券商应当及时向客户转告有关警示、督促客户提交书面承诺或送达书面决定，并保留相关证据。

做市商、使用专用交易单元的机构投资者进行做市或参与交易的，全国股转公司可直接向相关当事人实施口头警示、要求提交书面承诺、出具警示函等自律监管措施。

第二十四条 全国股转公司作出暂停证券账户交易、限制证券账户交易决定的，通过相关证券账户所在的主办券商向当事人发出书面决定。主办券商应当在收到决定当日送达相关当事人；确实无法在当日送达的，应当保留相关证据并及时向全国股转公司报告。

做市商、使用专用交易单元的机构投资者进行做市或参与交易的，全国股转公司可直接向相关当事人发出书面决定。

第二十五条 投资者或做市商被全国股转公司采取自律监管措施后仍拒不配合或未按要求整改，或者主办券商未按要求履行客户管理责任的，全国股转公司可采取进一步处理措施。

第二十六条 本细则所称“超过”不含本数，“达到”“以内”“以上”含本数。

第二十七条 本细则由全国股转公司负责解释。

第二十八条 本细则自发布之日起施行。

关于修改《全国中小企业股份转让系统证券代码、证券简称编制管理指引》的公告

股转系统公告〔2020〕125号

为了适应业务发展，满足市场需求，全国中小企业股份转让系统有限责任公司对《全国中小企业股份转让系统证券代码、证券简称编制管理指引》进行了修改。现予以发布，自发布之日起施行。

特此公告。

附件：全国中小企业股份转让系统证券代码、证券简称编制管理指引

全国中小企业股份转让系统有限责任公司

2020年2月21日

全国中小企业股份转让系统证券代码、证券简称编制管理指引

第一章　总则

第一条　为了加强全国中小企业股份转让系统（以下简称全国股转系统）证券代码、证券简称的管理，确保证券代码、证券简称编制工作安全、稳定、有序地开展，降低系统运行风险，有效利用证券代码资源，制定本指引。

第二条　本指引适用于在全国股转系统挂牌证券品种的证券代码、证券简称编制和使用工作。

第三条　全国中小企业股份转让系统有限责任公司（以下简称全国股转公司）设立证券编码工作委员会，负责全国股转系统证券代码、证券简称的编制管理工作，统筹规划证券代码体系，制定证券代码和证券简称编制原则，监督证券代码资源的使用情况。

第二章　证券代码、证券简称的编制

第一节　编制原则

第四条　全国股转系统证券代码采用六位数的数字型编制方法。

第五条　证券代码的编制原则上应当在所属证券品种区间内，可采用连续编制或其他经全国股转公司认可的方式进行编制。

第六条　按本指引编制的证券代码原则上不得与全国股转系统已挂牌证券代码重复。公开发行的发行代码、网络投票等必须重复使用证券代码的业务除外。

按本指引编制的证券代码应尽量避免与境内交易所已挂牌或上市证券代码重复。

第七条　增加或者减少证券代码号段，应当经过证券编码工作委员会批准。

第八条　证券简称应参考发行人名称、所属证券品种编制，原则上不得超过八个字符（单字节字符），且应尽量避免与全国股转系统和境内交易所已挂牌或上市证券的证券简称重复。

第二节　挂牌公司股票

第九条　挂牌公司普通股票证券代码首两位代码为 83、87、88。公开发行股票的

发行代码从 88 号段选取，首三位代码为 889。

第十条 挂牌公司优先股票证券代码首两位代码为 82。

第十一条 挂牌公司股票证券简称原则上从公司名称中选取。

挂牌公司进入精选层交易首日，证券简称首位字符应改为“N”，其他字符原则上从公司名称中选取。

挂牌公司股票交易被实行风险警示的，其证券简称首两位字符应改为“ST”，其他字符原则上从公司名称中选取。

挂牌公司被全国股转公司作出终止挂牌决定的，恢复交易期间其证券简称首四位字符应改为“摘牌”，其他字符原则上从公司名称中选取。

第十二条 挂牌公司优先股证券简称首四位字符原则上从公司名称中选取，后三位字符为“优 1”。

若该发行人再次发行优先股，首四位字符编制规则不变，后三位字符根据发行次数依次为“优 2”、“优 3”等。

第三节 两网公司及退市公司股票

第十三条 两网公司及退市公司 A 股股票证券代码首三位代码为 400。

第十四条 退市公司 B 股股票证券代码首三位代码为 420。

第十五条 退市公司既有 A 股股票，又有 B 股股票，其后三位代码应相同。

第十六条 两网公司及退市公司 A 股股票证券简称的末位字符应为标识其每周交易天数的阿拉伯数字，其他字符原则上从公司名称中选取；B 股股票证券简称的后两位字符应为“B”加上其每周交易天数的阿拉伯数字，其他字符原则上从公司名称中选取。

第四节 股权激励期权

第十七条 股权激励期权证券代码首三位代码为 850。

第十八条 股权激励期权证券简称首四位字符从公司股票证券简称中选取，后四位字符按照期数依次为“JLC1”、“JLC2”等。

第五节 要约收购、要约回购

第十九条 要约收购证券代码首三位代码为 840。

第二十条 要约回购证券代码首三位代码为 841。

第二十一条 要约收购证券简称首四位字符从公司股票证券简称中选取，后四位字符为“收购”。

第二十二条 要约回购证券简称首四位字符从公司股票证券简称中选取，后四位字符为“回购”。

第六节 指数

第二十三条 证券指数的证券代码首三位代码为899。

第二十四条 证券指数的证券简称原则上从证券指数名称中选取。

第三章 附则

第二十五条 证券发行人可以向全国股转公司提出ISIN代码申请，由全国股转公司统一向全国金融标准化技术委员会证券分技术委员会申请对应的ISIN代码。ISIN代码的有关编制方法参见国际号码代理人协会的ISO6166条例。

第二十六条 本指引由全国股转公司负责解释。

第二十七条 本指引自发布之日起施行。

关于修改《全国中小企业股份转让系统股票转让方式确定及变更指引》的公告

股转系统公告〔2020〕123 号

为了落实《全国中小企业股份转让系统股票交易规则》，明确股票交易方式确定、变更有关程序，全国中小企业股份转让系统有限责任公司对《全国中小企业股份转让系统股票转让方式确定及变更指引》进行了修改，并更名为《全国中小企业股份转让系统股票交易方式确定及变更指引》。现予以发布，自发布之日起施行。

特此公告。

附件：全国中小企业股份转让系统股票交易方式确定及变更指引

全国中小企业股份转让系统有限责任公司

2020 年 2 月 21 日

全国中小企业股份转让系统股票交易方式确定及变更指引

第一章　总则

第一条　为了明确全国中小企业股份转让系统（以下简称全国股转系统）申请挂牌公司、挂牌公司股票（以下简称股票）交易方式的确定、变更以及做市商加入、退出等相关事宜，根据《全国中小企业股份转让系统股票交易规则》（以下简称《交易规则》）等有关规定，制定本指引。

第二条　做市交易方式、集合竞价交易方式和连续竞价交易方式的确定及变更适用本指引。

第三条　精选层股票采取连续竞价交易方式，基础层、创新层股票采取做市交易方式或集合竞价交易方式之一进行交易。

第四条　基础层、创新层挂牌公司提出申请并经全国中小企业股份转让系统有限责任公司（以下简称全国股转公司）同意，可以变更股票交易方式。

挂牌公司拟申请变更股票交易方式的，其股东大会应当就股票交易方式变更事宜作出决议。挂牌公司应当在股东大会会议结束后2个交易日内在符合《证券法》规定的信息披露平台（以下简称规定的信息披露平台）公告决议内容。

第五条　挂牌公司进入精选层的，全国股转公司强制变更股票交易方式为连续竞价交易方式。

挂牌公司被调出精选层或基础层、创新层采取做市交易方式的股票因做市商不足2家导致停牌满30个交易日的，全国股转公司强制变更股票交易方式为集合竞价交易方式。

采取做市交易方式的股票被全国股转公司作出终止挂牌决定后，全国股转公司自股票恢复交易首日强制变更股票交易方式为集合竞价交易方式。

第二章　申请挂牌公司股票交易方式的确定

第六条　股票挂牌时拟采取做市交易方式或集合竞价交易方式的，申请挂牌公司应召开股东大会作出决议，并向全国股转公司提出申请。

第七条　股票挂牌时拟采取做市交易方式的，应当具备以下条件：

（一）2家以上做市商同意为申请挂牌公司股票提供做市报价服务，且其中一家做市商为推荐该股票挂牌的主办券商或该主办券商的母（子）公司；

（二）做市商合计取得不低于申请挂牌公司总股本5%或100万股（以孰低为准），且每家做市商不低于10万股的做市库存股票；

（三）全国股转公司规定的其他条件。

第八条 全国股转公司在出具同意挂牌审查意见时，确认申请挂牌公司股票的交易方式。

第九条 股票拟采取做市交易方式的，申请挂牌公司应当在股票挂牌前将做市商做市库存股票登记在做市专用证券账户。

第十条 申请挂牌公司应当按照全国股转公司的要求在公开转让说明书和挂牌提示性公告中披露其股票交易方式。

第三章 基础层、创新层挂牌公司股票交易方式变更

第一节 集合竞价交易方式变更为做市交易方式

第十一条 基础层、创新层采取集合竞价交易方式的股票，挂牌公司申请变更为做市交易方式的，应当符合以下条件：

（一）2家以上做市商同意为该股票提供做市报价服务，并且每家做市商已取得不低于10万股的做市库存股票；

（二）全国股转公司规定的其他条件。

第十二条 挂牌公司应当在作出有关变更交易方式的决议后6个月内，向全国股转公司提出申请。

第十三条 做市商应不晚于全国股转公司受理挂牌公司申请当日，向中国证券登记结算有限责任公司（以下简称中国结算）申请将做市库存股票划转至做市专用证券账户。

第十四条 挂牌公司应当于全国股转公司出具同意意见当日在规定的信息披露平台公告，自全国股转公司出具意见之日后第二个交易日起该股票交易方式变更为做市交易方式，相关做市商应当履行对该股票的做市报价义务。

第二节 做市交易方式变更为集合竞价交易方式

第十五条 基础层、创新层采取做市交易方式的股票，挂牌公司申请变更为集合竞价交易方式的，应当符合以下条件：

（一）该股票所有做市商均已满足《交易规则》关于最低做市期限的要求，且均同意退出做市；

（二）全国股转公司规定的其他条件。

第十六条 挂牌公司应当在作出有关变更交易方式的决议后10个交易日内，向全国股转公司提出申请。

第十七条 挂牌公司应当于全国股转公司出具同意意见当日在规定的信息披露平台公告，自全国股转公司出具意见之日后第二个交易日起该股票交易方式变更为集合竞价交易方式，相关做市商停止为该股票提供做市报价服务。

第十八条 做市商应当于交易方式变更生效后，向中国结算申请将做市库存股票转出做市专用证券账户。

第四章 基础层、创新层做市商后续加入、退出为股票做市

第一节 做市商后续加入为股票做市

第十九条 挂牌时采取做市交易方式的股票，拟后续加入的做市商须在该股票挂牌满3个月后方可经申请同意后为该股票提供做市报价服务。

做市商退出做市后，1个月内不得申请再次为该股票做市。

第二十条 采取做市交易方式的股票，做市商拟后续加入为该股票做市的，应向全国股转公司提交后续加入做市申请。

第二十一条 做市商应不晚于全国股转公司受理申请当日，向中国结算申请将做市库存股票划转至做市专用证券账户。

第二十二条 做市商应当于全国股转公司出具同意意见当日在规定的信息披露平台公告，自次一交易日开始履行对该股票的做市报价义务。

第二节 做市商退出为股票做市

第二十三条 挂牌时采取做市交易方式的股票和由集合竞价交易方式变更为做市交易方式的股票，其初始做市商为股票做市不满6个月的，不得申请退出为该股票做市。后续加入的做市商为相关股票做市不满3个月的，不得申请退出为该股票做市。

第二十四条 做市商拟退出为股票做市的，应向全国股转公司提交退出做市申请。

第二十五条 做市商应当于全国股转公司出具同意意见当日在规定的信息披露平台公告，自次一交易日起停止为该股票提供做市报价服务。

第二十六条 做市商应当于退出做市生效后，向中国结算申请将做市库存股票转出做市专用证券账户。

第五章 股票交易方式强制变更

第二十七条 发生下列情形之一的，全国股转公司强制变更股票交易方式：

（一）挂牌公司进入精选层；

（二）精选层挂牌公司调整至基础层或创新层；

（三）基础层、创新层采取做市交易方式的股票做市商不足2家，且未在30个交易日内恢复为2家以上；

（四）基础层、创新层采取做市交易方式的股票被全国股转公司作出终止挂牌决定；

（五）全国股转公司规定的其他情形。

第二十八条 挂牌公司进入精选层的，全国股转公司将在其所属市场层级调整生效当日将其股票交易方式变更为连续竞价交易方式。

第二十九条 挂牌公司被调出精选层的，全国股转公司将在其所属市场层级调整生效当日将其股票交易方式变更为集合竞价交易方式，并根据市场层级配置相应的撮合频次。

第三十条 基础层、创新层采取做市交易方式的股票，做市商不足 2 家，且未在 30 个交易日内恢复为 2 家以上的，全国股转公司将在第 31 个交易日将其股票交易方式变更为集合竞价交易方式。

第三十一条 基础层、创新层采取做市交易方式的股票被全国股转公司作出终止挂牌决定的，全国股转公司将在其恢复交易首日将其股票交易方式变更为集合竞价交易方式。

第三十二条 基础层、创新层采取做市交易方式的股票发生下列情形之一，将导致该股票做市商不足 2 家的，全国股转公司于有关情形发生当日收市后在规定的信息披露平台公告相关情况：

（一）该股票做市商提出申请并经全国股转公司同意，退出为该股票做市；

（二）该股票做市商被暂停、终止从事做市业务，或被禁止为该股票做市。

自前款情形发生次一交易日起，全国股转公司对该股票实施强制停牌。停牌期间，挂牌公司应当每 5 个交易日在规定的信息披露平台发布一次提示性公告。

第三十三条 发生本指引第三十二条所述情形导致股票停牌的，相关股票在以下情形发生后复牌：

（一）依据本指引第三十条规定，全国股转公司强制将股票交易方式变更为集合竞价交易方式；

（二）该股票做市商在 30 个交易日内恢复为 2 家以上；

（三）挂牌公司在 30 个交易日内提出申请并经全国股转公司同意，股票交易方式变更为集合竞价交易方式。

因发生前款第一、二项情形股票复牌的，全国股转公司于复牌前一交易日在规定的信息披露平台公告相关情况。

第六章 附则

第三十四条 本指引所称“以上”包含本数，“不足”不包含本数。

第三十五条 本指引由全国股转公司负责解释。

第三十六条 本指引自发布之日起施行。

关于发布《全国中小企业股份转让系统股票交易方式确定及变更业务办理指南》的公告

股转系统公告〔2020〕124号

为了落实《全国中小企业股份转让系统股票交易方式确定及变更指引》，细化股票交易方式确定、变更等业务流程，全国中小企业股份转让系统有限责任公司制定了《全国中小企业股份转让系统股票交易方式确定及变更业务办理指南》。现予以发布，自发布之日起施行。

特此公告。

附件：全国中小企业股份转让系统股票交易方式确定及变更业务办理指南

全国中小企业股份转让系统有限责任公司

2020年2月21日

全国中小企业股份转让系统股票交易方式确定及变更业务办理指南

为了规范申请挂牌公司、挂牌公司、主办券商、做市商在全国中小企业股份转让系统（以下简称全国股转系统）办理股票交易方式确定、变更以及做市商加入、退出等业务，根据《全国中小企业股份转让系统股票交易规则》（以下简称《交易规则》）、《全国中小企业股份转让系统股票交易方式确定及变更指引》等有关规定，制定本指南。

本指南相关业务通过全国中小企业股份转让系统有限责任公司（以下简称全国股转公司）业务支持平台（以下简称BPM系统、系统）进行办理。

第一章　申请挂牌公司股票交易方式的确定

一、申请材料

（一）股票挂牌申请采取集合竞价交易方式

1. 关于股票采取集合竞价交易方式的申请（附件1）；
2. 申请挂牌公司关于同意公司股票采取集合竞价交易方式的股东大会决议；
3. 全国股转公司要求提交的其他材料。

（二）股票挂牌申请采取做市交易方式

1. 关于股票采取做市交易方式的申请（附件2）；
2. 申请挂牌公司关于同意公司股票采取做市交易方式的股东大会决议；
3. 做市商为申请挂牌公司股票提供做市报价服务的申请（附件3）；
4. 全国股转公司要求的其他材料。

二、系统提交及反馈

主办券商协助申请挂牌公司通过BPM系统提交相关申请材料。主办券商登录BPM系统，点击“挂牌审核管理”项下的“挂牌项目”模块，点击申请挂牌公司名称后，进入业务操作界面，在“确定交易方式”页面，录入相关信息，并上传申请文件，确认无误后提交。

全国股转公司对主办券商申请出具反馈意见的，主办券商可通过BPM系统首页待办提示“交易方式管理”模块的“交易方式待反馈回复”页面完成相关反馈，确认无误后再次提交。

三、出具意见

全国股转公司收到材料无误的主办券商申请后10个交易日内完成审查工作，并在出具同意挂牌审查意见时，确认申请挂牌公司股票的交易方式。主办券商可在BPM系统“挂牌审核管理”项下的“挂牌项目”模块找到相关项目，点击“下载”按钮取得同意挂牌审查意见。

四、股份登记

主办券商协助申请挂牌公司按照《全国中小企业股份转让系统股票挂牌业务操作指南》（以下简称《挂牌操作指南》）的要求向中国证券登记结算有限责任公司北京分公司（以下简称中国结算）申请办理股份初始登记。股票拟采取做市交易方式的，做市商做市库存股票应登记在做市专用证券账户。

五、信息披露

主办券商协助申请挂牌公司通过符合《证券法》规定的信息披露平台（以下简称规定的信息披露平台）披露公开转让说明书和关于股票挂牌的提示性公告，并在公告中明确披露股票交易方式。有关披露要求按照《挂牌操作指南》办理。

六、业务生效

申请挂牌公司股票自挂牌首日起采取相应交易方式进行交易，对于采取做市交易方式的股票，相应做市商自挂牌首日起开始履行做市报价义务。

第二章　基础层、创新层挂牌公司股票交易方式变更

第一节　集合竞价交易方式变更为做市交易方式

一、申请材料

1. 变更股票交易方式为做市交易方式的申请（附件4）；
2. 挂牌公司关于变更股票交易方式的股东大会决议；
3. 做市商为挂牌公司股票提供做市报价服务的申请（附件5）；
4. 全国股转公司要求的其他材料。

二、系统提交及反馈

主办券商协助挂牌公司通过BPM系统提交相关申请材料。主办券商登录BPM系

统，点击“主办券商业务管理系统”项下的“做市相关业务”模块，选择“变更为做市交易方式”后，进入业务操作界面，录入相关信息，并上传申请文件，确认无误后提交。BPM 系统接受申请的时间为每个交易日的 8：30 至 17：00，对于申请材料齐备的，全国股转公司于当日完成受理。

全国股转公司对主办券商申请出具反馈意见的，主办券商可通过 BPM 系统首页“待办事项”模块下的“做市业务待回复”页面完成相关反馈，确认无误后再次提交。

三、股票划转（如有）

申请加入做市的做市商，应不晚于全国股转公司受理主办券商申请当日向中国结算提交股票划转申请。做市商通过参与挂牌公司定向发行取得的做市库存股，应直接登记于做市专用证券账户，无需划转。

主办券商和做市商可通过 BPM 系统“待办事项”模块下的“做市相关业务待阅通知”，查询全国股转公司向中国结算发送的股票划转信息。

四、出具意见

全国股转公司在受理交易方式变更申请后 3 个交易日内出具意见，并通过 BPM 系统发送至主办券商。主办券商在每个交易日 15：30 后可通过系统首页“待办事项”模块下的“做市相关业务待阅通知”或通过“业务办理”模块下的“已申请”查询。

五、信息披露

取得同意意见当日 20：00 前，主办券商协助挂牌公司在规定的信息披露平台发布相关公告（附件 6）。

六、业务生效

全国股转公司出具同意意见后第 2 个交易日，相关股票变更为做市交易方式，相关做市商开始履行对该股票的做市报价义务。

第二节　做市交易方式变更为集合竞价交易方式

一、申请材料

1. 变更股票交易方式为集合竞价交易方式的申请（附件 7）；
2. 挂牌公司关于变更股票交易方式的股东大会决议；
3. 做市商同意退出做市声明（附件 8）；
4. 全国股转公司要求的其他材料。

二、系统提交及反馈

主办券商协助挂牌公司通过 BPM 系统提交相关申请材料。主办券商登录 BPM 系统，点击“主办券商业务管理系统”项下的“做市相关业务”模块，选择“变更为集合竞价交易方式”后，进入业务操作界面，录入相关信息，并上传申请文件，确认无误后提交。BPM 系统接受申请的时间为每个交易日的 8：30 至 17：00，对于申请材料齐备的，全国股转公司于当日完成受理。

全国股转公司对主办券商申请出具反馈意见的，主办券商可通过 BPM 系统首页“待办事项”模块下的“做市业务待回复”页面完成相关反馈，确认无误后再次提交。

三、出具意见

全国股转公司在受理交易方式变更申请后 2 个交易日内出具意见，并通过 BPM 系统发送至主办券商。主办券商在每个交易日 15：30 后可通过系统首页“待办事项”模块下的“做市相关业务待阅通知”或通过“业务办理”模块下的“已申请”查询。

四、信息披露

取得同意意见当日 20：00 前，主办券商协助挂牌公司在规定的信息披露平台发布相关公告（附件 9）。

五、业务生效

全国股转公司出具同意意见后第 2 个交易日，相关股票交易方式变更为集合竞价交易方式，相关做市商停止为该股票提供做市报价服务。

六、股票划转

主办券商应在变更交易方式生效后的 5 个交易日内，在 BPM 系统“做市业务”模块“待确认划转”中点击该业务，选择“是否划转”。对选择“划转”的，相关做市商在变更交易方式生效后的 5 个交易日内向中国结算提交股票划转申请。

主办券商和做市商可通过 BPM 系统“待办事项”模块下的“做市相关业务待阅通知”，查询全国股转公司向中国结算发送的股票划转信息。

第三章　基础层、创新层做市商后续加入、退出为股票做市

第一节　做市商后续加入为股票做市

一、申请材料

1. 做市商后续加入做市的申请（附件10）；
2. 全国股转公司要求的其他材料。

二、系统提交及反馈

做市商通过BPM系统提交相关申请材料。做市商登录BPM系统，点击“主办券商业务管理系统”项下的“做市相关业务”模块，选择“后续加入做市”后，进入业务操作界面，录入相关信息，并上传申请文件，确认无误后提交。BPM系统接受申请的时间为每个交易日的15：30至17：00，对于申请材料齐备的，全国股转公司于当日完成受理。

全国股转公司对做市商申请出具反馈意见的，做市商可通过BPM系统首页“待办事项”模块下的“做市业务待回复”页面完成相关反馈，确认无误后再次提交。

三、股票划转（如有）

申请加入做市的做市商，应不晚于全国股转公司受理申请当日向中国结算提交股票划转申请。

做市商可通过BPM系统“待办事项”模块下的“做市相关业务待阅通知”，查询全国股转公司向中国结算发送的股票划转信息。

挂牌公司股票因做市商不足2家股票停牌期间，申请加入做市的做市商通过协议受让原股东股票方式取得做市库存股的，做市商应申请将原股东所持股票划转至做市专用证券账户。

四、出具意见

全国股转公司在受理加入做市申请后3个交易日内出具意见，并通过BPM系统发送至做市商。做市商在每个交易日15：30后可通过系统首页“待办事项”模块下的“做市相关业务待阅通知”或通过“业务办理”模块下的“已申请”查询。

五、信息披露

取得同意意见当日20：00前，做市商应在规定的信息披露平台发布相关公告（附件11）。

六、业务生效

全国股转公司出具同意意见后次一交易日起，相关做市商开始履行对该股票的做市报价义务。

第二节　做市商退出为股票做市

一、申请材料

1. 做市商退出做市的申请（附件12）；
2. 全国股转公司要求的其他材料。

二、系统提交及反馈

做市商通过BPM系统提交相关申请材料。做市商登录BPM系统，点击“主办券商业务管理系统”项下的“做市相关业务”模块，选择“退出做市”后，进入业务操作界面，录入相关信息，并上传申请文件，确认无误后提交。BPM系统接受申请的时间为每个交易日的15：30至17：00，对于申请材料齐备的，全国股转公司于当日完成受理。

全国股转公司对做市商申请出具反馈意见的，做市商可通过BPM系统首页“待办事项”模块下的“做市业务待回复”端口完成相关反馈，确认无误后再次提交。

三、出具意见

全国股转公司在受理退出做市申请后2个交易日内出具意见，并通过BPM系统发送至做市商。做市商在每个交易日15：30后可通过系统首页“待办事项”模块下的“做市相关业务待阅通知”或通过“业务办理”模块下的“已申请”查询。

四、信息披露

取得同意意见当日20：00前，做市商应在规定的信息披露平台发布相关公告（附件13）。

五、业务生效

全国股转公司出具同意意见后次一交易日，相关做市商停止为该股票提供做市报价服务。

六、股票划转

申请退出做市的做市商应在退出做市生效后的5个交易日内，在BPM系统首页

"待办事项"模块"待确认划转"中点击该业务，选择"是否划转"。对选择"划转"的，应在退出做市生效后的5个交易日内向中国结算提交股票划转申请。

做市商可通过BPM系统"待办事项"模块下的"做市相关业务待阅通知"，查询全国股转公司向中国结算发送的股票划转信息。

第四章　股票交易方式强制变更

一、因做市商不足2家强制变更为集合竞价交易方式

（一）适用情形

基础层、创新层采取做市交易方式的股票做市商不足2家，未在30个交易日内恢复为2家以上或主动申请变更交易方式的，全国股转公司在第30个交易日办理将相关做市商（如有）强制退出做市业务，并在第31个交易日将股票交易方式强制变更为集合竞价交易方式。

（二）信息披露

全国股转公司于相关股票触发做市商不足2家情形起第30个交易日在规定的信息披露平台公告该股票交易方式将强制变更为集合竞价交易方式的相关情况。

（三）业务生效

全国股转公司发布公告后次一交易日，挂牌公司股票交易方式变更为集合竞价交易方式，相关做市商停止为该股票提供做市报价服务。

（四）系统提交及股票划转

相关做市商在强制变更交易方式业务生效后，登录BPM系统，通过首页"待办事项"模块"待确认划转"中点击该业务，选择"是否划转"。对选择划转的，相关做市商应填写划转账户信息并提交股票划转申请。

全国股转公司将股票划转信息发送至中国结算，做市商应通过BPM系统"待办事项"模块下的"做市相关业务待阅通知"查询相关进度，在全国股转公司发送划转信息至中国结算后5个交易日内，向中国结算提交股票划转申请。

二、因挂牌公司进入精选层强制变更为连续竞价交易方式

（一）适用情形

创新层采取做市交易方式的股票，通过公开发行股票进入精选层的，全国股转公司在L－3日（L日为股票在精选层挂牌日）办理将相关做市商（如有）强制退出做市业务，并在L日将股票交易方式变更为连续竞价交易方式。

（二）系统提交及股票划转

挂牌公司取得证监会核准其向不特定合格投资者公开发行股票的文件后，相关做

市商应当向主承销商提供股票划转信息，以便完成强制退出做市业务后的股票划转。主承销商上报发行方案时通过 BPM 系统将做市商股票划转信息一并填报完成，并选择是否划转，确认无误后提交。股票划转信息提交完成后，相关做市商无需再单独申请退出做市业务。

L－3 日相关做市商被强制退出做市后，全国股转公司将股票划转信息发送至中国结算，相关做市商可通过 BPM 系统“待办事项”模块下的“做市相关业务待阅通知”查询相关进度，无需向中国结算提交股票划转申请。

如股票未完成统一划转或存在股票划转失败等情形的，相关做市商应主动向全国股转公司和中国结算提交股票划转申请，完成做市库存股票的划转。

（三）信息披露

L－3 日主承销商协助挂牌公司按照股票向不特定合格投资者公开发行并在精选层挂牌业务有关要求完成相关信息披露。

（四）业务生效

L 日挂牌公司股票交易方式变更为连续竞价交易方式，挂牌公司新增股份挂牌公开转让。

三、采取做市交易方式的股票被强制终止挂牌其交易方式强制变更为集合竞价交易方式

（一）适用情形

基础层、创新层采取做市交易方式的股票被全国股转公司作出终止挂牌决定的，全国股转公司将在股票恢复交易前一交易日办理将相关做市商（如有）强制退出做市业务，并在恢复交易首日将股票交易方式变更为集合竞价交易方式。

（二）股票划转

相关做市商被强制退出做市后，应向全国股转公司提交加盖证券公司公章的股票划转申请，全国股转公司于次一交易日将做市商股票划转信息发送至中国结算。做市商应在全国股转公司发送股票划转信息至中国结算后 5 个交易日内，向中国结算提交股票划转申请。

（三）业务生效

挂牌公司股票恢复交易首日，股票交易方式变更为集合竞价交易方式。

附件：1. 关于股票采取集合竞价交易方式的申请

2. 关于股票采取做市交易方式的申请

3. 做市商为申请挂牌公司股票提供做市报价服务的申请

4. 变更股票交易方式为做市交易方式的申请

5. 做市商为挂牌公司股票提供做市报价服务的申请

6. ××股份有限公司关于变更股票交易方式为做市交易方式的提示性公告

7. 变更股票交易方式为集合竞价交易方式的申请
8. 做市商同意退出做市声明
9. ××股份有限公司关于变更股票交易方式为集合竞价交易方式的提示性公告
10. 做市商后续加入做市的申请
11. ××证券公司关于后续加入为××股份有限公司股票提供做市报价服务的公告
12. 做市商退出做市的申请
13. ××证券公司关于退出为××股份有限公司股票提供做市报价服务的公告

附件 1

关于股票采取集合竞价交易方式的申请

全国中小企业股份转让系统有限责任公司：

本公司股东大会已于×年×月×日依法作出决议，决定本公司股票挂牌时采取集合竞价交易方式。现本公司申请挂牌时股票采取集合竞价交易方式。

本公司承诺所提供的申请材料真实、准确、完整，决议程序合法合规，因提供的申请材料不符合上述承诺及决议程序违法违规等问题所引起的一切法律责任由本公司自行承担。

××股份有限公司

（公章）

联系人：

联系电话：

年　　月　　日

附件 2

关于股票采取做市交易方式的申请

全国中小企业股份转让系统有限责任公司：

本公司股东大会已于×年×月×日依法作出决议，决定本公司股票挂牌时采取做市交易方式。现本公司申请挂牌时股票采取做市交易方式。

目前，已有 2 家以上做市商（××、××、……）同意为本公司股票提供做市报价服务，且其中 1 家为推荐本公司挂牌的主办券商××/该主办券商的母（子）公司。上述做市商（拟）取得的库存股票合计××股，合计占本公司总股本×%，其中做市商××（拟）取得的库存股票××股，做市商××（拟）取得的库存股票××股，……。

本公司承诺所提供的申请材料真实、准确、完整，决议程序合法合规，因提供的申请材料不符合上述承诺及决议程序违法违规等问题所引起的一切法律责任由本公司自行承担。

××股份有限公司

（公章）

联系人：

联系电话：

年　　月　　日

附件 3

做市商为申请挂牌公司股票提供做市报价服务的申请

全国中小企业股份转让系统有限责任公司：

本公司自愿为××股份有限公司（申请挂牌公司）股票提供做市报价服务，申请成为××股份有限公司股票挂牌时的初始做市商，并同意××股份有限公司向全国中小企业股份转让系统有限责任公司（以下简称全国股转公司）提交《关于股票采取做市交易方式的申请》。

本公司做市交易单元：××；做市证券账户：××；拟作为做市库存股的××股份有限公司股票××股，其中：（拟）从原股东处受让××股，（拟）通过股票发行取得××股，（拟）通过其他合法方式取得××股①，（股票发行完成后，）占××股份有限公司总股本比例为×%。

本公司承诺向全国股转公司提供的相关材料真实、准确、完整，并承诺履行报价义务、遵守有关做市商的各项规定，自愿接受因违反承诺及有关规定而导致的法律后果。

××证券公司

（公章）

联系人：

联系电话：

年　　月　　日

① 通过其他合法方式取得做市库存股票的，应当说明具体途径。

附件 4

变更股票交易方式为做市交易方式的申请

全国中小企业股份转让系统有限责任公司：

本公司股东大会已于 × 年 × 月 × 日依法作出决议，决定本公司股票（证券简称：××，证券代码：××）由集合竞价交易方式变更为做市交易方式。现本公司申请变更股票交易方式为做市交易方式。

目前，已有 2 家（以上）做市商（××、××、……）同意为本公司股票提供做市报价服务，且各做市商均已取得不低于 10 万股的本公司股票。其中，做市商 ×× 取得的拟作为做市库存股票的本公司股票 ×× 股，做市商 ×× 取得的拟作为做市库存股的本公司股票 ×× 股，……。

本公司承诺所提供的申请材料真实、准确、完整，决议程序合法合规，因提供的申请材料不符合上述承诺及决议程序违法违规等问题所引起的一切法律责任由本公司自行承担。

××股份有限公司

（公章）

联系人：

联系电话：

年　　月　　日

附件5

做市商为挂牌公司股票提供做市报价服务的申请

全国中小企业股份转让系统有限责任公司：

本公司自愿为××股份有限公司（挂牌公司）股票（证券简称：××，证券代码：××）提供做市报价服务，申请成为××股份有限公司股票做市商，并同意××股份有限公司向全国中小企业股份转让系统有限责任公司（以下简称全国股转公司）提交《变更股票交易方式为做市交易方式的申请》。

本公司做市交易单元：××；做市证券账户：××；拟作为做市库存股的××股份有限公司股票××股（其中，在全国中小企业股份转让系统买入××股，通过股票发行取得××股，通过其他合法方式取得××股①）。

本公司自营证券账户所持××股份有限公司股票共××股②（其中，自营证券账户××持有××股，自营证券账户××持有××股，……）。

本公司承诺向全国股转公司提供相关材料的真实、准确、完整，并承诺履行报价义务、遵守有关做市商的各项规定，自愿接受因违反承诺及有关规定而导致的法律后果。

附件5－1：股票划转申请③

××证券公司

（公章）

联系人：

联系电话：

年　　月　　日

① 通过其他合法方式取得做市库存股票的，应当说明具体途径。

② 如本公司自营证券账户所持该股票数量为0股，无需填写括号中的账户明细；如所持股票数量大于0股，请列示持有该股票的全部自营证券账户明细情况（包括每个自营证券账户的账户编码和持股数量），并且应确保所有明细账户持股数量之和应等于前述填报的持股总数。

③ 根据《全国中小企业股份转让系统股票交易规则》要求，做市商开展做市业务，应通过专用证券账户进行。因此，如做市商拟作为做市库存股的股票登记于自营账户内，在挂牌公司向全国股转公司提交变更股票交易方式为做市交易方式申请同时，做市商还应向中国结算北京分公司提交股票划转申请；如已登记于做市证券账户内，无需本附件。

附件 5－1

股票划转申请

全国中小企业股份转让系统有限责任公司：

现本公司申请将本公司自营证券账户 ×× （交易单元编码：××，托管单元编码：××）所持××股份有限公司全部股票（证券简称：××，证券代码：××）划转至本公司做市证券账户 ×× （交易单元编码：××，托管单元编码：××）。

××证券公司

（公章）

联系人：

联系电话：

年　　月　　日

附件 6

××股份有限公司关于变更股票交易方式为做市交易方式的提示性公告

××股份有限公司（以下简称公司）变更股票交易方式为做市交易方式申请已经全国股转公司同意。公司股票将于×年×月×日起变更为做市交易方式。变更前，公司股票仍采取集合竞价交易方式。

证券简称：××，证券代码：××。

做市商 1：××（全称）。

做市商 2：××（全称）。

……

特此公告。

××股份有限公司

（公章）

年　　月　　日

附件 7

变更股票交易方式为集合竞价交易方式的申请

全国中小企业股份转让系统有限责任公司：

本公司股东大会已于×年×月×日依法作出决议，决定本公司股票（证券简称：××，证券代码：××）由做市交易方式变更为集合竞价交易方式。现本公司申请变更股票交易方式为集合竞价交易方式。

经与做市商协商一致，本公司股票所有做市商××、××、……均同意退出为本公司股票做市。其中，做市商××为本公司股票的初始做市商/后续加入做市商，从最近一次为该股票做市首日起至今已超过6个月/3个月；做市商××为本公司股票的初始做市商/后续加入做市商，从最近一次为该股票做市首日起至今已超过6个月/3个月；……，均符合《全国中小企业股份转让系统股票交易规则》有关做市商最低做市期限的要求。

本公司承诺所提供的申请材料真实、准确、完整，决议程序合法合规，因提供的申请材料不符合上述承诺及决议程序违法违规等问题所引起的一切法律责任由本公司自行承担。

××股份有限公司

（公章）

联系人：

联系电话：

年　　月　　日

附件8

做市商同意退出做市声明

全国中小企业股份转让系统有限责任公司：

本公司自愿申请退出为××股份有限公司（挂牌公司）股票（证券简称：××，证券代码：××）提供做市报价服务，并同意××股份有限公司向全国中小企业股份转让系统有限责任公司（以下简称全国股转公司）提交《变更股票交易方式为集合竞价交易方式的申请》。

本公司为××（证券简称）的初始做市商/后续加入做市商，从最近一次为该股票做市首日起至今已超过6个月/3个月，符合《全国中小企业股份转让系统股票交易规则》有关做市商最低做市期限的要求。

本公司承诺向全国股转公司提供相关材料的真实、准确、完整，并承诺遵守全国股转公司的各项规定，自愿接受因违反承诺及有关规定而导致的法律后果。

附件8－1：股票划转申请①

××证券公司

（公章）

联系人：

联系电话：

年　　月　　日

① 根据《全国中小企业股份转让系统股票交易规则》要求，做市商不再为挂牌公司股票提供做市报价服务的，应将库存股票转出做市专用证券账户。因此，在挂牌公司向全国股转公司提交变更股票交易方式为集合竞价交易方式申请同时，做市商还应向中国结算北京分公司提交股票划转申请。

附件 8－1

股票划转申请

全国中小企业股份转让系统有限责任公司：

现本公司申请将本公司做市证券账户 ××（交易单元编码：××，托管单元编码：××）所持××股份有限公司全部股票（证券简称：××，证券代码：××）划转至本公司自营证券账户 ××（交易单元编码：××，托管单元编码：××）。

××证券公司

（公章）

联系人：

联系电话：

年　　月　　日

附件 9

××股份有限公司关于变更股票交易方式为集合竞价交易方式的提示性公告

××股份有限公司（以下简称公司）变更股票交易方式为集合竞价交易方式申请已经全国股转公司同意。公司股票将于×年×月×日起变更为集合竞价交易方式。变更前，公司股票仍采取做市交易方式。

证券简称：××，证券代码：××。

所属层级：××。

特此公告。

××股份有限公司

（公章）

年　　月　　日

附件10

做市商后续加入做市的申请

全国中小企业股份转让系统有限责任公司：

本公司自愿为××股份有限公司（挂牌公司）股票（证券简称：××，证券代码：××）提供做市报价服务，申请成为××股份有限公司股票做市商。

××股份有限公司于×年×月×日在全国中小企业股份转让系统挂牌，挂牌时股票采取做市交易方式且距今已满3个月/挂牌时股票未采取做市交易方式。本公司系初次为××（证券简称）做市/本公司系再次为××（证券简称）做市，上一次退出为该股票做市的日期为×年×月×日，距今已满1个月。

本公司做市交易单元：××；做市证券账户：××；拟作为做市库存股的××股份有限公司股票××股（其中，在全国中小企业股份转让系统买入××股，通过股票发行取得××股，通过其他合法方式取得××股①）。

本公司自营证券账户所持××股份有限公司股票共××股②（其中，自营证券账户××持有××股，自营证券账户××持有××股，……）。

本公司承诺向全国股转公司提供相关材料的真实、准确、完整，并承诺履行报价义务、遵守有关做市商的各项规定，自愿接受因违反承诺及有关规定而导致的法律后果。

附件10－1：股票划转申请③

10－2：关于后续加入做市申请的说明

××证券公司

（公章）

联系人：

联系电话：

年　　月　　日

---

① 通过其他合法方式取得做市库存股票的，应当说明具体途径。

② 如本公司自营证券账户所持该股票数量为0股，无需填写括号中的账户明细；如所持股票数量大于0股，请列示持有该股票的全部自营证券账户明细情况（包括每个自营证券账户的账户编码和持股数量），并且应确保所有明细账户持股数量之和应等于前述填报的持股总数。

③ 根据《全国中小企业股份转让系统股票交易规则》要求，做市商开展做市业务，应通过专用证券账户进行。因此，如做市商拟作为做市库存股的股票登记于自营账户内，其向全国股转公司提交《后续加入做市的申请》同时，还应向中国结算北京分公司提交股票划转申请；如已登记于做市证券账户内，无需本附件。

附件 10 -1

股票划转申请

全国中小企业股份转让系统有限责任公司：

现本公司申请将本公司自营证券账户 ×× （交易单元编码：××，托管单元编码：××）所持××股份有限公司全部股票（证券简称：××，证券代码：××）划转至本公司做市证券账户 ×× （交易单元编码：××，托管单元编码：××）。

××证券公司

（公章）

联系人：

联系电话：

年　　月　　日

附件 10－2

关于后续加入做市申请的说明

全国中小企业股份转让系统有限责任公司：

截至我司提交后续加入做市申请之日前一交易日，××股份有限公司（证券简称：××，证券代码：××）未公告其关于变更股票交易方式为集合竞价交易方式或申请公开发行并进入精选层的股东大会或董事会决议。

特此说明。

××证券公司

（公章）

年　　月　　日

附件 11

关于后续加入为 ×× 股份有限公司股票提供做市报价服务的公告

经全国中小企业股份转让系统有限责任公司同意，自 × 年 × 月 × 日起，我司将作为做市商，为 ×× 股份有限公司（证券简称：××，证券代码：××）提供做市报价服务。

特此公告。

××证券公司

（公章）

年　月　日

附件 12

做市商退出做市的申请

全国中小企业股份转让系统有限责任公司：

本公司自愿申请退出为××股份有限公司（挂牌公司）股票（证券简称：××，证券代码：××）提供做市报价服务。

本公司为××（证券简称）的初始做市商/后续加入做市商，从最近一次为该股票做市首日起至今已超过 6 个月/3 个月，符合《全国中小企业股份转让系统股票交易规则》有关做市商最低做市期限的要求。

本公司承诺向全国股转公司提供的相关材料真实、准确、完整，并承诺遵守全国股转公司的各项规定，自愿接受因违反承诺及有关规定而导致的法律后果。

附件 12－1：股票划转申请①

××证券公司

（公章）

联系人：

联系电话：

年　　月　　日

① 根据《全国中小企业股份转让系统股票交易规则》要求，做市商不再为挂牌公司股票提供做市报价服务的，应将库存股票转出做市专用证券账户。因此，做市商在向全国股转公司提交《退出做市的申请》同时，还应向中国结算北京分公司提交股票划转申请。

附件 12 －1

股票划转申请

全国中小企业股份转让系统有限责任公司：

现本公司申请将本公司做市证券账户 ×× （交易单元编码：××，托管单元编码：××）所持 ×× 股份有限公司全部股票（证券简称：××，证券代码：××）划转至本公司自营证券账户 ×× （交易单元编码：××，托管单元编码：××）。

×× 证券公司

（公章）

联系人：

联系电话：

年　　月　　日

附件 13

××证券公司
关于退出为 ××股份有限公司股票
提供做市报价服务的公告

经全国中小企业股份转让系统有限责任公司同意，自 × 年 × 月 × 日起，我司将退出为 ××股份有限公司（证券简称：××，证券代码：××）提供做市报价服务。

特此公告。

××证券公司

（公章）

年　月　日

关于修改《全国中小企业股份转让系统挂牌公司股份特定事项协议转让业务办理指南》的公告

股转系统公告〔2019〕1848 号

为了配合《全国中小企业股份转让系统挂牌公司股份特定事项协议转让细则》的修订，细化特定事项协议转让业务办理要求，全国中小企业股份转让系统有限责任公司对《全国中小企业股份转让系统挂牌公司股份特定事项协议转让业务办理指南（试行)》进行了修改，并更名为《全国中小企业股份转让系统挂牌公司股份特定事项协议转让业务办理指南》，现予以发布，自发布之日起施行。

特此公告。

附件：全国中小企业股份转让系统挂牌公司股份特定事项协议转让业务办理指南

全国股转公司

2019 年 12 月 27 日

全国中小企业股份转让系统挂牌公司股份特定事项协议转让业务办理指南

为了规范全国中小企业股份转让系统（以下简称全国股转系统）挂牌公司股份特定事项协议转让业务，明晰业务受理要求和办理程序，提升工作透明度，根据《全国中小企业股份转让系统挂牌公司股份特定事项协议转让细则》（以下简称《细则》）等有关规定，制定本指南。

一、业务办理流程

（一）申请人向全国中小企业股份转让系统有限责任公司（以下简称全国股转公司）提交特定事项协议转让申请前，应当向中国证券登记结算有限责任公司（以下简称中国结算）申请办理证券查询业务，查询拟转让股份的持有情况，确认拟转让股份不存在限售、司法冻结等限制转让的情形。证券查询业务相关规定可在中国结算官方网站查询。

（二）申请人依据《细则》及本指南的要求向全国股转公司现场提交《全国股转系统挂牌公司股份特定事项协议转让确认申请表》、股份转让协议、转让双方或转让双方代理人身份证明、股份持有证明文件及其他申请文件。

除依法须经行政审批、备案等特殊情形外，申请人应当在协议签署之日起 6 个月内提交转让申请。

（三）对于符合特定事项协议转让业务适用情形，且申请文件基本齐备的，全国股转公司受理其转让确认申请。

（四）全国股转公司对申请文件进行形式审核，对其中符合条件的申请，于受理之日起（需要相关当事人补充文件的，自申请文件齐备之日起）3 个交易日内出具确认意见，并向申请人出具转让经手费收费通知书。

（五）申请人完成缴费后，领取本次特定事项协议转让的确认函，申请人持确认函至中国结算办理过户登记。

二、申请文件要求

申请人应提交以下文件，并对所提交的申请文件的真实性、准确性、完整性和合法性负责：

（一）《全国股转系统挂牌公司股份特定事项协议转让确认申请表》（附件 1）；

（二）股份转让协议正本；

股份转让协议中应当明确转让双方、转让标的、转让数量、转让价格等基本要素。

股份转让双方涉及以合伙企业、公司等组织形式设立的产品的，应由合伙企业、公司本身签署股份转让协议，管理人未在其中担任执行事务合伙人或法定代表人的，管理人应出具同意本次转让的声明或在股份转让协议中一并加盖公章；涉及其他产品的，应由管理人签署股份转让协议，并于股份转让协议中明确拟转让股份由产品持有，其中涉及在《证券期货经营机构私募资产管理业务管理办法》发布前设立的证券公司定向资产管理计划的，可由委托人签署股份转让协议。

股份转让一方或双方涉及境外法人、境外自然人的，或涉及境内自然人且境内自然人委托他人提交申请的，股份转让协议需要经过公证。

（三）中国结算出具的出让方股份持有证明文件；

持有证明文件应当盖有中国结算业务章，且查询日期距离转让申请提交日不超过5个交易日。

（四）转让双方有效身份证明文件及复印件（具体要求见附件2）；

（五）申请人为集体所有制的，申请人的权力机构就本次转让出具的证明文件；

（六）自然人转让属于夫妻共同财产的股份的，经公证的配偶同意本次转让的声明（附件5）；

（七）未触发挂牌公司全面要约收购条件的，挂牌公司董事会、律师事务所、负责持续督导挂牌公司的主办券商中的任意一方就本次转让未触发挂牌公司章程中的全面要约收购条件出具的意见书（附件6）；触发挂牌公司全面要约收购条件但符合豁免要约情形的，可免于要约收购的相关证明文件；

（八）拟转让股份由挂牌公司董事、监事、高级管理人员持有的，或者挂牌公司董事、监事、高级管理人员离职后拟转让股份的，挂牌公司董事会出具的本次转让不违反限售及公司章程相关规定，且不违反股份转让相关约定的证明文件（附件7）；

（九）依法须经行政审批、备案等方可进行的股份转让，有关部门的批准、备案文件或符合相关管理要求的证明文件，包括：

1. 因涉及国有主体而须取得的国有资产监督管理机构的批准或备案文件，或符合国有资产监督管理机构相关管理要求的证明文件；

2. 因转让股份为银行、证券、保险等特定行业的挂牌公司股份，根据有关行业的股东资格或者持股比例限制的规定，而须取得的行业主管部门或者相关机构的批准文件；

3. 其他须经行政审批或备案方可进行的股份转让，有关主管部门的批准或备案文件。

（十）属于《细则》第四条中可申请办理特定事项协议转让业务的以下情形的，还应分别提供：

1. 属于第（二）项情形的，律师事务所就转让双方是否存在实际控制关系或均受同一控制人所控制出具的法律意见书；转让双方中存在境外机构的，应由境外依法设立的律师事务所对境外机构进行查验并出具法律意见，律师事务所出具法律意见书时应如实援引该境外律师事务所出具的法律意见。

2. 属于第（四）项情形的，（1）包含特殊条款的股份认购协议或其他协议等法律文件；（2）中介机构就业绩承诺实现情况出具的证明文件，如会计师事务所出具的审计意见、律师事务所出具的法律意见书、评估机构出具的评估报告等；（3）主办券商出具的核查意见。

业绩承诺及补偿等特殊条款因故发生变更的，需提交对变更内容、变更原因及必要性的说明。

3. 属于第（五）项情形的，行政机关就本次转让出具的批准文件；属于在国有资产监督管理机构所出资企业内部进行国有产权无偿划转的，出资企业的批复文件及抄报国有资产监督管理机构的相关文件。

4. 属于除第（四）项、第（五）项及做市库存股回售、转售情形以外的其他情形的，若转让价格低于最近一期经审计的每股净资产或协议签署日股票无收盘价的，挂牌公司持续督导券商对本次转让定价方法、定价依据的合理性出具的专项意见。

（十一）全国股转公司认为需要提交的其他文件。

上述申请文件应当提交原件，其中转让协议、行政机关出具的文件无法提交原件供全国股转公司留存的，应当同时携带原件及申请人加盖骑缝章或签字的复印件。

上述申请文件应采用中文。申请人所提供的材料为外文的，还应提供经我国驻该国使、领馆认证或境内公证机构公证的与外文一致的中文译本。申请人所提供的材料在境外进行公证的，相关公证文件需要由我国驻该国使、领馆或外交部委托的其他驻外机构进行领事认证。

三、合规性确认

全国股转公司针对以下要求进行合规性确认：

（一）所申请的转让应符合以下要求：

1. 转让协议依法生效；

2. 协议双方为自然人或者依法设立并有效存续的法人、其他组织；

3. 受让方符合全国股转系统投资者适当性要求；

4. 协议双方自然人本人、法定代表人、负责人或者其合法授权的代表向全国股转公司提出转让股份的申请；

5. 拟转让股份为无限售条件流通股，法律法规、部门规章及全国股转系统业务规则等另有规定的除外；

6. 依法须经行政审批或备案等方可进行的股份转让，已经取得有关部门的批准或备案文件或其他证明文件；

7. 涉及信息披露的，信息披露义务人已经按照《非上市公众公司收购管理办法》等相关规定履行信息披露义务；

8. 触发挂牌公司全面要约收购条件且不符合豁免要约情形的，应当已完成要约并披露要约收购结果公告；

9. 所申请的转让属于以下情形之一：

（1）与挂牌公司收购及股东权益变动相关，且单个受让方受让的股份数量不低于公司总股本5%的股份转让；

（2）转让双方存在实际控制关系，或均受同一控制人所控制的；

（3）外国投资者战略投资挂牌公司所涉及的股份转让；

（4）按照已披露的通过备案或审查的《公开转让说明书》《股票发行情况报告书》《重大资产重组报告书》《收购报告书》等文件中股东间业绩承诺及补偿等特殊条款，特定投资者之间以事先约定的价格进行的股份转让；

（5）行政划转挂牌公司股份；

（6）全国股转公司和中国结算认定的其他情形，包括：做市商与挂牌公司股东履行做市库存股回售或转售约定；挂牌公司向国务院证券监督管理机构或证券交易所申请公开发行股票并上市，或向证券交易所申请股票上市停牌期间，其契约型私募基金、资产管理计划、信托计划等“三类股东”出让其所持股份等。

10. 属于《细则》第四条第（一）至（三）项情形、或前述第9条中“三类股东”出让情形的，转让价格不低于协议签署日该股票大宗交易价格范围下限；转让协议签署日该股票无收盘价的，应当以最近一次发行价格、资产评估报告中的评估价格或最近一期经审计的每股净资产等为参考，合理确定转让价格。

法律法规、部门规章及全国股转系统业务规则等另有规定的除外。

（二）所申请的转让应不存在以下情形：

1. 拟转让的股份已被质押且质权人未出具书面同意函；

2. 拟转让的股份存在尚未了结的诉讼、仲裁、其他争议或者被司法冻结等权利受限情形；

3. 转让双方或其中一方处于被限制证券账户交易的状态；

4. 本次转让可能导致规避股份限售相关规定，或者存在其他违反法律法规、部门规章或全国股转系统业务规则的情形；

5. 违反股份转让双方作出的关于增持、减持及限售等公开承诺；

6. 协议签署日与提交申请日间隔超过6个月且无行政批准等特殊情形的。

对于需补充或更正申请材料的，全国股转公司出具反馈意见，申请人应及时按照反馈补充提交相关材料。申请人自收到反馈意见3个月内未补充提交相关材料的，全国股转公司终止对该转让申请的审核，并书面通知申请人。

对于符合相关要求的，全国股转公司出具确认意见，并向申请人出具转让经手费收费通知书。

四、缴费

申请人应于全国股转公司出具转让经手费收费通知书后及时缴纳转让经手费，并向我司提供增值税纳税人信息（附件8）。

缴费账户信息如下：

开户名：全国中小企业股份转让系统有限责任公司

开户行：建设银行北京复兴支行

账户号：11001046500053013355

五、领取确认函

申请人完成缴费并经全国股转公司确认到账后，领取确认函。

确认函的有效期为2个月，申请人逾期未前往中国结算办理过户登记的，应当重新提交转让申请。

转让双方应当按照确认函中载明的转让股份数量一次性办理过户登记。涉及多个出让方或受让方的，全部出让方和受让方应当同时办理股份过户手续，并一次性完成过户登记。转让双方未完成过户登记前，任意一方受到限制证券账户交易的自律监管措施的，中国结算不再办理其过户登记手续。

股份过户登记完成后，全国股转公司公布特定事项协议转让公开信息，内容包括证券代码、证券简称、转让价格、转让数量、转让原因等。

六、其他

接收时间：每个交易日上午8：30—11：30，下午1：30—5：00

接收部门：全国股转公司交易运行部

联系方式：400－626－3333

业务咨询邮箱：jiaoyi@ neeq. com. cn

本指南由全国股转公司负责解释，自发布之日起施行。

附件：1. 全国股转系统挂牌公司股份特定事项协议转让确认申请表

2. 身份证明文件要求

3. 法定代表人证明书模板

4. 法定代表人授权委托书模板

5. 配偶同意转让声明模板

6. 全面要约收购情况说明模板

7. 董事会证明文件模板

8. 增值税纳税人信息采集表

附件 1

全国股转系统挂牌公司股份特定事项协议转让确认申请表

<table>
<tr><td colspan="3">申请股份转让情形</td><td colspan="3">□挂牌公司收购　　　　　　　　□股东权益变动
□转让双方存在实际控制关系或均受同一控制人所控制
□外国投资者战略投资挂牌公司所涉及的股份转让
□业绩承诺及补偿等特殊条款的履行
□行政划转　　　　　　　　　　□其他____________</td></tr>
<tr><td rowspan="5">申请转让股份情况</td><td colspan="2">证券简称</td><td></td><td>证券代码</td><td></td></tr>
<tr><td colspan="2">总股本</td><td>（万股）</td><td>每股转让价格</td><td>（元）</td></tr>
<tr><td colspan="2">拟转让股份数量</td><td>（股）</td><td>本次转让总价</td><td>（万元）</td></tr>
<tr><td colspan="2">占公司总股本比例</td><td>%</td><td>协议签署日前收盘价/当日最低成交价</td><td>/</td></tr>
<tr><td colspan="2">拟转让股份限售状态</td><td colspan="3">□无限售　□全部限售　□部分限售（限售　　股）</td></tr>
<tr><td rowspan="11">申请人基本情况</td><td rowspan="5">出让人（股份持有人）</td><td>名称</td><td colspan="3"></td></tr>
<tr><td>实体性质</td><td colspan="3">□挂牌公司（离职）董事、监事、高级管理人员　□境外主体
□国有或国有控股企业　□产品　□其他</td></tr>
<tr><td>注册号码/身份证号码</td><td></td><td>证券账户号码</td><td></td></tr>
<tr><td>经办人及身份证号码</td><td></td><td>联系电话</td><td></td></tr>
<tr><td>本次变动前直接持股比例</td><td></td><td>本次变动后直接持股比例</td><td></td></tr>
<tr><td rowspan="6">受让人</td><td>名称</td><td colspan="3"></td></tr>
<tr><td>实体性质</td><td colspan="3">□境内国有或国有控股企业　□境外主体
□产品　□其他</td></tr>
<tr><td colspan="2">是否可参与挂牌公司股票公开转让</td><td colspan="2">□是　□否</td></tr>
<tr><td>注册号码/身份证号码</td><td></td><td>证券账户号码</td><td></td></tr>
<tr><td>经办人及身份证号码</td><td></td><td>联系电话</td><td></td></tr>
<tr><td>本次变动前直接持股比例</td><td></td><td>本次变动后直接持股比例</td><td></td></tr>
</table>

续表

申请人承诺与签章	申请人已充分知悉并将严格遵守法律法规、部门规章及全国股转系统业务规则等相关规定，承诺所提交股份转让申请材料真实、准确、完整、合法合规，并确认及承诺以下事项： 1. 申请人是否已依法合规地就本次股份变动履行了应尽的信息披露义务 □是 □否 相关公告日期：____________ 2. 申请人是否处于被限制证券账户交易的状态 □是 □否 3. 拟转让股份是否存在尚未了结的诉讼、仲裁或者其他争议或者被司法冻结等权利受限情形 □是 □否 4. 本次股份转让是否存在违反法律法规、部门规章或全国股转系统业务规则的情形 □是 □否 5. 本次股份转让是否违背转让双方作出的公开承诺 □是 □否 6. 本次股份转让是否违反限售及挂牌公司章程相关规定 □是 □否 7. 本次股份转让是否存在办理股份过户登记时仍然不能够消除的法律障碍 □是 □否 8. 拟转让股份是否属于夫妻共同财产 □是 □否 若属于，配偶是否已同意本次转让（不属于则无需勾选） □是 □否 9. 拟转让股份是否为此前3个月内通过特定事项协议转让受让的股份 □是 □否 10. 协议签署日距申请日是否间隔超过6个月 □是 □否 出让人（签章） 受让人（签章） 年 月 日 年 月 日

注：

1. 本表格含正反两页，由转让双方填写，并保证所填写内容真实、准确、完整。

2. 产品类申请人填写的名称及注册号码应当与开户信息保持一致。

3. 自然人签章处应由申请人本人或其授权代表签字，不得使用名章代替；法人、其他组织签章应包含公章及法人代表签字。

4. 转让申请经全国股转公司受理后，相关协议内容发生重大变更的，申请人需撤销该转让申请，撤销1个月后方可再次向全国股转公司提交挂牌公司股份特定事项协议转让确认申请。

附件 2

身份证明文件要求

一、境内法人

1. 营业执照原件及复印件；
2. 法定代表人证明书；
3. 法定代表人身份证明文件复印件；
4. 法定代表人授权委托书；
5. 经办人有效身份证明文件原件及复印件。

二、境内自然人

1. 身份证明文件原件及复印件；
2. 经公证的授权委托书（如委托他人代办）；
3. 经办人身份证明文件原件及复印件（如委托他人代办）。

三、私募投资基金等产品

申请人为私募投资基金的，身份证明文件如下：
1. 基金业协会公示的管理人登记基本情况的全屏打印（加盖管理人公章）；
2. 基金业协会公示的基金产品公示信息打印（加盖管理人公章）；
3. 管理人营业执照原件及复印件（加盖管理人公章）；
4. 管理人法定代表人证明书及身份证明文件复印件；
5. 管理人法定代表人授权委托书；
6. 经办人有效身份证明文件原件及复印件。

其他各类资产管理计划等产品，身份证明文件参照前述要求提供。

以合伙企业、公司等组织形式设立的私募投资基金，应当依据境内法人的要求提供身份证明文件，并依据前述要求提供基金管理人及基金的备案材料。

四、境外法人

1. 所在国（地区）有权机关核发的证明境外法人主体资格的证明文件（如该证明文件未包含该法人合法存续内容，还需提供该法人合法存续证明）；

2. 授权人签署的授权委托书（关于协议签署以及业务办理的授权）；

3. 境外机构或有权机关出具的能够证明授权人有权签署授权委托书的证明文件；

4. 授权人身份证明文件复印件；

5. 经办人身份证明文件原件及复印件。

五、境外自然人

1. 身份证明文件原件及复印件；

境外自然人身份证明文件包括：外国（地区）公民身份证或者护照；有外国（地区）永久居留权的中国公民的永久居留证明及中国护照；港澳居民来往内地通行证或台湾居民来往大陆通行证；港澳台居民居住证；香港永久性居民身份证、澳门永久性居民身份证。

2. 授权委托书（如委托他人代办）；

3. 经办人身份证明文件原件及复印件（如委托他人代办）。

境外主体的身份证明文件、授权委托书以及授权人有权授权的证明文件需要符合以下要求：

外国（地区）申请人提交的文件，需要经过我国驻该国使、领馆认证，或者履行我国与该所在国订立的有关条约中规定的身份证明手续。如投资者所在国（地区）与我国无外交关系，其提供的文件，需要经该国（地区）外交机构或者其授权机构和我国有外交关系国家驻该国（地区）使、领馆认证后，再办理我国驻该第三国使、领馆认证。

香港地区申请人提交的文件，应当经我国司法部委托的相关公证人公证，并盖有中国法律服务（香港）有限公司转递香港公证文书专用章。

澳门地区申请人提交的文件，应当经澳门政府公证部门或我国司法部委托的公证人公证，并经中国法律服务（澳门）公司加盖核验章。

台湾地区申请人提交的文件，应当经台湾地区的公证部门公证，并由台湾海峡交流基金会按照 1993 年《海峡两岸公证书使用查证协议》寄送公证书副本。台湾申请人还应当提交接收台湾公证书的内地公证协会出具的公证书正本与台湾海峡交流基金会寄送该会的副本一致的核对证明。

境外主体提交的申请材料为外文文本的，需同时提供经过有资质的翻译机构的翻译和境内公证。

以上经使、领馆认证或公证机构公证的文件，应当在完成认证或公证之日起 6 个月内提交。

附件 3

法定代表人证明书*
（参考格式）

兹证明，××× （身份证号：×××××××××××××××××× ）在本公司/×××公司担任×××职务，为本公司法定代表人。

特此证明。

×××公司（盖章）
年　　月　　日

附件：法定代表人身份证复印件

* 注：合伙企业参照此格式出具执行事务合伙人证明书；执行事务合伙人为机构时，应出具执行事务合伙人委派代表证明书，并需同时加盖合伙企业与执行事务合伙人的公章。

附件 4

法定代表人授权委托书*
（参考格式）

兹授权 ××× （身份证号：××××××××××××××××××）代表 ××× 公司前往全国中小企业股份转让系统有限责任公司，办理将本公司持有的 ××× 公司（证券代码：××××××）的 ××× 股股份以 × 元/股的价格转让给 ××× 的确认手续。

授权期限：自　　年　　月　　日至　　年　　月　　日。

××× 公司（盖章）

法定代表人（签字）：

年　　月　　日

附件：被授权人身份证复印件

* 注：合伙企业参照此格式出具执行事务合伙人授权委托书。

附件 5

关于同意 ××× 转让 ×× 股份的声明*
（参考格式）

声明人：

身份证号：

本人与 ×××（身份证号：××××××××××××××××××）系夫妻关系。

本人知悉并同意 ××× 将其名下持有的 ×× 公司（证券代码：××××××）的 ××× 股股份以 × 元/股的价格转让给 ×××。

特此声明。

声明人（签字）：

年　　月　　日

附件：声明人身份证复印件

---

* 注：

1. 本声明应当进行公证，但配偶持结婚证原件一同至现场提交材料的除外；

2. 若配偶一同签署股份转让协议，可无需出具本声明；其中，配偶未持结婚证原件一同至现场的，转让协议中的配偶签字需公证。

附件 6

关于全面要约收购的说明
（参考格式）

1. 【公司章程】

简要陈述标的公司的《公司章程》中对全面要约收购的约定情况。若公司章程中包括相关条款，应对触发条件、豁免条件进行列示；若公司章程中未作约定，说明未做约定即可。

2. 【转让基本情况】

简要陈述本次转让的基本情况，包括转让双方及转让数量，并对其中涉及触发条件的要素进行陈述。例如，若触发条件为持股比例，应陈述转让完成后受让方持股比例。

3. 【结论】

根据公司章程的约定及本次转让的基本情况，明确本次转让是否触发全面要约收购；若触发，明确是否符合相关豁免要求并做说明。

×××（挂牌公司董事会、律师事务所、主办券商任一）

（加盖公章）

年　　月　　日

附件 7

××××股份有限公司董事会关于 ××股份转让的证明文件
（参考格式）

全国中小企业股份转让系统有限责任公司：

我们对 ××的转让进行了确认，现将相关情况说明如下：

一、本次转让基本情况说明

针对本次转让中具有（或曾具有）挂牌公司董事、监事、高级管理人员身份的转出方 ××，介绍其当前身份状态及转让的基本情况。

二、对本次转让的确认结果

确认转出方的本次转让行为是否违反《公司法》相关限售规定。简要陈述公司章程中关于限售的相关规定，并确认此次转让是否违反该规定。

转出方的本次转让是否违反其公开承诺，或违反与挂牌公司实际控制人、董事会等的相关约定。

××××股份有限公司

董事会

年　　月　　日

附件 8

增值税纳税人信息采集表*

是否需要增值税专用发票	□是　　□否
纳税人（转让申请人）名称	
纳税人识别号	
注册地址	
办公联系电话	
开户银行	
开户账号	

盖章：

年　　月　　日

* 备注：

1. 请准确、真实填写上述信息；
2. 自然人无需填写本表；
3. 纳税人名称应与转让申请人名称一致；
4. 付款账户名称与纳税人名称不一致时，仅为纳税人提供增值税普通发票；
5. 本表加盖公司公章或财务专用章均可。

（六）投资者适当性

关于修改《全国中小企业股份转让系统投资者适当性管理办法》的公告

股转系统公告〔2019〕1845号

为了加强投资者适当性管理，保护投资者合法权益，全国中小企业股份转让系统有限责任公司对《全国中小企业股份转让系统投资者适当性管理办法》进行了修改。经中国证监会批准，现予以发布，修改内容自发布之日起施行。

本办法修改前已经参与挂牌公司股票交易的投资者保持原有交易权限不变。

特此公告。

附件：全国中小企业股份转让系统投资者适当性管理办法

全国股转公司

2019年12月27日

全国中小企业股份转让系统投资者适当性管理办法

第一条 为了保障全国中小企业股份转让系统（以下简称全国股转系统）平稳有序发展，有效控制市场风险，保护投资者合法权益，根据《证券法》《证券公司监督管理条例》《证券期货投资者适当性管理办法》等法律法规，制定本办法。

第二条 全国股转系统股票发行与交易实行投资者适当性管理制度。

主办券商应当按照本办法的规定，对委托其参与全国股转系统股票发行和交易的投资者进行适当性管理。

法律法规、部门规章和全国股转系统业务规则对产品或服务的投资者准入要求另有规定的，从其规定。

第三条 投资者参与挂牌公司股票交易等相关业务，应当熟悉全国股转系统相关规定，了解挂牌公司股票风险特征，结合自身风险偏好确定投资目标，客观评估自身的心理和生理承受能力、风险识别能力及风险控制能力，审慎决定是否参与挂牌公司股票交易等业务。

第四条 投资者申请参与精选层股票发行和交易应当符合下列条件：

（一）实收资本或实收股本总额100万元人民币以上的法人机构；

（二）实缴出资总额100万元人民币以上的合伙企业；

（三）申请权限开通前10个交易日，本人名下证券账户和资金账户内的资产日均人民币100万元以上（不含该投资者通过融资融券融入的资金和证券），且具有本办法第七条规定的投资经历、工作经历或任职经历的自然人投资者。

投资者参与挂牌公司股票向不特定合格投资者公开发行并在精选层挂牌的申购，应当符合本条前款规定。

第五条 投资者申请参与创新层股票发行和交易应当符合下列条件：

（一）实收资本或实收股本总额150万元人民币以上的法人机构；

（二）实缴出资总额150万元人民币以上的合伙企业；

（三）申请权限开通前10个交易日，本人名下证券账户和资金账户内的资产日均人民币150万元以上（不含该投资者通过融资融券融入的资金和证券），且具有本办法第七条规定的投资经历、工作经历或任职经历的自然人投资者。

第六条 投资者申请参与基础层股票发行和交易应当符合下列条件：

（一）实收资本或实收股本总额200万元人民币以上的法人机构；

（二）实缴出资总额200万元人民币以上的合伙企业；

（三）申请权限开通前10个交易日，本人名下证券账户和资金账户内的资产日均人民币200万元以上（不含该投资者通过融资融券融入的资金和证券），且具有本办法第七条规定的投资经历、工作经历或任职经历的自然人投资者。

投资者参与挂牌同时定向发行的，应当符合本条前款规定。

第七条 自然人投资者参与挂牌公司股票发行和交易的，应当具有2年以上证券、基金、期货投资经历，或者具有2年以上金融产品设计、投资、风险管理及相关工作经历，或者具有《证券期货投资者适当性管理办法》第八条第一款第一项规定的证券公司、期货公司、基金管理公司及其子公司、商业银行、保险公司、信托公司、财务公司，以及经行业协会备案或者登记的证券公司子公司、期货公司子公司、私募基金管理人等金融机构的高级管理人员任职经历。

具有前款所称投资经历、工作经历或任职经历的人员属于《证券法》规定禁止参与股票交易的，不得申请参与挂牌公司股票发行与交易。

第八条 《证券期货投资者适当性管理办法》第八条第一款第二项、第三项规定的证券公司资产管理产品、基金管理公司及其子公司产品、期货公司资产管理产品、银行理财产品、保险产品、信托产品、经行业协会备案的私募基金等理财产品，社会保障基金、企业年金等养老金，慈善基金等社会公益基金，合格境外机构投资者（QFII）、人民币合格境外机构投资者（RQFII）等机构投资者，可以申请参与挂牌公司股票发行和交易。

第九条 公司挂牌时的股东、通过定向发行持有公司股份的股东等，如不符合其所持股票市场层级对应的投资者准入条件的，只能买卖其持有或曾持有的挂牌公司股票。

因挂牌公司市场层级调整导致投资者不符合其所持股票市场层级对应的投资者准入条件的，只能买卖其持有或曾持有的挂牌公司股票。

第十条 经中国证券监督管理委员会（以下简称中国证监会）批准，全国股转公司可以调整投资者准入条件。

第十一条 主办券商应当根据中国证监会有关规定及本办法要求，建立健全投资者分类、产品或服务分级和适当性匹配等内部管理制度，明确匹配依据、方法、流程等。

第十二条 主办券商应当切实履行投资者适当性管理职责，了解投资者的身份、财务状况、证券投资经验等相关信息，评估投资者的风险承受能力和风险识别能力，有针对性地开展风险揭示、投资者知识普及、投资者服务等工作，引导投资者审慎参与挂牌公司股票交易等相关业务。

第十三条 主办券商应当认真审核投资者提交的相关材料，并要求首次委托买入挂牌公司股票的投资者，以纸面或电子形式签署挂牌公司股票交易风险揭示书，风险揭示书应当充分揭示挂牌公司股票交易风险。

投资者未签署风险揭示书的，主办券商不得接受其申购或买入委托。

第十四条 主办券商应当针对不同类别的投资者制定服务方案和管理流程，根据客户的不同特点，讲解全国股转系统业务规则和风险特点，提示参与挂牌公司股票交易可能面临的风险。

第十五条 主办券商应当告知投资者，其提供的信息发生重要变化、可能影响投资者分类的，应及时告知主办券商。主办券商应当建立投资者评估数据库，结合所了解的投资者信息和投资者参与挂牌公司股票交易的情况，及时对评估数据库进行更新，留存评估结果备查。

第十六条 主办券商应当根据投资者信息和全国股转系统业务变化情况，主动调整投资者适当性匹配意见，并告知投资者上述情况。

第十七条 投资者应当配合主办券商投资者适当性管理工作，如实提供申报材料。投资者信息发生重要变化、可能影响其分类的，应当及时告知主办券商。

投资者不予配合或提供信息不真实、不准确、不完整的，主办券商应当告知其后果，并拒绝为其办理挂牌公司股票交易相关业务或者限制其交易权限。

第十八条 主办券商应当妥善保管投资者的档案资料，除依法配合调查和检查外，应当为投资者保密。

第十九条 主办券商应当妥善保存业务办理、投资者服务过程中风险揭示的语音或影像留痕。

第二十条 主办券商发现客户存在异常交易行为或者违法违规行为时，应当根据全国股转公司相关规定及时提醒客户，并向全国股转公司报告。

第二十一条 全国股转公司对存在异常交易行为的投资者采取监管措施的，主办券商应当及时与投资者取得联系，告知其有关监管要求和采取的监管措施。

对出现异常交易行为的投资者，全国股转公司可以暂停或限制其交易，主办券商应当予以配合。

第二十二条 主办券商应当为投资者提供合理的投诉渠道，指定专门部门受理投诉，妥善处理与投资者的矛盾和纠纷，并认真做好记录工作。

第二十三条 主办券商应当按照全国股转公司的要求报送投资者适当性管理相关信息，并配合中国证监会及其派出机构、全国股转公司等监管机构对其投资者适当性管理执行情况进行检查，如实提供投资者开户资料、资金账户情况等信息，不得隐瞒、阻碍和拒绝。

主办券商应当妥善保存其履行投资者适当性义务的相关信息资料，保存期限不得少于20年。

第二十四条 主办券商及其相关业务人员违反本办法规定，全国股转公司可以视情节轻重采取以下自律监管措施：

（一）口头警示；

（二）约见谈话；

（三）要求提交书面承诺；

（四）出具警示函；

（五）责令改正；

（六）全国股转公司规定的其他自律监管措施。

第二十五条 主办券商及其相关业务人员严重违反本办法规定，全国股转公司可以视情节轻重采取以下纪律处分：

（一）通报批评；

（二）公开谴责；

（三）限制、暂停直至终止其从事相关业务；

（四）全国股转公司规定的其他纪律处分。

第二十六条 本办法所称“以上”含本数。

第二十七条 本办法由全国股转公司负责解释。

第二十八条 本办法自2017年7月1日起施行。

关于发布《全国中小企业股份转让系统投资者适当性管理业务指南》的公告

股转系统公告〔2019〕1846号

为了加强投资者适当性管理，保护投资者合法权益，全国中小企业股份转让系统有限责任公司制定了《全国中小企业股份转让系统投资者适当性管理业务指南》，现予以发布，自发布之日起施行。2014年4月30日发布的《全国中小企业股份转让系统投资者适当性管理证券账户信息报送业务指南》同时废止。

特此公告。

附件：全国中小企业股份转让系统投资者适当性管理业务指南

全国股转公司

2019年12月27日

全国中小企业股份转让系统投资者适当性管理业务指南

为了加强投资者适当性管理，规范投资者资产认定、合格投资者证券账户信息报送标准及流程，根据《全国中小企业股份转让系统投资者适当性管理办法》（以下简称《管理办法》）等有关规定，制定本指南。

一、投资者适当性的认定

主办券商为投资者开通全国中小企业股份转让系统（以下简称全国股转系统）证券交易权限，应当严格按照《管理办法》的相关规定，对投资者是否符合投资者适当性条件进行核查，具体认定标准如下：

（一）自然人投资者证券账户和资金账户的认定

可用于计算自然人投资者资产的证券账户和资金账户，包括中国证券登记结算有限责任公司（以下简称中国结算）开立的证券账户、投资者在主办券商开立的账户、投资者交易结算资金账户、股票期权保证金账户以及全国中小企业股份转让系统有限责任公司（以下简称全国股转公司）认可的其他账户。其中，中国结算开立的账户包括 A 股账户、B 股账户、封闭式基金账户、开放式基金账户、衍生品合约账户及中国结算根据业务需要设立的其他证券账户。

（二）可计入自然人投资者资产的资产认定

可计入自然人投资者资产的资产包括在中国结算开立的账户内的证券资产、在主办券商开立的账户内的资产、投资者资金账户内的资金，以及全国股转公司认可的其他资产。

1. 中国结算开立的证券账户内，可计入自然人投资者资产的资产包括：股票（包括全国股转系统挂牌股票、A 股、B 股、优先股和通过港股通买入的港股）、公募基金份额、债券、资产支持证券、资产管理计划份额、股票期权合约（其中权利仓合约按照结算价计增资产，义务仓合约按照结算价计减资产）、全国股转公司认可的其他证券资产。

2. 在主办券商开立的账户内，可计入自然人投资者资产的资产包括：公募基金份额、私募基金份额、银行理财产品、贵金属资产等。

3. 资金账户内，可计入自然人投资者资产的资产包括：投资者交易结算资金账户内的交易结算资金、股票期权保证金账户内的交易结算资金（包括义务仓对应的保证金）、全国股转公司认可的其他资金资产。

4. 计算自然人投资者各类融资类业务相关资产时，应按照净资产计算，不包括融入的证券和资金。投资者应当遵守证券账户实名制要求，不得出借自己的证券账户，不得借用他人的证券账户。

5. 核查投资者是否满足相关资产标准时，对于投资者在中国结算开立但托管在其他券商处的证券账户内的资产，可以使用中国结算出具的投资者证券持有情况电子凭证并通过中国结算电子凭证校验平台进行确认。

（三）参与证券交易经验的认定

自然人投资者参与全国股转系统挂牌股票、A 股、B 股交易的，均可计入其参与证券交易的时间。相关交易经历自自然人投资者本人一码通账户下任一证券账户在上海证券交易所、深圳证券交易所及全国股转系统发生首次交易起算。首次交易日期可通过主办券商向中国结算查询。

（四）适当性评估及风险揭示

主办券商应当做好投资者适当性综合评估和风险揭示，在评估自然人投资者对新三板股票交易规则及风险的了解情况时，可以通过知识测评等形式进行。通过网上方式为投资者开通交易权限的，应当核实投资者身份，确认投资者已经以电子形式签署风险揭示书，并以适当方式向投资者明确反馈交易权限开通结果。

二、合格投资者证券账户信息报送及交易权限管理要求

（一）合格投资者报送范围

主办券商核查后认定投资者符合《管理办法》中适当性条件的，应当在为投资者开通证券交易权限时，向全国股转公司报送合格投资者证券账户信息，挂牌公司回购专用账户无需报送。

主办券商应当对本公司开展自营、资管业务使用的证券账户，向全国股转公司报送合格投资者账户信息。

（二）合格投资者报送方式

主办券商应于每个交易日 9：00—16：15 期间，按照《全国中小企业股份转让系统交易支持平台数据接口规范》有关要求，通过深圳证券通信有限公司金融数据交换平台（以下简称 FDEP），向全国股转公司报送当日新增合格投资者证券账户信息。报送的内容应当包括：合格投资者业务开通流水号、证券账户、账户名称、签署日期、申请日期、类别标识、营业部编码等。

类别标识字段所涉全国股转系统交易权限共四类：一类交易权限可以参与精选层、创新层、基础层股票的发行与交易；二类交易权限可以参与精选层、创新层股票的发行与交易；三类交易权限可以参与精选层股票的发行与交易；四类交易权限可以参与

优先股的发行与交易。

主办券商未按时报送的，全国股转公司按其当日无新增合格投资者进行处理；当日多次报送的，全国股转公司以其最后一次报送的证券账户信息为准；若同一报送文件中存在同一证券账户重复报送的情形，则以流水号最小的证券账户信息为准。当日无新增合格投资者的，主办券商应当报送空表。

（三）投资者交易权限管理

1. 主办券商向全国股转公司报送合格投资者账户信息当日，即可以为该投资者开通交易权限，允许其交易权限范围内的挂牌公司股票。

2. 符合《管理办法》第九条规定情形的投资者，主办券商可以依据全国股转公司受限投资者可交易证券信息库或查询到的投资者（曾）持股记录，为投资者提供买卖相应股票的交易权限。投资者拒绝签署风险揭示书的，主办券商应当仅为投资者提供卖出所持股票的交易权限，不得接受其买入或申购委托。

3. 主办券商将其名下交易单元租用给投资基金等机构使用的，应当与承租机构就其合规使用交易单元进行约定，明确承租机构不得违规将交易单元提供给不符合投资者适当性要求的第三方使用。

三、合格投资者证券账户信息的处理流程

（一）证券账户信息接收

每个交易日 16：15 后，全国股转公司接收中国结算北京分公司发送的增量证券账户信息。

（二）投资者适当性管理证券账户信息生成

每个交易日 19：30 后，全国股转公司对各主办券商上报的合格投资者证券账户信息进行汇总，生成《当日新增合格投资者汇总信息库》。上述事项完成后，全国股转公司将主办券商报送的合格投资者证券账户信息与中国结算北京分公司发送的曾持股证券账户信息进行比对处理，生成《受限投资者可交易证券信息库》，主要包括全部受限投资者证券账户及可交易证券等信息。

（三）证券账户信息下发

每个交易日 20：00 后，全国股转公司通过 FDEP 向各主办券商下发《当日新增合格投资者汇总信息库》以及《受限投资者可交易证券信息库》。

每月第一个交易日 20：00 后，全国股转公司将向各主办券商下发截至当日的全部合格投资者证券账户信息。

四、报送错误信息的反馈与处理

主办券商报送合格投资者账户信息后，全国股转公司即时反馈报送信息的格式类

错误校验结果，主办券商应当于当日更正后重新报送。

全国股转公司于每个交易日生成投资者适当性管理证券账户信息后，向各主办券商反馈对其当日报送合格投资者数据的处理结果。对于报送失败的合格投资者账户信息，主办券商应当于次一交易日重新报送。

五、本指南自发布之日起施行